烽火弦歌

——抗战时期广东学校迁徙与办学档案史料选编

（上）

广东省档案馆　广东省文物考古研究所　编

南方出版传媒
花城出版社
中国·广州

图书在版编目（CIP）数据

烽火弦歌 ：抗战时期广东学校迁徙与办学档案史料选编 / 广东省档案馆，广东省文物考古研究所编. -- 广州 ：花城出版社，2021.12
ISBN 978-7-5360-9339-3

Ⅰ. ①烽… Ⅱ. ①广… ②广… Ⅲ. ①高等学校－迁徙－史料－中国－1931-1945 Ⅳ. ①G529.6

中国版本图书馆CIP数据核字(2021)第252027号

出 版 人：肖延兵
策划编辑：张 懿
责任编辑：林 菁
技术编辑：薛伟民 林佳莹
封面设计：庄海萌

书　　名　烽火弦歌：抗战时期广东学校迁徙与办学档案史料选编
FENGHUO XIANGE KANGZHAN SHIQI GUANGDONG XUEXIAO QIANXI YU BANXUE DANGAN SHILIAO XUANBIAN
出版发行　花城出版社
（广州市环市东路水荫路 11 号）
经　　销　全国新华书店
印　　刷　深圳市福圣印刷有限公司
（深圳市龙华区龙华街道龙苑大道联华工业区）
开　　本　787 毫米 ×1092 毫米　16 开
印　　张　50.25　2 插页
字　　数　625,000 字
版　　次　2021 年 12 月第 1 版　2021 年 12 月第 1 次印刷
定　　价　380.00 元（全二册）

如发现印装质量问题，请直接与印刷厂联系调换。
购书热线：020-37604658　37602954
花城出版社网站：http：//www.fcph.com.cn

《烽火弦歌》编委会

前言

抗日战争全面爆发之后，为摧毁中国文化教育事业，日军对我国高校等教学和研究机构进行了轰炸和掠夺，众多知名学府纷纷撤往后方，以顽强不屈的精神守护祖国教育之独立与延续。以国立中山大学、私立岭南大学、私立培正中学、私立培道中学等为代表的粤港澳学校冒着战火辗转千里，在粤北等地坚持办学，为抗战救国培养了大批优秀人才。连绵炮火中，华南教育的旗帜昂然屹立，高高飘扬，在中国教育史上留下了光辉的一页。

广东省档案馆保存的大量抗战时期的广东办学史料，见证着这段沉重而特殊的历史。翻开这些档案，我们深刻感受到学校迁徙办学的艰辛，眼前再现先辈学人在泥屋草堂中手不释卷的身影，耳畔回荡着来自山林水涯间琅琅的书声。泛黄的档案记录着一个个动人的细节，共同汇成抗战时期华南教育的全景。战云笼罩下，粤港澳三地学府艰难赓续，守望相助，为维系文化教育和支援抗战建设作出了历史性贡献。

历史走过沉痛，迈进光明，战火中被守护的文化种子，今天已经在华南乃至全国的文化教育系统中开枝散叶，烽烟中治学的先辈学人，已成为中华民族复兴的栋梁之材。现将承载着历史记忆的档案整理汇编出版，期望给后辈以持续的精神滋养和激励。

编者

二〇二一年十一月

编辑说明

广东省档案馆收藏有大量抗战时期形成的档案资料，本书收录的国立中山大学、私立岭南大学、广东省财政厅、广东省建设厅等全宗的档案，起自一九三七年，迄至一九四六年，共计三百余件，具有时间跨度长、资料完整、史料价值高等特点。全书分为『国立中山大学』『私立岭南大学』『其他学校』『粤港澳学校守望互助』四大部分，每部分的档案按照时间先后排序，将部分内反映同一主题的档案相对集中编排。第一部分主要反映了抗战时期国立中山大学迁徙、办学情况；第二部分主要反映了私立岭南大学迁徙、办学情况；第三部分主要反映了广东省立文理学院、私立仲恺农学院、广东省立艺术院、私立广东国民大学等学校迁徙后办学情况；第四部分主要是关于抗战时期广东、香港、澳门学校守望相助有关情况。

为了确保档案史料的原始性、真实性，本书选用的档案均为广东省档案馆馆藏原件影印，未作删节；如有缺页，为档案自身原缺。档案中原标题完整或基本符合要求的使用原标题，原标题有明显缺陷的进行了修改或重拟，无标题的加拟标题。标题中人名使用通用名，机构名称使用机构全称或规范简称，历史地名沿用当时地名。

由于时间紧，档案公布量大，编者水平有限，在编辑过程中可能存在疏漏之处，考订难免有误，欢迎读者斧正。

编者

二〇二一年十一月

第一部分　国立中山大学

辗转迁徙

教学实习

共克时艰

第一部分　国立中山大学

辗转迁徙

国立中山大学同学会理事会关于敦促母校全部迁回广东一事给代理校长许崇清的呈

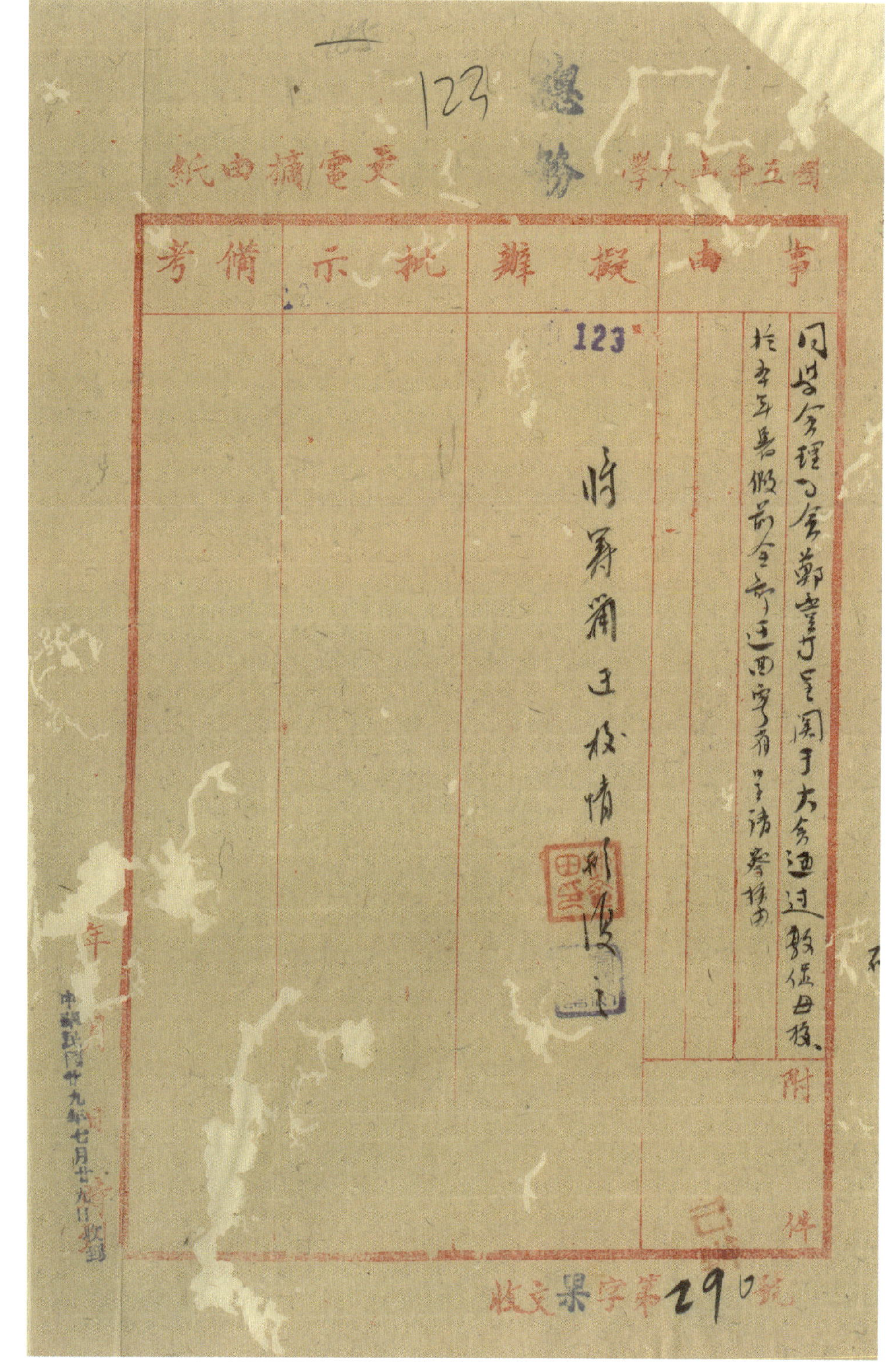
国立中山大学文電摘由紙

事由	擬辦	批示	備考
同学会理事会鄭彥芬呈关于大会通过敦促母校於本年暑假前全部迁回粤省请察核由	将筹备迁校情形復之		

中华民国廿九年七月廿九日收到

收文渠字第290號

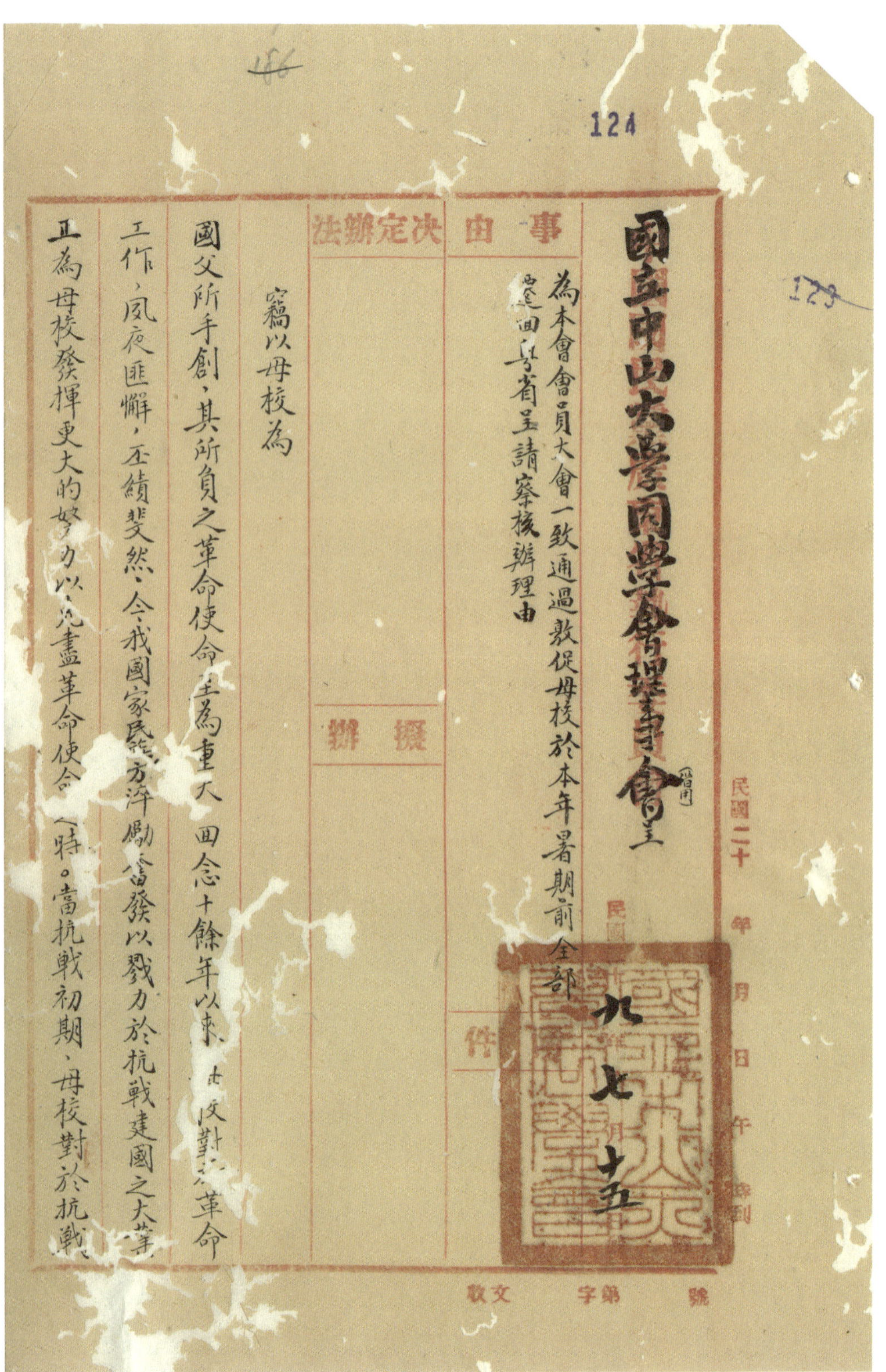

國立中山大學同學會理事會（箋用）呈

事由：為本會會員大會一致通過敦促母校於本年暑期前全部遷回粵省呈請察核辦理由

擬辦

決定辦法

附件

竊以母校為
國父所手創，其所負之革命使命至為重大，回念十餘年以來，母校對於革命工作，夙夜匪懈，成績斐然，今我國家民族方淬勵奮發以戮力於抗戰建國之大業，正為母校發揮更大的努力以完盡革命使命之時。當抗戰初期，母校對於抗戰

民國二十 年 月 日 午 時到

九七 十五

收文 字第 號

建國工作，投袂爭鞭，向昔有莫大之貢獻。[illegible]月敵騎南侵，嶺表烽烟，母校乃播遷雲南。年餘以來，雖猶有各地畢業同學奮鬥不息，而母校教職員與在學同學，則以遠離前線，安處後方，環境支配精神，生活影響事業，因而於抗戰建國工作乃莫能繼其前功。苟長此以往，母校將隳沒其革命使命，而其影響於國家民族者亦殊巨。此間畢業同學，對於母校關懷至切，深以為憂，亦且期望至殷，甚冀其終能重振。爰於六月十六日開會員大會，凡在韶者咸集，計七百餘人，一致通過敦促母校於本年暑期前全部遷回粵省在案。誠以吾粵為革命策源地，今又為抗戰前線，正為吾人所應憑藉以磨練自強之絕好環境，故切盼母校即歸，為國奮鬥，以保衛此大西南之前衛壁壘，而完成抗戰建國之大業。事關母校前途，亦即國家民族前途所繫，除分呈教育部外，理合瀝情錄案

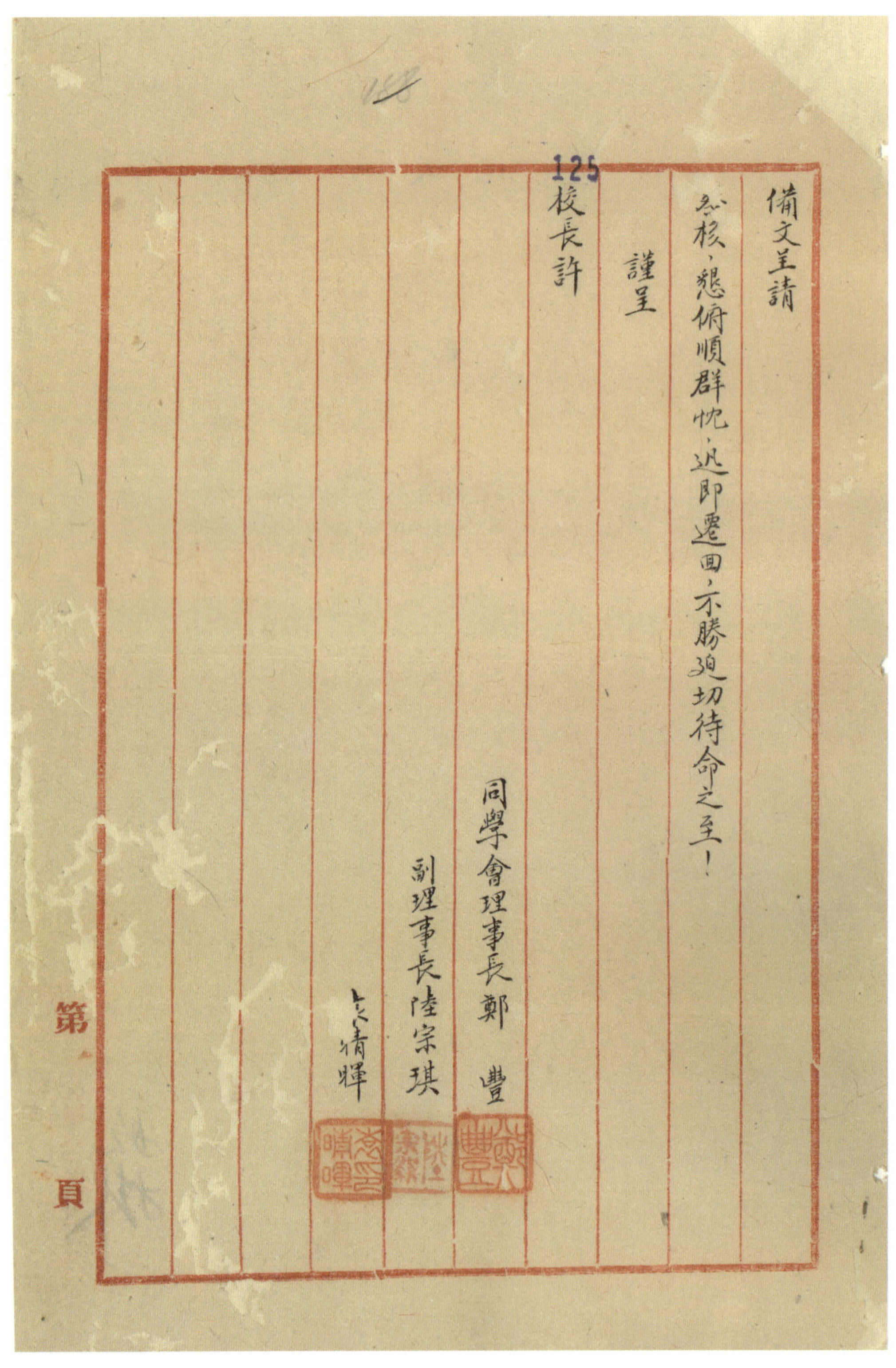

125

備文呈請

鈞核，懇俯順群忱，迅即遷回，不勝迫切待命之至！

謹呈

校長許

同學會理事長鄭　豐

副理事長陸宗琪

袁晴暉

第　頁

国立中山大学代理校长许崇清关于该校已决定迁回广东给同学会的批

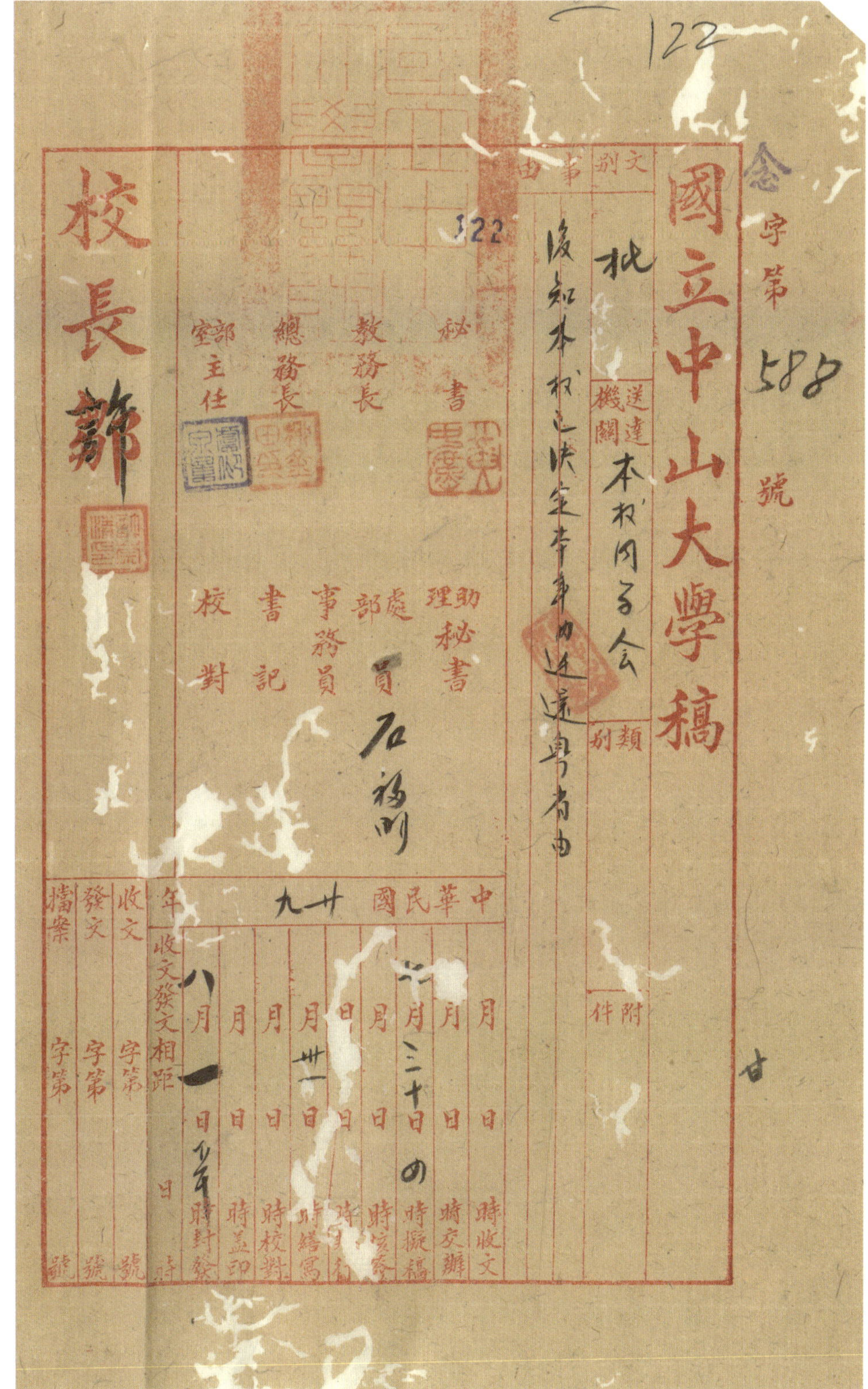

據呈以會員大會一致通過敦促本校於本年暑期前，全部遷回粤省者，請察核等情。查本校現經決定於本年內（最近期內）遷還粤省者，擇址布所排，茲事体大，似需時日。將遷運費款，業蒙中央暨粤省政府允予補助外，關于運輸之交通工具，由及全校員生，[illegible]物社盡切，須竭力籌征。茲已派遣人員先赴籌備，一俟車輛安妥，第一批校具即便啟程。據呈前情，合復知照！

此致

本校同學會

代理校長許〇〇

国立中山大学文学院学生卢荫椿关于询问迁校及复课等问题给代理校长许崇清的呈

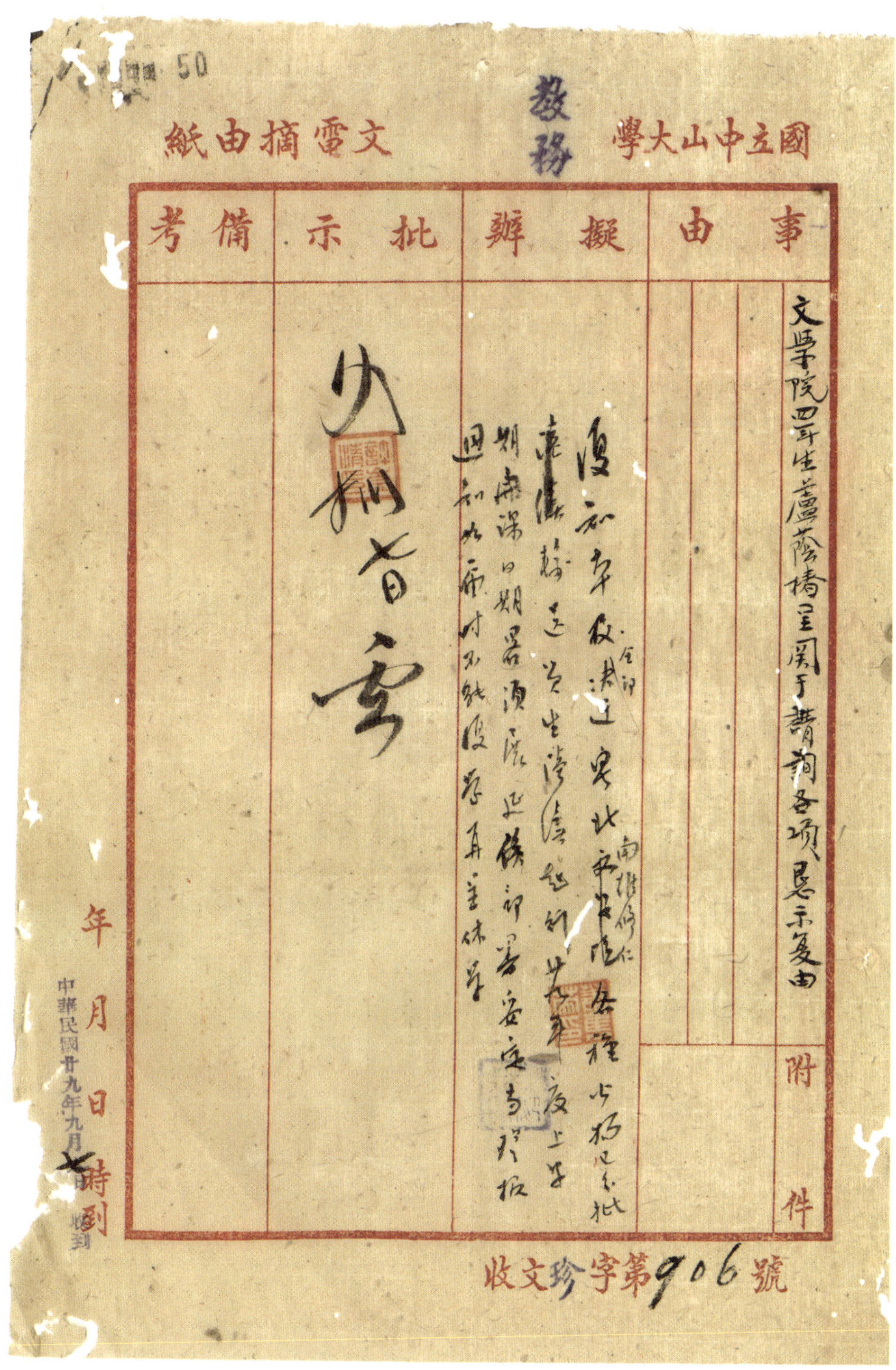

國立中山大學　文電摘由紙

事由	擬辦	批示	備考
文學院四年生盧蔭椿呈關于請詢各項懇示复由			

附件

年　月　日　時到

中華民國廿九年九月　日收到

收文珍字第906號

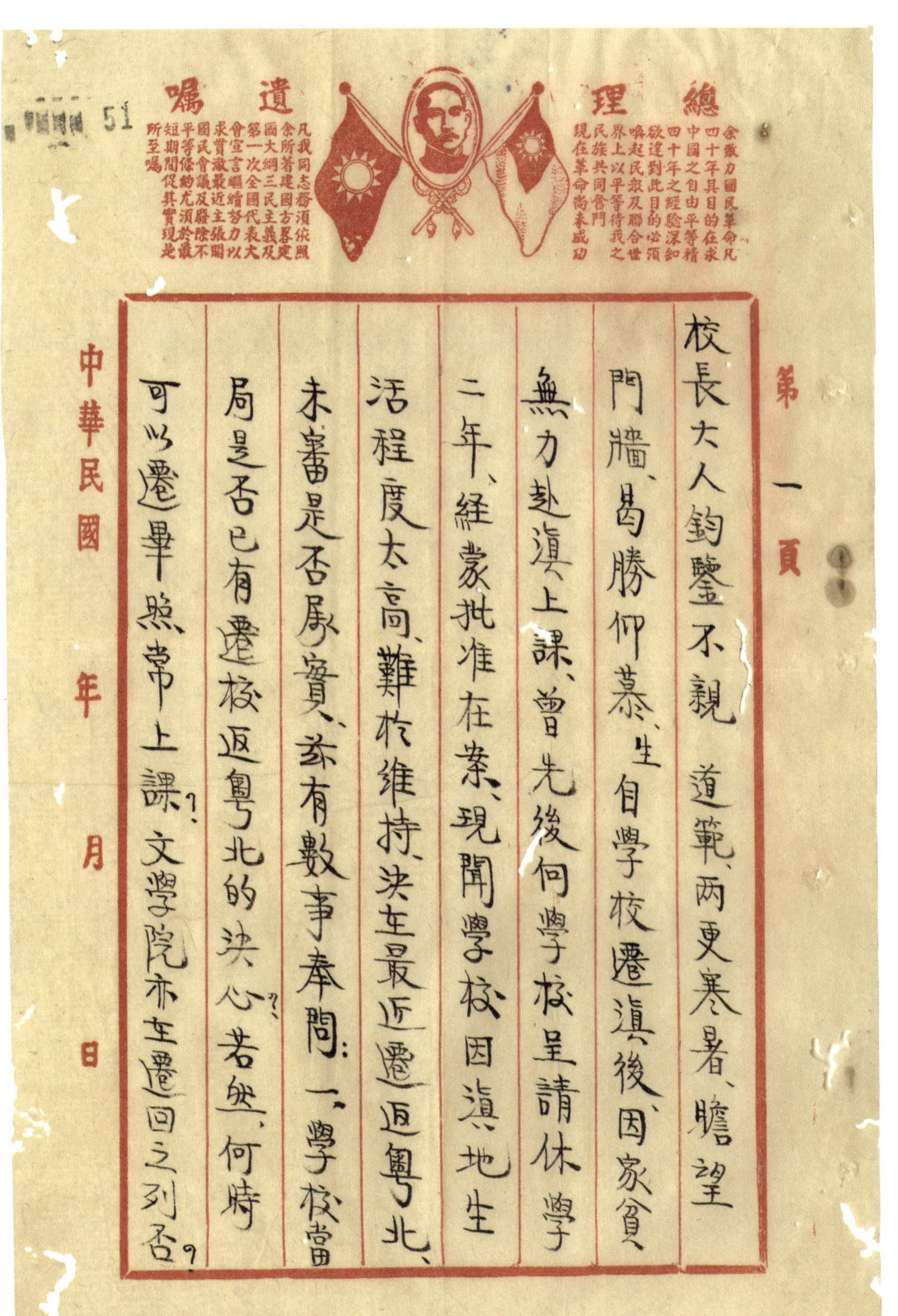

51

總理遺囑

余致力國民革命凡四十年其目的在求中國之自由平等積四十年之經驗深知欲達到此目的必須喚起民眾及聯合世界上以平等待我之民族共同奮鬥現在革命尚未成功凡我同志務須依照余所著建國方略建國大綱三民主義及第一次全國代表大會宣言繼續努力以求貫澈最近主張開國民會議及廢除不平等條約尤須於最短期間促其實現是所至囑

第一頁

校長大人鈞鑒不親 道範、兩更寒暑、瞻望
門牆、曷勝仰慕、生自學校遷滇後、因家貧
無力赴滇上課、曾先後向學校呈請休學
二年、經蒙批准在案、現聞學校因滇地生
活程度太高、難於維持、決定最近遷返粵北、
未審是否屬實、茲有數事奉問：一、學校當
局是否已有遷校返粵北的決心？、若無、何時
可以遷畢照常上課？、文學院亦在遷回之列否？

中華民國　年　月　日

第二頁

二、若遷校之說未能實現、生擬懇請學校發給借讀證、往廣西大學借讀、是否可行？借讀期滿、畢業文憑是否仍由中大本校給發？

三、生因家道清貧、借貸無門、已忍痛休學弍年、並因近日生活程度高漲、家境倍形艱苦、致赴滇復學經費、尚無法措籌、萬不獲已、欲懇請學校再准予繼續休學壹年、俾得充份時間、再事籌集復學之款、

中華民國 年 月 日

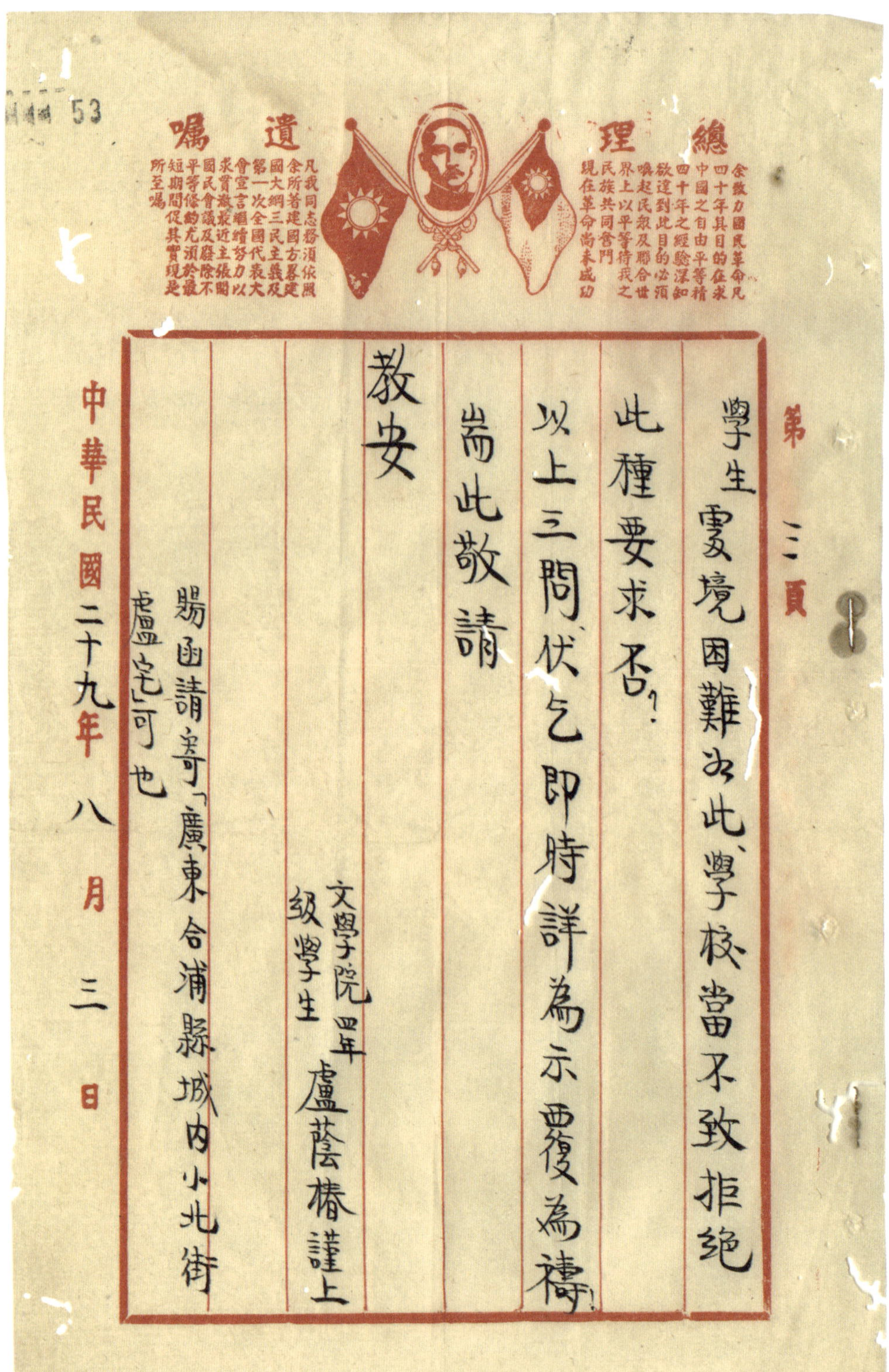

總理遺囑

余致力國民革命凡四十年，其目的在求中國之自由平等。積四十年之經驗，深知欲達到此目的，必須喚起民衆及聯合世界上以平等待我之民族，共同奮鬥。現在革命尚未成功，凡我同志，務須依照余所著建國方畧、建國大綱、三民主義及第一次全國代表大會宣言，繼續努力，以求貫徹。最近主張開國民會議及廢除不平等條約，尤須於最短期間促其實現。是所至囑。

第三頁

學生家境困難如此，學校當不致拒絕此種要求否？以上三問，伏乞即時詳為示覆為禱！耑此敬請

教安

文學院四年級學生 盧蔭椿謹上

賜函請寄「廣東合浦縣城内小北街盧宅」可也

中華民國二十九年八月三日

国立中山大学代理校长许崇清关于汇报迁运情形及请拨迁建费事宜给教育部部长陈立夫的呈

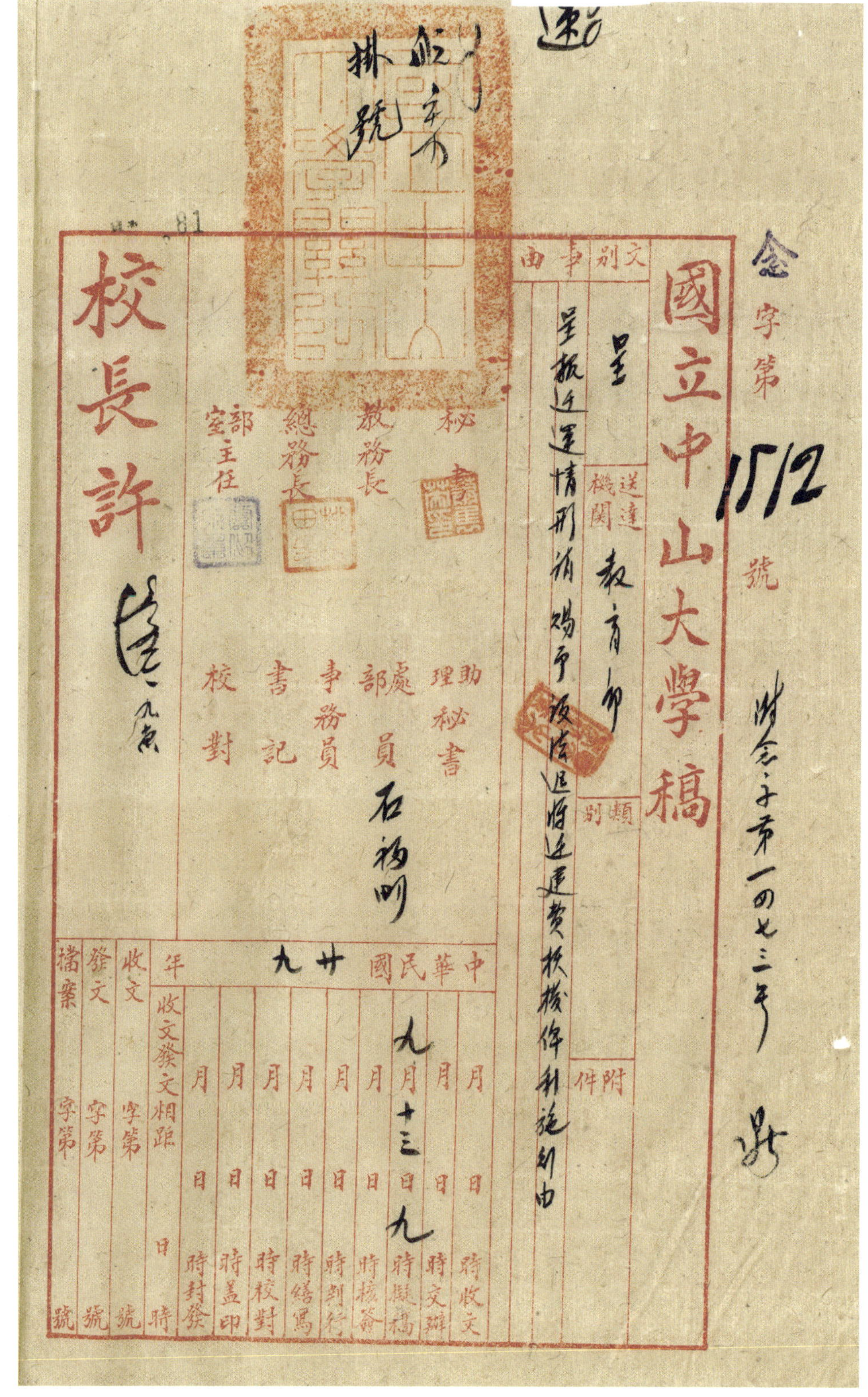

据因中央補助费未奉全部拨发而前向之……借之款又以时局关系而不能如数拨借

窃本校奉令迁地粤北，关于迁移事宜，即经成立迁校（运输）委员会统筹一切，所有运输编配调查诸务，由迁委会干事部负责办理，沿途各站由校分派人员主持，南雄新地同时派出先遣人员筹划布置，计沿途分设昆明、贵阳、柳州、曲江、南雄各站。新地筹备处则设南雄仁化，经已先后成立，开始办公。各部公物自前月中旬开始起运，截至现在已运出公物共百余箱，计占全部三分之一。全校学生，按其平日生活情形，酌予资助，俾能就道，其最苦者……现已发者仅极……教职员……眷属……候津贴，泰等尚未……

成行迁以来油增价车辆难雇未运公物尚存一千二百余件箱正在设法继
续搬运并须随时修补及重建房舍请
钧部补助迁移及运输修补则尚须筹办但校舍至今迁运费用
前此所报共约七十余万元係就去时物价（价及运费大昂）估计更逾经详细核
实确调查详（数）以在百万元之需亦故不敷资济一再
申请钧部增拨并催拨前案（值切）需要编造全校迁建费概算列
文书五十二万五千余元除自筹外拟请补助费三十万元（外需款）
钧部拨付贰十万元（元隔）（两共五十万元）用于新校址建置费及十二集团军汽车租赁费
此外尚须续运俸助营房修用费尚有余存堆木部份公物运输
费及教职员与宿舍修理费依此概算尚需六十余万元方能应付

務此次校址再遷已着着進行此間各院部以經費困難收束殷盼交自應及早遷行未遂今將亟須加緊務送上課以期得早日決定不致耽誤並凡此諸端均待迅速賞發及時撥足始克賡續施行理合將最近遷運實在情形具文呈報鑒核

鑒核賜予特呈 行政院迅速賞撥遷校經費以濟急需實為公便

謹呈

教育部部長陳

[illegible]

国立中山大学农学院院长丁颖关于农林植物研究所迁回粤北事宜给代理校长许崇清的文

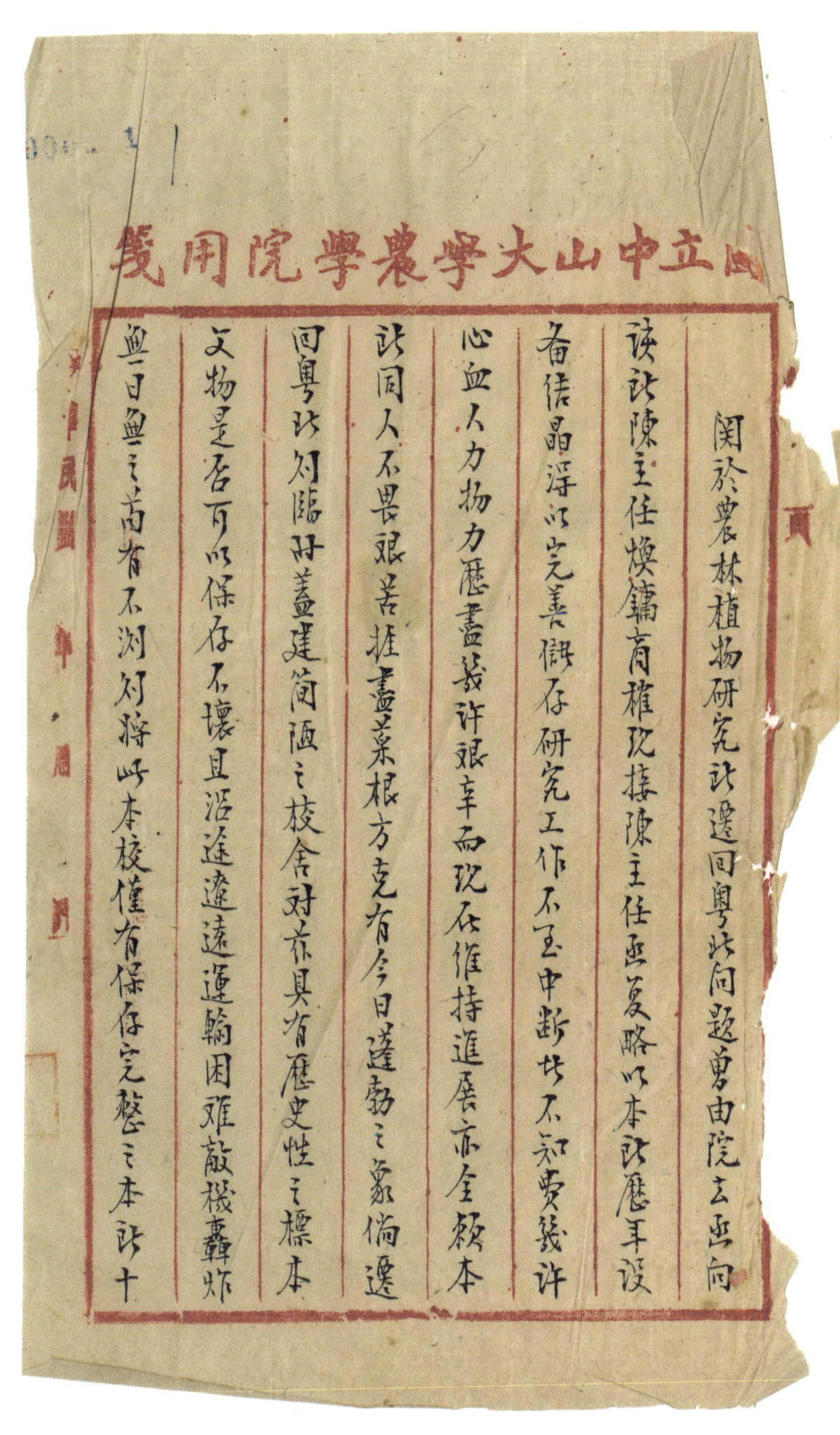
國立中山大學農學院用箋

關於農林植物研究所遷回粵北問題曾由院去函向
該所陳主任煥鏞商榷現接陳主任函復略以本所歷年設
備經營得以完善俾存研究工作不至中斷此不知費幾許
心血人力物力歷盡艱辛而現在維持進展亦全賴本
所同人不畏艱苦咬盡菜根方克有今日蓬勃之象倘遷
回粵北則臨時蓋建簡陋之校舍對於具有歷史性之標本
文物是否可以保存不壞且沿途遙遙遠運輸困難敵機轟炸
無日無之苟有不測則將此本校僅有保存完整之本所十

國立中山大學農學院用箋

數年心血結晶毀於一旦前此所費千辛萬苦設法保存者功虧一簣實屬可惜且輸運費用預計非國幣三數十萬元不辦況搬運所需時日恐非數月不可對本所工作勢必中斷何如此擲金錢時間於虛牝曷若一仍舊貫靜待抗建完處運輸利便方行遷回舊址庶金錢時間均得經濟云云並附該所遷港後簡要工作及收支實況報告一份查該所遷回粵北之困難及經費支絀各點尚屬實在情形茲謹檢附工作報告一份轉請

中華民國　年　月　日

頁

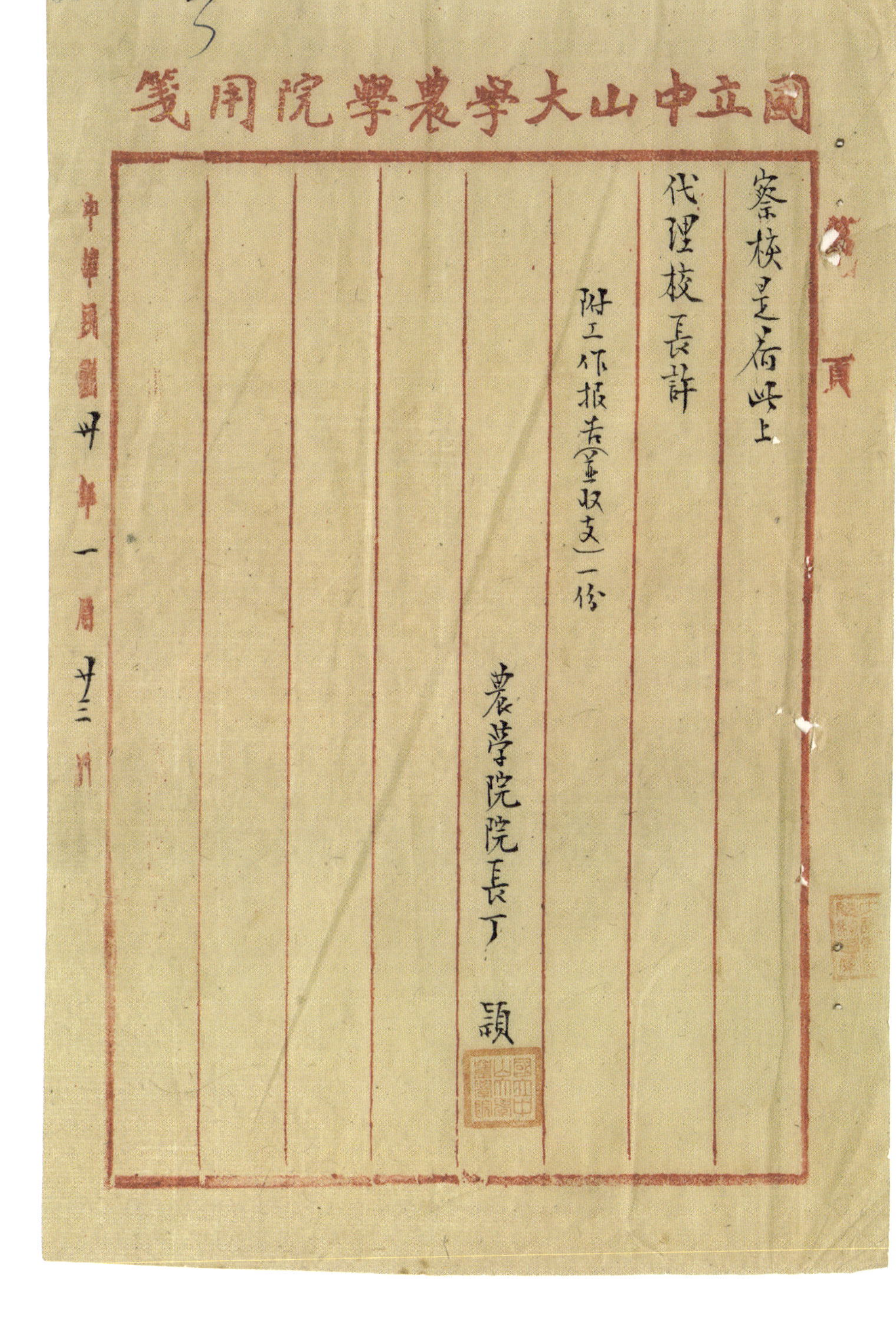
000.3 05

3

國立中山大學農學院用箋

第 頁

案校是否毋上

代理校長許

附工作报告(並收支)一份

農學院院長丁 頴

中華民國卅年一月廿三日

国立中山大学关于各员学生来往坪石时须配带证章符号等情的布告

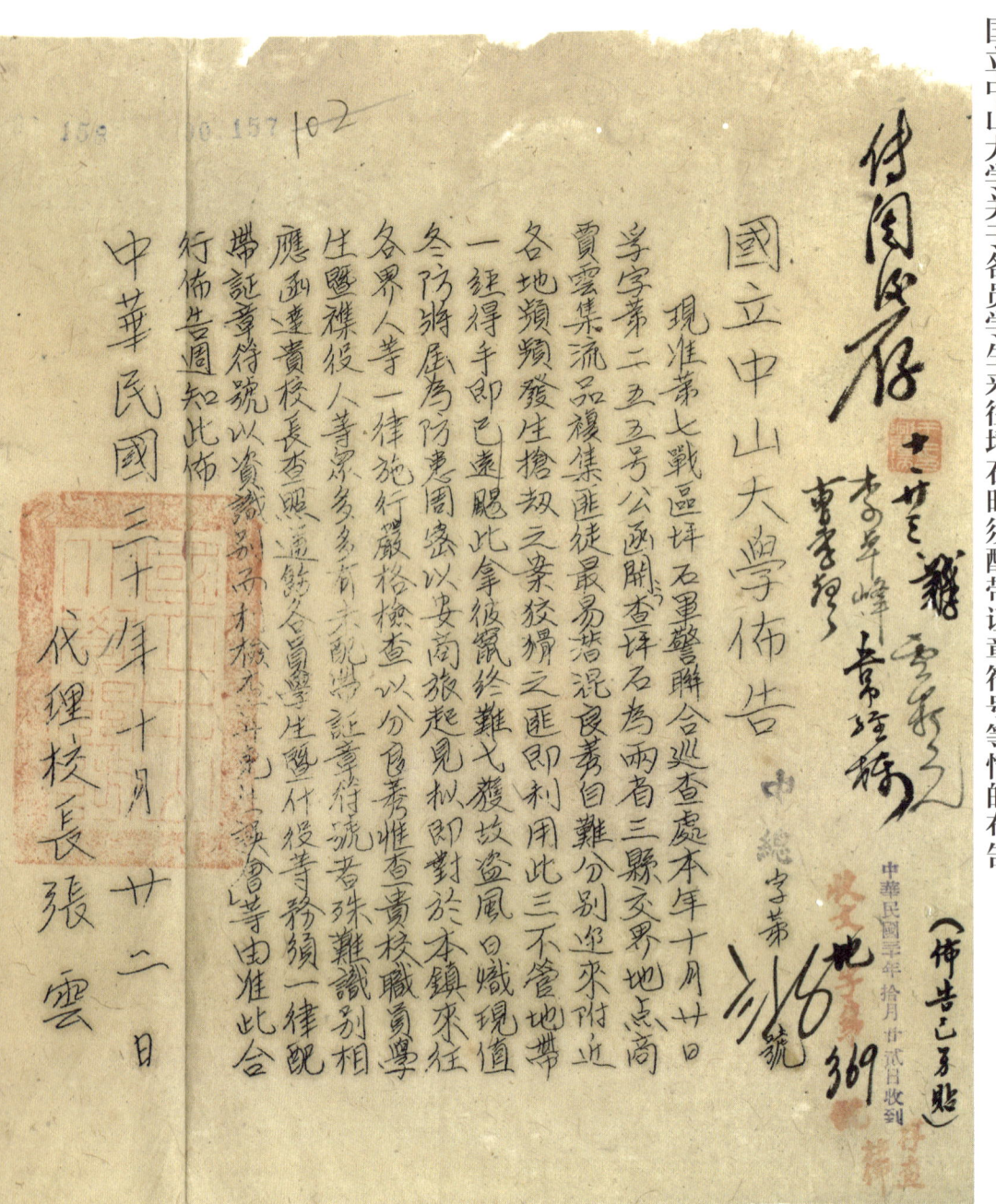

国立中山大学佈告

現准第七戰區坪石軍警聯合巡查處本年十月廿日字第二五五号公函開：查坪石為兩省三縣交界地点，商賈雲集，流品複集，匪徒最易潛混，良莠自難分别，迩來附近各地頻頻發生搶刼之案，狡猾之匪即利用此三不管地帶一經得手即已遠颺，此拿彼竄，終難弋獲，故盜風日熾，現值冬防將屆，為防患圍衆以安商旅起見，擬即對於本鎮來往各界人等一律施行嚴格檢查，以分良莠，惟查貴校職員學生暨襍役人等衆多，多有未配帶證章符號者，殊難識别，相應函達貴校長查照，通飭各員學生暨一什役等務須一律配帶証章符號，以資識别而杜檢查時發生誤會等由，准此，合行佈告，週知此佈

中華民國三十年十月廿二日

代理校長 張雲

国立中山大学代理校长张云关于请报告由澄江运坪石装载器物之木箱实存数目并将其妥为保管的函

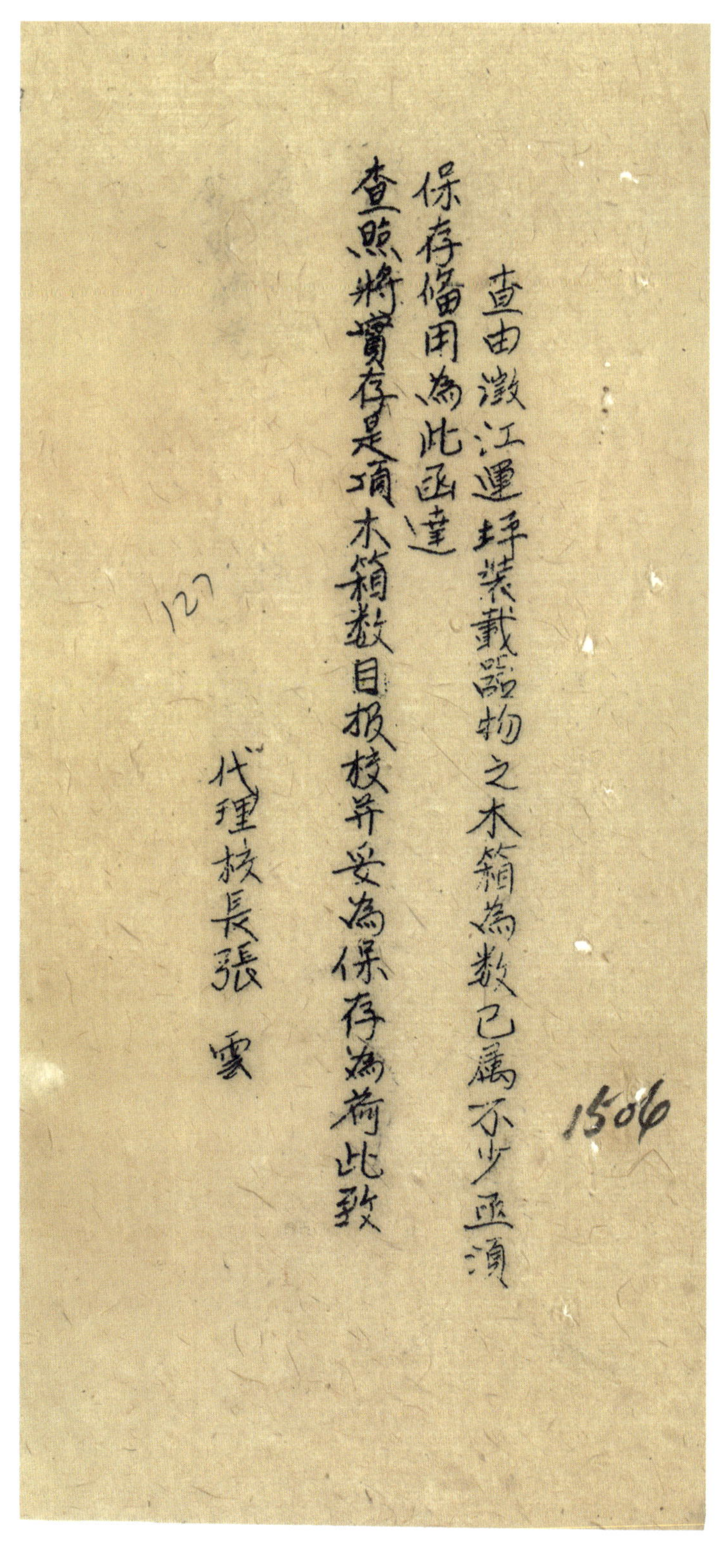
1506

查由澂江運坪裝載器物之木箱為数已屬不少亟須
保存備用為此函達
查照將實存是項木箱数目報校并妥為保存為荷此致

127

代理校長張 雲

国立中山大学代理校长金曾澄关于做好迁校准备工作给农学院的函

撥交公物保管會 第 號 六十三

案由：現以時局緊張本校為防備不虞起見曾呈 教部請示机宜及預撥臨時用費以資因應業奉電復着提前結束課業等因自應遵照本年未奉准核發款及照示遷移辦法以前現學列考試已告完畢應乘事務較簡之際先作下列各項準備俾於用費有着必須遷避時有所依循

(一)各學院儀器圖書案卷應即先行裝箱於箱身兩傍標明最要次要字樣并分別編號將箱內所載內容備冊登記於必要時遷出指定地点藉候運送其非重要公物留存勿運其未運出前如遇空襲緊張時先儘運船移往別處由各該院派員在船看守裝箱必須檢查確屬公物方可釘封

(二)圖書總館各項書籍於裝箱後先將其最要者移置東源堡由該館為農學院應務組速洽辦理所需用費列表報請

複寫 十二份 第 號 六十五　遷建卷 1163

校发

(三)所有公物木箱严禁搀入私人物品查出者除将物品没收外责赔偿运费外并将装箱人及寄物人分别处分

(四)一切木质傢具均不迁移遇同不急要抑不迁运之公物应先列具清册二份送校备查于必要时由各院部处务人员在各该单位所在地集中置放请托当地乡镇公所及保甲长等协同照料并酌派工警留守

(五)所有自建校舍应即将类别座数所在地及构造大略列具二份送校汇编至向当地借用及租用民间之房舍均须与业主洽商保留如可能并须续订租约预付半年[illegible]

(六)各院部处应即调查所属教职员工警每人直系家属人数(以父母夫妻子女为限分成年小孩两类)住址及必要疏散时须携带行李件数(行李应以皮箧藤篮及铺盖为限)列册一式三份送校备查

(七)关于疏散时沿途运送医疗事须由侍卫组订拟办法送校并

请
张处物贯
办理

请
张处物办理

抄送各学
信诸来

防衛所槍枝管理事宜由軍管組蕭主任教官會同校警
隊何隊長訂擬送校
上列各項即希查照分別辦理
此致
農學院

代理校長金曾澄

學總字第1889號

中華民國卅三年六月十二日

国立中山大学疏散委员会第一次会议记录

疏散委員會第一次會議紀錄

日期：卅三年六月十九日下午一時半

地點：同德會樓上會議廳

出席者：

江　琳(法)　房之龍(醫)　楊錦雅(工)　鄧[illegible]棨(註)

鄭鴻俊(附中)　杜定友(圖)　桂　浩(農)　趙策六(總)

周梅叟(訓)　劉維漢(醫)　陳堅若(先)　張泉林(研)

張添華(研)　李慶甡(會展)　陳道明(法)　張朝相(工)

羅時憲(出)　虞仰泉(文書)　韓　炎(教)　朱子範(文)

王秀南(師)　李金佳(文)　王俊人　趙善性(保)

羅宗堂　鄧植儀　毛禮銳

主席：金曾澄　紀錄：朱天一

甲、報告事項

主席報告開會理由

法學院代表丘琳報告準備及臨武商租房舍情形

文學院代表朱子範報告準備情形及接洽臨武覓租房舍情形

醫學院代表房之龍報告準備情形

先修班代表陳堅若報告該班準備情形

農學院代表李慶麟報告準備情形

工學院代表張朝相報告準備情形

乙、討論事項

(一)各院部疏散地點應如何統籌分配案

議決：地點決定連縣星子臨武三處

(二)關於其他各議案逐項討論案

議決：提前討論第七條議案

(三)關於第七條議案籌備時期工作人員應如何組織配定案

議決：關於全校性疏散委員會不必組織各學院自行組織疏散委員會負責辦理其他各項議案不必討論

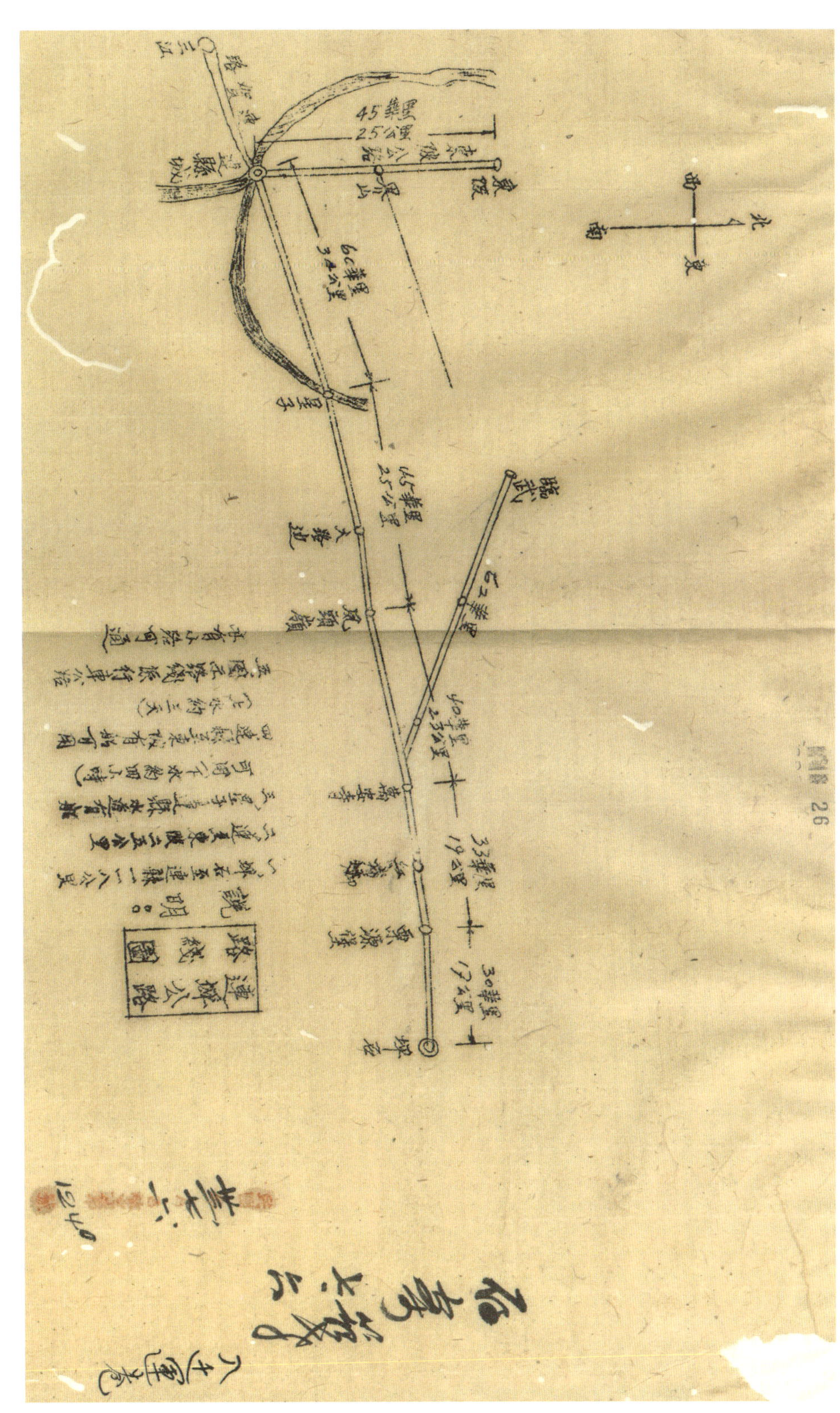
北
东
南
西
东陂
界山
连县城
三江
星子
大路边
凤头岭
临武
坪石
连坪公路路线图

国立中山大学代理校长金曾澄关于派员到疏散目的地工作等情给农学院的函

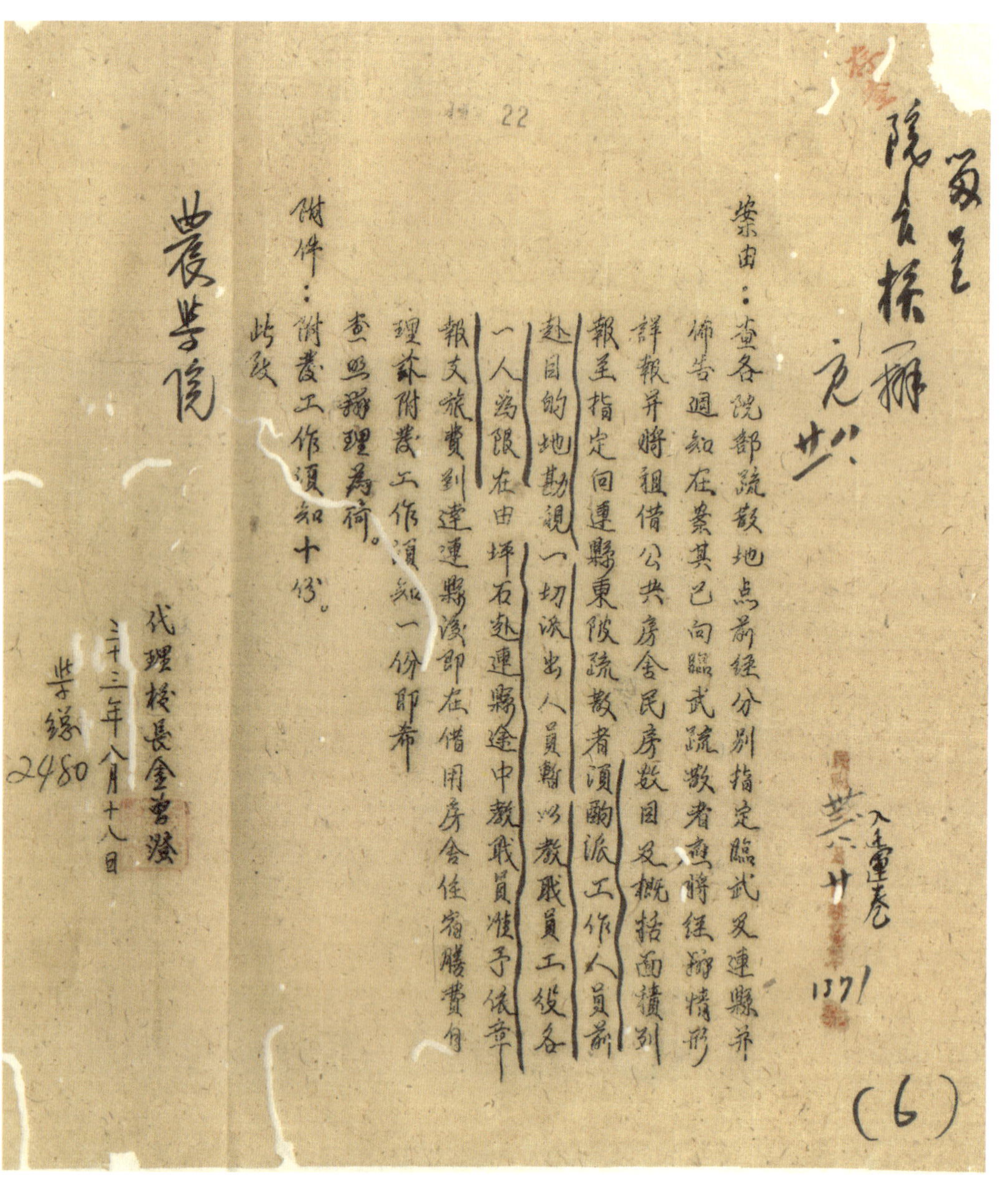

案由：查各院部疏散地點前經分別指定臨武及連縣并佈告週知在案其已向臨武疏散者應將經辦情形詳報并將租借公共房舍民房數目及概括面積列報呈指定向連縣東陂疏散者須酌派工作人員前赴目的地勘視一切派出人員暫以教職員工役各一人為限在由坪石赴連縣途中教職員准予依章報支旅費到達連縣後即在借用房舍住宿膳費自理茲附發工作須知一份即希

查照辦理為荷。

附件：附發工作須知十份。

此致

農學院

代理校長金曾澄

三十三年八月十八日

国立中山大学图书设备疏散费用表

附[illegible] .12

圖公物疏散費用表　三十三年八月二十日製

疏散地点	類別	箱數	每箱斤數	共計斤數	每斤運費	合計運費	備　註
黄坑堡	重要	117	45	5,265	6,50	34,245元	重要書籍有384箱除267箱運連外只以上数
芭蕉堡	常用	316	40	12,640	4.50	56,880元	
[illegible]堡附近	次要	235	40	9.400	1.50	14,100元	[illegible]處周圍十里
租金及雜偏金	---	---	---	---	---	4,775元	[illegible]費及[illegible]費
共　計	---	668	---	27,305	---	110,000元	

国立中山大学代理校长金曾澄关于派员赴仁化筹备疏迁工作给各学院的笺函

存查

廿八、十一

入迁运卷

1607

133

學總字第六八七九號

案由：現以時局動盪，為預防萬一計，前經函請醫學院派員前赴仁化勘覓疏遷地點，經由李院長親到仁化縣內各地勘定大小祠宇六十餘間，由校分別規定各學院使用。除醫學院已另行覓定疏遷地址，醫學院暫定仁化縣石塘為疏遷地址，由各該院自行派員籌備外，其他各院現校應即選派職員工友各一人，於十一月　日上午八時到校本部集合，會同校本部職員前往樂昌向醫學院接洽暫借房舍，及與李院長洽明進行辦法後，即聯同循陸路前往仁化分赴指定地點，依照附發工作綱要辦理籌備事宜。派出人員職員每人得領支旅費國幣叁千元，依實報銷，並預借薪津米代金國幣肆千元；工友除車費由職員代買及代報銷外，並預借薪津米代金各兩個月。又在籌備時期新工作緊要，派出看守公物者

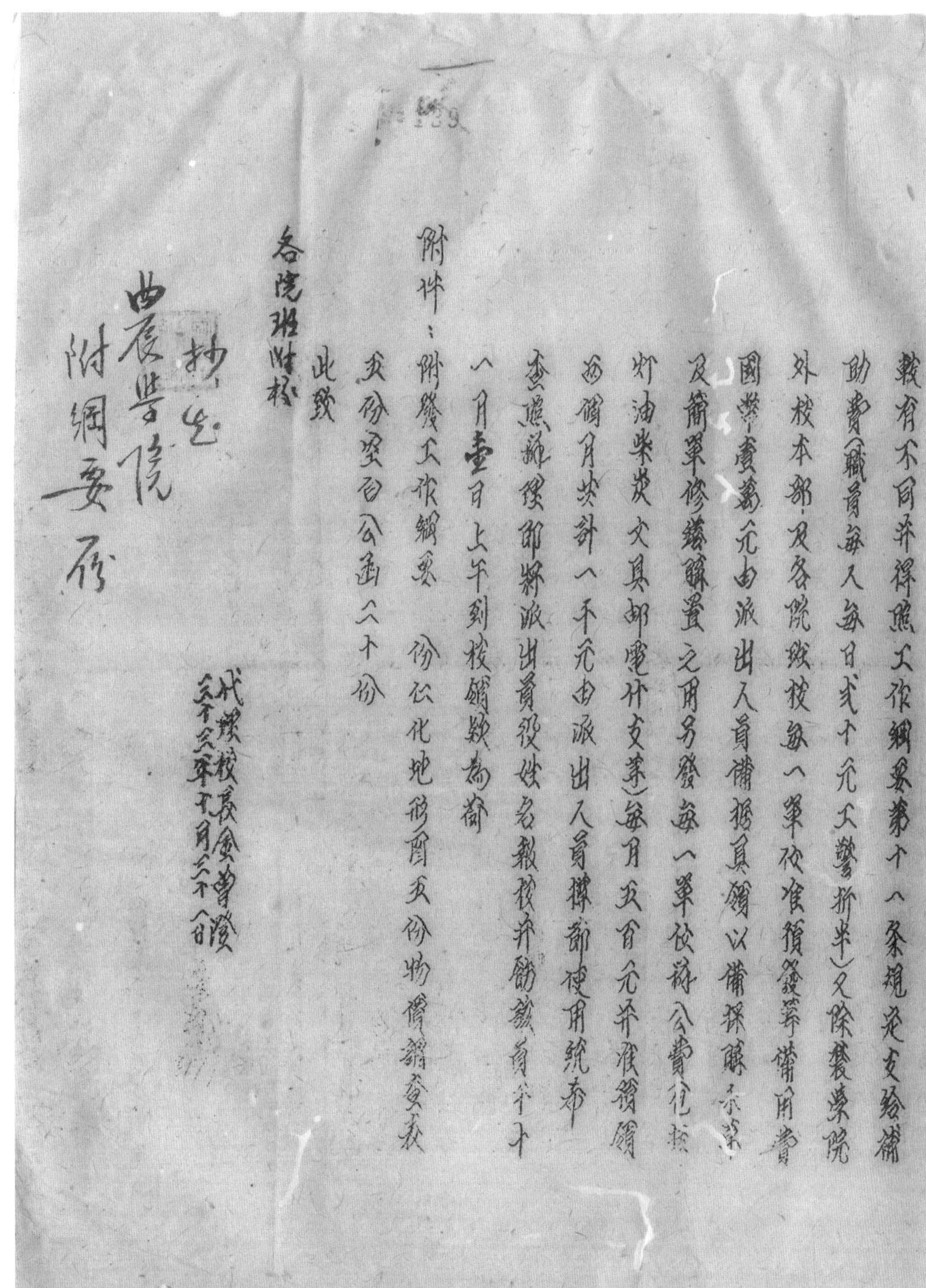

敎育不同并得照工作綱要第十八條規定支給補
助費（職員每人每日貳十元工警折半）又除農學院
外校本部、及各院處校每一單位准預發籌備用費
國幣壹萬元由派出人員備據具領以備採辦木料
及簡單修繕購置之用另發每一單位辦公費（包括
燈油柴炭文具郵電什支等）每月五百元并准預領
兩個月共計八千元由派出人員攜帶使用統希
查照辦理即將派出人員姓名報校并飭該員於十
八月壹日上午到校領款爲荷
附件：附發工作綱要　份公化地形圖五份物資辦交表
五份委託公函六十份
此致
各院班附校
代理校長金曾澄
三十三年十月二十八日
抄送
由農學院
附綱要　份

国立中山大学代理校长金曾澄关于通告战时学生迁离学校及疏散办法给研究院的函

案由：本校各院班附校现仍在原址上课各院学生注册日期亦经订定公布在案凡经注册各生自应专志习修勿为谣传所惑轻率迁动致荒学业倘因战事转变有须迁离原址时依照部定办法学生疏散时除有火车可通地段得由校发给票价乘车外应以步行为原则际此应变时期在校学生应以战时轻装为习尚勿仍挟随多量行李致碍行动希为查照通告所属各生遵照为荷

此致

研究院

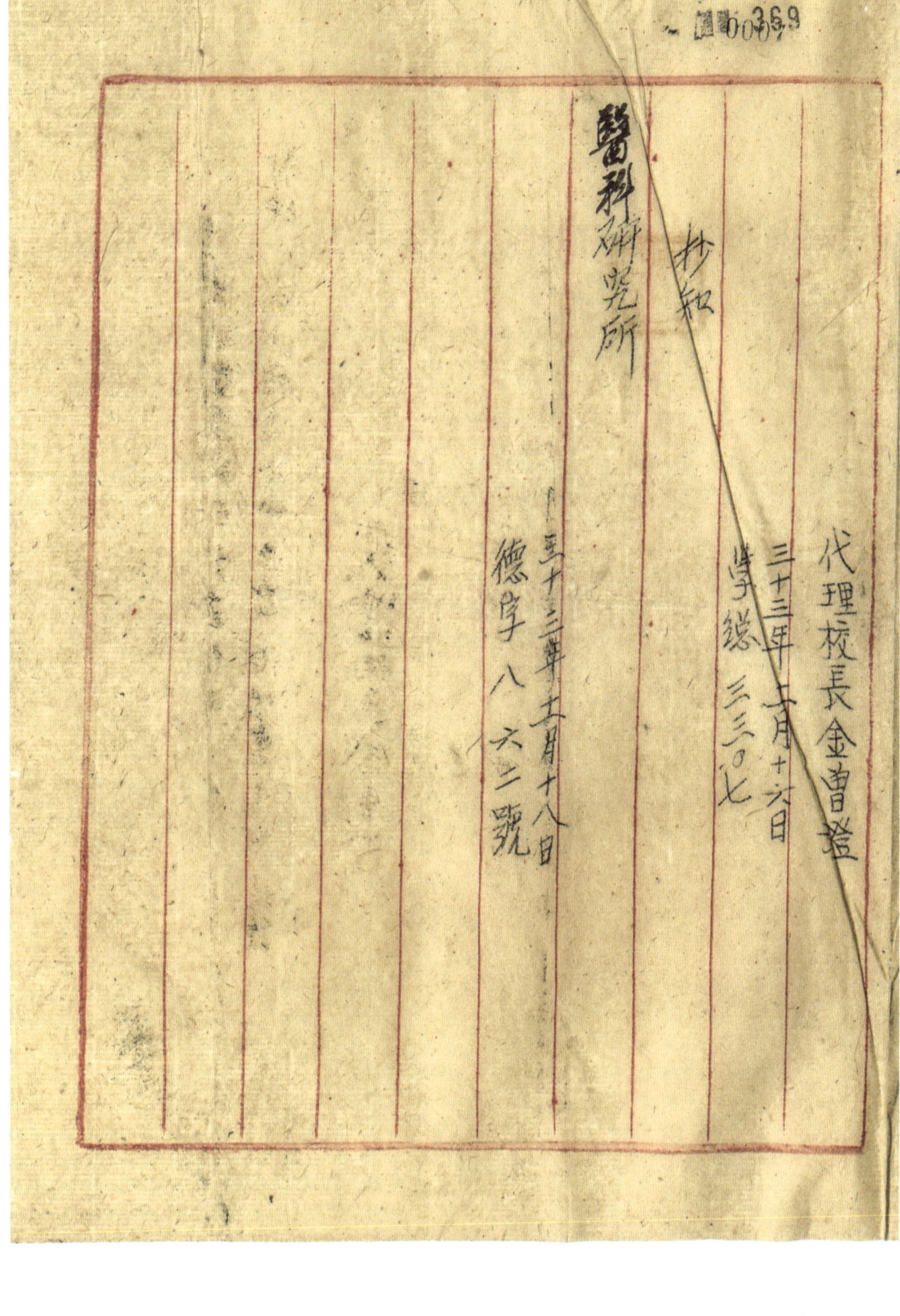

代理校長金曾澄
三十三年十一月十六日
學總三三〇七
抄知
醫科研究所
三十三年十一月十八日
德字八六二號

国立中山大学代理校长金曾澄关于图书的迁运及存放地点一案给图书馆杜主任的函

存查 允焘

案由：准總務處轉到本年十一月廿七日函附送圖書存放地點及數目表一紙，請察核并請將各院存放在星子圖書先行運回應研究之用

辦法：前送圖書存放表准予存查，至請運回各院圖書一節，現值時局動盪，運出公物除確屬需用經該學院具函到校，如請運回經核准有案者外，應仍置放存處，暫不運回，以節開支，除分知外，希為查照 此致

圖書館杜主任

代理校長金曾澄

中華民國卅三年十一月廿八日

學總3419

抄知 農學院

国立中山大学出纳组主任谭乃仁关于日寇侵犯粤北坪石等情给代理校长金曾澄和总务处的签呈

32

簽呈

查此次日寇侵犯粵北坪石始於一月十五日（星期一）略有所聞，十六日事勢遽急，在坪銀行郵局等相繼撤退，市面震動異常，本校爲適應事變，亦即於一月十七日公佈緊急疏散所有校本部公物（圖書館除外）應由庶務組領款統籌遷運在案。竊以本組與會計室經管之簿籍單據尤屬重要，爲安全計，本組與會計室當經會簽 鈞長核准本組室可先將本組簿籍單據十二箱（表册）會計室簿籍單據九箱即于十七日上午十時遷移車站轉運樂昌，放存本校附屬醫院保管，而職與本組職員遂亦追隨 鈞長于同日下午三時離坪而至樂昌，即在附屬醫院設置臨時辦事處，辦理本校應變緊急收支事宜。憶自一月十八日起至二十日下午五時止，因該項收支事務極爲繁忙，朝夕工作，實無暇晷，然在此期間，樂昌尚屬安謐所

21

有市面一切情況除人口因疏散略為增加擁動外概與平常無異而各方當局亦未
聞有任何緊急之報導反而縣府于二十日上午公佈盟軍降落傘部隊二千名將
于是日午間降落縣境協助作戰人心大安而附屬醫院遂即通告凡本校駐院人
員及放存該院之公物限在十二時以前一律遷出以留房舍為招待盟軍之用故本
校疏散放存該院公物（內計本組十二箱會計室九箱其他各部份數目未詳）由
庶務組梁籌轉遷至樂昌中學存放迨下午三時頃　鈞長由縣府探詢消息
回采轉述小公坑之敵一股已被擊退此外未得何項消息詎至五時頃因未見
盟軍降落隊降落反而敵機到襲掃射機槍秩序混亂繼而附城劇烈爆炸
之聲隆隆震動天地人心惶恐旋傳此為我軍爆炸鐵路橋樑所致至七時乃
宣傳樂昌局勢已急轉直下萬分危急時值黃昏滿城風雨　鈞長因是火急

前赴各方查探實況至八時頃先行派員由縣府趕回報導着即火速星夜準備限在明晨未曉前一律轉遷樓下等因入夜九時　鈞長公畢回來指示緊急疏遷機宜方其時全市已入特别戒嚴時刻（自下午六時起戒嚴）交通斷絕不准行人故當晚絕不能僱請伕力船隻搶運公物惟局勢嚴重至此至夜深二時　耽尚聯同虞主任（憶其時虞主任尚正在親自趕辦本校明晨緊急疏散各項文告）向　鈞長請示明晨應如何竭力設法僱伕搶救公物既而槍聲清晰可聞敵人壓境終夜徬徨本組同人坐以待旦蓋此時本組保有校款除日來已開支者外尚有國幣伍百餘萬元分裝六籮份量既多又屬笨重此外另有隨帶單據不少如何方能僱得伕力搶運此誠當時最感困最焦灼之問題至二十一朝五時乃分派本組各員四出僱伕至七時頃各員報稱

全市商店均已閉門市民紛紛逃難毫無結果於斯時也槍聲愈密而愈近烽火滿城郊乃敵機復同時致襲人人均感大難來臨扶老攜幼爭相逃命在此時際可謂千鈞一髮危急孰甚顧本組當時責任不論如何危急艱鉅必須設法能得搶運此值百餘萬元之校款誠以事關公帑而今後全校應變費及員生戰時生活費均賴於是故也既而九時敵焰更熾局勢更險而渡河浮橋亦將破壞閭巷時距敵僅及二三里許在此嚴重最後關頭始勉得截留本校工友四人將鉅額校款救出與本組同人則行李書物損失特重單身隨同押運至下午二時抵樓下而校款幸免損失惟因當時事出萬分倉猝事後發覺尚有本組皮包一個內載銀行存款來往簿入金簿空白支票支票存根教職員名冊領款印鑑及本組各重要文件等物仍留在

附屬醫院本組臨時辦事處內再查本校運往樂昌中學放存之重要公物（計本組重要冊籍賬簿單據等十二箱在內）亦因庶務組臨時無法僱得伕力未能統籌搶救運出此種情形到達樓下時業經面呈 鈞長鑒核 職 後即指派本組組員羅天博帶同工友陳炳設於一月廿三朝折回樂昌相機設法搶救本組所遺公物詎該員等於廿四日回抵石塘後稱到達西瓜地時已被我防軍藉予攔阻不准通過無法入市達成任務等語 嗣校本部遷達仁化之扶溪鄉後本校當經函請一六〇師駐石塘張團長派員協助職員張譽元蔡潤鳴等潛回樂昌設法搶救公物 職 亦經着本組職員關若愚就近在石塘與各員會商特別注意搶救本組公物詎該員張蔡等後稱謂潛回樂昌後查得附屬醫院已被劫一空而當時在樂昌中學放存本校公物之房舍連同公物已被

23

呈三前文
由出納組
之稿

37

焚燬眼見本校文卷册籍單據之灰燼滿地等語似此情形則本組遺落樂昌之重要單據册籍賬簿文件等十二箱又一皮箧即與其他部份公物同遭浩劫歸於烏有然推致此實緣戰事惡化太急事前既無正確情報可查而地方當局截至一月二十日下午之時戒嚴之前實尚未見公佈疏散令以致市民多有誤過及時疏散時機而本校亦因此釀成此種公物重大損失所有本組被焚公物無由挽復殊堪痛惜

至此次事變本組經管校款雖幸免損失然因帶至樂昌之重要簿籍單據悉被敵劫燬無可挽復故現在對於賬目之勾稽與將來辦理報銷至感困難現為核對本組當時在坪石疏散前一日（即一月十六日下午）結存現金數經管現金賬目起見當經先向會計室詳為查詢准該室佐理員楊德民君

稱此次會計室疏散樂昌之賬簿傳票單據亦已被敵焚燬現所能帶出者僅有出
納組年來每日造送之收支日計表等語當經請將本年一月十五日（星期二）該項
日計表檢出（查十五日之表為疏散前最後所編者）以便查對當日結存現金數
並一月十六日收支各數則因本組於一月十七日上午已遵辦緊急疏散事宜故未
能照常造表送請備查而所有十六日收支單據傳票連同現金備查簿裝
在本組公事箱運往樂昌已被焚燬（查本組向來每日收支數目則於翌日上午
造表連同傳票單據分送會計室及總務處辦理合註明）惟查一楊佐理員所
檢出者則以本組一月十二日所編之日計表為最近、而十三日及十五日之報表（十四
日為星期日因無收支例無報表）而付闕如、此為散失抑已被焚現難臆斷故
本組在一月十三日（十四日星期日）十五日及十六日三天內所收支並經會計室

24

製傳票登賬之各數（十六日之數因未及送回會計室在該室則未登賬合註明）及十六日結存現金數現難查攷、至自十七日晚後〔起〕收支各數因時期係在坪石疏散之後〔公物裝衣箱〕故未將單據裝箱隨身帶出現均保存故該等數目自有可查

現復憶前述自一月十三日至十六日三天內收支數目関於收入部份除十六日下午奉 鈞長轉來粵省教育廳發給本校學生救濟費壹拾萬元之外其他則無〔何〕項收入関於支出部份則因支出事由〔各〕紛繁而數額又大小奇零不等現既無簿籍單據報表為據其中所支何項數額若干實難記憶擬請准予略假時日一俟時局粗定即向各有関部份詳為查詢明確自當另行呈報察核至現查會計室僅存一月十二日收支日計表則本〔為最近〕截至

十二日止經管現金結存數為壹仟陸佰柒拾陸萬叁仟伍佰叁拾柒元叁角壹分

正合併陳明

所有此次事變本組奉令疏散樂昌遇敵搶運公物經過暨損失校

款賬目單據各情理合簽呈

鈞長察核并懇核轉呈 教育部審計部查照備案

謹呈

總務處

校長金

出納組主任 譚乃仁 謹呈

中華民國三十四年五月五日

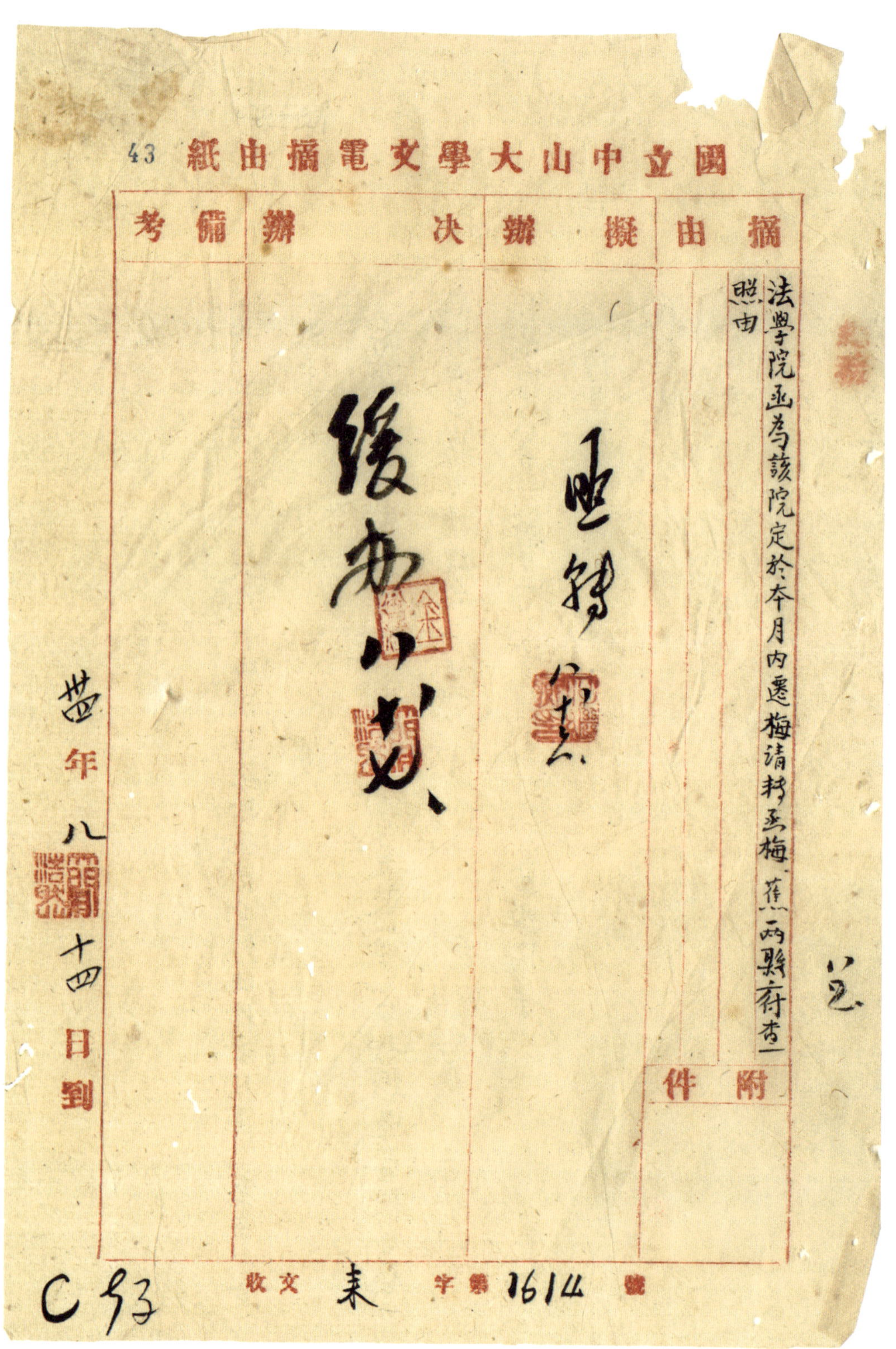
43 國立中山大學文電摘由紙

摘由	擬辦	決辦	備考
法學院函為該院定於本月內遷梅請轉函梅、蕉兩縣府查照由	函轉	緩辦	

附件

卅年八月十四日到

收文 来字第1614號

国立中山大学法学院院长胡体乾关于该院将迁往梅县请转函梅县蕉岭两县府查照给代理校长金曾澄的笺函

45 44

國立中山大學法學院簽呈

發文臨字第二一三號

中華民國卅四年八月十一日

事由：函為本院定於本月內遷往梅縣請轉函梅縣蕉嶺兩縣府查照由

決辦

擬辦

備考

附件

簽由：查本院經奉核准在梅縣水南鄉灣下租定院址定於本月內由蕉嶺文福鄉路亭開始遷移籌備在新址上課相應函請

察照希轉函梅縣蕉嶺兩縣府查照為荷

此上

代理校長金

法學院院長胡體乾

国立中山大学存放粤北各地公物统筹运输办法

本校存放粤北各地公物統籌運輸辦法

一、採用最經濟辦法就撥借之運輸費五百萬元數額內（其中壹百萬元已撥連縣並經將存連公物全數運回）將全數公物運回如不敷用即擇要先運

二、如不能全數運回時除將急要公物先行運返廣州外其餘一律運至曲江集中暫留職員一人及警三人負責看管其餘人員概行回校留守人員薪餉由主管部份代領撥解匯寄

三、所有起運器物應以學校公物為原則如公物箱內藏有私人用物則應檢出不予運載至遺存少數傢具可交當地機關代為保管關於自建房舍據報多已殘破不堪可列冊交由鄉公所看管

四、押運員役由楊邦傑趙東六兩先生就留守坪石樂昌粟源堡等處人員調用並支配工作（給押運證明書（另寄））搭船每人行李以一挑為限如帶家屬者須報明楊趙兩先生核明無礙公物運載始准附搭

五、運輸公物應於收到續撥之運費叁佰萬元時應即集中坪石並限於一星期內起運不得躭延

六、押運人員伙食津貼費應由坪石開船之日起至到達廣州

之日止其指派蔣駿由漢著計至到廠之日止負責押運教
職員每日得支津貼費壹百弍拾元工警每日壹百元

七、公物運抵廣州附上岸地點宜津天字碼頭或附近地點

八、理院存半頭沙公物八百餘箱未派職員管理現加派該院
職員梅仕強赴坪協同辦理會部公物運輸事宜

九、工院公物搜回廿餘箱除已由連縣運回三箱尚存坪石廿箱
外尚有化工系儀器藥品三箱及零碎機件存於新村朱保
長家中又有測量儀器六副帶與粤漢路局工務段曾段長
更有池安熊救出公物八批迄未交還須專人前往洽辦現
派該院助教盧法赴坪專司其事同時會同辦理會部公物
運輸事宜

十、理工兩院所派人員惟於首途時每人預借薪津五萬元仍
在應領之薪津扣還該員等去程旅費於到達坪石時得出
整數每人五萬元備撥向楊邦傑先生領支在已匯之運輸

費撥付由該員等核實依章報銷回撥旅費由楊趙兩先生
統籌支給

十八、研法兩院存放罗坝及石壕公物共十七挑擬該兩院會報
擬派員二人運回請發旅運費廿六萬餘元為節省用費起
見擬由楊趙兩先生及駐渝兩院加派人員協同該院運回
并由研法兩院擬存放地點摘留人員名及提取手續報核
轉知渝石楊趙兩先生俾資辦理

国立中山大学迁址后各院新舍建筑概况一览表

國立中山大學遷址後各院新舍建築概況一覽表

二十年二月一日製

院別	地址	承建人	建物種類	座數	總面積	原訂工程造價	預算成總造價	簽約日期	原訂完成日期	工程進度現況	備考
工學院	三星坪新村	聯信公司	學生宿舍五座(容80人)厨房三座膳廳三座厕所三座浴室二座教職員宿舍一座(容二十人).	十七座	156.32	21[illegible]3.0元	2950[illegible]0元	29年11月11日	30年1月20日	本項工程因雨天延擱大体已成不日竣工該項工程成績頗佳	此約不包土方及欄隔牆地台級工程之工料費造成價預照原訂加35%
工學院	三星坪新村	祥利公司	學生宿舍二座(容80人一座容64人一座)厨房二座膳廳二座厕所二座浴室一座教職員宿舍一座課室大小共十二座製圖室三座.	廿五座	160.44	22092.6	30000.0	29年11.11.	30.1.16.	本項工程因雨天延擱并塁增工程大体已成不日竣工該項工程成績尚佳	此約不包土方及欄隔牆地台級工程之工料費造成價預照原訂加35%
師範學院	管埠	合成公司	男生宿舍三座學生膳堂兼禮堂一座學生厨房一座男生厕所二座浴室二座女生宿舍一座厕所一座浴室一座課室大小十五座教職員宿舍三座膳堂兼厨房一座厕所一座浴室一座	卅三座	197.54	32791.7	39500.0	29.12.4.	30.2.10.	本項工程進度頗速成績亦佳現已完成大半	此約不包土方地台板牆灶工程之工料費造成價預照原訂加20%
一年級軍訓大隊	車田壩	聯信公司	男生宿舍四座課室膳堂兩用室二座大厨房二座小厨房一座面浴兩用室二座厕所二座小便所二座女生宿舍一座女生小厕所一座女生浴室一座女生自修室一座小教室一座共用小教室二座共用大教室四座.	廿六座	156.65	28993.2	33500.0	29.12.8.	30.2.25.	本項工程在進展中.	此約不包土方地台板排水溝之工料費造成價預照原訂加15%
醫學院門診部	樂昌	恒益公司	門診部一大座门房掛號處一小座.	二座		11884.0	15500.0	29.12.20.	30.2.12.	本項工程在進展中	此項工程略有增加造成價預照原訂加30%
文學院	青洞	恒益公司	大厨房一座男生厕所一座女生厕所一座浴室兼洗面室一座三十人課室[illegible]座膳堂兼禮堂并大課室一座.	九座		8912.6	11200.0	29.12.24.	30.2.4.	本項工程因運輸困難又因雨天延擱現促趕進中	此項工程稍需擴充造成價預照原訂加25%
法學院	武陽司	耀華記公司	教職員宿舍一座男生宿舍五座女生宿舍一座厨房二座厕所四座浴室二座洗面間二座女生膳堂一座.	十九座	187.26	35410.0	40800.0	30.1.11.	30.3.14.	本項工程已開工工程在進行中	此項工程造成價預照原訂加15%
現在進行之工程:1.車田壩一年級軍訓大隊增建工程. 2.三星坪工學院機械工場工程(鑄造廠,木工場實習場). 3.塘口理學院化學實驗室生物地質實驗室天文台工程. 4.三星坪工學院電氣實驗室工程. 5.樂昌醫學院附屬醫院工程.						計劃已成最近可簽約 計劃已成最近可簽約 除天文台外計劃已妥在招商中 計劃已成擬最近進行招商 着手計劃中.	150000.0				
預計表列之工程費全部統計約國幣							三十五萬元.				

工程組主任虞炳烈報告

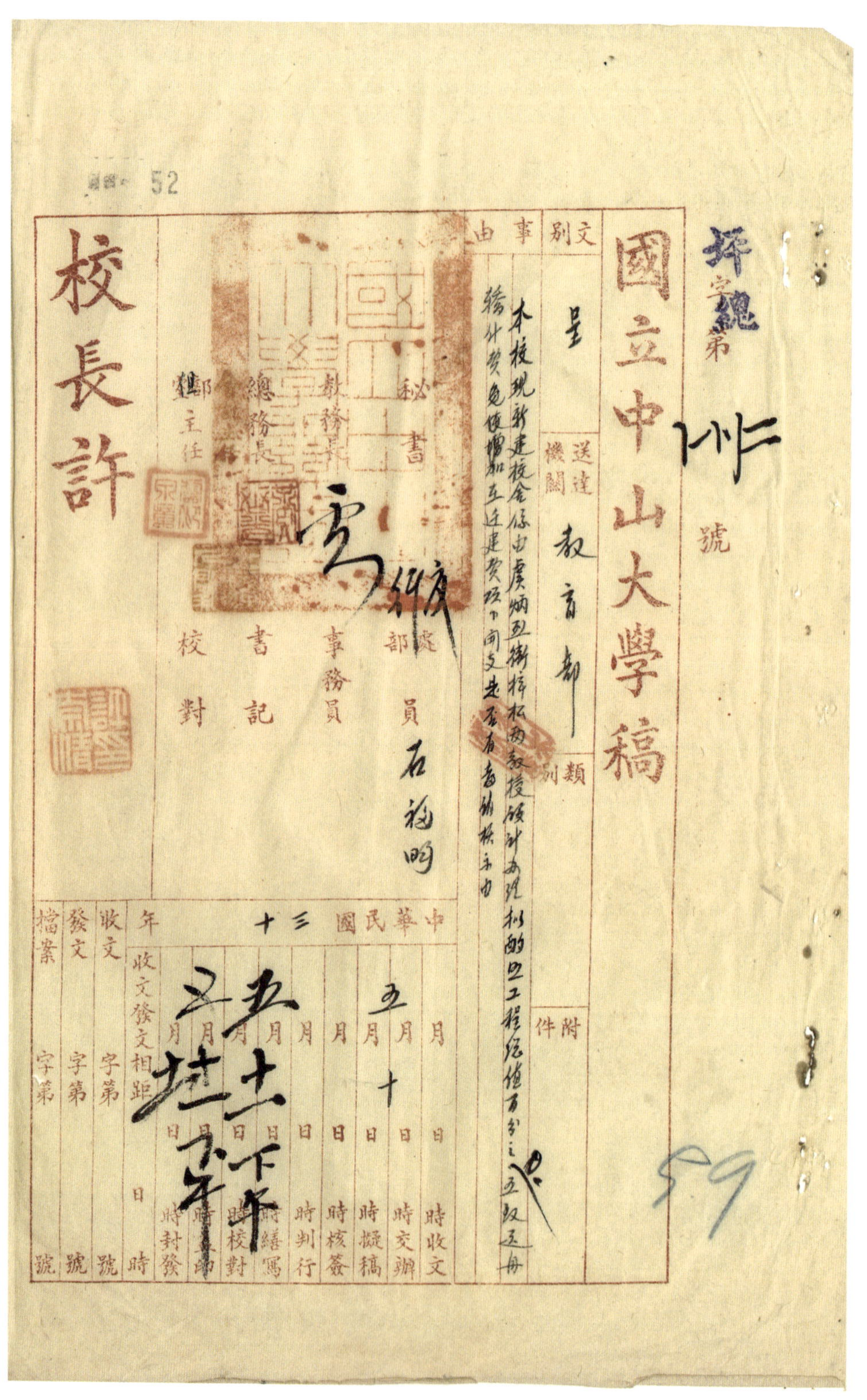

國立中山大學稿

文別：呈

送達機關：教育部

事由：本校現新建校舍係由虞炳烈衛梓松兩教授設計辦理擬酌照工程總值百分之〇.五[illegible]作設計費免使增加在遷建費項下開支是否有當請核示由

總字第　號

秘書　教務長　總務長　主任

處部員　右稿明

事務員　書記　校對

校長許

中華民國三十　年

五月十一日

國立中山大學代理校長許崇清關於擬照工程總價百分之零點五作虞炳烈和衛梓松設計費一事給教育部部長陳立夫的呈

53

57

查本校迁地粤北，除利用公共场所外，新建校舍约共三十五万元，先后由工学院建筑系教授虞炳烈、卫梓松设计并负责一切工程进行，惟是各院散处各地，督促监理，固极辛劳，而因公往返，各种舟轿等费耗用亦夥。查前在石牌建筑新校时，系循校外工程师设计，依照所造工程总值百分之三致送酬金，现虞、卫两教授在校任事，拟酌照造价百分之五致送舟轿什费，在迁建费项下开支，免使个人于兼任本职以外事务而增加额外负担。是否有当，未敢擅便，理合备文呈请核示祗遵，实为公便。

谨呈

教育部部长陈

国立中山大学代理校长许〇〇

稿

54

本件付本
新任部長轉達
核長審批
運輸費用
材思
經呈部批准
不敷數額
另稿呈

呈教部本校迁回粤北坪石用去共
報運發原約六十卅五萬元嗣由工學院核撥萬
查粵漢鐵路株州關於運費數額照價辦理因於
本校前因戰事上在府舟轉出費視用前數查前在石牌遷
華新校時多請外同本校師生計佈工程經經本分之二數
運輸查現粵漢鐵路在在任子柳如已遵價百分之五五
運舟轉什費免使個人于東任本校以外子府而增加額外
負擔

五·廿八

国立中山大学文学院院长谢扶雅关于请将从前兴修的清洞工程移作铁岭工程等情给代理校长许崇清的函

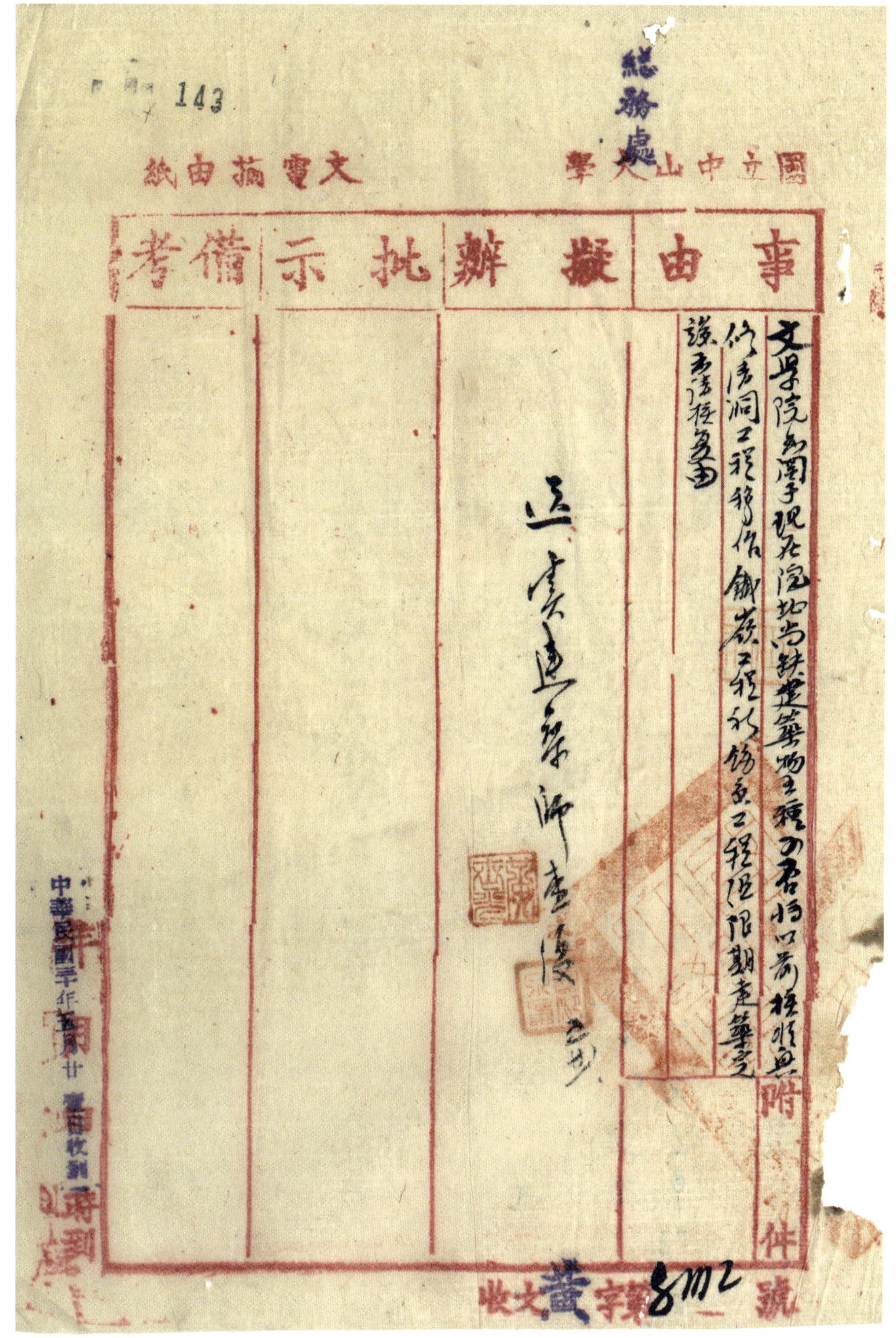

143

總務處

國立中山大學文電摘由紙

事由	擬辦	批示	備考

附件

收文　字第8112號

144

第一頁

查本院遷址鐵嶺除課室圖書室男女生宿舍及辦公室尚足分配外計尚缺飯堂厨房浴室厕所及臨時禮堂各一所亟須在短期内趕為添建俾資應用大致估計上述五種建築物約為國幣四千五百元查本院前在清洞業奉鈞長核准交工程組招商估價興建之工程有(1)校醫室一所(2)員生同樂會一所(3)課室兩間其建築費至少共在七千元以上此項工程因決定遷院目早停止

中華民國　年　月　日

國立中山大學文學院用箋

第二頁

現在本院移至鐵嶺可否即以前經核准興修之清間工程移作上述鐵嶺工程即飯堂、廚房、浴室、廁所、臨時禮堂等五種之建築費比對尚能省出三千餘元並祈迅賜飭交工程組限期建築完竣俾無防碍本院課業相應函請

察核辦理見復是荷敬致

校長許

文學院院長謝扶雅

中華民國卅年五月廿日 國立中山大學文學院用箋

国立中山大学建筑天文台合约

國立中山大學建築天文台合約

13

14

國立中山大學工程合約

(一)業主、國立中山大學(以下簡稱甲方)

(二)承建人、源發祥(以下簡稱乙方)

(三)工程範圍、依照國立中山大學工程組所設計之圖樣及建築章程建造(圖樣及章程均附合約後)

(四)工程地点、在 樂昌縣屬坪石近郊塘口 國立中山大學理學院地址建築方向由甲方指定之

(五)工料價、本工程之全部建築工料費為國幣壹萬〇仟柒佰壹拾〇元〇角〇分正本合約後附表內所列各項工程單價係依照圖樣及建築章程包括工料費及其他一切應有之費用如在建築期中發生勞資糾紛或工料價值高漲乙方均不得藉詞要求增加工料等價

(六)合約附件、所有甲方所發之圖樣建築章程及乙方所開

列各項工程單價清單均附於合約之後而為合約之一部份甲乙兩方務須絕對遵守切實辦理

(七)開工期限　雙方簽妥合約已付第一期款項後限叁日內即須正式開工如到期不開工又未得甲方工程組書面核准者則不問任何原因應由甲方向乙方追回已交之一切預付款項外另罰款國幣伍百元并由甲方將合約取消另覓商店承建如乙方不能繳款時由擔保人負完全責任

(八)完工日期　本工程照晴天計限陸拾叁日(陰天不下雨應作晴天計)將全部工程完成倘若過期每日罰款國幣伍拾元但仍不得過期柒天否則取消合約另有兩天須經甲方工程組核准方得扣除

(九)監理工程　在建築期中甲乙兩方均須指派有經驗之工程人員常川留駐工場負責監理於開工時須將負責監理

人員之姓名書面互相通知乙方之監理人員須絕對接受甲方監理人員於工程合約範圍內之指揮監督如有不受指揮或不慎職守或有賄賂行為以圖偷工減料等情事甲方得依法嚴辦或令乙方撤換之反之如甲方之監理人員對乙方有超出工程合約範圍以外之苛求或故意為難以圖勒索有據者乙方得書面請求甲方嚴辦如經查明屬實甲方即應按照情節之輕重依法送辦或撤換之

(十)取消合約：　有下列之一者甲方得隨時將合約取消

1、逾越期限或於工程進行期中其工作未能按照規定進行經甲方書面通知而乙方仍不增加工數及設法改善者

2、不依照合約辦理雖經甲方工程人員之告誡及甲方書面之警告仍不改善者

3、乙方將全部工程轉包別人經查明屬實者

17

(十一)賠償損失：因取消合約而致甲方受損失時所有損失概
由乙方或乙方擔保店負責賠償

(十二)停工罰款：在工作期間內停工未得甲方工程組書面核
准者則不問任何原因每停工壹日乙方須賠償甲方損失
費國幣伍拾元但仍不得延誤完工日期如逾完工期限仍
另照本合約第(八)條辦理

(十三)付款期限：本工程建築費之款給應由乙方依照下列每
期規定之工程部份及程序完成後由甲方派員驗明屬實
即照下列分期付款辦法由工程組主任簽蓋領款証書呈
送校長批准後交給乙方支領

第壹期：簽妥合約及已得殷實商店保證後發給本工程工
料費總價百分之伍拾

~~第貳期：完成全部土方地脚支柱屋架四圍外牆及裝安[illegible]~~

第二期已全數歸入第一期發足

門框窗框發給工料費總價百分之

第叁期：完成全部地下至二樓一層之全層工程及二樓木板樓面俾安地下門框窗框并將廚房全部工程完全做妥 打樁鋪安泥面完成全部地台（或灰沙）地台或鋪磚或地板或坭地內將樓陽全部門窗

當時發給工料總價百分之貳拾伍

第肆期：完成全部批盪及全部工程并經乙方將房屋內外一切障礙物清除淨盡後發給工料費總價百分之貳拾

第伍期：將餘工料費百分之伍留作保固費須俟全部工程正式完工點收後肆個月由乙方報請甲方派員覆驗後一次付清之

（六）商店擔保發訂合約時乙方須覓殷實商店經甲方查明認為滿意者須在合約內填具保證擔保乙方確能依照合約辦理及因取消合約而致甲方將受損失均為該擔保商店

負責賠償如該擔保店中途歇業或由甲方發覺有不穩情況發生者乙方須另覓擔保不得推諉

(十五)增減工程：在工作進程中甲方對於圖樣及各種工程有修改之權倘因修改圖樣而致工程費變更時其增加及減少數量不超過全數百分之二十者均依照本合約第(五)條及附件各表所列之單價增減如所增之工程為合約上所未列或超過全數百分之二十以上則由甲方及乙方商議一公平之市價辦理乙方不得推諉不造或藉此要挾增價惟完工期限則按照增減工程數量比例增減之

(十六)工程驗收　全部工程完竣後由乙方用書面正式通知甲方派員驗收所有驗收均根據本章程之規定辦理其長闊之量度係以外牆面之距離為標準土方之計算祇計掘不計填

(十七) 工程保固：全部工程完竣經甲方驗收後以肆個月為保固期間并依照本合約第(十三)條扣發工料費總價百分之伍為保固費在保固期内如屋頂滲漏牆壁及批蕩破裂門窗歪斜及發現各種損壞或不良現象乙方須負責修妥否則由甲方另行僱工修理其費用俱由保固費内支給倘不敷時仍由乙方或乙方擔保店如數補足但遇意外災禍為人力不能抵抗者不在此例

(十八) 工場管理：在建築期間乙方對於工場上一切公共安全須特別注意如因管理不善處置無方以致發生意外時所有損失應由乙方負責與甲方無涉

(十九) 合約份數：本合約及附件共繕成同樣陸份兩份貼足印花為正本甲乙兩方各執壹份其餘為副本作分別承轉之用

(二十) 合約效力：本合約經甲乙兩方簽訂及乙方之擔保店蓋

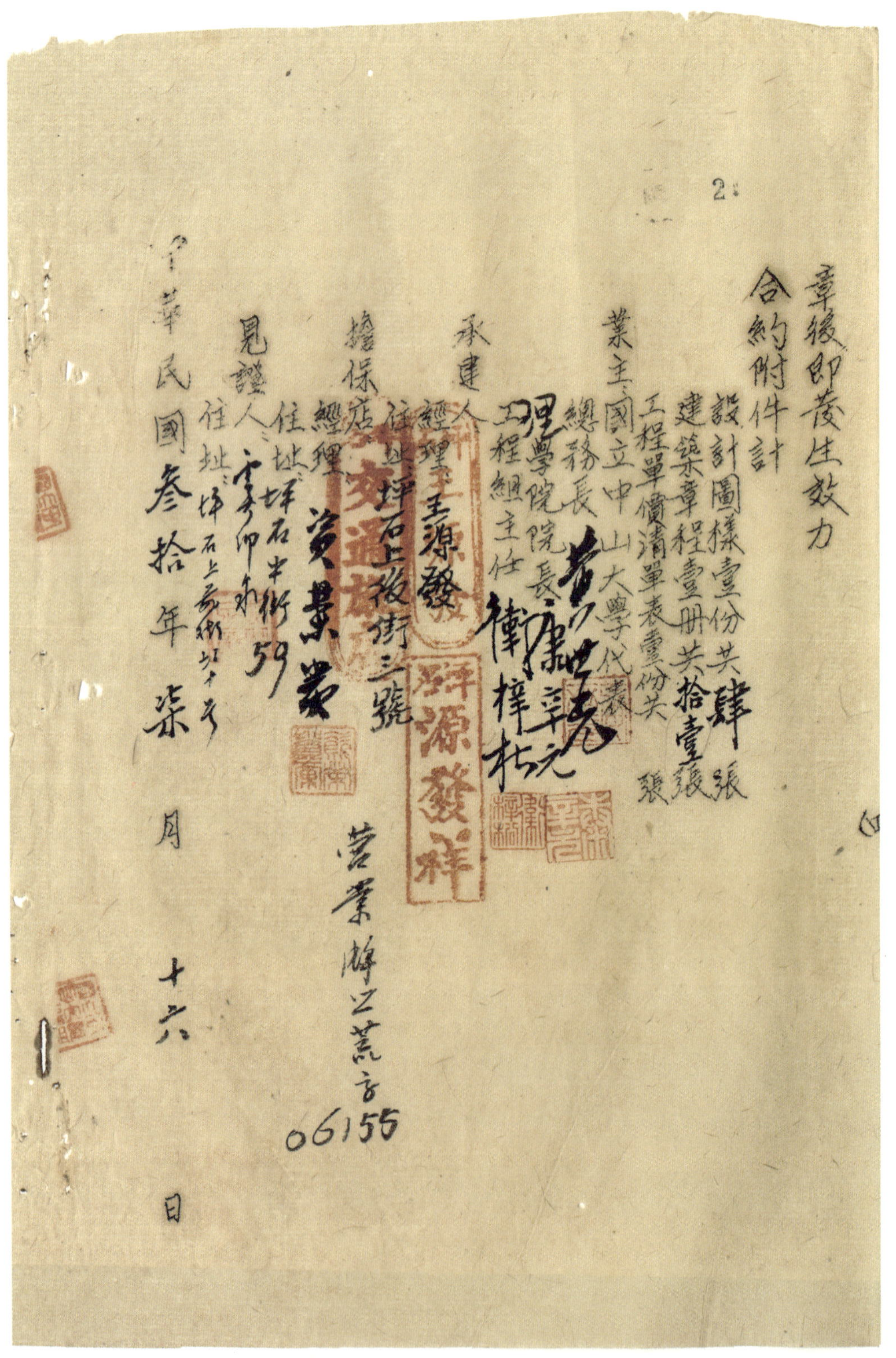
2

章後即發生效力

合約附件計

設計圖樣壹份共肆張

建築章程壹冊共拾壹張

工程單價清單表壹份共張

業主：國立中山大學代表

總務長 黄[illegible]

理學院院長 康辛元

工程組主任 衛梓松

承建人 祥源發

經理 王源發

住址 坪石上後街三號

擔保店 交通旅[illegible]

經理 黄景[illegible]

住址 坪石中街59

見證人 [illegible]

住址 坪石上後街[illegible]

中華民國叁拾年柒月十六日

營業牌照[illegible]

06155

国立中山大学文学院课室建筑图

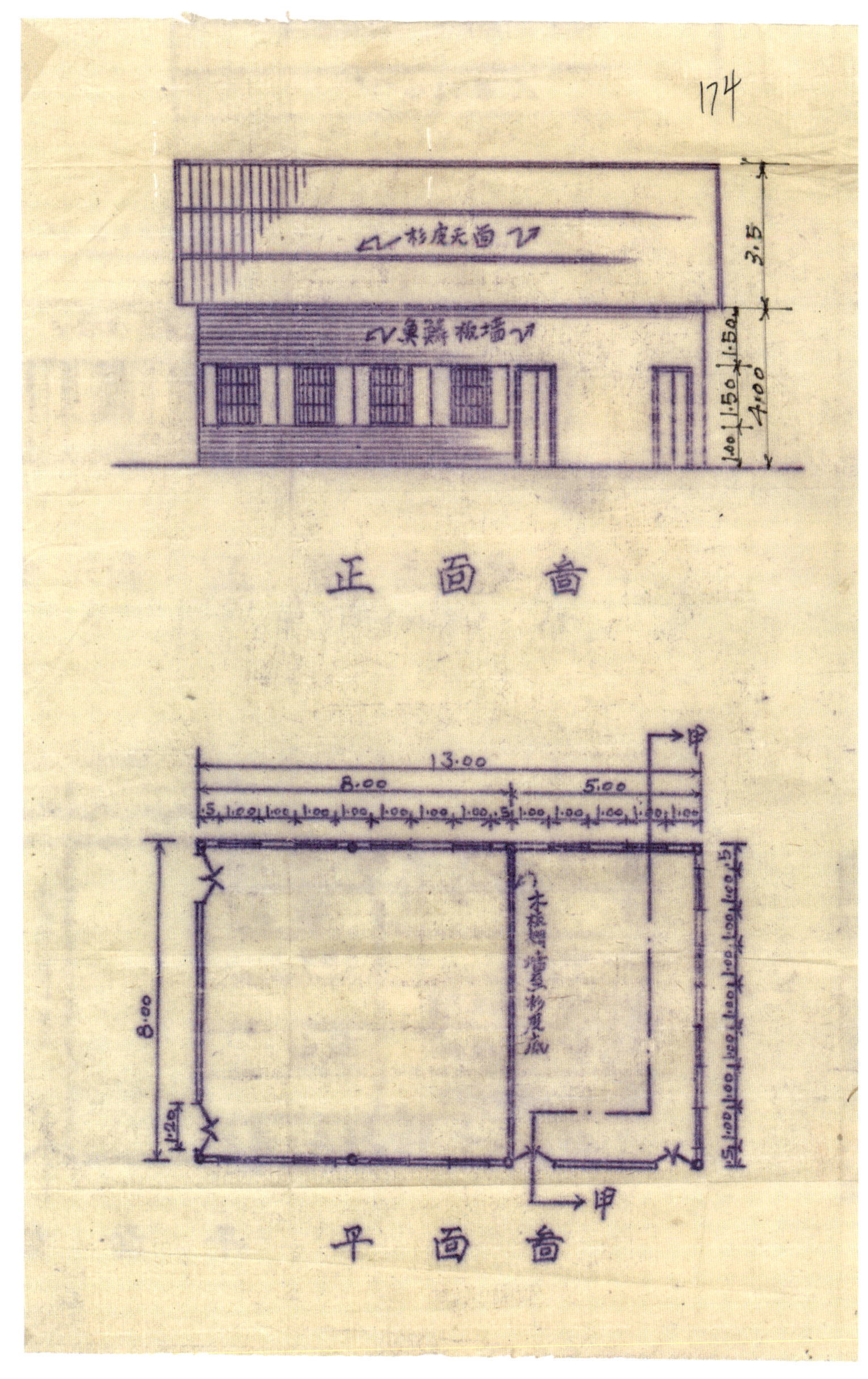

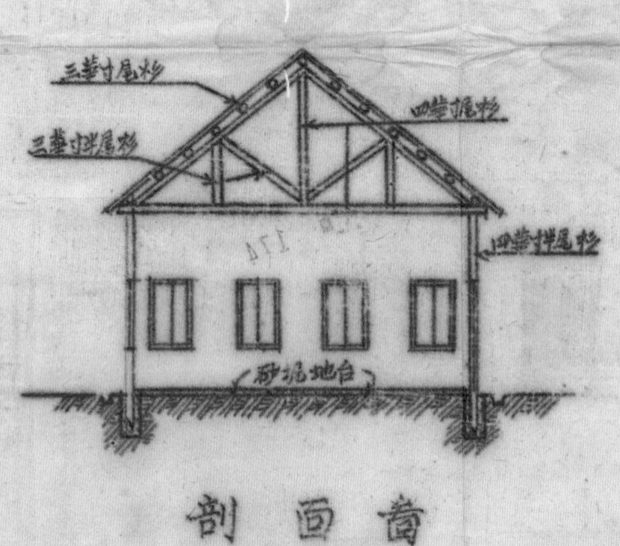

剖面圖

甲——甲

國立中山大學建築圖	
文學院課室	
比例尺：	1：100
繪圖：廖永謙	
設計：衛梓松 廖永謙	
審核：衛梓松	
日期：三十年八月二十一日	

国立中山大学坪石及六大地点建筑工程统计表

(表A) 國立中山大學坪石及六大地點建築工程統計表(三十年八月二十九日製)

地点	建築物名稱	承建人	座數	全部建築費(工程造價)	附加及增出工程	土方	水溝	道路	每一地點之總計
I	工學院(三星坪新村)	聯信	20座	21913.50元	附加 4337.65 面積增出 3670.8	859.56元	272.70元	736.10 [illegible]	55606.850
		祥利	28	22092.60	附加 2889.49 增出面積 1163.75	410.90	393.90	500.00 [illegible]	
II	師範學院(管埠)	第一合同		32791.70	4361.53	472.22	445.20	—	59974.36
		第二合同		13135.58	[illegible] 8854.83*	224.53	197.55	—	
III	醫學院 門診部	恒益		11884.00	增出 1978.96	—	616.00	—	14478.95
	(樂昌) [illegible]		大宮1座	3000.00	—	—	—	—	3000.00
IV	車田壩 一年級教育委員會(軍訓大隊)	聯信	20	28993.20	附加 3631.60 面積增出 1229.65	508.03	326.70	715.00 [illegible]	77190.46
		恒益	16	30670.42	面積增出 1744.00 附加 7800.00	600.00		[illegible] 2335.25 [illegible] 738.61	
V	清洞 文學院	恒益	10	8912.60	1495.85	165.56	124.20	—	10698.21
VI	武陽司 法學院	耀華記	23	35410.40	2634.38	284.34 367.50	403.20	200.00	39229.823
VII	坪石 校本部大禮堂	大中	1	3150.00	—	—	—	—	3150.00
	先修班([illegible])		1	1350.00	—	—	—	—	1350.00
合計			164	213304.00	41649.61	3692.64	2779.45	3122.96	264748.6735

表A全部建築費總計

附記：表A中一切建築均由炳烈一手設計擬訂詳細指導監造(一切工程均已完竣)

其他一切修改及原屋工程概未計入

國立中山大學建築師虞炳烈製表于新村

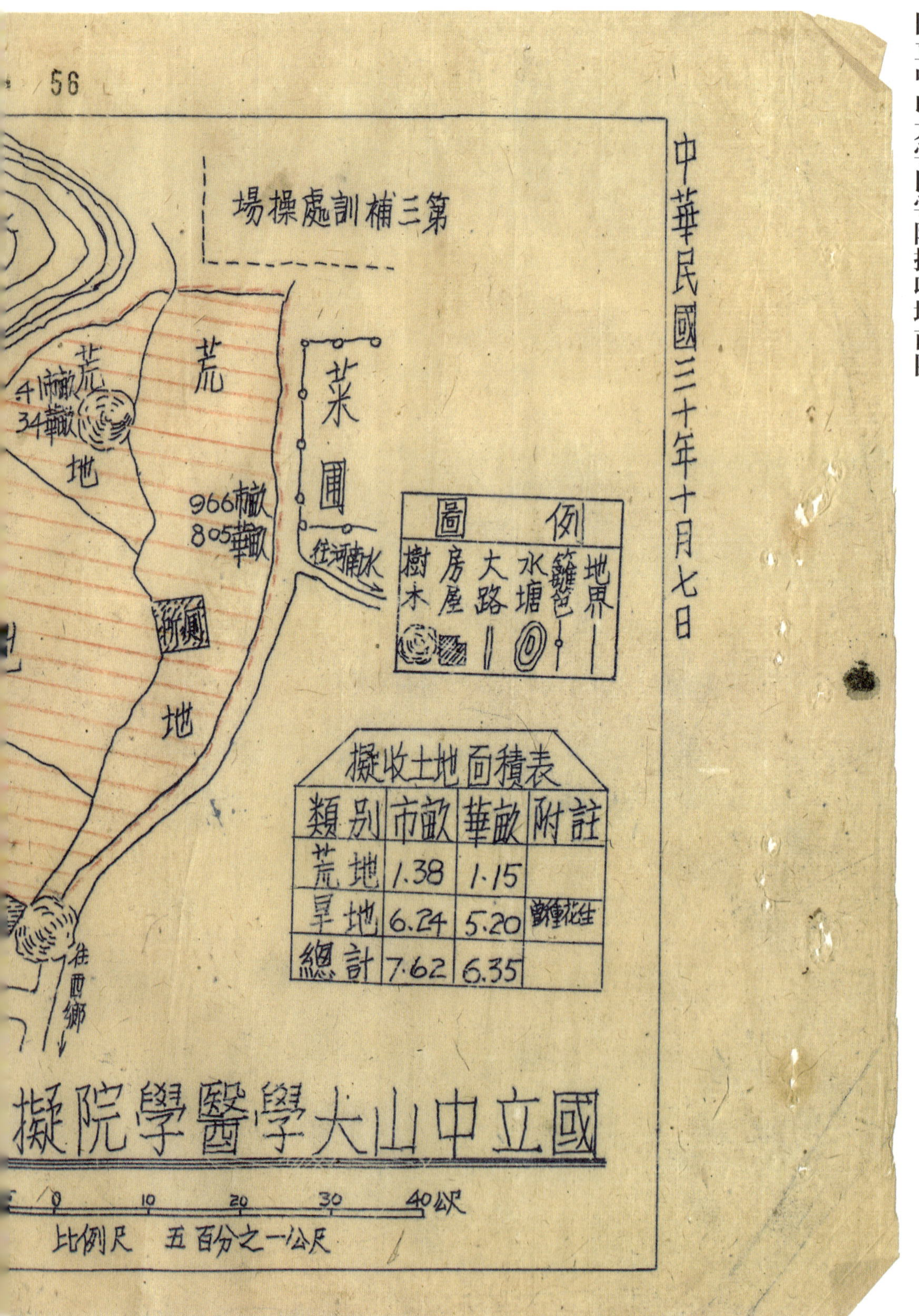

類別	市畝	華畝	附註
荒地	1.38	1.15	
旱地	6.24	5.20	[illegible]種花生
總計	7.62	6.35	

国立中山大学医学院拟收地亩图

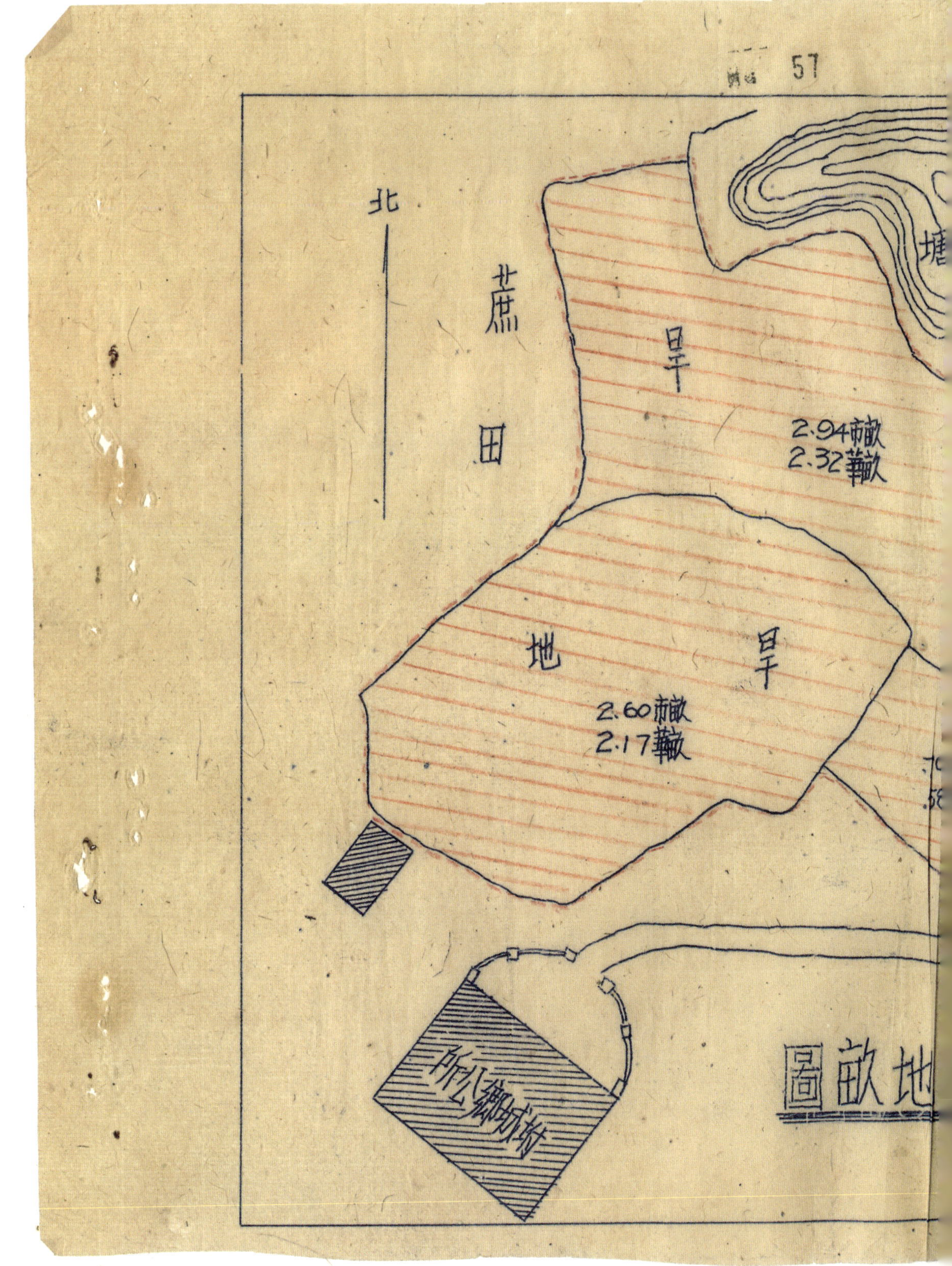
57
北
蔗
田
旱
2.94市畝
2.32華畝
塘
地
旱
2.60市畝
2.17華畝
所公鄉城村
圖畝地

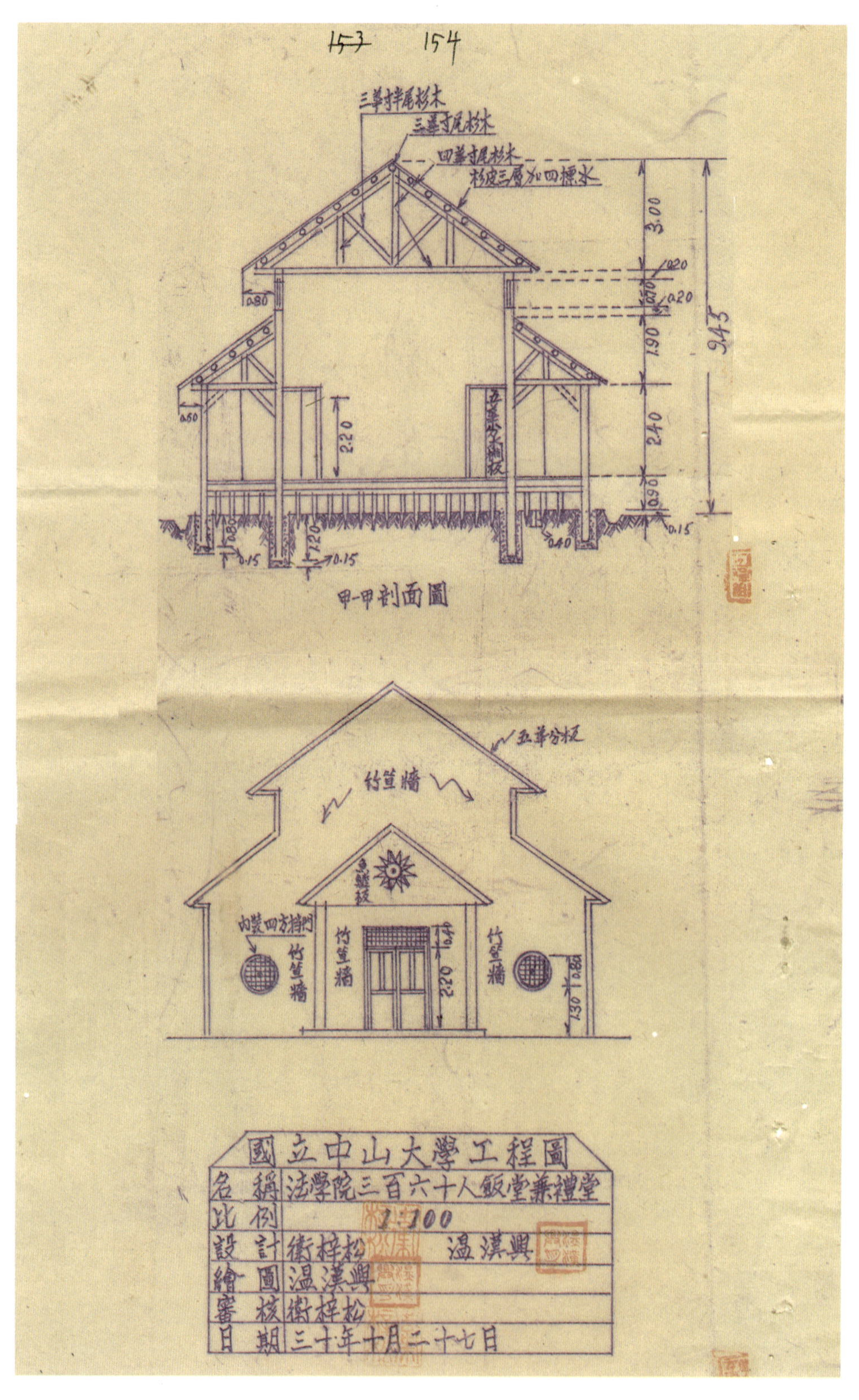

国立中山大学法学院饭堂兼礼堂工程图

側面圖

26.30

5.00 4.00 4.00 4.00 4.00 6.30

平面圖

国际建筑师事务所关于送交国立中山大学迁坪后各院建筑工程图纲目等情给该校总务长的文及附件

國際建築師事務所用箋

字第　號第　頁

仰泉宗兄勋鉴：弟于十五晨抵桂，此间工程繁多，尤以国际局势有利中国，建造方面增多。中大教职已于四日上缄呈，举此不乏名建筑师之赞仰教授主持者方面聘师有法也。校方需要呈部之图说，除图样八套为由弟下手设计监造之工程已面交宗兄转由外，说明书（细部即书）纲已附去，另一工程存校会备之分部，请检出应用为荷。十二日所呈图样应交之纲目表一并附呈，乞检收，另附原件三份，亦希查收，转知卫生住可也。即颂

文安

宗弟 炳立 叩 十九日

黄总务长均鉴 中

中華民國三十年十二月　日

桂林桂西路八十一號

電話三〇六一

國立中山大学遷坪後各院建築工程圖綱目表

建築師虞炳烈設計監造

法國國授建築師 209

國立中山大學建築師 虞炳烈用牋

中華民國　年　月　日

第一頁

Ⅰ 國立中山大学遷地粵北坪石各學院分地分佈總圖（坪石附近詳圖 1:5000）

Ⅱ 工學院
① 總平面圖（大張）
② 80及64人學生宿舍 共五圖
③ 大型膳廳工程圖（平剖立面共十三圖）
④ 飯灶 三圖
⑤ 浴廁 共15小圖
⑥ 教職員宿舍共三圖
⑦ 60人製圖室 4圖，40人製圖室 二圖
⑧ 課室 {30人 3 / 45人 3 / 80人 3} 圖共九圖
⑨ 抗力材料室3圖 動力機室3圖 中型實驗室3圖
⑩ 機械工場（木工場3圖 鑄鍛工廠3圖 動力廠3圖 共九圖）
⑪ 電機實驗室 共五圖（一大張）

Ⅲ 師範學院
① 總平面圖
② 男女生宿舍五座 三圖
③ 24人課室（5座）三圖；80人二座三圖，30人6座四圖
④ 浴廁 共七圖
⑤ 教職員宿舍五座 三圖
⑥ "" 膳廳浴合座 四圖
⑦ 大禮堂 三圖
⑧ 學生厨房 小張三圖

Ⅳ 醫學院門診部 共五圖

Ⅴ 車田垻
① 總平面圖
②
③
④
⑤
⑥
⑦

Ⅵ 文學院 清洞
① 總平面圖
② 厨房浴廁共 12圖 5/1000
③ 厨房 1/100 "四圖，30人課室 四圖
④ 禮堂兼膳廳 3圖（薄明紙）

法國國授建築師
國立中山大學建築師、虞炳烈用箋

第二頁

Ⅶ 理学院

① 总平面图
② 教室：二座 三图，厨二图，浴二图，膳三图，厕二图
学生宿舍 二〃 〃〃，〃〃〃，浴厕同图 三图
③ 生物地质实验室 三图
④ 化学系试验室 三〃
⑤ 天文台 七图 及厨浴厕二小图 共十图、

Ⅷ 法学院

① 总平面
② 80人学生宿舍 共 二图（二座）
③ 72-76人女生宿舍 三图
④ 教职员宿舍 …… 三〃
210 ⑤ 厕二图 厨浴合充 二图
⑥ 120人宿舍 三图、 64人宿舍（二座） 二图、
⑦ 厨浴厕共九图、

三十年十二月十二日

注一 上开图样由建筑师保存著作权，凡欲修用他处时，需得原建筑师之许可，并按照中国建筑师学会规定建筑师应得公费之十分之三酬偿原著作者。

建筑工程图著作权国际法规。

注二 一切蓝晒改造工程图，不在上列八套之内。

炳烈

中華民國 年 月 日

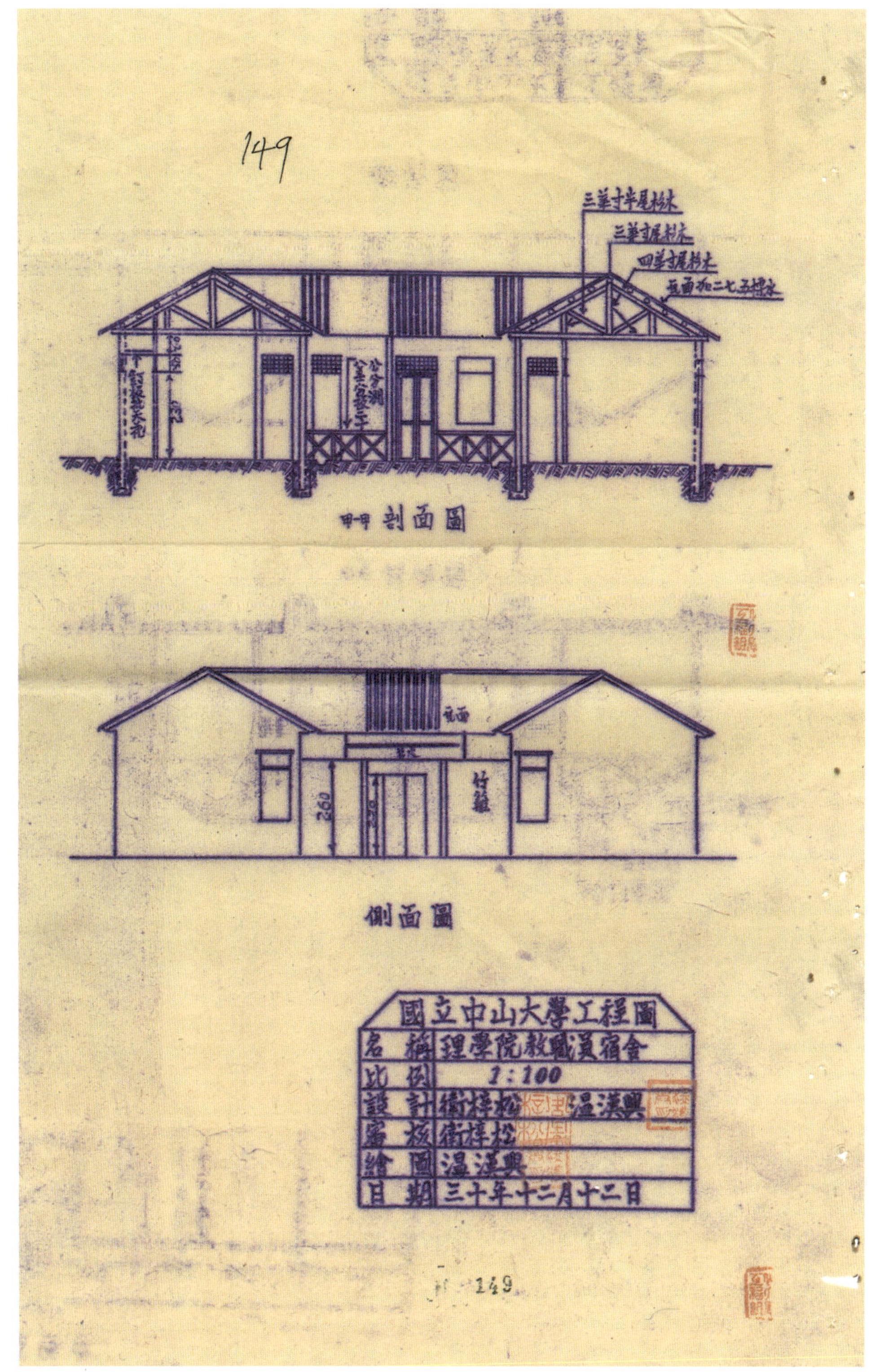

国立中山大学理学院教职员宿舍工程图

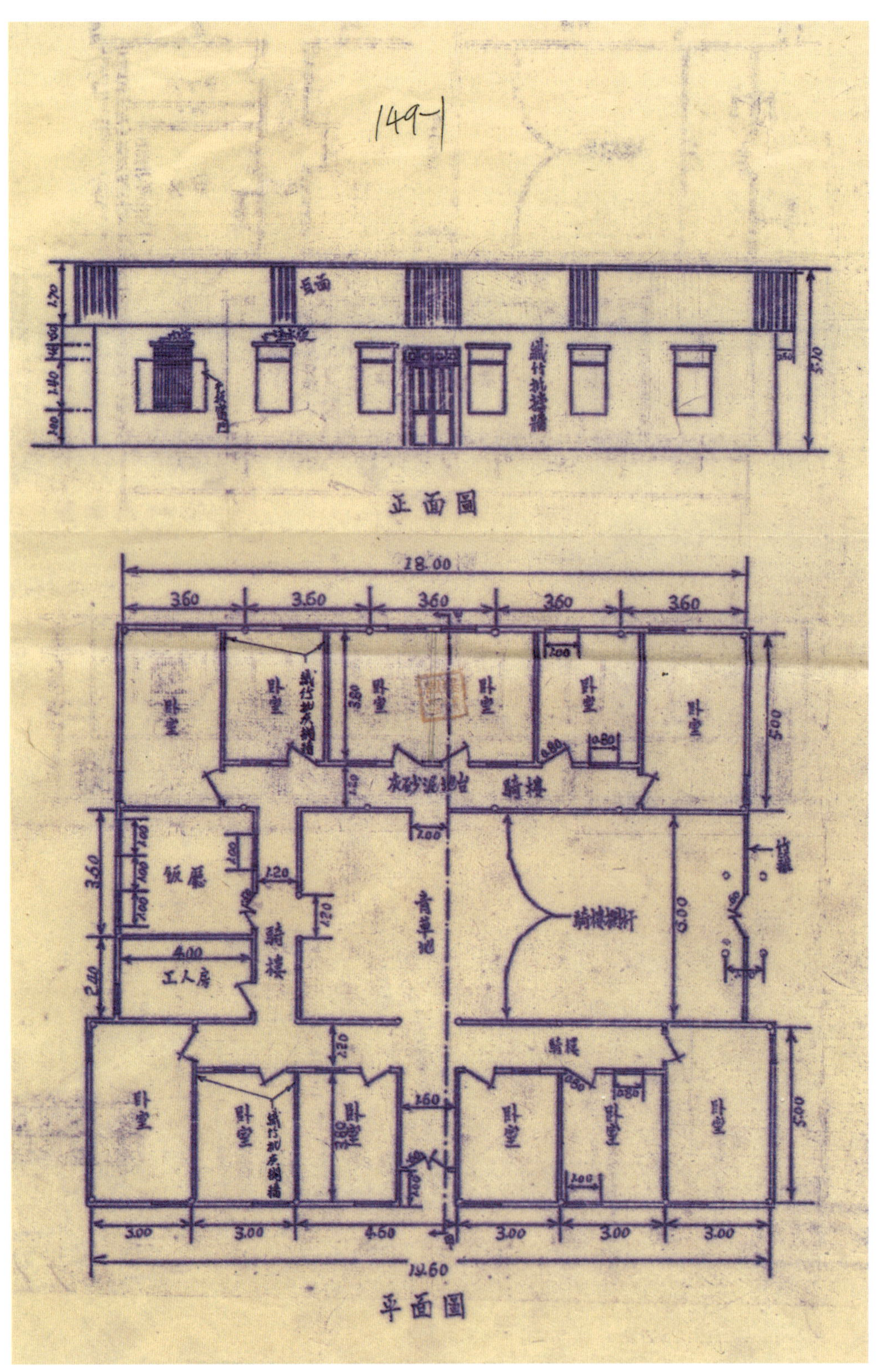
1494
瓦面
織竹批灰牆
正面圖
18.00
3.60
卧室
飯廳
工人房
騎樓
青草地
騎樓欄杆
灰砂泥地台
平面圖
19.60
3.00
4.60

国立中山大学向广东省银行租用坪石站铁岭房屋的合约

國立中山大學（以下簡稱中大）今向廣東省銀行（以下簡稱省行）租用坪石站鐵嶺房屋作為文學院之用雙方訂立合約如次：

(1)鐵嶺全部房屋共計大小拾棟議定每月租金國幣叁佰壹拾元按月交納。

(2)訂租後中大應交押租金三個月計國幣玖佰叁拾元解約時退還。

(3)租期自民國三十年六月一日起至三十一年八月底止以十五個月為期。

(4)所有上項房屋修理費用概由中大自理退租時一律

47

無条件交還省行不得拆毀。

(5)上項房屋周圍樹木由中大負責保護以維風景而免損壞。

(6)本約簽訂四份以兩份存中大兩份存省行。

國立中山大學

廣東省銀行

中華民國三十年　月　日

一九四一年度下学期拟增各项体育设备数量表

三十年度下学期拟增各项体育设备数量表

项目	文学院原有	文学院拟增	理学院原有	理学院拟增	法学院原有	法学院拟增	工学院原有	工学院拟增	农学院原有	农学院拟增	医学院原有	医学院拟增	师范学院原有	师范学院拟增	研究院原有	研究院拟增	新生部原有	新生部拟增	总计原有	总计拟增	[illegible]
1. 篮球		1	1	1	1	2	4	2	1	2		1	2	2		1	1	1	10	13	只
2. 排球		1		1		2		2		1			1						1	7	〃
3. 双杠	3	1	2	2	6	3	4	2	2	3	2	2	3	2		1	5		27	16	具
4. 单杠	1	1	1	2	2	2	2	2	1	2	1	2	2			1	1	1	11	13	〃
5. 沙池		1		1	2	1	4	2	1	1	1	1	2	2		1	1		11	10	個
6. 双铁环		1		1		1		2		1		1		1		1		1	/	10	具
7. 举重器		1		1		2		4		2		1		3		1		1	/	16	套
8. 跳高架		1		1		2		2		2		1		2		1		1	/	13	付
9. 游泳棚		1		1		1		1		1		1		1				1	/	8	座
10. 器械杠						1				1									/	2	[illegible]
11. 乒乓[illegible]	1		1		1	2	3		1		1		2		2	[illegible]	2		14	7	[illegible]
12. 六种混合运动器械														1					/	1	件
13. 足球门														1					/	1	对
14.																					
15.																					

附注

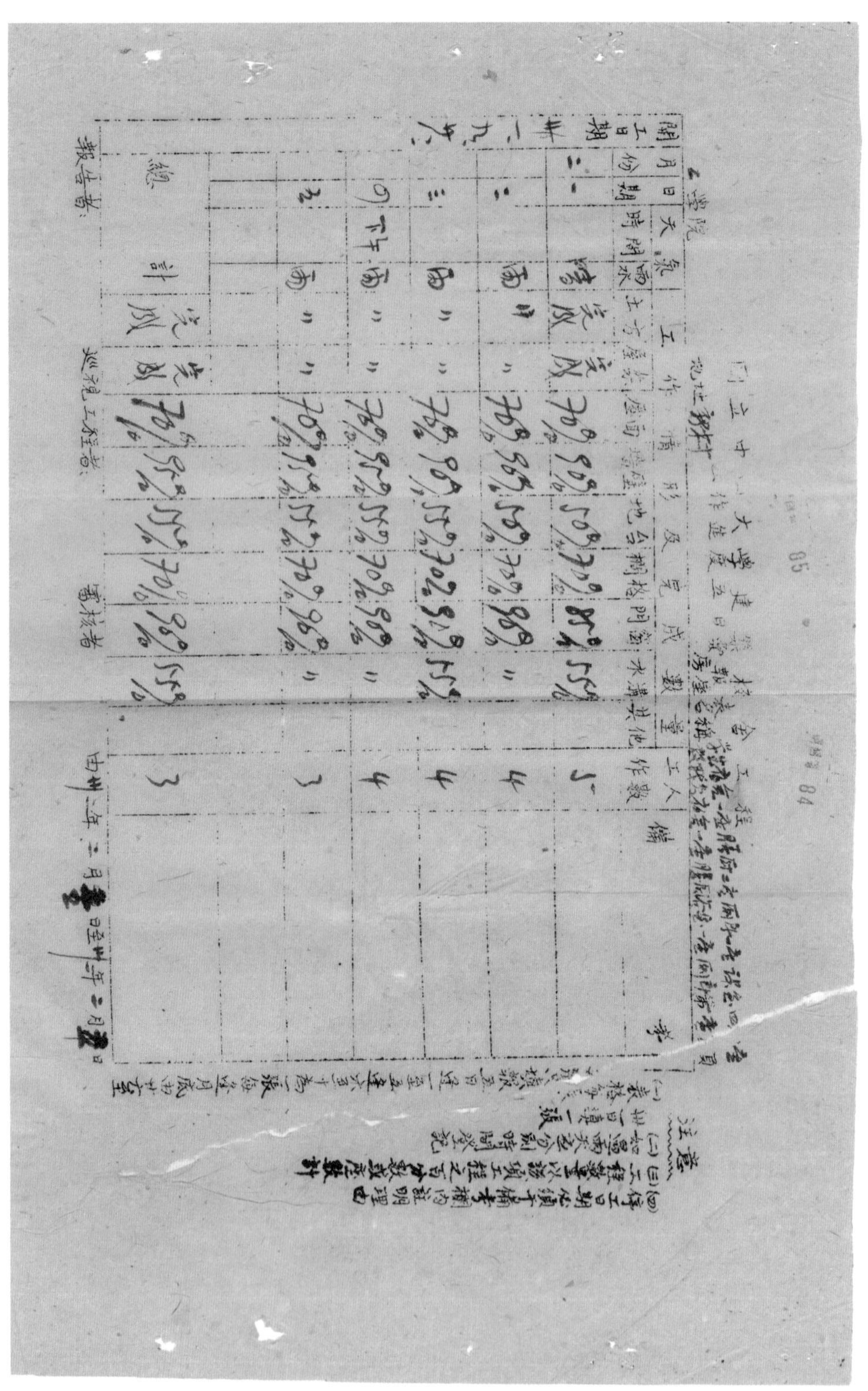

国立中山大学工学院建筑校舍工程工作进度五日汇报表

国立中山大学代理校长张云关于研究院租用坪石商会房舍租约办理一事给总务长的笺函

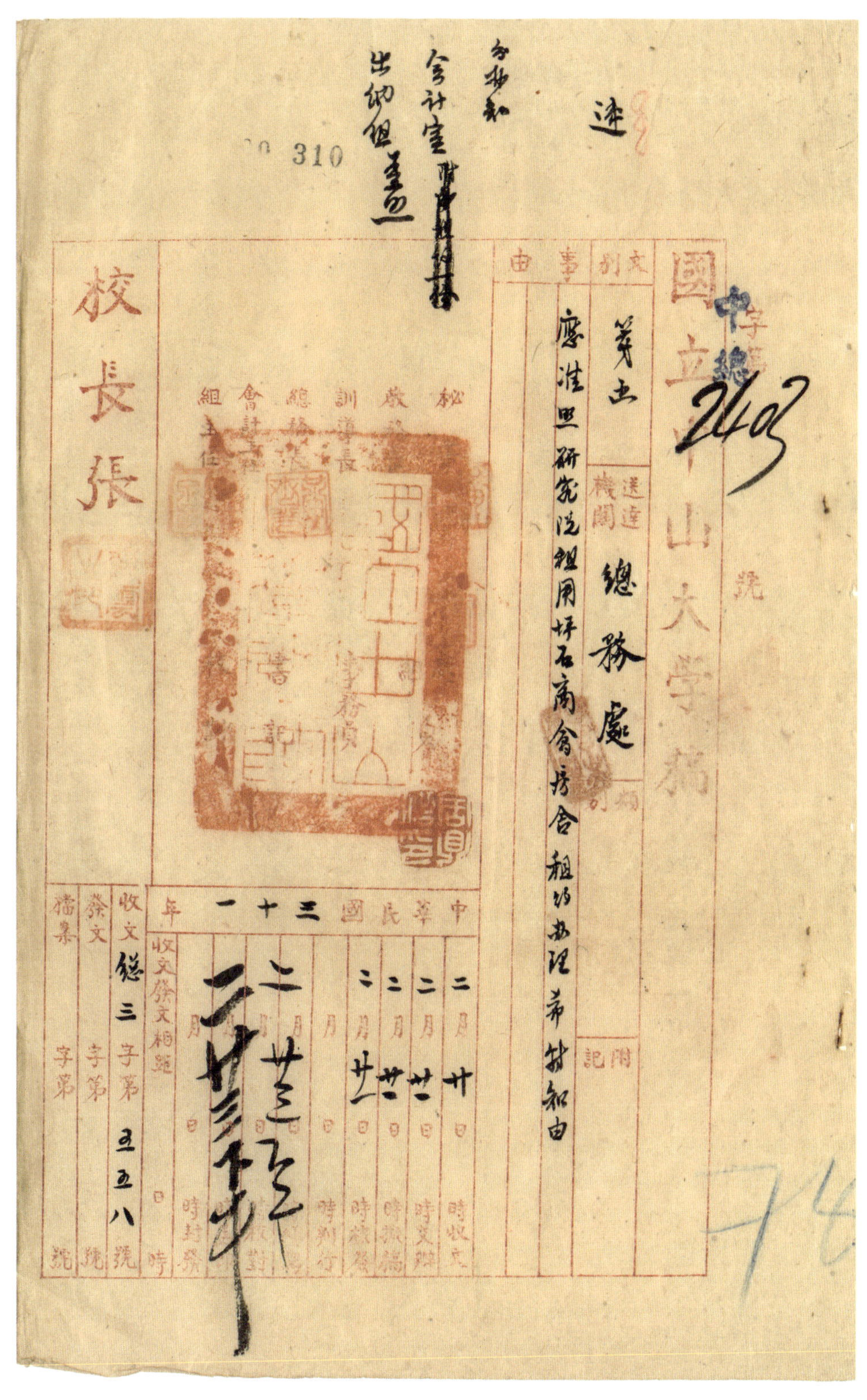

国立中山大学箋

文别：箋函

事由：廖准照研究院租用坪石商会房舍租约办理希查照由

送達機關：總務處

校長張

秘書　教務　訓導長　總務　會計　組主任

中華民國三十一年二月二十日

收文：總三字第五五八號

會計室

出納組

310

將租約照
抄存卷

現准轉到座務組本年二月二十日簽稱：案以奉諭為研究
院向坪石商會妥訂租約具報一案，查研究院向坪石商會租有大
房舍一所，經該院與商會共同商定由本年一月十五日起租，每月租項國
幣肆拾元，自租之後不再增租，並換約，附同租約二本，請察核，轉請
核办等由；准此，應准照办；准出前由，除抄存暨分知外，相應檢
還原送租約二本函復，即希
查照，轉知將租約存轄為荷。此致
黄總務長
附還租約二本
代理校長張 ○

国立中山大学体育卫生组主任郭颂棠关于各学院盖造游泳池棚及初级游泳池给代理校长张云的呈及附图

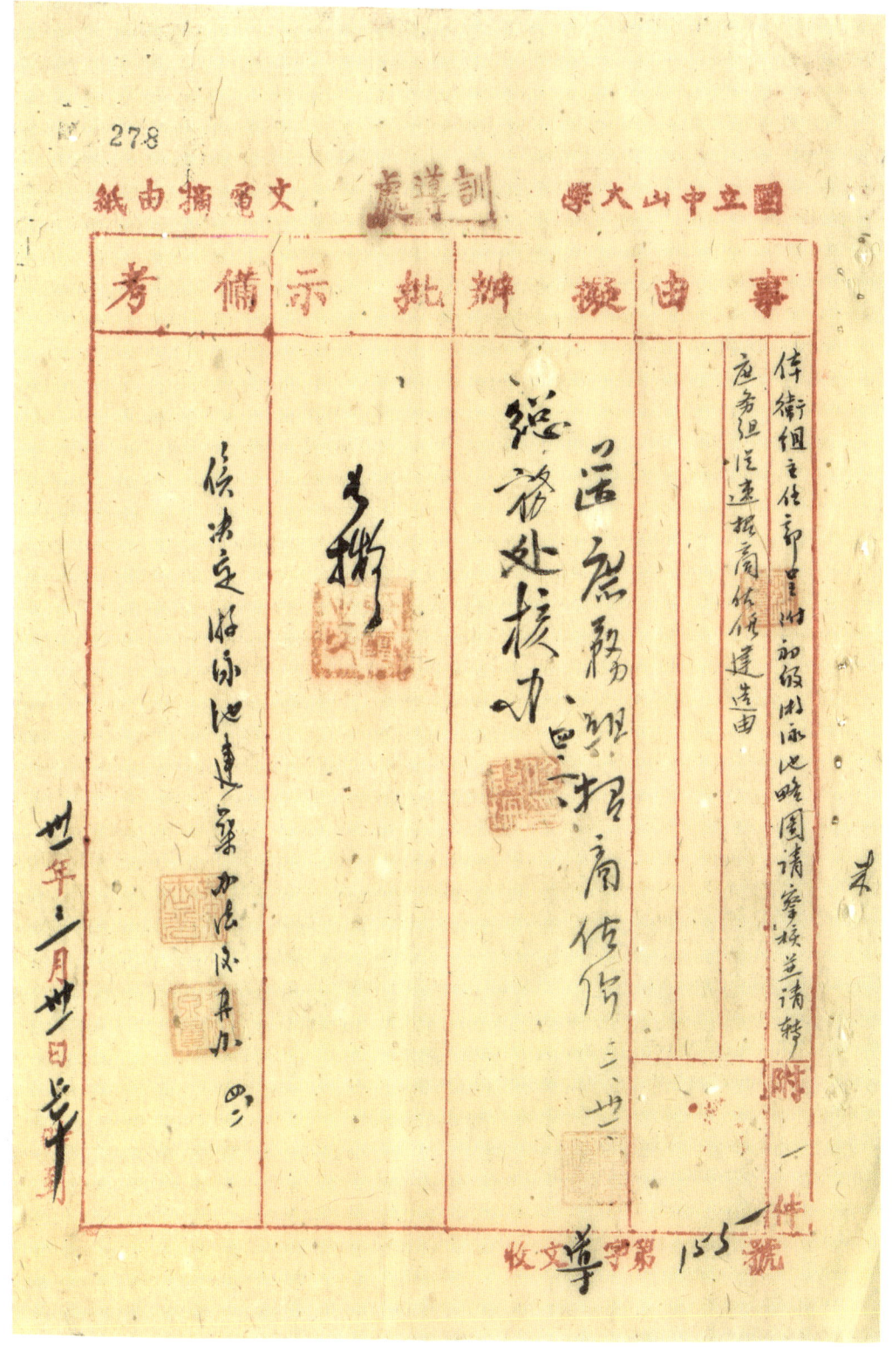

278

訓導處

國立中山大學文電摘由紙

事由	擬辦	批示	備考
体衛組主任郭頌棠附初級游泳池略圖請簽核並請轉庶務組從速招商估價建造由 附 一件	請庶務組招商估價 三、廿 總務處核辦	如擬	俟決定游泳池建築辦法再辦 四、

卅年三月廿一日

校文導字第155號

查本組呈請在各學院盖造游泳棚經荷面准並由總務處通知各學院有案現本組為利便各院員生初習游泳免生意外起見擬于各游泳棚前造一初級游泳池以便各員生初習茲將圖則一紙呈請

察核并請轉庶務組從速招商估價建造實為公便

謹呈

訓導長任轉呈

校長張

附呈圖則一紙

體育衛生組主任郭頌棠

三十一年三月三十一日

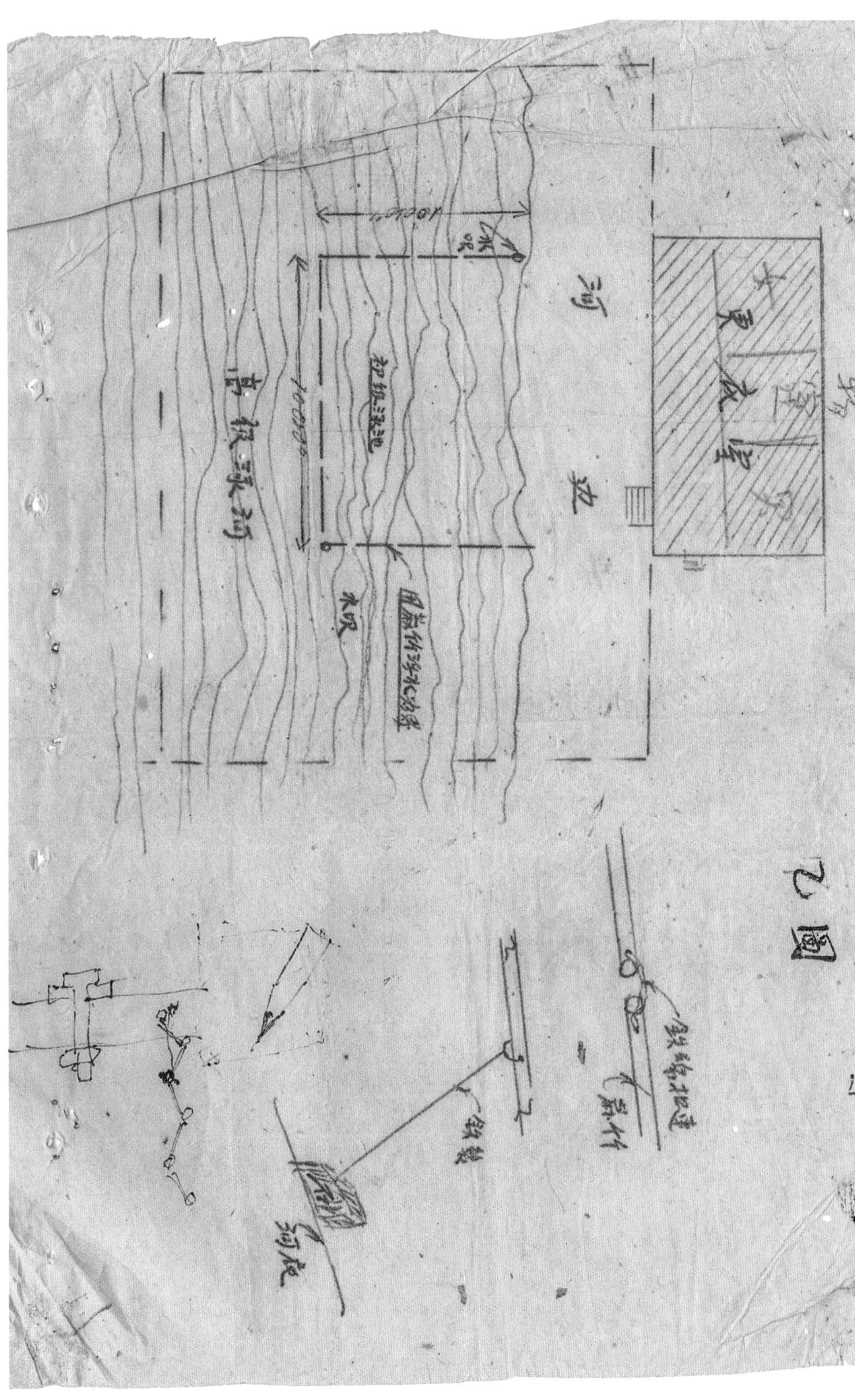

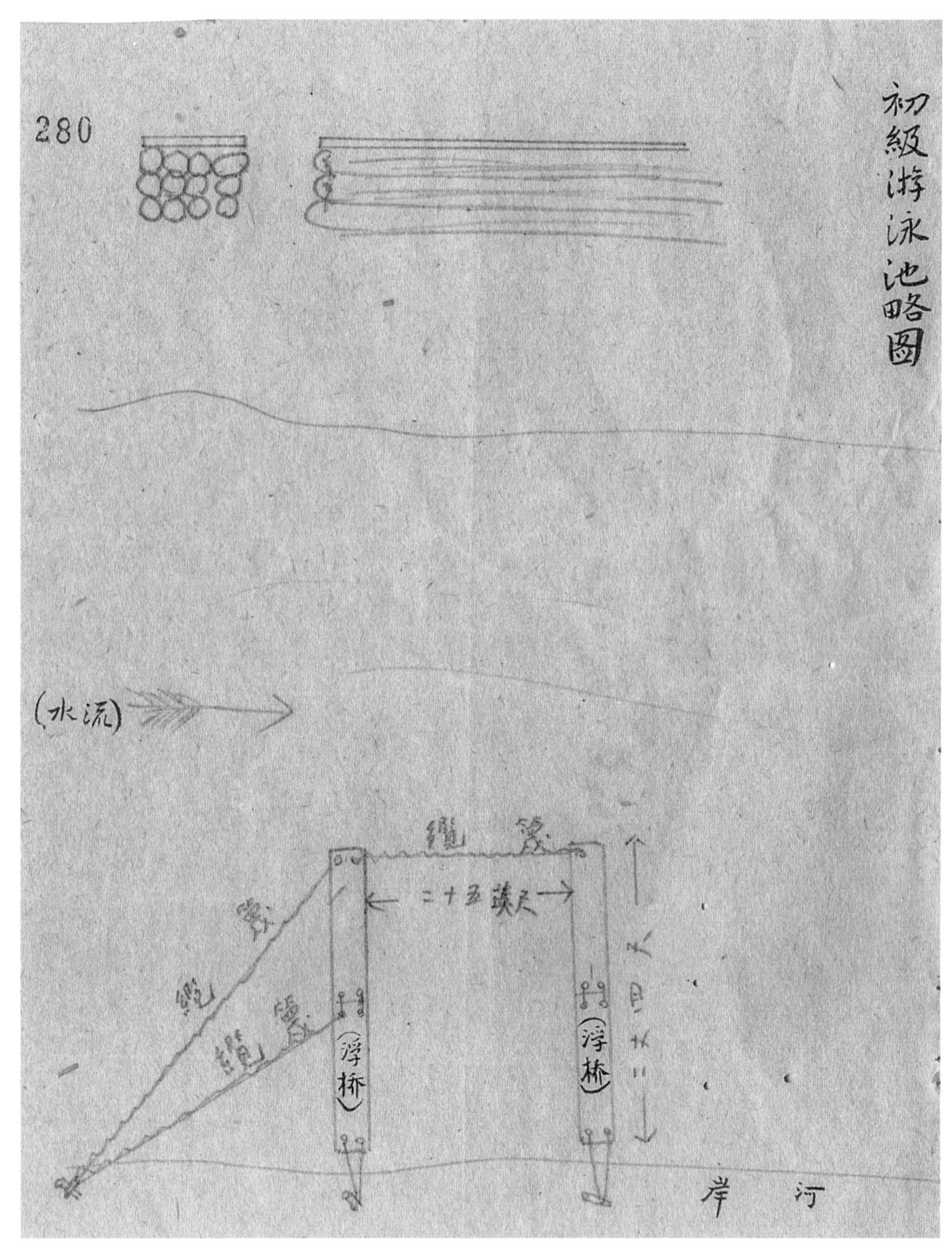
280
初級游泳池略圖
(水流)
二十五英尺
(浮桥)
(浮桥)
岸 河

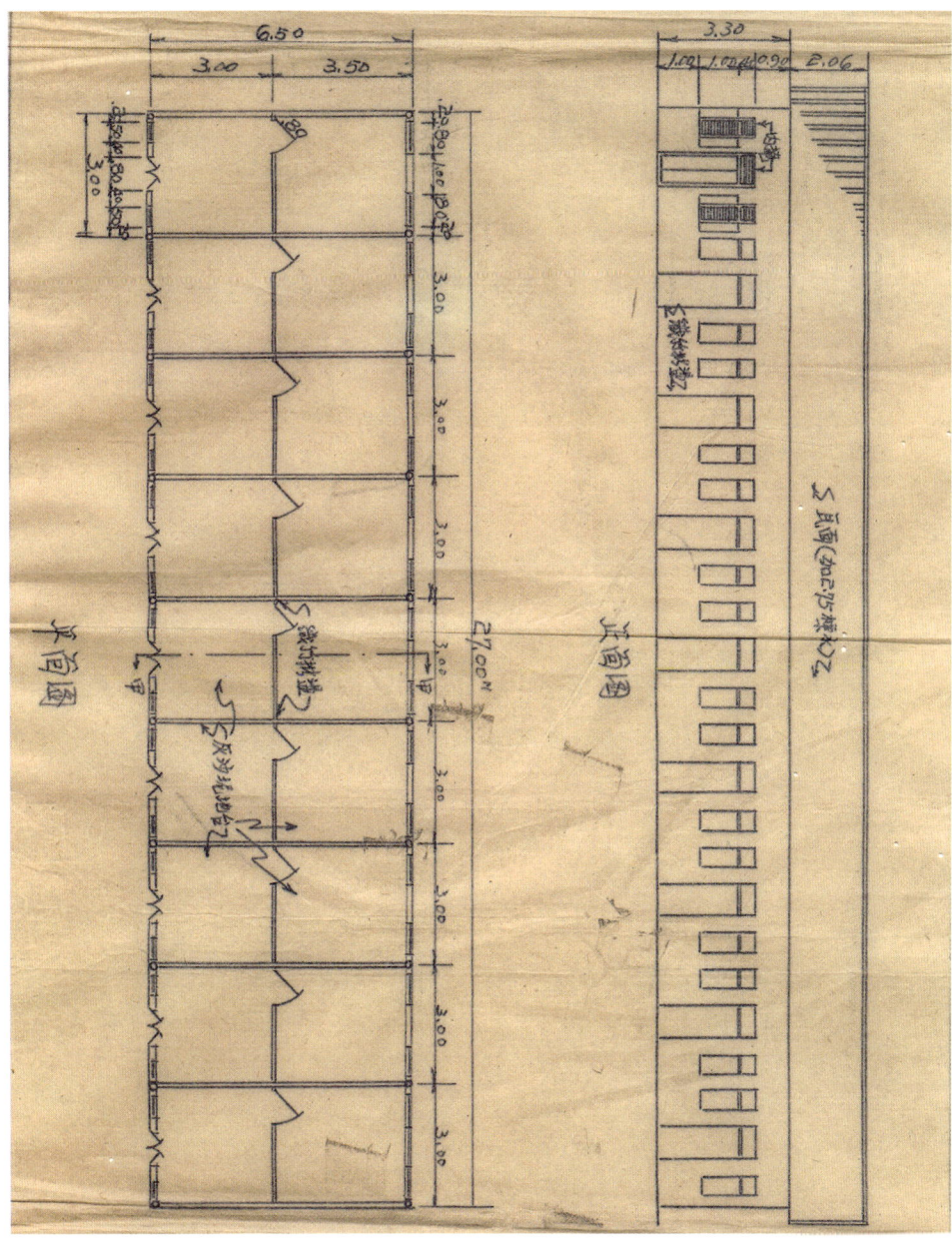

国立中山大学师范学院职员家眷宿舍平面图

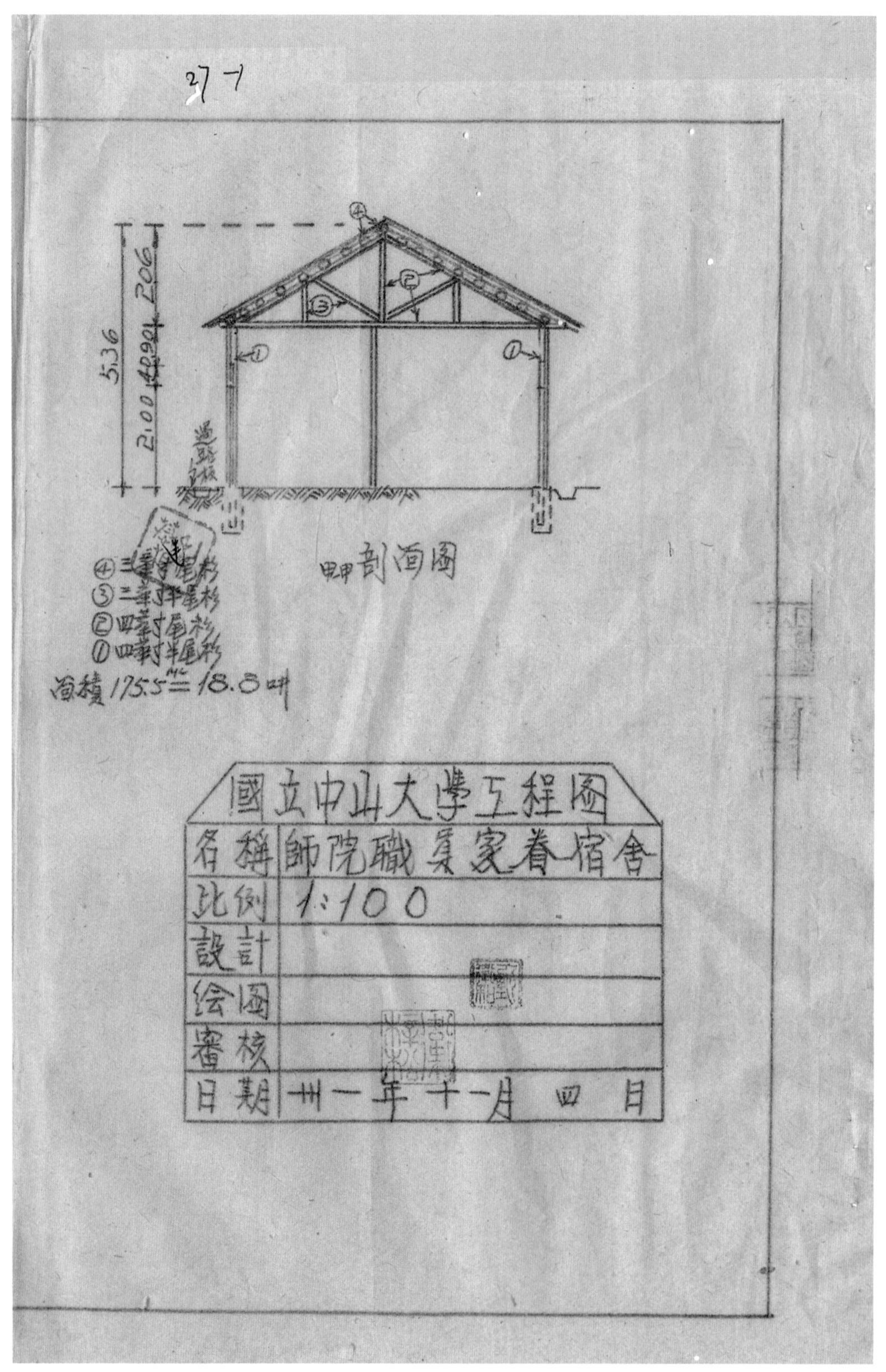
27-1
5.36
2.06
0.90
2.10
剖面圖
④三英寸尾杉
③二英寸半尾杉
②四英寸尾杉
①四英寸半尾杉
面積 175.5 M² = 18.8 井
國立中山大學工程圖
名稱 師院職員家眷宿舍
比例 1:100
設計
绘圖
審核
日期 卅一年 十一月 四日

国立中山大学代理校长金曾澄关于塘口建桥一案应先列计划募款办法等情给法学院院长的笺函

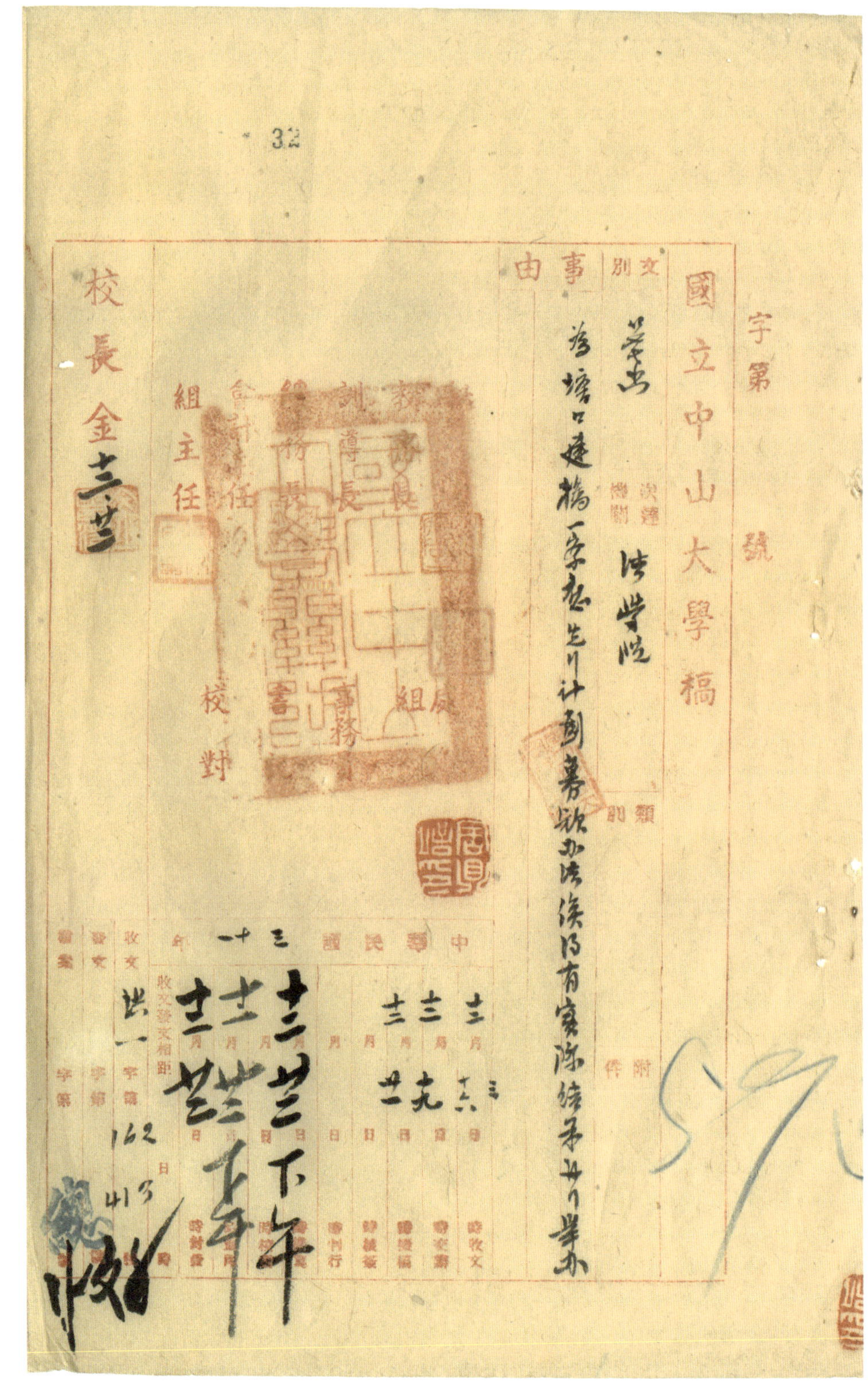

32

國立中山大學稿

字第　號

文别：箋函

决遵机关：法学院

事由：為塘口建橋一案應先行計劃募款辦法俟得有實際結果再行舉辦

校長金曾澄

33

案由　准本年十二月廿三日洪字第七六四號函以壞口建橋一案請計劃工程設計，從實估價，俾便開始募款；又准同月廿六日洪字第八二二號函附建橋施工說明圖則預算等，請指撥的款以便開工。

據此等情：應先行計劃募款辦法，俟籌募方面得有實際結果，再行核辦。

附件二

此令　附還預算書及圖則各一份

法學院陳院長

代理校長金○○

国立中山大学工学院院长陈宗南关于该院学生呈请建造浮桥一事给代理校长金曾澄的函

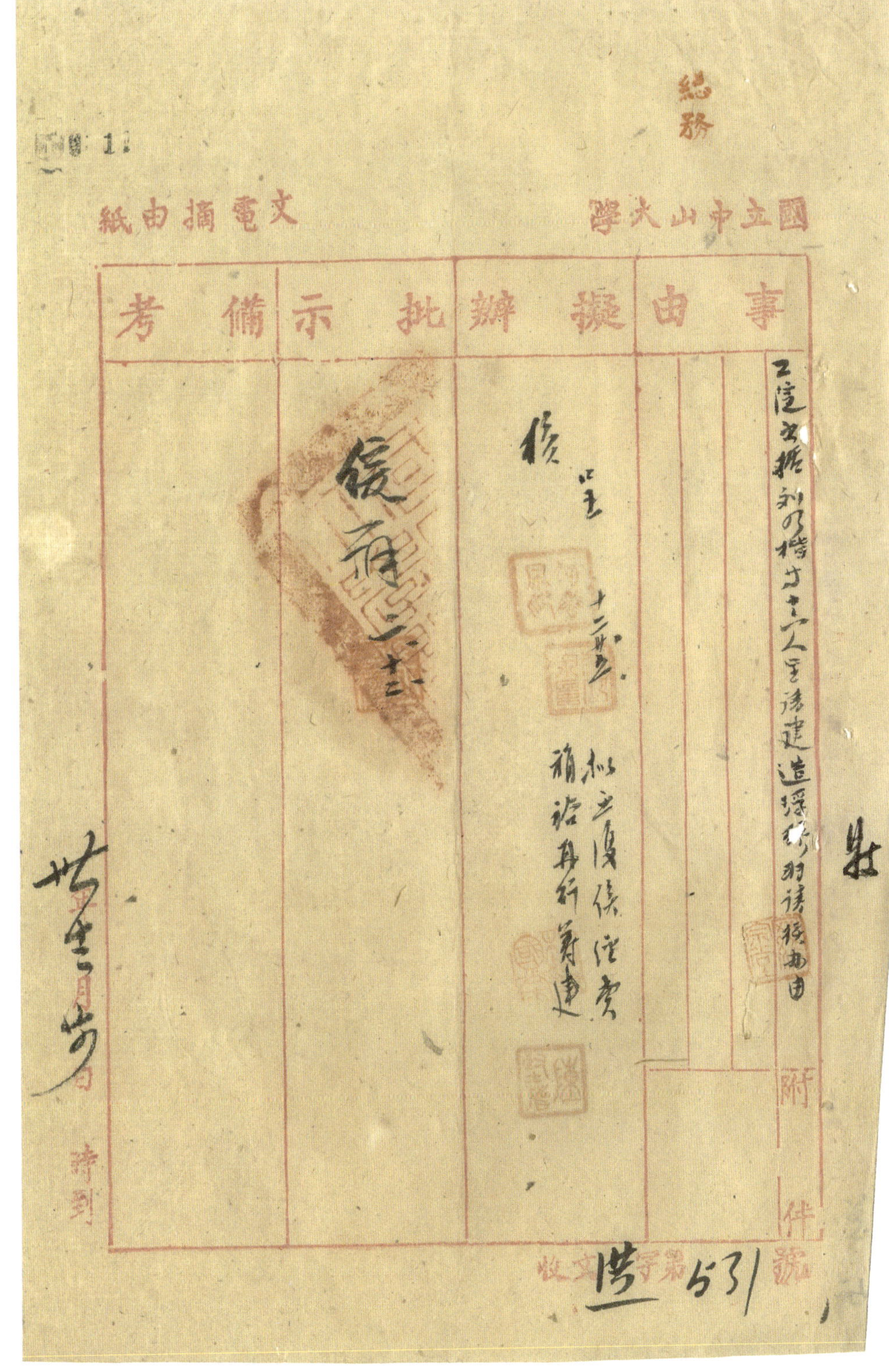

總務

國立中山大學文電摘由紙

事由	擬辦	批示	備考
工院函據[illegible]等十六人呈請建造浮橋[illegible]請撥款由	候核呈 十二月廿五 擬函復候經費稍裕再行籌建	[illegible] 二十三	

附件

[illegible]年[illegible]月[illegible]日時到

文收第造字531號

12

國立中山大學工學院用箋

第一頁

中華民國卅一年十一月廿三日發出

總發字第1755號

現據本院各系學生班代表劉乃楷等十六名聯呈稱三星坪為三星坪新村交通困難懇請建造浮橋以利交通而維安全事竊以本院各系分處三星坪新村兩岸交通僅賴小船二隻來往而全院員生不下千餘人日中因院務系務乃至各同學間之聯絡人事頻繁來往極感不便就設備而言則各系分散設備即不能相互為用就行事而言則不能把握時間費時失事就各同學精神而言則以彼此隔閡散漫之現象在所難免苟交通便利則此等問題自可迎刃而解矣抑有甚者日中常有機會須全體同學於短時間內同時過河者如每學期一次之註冊每月一次之領取貸金均須於限期內全體過河人多船少危險隨之發生本學

中華民國　年　月　日

國立中山大學工學院用箋

期間始時同學因於限期內急於過河註冊載重過多至發生不幸化工系同學林澍田君因而犧牲此悲慘之結果均交通不便所造成也基於實際急切之需要全院同學均一致要求懇請鈞座撥款建造浮橋一座於三星坪與新村之間其理由茲再列舉於下(一)建浮橋可使全院呵成一氣設備行事均感便利(二)交通便利後可節省多量寶貴時間(三)可免人多過渡之危險(四)可節省現有之船隻及月中船夫費用(五)可使同學間聯絡便利精神融洽素仰鈞長體念學子衷情生等用敢臚列實情伏乞察核准予撥款建造浮橋於三星坪新村之間以利交通以維安全實感德便等情據此查所稱屬實相應函達祇請

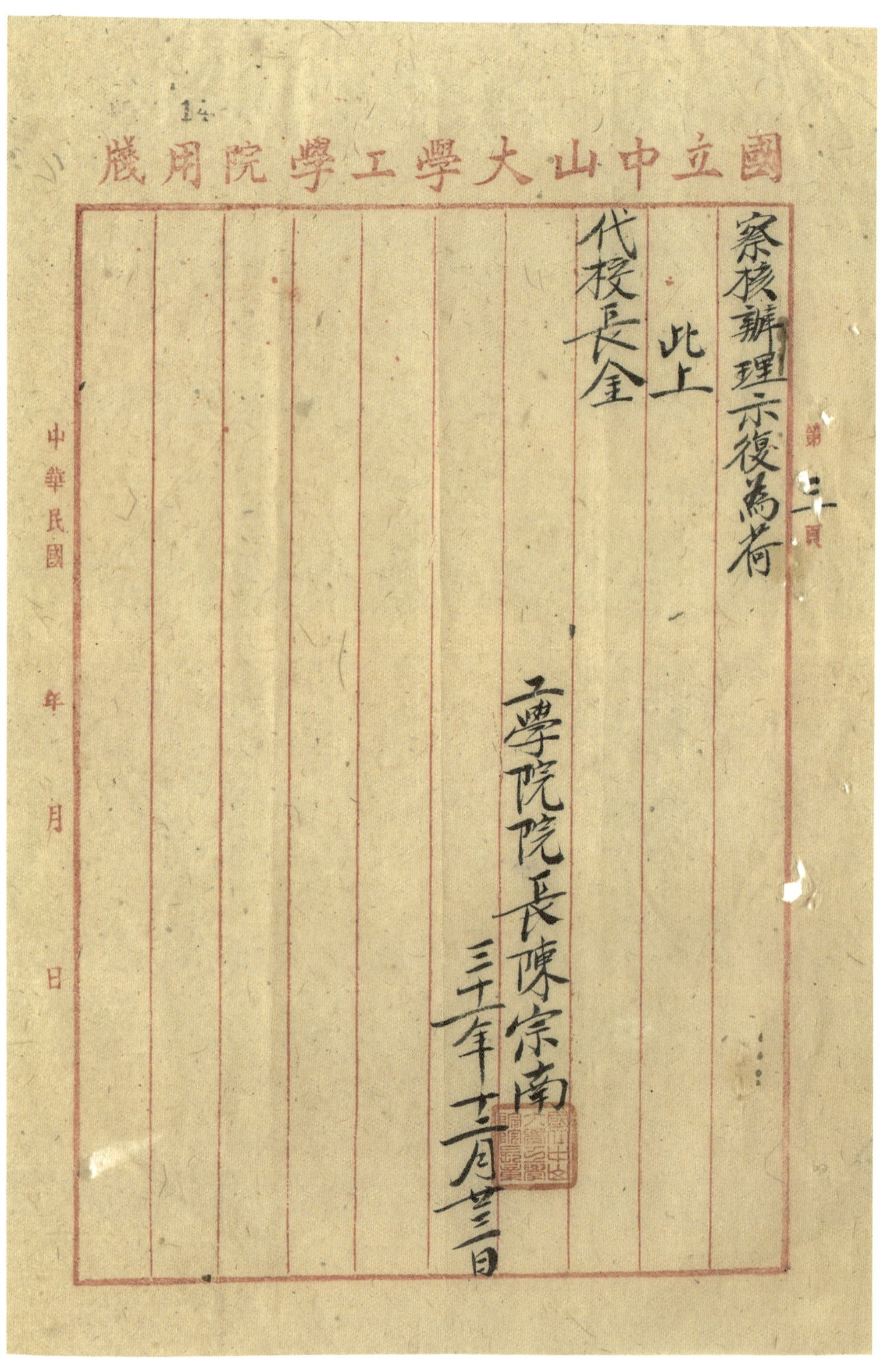
國立中山大學工學院用箋

察核辦理示復爲荷

此上

代校長金

工學院院長陳宗南

三十一年十二月廿三日

中華民國　年　月　日

第二十頁

国立中山大学图书馆主任杜定友关于总馆建筑计划给教务长及代理校长金曾澄的呈

兹擬具本館總館建築計劃呈
核

一理由

(一)本館除各學院分館外設總館於坪石因無相當建築現分設五室各室距離有一二里之遥管理極為不便

(二)因館址在市區內與民房毗連曾遇火警二次幸搶救得力未被波及但後患堪虞如有空襲更為危險

(三)因各室分散須多用人員如建築總館可照原定用人標準減少六人

(四)本館圖書自離廣州後已增加一倍現正努力搜集以復舊觀現有館舍無法容納

(五)自香港淪陷後本館善本圖書已付一炬現存總館者如圖書集成二十四史等為燼餘文獻不得不盡力呵護非有距離市區之獨立建築不可

二計劃

(一)在坪石中區公路旁山後建築臨時館舍地點適中往來甚便但與市區隔離

(二)建築竹織批盪杉皮天面平房一座面積約三十英井

(三)館內設閲覽室一間同時能容五十人書庫一間藏書二萬册備藏室一間辦公室一間主任室一間同時能容十人辦公此為最低限度因書物占地較多非其他部份可比

三、概算

(一)照市價建築費每英井以二千二百元計共六萬六千元

(二)土方約陸千元

(三)水溝道路環境設備約壹萬弍仟元

合共八萬四千元以現在(卅二年三月)市價為準日後不憑

四、附件

(一)建築草圖一幅

(二)建築章程一份

此上

教務長鄧　轉呈

代校長金

國立中山大學圖書館主任杜定友

中華民國三十二年三月十七日

国立中山大学代理校长金曾澄关于建筑运动场等情给教育部部长陈立夫的呈及附件

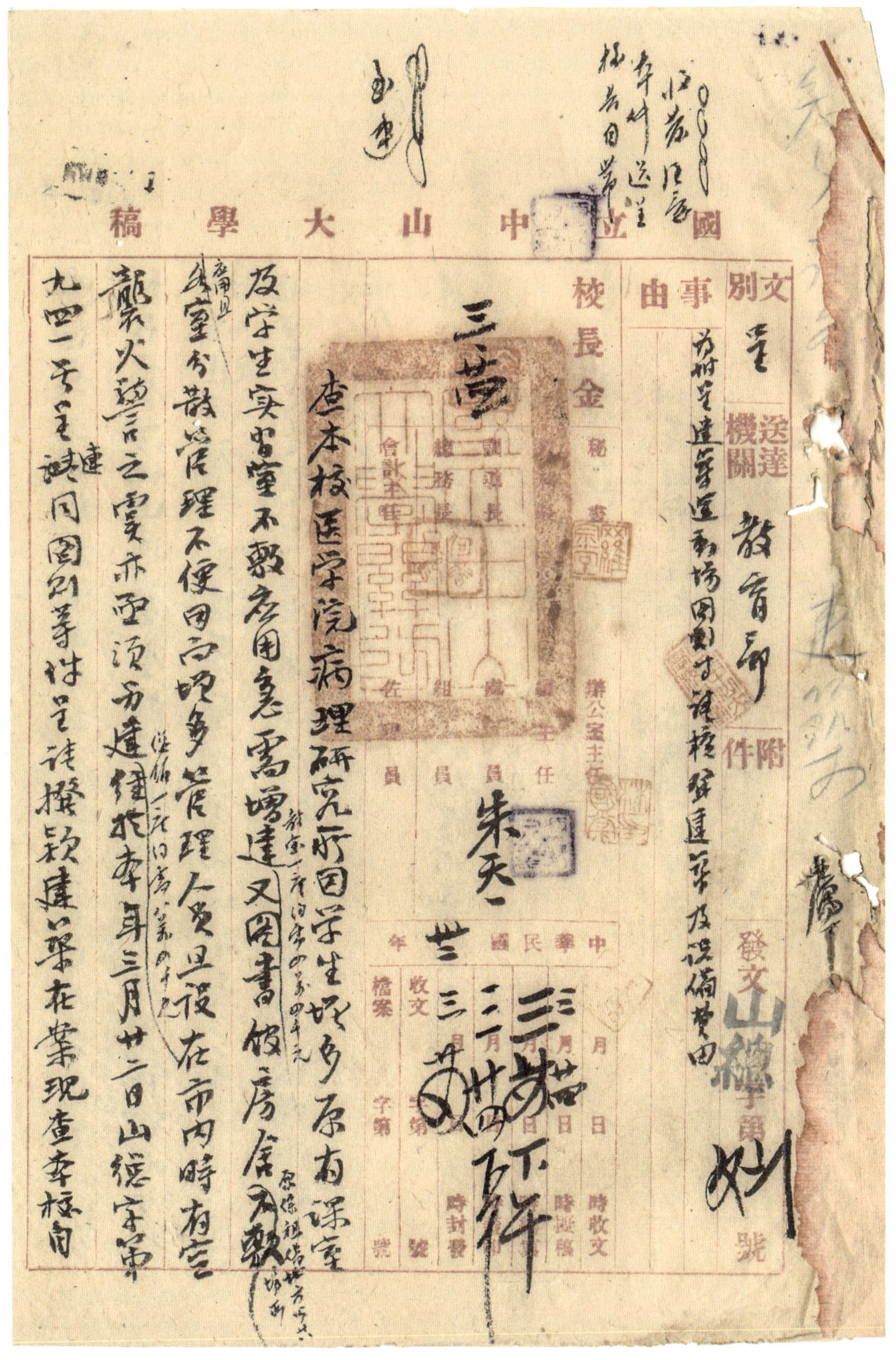
國立中山大學稿

文別：呈

送達機關：教育部

事由：為將呈建築運動場圖[illegible]暨建築及設備費由

校長金

查本校醫學院病理研究所因學生人數增多原有課室及學生實習室不敷應用急需增建又圖書館房舍有數[illegible]室分散管理不便因而收多費管理人員且設在市內時有空襲火警之虞亦亟須另建經於本年三月廿二日山總字第九四一號呈請同圖則等件呈請撥款建築在案現查本校自

2

遷回粤北，亦因校舍與環境關係，各院分散各地，計分三處，擬在三學院附近建築全校運動場一所，藉以鍛練學生體格，增進健康。計需建築費四萬元，設備費二萬元，共六萬元，因限於經費，無法舉辦，理合擬具建築運動場設備內容及圖則各一份，具文呈請

鑒核，迅予先行撥給建築及設備費六萬元，俾得及早建築，為公便。

謹呈

教育部部長陳

附呈建築運動場設備內容及圖則各一份

（全銜）代理校長金□

查本校体育向極發達嗣因戰事影响遷滇設校廿九年復遷粵北均以格于自然環境惡劣各學院分設各地加以校欵枯竭是以運動場所之設備体育用具之購置諸形簡陋員生運動机會較之昔日殊覺遜色影响健康前途甚大茲爲發展本校体育補救年来缺陷似應設有稍爲完備之大運動場且廣東全省第十五屆運動大會定于本年度双十節在韶舉行若無訓練場所將来本校參加大會選手之訓練亦难有良好成績（本組）拟在工學院附近建一運動場面積約六十華畝需欵約國幣肆萬

元内分設各場所如下

(一)陸上運動場

1 四百公尺跑道

2 足球場

3 排球場

4 籃球場

5 遠跳沙池（三級跳沙池仝用）

6 高跳沙池（竿高跳沙池仝用）

7 標槍場

8 鐵餅場

5

9 鉄球場

(上)游泳場

運動場設備内容

運動場所須設籃球架乙对（連鉄圈）足球門乙对排球柱两根擲鉄球抵趾板乙塊擲鉄餅鉄圈乙個遠跳及三級跳踏脚板两塊高跳架乙对竿高跳架乙对竿高木箱乙個沙撥乙個高中欄六十個跳竿竹大小三十枝本組前所有体育用具均在澂未有運坪故應購男女子鉄餅各两個十六磅鉄球乙個十二磅鉄球两個九磅鉄球两個杪錶两個標槍六枝皮尺两把以上設置等費約需國幣弍萬元

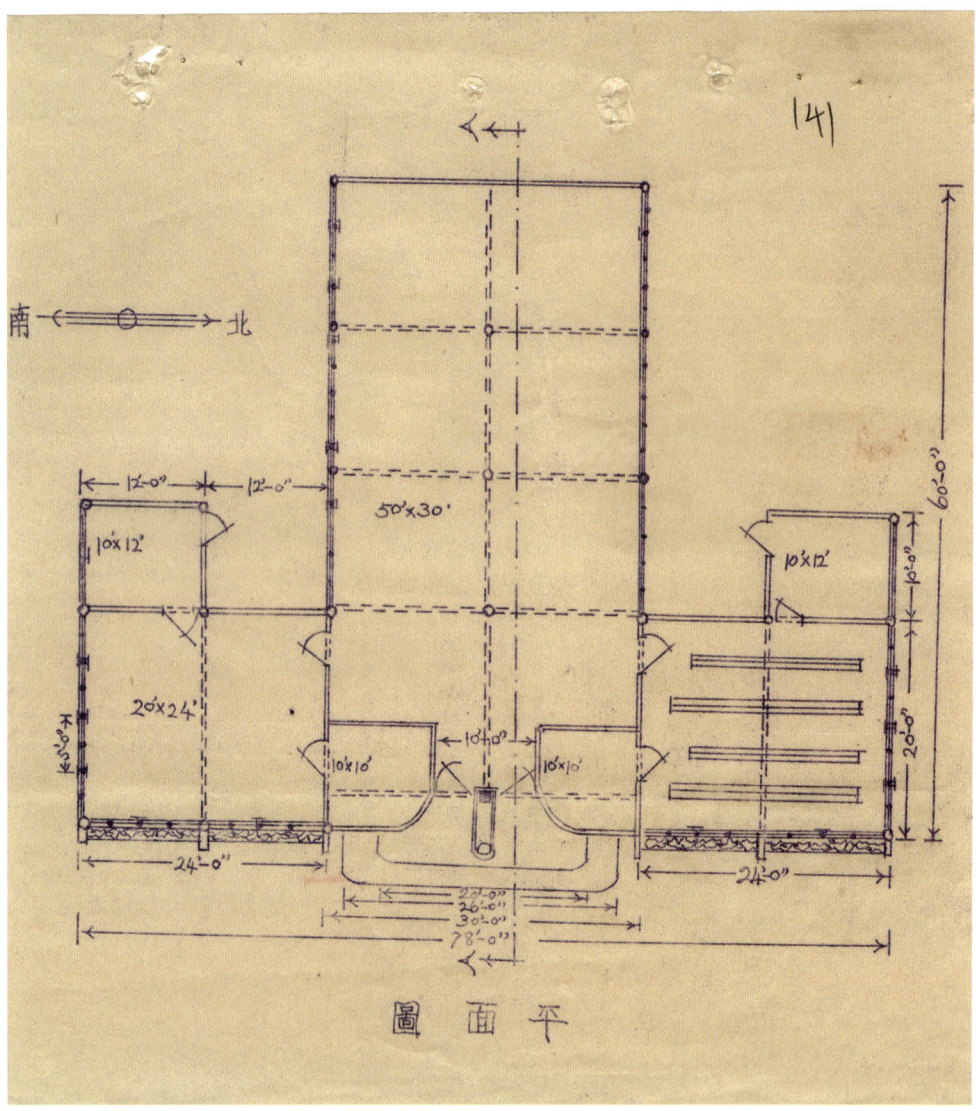

国立中山大学图书馆总馆建筑草图

平面圖

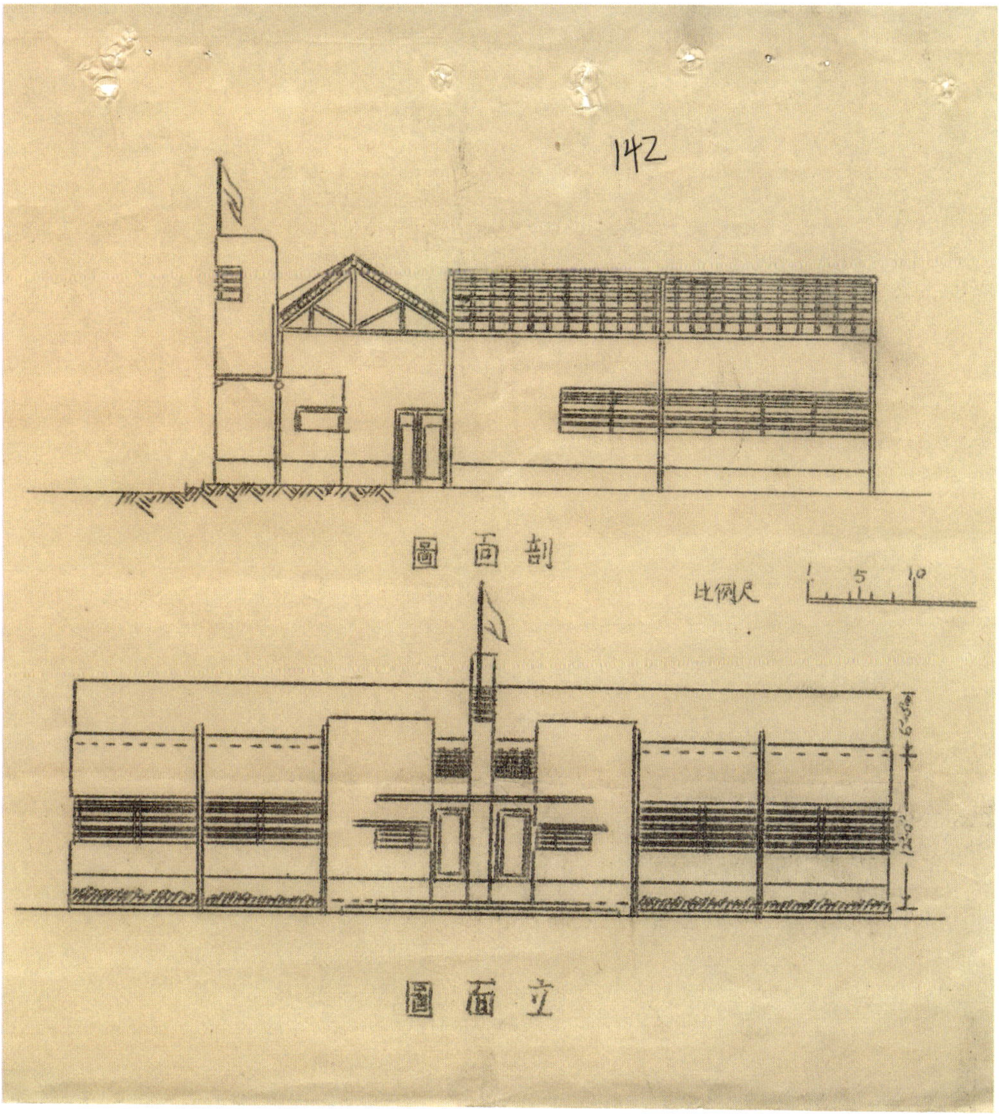

142

剖面圖

比例尺 1 5 10

立面圖

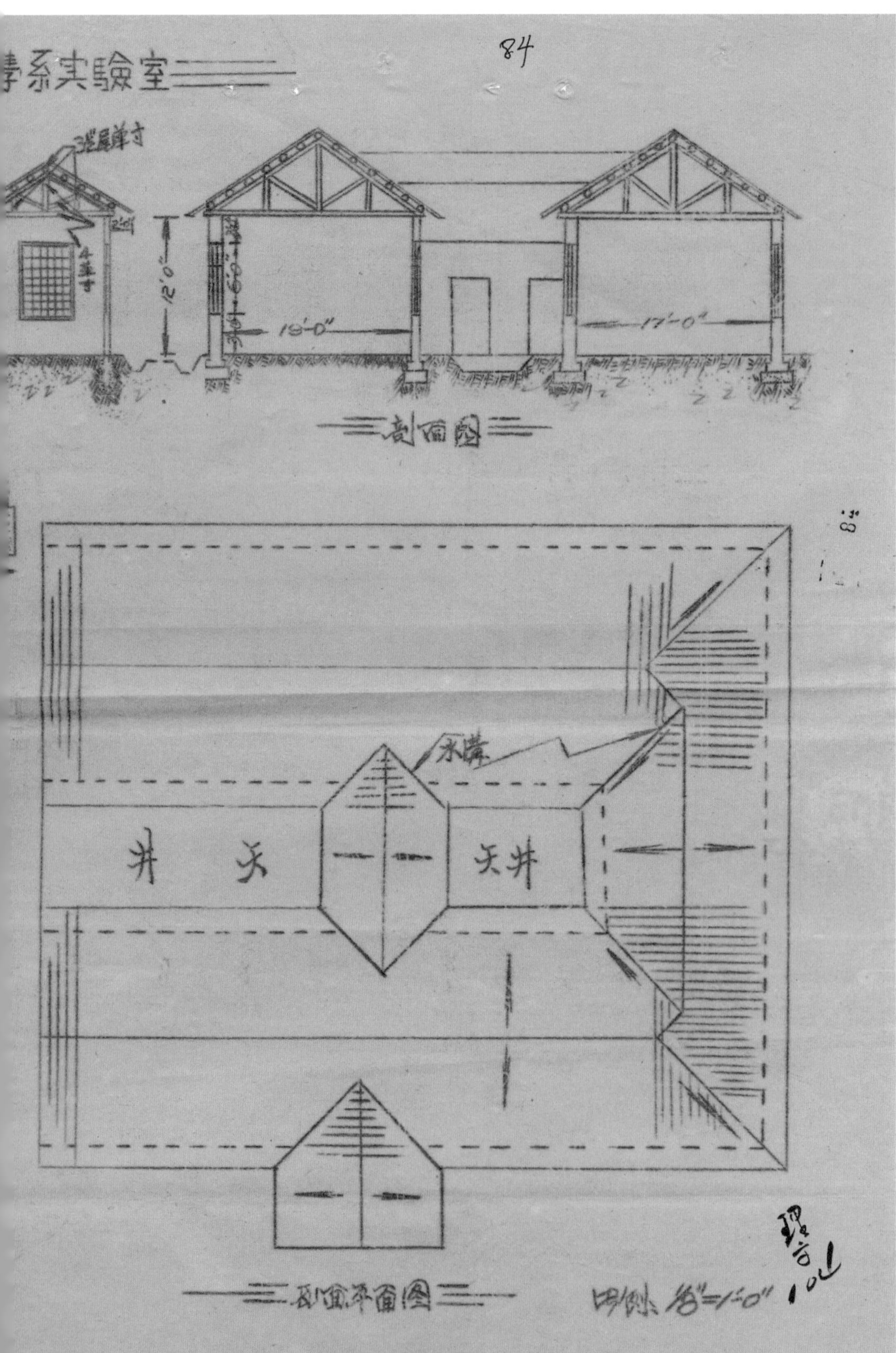

国立中山大学理学院化学系实验室工程图

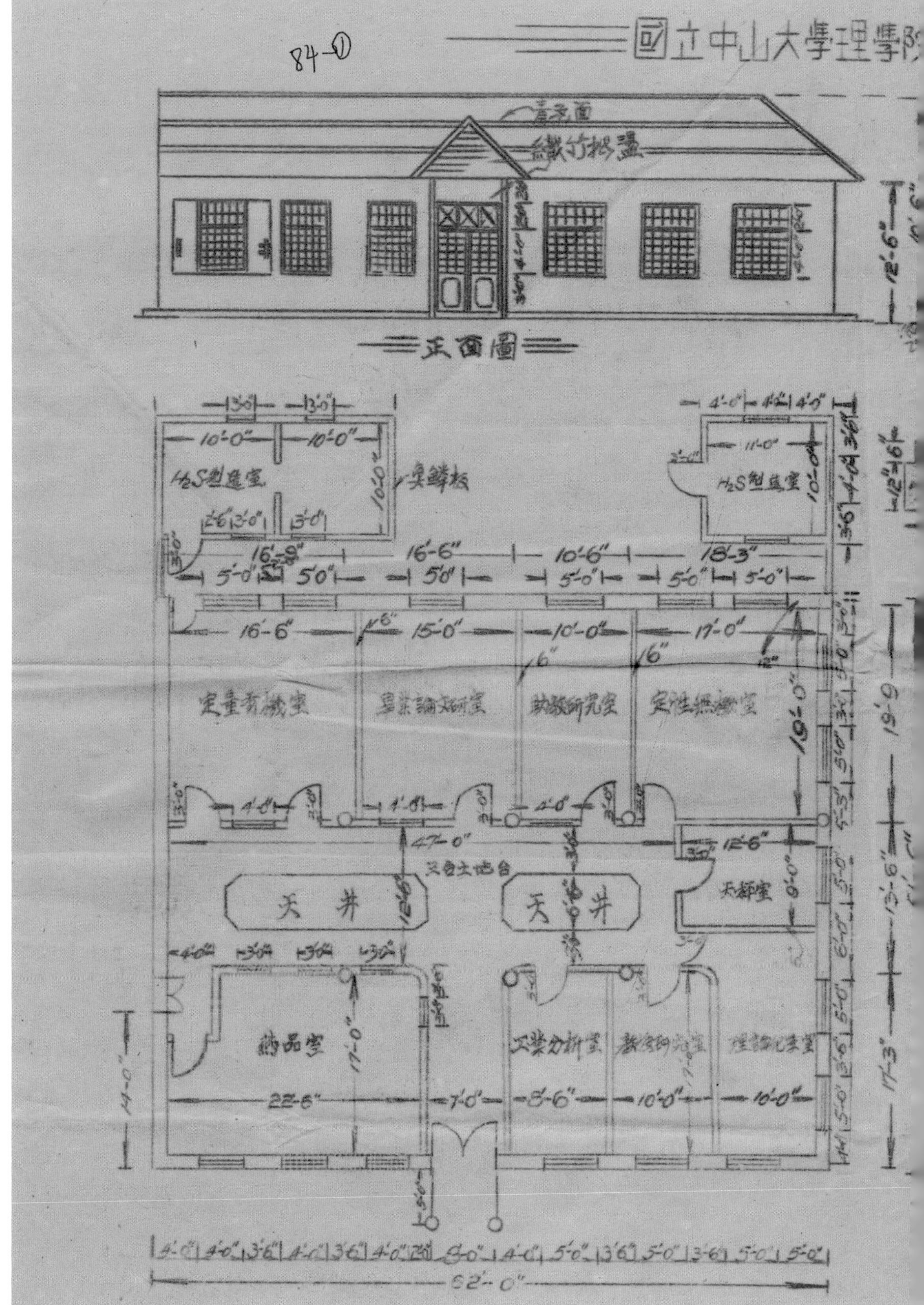
84-①
國立中山大學理學
正面圖
H2S製造室
H2S製造室
天井
天井
藥品室
62'-0"

國立中山大學

工學院工程結算表

建築物名稱	校舍工程（共25座）
承商 義利公司	規定期限 壹佰晴天
訂立合同日期 卅一年九月十日	根據合同扣除日數 三十六天
開工日期 卅一年九月廿八日	核准延期日數 二十九天
完工日期 卅二年三月八日	逾期日數 無

	拾萬	萬	千	百	十	元	角	分		拾萬	萬	千	百	十	元	角	分
原合約所定總價	2	5	4	2	0	0	4	0	扣罰款項 1 杉桁三十條尾徑不足規定				1	2	0	0	0
增加工程費 1 卅一年十二月一日總字[illegible]號文批准增加[illegible]木[illegible]				3	2	9	0	0	2 杉木未造三角撐				2	4	0	0	0
2 卅一年十二月十二日總字[illegible]號文批准土方費			8	0	7	8	2	0	3 欠造窗口滴水板				1	7	5	0	0
3 又增加[illegible]十五個				3	0	0	0	0	4								
4 卅一年十月[illegible]日總字[illegible]號文批准加建[illegible]小間				5	6	4	0	0	5								
5 卅二年四月十日總字1200號文批准水渠費			1	6	0	7	6	0	6								
6 ——							2	0	7								
實造工程總價	2	6	7	7	7	9	2	0	共計				5	3	5	0	0
結算應淨付										2	6	7	2	4	4	2	0

附款：

卅一年九月十五日總字[illegible]號批准發給第一期工程費總價10%	25,420.04元
[illegible]總價60%	152,520.24元
卅一年十二月十二日總字[illegible]號批准發給第二期工程費之一部	10,000.00元
又總字[illegible]號批准發給土方費	8,078.20元
卅二年一月十五日總字[illegible]號批准清發第二期工程費餘款	15,420.04元
卅二年二月十日總字[illegible]號批准發給第三期工程費之一部	10,000.00元
卅二年二月廿四日總字[illegible]號批准清發第三期工程費餘款	15,420.04元
卅二年四月十日總字[illegible]號批准發給第四期工程費之一部	10,000.00元
卅二年四月十日總字1200號批准發給水渠工程費	1,607.60元
卅二年五月[illegible]日總字[illegible]號批准發給[illegible]工程費	3,893.00元
卅二年八月十四日總字[illegible]號批准清發第四期餘款及保固費之一部	6,000.00元
以上合計已付工程費	258,359.16元

工程費合計共 267,244.20元

－ 已付 258,359.16元

實計尚餘工程費 8,885.04元

國立中山大學代表　結算者 雷[illegible]

總務長 王鐸聲　校對者 黃琪璋　卅二年十月[illegible]日

国立中山大学工学院校舍工程结算表

国立中山大学车田坝宿舍膳堂及大厨房工程图

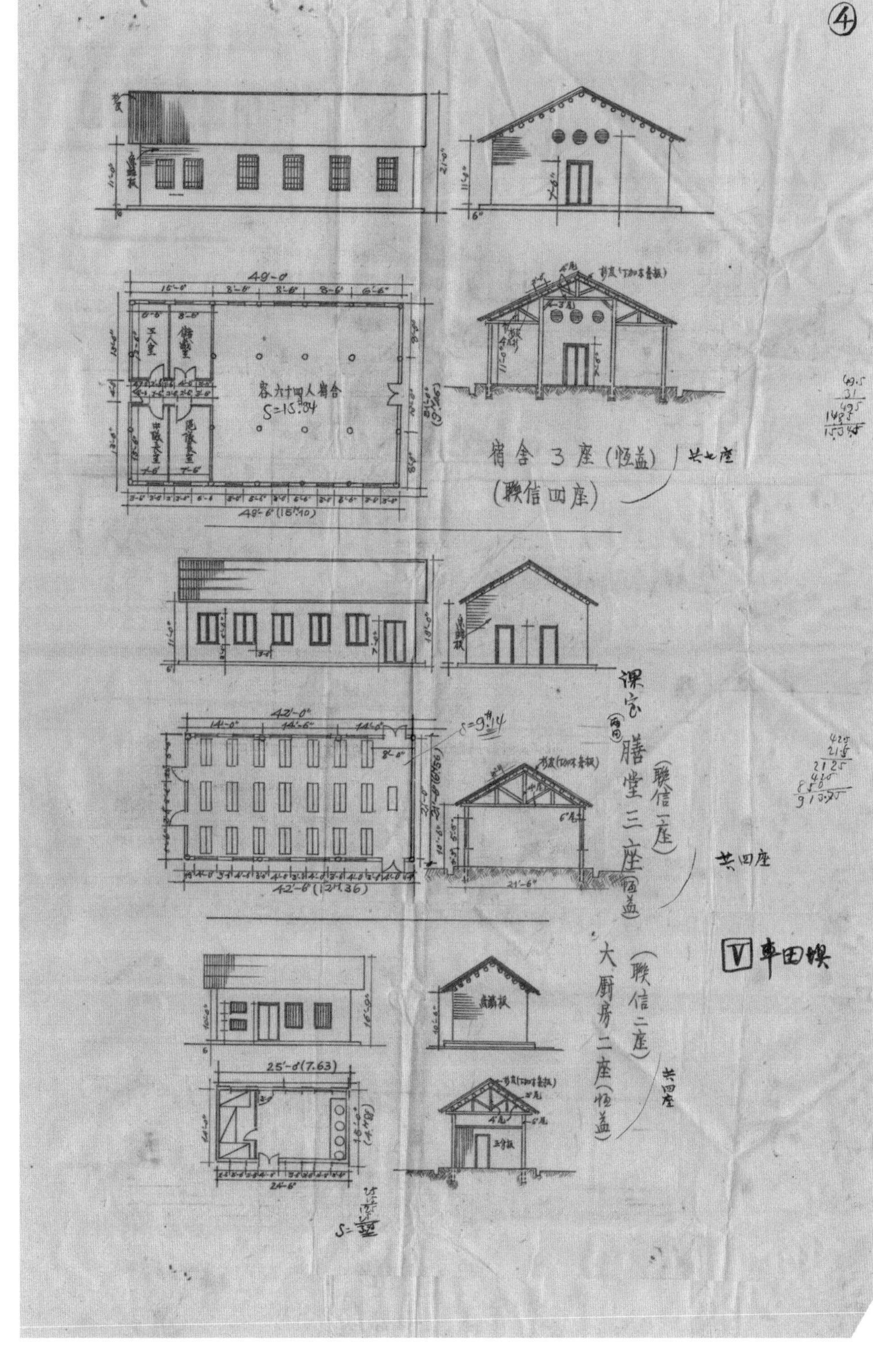

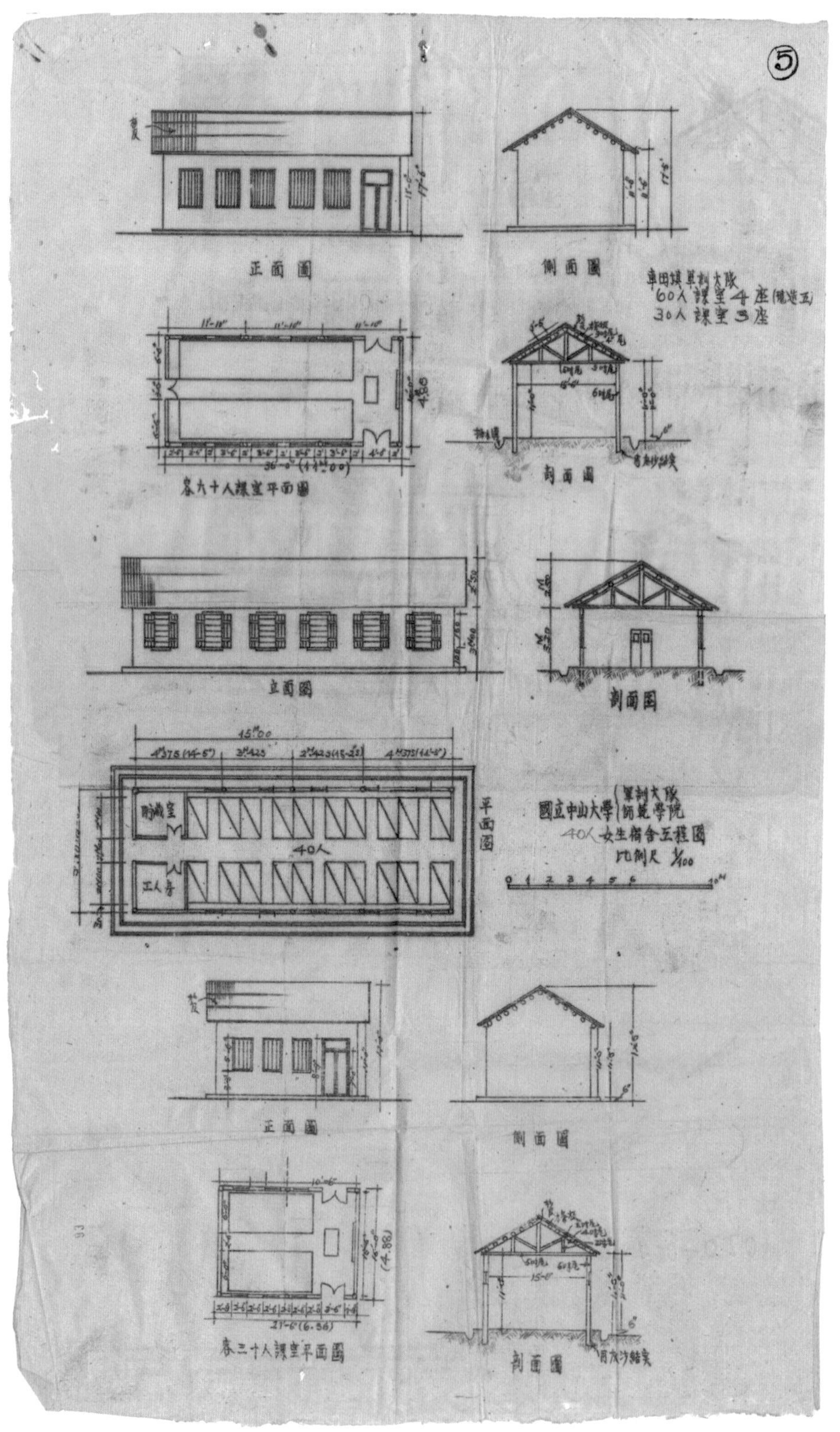

国立中山大学车田坝军训大队课室和女生宿舍工程图

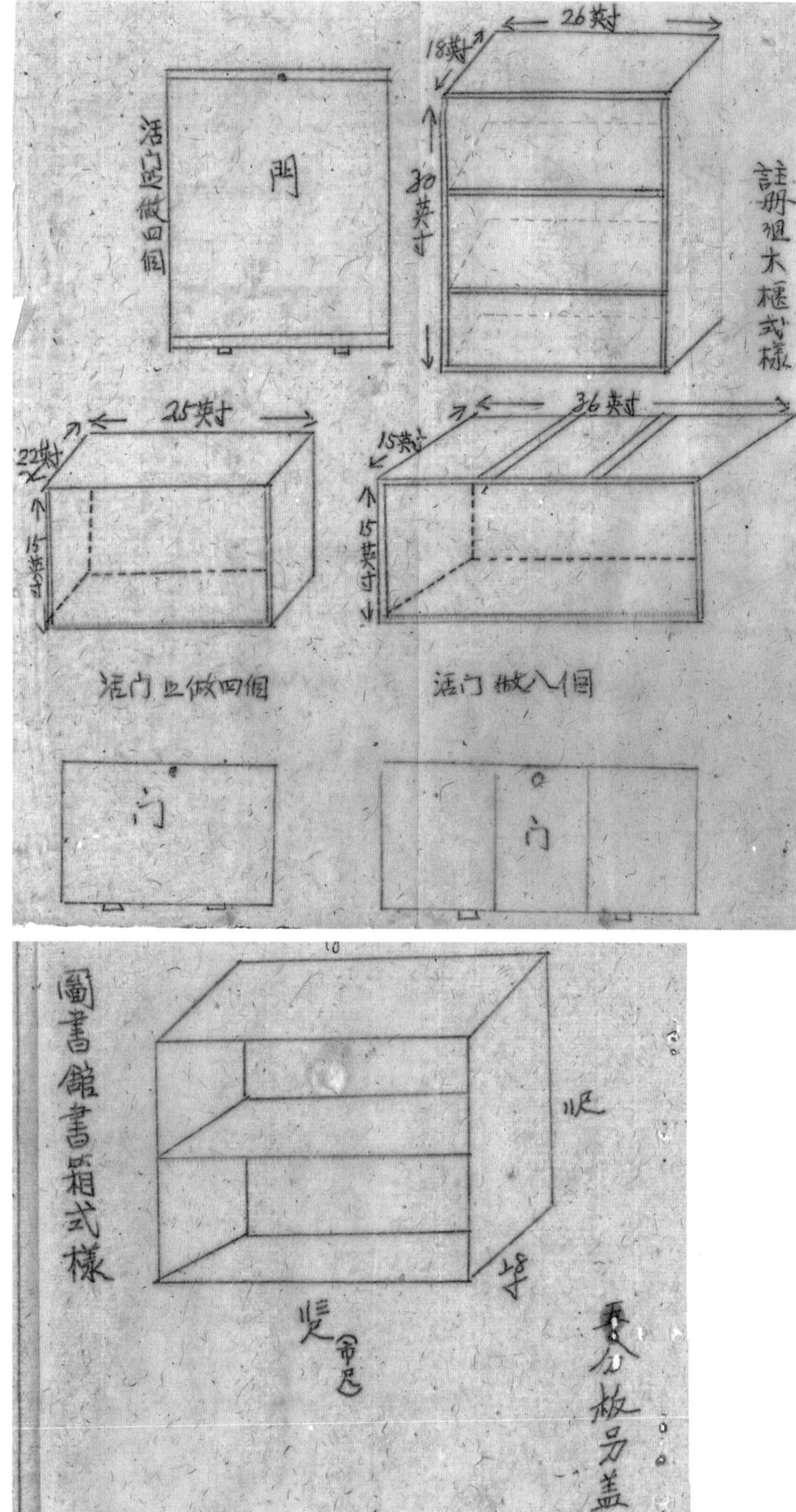

国立中山大学图书馆书箱图样

国立中山大学医学院病理研究所大课室建筑草图

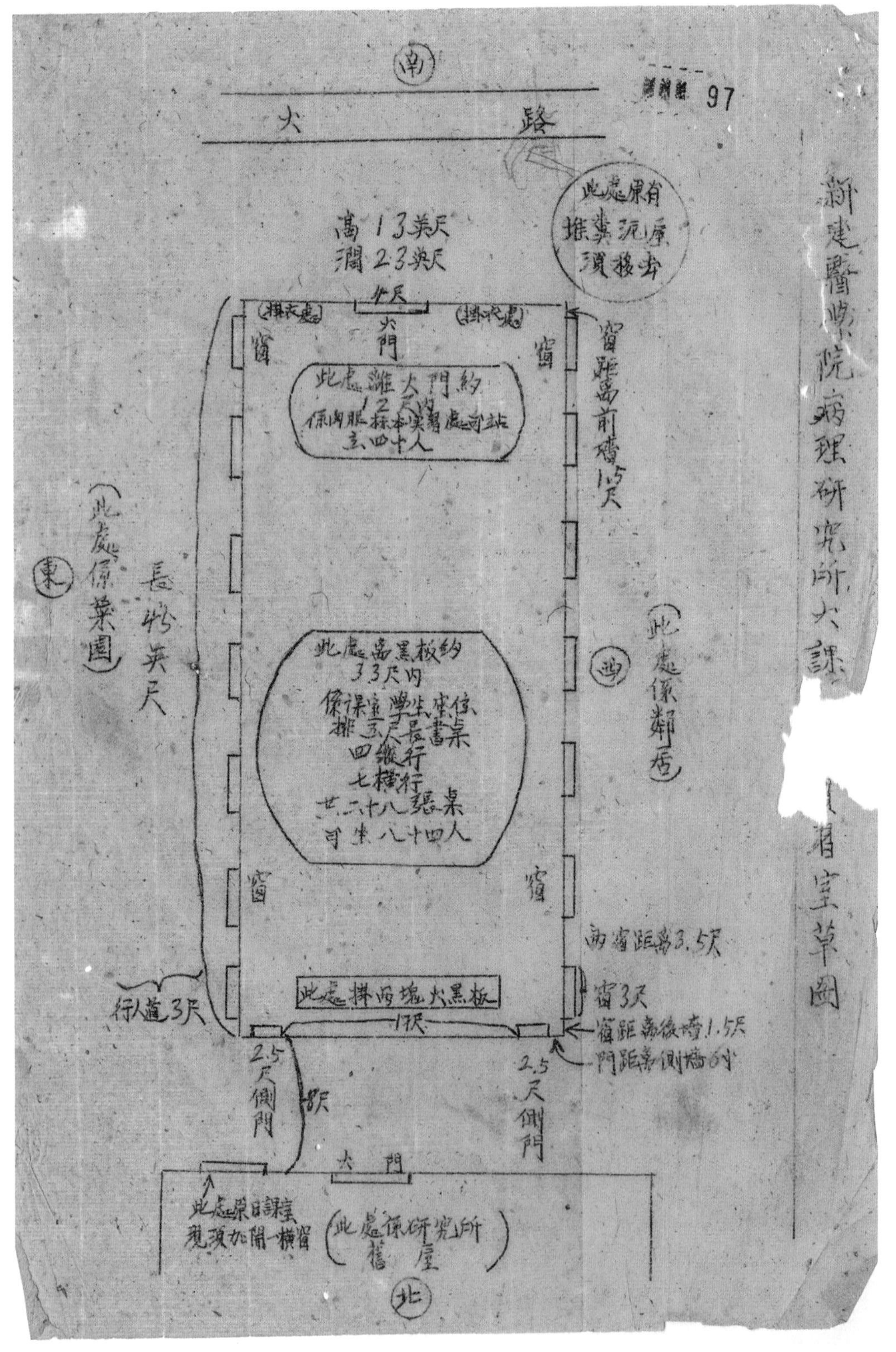

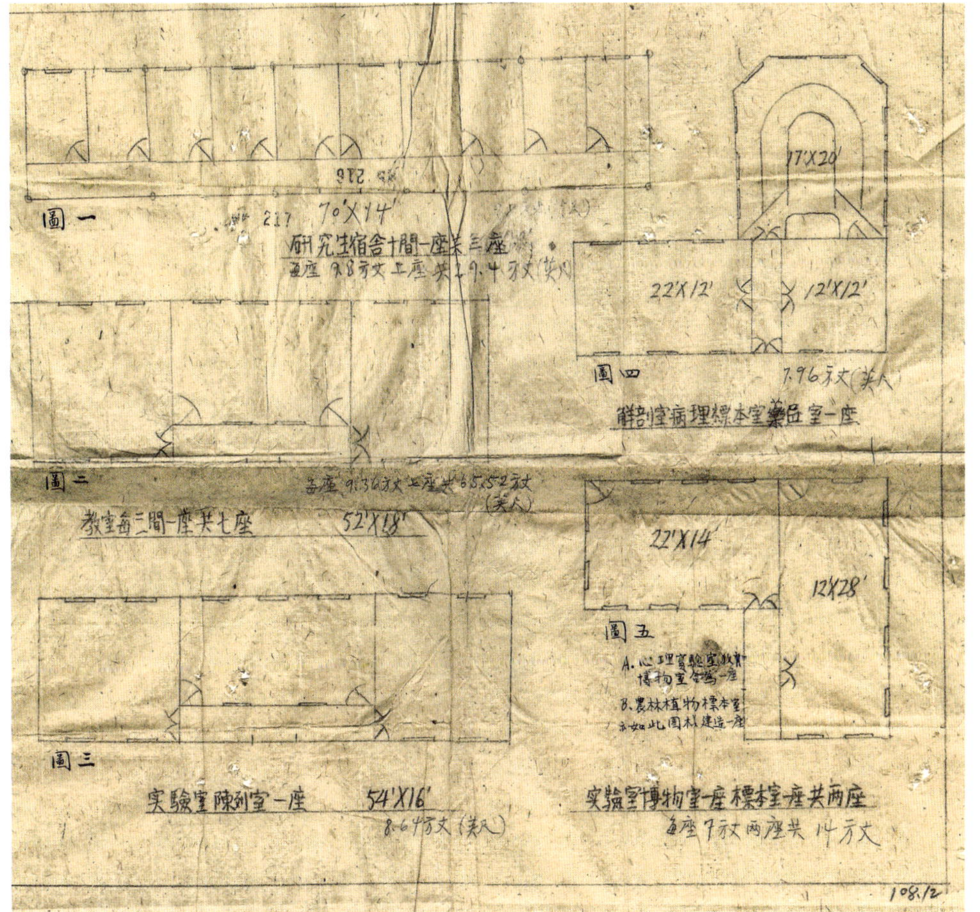

国立中山大学研究生宿舍实验室工程图

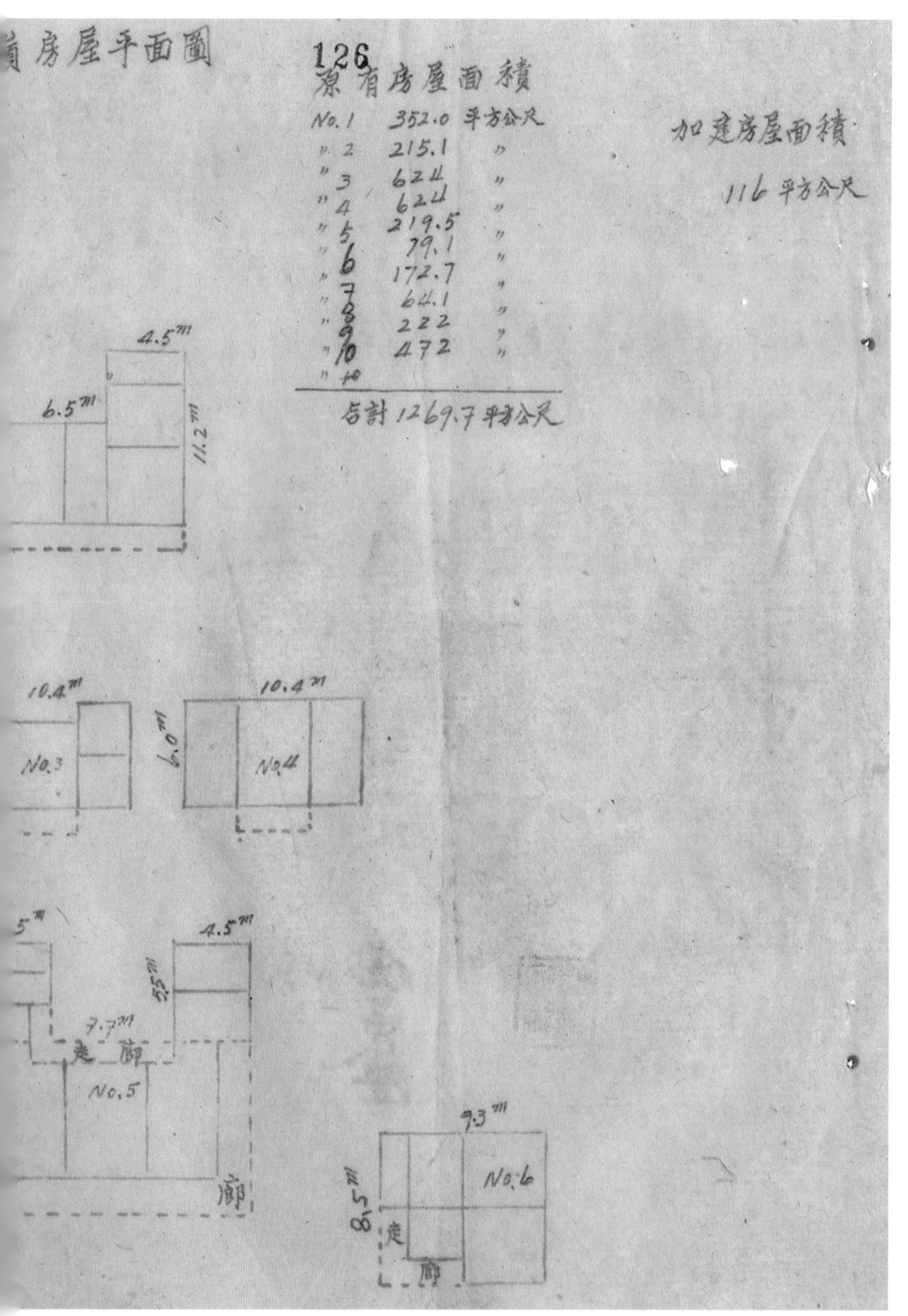
積房屋平面圖

126

原有房屋面積

No.1	352.0	平方公尺
〃 2	215.1	〃
〃 3	62.4	〃
〃 4	62.4	〃
〃 5	219.5	〃
〃 6	79.1	〃
〃 7	172.7	〃
〃 8	64.1	〃
〃 9	222	〃
〃 10	472	〃

合計 1269.7 平方公尺

加建房屋面積

116 平方公尺

国立中山大学租用铁岭房屋平面图

國立中山大學租用

127

比例尺 1/300

18.0m
5.3
14.2m
No.1
16.2m
10.7m
走
4.5
走 廊
9.6m
9.2m

21.0m

中大文學院加建房屋位置
面積1.16公畝

6.0m
3.7m
No.9
10.5m
6.1m
No.8

4.6m
8.5m
走
1.8m
No.10
廊
17.1m
No.7
10.1m
走 廊

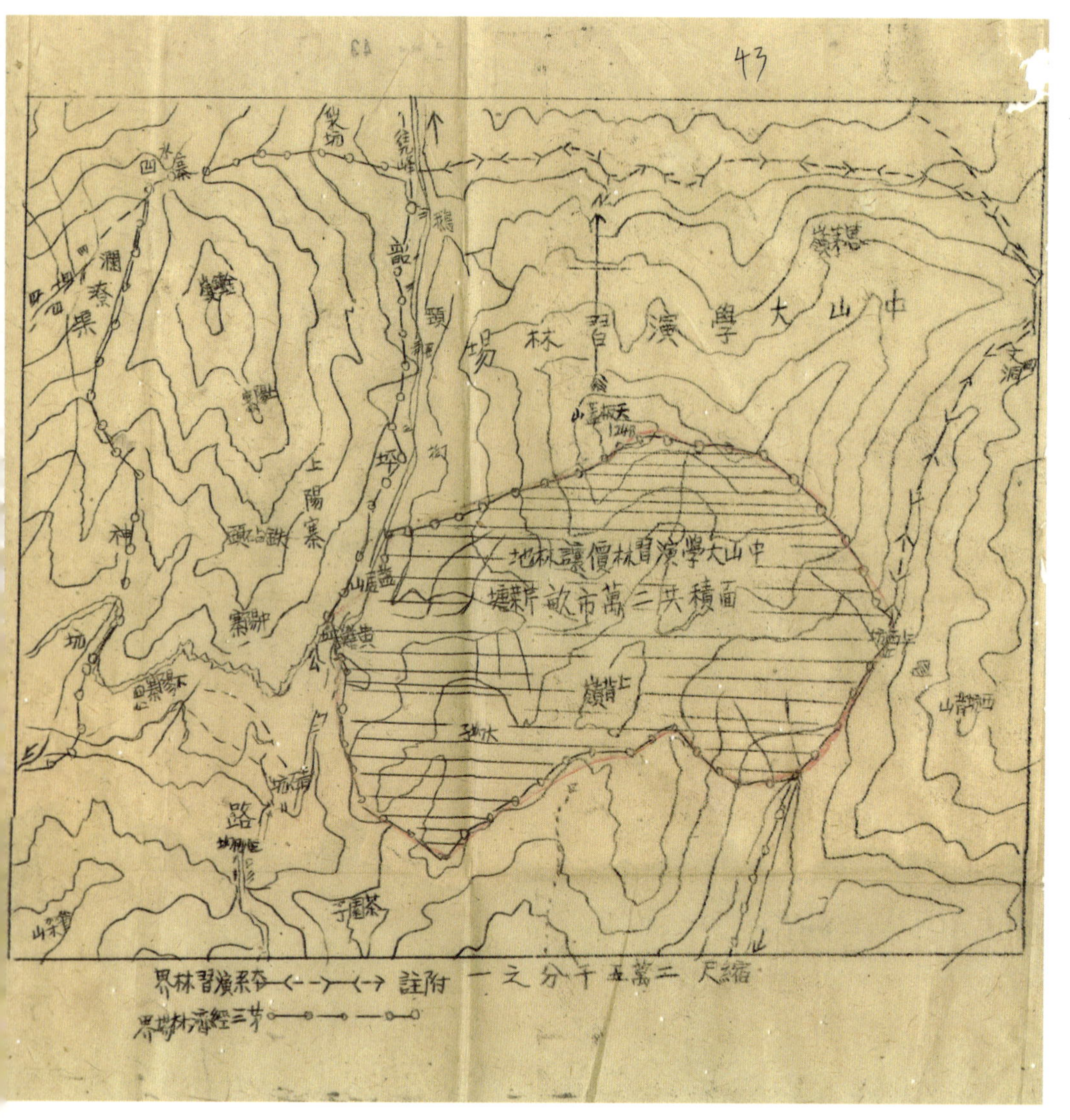

国立中山大学演习林场地图

国立中山大学天文台地层平面图

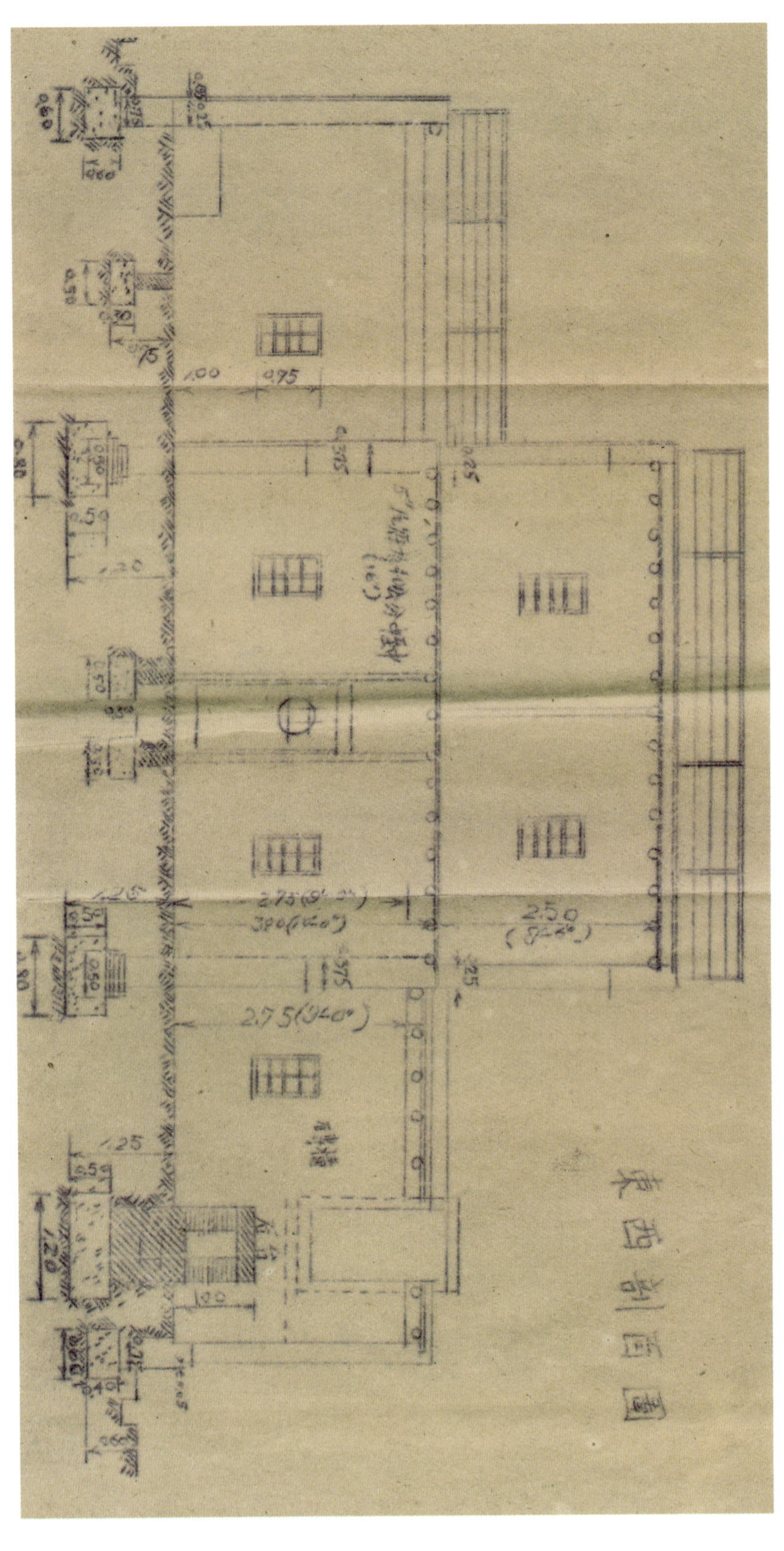

国立中山大学天文台楼层图

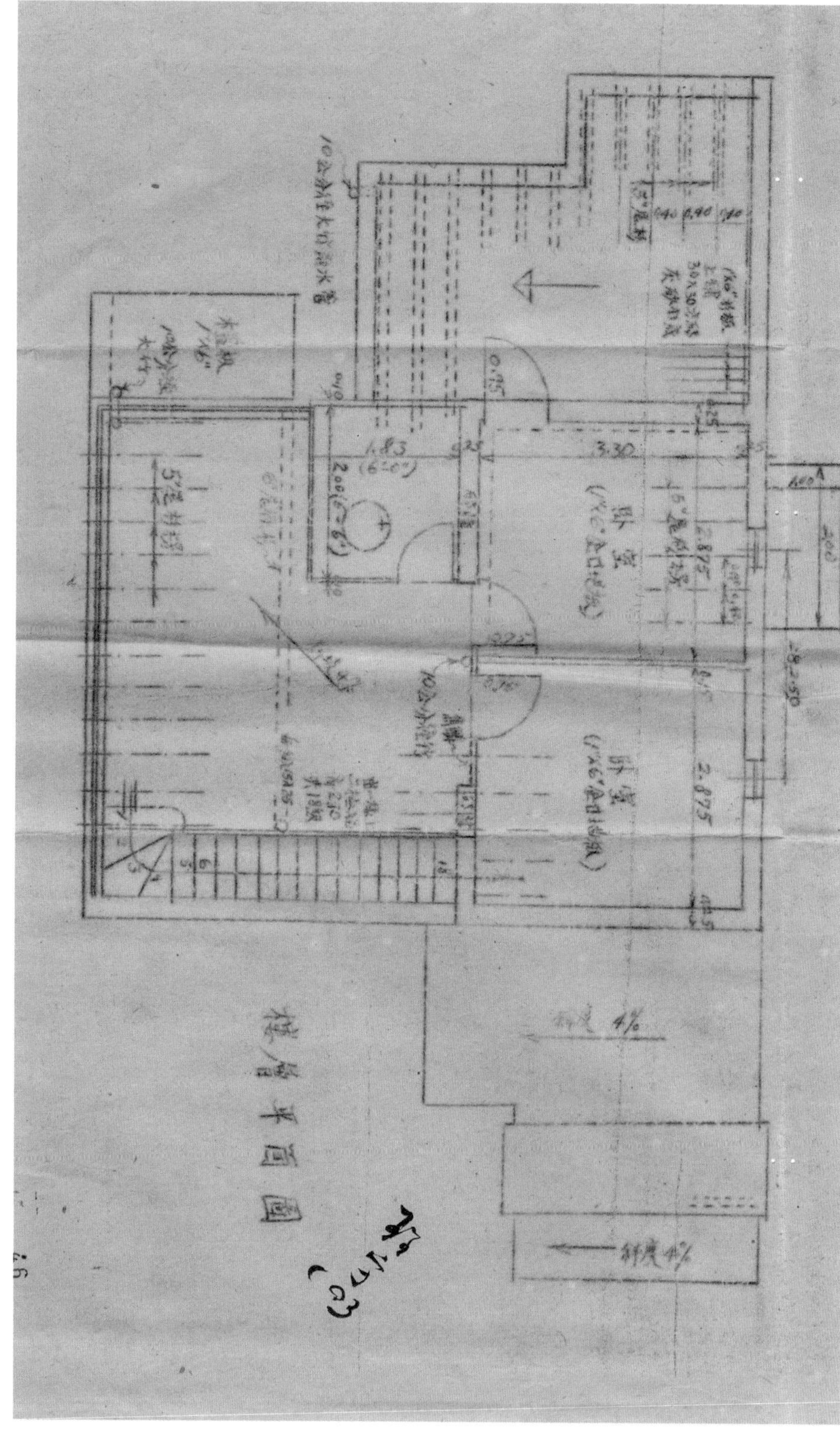
樓層平面圖
臥室
臥室

教学实习

虞炳烈先生应聘为国立中山大学工学院建筑工程学系一九四〇年度兼系主任的函

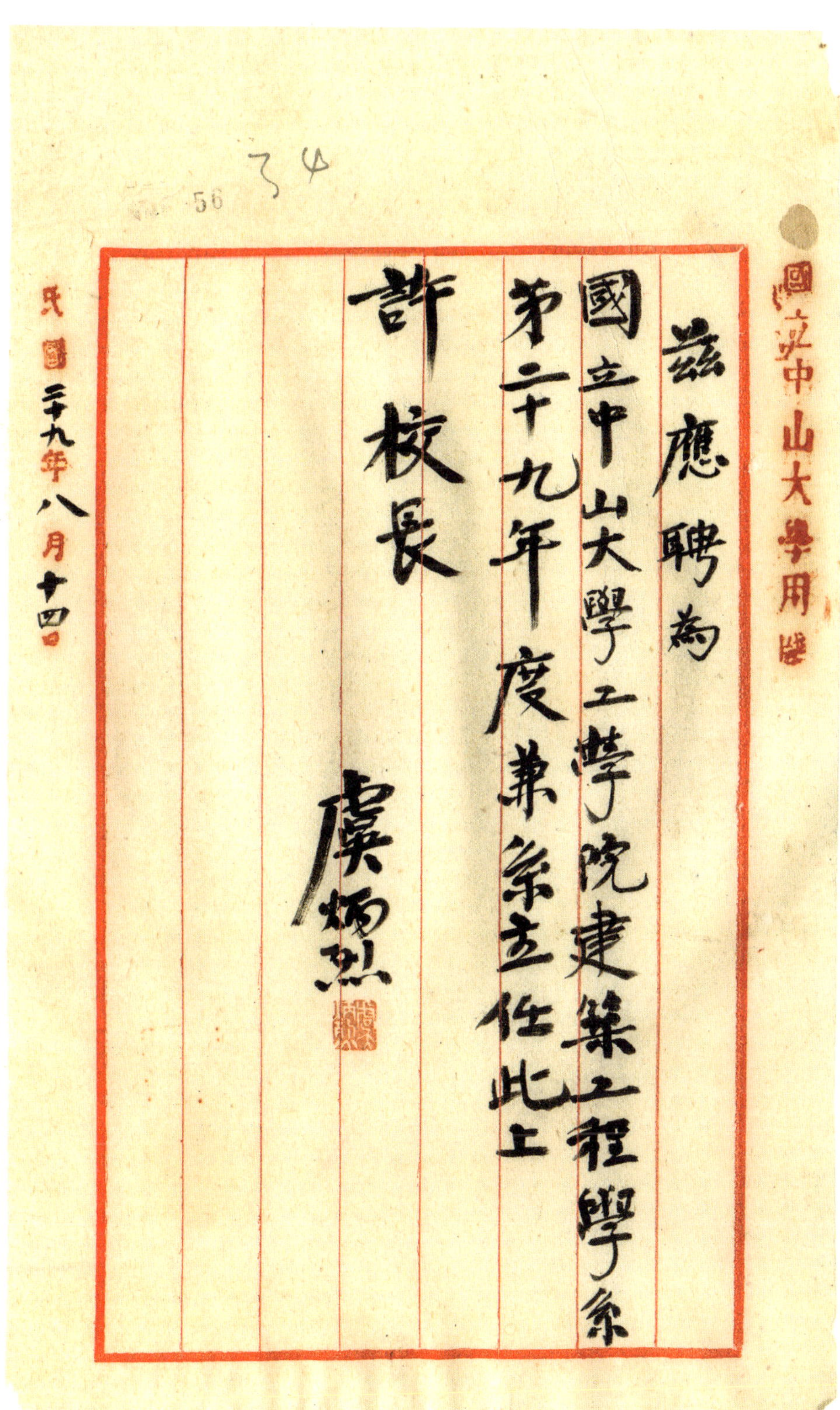

國立中山大學用箋

兹應聘為

國立中山大學工學院建築工程學系

第二十九年度兼系主任此上

許校長

虞炳烈

民國二十九年八月十四日

国立中山大学图书馆主任杜定友关于变更图书馆原有组织及分配图书等情给教务长张云和代理校长许崇清的呈文

敬呈者 屬館 為適應環境起見擬暫將原有組織略予變更改設總務室一所閱覽室三所總務室及第一閱覽室設坪石并以第一閱覽室公開為民衆閱覽之用第二閱覽室設管埠為師範學院所在地第三閱覽室設清洞為文學院所在地將所有圖書根據讀者需要分配各室并將師範學院分館圖書暫行撥入第二閱覽室文學院分館圖書撥入第三閱覽室合併管理以求簡便是否可行伏祈

核示祗遵并懇轉函文師兩院查照辦理為禱

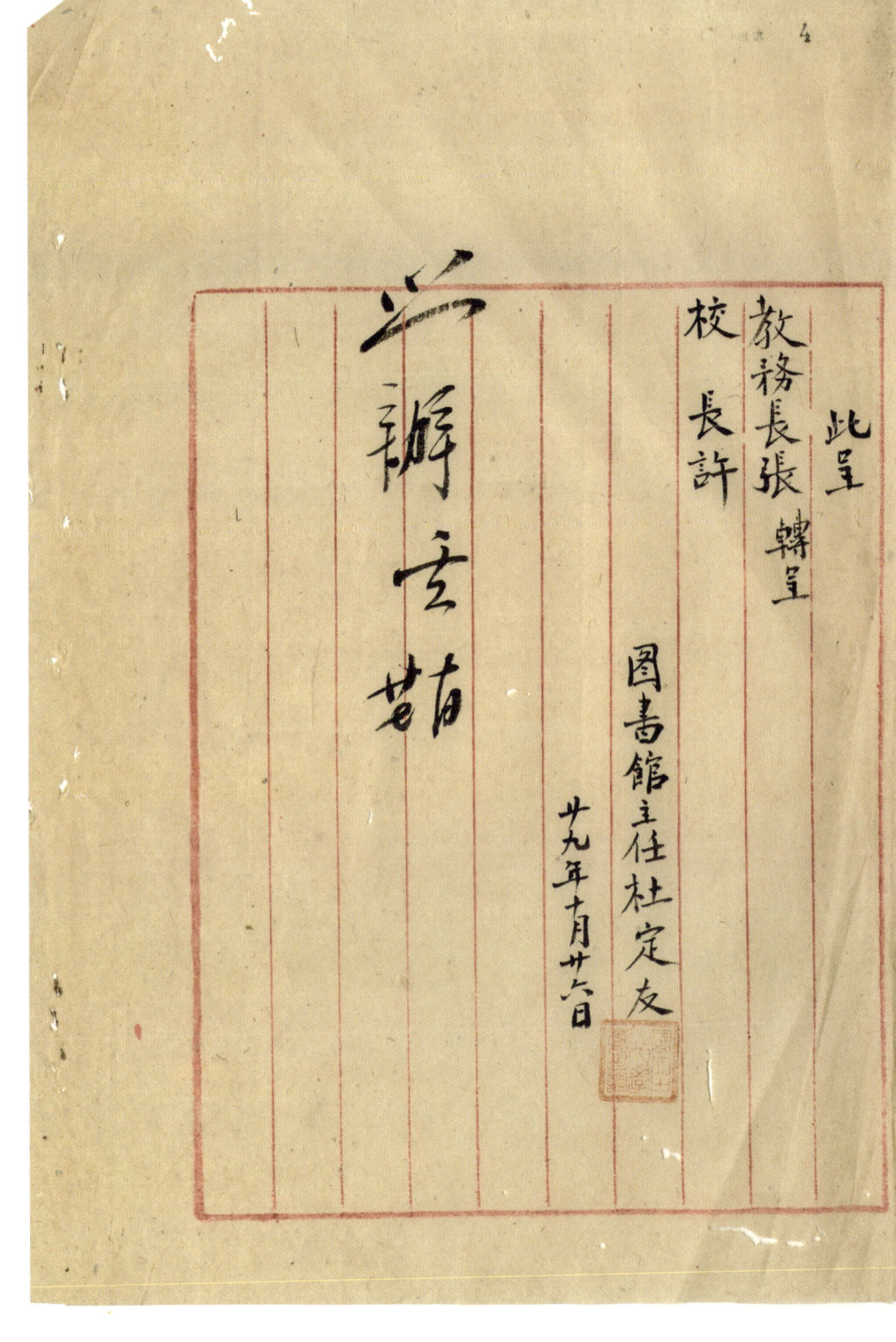

此呈

教務長張 轉呈

校長許

圖書館主任杜定友

廿九年十月廿六日

照辦 [illegible]

国立中山大学师范学院临时学生服务委员会关于元旦举行游艺大会等情给代理校长许崇清的文

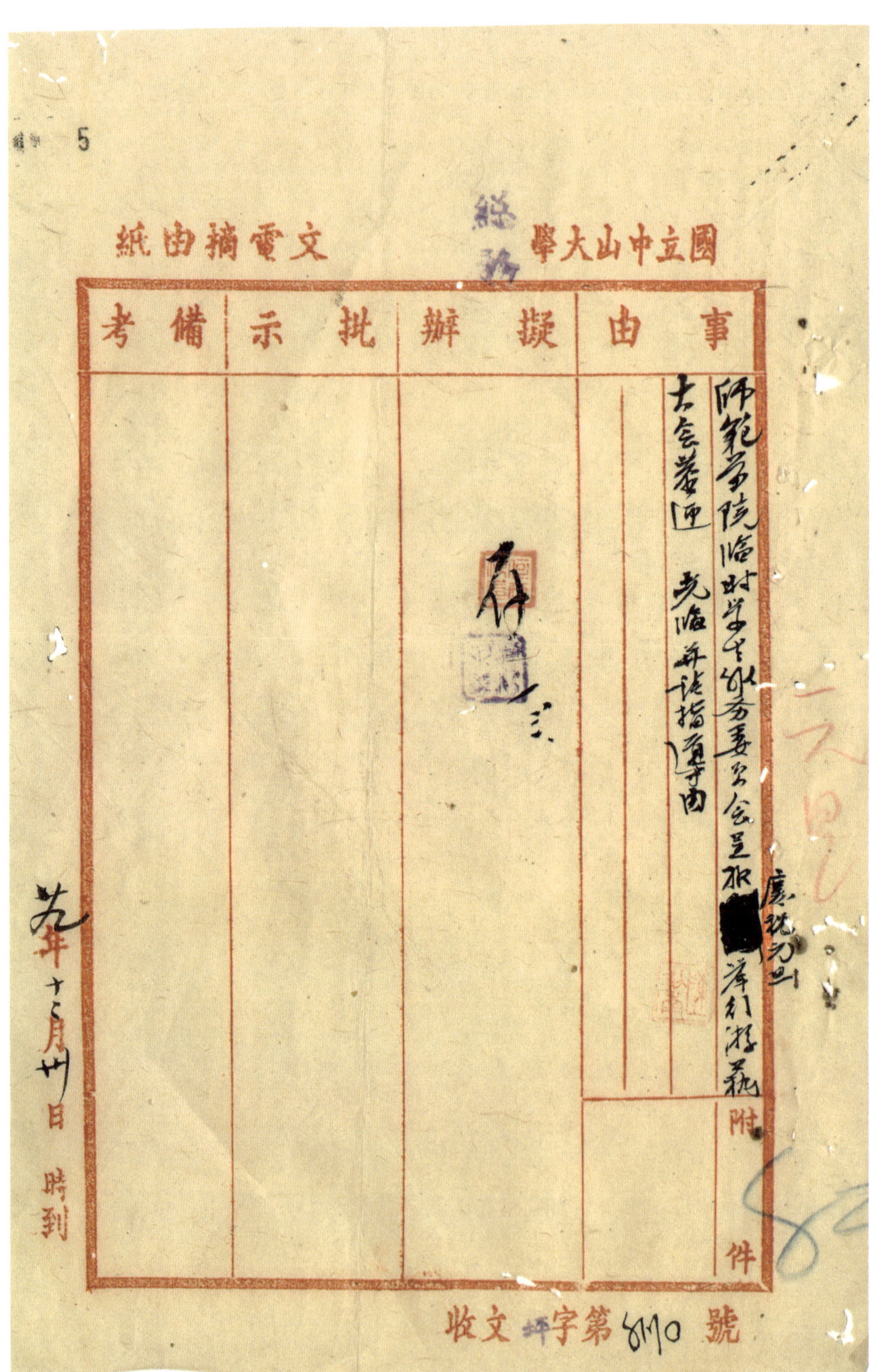
國立中山大學文電摘由紙

事由	擬辦	批示	備考
師範學院臨時學生服務委員會呈報■■舉行游藝大會暨函 恳臨 并請指導由	存		

附件

年 十二月 卅日 時到

收文 字第 8110 號

6

國立中山大學師範學院用箋

頁

敬啓者本會爲慶祝民國三十年元旦並與當地民衆共樂起見特定於是日下午一時在管埠河邊沙灘舉行游藝大會四時在本院臨時膳堂聚餐届時恭迎

鈞長光臨並請指導一切爲盼

謹致

許校長鈞鑒

師範學院臨時學生服務委員會

中華民國廿九年十二月廿九日

国立中山大学法学院法律学系必修及选修科目表

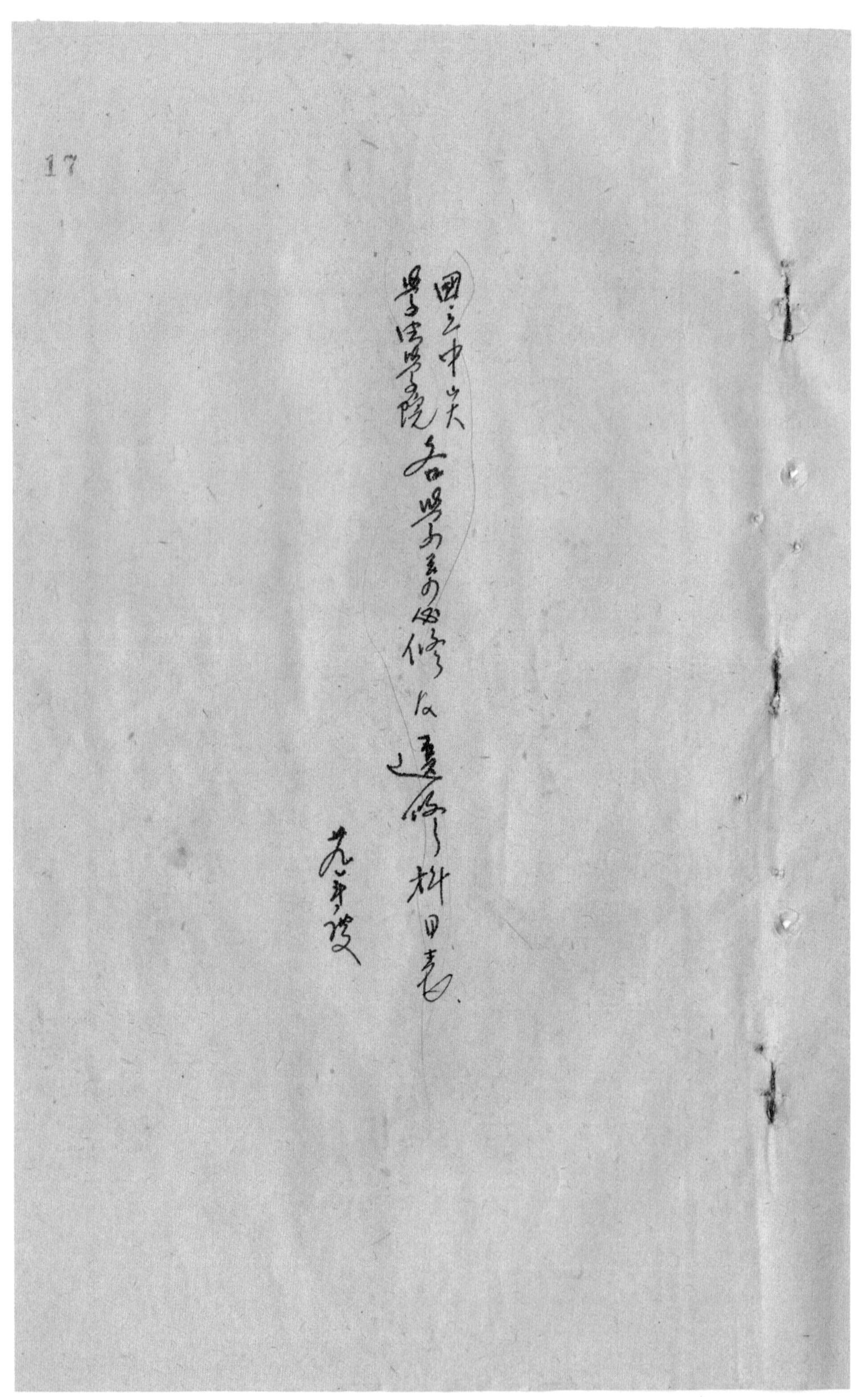
17

國立中山大學法學院各學系必修及選修科目表

國立中山大學法學院法律學系必修及選修科目表 廿九年度 第一頁

科目	規定學分	第一學年 上	第一學年 下	第二學年 上	第二學年 下	第三學年 上	第三學年 下	第四學年 上	第四學年 下	第五學年 上	第五學年 下	備註
經濟學	六			必	必							
民法總則（上）	六			必	[illegible]							
刑法總則（上）	六			必								
民法債編（下）	五				必							
刑法分則（下）	四				必							
法院組織法（下）	一				必							
憲法	四			必	必							
西洋通史	六			必	必							

19

科目	學分											
哲學概論	六			必	必							
科學概論	六			必	必							
民法債編(三)	五					必						
民法物權	四					必	必					
民法親屬繼承(三)	三						必					
商法(下)	四						必					
刑事訴訟法	六					必	必					
行政法	六					必	必					
國際公法	四					必	必					
合計												

說明：(一)本表每學年每學系填送一張(二)選修科目及自行設置之必選修科目須在備註欄內註明

國立中山大學法學院法律學系必修及選修科目表　廿九年度

（第二頁）

科目	規定學分	第一學年上	第一學年下	第二學年上	第二學年下	第三學年上	第三學年下	第四學年上	第四學年下	第五學年上	第五學年下	備註
民事訴訟法	八					必	必					
犯罪學	三					選	選					
中國政治史	六					選	選					
刑事判例研究	四					選	選					
國際經濟問題	三					選	選					
經濟思想史	四					選	選					
政治地理	三					選	選					
市政學	三					選	選					

科目	學分											
票據法(上)	四							必				
保險法(下)	二								必			
土地法	四							必	必			
破產法	四							必	必			
勞工法	四							必	必			
國際私法(上)	二							必				
強制執行法(上)	二							必				
法理學(下)	三								必			
實[illegible]習訴訟	四							必	必			
合計												

說明：㈠本表每學年每學系填送一張 ㈡選修科目及自行設置之必選修科目須在備註欄內註明

國立中山大學法學院法律學系必修及選修科目表　廿九年度　（第三頁）

科目	規定學分	第一學年 上	第一學年 下	第二學年 上	第二學年 下	第三學年 上	第三學年 下	第四學年 上	第四學年 下	第五學年 上	第五學年 下	備註
羅馬法								選	選			
民事訴訟法								選	選			
中外條約								選	選			

合計

說明：(一)本表每學年每學系填送一張 (二)選修科目及自行設置之必選修科目須在備註欄內註明

国立中山大学师范学院史地学系必修及选修科目表

國立中山大學師範學院史地學系必修及選修科目表　廿九年度　第一頁

科目	規定學分	第一學年 上	第一學年 下	第二學年 上	第二學年 下	第三學年 上	第三學年 下	第四學年 上	第四學年 下	第五學年 上	第五學年 下	備註
黨義	二	一	一									
國文	八	四	四									
英文	八	四	四									
教育概論	六	三	三									
本國文化史	六	三	三	三	三							二年補修
社會學	六	三	三									
經濟學	六	三	三									任選一科
生物學	六	三	三									以下四科任選一科

科目												備註
人類學	六	三	三									
化學	六	三	三									
物理學	六	三	三									
政治學	六			三	三							任選一科
法學通論	六			三	三							
哲學概論	四			二	二							
西洋文化史	六			三	三							
教育心理	六			三	三							
中等教育	六			三	三	三	三					三年級補修
合計												

說明：(一)本表每學年每學系填送一張 (二)選修科目及自行設置之必選修科目須在備註欄內註明

國立中山大學師範學院史地學系必修及選修科目表　廿九年度　第二[illegible]

科目	規定學分	第一學年 上	第一學年 下	第二學年 上	第二學年 下	第三學年 上	第三學年 下	第四學年 上	第四學年 下	第五學年 上	第五學年 下	備考
中國上古史	六			三	三	三	三					三年級補修
自然地理	六			三	三							
普通教學法	四					〇	四					
中國中古史	四					二	二					
西洋上古史	四					二	二					
人生地理	六					三	三					
英國史	六					三	三					以下三年級選修
中國社會史	六					三	三					

普通地質學	六					三	三					
音樂歌詞	二			○	二	○	一					二三年級選修
集体歌詠	○											各年級必修
体育												仝上
合計												

說明：㈠本表每學年每學系填送一張 ㈡選修科目及自行設置之必選修科目須在備註欄內註明

国立中山大学工学院建工系第四学年所开科目表

國立中山大學工學院建工系第四學年所開科目表 廿九年度

科目	規定每週上課時數	第一學年		第二學年		第三學年		第四學年		備註
		上	下	上	下	上	下	上	下	
建築圖案設計	16							16		
畢業圖案設計	16								16	
建築師業務及法令	2								2	
建築施工及估價	4							2	2	
論文指導	8							4	4	
房屋給水及排水	2							2		
電氣設備	4							2	2	
暖房及通氣	2								2	
庭園學	2								2	

都市計劃	6	3	3	
室内裝飾	4	2	2	
声音及日照學	2		2	上學期科目未修須補上
泥塑學	3	3		
中國建築	2		2	補上學年所缺

註：現第四學年學生為由勷勤大學轉來故該班科程仍依照勷勤大學原訂課程授課。

国立中山大学图书馆主任杜定友关于拟定购置图书办法给教务长张云和代理校长许崇清的呈

敬呈者關于屬館購置圖書辦法茲具報如左

一、自廿九年一月起經圖書館委員會決定由各學院分館自行購辦故各學院是否購入及購入圖書是否適應教學之需要總館自難負責

二、廿九年二月廿四日圖書委員會議決總館購書標準「注意大套數書一般參攷書及普通流覽讀物」故總館選書範圍甚廣僅就預算內根據一般讀書之需要隨時選購其他專門書籍應由各學院分館負責

256

三、總館購書方法分下列各種

(一)大抵歐美圖書則由校核轉財部俾請外滙

例如去年財部所准之美金七百元及英金二

百磅為總館所需之圖書

(二)根據讀者或什誌書評各報所載及各書局所

送書目及新書通告如有適用者即函購或

現購例如廿九年十二月十二日呈文有「所定新

書陸續寄到」等語又附呈商務書館一函即是

(三)派員赴各書店選購例如最近報消之砰石商

店進明書社等單即是

257

（四）書局如有新書出版為手續簡便及審慎起見先將該書送閱視其內容是否適合再行選定因僅就書名不能決定內容也例如十二月廿三日呈文有「如有新書即行寄館以便選購」等語又最近報消單內有十一月十一日裕華書局一單及廿三日文化社等單均有注明「該書如不合用即可退回」等語即是

查上列第四種辦法為圖界認為最妥善之法稱為Books on Approval制但在國內多數書局不肯照辦屬館因往來信用關係亦僅有二三書店照

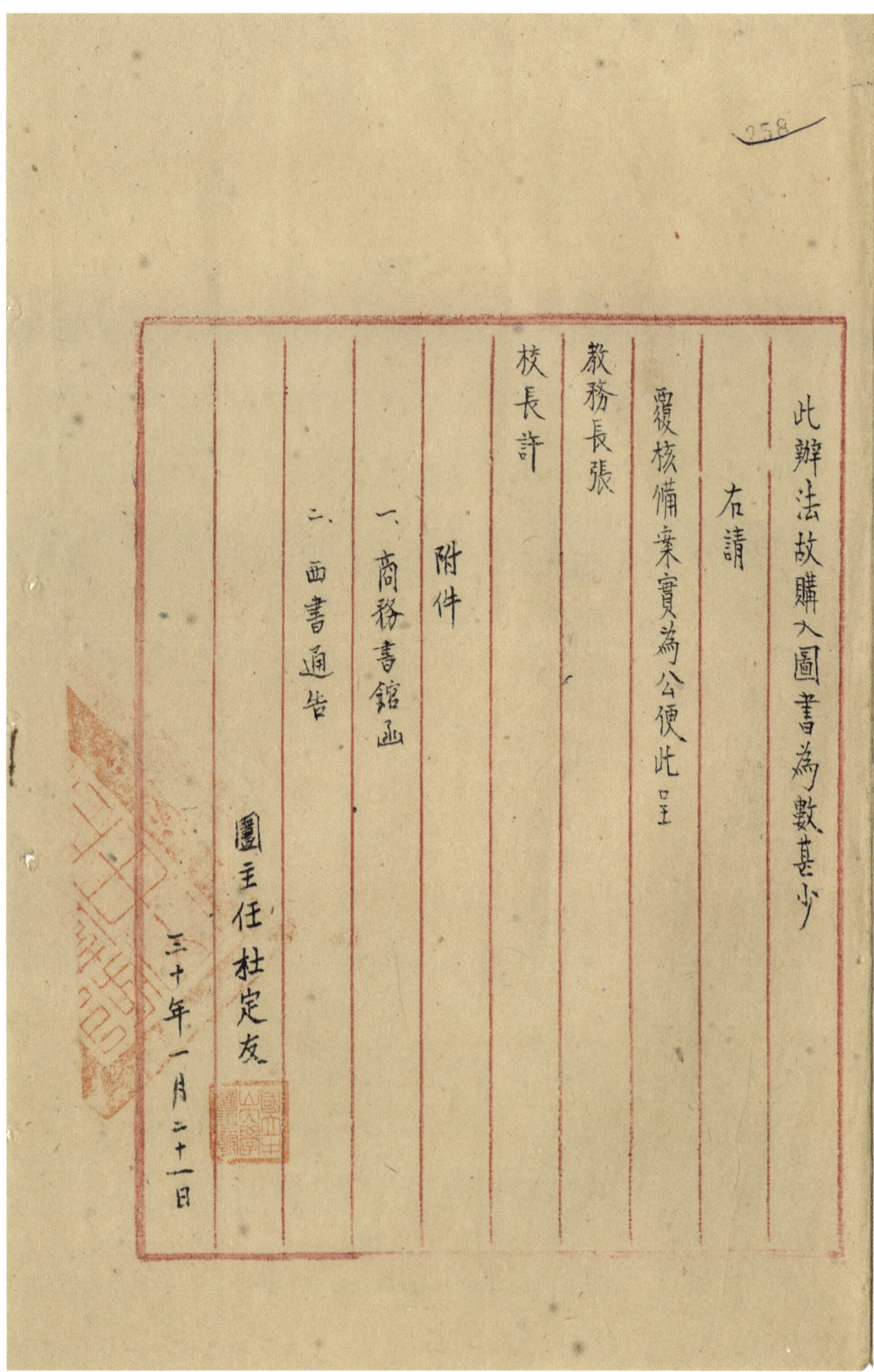
258

此辦法故購入圖書爲數甚少

右請

覆核備案實爲公便此呈

教務長張

校長許

附件

一、商務書館函

二、函書通告

圖主任杜定友

三十年一月二十一日

General Information

All books listed are in their original bindings, and are in used or new condition as specified. Any book is returnable for full credit or refund if unsatisfactory for any reason whatsoever.

(*) Starred books are all NEW and listed at especially LOW PRICES. In most cases we can supply quantities at these low catalogued prices.

New items that are not starred are guaranteed to be the latest editions at the time you place your order. List prices of these books are subject to change without notice.

These low prices are net (no further discounts) and include postage to any point in the United States and its possessions. Unless you have an account with us please remit with order. Orders from schools, colleges, libraries, instructors, and institutions may be billed 30 days net.

FOREIGN SHIPMENTS: To help pay for postage, registration and handling, please add an additional 25¢ for the first dollar and 10¢ for each additional dollar, or fraction thereof, EXCEPT (*) starred books, in which case add an additional 50¢ for the first dollar and 25¢ for each additional dollar, or fraction thereof. (Orders of less than one dollar — 50¢). Remittance must accompany order.

国立中山大学图书馆购书定单

國立中山大學圖書館

定單第DW001號

茲付上國幣弍佰壹拾伍元零弍分訂閱下列雜誌請自民國三十年一月起至十二月止全年按期寄下為荷此致

商務書館 曲江

計開

目次	名稱	定價
一	今日中國畫報	三〇九一
二	東方畫報	三〇九一
三	少年畫報	一六〇一

四	健與力畫報	一八七七
五	兒童畫報	一五四六
六	東方雜誌	六〇九八
七	工程雜誌	一二七〇
八	教育雜誌	一〇四九
九	學生雜誌	一〇四九
十	英語週刊	二三〇〇
十一	兒童世界	一三二五
十二	出版月刊	三八六

共計十二種國幣弍佰壹拾伍元零弍分

國立中山大學圖書館主任杜定友

國立中山大學圖書館

定單第P3002號

茲付上國幣叁拾捌元玖角　訂閱下列雜誌請自民國三十年一月起至十二月止全年按期寄下為荷此致

正中書局重慶中一路

計開

目次	名	稱	定價
一	教育通訊		二五
二	教與學		三〇
三	青年月刊		二五

266

四	建國教育	一六〇
五	民意	二四〇
六	今日評論	八〇〇
七	時事月報	五六〇
八	中國教育	一六〇
九	中央週刊	四〇〇
十	現代英文	八八〇

共計拾捌國幣叁拾捌元玖角

國立中山大學圖書館主任杜定友

民國卅年一月二十五日

国立中山大学研究院关于接受外校医学研究生前来进修一事的办理意见

逕啓者本校收發處五月廿日黃字第ㄨㄨ號來文一件奉批交

貴院核擬具復等因相應粘附原文函達即希

查核酌具意見送復以憑辦理爲荷此致

研究院

教務處 三十年五月廿一日

本院對于此件辦理之意見

查本院現僅有文科、師範、農科三研究所，醫學院雖有各種醫學研究所之設，但尚未正式立案，亦未曾招考研究生，該校欲派送研究生前來進修，可否接受，似應由醫學院商洽。並擬送本院三十年度招生簡章二份，藉寄該校參考。

五月廿四日

国立中山大学代理校长许崇清关于聘林砺儒为指导教授等情给研究院的笺函

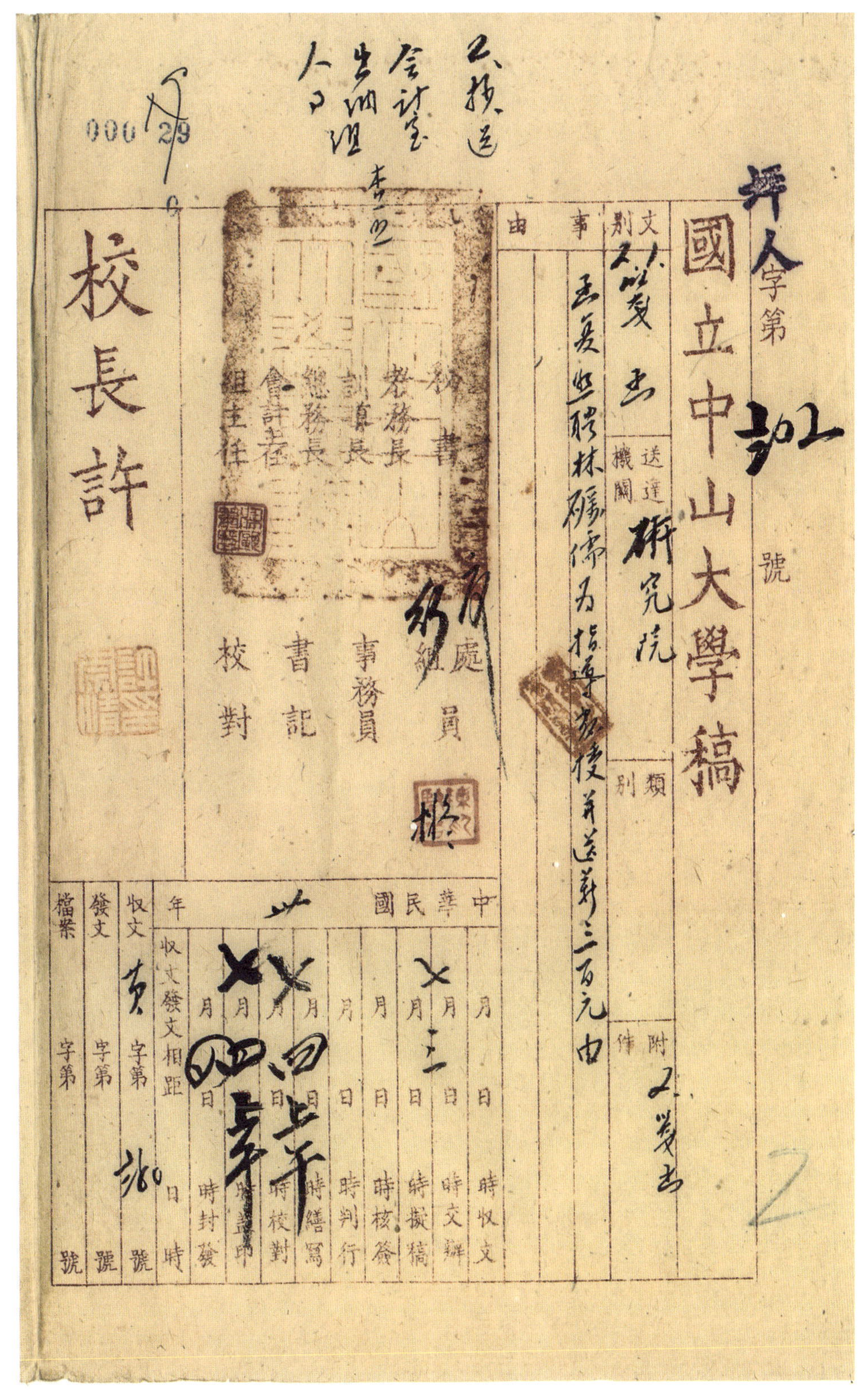

國立中山大學稿

字第 號

文別：公函

送達機關：研究院

事由：函復照聘林礪儒為指導教授並送薪三百元由

類別

附件

校長許

秘書

教務長

訓育長

總務長

會計主任

組主任

處 組員

事務員

書記

校對

中華民國 廿 年 月 日

收文 月 日 時

文辦 月 日 時

擬稿 月 日 時

核簽 月 日 時

判行 月 日 時

繕寫 月 日 時

校對 月 日 時

蓋印 月 日 時

封發 月 日 時

收文發文相距 日 時

收文字第 號

發文字第 號

檔案字第 號

000030

兹聘

執事為本大學二十九年度研究院師範學研究所擔任

指導教授致送月薪國幣叁百元相應

送聘書聘約各一紙函達請

查照為荷此致

林礪儒先生

附送聘書聘約各一紙

代理校長許○○

現准六月二日函，以林礪儒先生已返院講學，嘉惠

良多，為使名實相符，擬請出聘為本院師範研究

所先年指导教授，一次过路送交通费国币三百元或四百元，祈察核酌理为盼，准此。应准如拟办理，并改送薪金三百元，一次过支付。将来前由，除分知外，相应检附聘函乙纸函复

查收转送为荷。

此致

研究院

附聘函乙纸

代理校长许〇〇

马思声关于请汇钢琴运费至长沙中央储蓄会给国立中山大学校长的电文

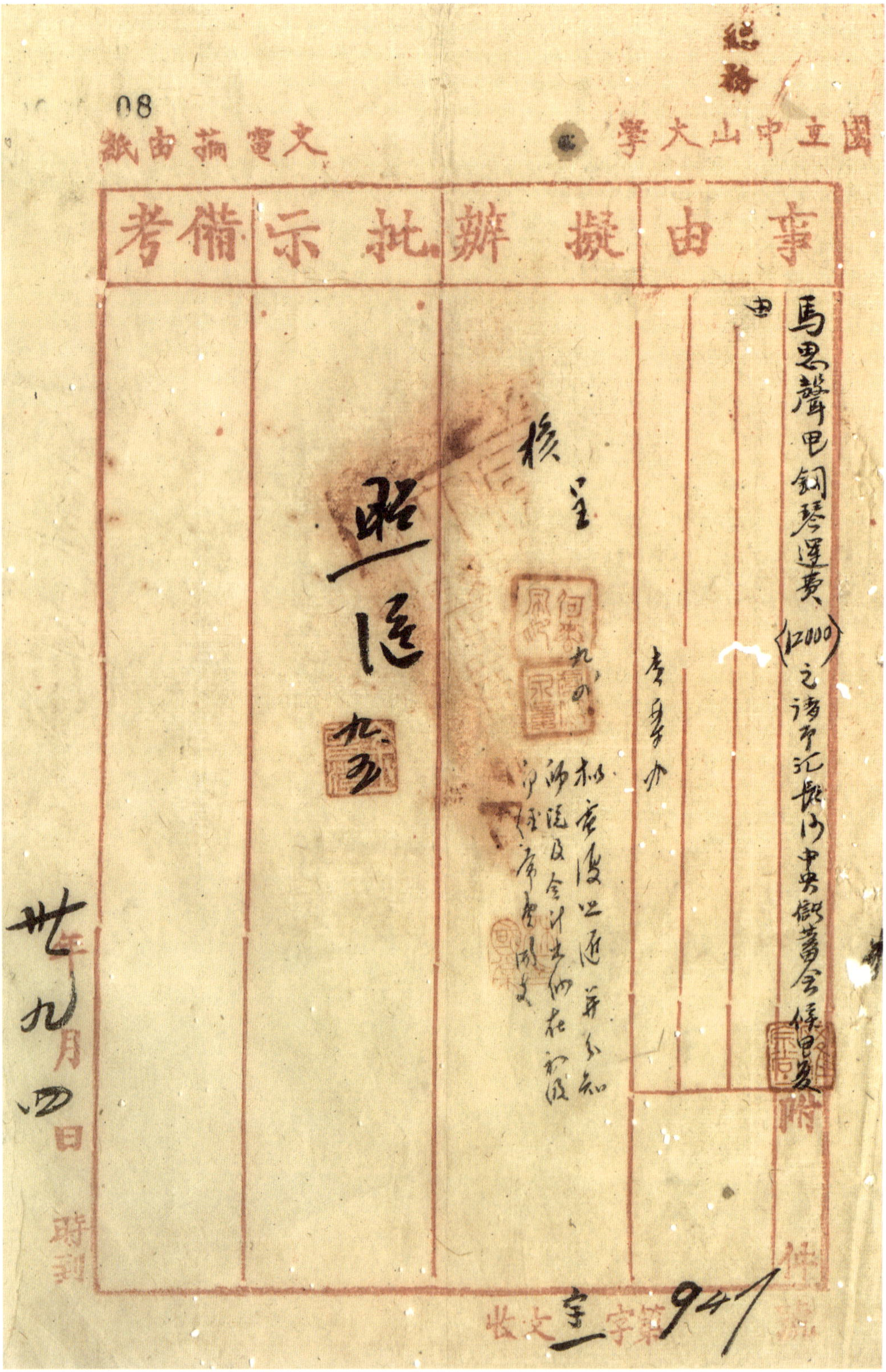

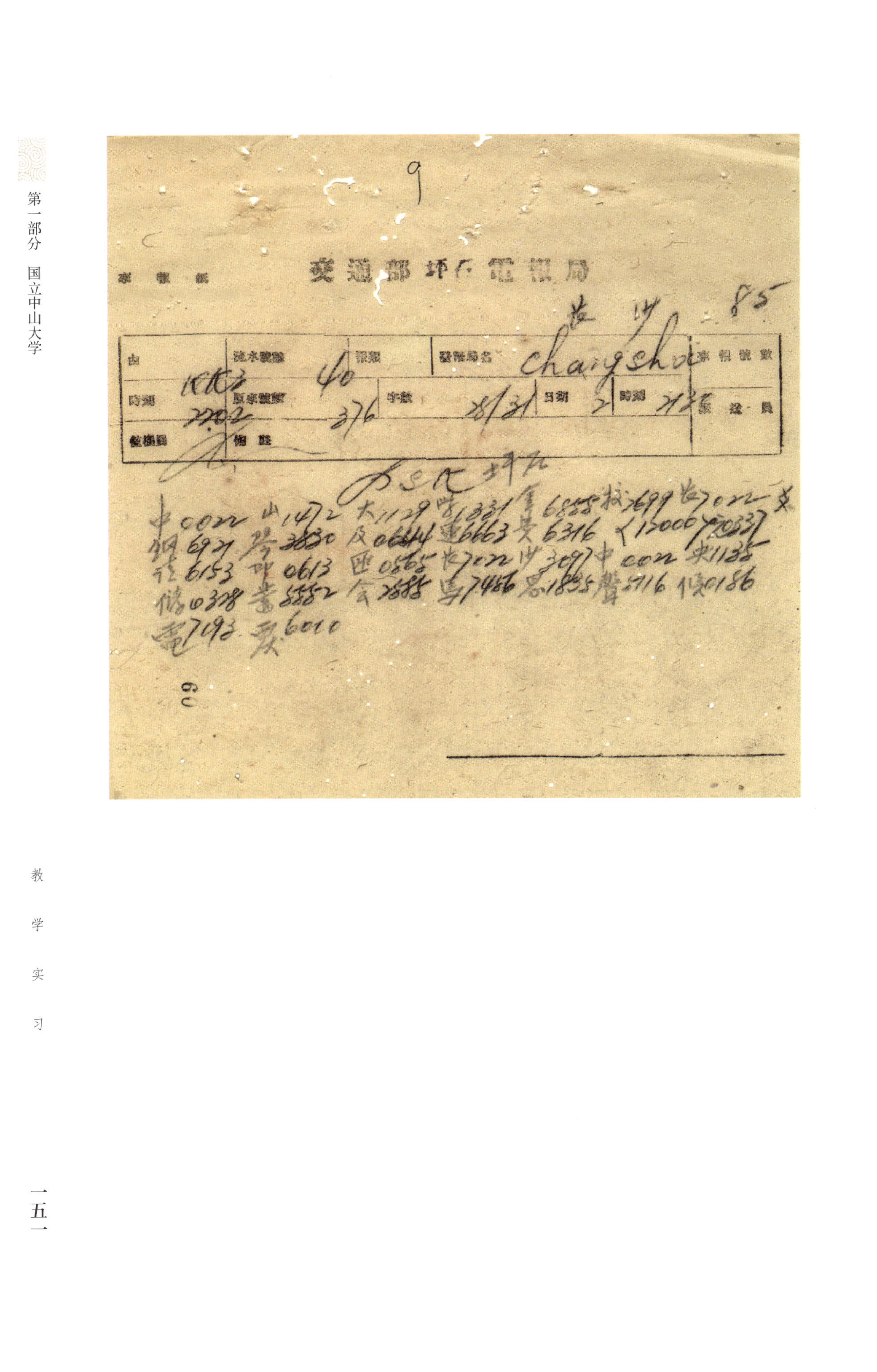

來報紙　　交通部坪石電報局

由	流水號數	報類	發報局名	來報號數
時刻	原來號數	字數	日期	時刻	送遞員
收報員	備註			

国立中山大学代理校长张云关于聘任朱谦之教授为文学院院长、吴江霖先生为研究院办公室主任的函

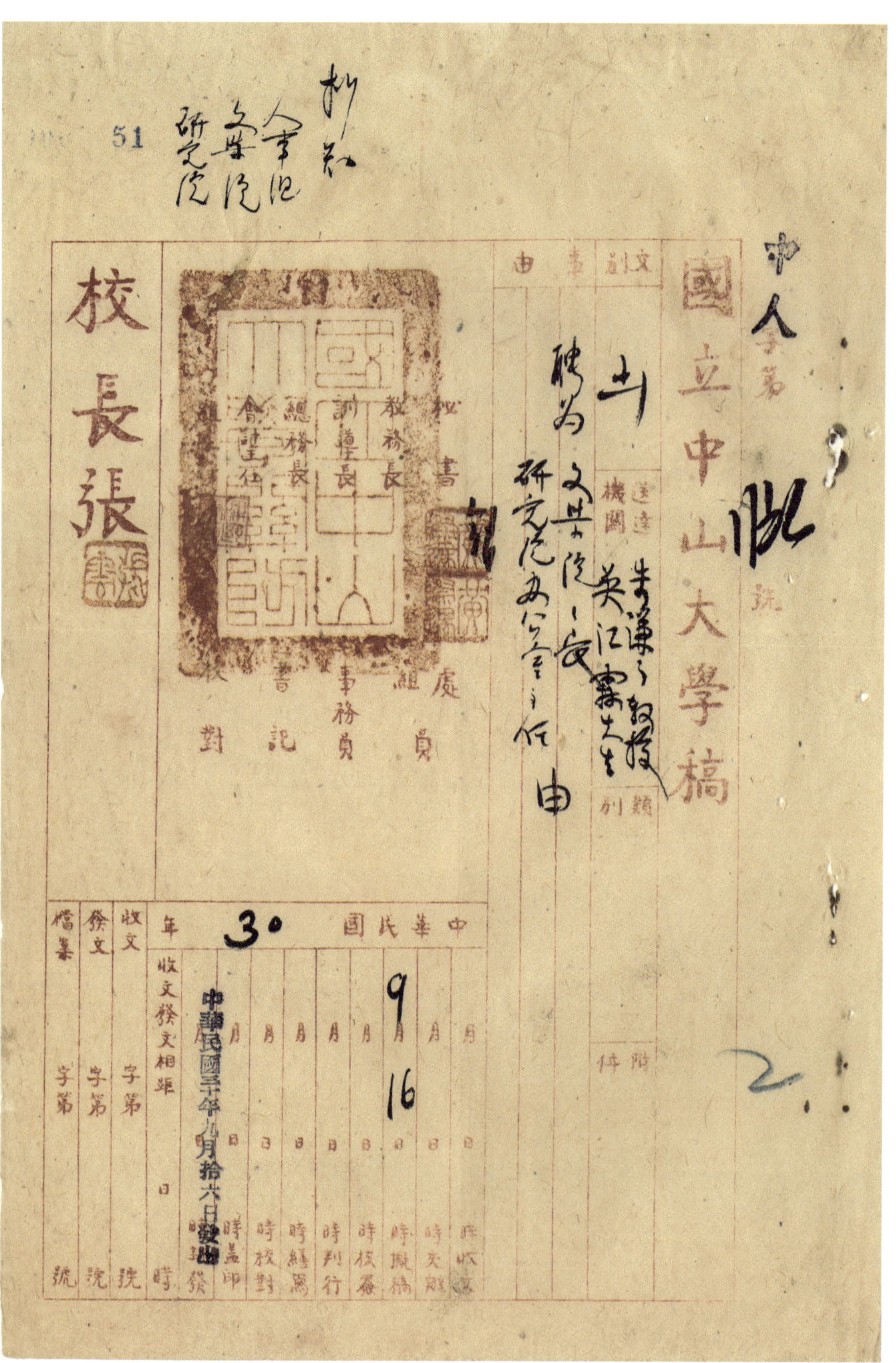
51

抄知
人事组
文学院
研究院

國立中山大學稿

中人字第　號

文別：函

事由：聘朱謙之教授、吳江霖先生為文學院院長、研究院辦公室主任由

校長張

秘書
教務長
訓導長
總務長
會計主任

處　組　員
事務員
書記
校對

中華民國 30 年 9 月 16 日

中華民國三十年九月拾六日發出

52

敬啟者：茲聘

執事兼任本校三十年度文學研究院院長辦公室主任，除分知外，

相應函達，希為

查照是荷，此致

朱謙之教授

吳江霖先生

代理校長許崇清

中華民國三十年　月　日

國立中山大學第　頁

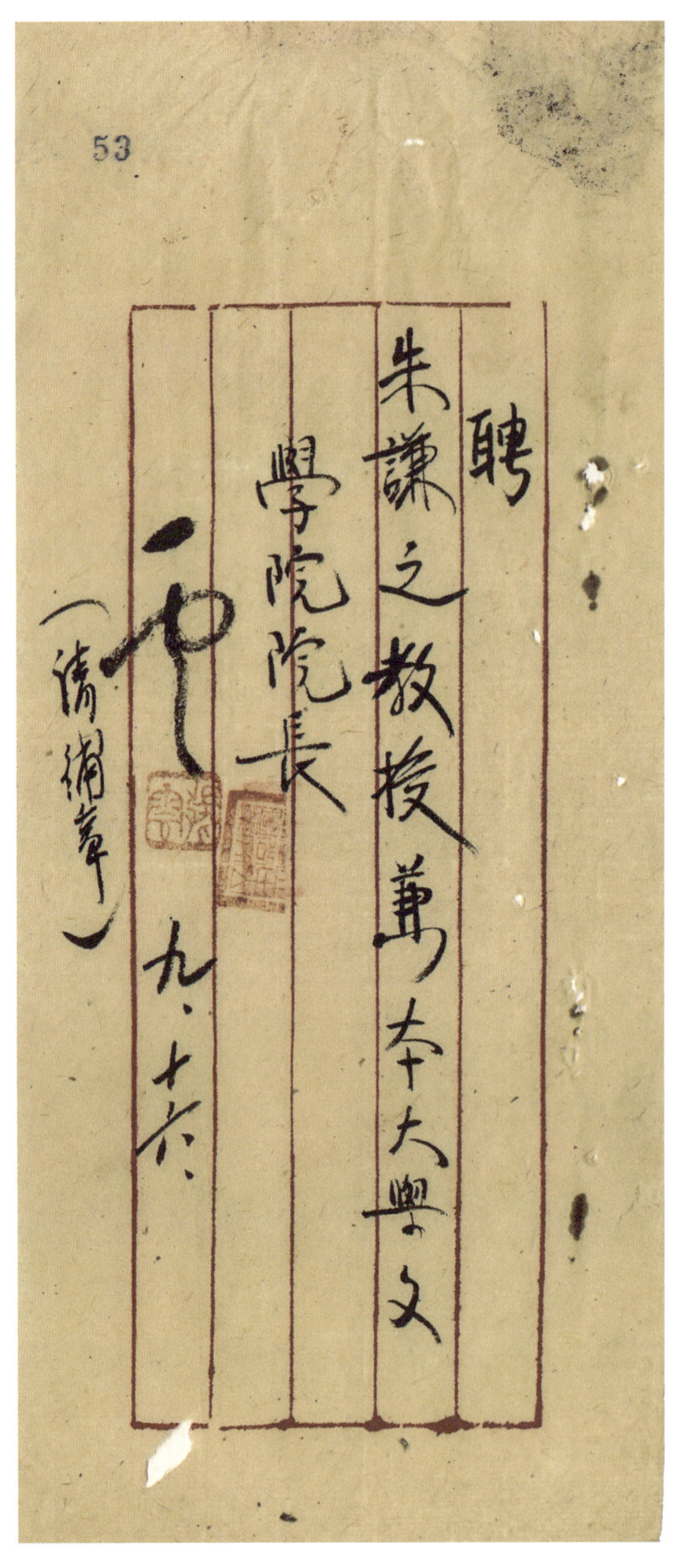
53

聘

朱謙之教授兼本大學文學院院長

九、十六

（請備章）

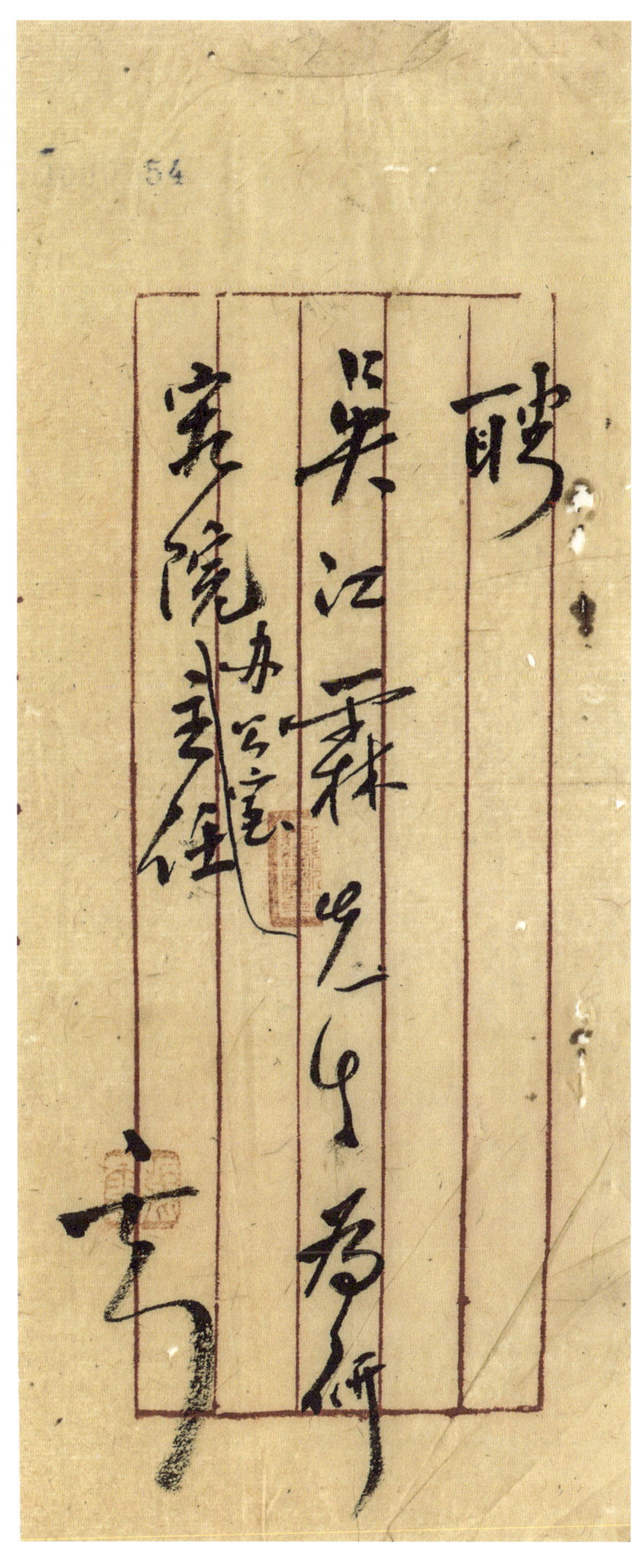

聘

吴江霖先生为研

究院办公室主任

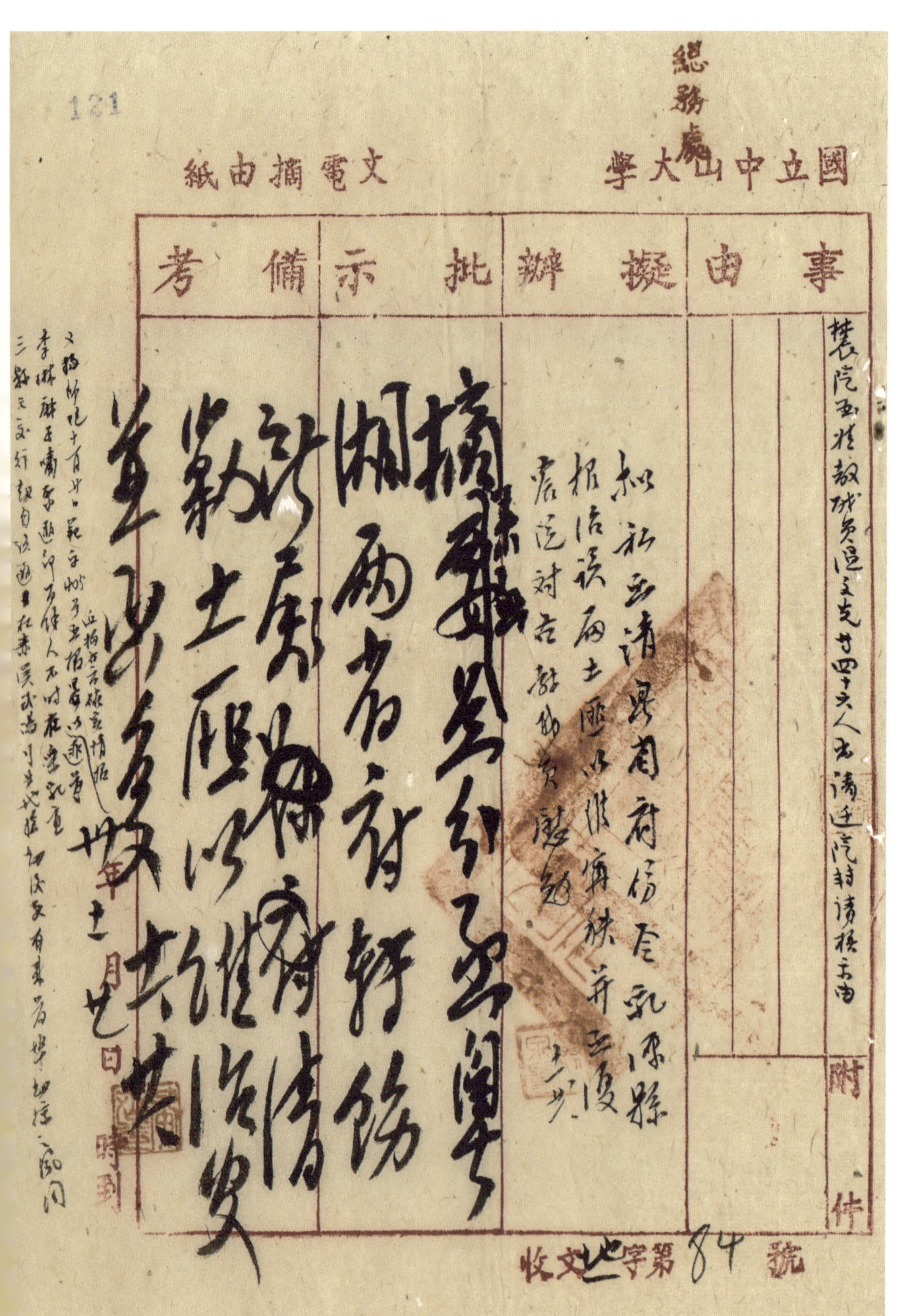

國立中山大學 文電摘由紙

總務處

事由	擬辦	批示	備考

附件

收文 第 字 84 號

国立中山大学农学院院长丁颖关于该院职员呈请将该院迁设坪石附近或其他安全地带给代理校长张云的文

國立中山大學農學院用箋

第一頁

栗字卜纠號

敬啟者現准本院教職員温文光等四十六人函開：「本院遷栗源堡以來一年有餘初以此地土地肥沃屋宇衆多給養便利生活安全便於員生講學及實習故離坪雖遠往來跋涉亦忍而安之不料近月以來劫案疊起本院員生前後遭劫不下十次水陸行商被劫盜者更日有所聞乳源縣境如犬牙交錯坪星小路羊腸曲折萑苻遍地出沒無常政府之令不行

中華民國　年　月　日

國立中山大學農學院用箋

第之頁

保甲有名無實每劫案發生甲鄉之人謂盜由乙境乙鄉之人謂劫由甲地互相推諉無不負責一日而劫四次數月未破一案今更謠言四起行者裹足勢將劫及居室地方人民雖為司空見慣而本院員生則實切杞人之憂　同人等思藉地方保護已勢力不可能謀自衛則力有不逮因風鶴之驚遂生碩鼠之態咸以為避盜無術不如遷地為良用特連名函請

中華民國　年　月　日

國立中山大學農學院用箋

第7頁

院長設法將本院遷設坪石附近或其他安全地帶俾員生生命財物有所保障得以安心講學以期無負大學艱難締造作育人材之至意等由准此查

鈞長對栗坪間治安已有種種之進行及種種防範設置惟清鄉緝捕追贓賠償等之根本辦法尚未解決則此後擄劫奸淫之險象自難保不至發生因之本院同寅之杞憂反容有

中華民國　年　月　日

國立中山大學農學院用箋

第4頁

不能自已者准函前由理合轉請

察核爲荷此上

代理校長張

農學院院長丁穎

中華民國卅年十一月廿日

国立中山大学代理校长张云关于聘黄友棣为音乐讲师给文学院院长文及聘书

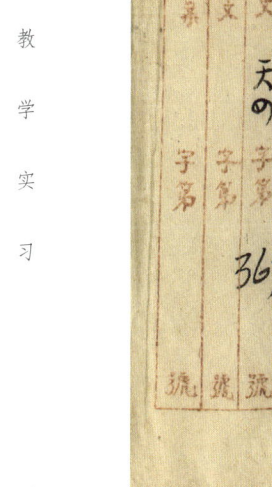

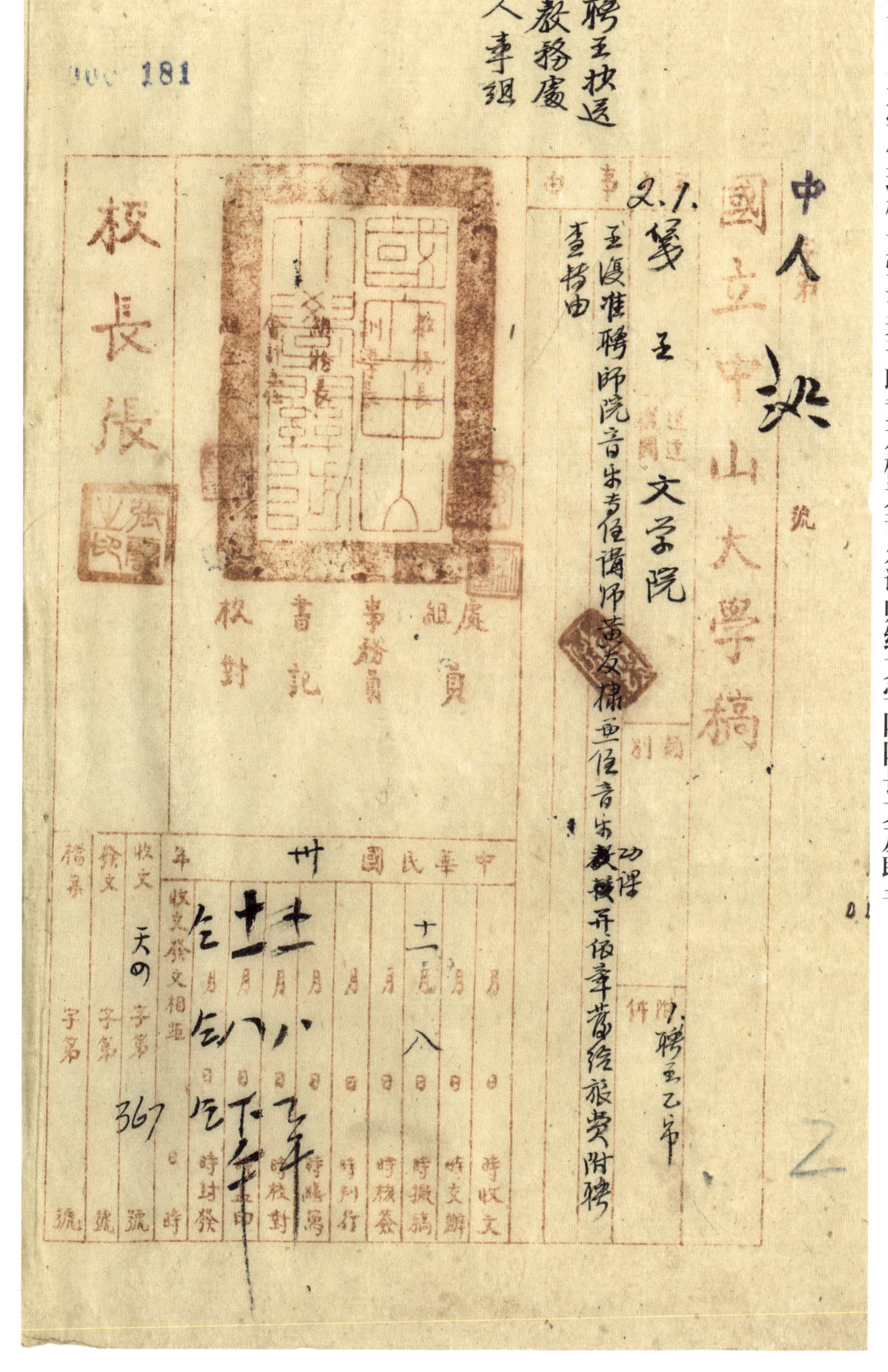

1、

現准本月十一日王以拟聘師院音乐講師黄友棣兼課并請依照特约講師支薪如何致薪是否有當請察核办理等由准此兹准照聘并依章發給旅費兹准前由除分函外相应檢附聘王乙紙王達查照為荷此致

文学院米院长

附聘王乙紙

代理校长張 ○

2、

兹聘

執事兼任本校三十年度文学院音乐功課并依照章發給旅費除分函外相应檢同聘函乙紙王達查照应聘是荷此致

黄友棣講師

代理校长張

国立中山大学工学院院长关于拟聘卫梓松暂代虞炳烈职务一事给代理校长张云的笺函

國立中山大學工學院用箋

現准本院建工系虞主任函略稱：為教授難聘課程未能充實貽誤學子引咎辭職事竊屬系自遷坪以來所有原教授大多星散教員乏人適當時各院院舍工程畢集烈之一身仍在百忙之中得　校長院長前教務長之助力幸能聘得衛章金三位教授暨學助教等襄助一切屬系乃托庇未致中墜但一切課程仍感懸虛尤以中國建築史中國營造法建築圖案設計古典裝飾等為甚炳烈在上學期過程中及暑期內多方發函竭力延引各科教授函

中華民國　年　月　日

86

國立中山大學工學院用箋

第二頁

復者計有香港過元熙昆明趙深桐梓黃寶勳黃適重慶龍慶忠畢節陳調煊湖南尚其煦等先生然非工程在手未能結束或為政府委聘未能分身即以道途遙遠費用浩大等語相婉辭瞻望前途系內教授之充實難望而炳烈翹於各方却似處於責無旁貸之地位與其貽誤日深不如未及聘約之期滿早日引退另讓賢者敬敢直陳乞賜將建工系教授兼主任之職准予辭去來日圖報有期臨穎神馳不勝迫切待命之至等由附建築系主任章一顆准

中華民國　年　月　日

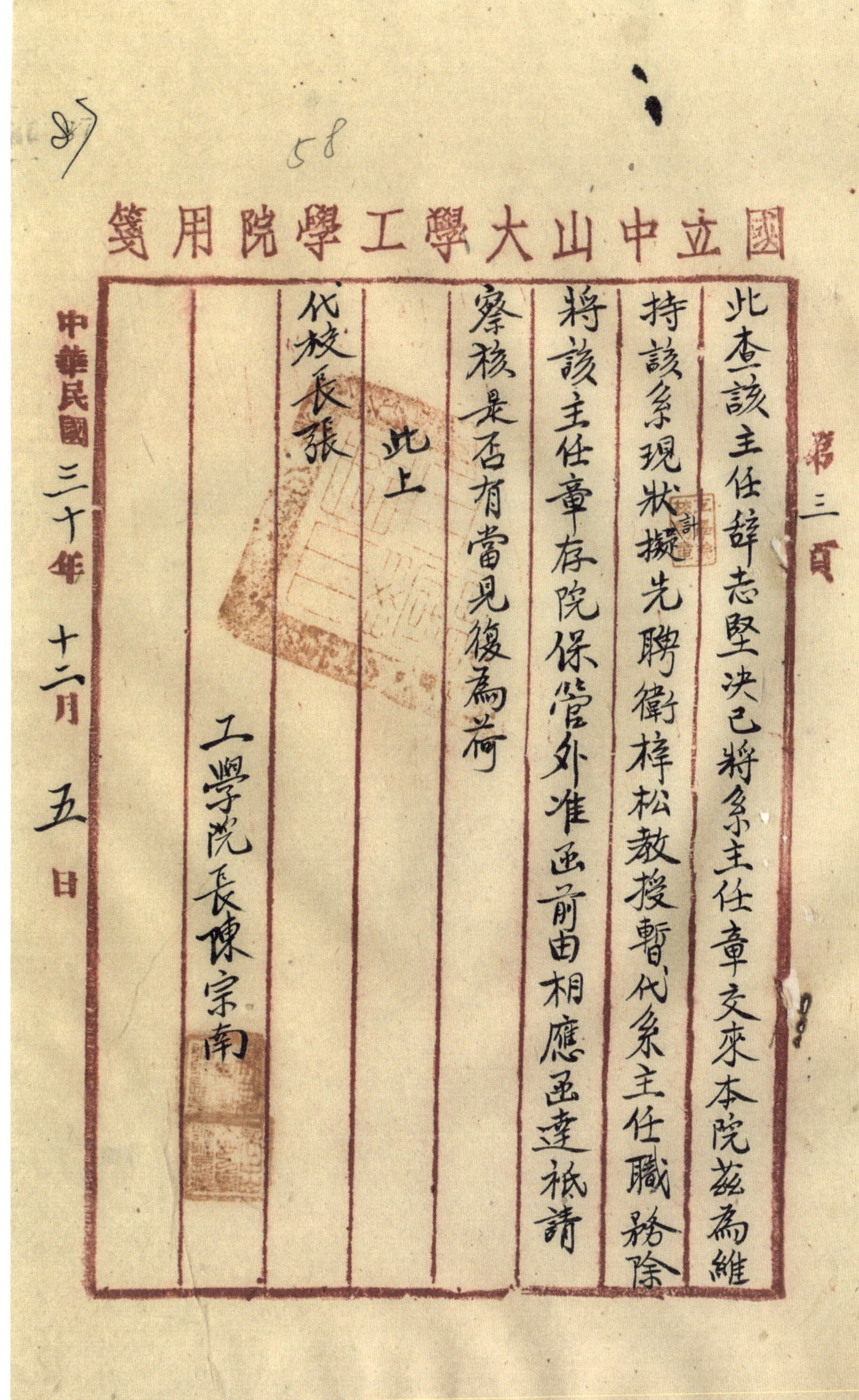

國立中山大學工學院用箋

第三頁

此查該主任辭志堅決已將系主任章交來本院茲為維持該系現狀擬先聘衛梓松教授暫代系主任職務除將該主任章存院保管外准函前由相應函達祗請

察核是否有當見復為荷

此上

代校長張

工學院院長陳宗南

中華民國三十年十二月五日

国立中山大学理学院一九四一年度上学期课程总表

80

理學院課程總表

三十年度
上學期

08

81

數天學系課程表

卅年度上學期

年級	課目	組別	每週時次 一	二	三	四	五	六	學分	必修選修	担任教師	課室	備考
壹	國文							345	3	必	劉維漢	7	
	英文			567					3	〃		1	
	微積分			12		14			4	〃	鄧韻秋	4	
	數學演習		5						1	〃	黃際遇	2	
	物理學	A	1234				56		5	〃	崔天民	3	星期五第五六時在第二室上課
	物理學實驗	A							1	〃	〃 〃 〃		時間另定
	化學				5		12		3	〃	袁文奎	6	星期五第三時在第七室上課
	化學實驗								1	〃	袁文奎		時間另定
貳	微分方程		12		2				3	〃	黃際遇	2	
	數學演習及選讀	(一)					5		1	〃	鄧韻秋	3	
	高等解析幾何			12		1			3	〃	董文綬	3	
	中國通史					67			3		黃福鑾	1	
	第二外國語德文	(一)				23			3	〃	胡伯素	1	
	第二外國語法文	(一)				2		34	3	〃	譚藻芬	2	
	群論				4				2	選	黃際遇	2	
	數論			[illegible]		4	34		2	〃	董文綬	3	
叁	射影幾何		24						2	必	葉述武	7	
	近世代數			12				2	3	〃	胡世華	5	
	微分幾何			6	34				3		盧　文	8	
	理論力學	A			12		34		4	〃	〃 〃	8	
	外國語法文	(二)				34		2	3	〃	譚藻芬	2	
	外國語德文	(一)				34					胡伯素	1	
	數學演習及選讀	(二)				5			1	〃	胡世華	5	
	級數論			34				2	3	選	鄧韻秋	4	星期六第三時在第三室上課
肆	畢業論文								4	〃	本系各教授		
	數學選讀及報告								1	〃	〃 〃 〃		
	社會學					7		56	3	〃	卓　烱	6	
	經濟學					56		7	3	〃	〃 〃	6	
	橢圓函數					12		1	3	選	胡世華	5	
貳	高等數學分析						2	12	4	必	鄧韻秋	3	

18

82

数学天文系 課程表（天文組）

年級	課目	組別	每週時次 一	二	三	四	五	六	學分	必選修	担任教授	課室	備攷
壹	國文							345	3	必	劉維漢	7	
	英文			567					3	〃		1	
	微積分			12		12			4	〃	邢韻秋	4	
	數學演習		5						1	〃	黃際遇	2	
	物理學	A	124				56		5	〃	崔天民	3	星期五56時在2室上課
	物理學實習	A							1	〃	〃〃〃		時間另定
	化學				5		12		3	〃	袁文奎	6	星期五3時在7室上課
	化學實驗								1	〃	〃〃〃		時間另定
貳	微分方程		12		2				3	〃	黃際遇	2	
	天文學				34		23		4	〃	鄒儀新	4	
	球面天文			34				12	4	〃	趙卻民	8	
	光學		5		56				3	〃	方嗣櫻	8	
	光學實習								[illegible]	〃	方嗣櫻		時間另定
	中國通史					567			3	〃	黃福鑾	1	
	外國語 德文	(一)				234			3	〃	胡伯素	1	
	外國語 法文	(一)				[illegible]		[illegible]	3	〃	譚藻芬	2	
叁	高等解析幾何			12		1			3	〃	苗文綏	3	
	實用天文				2		4		2	〃	鄒儀新	4	下年度始開
	天文實測		567						3	〃	〃〃〃	4	必要時在晚間 下年度始開
	近代物理		12				56		4	〃	方嗣櫻	8	星期四第三六時在六室
	近代物理實習								1	〃	〃〃〃		時間另定
	天体物理						13	3	3	〃	趙卻民	8	
	外國語 法文	(二)				34		2	3	〃	譚藻芬	2	
	外國語 德文	(一)				234			3	〃	胡伯素	1	
肆	天体力學			56		34			3	〃	盧文	8	該課亦為三年級課程
	論文及研究								3	〃	本系各教授		
	社会學					7		56	3	〃	卓烱	6	
	经濟學					56		7	3	〃	〃 〃	6	
	日月蝕專論		67				56		4	選	張雲	8	星期五第五、六時在第五室上課 下學期始開

82

83

物理學系課程表

卅年度上學期

年級	課目	組別	每週時次 一	二	三	四	五	六	學分	必選修	擔任教師	課室	備考
壹	國文							345	3	必	劉維漢	7	
	外國文(英文)			567					3	〃		1	
	普通物理學		124		67				5	〃	鄭[illegible]蔭	4	
	普通物理學实驗								1	〃	鄭蔭		時間另定
	普通化學				5		12		3	〃	袁文奎		星期三在第六室上課
	普通化學实驗								1	〃	〃〃〃		時間另定
	微積分學			12		12			4	〃	鄧韻秋	4	
貳	理論力學	(B)		34			34		4	〃	崔天民	2	
	熱學				5		56		3	〃	鄭蔭	8	星期三在第一室上課
	物性學		56				7		3	〃	蘇銳堅	3	
	物性學实習								1	〃	〃〃〃		時間另定
	微分方程		12		2				[illegible]	〃	黄際遇	2	
	中國通史					567			3	〃	黄福鑾	1	
	第二外國語法文	(一)				12		4	3	〃	譚藻芬	2	
	第二外國語德文	(一)				234			3	〃	胡伯素	1	
參	電磁學		12				3		3	〃	朱志沂	5	
	電磁學实習								1½	〃	〃〃〃		時間另定
	光學		5		56				3	〃	方嗣樸	8	
	光學实習								1½	〃	〃〃〃		時間另定
	外國語法文	(二)				34		3	3	〃	譚藻芬	2	
	外國語德文	(一)				234			3	〃	胡伯素	1	
	分子動力論								3	〃			暫停開
	高等分析						12	〃	3	選	鄧韻秋	3	
肆	近代物理		12				56		4	必	方嗣樸	6	星期一在第八室上課
	近代物理实習								2	〃	方嗣樸		時間另定
	無線電原理			12			1		3	〃	朱志沂	5	
	無線電原理实習								1	〃	〃〃		時間另定
	論文及研究								2	〃	本系各教授		
	社會學					7		56	3	〃	卓炯	6	
	經濟學					56		7	3	〃	〃〃	6	
	電工原理				3		2		2	選	朱志沂	5	
	实驗技術								2	〃			暫停開

83

化學系課程表　84　卅年度上學期

年級	課目	組別	每週時次 一	二	三	四	五	六	學分	必選修	担任教師	課室	備考
壹	國文							345	3	必	刘維漢	7	
	英文			567					3	〃		1	
	微積分			12		12			4	〃	鄧韻秋	4	
	無機化學		36		12				4	〃	張月愛	7	
	〃〃〃〃實習								1	〃	〃〃〃		時間另定
	定性分析								1	〃	〃〃〃	7	
	〃〃〃〃實習								2	〃	〃〃〃		時間另定
	中國通史					567			3	〃	黃福鑾	1	
弍	微分方程		12		2				3	〃	黃際遇	2	
	物理學	(B)	4		56		56		5	〃	蘇銳堅	3	
	〃〃〃實習								1	〃	〃〃〃		時間另定
	定量分析		4						1	〃	張月愛	8	
	〃〃〃實習								2	〃	〃〃〃		時間另定
	有機化學								4	〃	龍康侯	6	
	〃〃〃〃實習								2	〃	〃〃〃		時間另定
	第二外國文 法文	(一)				2		34	3	〃	譚藻芬	2	
	〃〃〃〃〃 德文	(一)				234			3	〃	胡伯素	1	
叁	有機分析			56					2	〃	羅雄才	5	
	〃〃〃〃實習								2	〃	〃〃〃		時間另定
	理論化學			34				34	4	〃	蕭錫三	5	
	〃〃〃〃實習								1	〃	〃〃〃		時間另定
	化學文獻					1			1	〃	龍康侯	6	
	生物化學		12						2	選	〃〃〃	6	
	探礦學			12					2	〃	李翼純	1	
	第二外國文 法文	(二)						2	3	必	譚藻芬	2	
	〃〃〃〃〃 德文	(一)				[illegible]			3	〃	胡伯素	1	
肆	工業分析			1					1	〃	袁文奎	6	
	〃〃〃實習			234					1	〃	〃〃〃		在本系實驗室
	研究及論文								1-2	〃	本系各教授		
	國防化學					23			2	選	龍康侯	6	
	生物化學		12						2	〃	〃〃〃	6	
	冶金學			34	2				3	〃	李翼純	1	
	試金術				34				2	〃	〃〃〃	1	
	礦石定量分析						34		2	〃	〃〃〃	1	
	膠体化學							12	2	〃	蕭錫三	5	
	化學熱力學		26						2	〃	黃冠嶽	6	
	化學文獻					1			1	必	龍康侯	6	
	社會學或經濟學					7		56	3	(選)	卓[illegible]		

84

生物系課程表

卅年度上學期

年級	課目	組別	每週時次 一	二	三	四	五	六	學分	必選修	担任教師	課室	備攷
壹	國文							345	3	必	[illegible]維漢	7	
	外國文（英文）			567					3	〃		1	
	中國通史					567			3	〃	黄福鑾	1	
	高等數學				12	34			4	〃	苗文綬	3	星期三第六時在第六課室上課
	生物學						56	45	4	〃	戴笠	4	星期六在第二室上課
	化學				5		12		3	〃	袁文奎	7	星期三在第六室上課
	化學实習								1	〃	〃		時間另定
貳	植物形態學						34		2	〃	董爽秋	7	
	仝上实習					567			1	〃	〃		在本系实驗室
	無脊椎動物學			12					2	〃	張作人	2	
	同上实習			567					1	〃	〃		在本系实驗室
	下等植物分類學				34				2	〃	董爽秋	3	
	同上实習				567				1	〃	〃		在本系实驗室
	生物學技術		56						2	〃	張作人	5	
	有機化學				12			34	3	〃	龍康侯	6	
	第二外國語 法文	（一）				2		3	3	〃	譚藻芬	2	
	〃 德文	（一）				234			3		胡伯素	1	
	有機化學实習								1		龍康侯		時間另定
叁	脊椎動物分類學		12						2	〃	任國榮	4	
	〃〃〃〃〃〃实習		567						1	〃	〃		在本系实驗室
	脊椎動物比較解剖學			34					2	〃	梁[illegible]可	6	
	〃〃〃〃〃〃〃〃实習			567					1	〃	〃		在本系实驗室
	動物生理學				1		12		3	〃	戴笠	2	
	〃〃〃〃实習					567			1	〃	〃		在本系实驗室
	種子植物分類學							56	2	〃	董爽秋	4	
	〃〃〃〃〃〃实習							78	1	〃	〃		在本系实驗室
	植物生理學						34	1	3	〃	于志[illegible]	6	
	〃〃〃〃〃实習						567		1	〃	〃		在本系实驗室
	第二外國語 法文	（二）				34		2	3	〃	譚藻芬	2	
	〃 德文	（一）				234			3	〃	胡伯素	1	
肆	細胞學						2	2	2	〃	于志[illegible]	6	
	細胞學实習							567	1	〃	〃		在本系实驗室
	遺傳學				56				2	〃	張作人	2	
	研究及論文								5	〃	本系各教授		
	社會學					7		56	3	〃	卓炯	6	
	經濟學					56		7	3	〃	〃 〃	6	

86

地質學系課程表

卅年度上學期

年級	課目	組別	每週時次 一	二	三	四	五	六	學分	必選修	担任科目	課室	備攷
壹	國文							345	3	必	劉維漢	7	
	英文			567					3	〃	〃	1	
	地質學					12	34		4	〃	楊遵儀	9	
	高等數學				12	34			〃	〃	苗文綬	3	星期三第六時在第六室上課
	礦物學			34					2	〃	胡伯素	9	
	礦物學實習								1	〃	〃 〃 〃		時間另定
	化學				5		12		3	〃	袁文𡌳	7	星期三在第六室上課
	化學實習								1	〃	〃 〃 〃		時間另定
貳	岩石學		12						2	〃	廖友仁	9	
	岩石學及實習								1	〃	〃 〃 〃		時間另定
	地形測量			56					2	〃	溫其濬	7	
	地形測量實習			7					1	〃	〃 〃 〃	7	
	地質測量							12	2	〃	陳國達	7	
	地質測量實習								1	〃	〃 〃 〃		時間另定
	古生物學						12	3	3	〃	楊遵儀	9	
	物理學	(B)	7		56		56		5	〃	蘇銳堅	3	
	物理學實習								1	〃	〃 〃 〃		時間另定
	外國語法文	(一)				2		34	3	〃	譚藻芬	2	
	外國語德文	(一)				234			3	〃	胡伯素	1	
叁	野外實習								1	〃	陳國達		時間另定
	礦床學			12					2	〃	廖友仁	9	
	礦床學實習								1	〃	〃 〃 〃		時間另定
	構造地質		4					6	2	〃	陳國達	9	
	構造地質實習								1	〃	〃 〃 〃		時間另定
	光性礦物學						567		3	〃	胡伯素	9	
	地史學				56				2	〃	章熙林	9	
	地史學實習				7				1	〃	〃 〃 〃		
	應用地質			5	12				3	〃	廖友仁	9	
	化學分析				3				1	〃	張月愛	7	
	化學分析實習								2	〃	〃 〃 〃		時間另定
	區域地質					12			2	選	章熙林	9	
	高等古生物學							12	2	〃	楊遵儀	9	
	採礦學			12					2	〃	李吳純	1	
肆	論文及研究								3	必	本系各教授		
	社會學					7		56	3	〃	覃烱	6	
	經濟學					56		7	3	〃	〃 〃	6	
	高等岩石學							45	2	選	胡伯素	9	
	高等礦床學		56						2	〃	廖友仁	9	

中國通史

98

864

地質學系課程表（續）　　卅年度上學期

年級	課程	組別	每週時次 一	二	三	四	五	六	學分	必選修	擔任教師	課室	備考
肆	地層學					5 6			2	選	章熙林	9	
	高等構造地質					34			2	〃	陳國達	7	
	冶金學			3 4	2				3	〃	李翼純	1	
	試金學				34					〃	〃〃〃	1	
	礦石定量分析						34		〃	〃	〃〃〃	1	

87

地理學系課程表

[illegible]上

年級	課目	組別	每週時次 一	二	三	四	五	六	學分	必修	擔任教師	課室	備考
壹	地理通論			12			2		3	必	徐俊鳴	10	星期五在第一室上課
	地質學					34	34		4	必	[illegible]儀	9	
	生物學					56	56	67	4	〃	戴笠	4	星期六在第二室上課
	高等數學				12	34			4	〃	留文綏	3	星期三第六時在第六室上課
	國文							345	3	〃	劉維漢	7	
	外國語(英文)		567	567					3	〃		1	
貳	地形學		12			1			3	〃	吳尚時	10	
	氣象學		4			34			3	〃	趙鄭民	10	
	測量學			567					3	〃	溫其濬	7	
	中國地理總論		56					5	3	〃	梁溥	10	
	中國區域地理		7		56						〃 〃	10	
	世界地理(亞洲)						7	12	3	〃	葉滙	10	
	第二外國語德文	(一)				234			3	〃	胡伯素	1	
	第二外國語法文	(一)				2		34	3	〃	譚藻芬	2	
	生物學						56	67	4	補選	戴笠	4	
參	人生地理						56	3	3	必	葉滙	10	
	地圖讀法				1				1	〃	吳尚時	10	
	世界地理(歐洲)				23	7			3	〃	吳尚時	10	
	第二外國語德文	(一)				234			3	〃	胡伯素	1	
	第二外國語法文	(二)				34		2	3	〃	譚藻芬	2	
	製圖學					56			2	〃	陳小燈	10	
	軍事地理			34					2	選	徐俊鳴	10	
	日本地理			7				67	3	〃	梁溥	10	
肆	畢業論文								2	〃	全系教授		
	地理實察								1	〃	吳尚時		野外考察
	經濟學					56		7	3	〃	卓炯	6	
	社會學					7		56	3	選	〃 〃	6	
	澳菲地理					3	12	34	3	〃	[illegible]	10	
	中國通史					[illegible]	[illegible]		3	[illegible]	黃福鑾	[illegible]	

87

国立中山大学文学院一九四一度上学期中国文学系科目表

55

55

國立中山大學文學院三十年度上學期科目表

甲 中國文學系科目

第二年級

科目	組別	學分	時數	教員	備考	選修人數
西洋通史	共	三	三	羅志甫		10
中國文學史	共	三	三	王玉章		10
歷代文選	文	三	三	李笠、黃[illegible]遇、詹安泰		10
各體文習作	共	一	二	李全佳		10
文字學概要	語	三	三	張世祿	與文組三年級合班	17
哲學概論（任選一種）	共	三	三	馬采		8
科學概論（任選一種）	共	三	三	石兆棠		3
社會學（任選一種）	共	三	三	董家遵		5
經濟學（任選一種）	共	三	三	陳國治		6

外國文	共	二	三	葉德光		8
第三年級						
中國文學專書選讀	文	三	三	黃海章		16
歷代詩選	文	三	三	詹安泰		16
文字學概要	文	三	三	張世祿		17
語言學概要	語	三	三	岑麒祥	西文組四年級合班	17
比較音韻學	語	三	三	岑麒祥		4
古文字學研究	語	三	三	張世祿		6
各體文習作	文	一	二	詹安泰		16
第四年級						
中國文學專書選讀	文	二	三	李笠		21

56

57

科目						
語言學概要	文	三	三	岑麒祥		21
詞選	文	三	三	詹安泰		21
中國語言文字專書選讀	語	三	三	張世祿		
古音研究	語	二	二	岑麒祥		3
訓詁學	語	三	三	李笠		4
畢業論文	共	一	0	各教授		
選修科目						
民族文學	共	二	二	徐中玉	各選	6
中國文學批評	文	三	三	徐中玉	三四年級選	33
文學概論	文	三	三	鍾敬文	二三年級選	22
中國修辭學研究	文	三	三	鍾敬文	三四年級選	34
禮記研究	文	三	三	李全傑	三四年級選	14

附注：（凡部定科目表已附説明者不再加注）

（一）語言文學組因人數甚少，不易開出選修科，凡文學組選修科目，語言組亦得選修。

（二）語言文學組三年級必修科未全開設，得與四年級必修科酌量調動選習，以求節約。

（三）文學組與語言組必修科目，得互為選修科，但須經系主任或選課指導員覈定。

（四）本系科目悉遵部令定，惟各體文習作一科原定一學分上課一小時，茲據習作方便起見，經系務會議決定改為上課二小時，學分仍照部定。

国立中山大学理学院一九四一年度毕业生考试科目表

74

理學院三十年度畢業生考試科目表

系別	科目	系別	科目	備考
數天系	天体力学			
	天体物理			
	實变數函數			
物理系	近代物理			
	理論物理			
	無线電原理			
化學系	工業分析			
	國防化學			

系別	科目
生物系	細胞学、胚胎学
	種子植物分類学
地質系	顯微鏡岩石学
	高等礦床学
	地層学
地理系	軍事地理
	氣象学
	經濟地理
不分系	社會学
	經濟学

國立中山大學三十年度學校曆

三十年八月一日(星期五)------學年開始

八日起至十日止(星期五起至星期日止)------新生入學考試

二十七日(星期三)休假------孔子誕辰(教師節)紀念日

九月九日(星期二)------總理第一次起義紀念日

十五日(星期一)------第一學期開學

十六日起至廿二日止(星期二起至星期一止)------第一學期註册

廿三四日(星期二三)------第一學期選課

廿五日(星期四)------第一學期上課

十月六日(星期一)------轉學生轉學考試

十日(星期五)休假------國慶紀念日

十一月十一日(星期二)休假------本校成立紀念日

十二日(星期三)休假------總理誕辰紀念日

十二月廿五日(星期四)------雲南起義紀念日

三十一年一月一日(星期四)休假------中華民國成立紀念日

二三日(星期五六)休假------年假

廿六日起至三十一日止(星期一起至星期六止)------第一學期考試

二月一日起至十二日止(星期日起至星期四止)休假------寒假

十三日(星期五)------第二學期開學

十四日起至二十日止(星期六起至星期五止)------第二學期註冊

廿一三日（星期六）……第二學期選課
廿四日（星期二）……第二學期上課
三月十二日（星期四）休假……總理逝世紀念日
廿八日（星期三）……北平民眾革命紀念日
廿九日（星期日）休假……革命先烈紀念日
四月四日起至六日止（星期六起至星期一止）休假……春假
五月五日（星期二）……革命政府紀念日
九日（星期六）……國恥紀念日
六月三日（星期三）……禁煙紀念日
廿四日起至卅日止（星期三起至星期二止）……第二學期考試
七月一日（星期三）……暑假開始
七日（星期二）……抗戰建國紀念日
九日（星期四）……國民革命軍誓師紀念日
廿一日（星期三）……學期終結

国立中山大学工学院院长陈宗南关于请拨一辆车为学生实习驾驶之用给总务长的呈

72

國立中山大學工學院用箋

第一頁

案准三十年十二月廿六日收總三字第一四二号來文乙件囑派員檢視擬复等由准此當經轉知工場徐主任查照辦理茲准徐主任來函以該車之點火系及電系二部份缺去零件甚多目下配補不易如不依機械保養方法存放則將來全車其他零件亦必相繼銹蝕至成廢鉄茲擬請將該車撥歸機工系為教學之用並請 學校另行撥一完善車輛為該系四年級學生實習駕駛之用等由准此查所開尚屬实是情准函前由相應檢同原來文乙件函复即希

中華民國　年　月　日

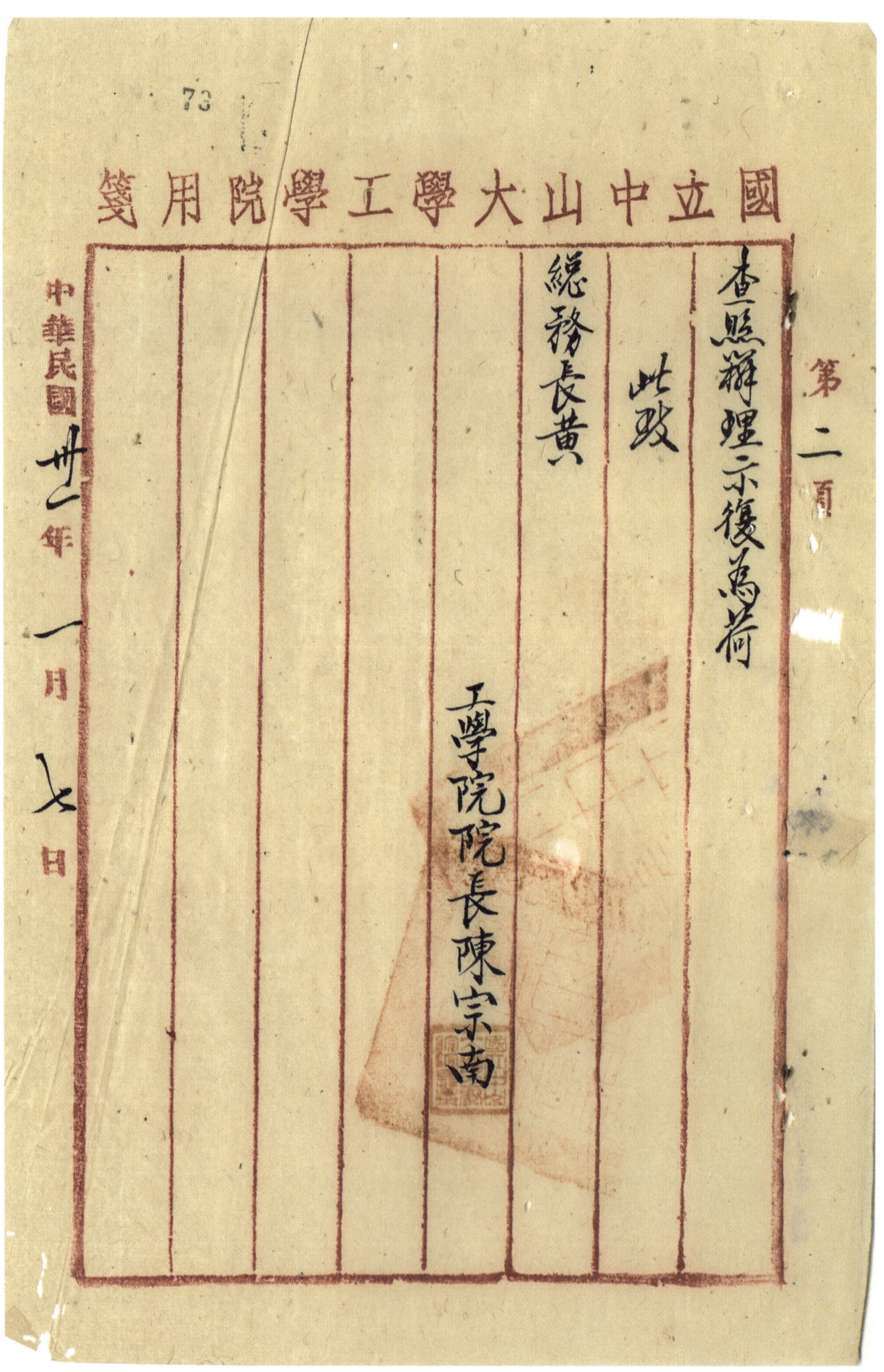
73

國立中山大學工學院用箋

第二頁

查照辦理示復為荷

此致

總務長黃

工學院院長陳宗南

中華民國卅一年一月七日

国立中山大学代理校长张云关于拟请借用木炭汽车一事以作工学院学生实习之用给坪石广东省银行的公函

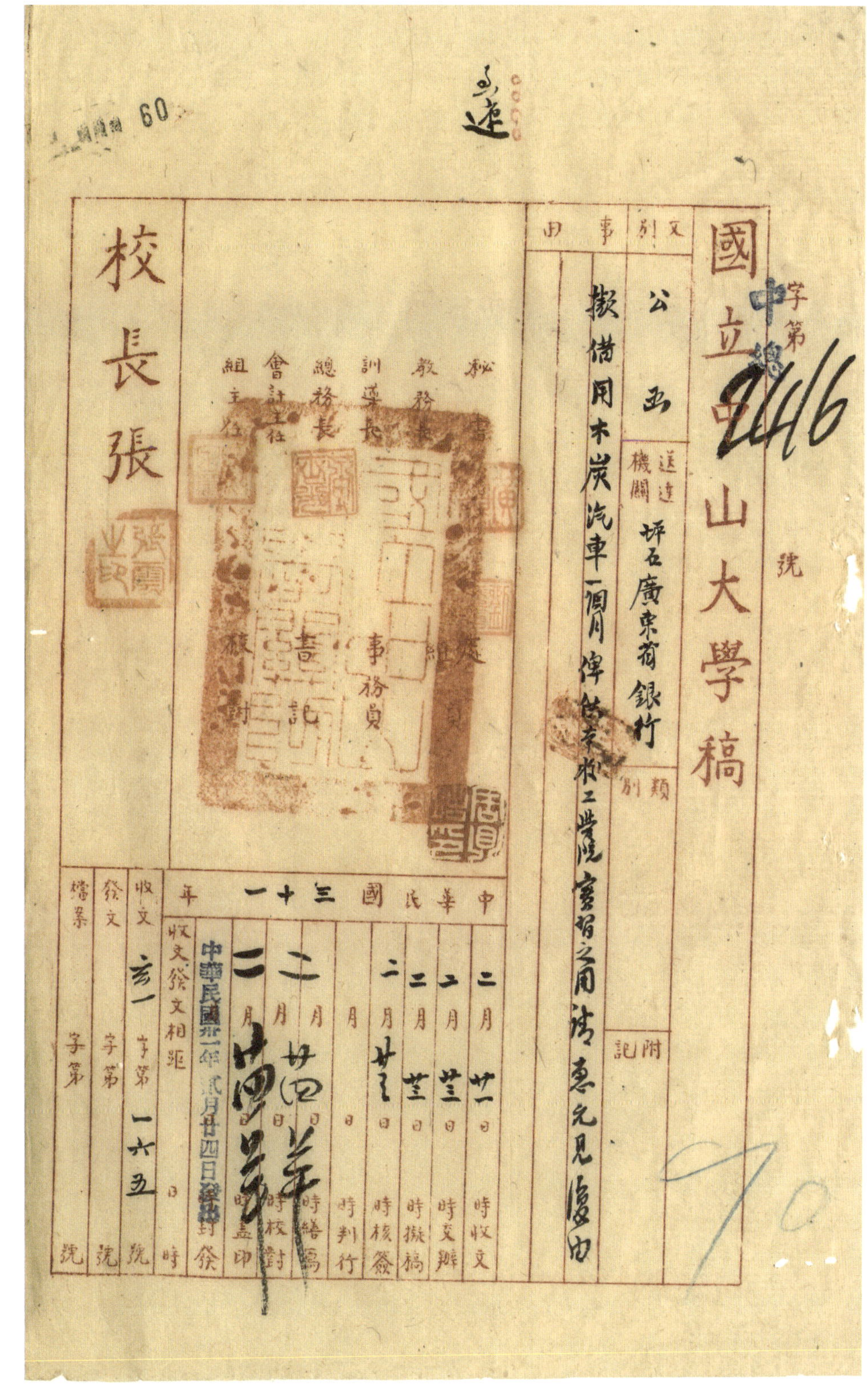

國立中山大學稿

字第 2446 號

文別	送達機關	事由
公函	坪石廣東省銀行	擬借用木炭汽車一個月俾給本校工學院實習之用請惠允見復由

類別

附記

校長張

秘書　教務長　訓導長　總務長　會計主任　組主任

組長　事務員　書記　核對

中華民國三十一年

收文	交辦	擬稿	核簽	判行	繕寫	校對	蓋印	封發
二月廿一日　時	二月廿三日　時	二月廿三日　時	二月廿三日　時	月　日　時	二月廿四日　時	二月廿四日　時	月　日　時	中華民國卅一年貳月廿四日發出

收文發文相距　日　時

收文　字第　號

發文　亥一字第一六五號

檔案　字第　號

現據本校工學院院長陳宗南本年二月二十一日函呈稱：「現准本院機工系徐主任函開：『查本系四年級學生向有駕駛汽車實習課程……』並錄至……理合轉請鈞核辦理」等情，據此，查駕駛汽車實習一課甚屬重要，相應函達，請煩查照惠允借用，仍祈見復，實紉公誼。

此致

坪石廣東省銀行

國立中山大學代理校長張。

国立中山大学研究院院长关于请函厦门大学和国立湖南大学借用书籍一事给代理校长张云的函

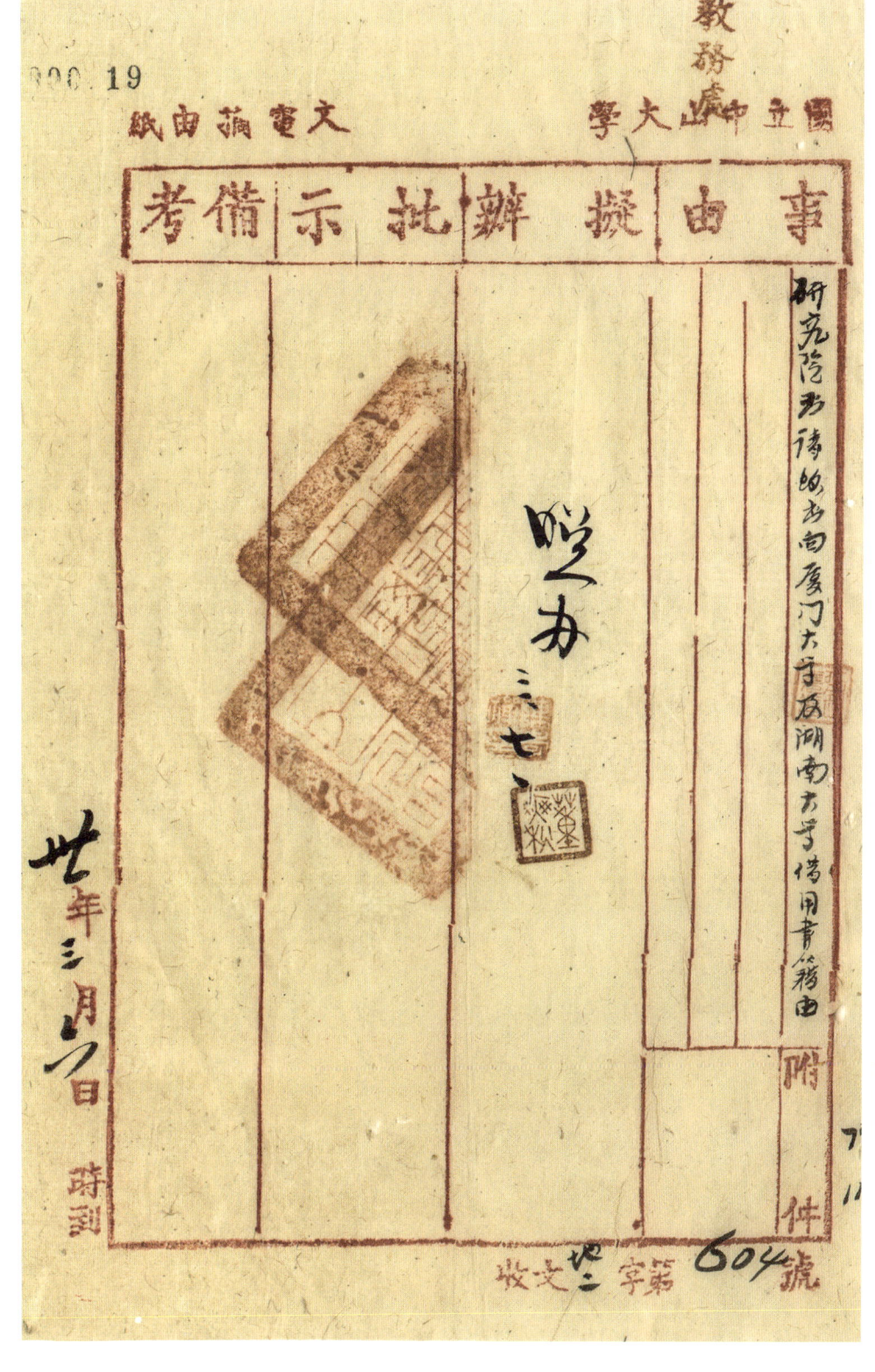

990.19

国立中山大学教务处

文电摘由纸

事由	拟办	批示	备考
研究院为请函商厦门大学及湖南大学借用书籍由	照办 三、七		
附件			

卅年三月六日时到

收文 卅二 字第 604 号

國立中山大學研究院用箋

第 頁

查一年前廣州棄守本院隨校西遷所有圖書幾全部散失於研究進行至感不便茲以專題研究需要急需"Psychological Abstracts" "Psychological Bulletin" "Journal of Educational Psychology" 三期刊之Back numbers 全份以為參照因知國立廈門大學圖書館尚存有上列圖書為便利研究起見擬請

鈞長致函廈門大學惠予借用並即掛號付郵逕寄本院所有郵費由校付給如有損失本院當負完全責任又查國立湖南大學暫不設置哲學心理系所有心理學書刊擬請

鈞長參照向廈大借書辦法致函請借或由院備款全數承購如何之處敬乞示復為荷

陽112號

中華民國 年 月 日

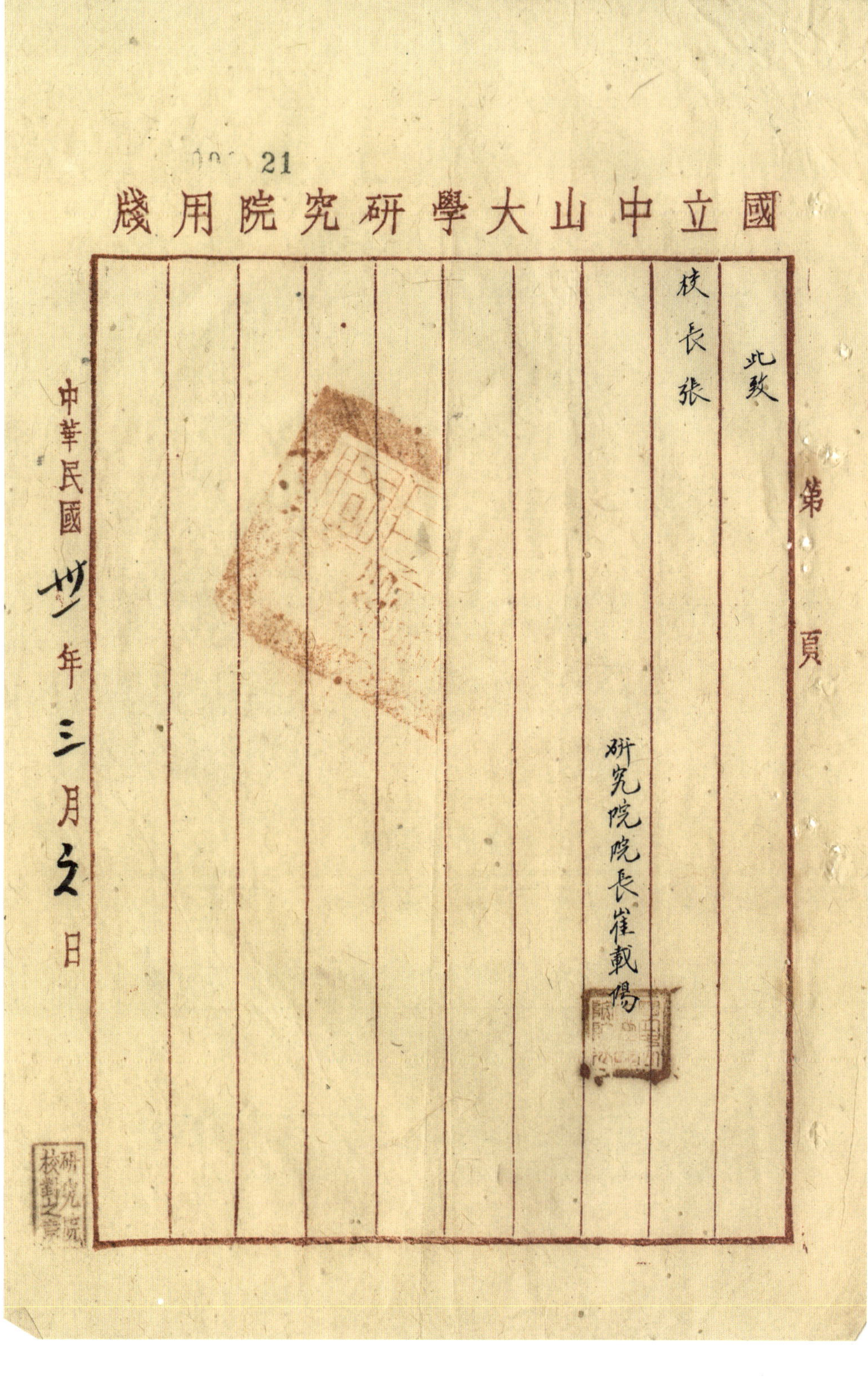
21

國立中山大學研究院用箋

此致

校長張

研究院院長崔載陽

第 頁

中華民國卅一年三月六日

国立中山大学法学院经济系毕业考察团考察指导教员报告简表

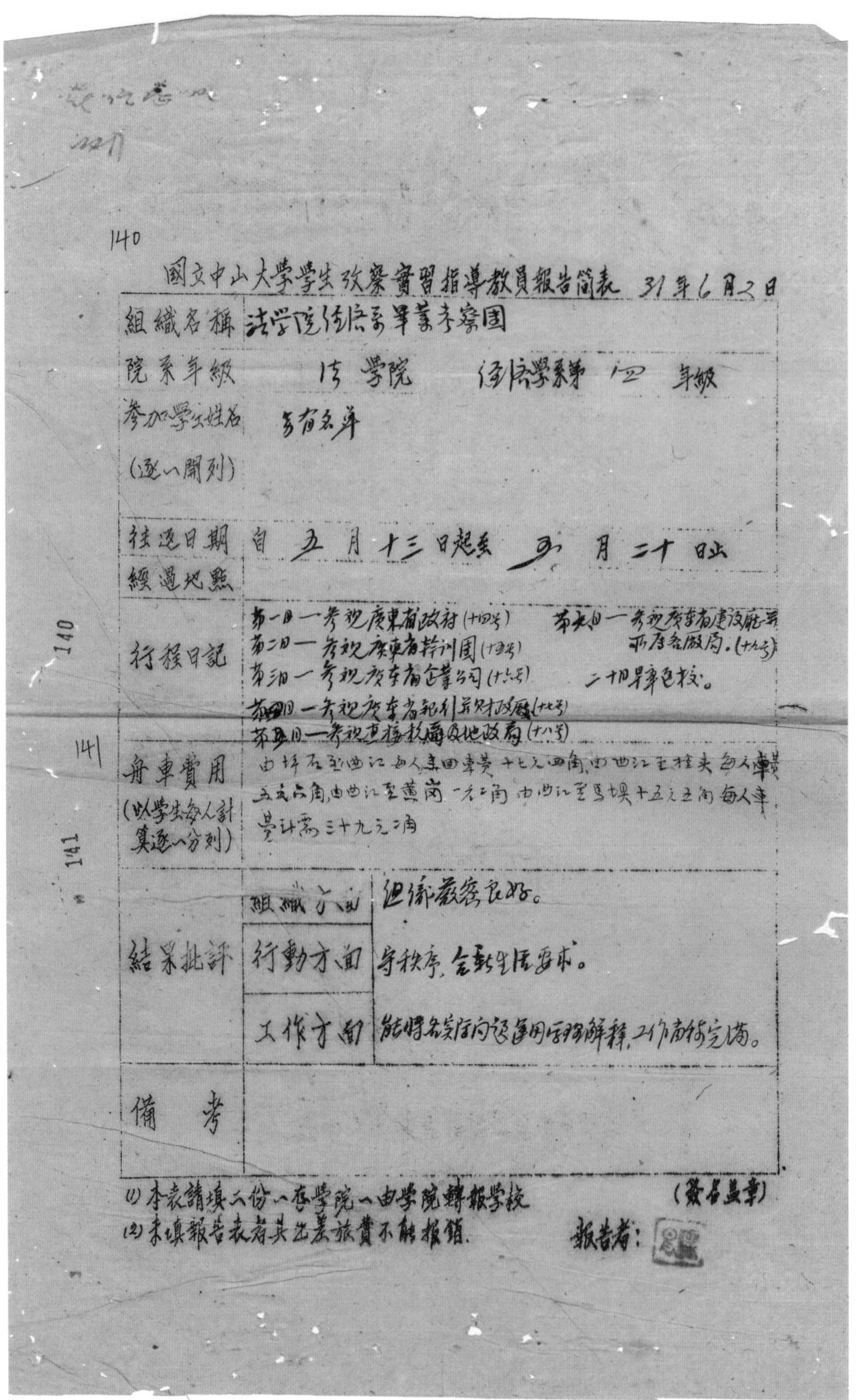

國立中山大學學生考察實習指導教員報告簡表　31年6月2日

組織名稱	法學院經濟系畢業考察團	
院系年級	法學院　經濟學系第 四 年級	
參加學生姓名（逐一開列）	另有名單	
往返日期 經過地點	自 五 月 十三 日起至 五 月 二十 日止	
行程日記	第一日—參觀廣東省政府（十四號） 第二日—參觀廣東省幹訓團（十五號） 第三日—參觀廣東省企業公司（十六號） 第四日—參觀廣東省銀行…[illegible]（十七號） 第五日—參觀[illegible]地政局（十八號） 第六日—參觀廣東省建設廳并[illegible]各廠局。（十九號） 二十日早車回校。	
舟車費用（以學生每人計算逐一分列）	由坪石至曲江每人來回車費十七元四角，由曲江至桂頭每人車費五元六角，由曲江至黃崗一元二角，由曲江至馬壩十五元二角，每人車費計需三十九元二角	
結果批評	組織方面	組織嚴密良好。
	行動方面	守秩序，合團體生活要求。
	工作方面	能時常發問，詳細解釋，工作尚稱完滿。
備　考		

(1) 本表請填二份，一存學院，一由學院轉報學校　（簽名蓋章）

(2) 未填報告表者其出差旅費不能報銷。　報告者：[印]

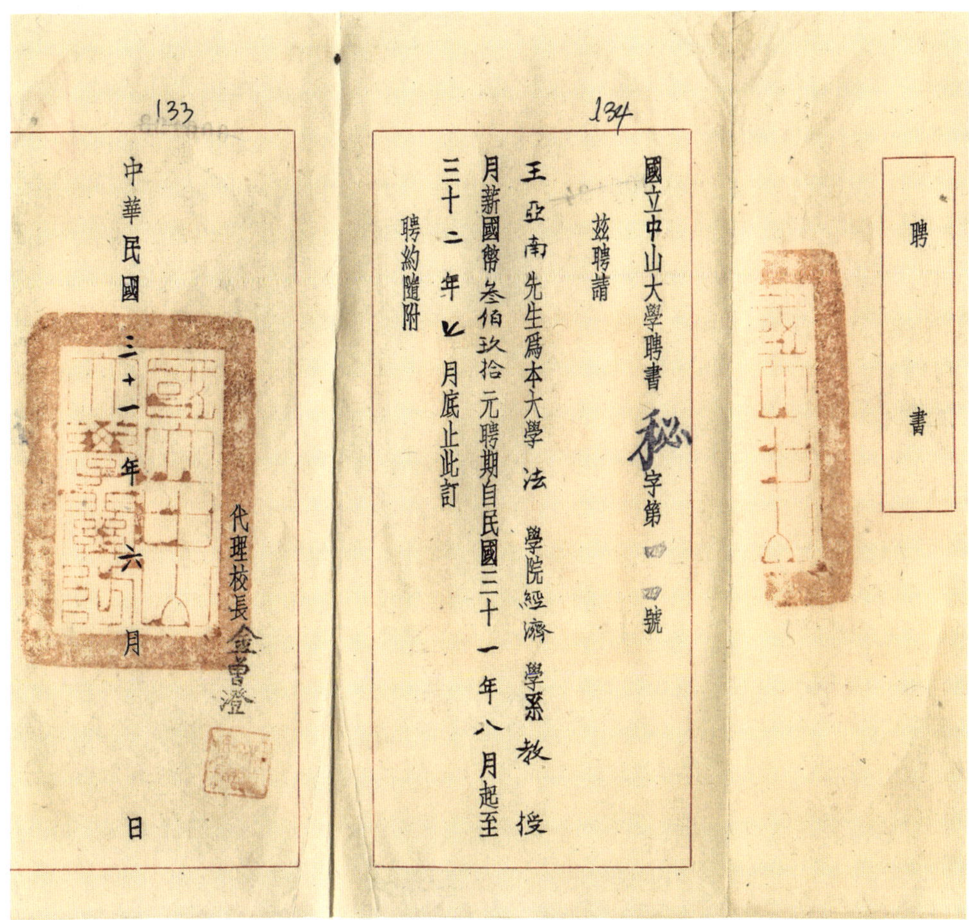

聘書

國立中山大學聘書　秘字第四四號

茲聘請

王亞南先生為本大學法學院經濟學系教授

月薪國幣叁佰玖拾元聘期自民國三十一年八月起至

三十二年七月底止此訂

聘約隨附

中華民國三十一年六月　日

代理校長金曾澄

国立中山大学代理校长金曾澄关于聘王亚南为经济学系教授的聘书

国立中山大学代理校长金曾澄关于注销丁颖为农学院院长的聘函

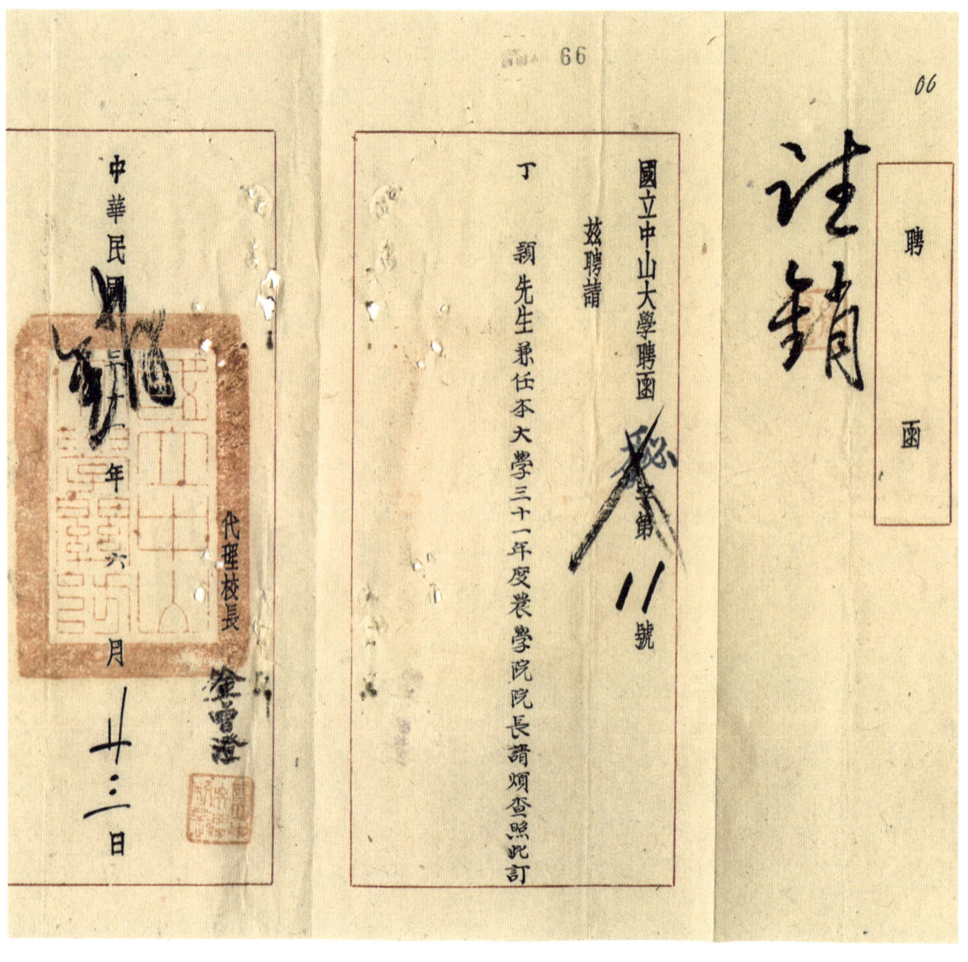

聘函

注销

國立中山大學聘函 秘字第11號

茲聘請

丁穎先生兼任本大學三十一年度農學院院長請煩查照此訂

代理校長 金曾澄

中華民國卅一年六月廿三日

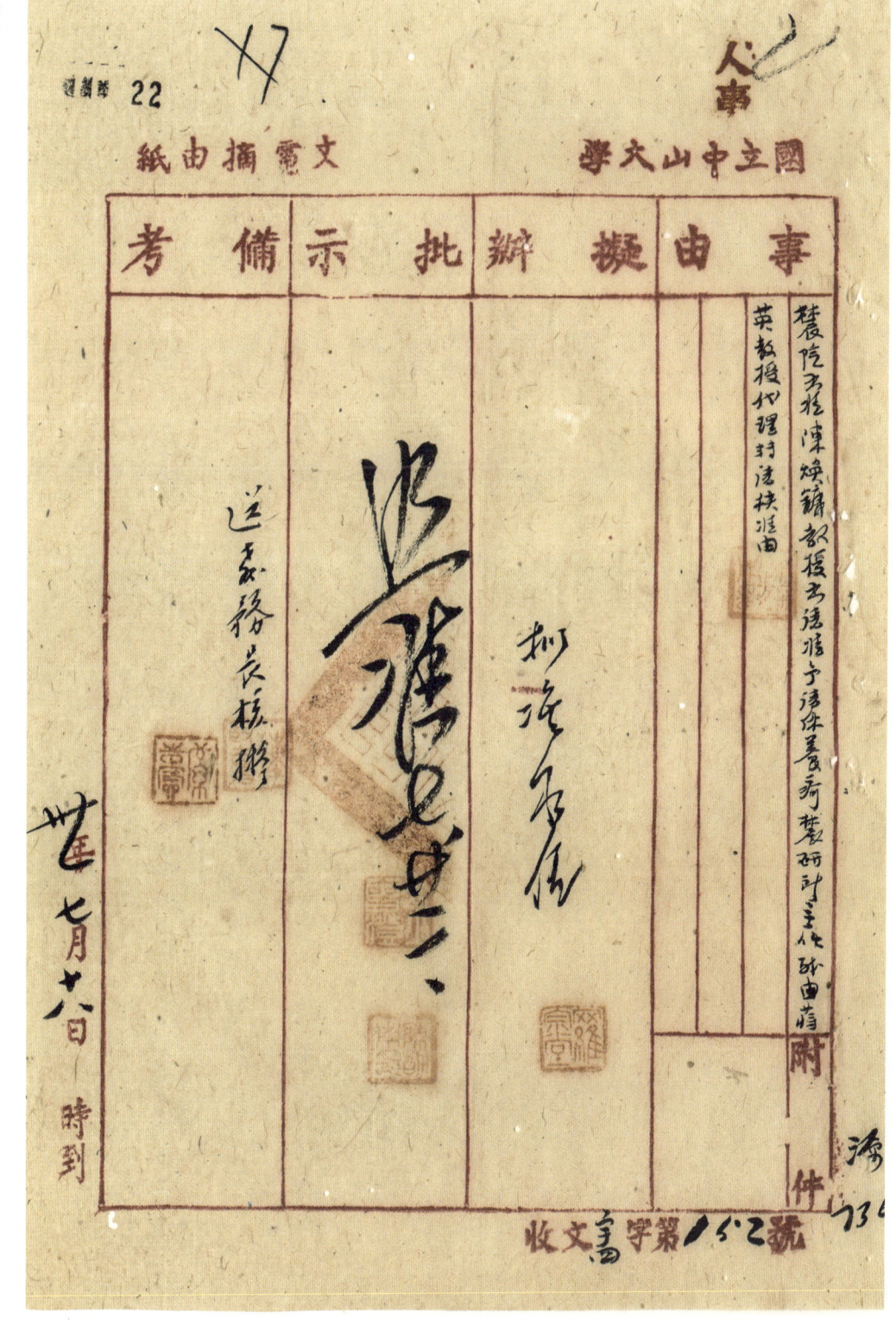

国立中山大学农学院院长张巨伯关于陈焕镛教授拟停薪休养并由蒋英暂代农研所主任职务给代理校长金曾澄的函

22

人事

國立中山大學 文電摘由紙

事由	擬辦	批示	備考
農院函稱陳煥鏞教授函請准予停薪休養所兼農研所主任職由蔣英教授代理請核准由	擬照准	照准 七廿二	送教務長核辦

附件

廿年七月廿六日 時到

收文 字第152號

X8

23

國立中山大學農學院用箋

第一頁

源字736號

敬啟者現准本院農林植物研究所主任陳煥鏞七月
十四日函開「溯自香港被侵，以至淪陷為時不及兼旬事出倉卒
致令本所所有標本儀器未克於事前運出竟陷敵中咎應
有得惟本所所有之研究材料設備等為十餘年之心血結晶
如任其湮沒燬滅將來重欲恢復實非易事故鏞即將所有公
物設法布置疏散隱藏其事尚未完竣差幸本所所有公物
迄今仍無損失一俟各事妥貼後即再詳為呈報惟鏞近年以
公務繁重心力交瘁非藉休養調理恐成痼疾故特函呈鈞長
擬准予請假至所任之農學院農林植物研究所主任職應請本
校另行派員代理並在請假期內自本年八月份起應領之薪

中華民國　年　月　日

X9

24

國立中山大學農學院用箋

第 二 頁

金生活補助費及平價食糧代金等一概請予停支前所請之休假進修及部聘教授等均請予以停止送部俾得安心養痾切望能早日回復健康即行返校銷假服務即希核轉准如所請至以為禱」等由准此查所稱屬實擬准予陳教授請假養痾農林植物研究所主任一職由本院森林學系蔣英教授代理為此用

特函請

察核准予聘請蔣教授代理該所主任職務為荷

此上

代理校長金

農學院院長張巨伯

中華民國卅一年七月十七日

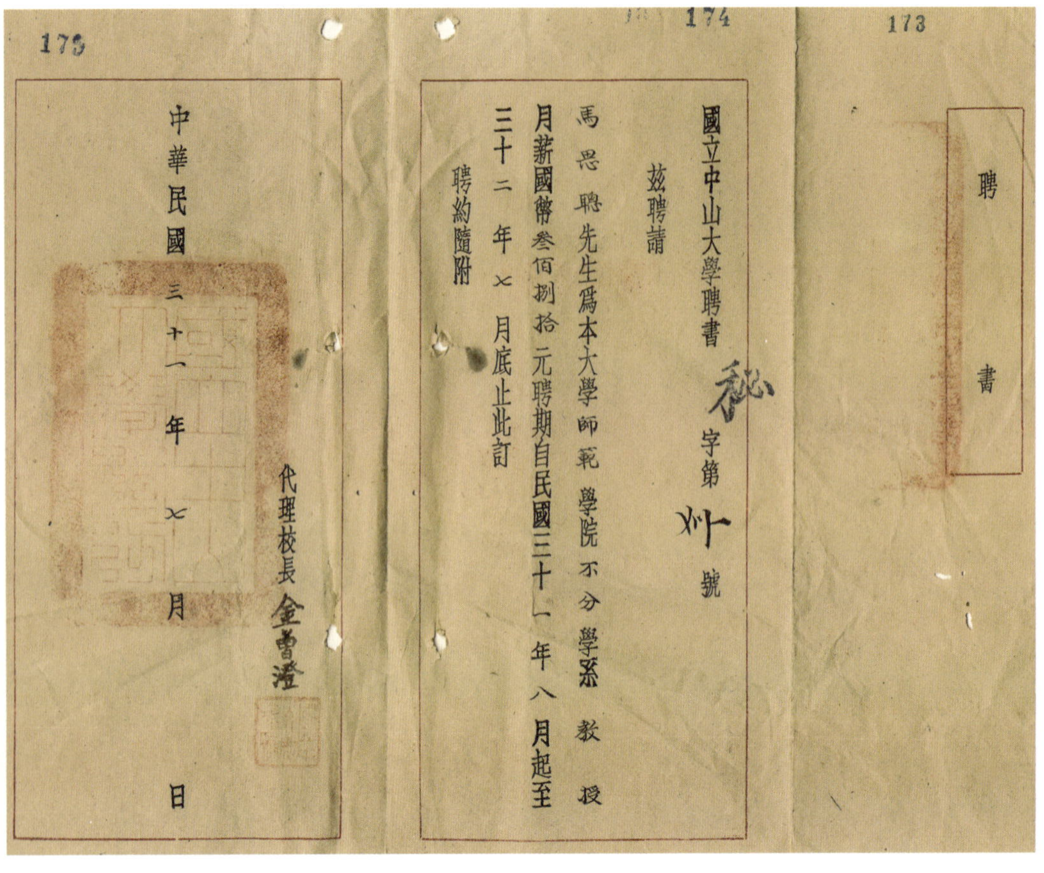

聘書

國立中山大學聘書 秘字第 卅 號

茲聘請

馬思聰先生爲本大學師範學院不分學系教授

月薪國幣叁佰捌拾元聘期自民國三十一年八月起至

三十二年七月底止此訂

聘約隨附

中華民國三十一年七月　日

代理校長金曾澄

国立中山大学代理校长金曾澄关于聘马思聪为师范学院教授的聘书

国立中山大学文科研究所主任杨成志关于请聘陈寅恪为该所年度教授给研究院院长的函

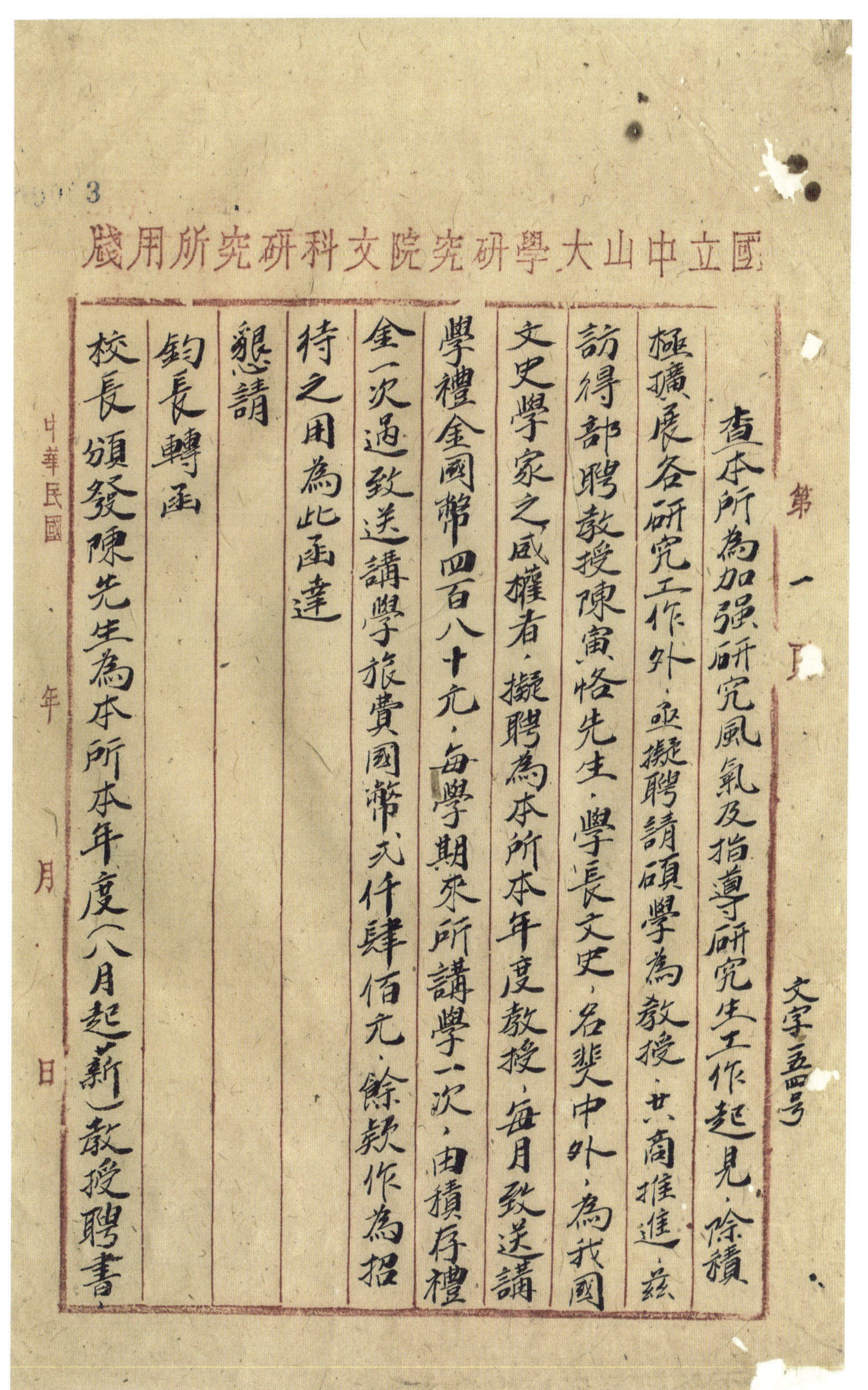

3

國立中山大學研究院文科研究所用牋

第一頁

文字五四号

查本所為加強研究風氣及指導研究生工作起見，除積極擴展各研究工作外，亟擬聘請碩學為教授，共商推進，茲訪得部聘教授陳寅恪先生，學長文史，名斐中外，為我國文史學家之威權者，擬聘為本所本年度教授，每月致送講學禮金國幣四百八十元，每學期來所講學一次，由積存禮金一次過致送講學旅費國幣弍仟肆佰元，餘款作為招待之用，為此函達

懇請

鈞長轉函

校長頒發陳先生為本所本年度（八月起薪）教授聘書，

中華民國　　年　　月　　日

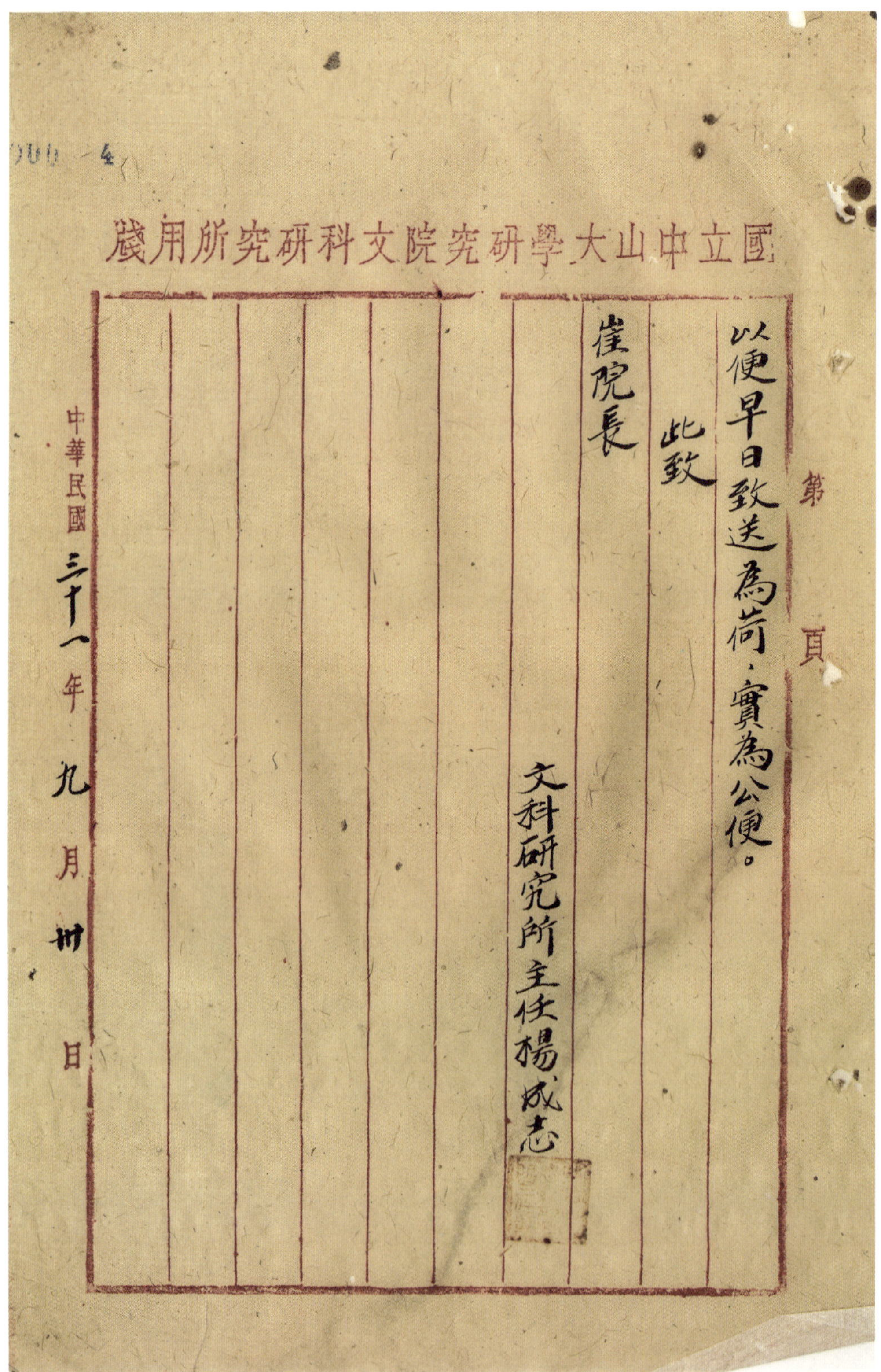

國立中山大學研究院文科研究所用箋

第　頁

以便早日致送爲荷，實爲公便。

此致

崔院長

文科研究所主任楊成志

中華民國三十一年九月卅日

国立中山大学理学院院长何杰关于地理系吴尚时教授等人赴曲江一带研究地形请拨支实习费并发给证明文件给代理校长金曾澄的函

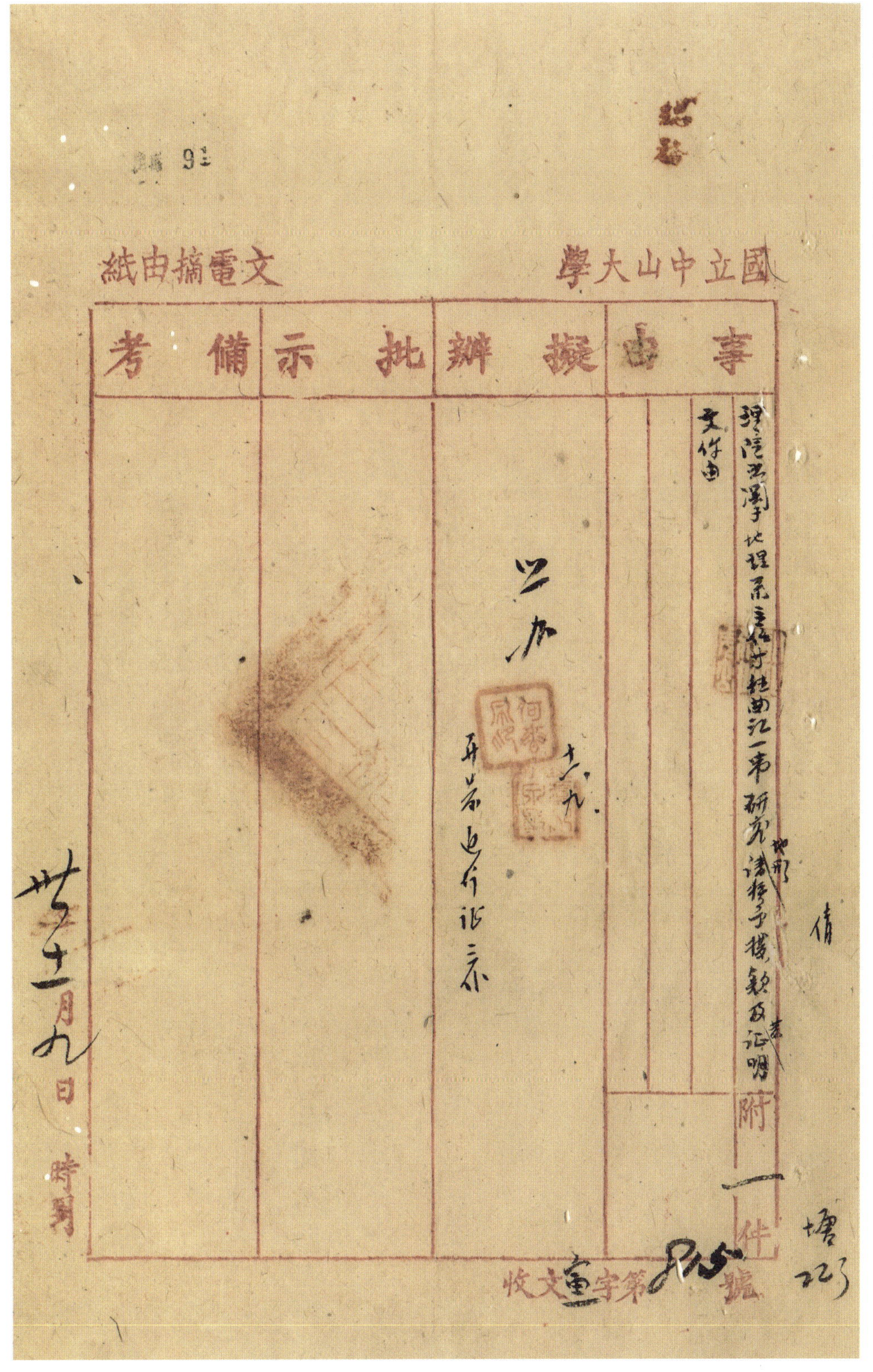
國立中山大學文電摘由紙

事由	擬辦	批示	備考
理學院地理系主任等赴曲江一帶研究地形請予撥款及證明由 附 一件			

收文　字第　號

92

國立中山大學理學院用牋

第　頁

增字第222号

現准本院地理系吳主任函開：

本系擬於十一月十二日至十一月廿三日由系主任吳尚時與助教何大章李褀棟前往曲江西南芙蓉山苗虫山天子嶺獅公鬚犁頭石等一帶研究地形與水文計時十二天共需實習費國幣陸佰弍拾伍元弍角請即轉請

校長核准並發給証明文件

等由附實習預算表乙紙准此相應抄附原預算表一份轉達懇請

准予繕發証明文件並在本院實習研究費項下

中華民國　年　月　日

93

國立中山大學理學院用箋

核撥國幣六百二十五元以便轉發應用爲荷此致

代理校長金

附抄送預算表乙份

理學院院長何　杰

中華民國卅一年十一月九日

第　頁

国立中山大学《校友通讯》民国三十一年十一月十一日『校庆纪念专号』

國立中山大學

校友通訊

本刊主旨：
●傳播本校消息
●聯絡本校校友
●團結本校力量
●發揚本校精神

金曾澄 （印：金曾澄）

國立中山大學校友通訊
編輯兼發行者：國立中山大學出版組
刊期：每逢一日十五日出版
定價：每期零售一角 預定全年二元五角郵資在內
通訊處：廣東坪石

〈第二十期〉中華民國卅一年十一月十一日出版

校慶紀念專號

紀念校慶須完成任務

金曾澄

國父手創本校，迄今十八寒暑。當此校慶紀念之日，感奮良深，謹掇數語為我校同人諸生告：先就本校歷史言：十三年一月，國父講三民主義於斯，旋又開本黨第一次全國代表大會於斯：時革命鬬爭正烈，國父認為推進革命事業，必須先立革命教育基礎，於是躬親擘劃，本校以成。觀此，可知培植三民主義幹部，實為本校之唯一使命；而推進革命工作，尤屬本校員生之唯一職責。

再就本校立場論：吾人當憶國民黨改組，黃埔軍校創辦，與乎本校成立，皆為十三年本黨革新之大事。蓋以改組本黨為實行三民主義政治之本，開辦黃埔軍校為建立三民主義武力之基，而創建本校為揚闡三民主義文化之始。是則本校同人學生所負任務，誠艱且鉅矣。

若夫民族精神之發揚，固有文化之持續，高深學問之研究，實用科學之發明，原為一般大學鵠的；用以達成「民族獨立，民權普遍，民生發展，以促進世界大同」之宗旨。本校行政教學，亦常遵循此要義。

今者，五載抗戰，勝利在握；革命基礎益固，革命之道大行。慶本校源遠流長，愧本校任務未盡，願我全校員生共同努力，以貫澈本校一般目標，而完成本校特殊使命。須知人人能盡其職責，本校光榮地位乃能不替。建立三民主義文化，開拓革命前途，方不負國父創校之旨，不失紀念校慶之意。全校同人其勉旃！

中大十八周年紀念

劉崙徽刻

「和平奮鬥救中國」

本校十八週年紀念日感言

鄒植儀

吾校成立以還，十有八載。値茲紀念良辰，凡我員生校友，靡不欣慶。爰攄所感，用獻同人。

憶民國十三年時，國父爲充實革命力量，建立三民主義文化，乃設文武二校。武校即黃埔軍校，爲國民革命軍力之主要源泉；文校則本校也。國父有言：「三民主義就是救國主義」。夫然，吾校旣以建立革命文化闡揚三民主義爲使命，則救國之責，詎容後人。今國難愈亟，吾人之責任愈重。緬懷國父遺志，瞻望赤縣同胞，宜如何奮起，以赴時艱，庶無負國父之所期邪！

抑又今日不徒爲吾校之紀念日，亦第一次世界大戰之休戰紀念日也。休戰迄今，曾幾何時，而第二次世界大戰，又告爆發，戰爭範圍之廣，程度之劇，亘古所未有焉。國父曾示吾人：「聯合世界上以平等待我之民族，共同奮鬥」，我國旣廁同盟國之一員，則與國之將以平等待我，及我之聯彼而奮鬥，正是時矣；我校同人，顧使命之重大，察時會之難逢，又應如何爲民前鋒，鼓舞振奮，以從事救國救世之大業也。

雖然，救國救世之道又奚若乎？曰：因吾人所立之崗位不同而途徑有別。夫不辭赴沙場，冒鋒鏑，與敵人作殊死鬬，以求最後之勝利，固吾人共有之責也。而主義之弘揚與科學之發明，尤爲吾人之重任。或曰：以吾校僅此十餘年之歷史，東西播遷所餘之簡單設備，乃侈言肩負科學發明之重責，不已泰乎？曰：不然，歷史昭示吾人，進化之例，愈後而愈速：世界上新興之邦，其文化之發達，每於努力邁進之後，經短少之時期，即可與先進諸國方軌並迹。吾校自建立以還，時間雖不若外國著名大學與北方二數大學之悠遠；然使吾人能同舟共濟，勉力以趨，則歷史進化之例，正許吾人以迎頭趕上者也。至於吾校現有設備，誠不足以方諸歐美大學，然視百餘年前彼邦科學家所用器材，恐或過之；苟能以思理之周密，補器械之不逮，則吾人之成就，正未盡可以物質多寡優劣而計量。亶勉求之，是在吾人。

革命幹部的基素

陳劭南

國父創立本校的唯一目的在培養革命幹部，所以本校的使命是特殊的重要。現値本校十八週年的紀念，恭錄國父對於革命幹部應有的基本要素的遺敎，供我們的指南針。很盼望我們的同學，要牢記着這四大要素，切實地培育起來，完成我們的大時代的重要使命。

一、要立志做大事不可立志做大官

「中國幾千年以來，有志的人本不少；但是他們那種立志的舊思想，專注重發達個人，爲個人謀幸福，和近代的思想，大不相合。近代人類立志的思想，是注重發達人羣，爲大家謀幸福。用事實說：我們中國青年應該有的志願，是在甚麽地方呢？是要把中華民國，重新建設起來，讓將來民國的文明，和各國並駕齊驅。」

「如果我們立志，改良國家，萬衆一心，協力奮鬬做去，還是可以追蹤歐美；若是不然，中國便事事落在人後、永遠不能自己發達，永遠沒有進步！推其極端，中國便非淪於滅亡不可！所以現在的青年便應該以國家爲己任，把建設將來社會事業的責任，担負起來。」

「古今人物之名望的高大，不是在他所做的官大，是在他所做的事業成功；如果一件事業能够成功，便能够享大名。所以勸諸君立志，是要做大事，不可要做大官。甚麽是叫做大事呢？大概的說：無論那一件事，只要從頭至尾，徹底做成功，便是大事。至於學生立志。注重之点，萬不可想要達到甚麽地位，必須要想成一件甚麽事。因爲地位是關係於個人的，達到了甚麽地位，只能爲個人謀幸福；事業是關係於羣衆的，做成了甚麽事，便能爲大家謀幸福。不過我們讀書的時候，必須用自已本能做去才好。甚麽是本能呢？就是自已喜歡要做的事，就自已喜歡所做的事，徹底做去，以求最後的成功；中途不要喜新厭舊，見異思遷，那便是立志。要有國民的大志氣，專心做一件事，幫助國家，變成富强，這個要中國富强的事務，就是諸君的責任，我們要把革命做成功，

365

【3】

便要從今天起，立一個志願，一生一世，都不存升官發財的心理，只知道做救國救民的事業，實行三民主義和五權憲法，一心一意的來革命，才可以達到革命的目的。」

二、要有高深的學問與犧牲奮鬥的精神

「要做革命事業，是從甚麼地方做起呢？就是要從自己的方寸之地做起，要把自己從前不好的思想習慣和性質，像獸性罪惡性，和一切不仁不義的性質，都一概革除。所以諸君要在政治上革命，便先要從自己心中革起；自己能夠在心理上革命，將來在政治上的革命，便有希望可以成功。做革命軍的學問，不是專從學校中求出來的，是從立志中發揚出來的。諸君在求學的時代，當然要聽先生的指教，服從長官的命令；先生教了多少，便明白多少，如果有絕頂聰明的人，或者有青出於藍而勝於藍的；就是沒有絕頂聰明，只要把先生所教的學問，澈底了解，將來也有大用處。如果沒有革命志氣，不研究革命道理，總不能發揚革命事業，只要另外加以革命精神，便可以利用；如果沒有革命精神，就是一生學到老，死記得滿腹的學問，總是沒有用處。立志做革命軍，先要有甚麼根本呢？要有高深的學問做根本。有了高深學問，才有大膽量，有了大膽量，才可以做革命軍。所以做革命軍的根本，還是在高深學問。要造就高深學問，是用什麼方法呢？造就高深學問的方法，不但是徒日在講堂之內，要學先生所教的學問，這要舉一隅而三隅反，自己去推廣。在廣堂之外，更須注重自修的工夫，把關於軍事學和革命道理的各種書籍及一切雜誌報章，都要參考研究；研究有了心得之後，一旦融會貫通，自然可以發揚革命的精神，繼續先烈的志願，捨身流血，造成中華民國的基礎，使三民主義完全實現。」

「諸君都是將來革命的骨幹，都是負得有救國救民的責任。既是有了救國救民的責任，便要從今天起，先在學問上加倍去奮鬥；將來畢業之後，組織革命軍，對於共和的障礙，更是要同他們拚命，要能夠用一個人去打一百個，當革命軍的資格，是要用甚麼人做標準呢？簡單的說，就是要用先烈做標準，要學先烈的行為；像他們一樣捨身成仁，犧牲一切權利，專心去救國。」

三、貢獻個人的平等自由以求取國家民族的平等自由

「自由平等是歐美近一百多年來最大的兩個革命思想，在在法國革命的時候，另外加了一個口號，叫做博愛。由於自由平等與博愛的思想，使發生法國革命，中國近來也感受了自由平等的思想，所以也起了革命，革命成了事實之後，又被這種思想打破，故革命常常失敗。我們革命之失敗，並不是被官僚武人打破的，完全是被平等自由這兩個思想打破的，革命思想既是由於平等自由才發生，何以再被平等自由來打破呢？這個道理，從前毫不明白，由於近十幾年來所發生的事實，便可以證明。大家知道革命本是政治的變動，說明政治究竟是做些甚麼事呢？就政治兩個字講，政者衆人之事也，治者管理衆人之事也，管理衆人之事，就是政治。換而言之 管理衆人的事，就是管理國家的事。」

「中國革命之所以失敗，是誤於錯解平等自由。革命本是政治事業，有了國家，沒有政治，國家便不能運用；有了政治，沒有國家，政治便無從實行。政治是運用國家的，國家是實行政治的，可說國家是體，政治是用。大家結合起，改革公共的事業，便是革命。所以說革命，就是政治事業。中國近來何以要革命呢？就是因為從前的政治團體不好，國家處在貧弱的地位，愛國之士，總想要改良不好的舊團體，變成富強的地位，這種改良，要在短時間或者是一朝一夕之內成功，便是革命。我們發生了革命，為甚麼又被平等自由打破呢？因為做人的事，在普通社會中有平等自由，在政治團體中便不能有平等自由，政治團體中的份子有平等自由，便打破政治的力量，分散了政治團體。所以民國十三年來革命不能成功。就是由於平等自由的思想，衝破了政治團體。就政治團體的範圍講，或者是國家或者是政黨，就平等自由的界限說，或者是本國與外國相競爭，或者是本黨與他黨相競爭，都應該有平等自由，不能說在本國之內，或者是在本黨之內，人人都要平等自由，我們中國人講平等自由，恰恰是相反，無論甚麼人在那一種團體之中，不管團體先

有沒有平等自由，總是要自己個人有平等自由，這種念頭，最初是由學生衝動，一現成事實之初，不知道拿到別的地方去用，先便拿到自己家內用，去發生家庭革命，反對父兄，脫離家庭，再拿到學校內去用，鬧起學潮來，這種事實，在大家當然是見得很多，做得也很多。大家要鬧學潮，或者自以為很有理由，所持的理由，總不外乎說先生管理不好，侵犯學生的平等自由，學生要自己的平等自由，不被先生侵犯，要爭回來自己保留，所以才開會演說，通電罷課，驅逐先生，拿這個理由來鬧風潮，口口聲聲總是說革命，實在不知道革命究竟是一回甚麼事，不過拿學校做自己的試驗場，用先生供自己的試驗品罷了。我們革命黨內的情形。也是這一樣，革命的始意，本來是為人民在政治上爭平等自由，殊不知所爭的是團體和外界的平等自由，不是個人自己的平等自由，中國現在革命，都是爭個人的平　自由，不是爭團體的平等自由。所以每次革命，總是失敗。因為大家都是為個人爭自由平等，不為團體去爭自由平等，只有個人的行動，沒有團體的行動，所以團體便為思想所打破，不久就無形消滅。學生在求學的時代，便是這種行動，到了後來為國家做事，一切行動，不問可知，更有許多無路可走的學生，竟不知道政治社會的道理及中國的國情，又想在社會上出風頭，便驚奇立異，採歐美沒根據的新學說，主張革命，殊不知道革命目的，就是要做成一個好政府。大家要希望革命成功，便先要犧牲個人的自由，個人的平等，把各人的自由平等，都貢獻到革命黨內來，凡是黨內的紀律，大家都要遵守，黨內的命令，大家都要服從，全黨運動，一致進行，只令黨有自由，個人不能自由，然後我們的革命，才可以望成功。」

「我們參加革命黨，要貢獻甚麼東西呢？我們參加革命黨，要貢獻的東西，就是自己的平等自由。把自己所有的平等自由，都貢獻到黨內，讓黨中有全權處理，然後全黨革命，才有成功的希望，全黨革命成功之後，自己便可以享自由平等的權利。」

四、應以人格救國

「我們人類的天職，是應該做些甚麼事呢？最重要的，就是要令人羣社會，天天進步。要人類天天進步的方法，當然是在合大家力量，用一種宗旨，互相勸勉，彼此身體力行，造成頂好的人格；人類的人格既好，社會當然進步，我們社會經過古今許多人羣的改良，自草昧初開以至現在，已經進步了很多；但是現在社會的道德範圍，還沒有進步到極點。所以人的本源便是動物，所賦的天性，便是多少動物性質，換句話說，就是人本來是獸，所以帶有多少獸性，人性很少。我們要人類進步，是在造就高尚人格；要人類有高尚人格，就在減少獸性，增多人性。沒有獸性，自然不至於作惡；完全是人性，自然道德高尚；道德既高尚，所做的事情，當然是向軌道而行，日日求進步。人是由動物進化而成，既成人形，當然從人形更進化入於神聖。是故欲造成人格，必當消滅獸性，發生神聖，那麼才算是人類進步到了極點。」

『國家是人類湊合而成，人人都有機會，可以造成一個好國家！我們要造成一個好國家，便先要人人好人格，我們要問政治的人，想中國改良成一個好國家，便是想得有一個機會，令四萬萬人都變成好人格！這個方法是在甚麼地方呢？要正本清源，自根本上做工夫，便是在改良人格來救國，所以改良人格來救國這一說，當是中國的出產物。講到中國人口有四萬萬，文明有四千多年的歷史，為甚麼我們的國際地位，一落千丈呢？這就是因為我們中國人不自振作，所以墮落；墮落的原因就是不講人格；我們要恢復國際地位，須要我們不墮落；要不墮落，就先要講人格。」

智仁勇三者是精神教育之基本要素，亦即革命精神之所託。「智之云者，有聰明，有見識之謂，一別是非，二明利害，三識時勢，四知彼己。據余所見，仁之定義，誠如唐韓愈所云：『博愛之謂仁』，故云適當。為公愛而非私愛，即如天下有飢者，由己飢之，天下有溺者，由己溺之之意，與夫愛父母妻子者有別。以其愛在大，非婦人之仁可比，故謂之博愛。能博愛，即可謂之仁。仁之種類：一救世之仁，二救仁之人，三救國之仁。余以為最流通之用語，不怕二字，實即勇之定義，最簡括而最確切者。」

【5】

為校慶致詞

陳安仁

本年十一月十一日為中山大學第十八週 之校慶日。際茲抗戰期間，吾校巍然屹立於粵北，謹致一言以為之祝。

【一】過去中國歷史上之優良文化，由本校承繼之闡揚之，以期綿延勿絕。

【二】發展新興之中國文化，與歐美文化滙流，成為啓導作用。

【三】以嶄新的科學精神與科學方法，創造中國現代之科學與術，與歐美並駕齊驅。

【四】除去西洋是物質文明東洋是精神文明，西洋長於科學東洋長於道德之舊見解，而將物質文明與精神文明，為平均之發展，合流之并進。

【五】養成革命高深之學問，充實紀念 國父最高學府之實素。

【六】養成優良之校風，担負「大學使命」之重任。

【七】為科學學術之分工合作，共同致力於創造之大道。

【八】為三民主義之發源地，亦為三民主義之策源地，從事於實際與理論之探討，使主義得光輝於大地。

以上八端，謹具管見，以當頌詞。

三十一年國立中山大學校慶廿韻

永子範

國家蹙八占百年，南方學府此元元，黌堂舊庠發宏響，赫戲時暉天所尊，仲冬初旬十一日，熊熊光氣照天閽，乃闢南雍曜爾大，要令文教由此出，救國先從根本治，科學應使鉅頭追，晦雨雞鳴見君子，大澤豹隱張經師，四學在茲溯前古，石牌萬畝啓我宇，結祠初傳文化城，鼓吹別翻新樂府，鑿開鑿錯鳥道開，花竹為屏灑瀟洒，左戟右藝開阡陌，東庠西序明崔嵬，忽驚顯都雜兵氣，蒼黃車服西南去，碧雞金馬跨滇雲，青衿初試□江水，一年天運轉亡胡，鳥里故宅來嶺隅，斬棘披荊度宏軌，不負初心還讀書，我從三迤渡海角，要挽羿弓看日落，百□王氣竟消沈，又逐關山作行腳，曲江人物古來好，文壇元帥及身早，應有餘風扇後生，豈獨衣冠盛南海，漫天花雨齊絃吹，中有浩氣生絳帷，願頌樂育歌顯德，年年辟雍流緝熙。

求學與反省

吳康

本校前身為國立廣東大學，民國十三年， 國父以大元帥名義，明令設立，命鄒海濱先生【魯】主辦，余時忝教席，躬逢其盛。流光荏苒，忽十八年，畢業學子，數且逾萬。際茲滄海橫流，夷氣未靖，緬懷前哲，延佇將來，勉為此文，述求學與反省之義，以明養成現代的新人文主義化之理想人格，為今後大學教育唯一之歸趣，由是以完成抗戰建國之偉大使命，倘亦 國父在天之靈所默佑者與！本校十八週年紀念前七日。

孔子曰：「學而不思則罔，思而不學則殆。」勤求所業，是為「學」、研精覃思是為「思」。勤求所業，則廣其聞見，益其神知；研精覃思，則冥思熟慮，比較異同。蓄材廣博，玄察兼施，則勤求所業之效也，知慮通達，逴微闚約，則研精覃思之效也。以常言釋之，前者為「求學」、後者為「反省」。

自哲學之觀點言，「事實」與「理解」常立於對待之地位，蒐求事實以資理解，運其分析綜合之功用，二者相因相依，以成思想之全部組織，乃哲學發展歷程必循之軌道，故求事實非他，即「求學」也，而理解之功用非他，即「反省」也。求學必有其方法，其程叙，而後蒐求事實，不至棼雜如亂絲之無章，反省必有其歸趣，其鵠的，而後運用理解，不至迷茫如海天之無際，然則求學之方法程叙奚若，反省之歸趣鵠的為何，宜略申其義，以資討論。

【6】

吾人嘗唱現代的新人文主義教育之理論，內分三綱領九條目如次：

第一、崇道德：——一曰淬礪身心；二曰尊崇仁義；三曰砥礪名節。

第二、研學術：——一曰研究科學；二曰陶冶藝術；三曰講求體育。

第三、廣智慧：——一曰訓練邏輯；二曰啓發理性；三曰探究天人。

右述三綱領九條目，即求學之歷程，爲上言哲學作業中蒐求事實之部份，而其目的則在造成一現代的新人文主義人格化之自我完人，亦即爲國家之理想的公民，爲民族之忠誠的志士，是乃理解力功用所施之歸趣，即求學歷程中反省作業最高之鵠的也。蓋欲造成一自我完人，必以道德學術二事爲其主要原素，智慧則爲訓練啓發此二事之樞機中軸，故三者宜齊驅並進，不可缺一。道德之率躬行實踐，則求善，科學之求知識，哲學之探智慧，則求眞，藝術之培養美感，則求美，三者皆涵於上述三事之中，而爲造成吾人所唱現代的新人文化主義化之理想人格所必具之要素也。

崇道德謂崇尚道德，爲構成完人人格組織間架之基件。淬厲身心，即對於吾人身體與心靈，施以謹嚴縝密，堅苦卓絕之訓練，孟子云勞其筋骨，即鍛鍊身體之謂也，苦其心志，則訓迪心靈之謂也：故淬厲身心，即勞其筋骨，苦其心志之謂也。仁者人也，合於人道爲仁，義者宜也，則行事制行之表準也。尊崇仁義，謂原本人道，制行合宜，乃中士人生哲學最高之德目，故春秋所見世，文致太平，則標「尊崇仁義」爲人道之極，郅治之盛，實道德之最高境界，乃吾人新教育理論所求培養理想人格之構成不可缺之基件。名者，實之賓也，賓主相對，則名實須求相益而不悖，是以控名責實，爲名家成訓。節者節槩，凡制行屹然獨立，有風節氣槩者，亦以節槩目之。當茲滄海橫流，中原板蕩，攘夷狄以尊中國之偉大抗戰時代，自宜尊崇名義與節槩，以恢張我中華民族之偉大人格，故砥礪名節，亦爲構成此日「新人文主義化理想人格」不可缺之要素也。

研學術，謂研究各類科學與藝術，爲造成「完人」人格之知識與技能兩方面不可缺之部分。第一爲研究科學，科學爲人世系統的知識之殊稱，系統的知識，可分爲對物對人對我三部分。凡諸自然科學應用科學之研究，則對物的知識也；道德科學，社會科學之討論，則對人的知識也，哲學名理之探討，則對我的知識也，此其大畧也。第二爲陶冶藝術，藝術爲構成吾人審美諧和的生活之基本要素，故宜注重美育之訓練，以陶冶吾人之身心，使其情感與性格，入於諧和美好之境。第三爲講求體育，身體爲心靈所寄之形骸窟宅，身體罷弱，往往阻遏心靈之自由向上發展，故宜講求體育，以健強充實吾人之身體。欲培養吾人身體之健康，則不可不知生理學，衛生學；欲防止疾病之內侵；則不可不明病理學，治療術；欲求肌體之健強發展，則不可不講體操學，競技術；三者備而體育之爲義全矣，以知講求體育，與陶冶藝術及研究科學，同爲養成「新人文主義化之理想人格」之基件，而爲研學術一綱領中不可或缺其一者也。

廣智慧謂濬發吾人天賦之靈知，使其自由向上發展，達於極度可能之境，則所謂對我的知識，乃培養「新人文主義化之理想人格」最後大成之階段。故其主要作業，在啓發吾人之理性，而此種啓發之功，又必有賴於正確精密之方法，故首宜訓練邏輯，養成其思辨之能力，別眞妄而明是非，守形名之分限，而辨推理之程叙，然後能將吾人所賦之先天的理性潛力，抽引濬發，達於無限。由是可進而窮宇宙本體之眇義，人生道德之本原，所謂宇宙與人生，其分界範圍何若，又如何能冥合而爲一，皆將於此乎求之，則所謂探究天人之事，乃達於培養「新人文主義化之理想人格」之大成之境；而吾人理想中之「自我完人」，於此乎實現而完成。此「現代的新人文主義教育」施力所嚮最終之目的也。

由是以言，吾人之求學歷程非他，即本上述現代的新人文主義教育之綱領內容，道德之修養，知識之擴展，藝術之陶冶，體育之講求，智慧之濬發，一一循其程叙，加之訓練，外周內涵，實施無間；而由理解反省之功，羣趣於構成「現代的新人文主義化理想人格」，即「自我完人」之大成之境。然後能養成國家之良好公民，民族之忠臣義士，羣策羣力，携手前征，以完成抗戰建國之神聖偉大任務！

以學績祝校慶

劉求南

所謂大學，既要大，又要學，方可名符其實：若祇大而不學，則內容空虛，無以舉果；若祇學而不大，則範圍狹隘，難於立效；故一方須大而學，一方尤須學而大，始能名至實歸。

屈指本校成立迄今，已十六易寒暑，而規定每年雙十一為校慶日，其意義重大，已歷屆按期由出校校友同志暨在校學友同仁，發揮盡致，似毋庸不才錦上添花了。然不才自「而立之年」起，已傾注十餘春秋「個人的黃金時代」於斯校，現雖至所謂「不足畏」的階段，但對學校愛護之情，希望學校進步之心，自信不敢後人。故本這點熱情和誠心，并破除一向緘默態度來說幾句話：

我以為學校有三種不同崗位的人：第一種是辦學的人——職員，第二種是教學的人——教師，第三種是求學的人——學生。這三種人，雖各有其任務，然其為學則一，進言之，即其任務雖有「辦」「教」「求」之不同，但其目的則在為學，或實現國家的教育要求，當無二致。再就責任上言：第一種人為學，應該要「辦」的好，辦的對象是學務，他不能荒廢僨學；第二種人為學，應該要「教」的好，教的內容是學術，他不能不學無術；第三種人為學，應該要「求」的好，求的目標是學問，他不能不問無學。復次，第一種人所辦的，第二種人所教的與第三種人所求的都是大學；故「學」甚重要，自不待言，然「大」亦不可看輕，乃為分內之事。又所謂「學」，簡約說來，若用作動詞時，是學做人，學做事；若用作名詞時，乃為做人之學，做事之學，因而第一種人辦學，要辦到能做大人，能做大事；第二種人教學，要教到能做大人，能做大事；第三種人求學，要求到能做大人，能做大事；必須這三種人共同努力以「學」的偉大成績，散佈到普天之下，使天下之人，皆獲實益，才算是慶祝學校紀念日的代價。

抑更有進者：中華民國是 國父所手創者，她的年齡是三十晉一，她的生日是雙十；中山大學亦是 國父所創者，她的年齡是十五晉二，她的生日是雙十一；依年計，校比國晚十有五歲；依日計，國比校早三十加一：是我們的國家已入壯年時代，而我們的學校，仍在青年階段。

孔子云：「吾十有五而志於學，三十而立」，引伸意申言之，現在我們的國家在 蔣總裁領導之下，不但能賴三民主義以自立，而且已進一步求所以立人了；那末我們的學校應該不徒志於三民主義之學，而且亦當求進一步舉其學績以期所以達人，才合道理。果能如此，則喜到成雙，我們於慶祝國家的雙十之後，接着又慶祝學校的雙十一，那才有意義哩！

以希望和努力紀念校慶

李紹華

值此 國父手創全國惟一無二的最高學府中山大學第十八週年校慶日，我們當然感到特別興奮，特別歡欣鼓舞，而且榮幸異常。追溯其締造之過程，經歷之艱苦，受盡敵仇日本帝國主義者之嫉恨與摧殘，然而雖屢度顛沛遷徙之歲月，至今蔚然矗立，隨松齡之添增，益臻於健全的境地，所以我們掬誠捧香為她祝禱是應當的。

不過她的長生永存是註定的，並不因吾人之慶祝與否而有所增減，更不因法西斯侵略主義者的猙獰殘暴而有所變易。

那末她的長生永存是誰給註定的呢？當然不是我們這些後生，也不是上帝主宰，而是中華民國的締造者，全民族的解放者，圖謀世界大同而為全人類謀幸福者，——我們的 國父孫中山先生所託付予她的神聖使命把她萬壽無疆的松齡註定了。

具體說來，究竟這種使命是甚麼？傳遞發揚我國所已有的文化；集世界文化之大成，對於科學上的高深研究和偉大貢獻；促進三民主義之完全實現；對我國負起科學教育的責任；普遍科學之應用，以提高中華民族的生活水準；直接間接以精神力、人力、物力、負起抗建的使命；成為世界大同理論之淵源及促其實現之動力機。

對于上舉使命，中山大學究竟完成了多少？十八年的時間之在萬世永存的生命中，還比不上百歲人生中的一剎那，而況中經無數險阻與敵人的摧毀，當然距完成的程度還遠得很，不過曾受過中大的科學及德育洗禮的人們已經在中國整個文化上有了令人羨慕起敬的貢獻，在抗戰建國上已立了不可磨滅的功績，在三民主義的究研和發揚光大上亦有了顯著的成就，所以中大對於她所負使命的完成上，已定了初步的基礎。

但是，她所負使命之重大與責任之艱鉅，除非她的兒女們加倍努力，通力合作，實難於短時期內完成于萬一。

我們在中大十八壽辰吉日，起了莫大的希望：第一，希望校方當局寬籌經費，充實各院各系組之設備，以利研究及教學工作之進展；第二、希望各院所間之連繫協作，隨着中大的年齡益臻密切；第三、希望畢業同學及在校外服務或從事學術研究之教職員與在校員生通力合作，共同爲中大之使命而奮勵；第四、希望各院同學潛心學業，努力社教服務，社會改造，及總動員等工作；第五、希望學校當局對于新設系組，如農學院畜牧獸醫系之類，特別輔助其發展。吾人對于上述五點希望之實現，極有把握，因事實上各有關方面均已向着這幾方向猛進了。

爲了不愧於 國父手創中大之苦心，爲了促其神聖偉大使命的早日實現，更爲了使我們對于她所希望者之益臻滿意之境，我們全校的每個分子，上自校長、各院院長、各所、部、系、組、館、處之主管者，以至在校服務工友，都應各盡各自最大的努力，向着中大光明遠大的前途飛進。

當此中華民族抗戰第六個年頭的雙十一的中大校慶紀念日，凡係中大的兒女，莫不個個充滿了榮幸與欣慰。

希望和努力的決心，然而個個好像苦於無以表露此種熱情似的，我也是這樣的一個，只得以希望和努力，來作獻給她的壽儀罷！

李紹華 卅一、十一、五。

五年來之本校圖書館

杜定友

圖書館爲大學之靈魂。文化種子之滋養，學術風氣之培植，實以圖書館爲根據地。本校圖書館在南中國規模最大，藏書最富，經卅餘年來之積聚，前人困苦艱難之締造，藏書逾卅餘萬冊。民國廿五年，鄒校長以八十萬元籌建新館，作者奉命返校，主持其事，方期於廿七年完成，以樹圖書館之規模，期對于本校學術研究，有所貢獻。乃霹靂一聲，七七事起，功效垂成。羊城之變，事前既無準備，而空言抵抗，臨時拚束告困，遷徙爲難。學校當局，復以經費無着爲詞，祇發木箱費弍百元，而更有謂：「運費較書費貴，不必多帶。」者，惟同人等以保存文獻，責無旁貸，乃於經濟困難之下，將書架椅桌，改造成箱，冒險於彈雨之下，努力搶救，除善本圖書一一三六八冊，各省地志一三二七九冊，全套雜誌一〇六一冊，碑帖三萬張，醫學院圖書廿七箱，共一九九箱，事前移存於九龍外，臨時復遷出二一一箱，計圖書五三八四七冊，隨校西遷，其餘不及遷運者，凡廿餘萬冊，卅載積聚，淪於敵手，文獻互厄，悲痛曷極。廿七年十月二十日，倉惶出走，至十一月十六日，全部圖書，始運抵羅定，復遷羅鏡，擇定城隍廟爲館址，佈置修葺各事略已就緒，即行開放，當時桌椅書架，均未置備，乃以原有書箱，叠作書架椅桌，妥爲佈置，三數日間，參觀人數約有三千餘人。嗣因時局關係，又奉命遷滇，於十一月廿九日起，至翌年五月十五日全部圖書，抵達澂江。

自遷澂後，以本校學術研究風氣之濃厚，澂江環境之需要，現存圖書，實不敷用，圖書雜誌急待補充，凡國內出版新書，儘量採購，並向國內外學術團體及出版機關，通函徵求。本擬建築臨時館舍，以經濟無着，不得不另行設法，暫借民房及公共建築爲館舍，分設閱覽室四所，總務室一所，各室自成一小圖書館。所有館內書架桌椅，及館址四周之清潔刈草，與道路溝渠之修築，均自行工作，本館同人，亦以在此非常時期，應接受非常任命，親操斧鑿於烈日之下，胼手胝足，從事工作，經月餘之苦幹，始克就緒。各室佈置力求雅潔，他鄉遊子，視爲第二家庭。在澂江經年餘徵集之努力，藏書增加一萬餘冊。編目整理，亦告就緒；借書及閱覽人數，均較在石牌時大爲增加。方擬生活粗定，重復舊觀。而二十九年四五月，校中復有遷校運動，至七月十六日奉命遷回粵北，館中書物至夥，登記編號手續亦繁，計總館三四四箱，分館四三三箱，於八月廿九日首批運出澂江。

本館以往組織，除總館外，各學院另設分館，但在行政上不相統屬，管理方法，亦不一致 數年來各院人事，變動頻仍，圖書之保管，難免散失，全館行政，不能集中，尤爲窒礙！自遷坪後，乃改善各館組織

【9】

，總館之下，設主任室、總務室、剪報室、參攷室、民衆閱覽室及各學院分館，分爲十三單位，而行政管理，則集中一致，總分館間，不致有所隔閡。十年來本館之改進，當以此點最爲彰著。此次遷校，由校設遷校委員會辦理。二年來僅運回全部圖書二分之一。在坪兩年以來，計新增圖書二〇一九一册，連同由澂運到者現存圖書七二八五九册。至本校移存香港之圖書二五七〇八册，另碑帖三萬張，均爲希世珍品，曾經數次呼籲，呈請運回內地，勸以經濟困難，一再延誤，至香港淪陷，遂遭不測，至今追悔莫及。

本館自經喪亂，所有善本志書，盡遭災刧；而現存之大套叢書，於卅年冬又幾遭火警，不得已亡羊補牢，未雨綢繆，特另闢參攷室，將重要圖書，移存其中。並搜羅各種辭典，近代名人集，及邊疆問題等書，另起爐灶，容求充實。又以本校爲紀念 國父之最高學府，對于三民主義及革命圖籍，自當廣爲搜羅。民十六年作者在校時，曾有革命文庫之設立，藏書凡一千餘册，其後管理乏人，連年散佚，迨至本年，乃搜集燼餘，僅得百有餘種，後經多方搜羅，現已增至五三五種，特設中山文庫以爲永世珍藏。連年呵護文獻，心力俱疲，而歷受經濟行政之阻撓，尤爲特甚。

本館藏書，雖經直接間接之損失，但借閱人數，並不因之減少，反因需要而增加。在石牌時全年閱覽人數九一九六六人，借出圖書，四三一二六册。來坪後，閱覽人數，竟增至二二九五一三人，借出圖書五四二三六册，可見近年本校員生讀書空氣之濃厚，對于圖書館之需要。本館以少數圖書，少數人員，爲多數之讀者服務，其艱苦困難，不言可喻。而近來書價飛漲，讀者增多，圖書費則未能多量增加，欲求充實，力有未逮。本館在此惡劣環境中，對于一般求智荒之青年，無不竭盡棉力，爲衆服務。倘於授課之外，閱讀圖書，於德業上多一分進益，爲國家民族多盡一分力，本館同人，將引爲無上快慰。茲值校慶之期，特發起徵書運動，向本校校友員生及各界人士徵募圖書，以求充實。深望讀者諸公，惠贈圖書，紀念校慶，本館當視爲隆重之禮物，永久保存，集腋成裘，公諸同好，諒爲讀者所許也。

文科研究所十六年來之回顧與前瞻

楊成志

研究院文科研究所爲本大學誕生中最具歷史意義之唯一研究機關，其過去之學術使命與將來之研究進程，值此校慶大典，或堪作同仁與同學之認識，謹本事實，爰擇要點，略爲介紹如次：

【一】沿革：憶民國十六年本校戴朱兩前校長因提倡中國語言文學，歷史考古民俗諸科學之研究及整理，特設立語言歷史研究所主持其事。當時所中分設語言、歷史、考古、民俗四學會爲分門與集體之研究，並購置大批圖籍、古器物、徵集檔案，調查西南民族，開設民俗學講習班及注重刊物與叢書之出版，因而善本書庫，古物陳列室，石刻佛像陳列處，檔案室，風俗品物陳列室等，一兩年而次第成立。此基礎之建立時代，其影響本校研究學風之發揚甚大也。迨至廿年一月該所改名爲文科研究所，經四年之保守時間，可足述者爲繼續出刊物數種與招收研究生。廿四年夏研究院奉部令正式成立，鄒前校長兼研究院長復將文史研究所改爲文科研究所，設中國語言學部【內分言語，文學，古籍校訂三組】，歷史學部【內分考古，檔案，民俗三組】，招考大學畢業生爲研究生，仍以出版語言，文學，歷史，民俗三專刊及繼續調查粵北、海南島、雲南、廣西、貴州各地傜、黎、苗、儸夷、羅羅、侗僮等邊疆民族與語言爲最出色。自廿九年起至今，爲繼續研究上傳統精神，在原有兩學部分作語言、文學、歷史、人類四學組，再編課程招收分組研究生作專門研究。此十六年來之簡括進程也。

【二】設備：文所原有庋藏之一切圖書標本，頗稱豐富，計：1.書庫有圖籍共十三萬册，內多元明手抄善本，暨全國雜得碑帖三萬餘種。至廿年始移歸本校圖書館保管。2.古物陳列室，石刻佛像陳列處，有我國各朝代各類古器物，古器物模型，石造像，石刻、銅器、陶器、骨甲文，書畫及廣州出土陶磚器物等大小凡一千二百六十件。3.檔室有廣東省府之民財敎廳歷年檔案凡五萬餘份。4.風俗品物陳列室，有裝飾品、用具、家具、迷信用品、玩具、賭具、神物，民間通俗讀物，及西南各省苗專用品、經典、相片等大小凡萬件，此種研究物證，在語言歷史研究所時代，曾用去幾多金錢，時間及人力始能得到。奈何初經民國廿七年廣州失陷，再遭卅年香港淪亡之兩次巨刼，全數喪清，最可浩歎！然幸此三四年來，由各地民族考察、民俗品徵集與海豐新石器時代石陶器將萬件之收羅，頗足資風俗品物與古物兩陳列室之恢復基礎。至自前

校慶紀念日感言

——回顧與前瞻——

陳宗南

吾校乃　國父手創，歷史悠長，地位特高，以往人材輩出不可勝數，誠南中國之唯一最高學府也。

抗戰以來，因受戰事影响，數度播遷，其中設備，損失殊鉅，故對於教學方面，常感圖書儀器之缺乏，然每次遷移，必須從新策劃，有如另行創造，同人過去之努力，可謂辛勞至極。

晚近，由潵江遷此，倐經兩載，數年奔波，始得喘息，吾人積極建校，此其時矣。

國家在抗戰期中，事事無不感覺困難，尤以重新建設，更屬非易，雖然，吾人切勿因環境種種困難，而稍有畏縮，應效國父革命之精神，不屈不撓，勇往邁進，改革不良之習慣，培養純正之學風，務求恢復吾校之舊觀，更從而發揚光大之，庶毋負　國父創立吾校之初衷也，吾校同人，共勉之。

年以來關于語言、文字、歷史人類學圖書繼續之購置亦稍可應付目前貧乏之參考上之需要。總之，失之東隅，收之桑榆，此爲文所懷抱素旨而願使其實現者。

【三】出版物：文所歷年出版之刊物與叢書，頗具數量，不特居本校各院所第一位，且在本國今日學術貢獻上亦占相當地位。計刊物有【1】語言歷史研究所週刊【一三二期】【2】民間文藝【十三期】【3】民俗週刊【一二三期】，【4】文史研究所輯刊【三期】，【5】文史學月刊【三卷二期】，【6】文史雜刊【二期】，【7】歷史專刊【第二卷一期】，【8】語言文學專刊【四期】【9】民俗專刊【四期】及現擬出版之「文科研究所集刊」共十種。叢書方面計民俗學會叢書有印歐民間故事型式表【楊成志鍾敬文】，民間故事叢話，【趙景深】，民俗學問題格【楊成志】，初民心理【崔載陽】，福建三神考，【魏應麒】，迷信與傳說【容肇祖】，孟姜女故事研究共三冊【顧頡剛】，湖南唱本提要【姚逸之】，楚詞中之神話及傳說【鍾敬文】，台灣情歌集【謝雲聲】，廣州兒歌集【劉萬章】閩歌甲集【謝雲聲】，狼獞情歌【劉乾初，鍾敬文】，吳歌乙集【王翼之】，紹興歌謠【婁子匡】，淮安歌謠【葉德均】，福州歌謠甲集，【魏應麒】，梅縣童歌唱，【張乾昌】，孩子們的歌聲【黃詔年】，開封歌謠集【白壽彝】，台山歌謠集【陳元柱】，情歌唱答【丘峻】，海龍王的女兒【張清水】，廣州民間故事【劉萬章】，紹興故事【婁子匡，陳德長】，泉州民間傳說【吳藻汀】，揚州的傳說【蕭漢】，祝英台故事集【錢南揚】，謎史【錢南揚】，廣州謎說【劉萬章】河南謎語【白啓明】，甯波謎語【王鞠侯】，蘇粵的婚喪【顧頡剛，劉萬章】，蘇州風俗【周振鶴】妙峯山【顧頡剛】，妙峯山瑣記【奉寬】共三十六種。民俗專號有【1】歌謠【兩集】【2】祝英台故事二集【3】傳說【4】故事二集【5】王昭君一集【6】山海經研究一集【7】謎語一集，【8】神的專號三集【9】檳榔一集【10】中秋一集【11】舊曆新年一集共十一種。民族研究及報告有【1】雲南民族調査報告【楊成志】【2】西南民族研究專刊【3】傜山調査專號【4】廣東民號概論專號【5】蛋戶專號【6】廣東北江傜人調査報告【7】雲南羅羅族的巫師及其經典【楊成志】，【8】乳源傜人調査報告共八種：歷史學叢書計有【1】莊史案輯論【2】敎會源流考及翻印本之【3】諸番志【4】荷牐叢談，【5】星槎勝覽等五種。考古學叢書有甲骨文例，文學叢書木棉集等及其他關於語言，聲韻，文字，文學專號尚有多種，恕不另錄。此外歷屆畢業生碩士論文，計有「中國中古經濟史研究」【陳國治】，「兩漢西域志」【潘時】，「清代

廣東文學概論」「黃簗務」、「廣州方言」「李義雲」，以上第一屆。「雲南擺夷研究」「江應樑」，「海南島黎人研究」「王興瑞」，以上第二屆。「昆明非漢語研究」「黃達樞」，「唐代小說中所表現的婦女問題」「王慶菽」，「中國總稅務司史研究」「區宗華」，以上第四屆。「兩宋詩話研究」「徐中玉」，「蘇東坡評傳」「李佳世」，「佛典繙譯文學研究」「羅時憲」，「中國古代巫術—宗教的起源及其發展」「梁釗韜」，「南洋華僑革命史」「黃福鑾」，以上第五屆。「宋代鹽鈔制度研究」「戴裔煊」，第六屆，以上雖多未出版，亦足表示文所學術研究之趨向也。

【四】人員：因作者自十六年語言歷史研究所成立時即入本所服務至今【除其中曾由校遣派至歐四年】，頗知與本所發生關係之一切人物，計歷屆主任有傅斯年【十六至十七年】顧頡剛【十八年】商承祚【十九年】，劉奇峯【二十至廿一年】，朱希祖【廿一至廿三年】，陳鼎忠【廿三至廿四年】，吳康【廿四年九月至廿八年七月】，謝扶雅【廿八年九月至廿九年六月】，楊成志【廿九年八月至現在】，語言文學部主任曾運乾，龍沐勛，李笠等，歷史學部主任朱謙之，曾任兼任教授有：羅常培，丁山，何思敬，董作賓，聞宥，徐信符，石光瑛，史祿國，吳宗慈，姚寶猷，蕭鳴籟，岑麒祥，陸侃如，馮沅君，羅香林，陳安仁，容肇祖，鍾敬文，張世祿，穆木天，胡體乾，黃延毓等，及曾任校外碩士學位考試委員或名譽導師者有岑仲勉，李芳桂，黃文山，陳垣，高本漢，馬衡，謝英伯，趙元任，張星烺，鄭師許，溫廷敬，陳序經，吳三立，冒廣生，伍銳麟，陶孟和，聞一多，謝康，楊壽昌，陳受頤等：以上均係中外學術專家，贊助本所發展頗大，亦値得介紹也。

【五】今後研究目標：文所兩學部現既分語言，文字，歷史，人類四組，則每組既定之研究目標，似亦應順便提及。茲概言之：語言學組以進行西南各省方言調查，考據各時代聲韻文字，並編譯語文著述爲旨趣。文學組以整理中國文學史料，校勘，標點及翻譯古今文學名著並探討文學原理爲依歸。歷史學組注重關于革命，華僑，經濟思想諸史料之徵集與整理，並收羅西南各省、府、縣志書及官廳檔案，以推進新史觀及地方誌研究爲目標。人類學組仍繼續進行西南各省邊疆民族調查，並調查古蹟、古物、之採訪與發掘，民間口傳資料及民俗品物之採集並編印關于人類、民族、民俗考古諸科專著爲職志，此係分組進行之綱要，至專任教授之多方延聘，圖書標本蠹並之收羅，與刊物叢書之繼續刊行此均係文所正在努力推進之工作也。

總合上述數端，文所之過去與現在固可明其端緒，然本校既爲紀念總理之西南最高學府，故文所今後大計，不特仍擬本科學精神以探討學術，同時在三民主義文化發揚上亦當盡職責上之貢獻。惟此種志願與目的，文所同人固當盡力以副，尤望對吾人工作發生興趣之各界大雅賞予匡助使其實現，是則作者所馨香禱祝者也。

慶吾校慶

張巨伯

當此舉世烽煙之際，「雙十」國慶甫經歡祝；而「雙十一」校慶又接踵至矣。屈指五載以來：全校俱在顛連狀態；撫時觸事，雖似無可慶，然揆之過去，衡以將來，則大有可慶而當慶者在。茲敬申吾以爲可慶而當慶之意以慶之：

溯吾校自創立迄今，瞬屆二十週年。此二十週年之歲月，自無終極之宇宙觀之，渺乎其少。而自樹人樹木之歷程言，則春風時雨，沾溉已多：昔孩提者，今成年矣；昔穉苗者，今成蔭矣。可慶者一！

吾校創立之初，僅有文理法農四科，越一年而增醫科，越七年而增工科，越十一年而增研究院，越十四年而增師範學院。及今綜計：爲學院者七，爲研究所者四，規模漸大，人力物力之設備亦漸完善。譬之樹木，昔僅粗具根荄者，今已發育完成，枝葉菱蓉矣。可慶者二！

吾校起初係併廣東高等師範、廣東法科大學、廣東農業專門學校三校而成。創立伊始，學生無幾，且僅粵籍者多，今則縱橫二十八省，莫不負笈擔簦而來。據本學期統計，全校在學人數，幾達四千人，已畢業者凡十六屆，亦人逾數千。譬之樹木，昔僅亭亭玉立者；今已孳生繁衍，纍纍結子矣。可慶者三！

吾校初址，分設廣州文明路、百子路、石馬崗等處，繼則喬遷石牌崇樓廣廈，宏開蔭蔽之門；綠水青山，遍被絃歌之澤。雖蘆溝一變，倉猝徙居；而絃歌不輟，冠帶依然。此蓋宗匠洪鑪，自有眞金烈火者在也。譬之樹木，初而育苗，繼而定植，培壅功深，則根苗自固；春華秋實，不因疾風甚雨而稍抑其生機矣　可慶者四！

吾校頻年避地，忽而瀛東，忽而粵北，征途之苦，山居之困，精神物質之打擊，在在皆予吾人以難堪！然而吾人不自餒，吾人深信有一光榮燦爛之將來橫于目前，譬之樹木，耐得歲寒，則春回大地，終必欣欣向榮矣。可慶者五！

抑尤有言者：吾國者，　國父之所手創者也；三民主義者，　國父之所手創而親在吾校宣講者也；吾校者，亦　國父之所手創，而親自規其始而睹其成者也。可見吾校與吾主義吾國吾　國父蓋有密切之不可分性在，亦可見吾校將隨吾主義吾國及吾　國父之精神永存於天壤，永發揚於人間！故際此吾校誕生十九週年紀念日，吾更不能不歡欣鼓舞，以慶吾之可慶而當慶之校慶日也。

校慶紀念感言

林亮東

今日為本校成立第十八週年紀念日，竊思本校溯源於國立廣東大學，而國立廣大之組成，乃由　國父孫中山先生所躬親擘劃，蓋當民國十三年一月　國父在廣州國立廣東高等師範學校舉行中國國民黨第一次全國代表大會，會後，以為推進革命工作，必須創立革命教育基礎；乃於是年二月命國立廣東高師校長鄒魯先生將該校與廣東公立法科大學，廣東公立農業專門學校，合併改組為國立廣東大學，在是年十一月十一日舉行成立大學典禮，遂以此日為本校成立紀念日，繼在　國父逝世【民十三年十一月十二日】後，本校為景仰儀型，創校宏旨，俾垂永久紀念起見，由鄒校長呈請　中央黨部暨　國民政府，將本校改稱為國立中山大學，遂於民民十五年七月奉　命改定今名，此段校史，已見載於本校教職員手冊及學生手冊中是人人可得而知也；然而作者有所感而欲言者：

一、本校之創立的，在當日之偉大目的，為推進革命工作，必須創立革命教育基礎，憶昔　國父在國立廣東高師講授三民主義時，亦曾特別加意訓示兩旁肅坐恭聽之黃埔軍校學生及高師、法大、農專等校之學生，以革命工作之重任，期許於當時兩班文武學生，以武學生負責掃除革命障礙，以文學生負責革命建設，在今日回想過去，文學生能遵照當日　國父之期許而造成革命建設之功績，遠遜於武學生所造成之武績，此是無可諱言者，然則吾背身為中山大學學生，應如何急起直追，努力為國家謀建設，方不負　國父之期許？

二、本校稱為中山大學，在外人觀之，縱不知為創立革命教育基礎而設，亦當可想見為紀念　國父中山先生而命名，以一所紀念　國父之學府，其所出之學生，倘不能繼承　國父之遺志，以實學實幹，而切實負起國家之使命，是將何以見重於國人？尤其在學者，更當體念此旨，將不愧為出自中山大學之門，竊以為革命教育之基礎，不僅在學術方面力求充實，應有如胡敬齋先生之白鹿洞學規有言：一

【一】正趨向以立志，古云志在聖賢則為聖賢，本校乃紀念　國父，以養成為國効力之人才為鵠的，故在學者須先正趨向，以立志為國而求學，庶幾將可由是而適進。

【二】博窮事理以盡致知之方，孔子云：致知在格物，故格物當博窮其理，否則徒得一知半解，將何以施之實用？在學時期，誠不容易苟且也。

【三】審察幾微以為應事之要，既正向學之志，並知博窮事理以致知儲能，然若不知審察幾微以應事，則將於實施所學之時，或平日一言一行，仍恐有未得其當之弊，古云：見微知至，乃應事所當知者，且幾微之間，善惡存焉，若不加審察，或應事時草率孟浪，則鮮有不貽誤者，凡事當先謹察，精辨孰當為者而為之，自無不適矣。

【四】克治力行以盡成事之道，有志有才，並知應事之方，然不克治力行，於事終無有成也，故往者　國父之期許，而吾人未能克就厥功，是或未力行之過，今後當知所勉矣。

上舉四點，謹就胡敬齋先生之言而略述之，其尤有進者；紀念校慶，則紀念創立本校之　國父；紀念　國父，即當效法　國父，國父常言：天下為公；此語出自禮運篇：大道之行也，天下為公，古人雖言而未行，　國父已身體力行之矣，凡人處世，若無大公無我之心，則其所行，鮮有不流於私慾者；斯則縱有所成，亦多為個人謀福利耳，以此求證於現社會中人，誠不勝指數之夥，中大學生，豈可有此私慾，應知所奮勵，思有以秉承　國父大公為國之遺志，將以建設良好之國家社會乎？茲以校慶紀念，有所感觸於中，謹貢所懷，用資共勉。

【13】

用甚麼來紀念校慶

劉顯琳

十一月的陽照以柔纖的線條照耀在粵北的坪石，四千多優秀的青年兒女，興高彩烈地在歌頌着我們母校的誕生。這是一個最高興的日子！

我們學校在戰爭的暴風雨中，從廣州撤退出來，從石牌到羅定，從羅定到澂江，從澂江又爬過了無數的崇山，投回到革命策源地——廣東的懷抱。今天我們已經在綠油油的武江之濱，度過了二年多寧靜的讀書生活。

我們覺得高興，因爲 國父手創的大學，還能在革命的抗戰進程中，雄昂地站立着。中大同學已經在前方後方盡了他們不少的努力。

國父在陳烱明叛變之後，覺得必須培植黨的革命幹部，而後達到革命的成功。於是黃埔軍校和中大，先後創立。年青的黃埔學生軍，於是攻下了惠州城，揭開了北伐成功的序幕。記得當時黃埔學生軍足踪所至，簞食壺漿，革命的空氣，由黃埔生而彌漫全國。黃埔學生今日已經在中國的革命中起了領導的作用了。

那麼，作爲革命政治幹部訓練機構的中大，今日怎樣呢？我們覺得慚愧得很。中大所貢獻於國民革命的，不是沒有，而是太微薄了！中大應該成爲革命政治的前鋒。 國父三民主義政治的成功，應該由中大學生去完成，如果我們做不到，那就是我們的「失職」。在校慶日的今天，還是值得我們深自反省的。

我們針對着母校的實情，簡要的指出當前的需要，那便是：

第一、加强學校的行政機構，化散漫複雜的現象，爲嚴謹統一的姿態；

第二、盡量充實圖書，并改善教職員學生待遇，以安定「教」與「學」的生活；

第三、展開三民主義的攻讀運動，加强區黨部的組織與開展青年團的活動。

我們這是當前迫切的要求。我們以爲這些改革與進步，當然要學校當局，急起努力，同時更非全校同學的共同努力不爲功。因此，讓我們從積極性的創造性的方向，建立順天應人所向莫敵的「急行軍」，我們即以此來紀念今年的校慶！

我的大學

吳嵐

——贈給散處在各地的校友——

從珠海到天南，
從平原到山地，
一樣忠貞地我們跟隨你，
一樣明朗地我們感到你的光輝，
大學，呵！我的大學。

輝煌的華厦或簡陋的松屋，
錯落的學院與卑微的山村，
在那裡我們曾經戀愛，工作，
在那裡我們迷醉于書籍和友誼，
大學，呵！我的大學。

曾在你的血林間我們認識科學文藝，
曾在你的光影中我們度過純潔的青春，
如何永恒的是那些理想的安慰，
如何不滅的是人類精神的芬芳，
大學，呵！我的大學。

無數的花朶繁佈大地，
而今我們一一分散于世界的角落，
雖辛痛與卑屈不止一次臨顧生命，
我們永年晋爲了你撫慰的，聖潔的記憶，
大學，呵！我的大學。

一九四二、十一、七晚、坪石●

【14】

在抗建期中的一段插話

——中國抗戰的武器——

例子是這麼多罷，志仔，够了，
你些個圖解已把跟醫畫像描抹得淋漓盡致，唯妙唯肖，
Eh？這只限于我倆的怪有趣的鄉下生活？那些圖解是這麼多？
可是，我倆還在澳門過活了些時？這也有些例子值得張羅？
哈哈澳門，果然五花八門，志仔！牠真可愛，
雖然我幾乎忘記了牠的存在。
我倆在這兒患難相厮守，
也是在這兒最後分手，
牠當然值得我們紀念，綣戀，神遊，
不過牠跟眼醫有什麼關係？
如今我想不起了，志仔，你快給我一提，
什麼？昌興？啊哈我知道，
昌興碼頭，關于牠如今我又來嘮叨。
二舅公——是的，志仔，我們得飲水思源，
二舅公給我們敞開一個新紀元，

我們得有今日，
儘是拜他之賜，食他的恩典，
沐浴，浸淫于他的汪洋萬海，
飲飽了他賦貽我們的生命之泉，
那是廣州剛才淪陷的時候罷，
阿婆，阿姑，和我連忙逃返鄉下，
我們最後一次全家集中在台山白沙，
這當然是個小墟和一些農村，
給擁抱在幾個大市鎮的中心，
那是百合，赤坎，三埠台城，陽春，

可也是一些射靶演習的玩意哩！
靶心的外圍那幾圈大紅，
就讓你百發百中，
你也不算怎樣了不起，
你一心一意在射靶心，
在占有那一針尖兒的，白白的處女地，
如今敵機，就是這樣在演習打靶，
一連三次只是光顧白沙，
拜領了牠一身肉漿的可有幾百個，
牠賜給我們台山的最慘的大轟炸，
就是這個，志仔——
這一陣陣的罡風就拂動了二舅公他的婆心的絃，
牠震顫得那麼柔苒可愛，却因牠專爲柔苒可愛的東西而震顫，
牠專爲你們幾個小孩擔憂，掛牽，
牠三番四次向我們獻出妖嬈動聽的變彈，
三番四次向我們播送苦海慈航的福音，
邀請我們闔家上澳門去避難，
如同一個黑夜打颶風，
海洋上面的船隻正在顛簸，打滾，像醉酒，像發瘋，
遠遠地馬上吹來一陣陣激越爽脆的驚聲，
這就安定了好些搭客們的驚魂，鬆爽了好些他們極度緊張的神經，
這還把船隻播引到一個清幽，閒適的角落，
給搭客們養神，舞蹈，作樂。
可是我在澳門住了不多幾時，
我又感到……不，似乎是你——
你又感到我再度沉在憂鬱病裡。
因此你就逗我到河邊去散步，消閒，
我們一出街口，
也就踏上昌興碼頭，
但我還不領會怎麼牠跟眼醫有關？

Eh？什麼，志仔？那時昌興是什麼樣的一個碼頭？
呵！牠是一個——澳門的象牙，
是那麼骨子，堅實，善貫，清雅，
突出在一個龐大粗俗物的門口，
Eh？不？這不是你的意思？你要知道那時牠還在進行中的工程？
啊，我明白了，志仔，讓我想想，那時好似牠的建築還沒有落成，
還沒準備給船隻在那兒泊碇。
對了麼？好，志仔，Eh？你又問結果是怎樣？
牠于我們遊覽有什麼影響？
那很容易想像得出，志仔，你在碼頭憑眺遣興，
你一眼就收攬了一個迷離生動的水景，
Eh？對了？拆謎是我的拿手好戲，志仔，嘻嘻嘻。
什麼？我該明白了你的用意？
什麼用意……啊，我曉得！這個水景，
這個還沒有落成的昌興：
你特地邀我上這個碼頭去，
為的是要給我些解愁的資料，排悶的妙趣，
為的是要我沒遮沒攔地瀏覽水景，收攬歡娛。
真的，志仔，你給我揭開一個新眼界，一個袖裡乾坤：
因為那是一個裏港，那麼靜穆，清幽，卻是那麼商業紛綸。
你看這一抹波平如鏡，如同沉在睡夢中；
你看這閃銀閃金，這銀夢金夢，
咀味下這永遠咀味不了的船隻：
這樣星星點點，閃閃灼灼，
划子，舢板，紫洞艇，小蒸汽，
像在化汽而登仙的大洋輪，
像往海底撈月的淘沙機。
一隻隻碰在穿插，碰撞，喧嚷，顛簸，
景象卻是這樣閒適，瀟灑，晴和，爽朗，
樣子就像你們小孩的心田：

【15】

裏頭儘管反映着世間一切的繁華，熱鬧，離奇，幻變，
牠卻永遠保持着牠的內在本色，特性：
是那麼悠閒，快樂，風平，浪靜，
不管你大海風波怎樣瘋狂，怎樣變動，
呵呵！好個袖裡！好個乾坤！
不過袖裡雖窄，卻能容乾，也能容坤：
牠既然能容我和我的心，當然也能容我的心的憂：悲憤，
她住在我的心的中心，她的閨闥。
「嘻嘻嘻，」你笑什……………Eh？怎麼不可意思，志仔？笑話，
你笑散我滿天………Eh？你曉得我這些話？
你可憐我？Eh？那總是廣州的淪陷作祟？
一枝火箭刺透了我的心？燒，燒，燒，不對月，不計歲？
Eh？這個水景？這一點點的水？
牠怎麼可以灌熄了我這個憤火？
牠卻是火上添油？
Eh？為的是：這個水景，這般雲屯百貨，
倒活生生地叫我窺見了淪陷的廣州？
是的，志仔，你的努力失敗了，你的好意不及格：
你這服解悶藥只悶煞得我眼白白。
Eh？你不灰心？卻加緊努力？解救別絲說我愁海。
好，志仔，你的自信心很不弱。
Eh？下一次你投什麼藥？
讓我想想，志仔，你突然向水面
伸出一根嬌嫩可愛的小指，
如同一根白嫩的，嬌弒的春筍露在水際出現，
如同這出現在給我帶來春，
如同我的春正在滋筍，
眼睛順着手指急溜，
我瞥見了一個藍衫藍帽，全付海軍裝束的水手，
獨駛了一隻在卜卜卜着發動機的艇子

【16】

脫繮之馬似的打水面飛渡。
「好看好看，公公，瞧下這位詼諧家，
這個幽默大王」。「那個幽默大王，志仔？」
「看看那兒，這條石灣魚不是嗎？
你看牠在玩什麽把戲？
魚脊巳經整個給劏去了，
劏穿了的魚泡正在卜卜地吹汽。
牠還拖着屍戶，這個傻瓜，
拚命打水波上爬。」
我承受你的好意，志仔，不過這也沒有什麽影響罷，
Eh？不？你的努力並沒白費？
我微微笑了一笑？Eh？「這還不是一些功効嗎？
雖然陽光一閃，黑雲就又合上一大堆。」
好，志仔。下文是怎樣？「Eh？想想我在
喫甘蔗，由蔗尾一直喫來，
你就知道我的下文了，我叫你數數
撒開在水面那些星星點點的划子，
我說：阿姑告訴我這不是葡萄鬼子的，對不對？
牠們是撒開在海洋上面的英國艦隊，
你于是開口說話了，也許是下意識地罷：
牠們有點像，你要把牠們無限制地縮小的話，
幽靈似的驟然掠過遊樂快艇的一葉，
掛着白帆，如同一個大白蝴蝶，
我說這是法國的幽靈式的躍薬飛機。
這時你不做說話，並且帶點尖酸味兒哩：
你說這恰合他們身份：輕佻，淺薄，小器，
嗚嗚嗚嗚！一隻大洋輪的藍紅白烟囱，
粗如美洲嘉省的古松，
驀地噴出一道水蒸汽：白，長，濃，
跟着是一陣噓嘯，拖長到三兩分鐘。
我說這是德國在發動閃擊戰：她在放遠程大砲。
你的解答是一些刻薄的話頭：
德國人是慣于這樣吹牛，
這時打港口那兒一隻大海漁船在蹣跚，在遲疑，
船面掛滿了幾十張蓆𥚃。
我說美國的航空母艦扶着拐杖，
慢慢地似乎在想進場。
你頓時興奮起來，稱讚我這句話說得好，
問我在那兒見過這麽樣的東西，
我說在良友畫報，
末了，我叫你注意
遠遠地停泊在港灣上面的淘沙機，
機面紆徐地傾斜着一大串的掬沙斗，
閃着晃晶晶的漆光，擺出一付雄奇浩蕩的風貌，
我說蘇俄的坦克車羣在出動，
不久就把世界躋升大同。
似乎你自已的胃脾
已經傳染了我的好玩的，拉雜亂扯的孩子氣：
因然你馬上問我這些武器比賽，
那一國的是最精良，最猛烈，最犀利……
…………………………」
讓我來歸，志仔，當時我聽了你下面的解答。
覺得這最後一劑于我的癥結是針對，恰合，
霎時間，沉痾廓清，
所以如今我驀地記起來你這幾句話，如此深刻，精警。
不過，志仔，你像替詩人辯護，捧場，
給我撩脚，想要推翻了我的最得意的主張
因爲你這個說法似乎不是膕解眼翳，
倒像給我撑起整天在打盹的眼皮，
給我瞄西洋鏡，給我瞄瞄人生深意。

言歸正傳，你答我說道：
中國的武器是最精良，最猛烈，最犀利，
我大吃一驚，給你糾正錯誤：
我說剛才你只在閒談英、法、德、美、蘇、
你的比較並沒有涉及中國的武器，
你哈哈大笑，大聲向我還擊：
「剛才我講那些是假的，現在我講這些是眞的，」
我說可是中國也沒製出許多眞的坦克車，眞的航空母艦，眞的飛機，
你馬上給我駁斥：啞，你眞胡混——，
什麼坦克車？什麼航空母艦？什麼飛機幾萬架？
是的，這些武器全是假，
眞的武器只有我們的　蔣介石、李宗仁、薛岳將軍，
我于是緊緊摟住你，瘋狂地吻你的嘴，
把你提上膝頭跳舞，在狂喜、在陶醉。
我的黑雲化雨了，出虹了，終于雨過天青，
我揮淚，我大笑，心境頓時清明。

【這是敲門下冊的一段】

本校十八週年紀念獻詩

羅時憲

南學興歌誦　於今十八年
化行隨指顧　聲遠不徒然
人物集廊廟　兵烽催播遷
武江江活活　容我買歸船

白雲山高

恕子

——校慶致敬

這只是一種意境。

不久以前的那天黃昏，我扶着車箱間的欄干，一邊兒朝着那聳立在站前的巨石，揚巾示別。

就這麼纏纏綿綿地離開了母校，流水、松林、和詩意的山道，將跟着時日的消逝而漸漸沖淡我對它們的惦念。

從此，是開始走上了一段漫長而又陌生的旅程。

在漫長而陌生的旅程上，我輕輕歌唱着往昔的歡愉，讓絲絲四年的記憶，來慰藉自家的寂寞吧！

——白雲山高，珠江水長！……

這可不是流行的爵士，也不是抒情的小夜曲，——你能否體會到一種可以寄託感情的音樂所賜予的意境呢？

而今天，像是被召喚的兵，懷着欣幸和微乏的心情，我回來了。

深夜，車站前的巨石，巍然地在迎我，而黎明時的遠近雞啼，更爲我帶來了一片熟稔的景物。

已親切地重逢了我each念着的土地，野花朶朶，開遍在沿路的林前、樹後，和歸人的心里。

行軍似地跑着：我渡過淺水，我穿過山徑，在那巔立的高峯上，我看見了那平靜的古堡，還是一樣地安詳和綺麗。

雖說已經深秋，而亞熱帶的季候，仍是吹散着夏天的薰風，走過小街，一片白堊色的禮堂的粉壁，映入眼簾，是剛想要快步地跑上前去熱情地跟它擁抱的那一刹那：

——白雲山高，珠江水長……

我突然地停留下來，喘着氣，嚴肅地朝着崇高的母校門牆，立正致敬！

十一月五日，梁源燦。

由高師前身至本校今日經過概畧

周鼎培

溯自晚清時內外侮頻侵，有識之士，對時政大肆譏評，當道以局勢日非，擬推行新政，乃廢除科舉制度，設立學校教育；在廣東省之有學校教育，實原於清光緒三十一年六月兩廣速成師範館之創立，館址爲廣東省貢院，繼辦初級師範簡易科，旋改兩廣師範學堂；翌年改爲兩廣優級師範學堂，將該貢院建築新校舍，即日後國立廣東高等師範學校之校舍也；其時王舟瑤先生爲監督，分設文學、史輿、數理化、博物四科，四年畢業；並附設體育專科、及附屬小學；越兩年，附小停辦；宣統元年七月，重設附小；翌年七月，設附屬中學；又翌年正月，設附屬初級師範；迨辛亥之役，革命告成，建立中華民國，民國元年改爲國立廣東高等師範學校，分設文史、英語、數理化、博物四部及附屬學校，其時王監督去任，由黃錫銓先生繼任，改監督名稱爲校長；七月黃校長去任，唐萱先生繼任，十二月唐校長去任，金曾澄先生繼任校長，其時國是初定，爲造就國內人才，俾作社會基幹起見，關於師範教育，甚爲重要；中央對此，倍加注意，高師學生，均以公費待遇，嚴格考取品學優良青年，以養成良好學風，爲社會表率，金校長就任後，廣聘專才，充實設備，敦品勵學，樹厥嘉模，莘莘濟濟，學能尊師重道，播譽社會，蔚爲美談，民國二年八月，金校長去任，廖道傳繼之，民國三年八月，增設圖工專科，翌年一月，改爲圖工樂體專科；民國六年九月，廖校長去任，金校長重任，繼續往日教育主旨，廉潔奉公，以身作則，兀兀孜孜，誨人不倦，衆士皆頌矩度，力爲篤行，尤爲世所稱道；民國十年八月，增設社會科學部；惟是時校款極度支絀，幸校內同人，節儉成風，刻苦耐勞，處之泰然；至十一年以後，經費困乏更甚，高師生係由校供膳，幾不能支持，第金校長熱心愛護青年，迭傾家資，爲諸生供給膳食之費，在校款最急需時，曾將產業向銀行抵押借款應支，毀家護學，古道照人，豈易得哉；民國十二年秋間，金校長奉中央命會同國內各高師校長赴美考察，迄十二月去任，由鄒魯先生繼任；民國十三年一月，本黨總理　國父孫中山先生，在國立廣東高等師範學校禮堂，舉行本黨第一次全國代表大會，會後，即按期演講三民主義，闡揚本黨要旨，以爲推進革命工作，達到救國目的，必須創立革命教育基礎；是年二月，命鄒校長籌辦國立廣東大學，將國立廣東高等師範學校、廣東公立法科大學、廣東公立農業專門學校，合併組成，延聘鄧植儀、何春帆、梁龍、程天固，傅斯年諸先生爲國立廣東大學籌備委員會委員並聘何春帆先生兼任秘書；訂立規章，擴充設備，經營多月，始告就緒，乃於九月開學，十一月十一日舉行成立典禮；校內分設文、理、法、農四本科；文、理、法、農、工五預科，暨附屬師範、中學、小學；十四年七月，接收廣東公立醫科大學，以爲醫科，由是規模益大；惟在成立之時，正值國事蜩螗，戎馬倉皇之際　經費支絀，承　國父特准本校經費獨立，將九龍、拱北兩關匯費、鹽稅、田賦附加費、契稅帶徵費、筵席捐、士敏土廠餘利、舶來士敏土附加費等，均撥作本校經常費，共計年可得毫券壹百七十餘萬元，雖是時除廣州以外，均在軍閥手中，實收月得毫券七萬餘元；至十四年，則因財政部將上列各款，改由廣東省財政廳徵收，另撥本校經費每月毫券九萬元，是時中央政府，設在廣州，金校長係任教育委員會委員，兼大學院秘書長。

國立廣東大學，由上述各校組成，除各校前身，除國立廣東高等師範學校經略述梗況外，廣東公立法科大學，溯源於光緒三十一年廣東課吏館之成立，嗣改爲廣東法政學堂，以夏同和爲監督，民國元年，改稱爲廣東公立法政專門學校，十二年八月，乃改前稱，十三年九月，歸併廣東大學以爲法科；廣東公立農業專門學校，溯源於宣統元年廣東農林試驗場之成立，民國六年八月，改爲廣東公立農業專門學校，校長由農林試驗場場長黃邇庭先生兼任，民國九年六月黃校長去任，鄧植儀先生繼任校長，民國十年八月，增設林學科，至民國十三年十一月乃歸併廣東大學以爲農科；廣東公立醫科大學，溯源於宣統元年廣州名醫創立醫

【19】

校，由美人達保維主辦，民國四年，廣東省教育廳准予立案，稱廣東公立醫科專門學校，民國十三年，乃改前稱，十四年七月，歸併廣東大學以爲醫科，此其畧也。

至國立廣東大學內容：計文科分設中國文學、英國文學、史學、哲學，教育學五系，及高師之文史、英語、社會三部；理科分設數學、物理學、化學、生物學、地質學五系，及高師之數理化、博物二部；法科分設法律學、政治學、經濟學三系，及法政專門部；農科分設農藝學、林學、農藝化學三系，及農業專門部；醫科不分系，而附設第一第二醫院，及護士學校；預科分設文、理、法、農、醫五組；附屬師範、中學、小學，均依新學制辦理；各科設學長，預科及附校設主任，分別辦理教務；設秘書處，會計處，圖書館，分別辦理教務以外之各項事務；組織校務會議，以評議計劃重要校務，設工科籌備委員會，及法國里昂大學海外部，遣派留法學生，造就專門學術人才，俾資本校之用。

國父逝世後，本校同人，仰慕儀型，贊創校宏旨，俾昭垂永久起見，由鄒校長呈請中央黨部，及國民政府，將本校改稱國立中山大學；十四年春，鄒校長因公北上，九月陳公博任代校長，十五年三月，褚民誼任校長，七月奉 國民政府令，改稱本校爲國立中山大學；八月經亨頤任代校長，接收廣東公立工業專門學校以爲工業專門部；十月奉中央令改校長制爲委員制，以戴傳賢、顧孟餘、徐謙、丁維汾、朱家驊五先生爲委員，戴傳賢先生爲委員長，顧孟餘先生爲副委員長，組織委員會，主持校務，並爲積極改進校務，俾斷養成良美學風起見，由是年十月起停課半年，教員全部停止教務，遴選職員，辦理本校各務，竭力改革一切制度，俾利進行，而收良效；全部大學生，停止學籍，重新嚴密考試，達到相當成績，認爲合格時，方作正式生，准予註冊上課；否則除去學籍，雷厲風行，均能就範，遂於十六年二月正式開學上課，自是學生風習，日趨正軌，而研究學術興趣，日益濃厚，復分別考用職員，擇其賢能者，委以重任；又爲使全體教職員聯絡感情，切磋學問起見，組織教職員同德會，以爲集會之所；計十五年經費，爲每月毫劵拾式萬元；十六年六月，復校長制，以戴傳賢先生爲校長，朱家驊先生爲副校長；七月改稱國立第一中山大學，十七年二月，仍後舊稱；九月訂正規程，及各院學則，並改訂各學系名稱，設立評議會，按期集會，決定本校重要事項；十六七兩年經費，與十五年同，而於十八年十月起，每月經費增爲毫劵壹拾肆萬元；十九年十月，戴校長辭任，朱副校長繼任校長；二十年六月，朱校長辭任，許崇清先生繼任校長，增設社會學系於文學院，增設土木工程，與化學工程兩學系於理學院，改稱理工學院；廢止預科，設高中部；附中則改稱初中；又以石牌爲 國父指定作本校新址，遂於是年八月，開始建築農學院院舍，是年七月，本校經費，因添設土工化工兩系之故，每月增撥毫劵四萬伍千元，共爲毫劵壹拾捌萬伍千元；又由十月起，加撥石牌農學院建築費毫劵叁萬元，未幾，農學院院舍一部份落成。

二十一年二月，許校長辭任，鄒魯先生重任校長，十月接管廣東土壤調查所，十一月接管廣東通志館，是時國內南北統一，關餘已解歸京，前時所增經費毫劵肆萬五千元，及建築費毫劵叁萬元，已於二十年十二月起停發，其時每月經費祇爲毫劵壹拾肆萬元，惟爲興建石牌新址事，呈部中央增撥經費，奉准於二十二年一月起，增撥四萬元，共爲毫劵十八萬元；又蒙中央准予另撥建築費，由財政部按月撥發國幣壹拾萬元；五月公佈組織大綱，將評議會改爲校務會議，至組織內容：計分設文、理、法、農、醫、工六學院，暨高中、初中、小學；分設教務、事務兩處，及所屬各部館場所等；繼續建築石牌新校舍；二十三年工學院成立，奉准年增經費毫劵壹拾伍萬元，則月增毫劵壹萬二千五百元，合共每月經費爲毫劵壹拾玖萬式千伍百元；二十四年五月，奉 教育部令核准本校成立研究院，十月新校舍次第落成，水電之具，足供應用，除醫學院原定在舊址不遷外，大學全部，均已遷入石牌新址，並設校車，以利交通，建設教職員住宅區，俾得安居；至附屬初級中學，則遷入大學舊址，與高中部合併，改爲附屬中學，並從是年十月起，奉令另發經費，每月爲毫劵壹拾陸萬九千九百元；二十五年一月，本校爲使學生深入鄉村，俾增殖農民知識起見，特設鄉村服務實驗區，以毗降本校之石牌岑村等十鄉，爲實驗區域，頗著良效；又因石牌離穗市頗遠，爲利便員生等生活之供應起見，辦理本校合作社，以董其事；是年經費奉准自一月改發國幣壹拾伍萬捌千元，申發毫劵壹拾玖萬柒千餘元，二十六年一月，推行導師制度；四月研究院組織第一屆碩士學位考試委員會，是年經費核准月領毫券三千元，計每月爲毫券二十萬元餘，惟至九月時，即七折發給，計毫券十四萬餘元；二十七年度夏，接收國立廣東法學院，併入本校法學院內相當系級；復接收廣東省立勷勤大學工學院，併入工學院內相應系級，均於是年八月間蕆事；又奉 教育部令加設師範學院，籌備方告就緒，不料初冬之際，倭寇南侵，廣州淪陷，本校奉 令遷滇，擇址澂江，幾費經營，始克就緒，乃於二十八年三月一日上課；是年五月間，奉教育部頒發專科以上學校行政組織規程，暨大學各學院所屬各學系訂正名稱，均於二十八年度上學期，遵照施行；又奉部令核准本校工學院建築工程學系之增設；至本大學行政組織，計分設教務、訓導、總務三處；設教務長、訓導長、總務長各一人；另研究院設院長一人，校長室設秘書一人，會計室設會計主任一人，由 教育部派員主持；教務處設註冊、出版兩組及圖書館；訓導處設生活指導、軍事管理、體育衛生三組，并在各學院設訓導分處；總務處設文書、庶務、出納三組，各設主任一人，並分設文、理、法、農、醫、工、師範七學院，各設院長一人；文學院分設中國文學、哲學、歷史、外國語言文學四學系；理學院設數學天文、物理、化學、生物、地質、地理六學系，附設天文臺、及兩廣地質調查所；法學院設法律、政治、經濟、社會四學系，附設經濟調查處；農學院設農學、森林、農業化學、蠶桑、農業經濟、畜牧獸醫六學系，附設宜章栗源堡農場、樂昌演習林，及信宜、南路、沙田、東江、韓江北江六稻作試驗場，廣西桂林育種工作站，及附設農林植物研究所，土壤調查所；醫學院不分學系，附設細菌、生理、病理、解剖、藥物五研究所，及附屬醫院，護士學校各一所；工學院設土木工程、化學工程、電機工程、機械工程、建築工程五學系，附設機械實習工場一所，師範學院設教育、公民訓育、國文、史地、英語、數學、理化、博物八學系，及第二部，計分教育、公民訓育、國文、史地四學系；研究院設文科、師範、農科三研究所；文科研究所分中國語言文學、歷史兩學部；師範研究所設教育學、教育心理學兩學部；農科研究所，分農林植物學、土壤學、兩學部；各系所場部等，均各設主任一人；又奉部令設先修班，設主任一人；此外有校務、教務、訓導、總務、暨各院系等各種會議，及各種委員會，此行政組織之大畧也。

查民國二十七，及二十八年，本校經費，均每月新發國幣壹拾萬伍元；至二十九年春間，澂江受昆明物價飛漲之影響，生活程度，日趨高昇，員生工警，暨隨來家屬人等，均感艱困；及夏，復因倭寇侵迫越南，威脅滇境，日事轟炸，時局緊張，中樞爲保存文化起見，令本校遷回粵北，是年六月，許崇清先生，奉中央命代理校長職務，接事後，即主持遷校事宜，經營數月，始告就緒；計本校總辦公廳、研究院、先修班，均設樂昌縣坪石本鎮，文學院設鐵嶺，理學院設塘口，法學院設武陽司，農學院設宜章栗源堡，醫學院設樂昌縣城，工學院設三星坪新村，師範學院設管埠，另設一年級教育委員會於車田壩；各項部署，均由各該院部主管人員負責辦理，尚能依期完成，是年經費，月發國幣一十六萬餘元，而各院部班，經於三十年一月，先後上課；是年七月，張雲先生，奉中央命代理校長職務，九月師範學院附屬中學成立，師院增設初級部，復將一年級教育委員會改稱新生部，遷設武陽司，而將法學院移設車田壩，並爲工作便利起見，在教務、訓導、總務三處、及研究院，各學院，各設該處院辦公室主任一人；是年經費，月發國幣一十六萬餘元，另加發薪額三成，補足十成支薪；三十一年五月，奉 教育部電任命金曾澄先生代理校長，於六月二十二日接任視事，除積極整理校務外，並遵照部令辦理三十一年度粵桂區公立各院校聯合招生事項，迄九月間蕆事，並於是月十二日將取錄各生榜示週知；又本校原於武陽司設立新生部，惟該處祇能容納法工兩院新生，不能集中訓練，經提出行政會議討論 決定將該部裁撤，本年度新生，分在各院訓練，另組織軍事訓練總隊部，主理其事；並奉 教育部令，准研究院增設醫科研究所；至關於擴建校舍，增置器材等項，均經積極籌辦，俾利教學；而查自抗戰以來，經濟交通，雖感困難，惟莘莘學子，求學心切，輾轉還址，而人數日增，照各校學生統計，即民國十六年，本大學學生一千四百六十八人，十七年一千六百一十九人，十八年一千八百九十二人，十九年一千九百八，二十年二千零四十九人，二十一年二千六百零二人，二十二年三千一百三十一人，二十三年二千一百二十一人，二十四年二千八百三十八人，二十五年二千五百七十七人，二十六年三千六百零七人，二

382

【21】

十七年三千四百九十八人，以上係在廣州時人數；二十八年二千四百三十三人，二十九年二千六百六十三人，係在雲南澂江時人數；三十年三千一百六十八，三十一年三千八百六十七人，係遷回粵北時人數；惟本年度新生數額增加，在各年之上，因新宿舍建築需時，尚未完全註冊上課，預計將來學生人數，將達四千人；而三十一年經費，每月爲國幣叁拾萬餘元，丁茲本校十八週年紀念日，謹略陳前後概略，藉供查考，所望員生同人，懔然於 國父精誠團結之垂訓，勸助中央抗建大計之完成，埋頭苦幹，計日程功，鞭策努力，孟晉不息，以 無負 國父遺教耳。

附錄

國立中山大學紀念校慶總理誕辰舉行社會教育擴大運動節目表

一、十一月十一日舉行校慶國父誕辰紀念會

二、社會教育擴大運動週從十一月十日起至十六日止

三、社會教育擴大運動週每日中心活動：

十日戲劇日

十一日音樂日

十二日體育日

十三日社教演講座談日

十四日慰勞日

十五日電播日

十六日出版日

四、工作內容及分配

1. 紀念會：舉行校慶國父誕辰紀念會【由訓導處負責】

2. 戲劇日：出演「結婚進行曲」【由訓導處負責】

3. 音樂：演奏名曲【由訓導處負責】

4. 體育：排球比賽【由體育衛生組負責】

5. 社教演講：各學院特別講座及民衆演講【由社教會負責】

6. 社教座談：各學院分別舉行【由社教會負責】

7. 電播：時事音樂及教育播音由工學院負責

8. 慰勞：文化勞軍及請榮譽軍人看戲【由訓導處負責】

9. 出版：校慶及 國父誕辰特刊【由出版組負責】社會教育專刊

爲社教擴大運動告同學書

社教簡報

小型傳單

壁　報

以上數種均由社教會負責

標語——【由訓導處負責】

本校出版刊物一覽

定期刊物

本校出版組出版

國內各書店代售

中大日報	出版組主編
中山學報	各學院輪流主編
現代史學	文學院史學系主編
民俗季刊	研究院文科研究所主編
教育研究	研究院師範研究所主編
農聲	農學院主編
校友通訊	出版組主編
新書	
敲門	長詩 H 著
教職員手册 學生手册	出版組編印

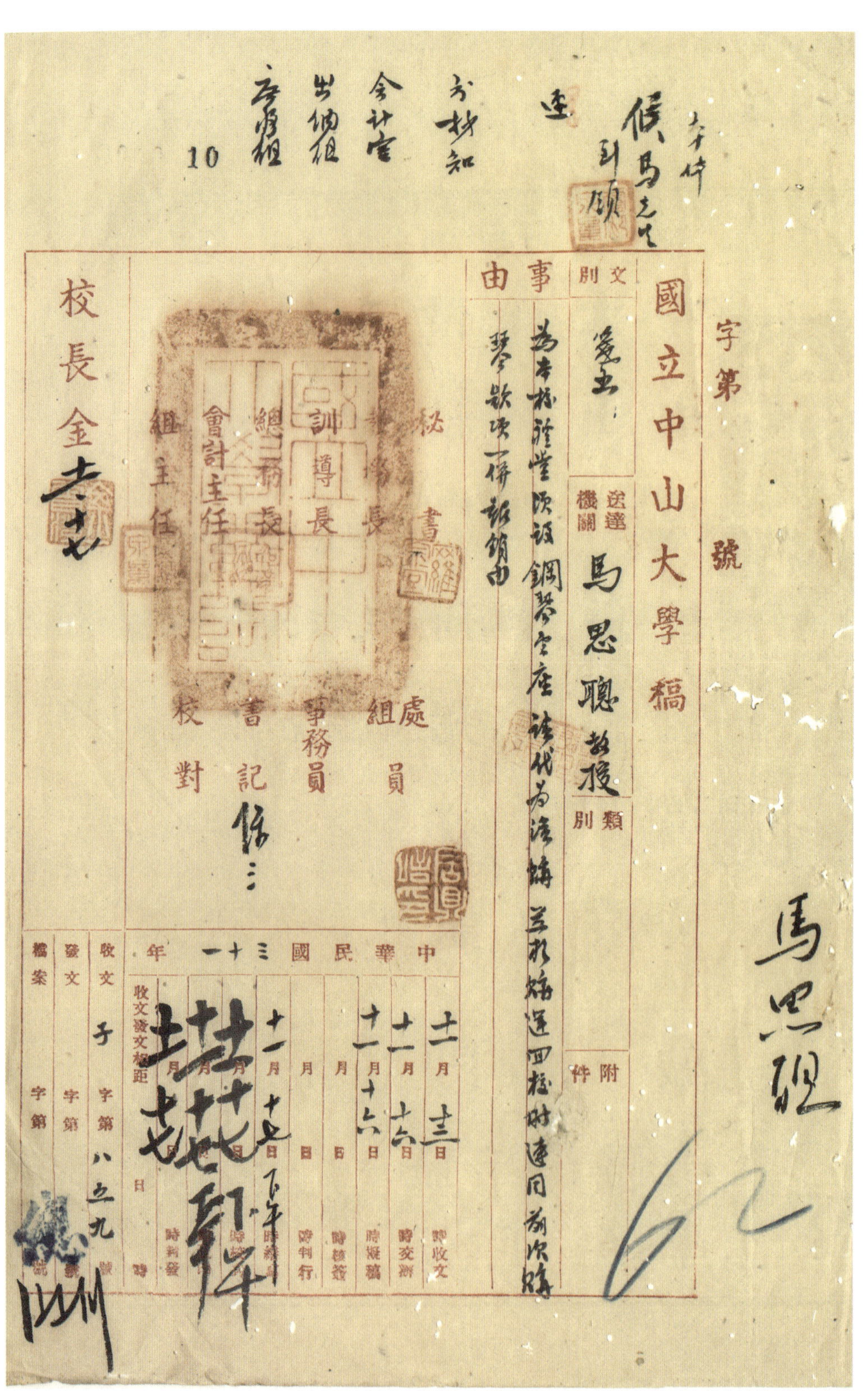

国立中山大学代理校长金曾澄关于请代购钢琴并于运回校时连同前次购琴款项一并报销给马思聪的笺函

11

現准總務處轉到鄧教務長本年十一月十三日函，略以准
台端報稱現在長沙尚有鋼琴壹座出讓，價為國幣柒千伍百元，
查本校禮堂須有此設備，認為應購，即請設法撥款交馬教授
錄運，附報請撥款等由，准此，應予照辦，查 台端前次所購鋼琴尚
有存款參千元，茲再撥付國幣七千伍百元，該款由採購組具領
轉送 台端代為洽購，並於購運時取據，連同前領之款單據
等，俾交採購組報銷，除分知外，相應函達，即請
查照洽辦為荷。此致
馬思聰教授

代理校長金

国立中山大学一九四二年第一学期研究院概况报告简表

三十一年度第一學期 國立中山大學 研究院概况報告简表
（填學校名称）

所名	部名	教員數					研究生數														
		共計	專任		兼任	内女性教員數	共計			第一年			第二年			第三年			第四年		
			一、	二、			計	男	女	計	男	女	計	男	女	計	男	女	計	男	女
文科研究所	中国語言文學部	4		3	1		1	1					1	1							
	歷史學部	5	1	3	1		3	3		2	2		1	1							
師範研究所	教育學部	2	1		1		6	3	3	3	2	1	2		2	1	1				
	教育心理學部	2	1		1		2	1	1	1	1					1		1			
農科研究所	農林植物學部	2	1	1			1	1		1	1										
	土壤學部	3	1	2			4	4		2	2		2	2							
医科研究所	病理學部	1		1																	

說明：1.「專任一」指專任研究所部教授者
2.「專任二」指由大學部教授兼任者
3.「專任」係指由他校教員其他職員兼任者
4.本表於開學後一月内填報

附註：醫科研究所病理學部奉准自卅一年度成立招考研究生尚未放榜人數暫未填入

三十一年十二月一日填报
校長或院長 （簽章）
主办統計人員 （簽章）

国立中山大学法学院系际篮球排球比赛获优胜奖冠军的证明

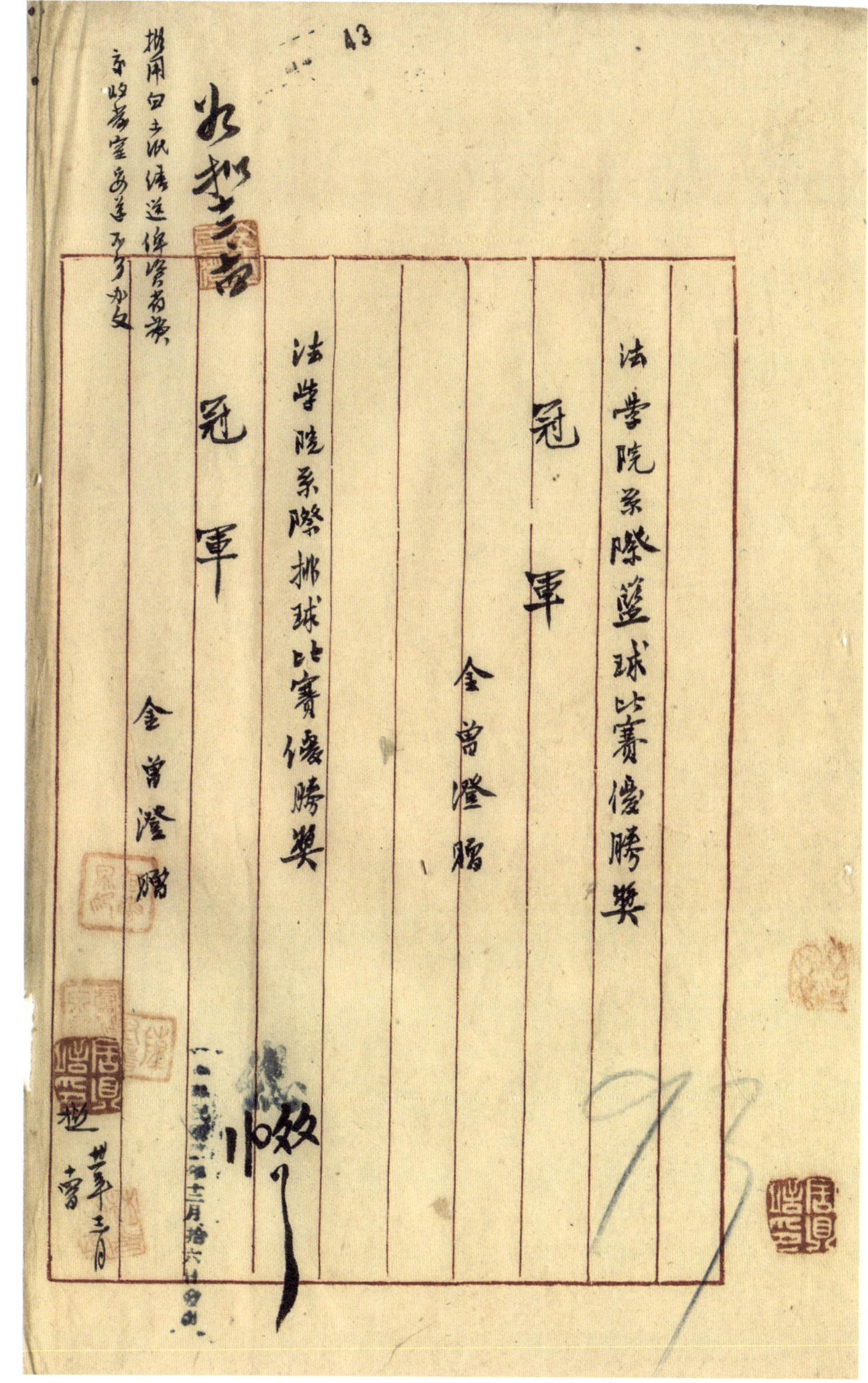

法学院系际篮球比赛优胜奖

冠軍

金曾澄贈

法学院系际排球比赛优胜奖

冠軍

金曾澄贈

国立中山大学工学院全体班代表关于请在三星坪及新村分别建筑阅览室等情给代理校长金曾澄的呈

國立中山大學工學院用箋

第一頁

事由：為請求切定整理本院圖書館在三星坪及新村分別建築閱覽室並限制借出以廣流通由

竊圖書館對於學生學業進修關係殊鉅　杜館長常云圖書館為大學之靈魂於此可見其責任之宏重抗戰時期尤以為然本校以連年遷徙圖書時遭散失所餘卷數無多定有供不應求之勢況遷坪後書散各院更感數目不足以應付需求為求圖書達其最大效用對其管理之法各院略有不同本院處理圖書乃設一狹小之分館以司其事但以同學數衆逾千書籍不敷流通遂使此分館形同虛設言之不勝痛惜生等　曾聞師長云大學之貴在於自動研究以發揮個人天才與專長然研

中華民國　年　月　日

290

國立中山大學工學院用箋

第二頁

究必須賴乎書籍儀器以助之但於戰爭期中學校對於儀器之設備以極簡陋今更不幸圖書之管理欠善圖書館亦形同虛設如是則研究云何哉，研究云何哉，大學教育之失敗足自此始倘本院圖書館能設定改革當可補救此弊至於其欠善情形諒必為

鈞座所未知故略陳述如下本院圖書已少而同學千餘人依借書規定教授助教得借廿五本四年級同學十本其餘兩本以此計之圖書數目安足分配故於每學期之始各人必爭先借閱不數日而書庫空矣因書數不足故各人均一借半載至學期終結然後交還如是辦法有已歷兩載於茲矣在同學方面幸者

中華民國　　年　　月　　日

國立中山大學工學院用箋

第 三 頁

可借得一二書以為參考不幸者竟一卷不獲該不幸者大槪
圖書館為無存而所謂幸者獲助於圖書館亦祇一二書而已
圖書館其能發揮最大効用乎生等為減少找求參考書之
苦使書籍達其最大之効用並冀養成讀書研究之良好風
氣故特别呈懇
鈞長在三星坪與新村各設大閱覽室一座將屬於機工電三
書籍撥入三星坪閱覽室屬於土化工建工者則撥入新村閱覽
室並効其他大學如西南聯大等之方法所有書籍不准同學
及助教借出室外要參考時必須在閱覽室内閱讀為顧及
教授講師搜集教材編纂講義之需要得借書十本仍須依

中華民國　年　月　日

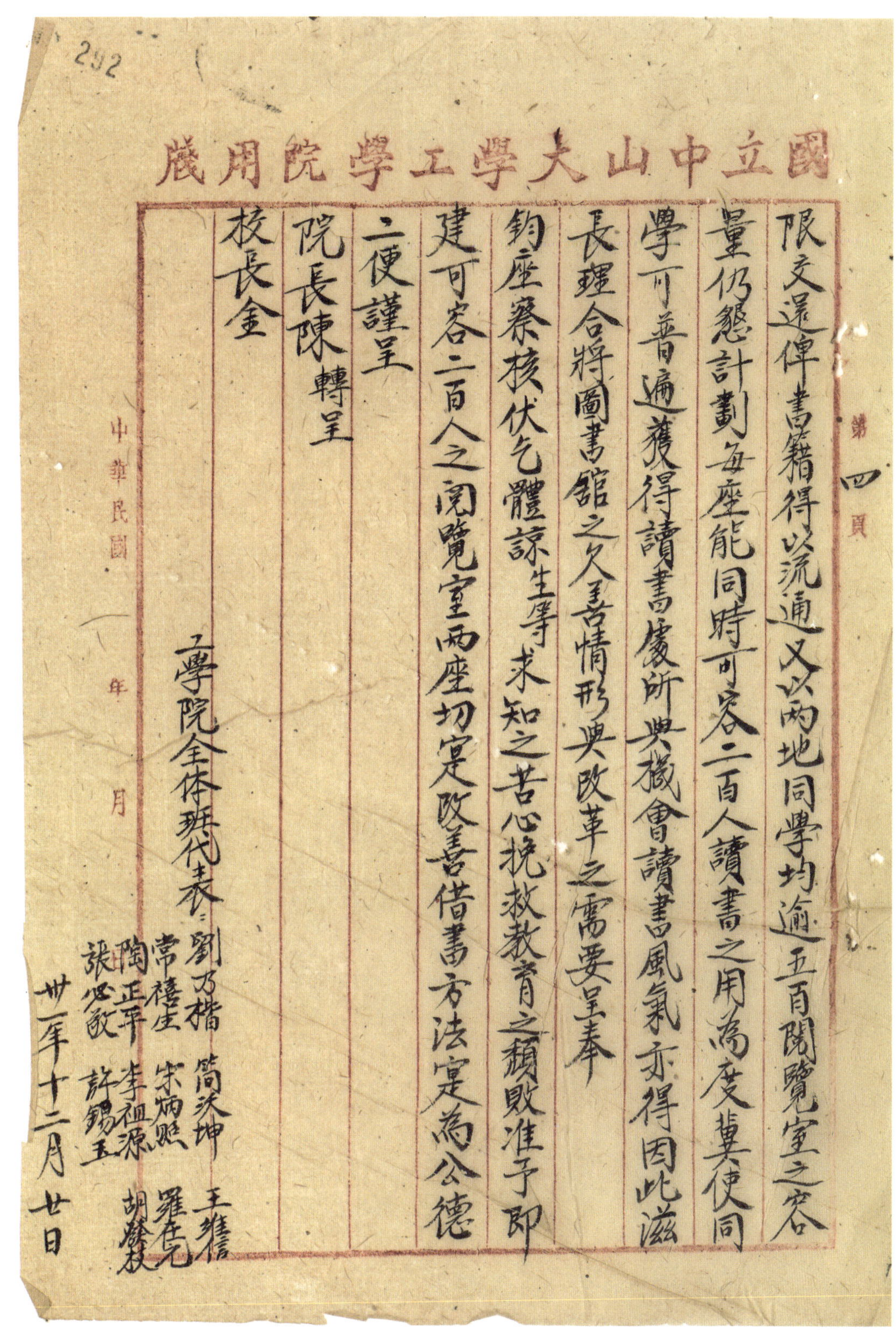

292

國立中山大學工學院用箋

第四頁

限文還俾書籍得以流通又以兩地同學均逾五百閱覽室之容量仍懇計劃每座能同時可容二百人讀書之用為度冀使同學可普遍獲得讀書處所與機會讀書風氣亦得因此滋長理合將圖書館之欠善情形與改革之需要呈奉

鈞座察核伏乞體諒生等求知之苦心挽救教育之頹敗准予即建可容二百人之閱覽室兩座切實改善借書方法定為公德二便謹呈

院長陳轉呈

校長金

工學院全体班代表　劉乃楷　簡沃坤　王維信
常禧生　宋炳熙　羅在先
陶正平　李秵源　胡發枝
張必啟　許錫五

中華民國卅一年十二月廿日

国立中山大学法学院社会学系一九四二年度第二次粤北边疆考察计划书

法學院社会學系卅一年度第二次粤北邊疆考察計劃書

查本系前於本年寒假曾作本省曲樂二縣屬傜山考察原定第二次考察在此次暑假期內後以天氣關係以致展遲現擬於九月份內舉行第二次考察茲將　部撥補助費餘款額共三千元預算分配如下：

1、考察地區——湖南郴縣附近（原定連陽三屬現因汽車費過昂餘款不敷應用故先行調查此區）

2、考察時間——八天

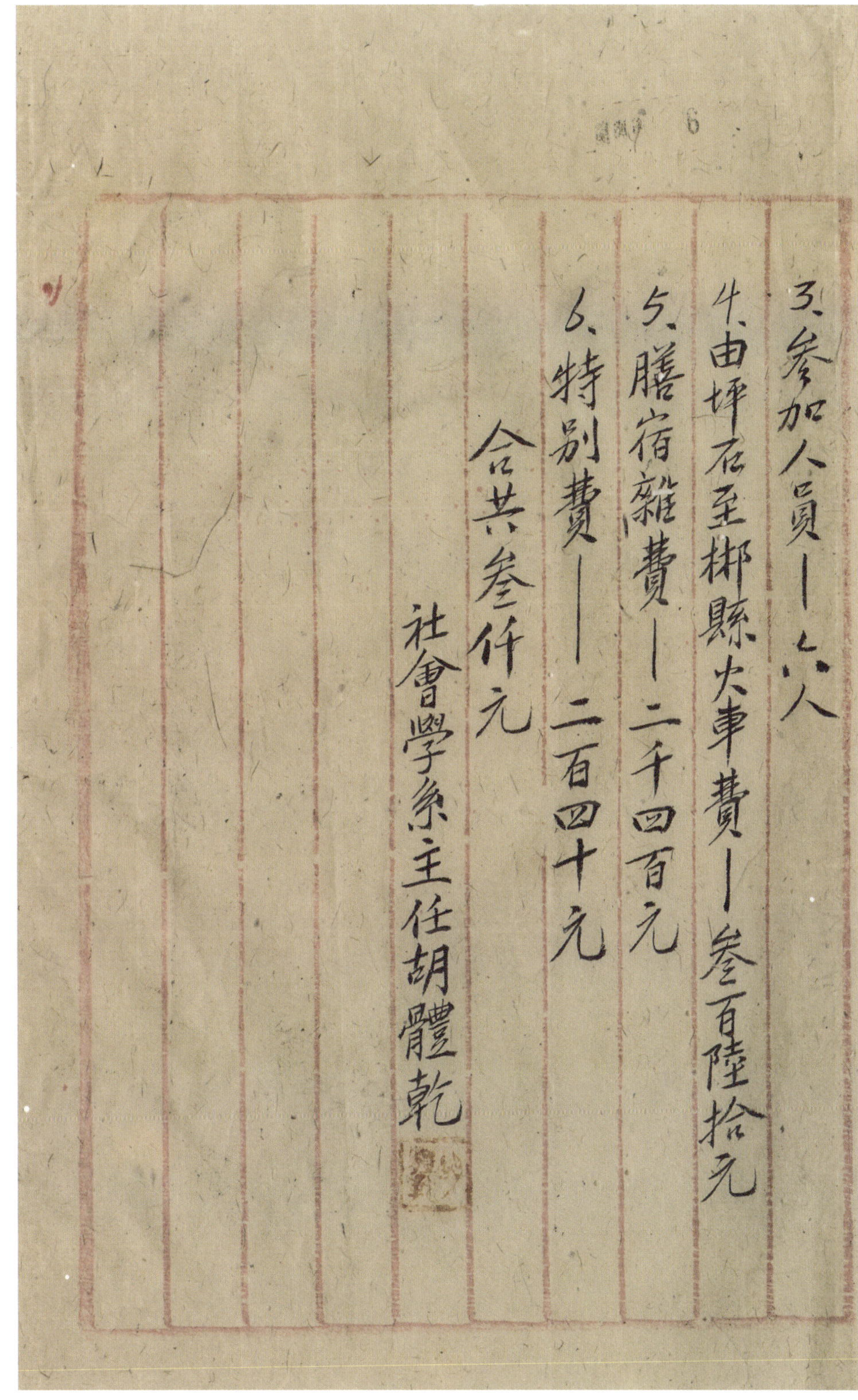

6

3、参加人员——六人

4、由坪石至郴县火车费——叁百陆拾元

5、膳宿杂费——二千四百元

6、特别费——二百四十元

合共叁仟元

社会学系主任胡体乾

国立中山大学文学院一九四二年度应届毕业生毕业论文成绩优良名表

文學院三十一年度應屆畢業生畢業論文成績優良名表

系別	姓名	論文題目	指導教授	評定成績	備考
中文系	林拔如	曾國藩之學術思想	詹安泰	九十三分	
外文系	熊集美	Thesis A Study of Thackeray	黄學勤	九十四分	
哲學系	梁日昇	董仲舒哲學研究	譚太冲	九十分	
史學系	黄慶華	中國史學思想史	朱謙之 陳安仁	甲上	(共三冊)以上四本成績最優者請呈部請獎
中文系	林璨	詩經之抒情詩底研究	黄海章	九十二分	
哲學系	曾日治	朱熹學説之體系的研究	譚太冲	八十五分	
史學系	蘇燕海	明代社會關係論	容肇祖	甲中	
史學系	侯德興	豐臣秀吉侵華政策與戰爭	陳安仁	甲中	

20

史學系　李蔭農　中國歷代國都經營史　鄭師評　甲中（共三冊）
以上五本成績優良者請校核給名譽獎

一九四二年度国立中山大学医学院学系课程分配表

三十一年度醫學院——學系課程分配表

科目	預聘人數	時數	每週合計時數	備考
党義	一人		二小時	
國文	一人		六小時	
物理	一人		六小時	
化學	一人		六小時	
生物學	一人		六小時	
德文	二人		廿四小時	二班每班十二小時
拉丁文	一人		四小時	
生理學	二人		十二小時	教授一人助教一人
解剖學(包括組織及胎生學)	三人		十六小時	教授一人副教授或講師一人及助教一人
藥物學	二人		八小時	教授一人助教一人
細菌學	二人		八小時	仝右

人數	科目		時數	教員
二人	寄生蟲學		六小時	教授及助教各一人
四人	病理學		十六小時	教授副教授各一人助教二人
五人	內科學(包括診斷學)		十六小時	教授副教授各一人助教三人
五人	外科學(包括外科總論)		十六小時	教授二人副教授或講師三人助教二人(包括臨床工作)
三人	產婦科學		八小時	教授或副教授各一人助教一人至二人
三人	小兒科學		六小時	教授一人助教二人
三人	皮膚花柳科		六小時	仝右
三人	眼科學		六小時	仝右
三人	耳鼻咽喉科		六小時	仝右
二人	精神病學		四小時	教授及助教各一人
二人	法醫學		四小時	仝右
一人	醫學史		四小時	仝右
二人	X光學		四小時	仝右

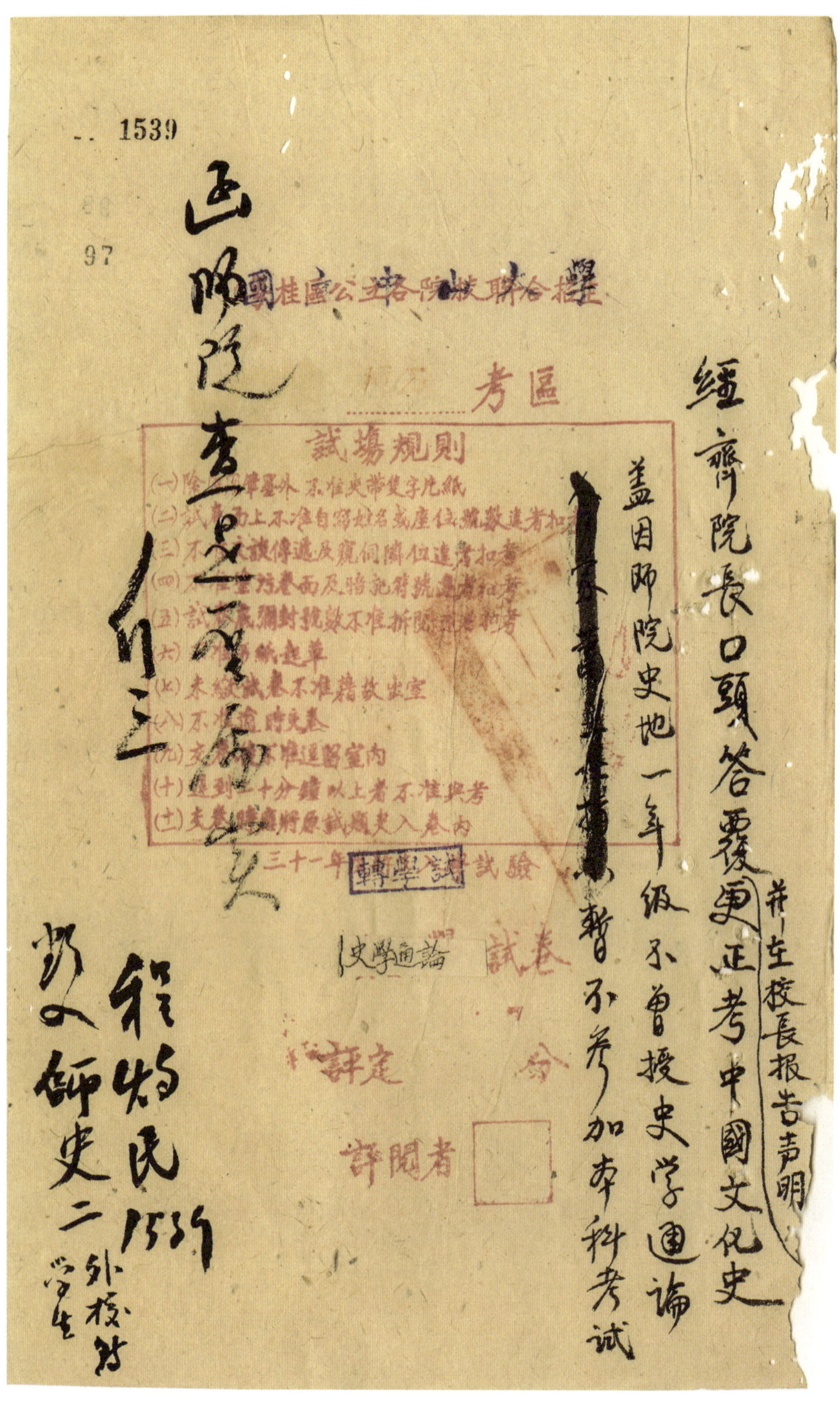

国立中山大学一九四二年转学试史学通论试卷首页

国立中山大学工学院一九四二年度第二学期学生统计表

院别	系别	一年級 男	一年級 女	一年級 合計	二年級 男	二年級 女	二年級 合計	三年級 男	三年級 女	三年級 合計	四年級 男	四年級 女	四年級 合計	~~五年級~~ 合計	總計
工學院	土木工學系	71	5	76	73		73	94	3	97	83	1	84		330
	化工學系	23	1	24	29	2	31	17	3	20	12	2	14		89
	電工學系	54	1	55	53		53	42		42	35	2	37		187
	机工學系	60	1	61	77		77	74		74	42		42		254
	建工學系	31	2	33	13		13	8	2	10	13	3	16		72
	學系														
	學系														
	學系														
總計		239	10	249	245	2	247	235	8	243	185	8	193		932

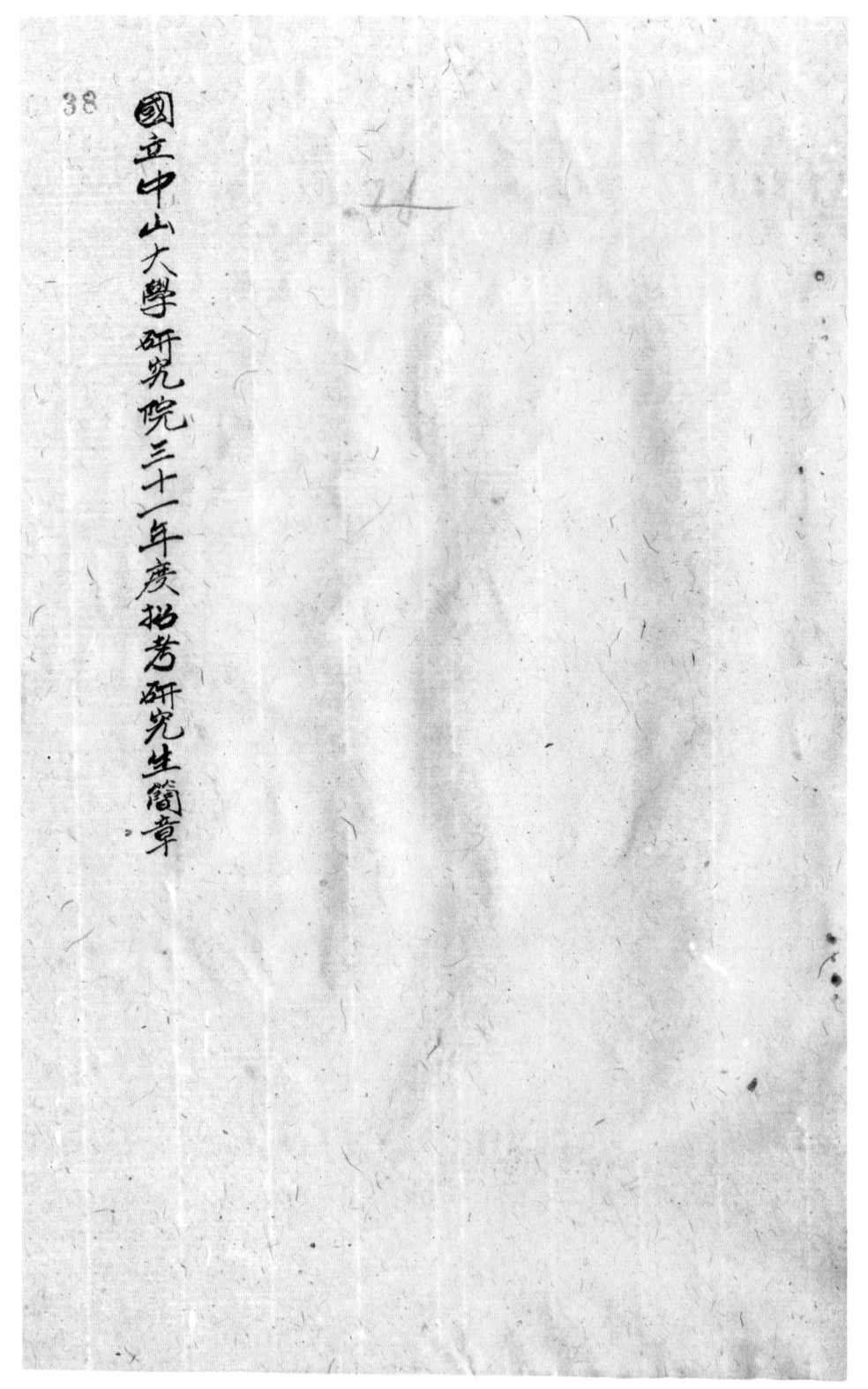

国立中山大学研究院一九四二年度招考研究生简章

国立中山大學研究院三十一年度招考研究生簡章

(一)招生名額 本院左列各研究所每學部本年度各招考研究生五名至十名惟仍以成績爲準

甲、文科研究所：(1)中國語言文學部；(2)歷史學部

乙、師範研究所：(1)教育學部；(2)教育心理學部

丙、農科研究所：(1)農林植物學部；(2)土壤學部

(二)投考資格：投考者須具左列資格甲項及乙項之一方得報名：

甲、國内外公立或已立案之私立大學或獨立學院相當學系畢業者；

乙、各學部應考資格：

A、中國語言文學部 凡大學或獨立學院中國語言文學系

或文史學系文學院畢業者

B. 歷史學部

凡大學或獨立學院歷史學系史地學系或文史學系史學組畢業者

C. 教育學部

凡大學或獨立學院教育學系或哲學教育學系教育組畢業者

D. 教育心理學部

凡大學或獨立學院教育學系心理學系或哲學心理學系心理學組畢業者

E. 農林植物學部

凡大學或獨立學院農藝學系園藝學系森林學系農學化學系或生物學系植物組畢業者

F. 土壤學部

凡大學或獨立學院農業化學系農藝學系或農學系農藝組畢業者

（三）報名日期：自三十年六月二十五日起至七月十五日止

（四）報名手續：投考者須於規定報名期間內（通訊報名以發出郵戳為憑）携帶或掛號郵寄左列各件至廣東坪石本院報名

甲、畢業證書（如係本年畢業尚未領得畢業證書者得暫以原校給予之畢業証明書代替）

乙、大學全部功課之成績單

丙、報名書（附本簡章後）

丁、兩年中等學校教學經驗證明書（以投考師範研究所者為限惟師範學院畢業者可免繳教育學院或大學院教育系畢業生未有此項証明書者亦准報名投考但取錄後至少須研究三年）

戊、長篇論文或專著（無者免繳）

己、研究計劃（包含研究問題目及其重要性材料來源與方法步驟等）

庚、最近二寸半身相片三張（取錄與否概不退還）

辛、體格檢查表（附本簡章後）

報名證件經本院審查及格發給准考證始得應考

（五）考試地點

甲、廣東坪石本院

乙、桂林廣西省立桂林師範學院

丙、昆明國立西南聯合大學

丁、重慶國立中央大學

戊、成都四川省政府教育廳

己、貴陽貴州省政府教育廳

(六)、考試日期：卅一年八月一日至二日在上列各地同時舉行（如有变更臨時通知）

(七)、考試科目

甲、普通科目（各學部必試）：國文、外國文（英、法、德文任選一種）黨義、口試（與所擬研究計劃有關之問題）

乙、專門科目

A、文科研究所中國語言文學部：

1、語言組 國學概要、語言學文字學、声韻學史

2、文學組、國學概要、詩歌學、詞曲學、中國文學史

B、文科研究所歷史學部：中國通史、西洋通史（以上兩項包括文化史，必攷）史學史，本國沿革地理，史學方法，人類學，社會學（以上五科任選攷二科，須於報名時聲明）

C、師範研究所教育學部：教育學，社會學，教育心理學，教育研究法

D、師範研究所教育心理學部：生物學，普通心理學，教育心理學，統計測驗

E、農科研究所農林植物學部：植物學分類，植物生理學，組織學植物生態學

下：農科研究所土壤學部：理論化學、生物化學、土壤學、肥料學

(八)研究期限：暫定二年，必要時得延長一年

(九)待遇：研究生除免收學什各費及供給住宿外，每名年給生活補助費國幣一千弍佰元，每月另發膳食補助費及燈油茶水費（數額多少臨時核定），成績優異者另給予獎學金。

(十)畢業：研究生研究期滿前，須修完規定學分並提出專門研究確有創獲之論文經各該所部主任及指導教授之嚴格審定及院務会議之認可方得參與畢業考試，考試及格由本校發給研究期滿之証明書並轉呈教部依照學位授予法授予本科碩士學位

国立中山大学医学院一九四二年级毕业考察暨湘北卫生服务团计划书及经费预算表

117

第一頁

國立中山大學醫學院民卅一年級畢業考察暨湘北衛生服務團計劃書

(一)定名：國立中山大學醫學院民卅一年級畢業考察暨湘北衛生服務團

(二)宗旨：考察湘粵贛各地有關衛生醫藥機關以為服務社會之参照俾增進學問之修養并藉此從事衛生醫療工作以慰湘北前方英勇將士

(三)地點：粵漢沿綫大站第九戰区前綫及贛省各大市鎮

(四)旅程日期：暫定一月初至二月底約一月半

(五)組織：本届畢業同學均得參加為團員，團長懇聘本院院長李雨生先生担任副團長饒振維先生担任

出發前籌備委員會組織：分以下各股：(1)総務股：設股長

118

一人股負二人（股長主持全團大會及向外交涉）(2)理財股：設股長一人
(3)文書股：設股長一人股負一人(4)籌募股：設股長一人股負八人
(5)遊藝股：設股長一人股負六人(6)學術股：設股長一人股負二人
(7)体育股：設股長一人股負二人(8)庶務股：設股長一人股負二人
以上各股長由大會產生股負由股長concerning能選派。旅程工作経費豫
算等一切計劃工作由股長會議決定。各股每週須做工作報告。
出發時工作分配及組織另由全團大會決定之
(六)経費及藥品之籌募辦法：
(1)請求學校發給考察費并優予補助
(2)向外募捐：一、曲江學生救濟會 二、廣東省政府

119

第二頁

三、廣東省銀行 四、中中交農四行 五、長官部

六、十二集團軍司令部 七、廣東省賑濟會

八、曲江縣商會 九、省黨部縣黨部 十、曲江及樂昌縣政府

十一、中大訓導處 十二、中大同學會 十三、建設廳鄭廳長

十四、省府鄭秘書長

藥品籌募：一、中國紅十字會 二、廣東衛生處 三、賑濟會

(七)工作：1.急性傳染病預防注射

2.內科病短期特效治療

3.衛生常識講述

4.軍隊流行性疥瘡病集中治療

120

5、軍陣外科簡單手術

121

第三頁

經費預算表（以個人為單位）

(一)火車費（由樂昌至株州及由株州返耒陽，由曲江返樂昌）	四十元
(二)船費（湘北一帶無公路車及火車之處）	弍十元
(三)汽車費（由耒陽經吉安泰和贛州大庾南雄到曲江）	四百元
(四)膳費（約一月半）	壹百五十元
(五)宿費（約一月半）	四十七元
(六)行李費	叁十元
七工作用具文具費	叁元
共計陸百玖十元	

旅程預算表

往：郴縣一日 耒陽兩日 衡陽兩日 長沙兩日

湘北前綫一帶弍十五日

返：長沙兩日 衡陽兩日 吉安兩日 泰和兩日 贛州兩日

大庾兩日 南雄兩日 曲江一日

国立中山大学关于一九四二年度下学期学生注册手续等的布告

國立中山大學佈告

兹將本大學三十一年度下學期學生註冊手續暨各學院學生註冊日期及地点公佈於後仰各生携同學生證親自註冊為要此佈。

附粘卅一年度下學期學生註冊手續暨各學院學生註冊日期及地点表一份。

中華民國卅二年一月廿七日

代理校長金曾澄

三十一年度下學期學生註冊手續

一、憑學生證到註冊組(註冊期内研文法理工五院在註冊組註冊其餘農醫師三院由註冊組派員前赴各該學院辦事處辦理註冊)領取繳費通知書及空白註冊券。

二、持繳費通知書到所屬學院出納員處或到出納組繳費。

三、將繳費收據連同填妥之註冊券及學生證繳交註冊組核對相片驗蓋本期已註冊之膠章並領取選課證。

0372　6

四、持選課證到所屬學院選課編位。

五、貸金生、公費生、免費生可持批示或憑證到註冊組註冊。

六、華僑生可持憑證到註冊組驗明免繳宿費。

附表一　各學院學生註冊日期及地点表

學院別	註冊日期	註冊地点	備註
研究院	三十二年二月十五日	坪石註冊組	逾期註冊罰款日期由二月十六日起至三月一日止
文學院	二月十二、三日	同右	同右
法學院	二月十、十一日	同右	同右
理學院	二月十九日	同右	同右
工學院	二月十二、三日	同右	同右
農學院	二月十九日	栗源堡農學院辦事處	同右
醫學院	二月十九日	樂昌醫學院辦事處	同右
師範學院	二月十九日	管埠師範學院辦事處	同右

国立中山大学农林植物研究所重建植物标本室计划及预算书

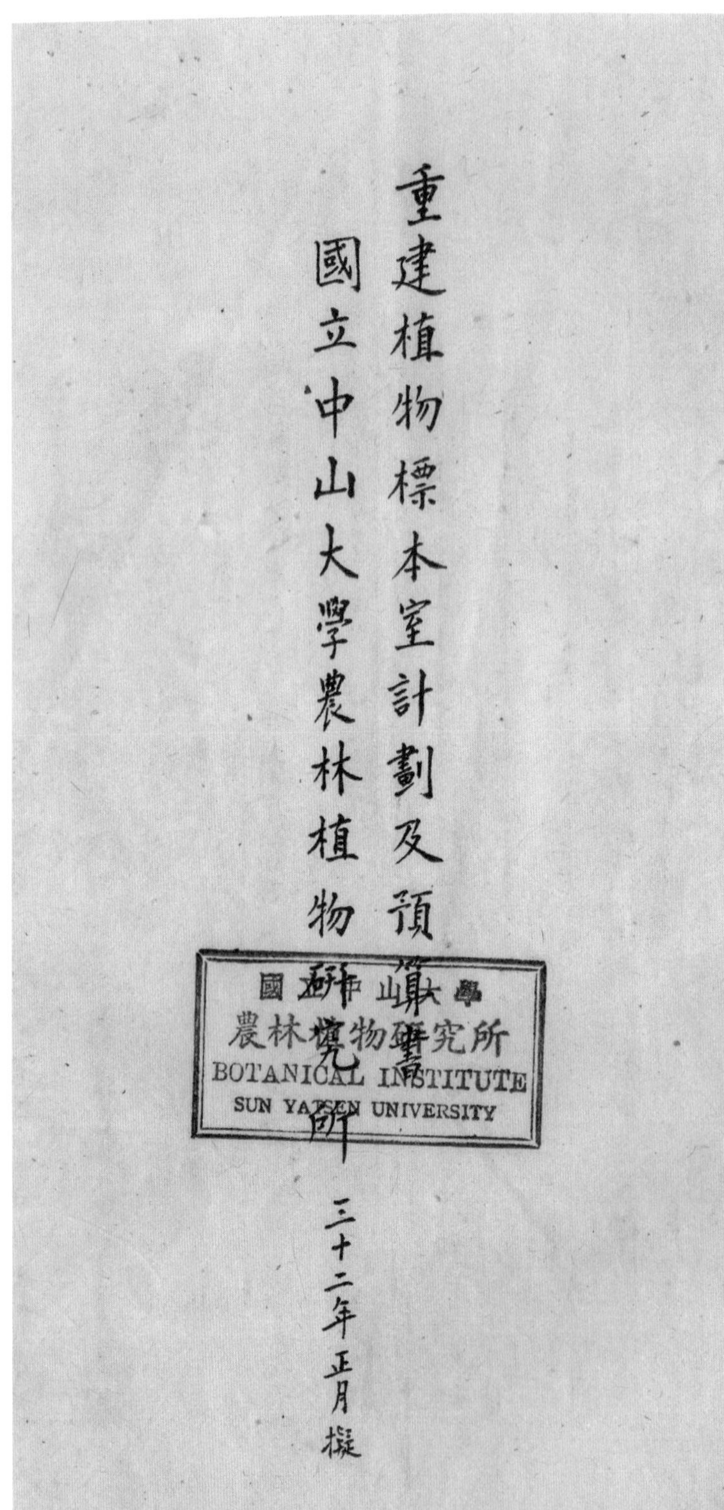
重建植物標本室計劃及預算書
國立中山大學農林植物研究所
三十二年正月擬

重建植物標本室計劃及預算書

國立中山大學農林植物研究所　三十二年正月擬

一、史略

本所成立於民國十八年，屬國立中山大學農學院，即由陳煥鏞主任主持至今。自抗戰軍興，廣州迭受轟炸，十餘年來心血結晶及與各國交換得來具有歷史性之標本、圖書、儀器等，均奉鄒前校長命，於二十六年十二月起陸續遷往香港，二十七年二月在香港恢復工作。至三十年秋，香港辦事處儲有定名臘葉標本約十六萬號，液浸標本約三千瓶，研究用重要圖書約二千四百冊，中國植物標準標本照片八千餘張。儀器方面者有顯微鏡、切片機、擴大鏡、攝影用品、印字機打字機等約四十件 尚有不及携出存放沙面之標本儀器有十餘箱 本所研究專刊西文本 Sunyatsenia 至三十年九月止出版共六卷二號 其詳細報告見葉華著抗戰以來的中大農林植物研究所載商務印書館出版之教育雜誌第三十一卷第四期 自三十年十二月太平洋戰事爆發香港淪陷後本所香港辦事處工作隨即停止由陳煥鏞主任設法將所有圖書儀器標本疏散隱藏迄今所知幸無損失陳主任亦正設法來叙 三十一年二月張前代校長函聘蔣英教授在陳主任未返所前代理本所主任 今年七月金代校長函聘蔣教授繼續代理本所主任職務 遂即在宜章栗源堡開始恢復工作至今

二、現有標本室設備

107

抗戰以來本校遷往雲南澂江 即派員在大圍山昆明澂江等處採集植物標本及調查滇產藥用植物現已悉數携來粟源堡 三十一年曾派員至湖南陽明山莽山宜章臨武廣東樂昌乳源等處不斷採集及與國內各學校機關交換現已積存標本約三萬五千四百餘份分別列表如下：

產地	採集人	號數	約量	備考
雲南	王[illegible] 高錫朋 劉心祈	100101－100916	3664份	昆明澂江大圍山植物
雲南	李日光	1－119	119份	藥用植物
湖南	梁寶漢	83101－83172	720份	宜章植物
廣西	高錫朋	74258－74560	302份	與廣西大學交換

108

貴州	黄熙穆 何天相		500份	湄潭遵義植物 與浙江大學交換
湖南	陳少卿	1—352	2816份	宜章栗源堡附近植物
湖南	蔣英 陳少卿	353—904	4408份	陽明山植物 與森林系合作
湖南	陳少卿	905—1186	2248份	宜章栗源堡附近植物
廣西	鍾濟新		420份	與廣西大學交換
廣東	郭從風 陳少卿	1187—1809	6220份	樂昌九峯植物
湖南	陳少卿	1810—2132	3024份	宜章栗源堡附近植物
廣東	李鵬飛 陳少卿	2133—2281	450份	樂昌坪石植物
廣東	劉棠瑞	1—176	176份	連縣植物 與省立文理學院交換
湖南	李鵬飛 游萬里 陳少卿 虞元章	2434—2944	5090份	莽山植物

廣西	鍾濟新、陳文		5000份	與廣西大學交換
湖南	劉棠瑞		100份	南岳植物 與省立文理學院交換
各處	·		200份	菊科植物

三、重建植物標本室計劃

現本所雖有標本約三萬五千餘份標本櫃十付惟內有重份標本在半數以上尚待交換研究標本尚未鑑定竣事如有四萬號定名標本即可成一雛形標本室得以恢復研究工作此四萬號定名標本需台紙四萬張廣包紙二千張卡片四萬張定名標簽四萬張野外紀錄四萬張標本櫃四十付卡片櫃二付等而其標本之來源若專恃本所自採時間經濟兩不合宜不如一面採集一面儘量利用國內交換現國內各

110

植物研究機關如中央研究院中央大學西南聯合大學中國科學社四川大學中正大學福建省立研究院動植物研究所雲南農林植物研究所均於內遷後不斷採集貯有大量標本以待交換惜以郵資昂貴無力担負如有本所担負郵資則在年內即可大量增加標本茲將重建標本室費用估計如下

四、重建植物標本室預算額國幣壹拾壹萬肆仟元

甲、郵資一萬二千元

現依據四川大學寄來二千四百四十份標本由本所擔負郵資七百八十元估計大約平均每次二千份標本需郵資五百元現郵資加價粗估加半倍計七百五十元則八個交換機關需六千元本所寄出標本作互

相交換用者亦需六千元合如上數則以最低之代價可得各處不同之有名標本一萬六千份

乙、標本室用紙類費五萬六千元

四萬張研究標本用台紙四萬張平均每張一元，由廣東仁化民生製紙公司承造，需四萬元，屬臘紙二千張需四千元，定名標簽野外紀錄及卡片各四萬張約需一萬二千元合如上數

丙、標本櫃及卡片櫃一萬六千元

標本櫃每付五百元現有十付添製三十付需一萬五千元，卡片櫃二付需一千元合如上數

丁、其他標本室用品費六千元

如酒精燈、腦玻璃瓶及採集用具等

戊、採集費　二萬四千元

以粵北湖南為起點再擴充至江西廣西北為一般之採集此外尚擬詳細調查湖南陽明山莽山及贛粵交界之大庾嶺三處之植物其先後及範圍如何以工作人員及經濟之多寡而定本所現有職員四人可充是項工作每月暫定採集費二千元　十二個月合如上數

總共國幣壹拾壹萬肆千圓正

国立中山大学研究院关于改订作息时间的布告附员生作息时间表

18 29

國立中山大學研究院用箋

國立中山大學研究院佈告　廣字724號

卅一年三月廿三日

現值仲春天氣和暖日晷漸長本院員生作息時間應略予變更以適應生活需要而利工作茲將改訂本院員生作息時間表暨作息鈴聲及留音分別表公佈并定即日起施行布告知照。

此佈

附作息時間表暨鈴聲及留音分別表格乙份

院長崔載陽

抄送

醫科研究所　公佈

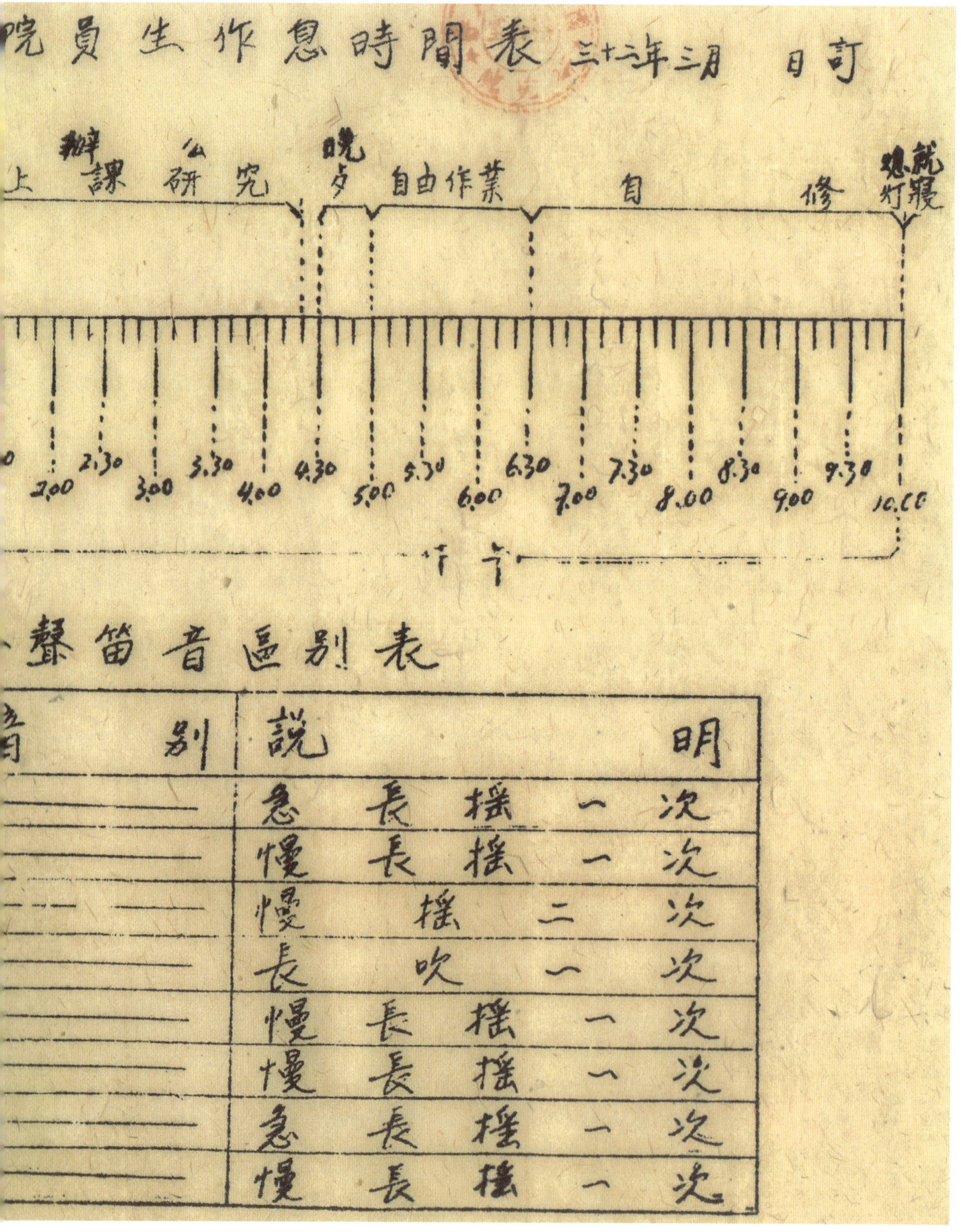

院员生作息時間表 三十二年三月 日訂

别	説明
	急長揺一次
	慢長揺一次
	慢揺二次
	長吹一次
	慢長揺一次
	慢長揺一次
	急長揺一次
	慢長揺一次

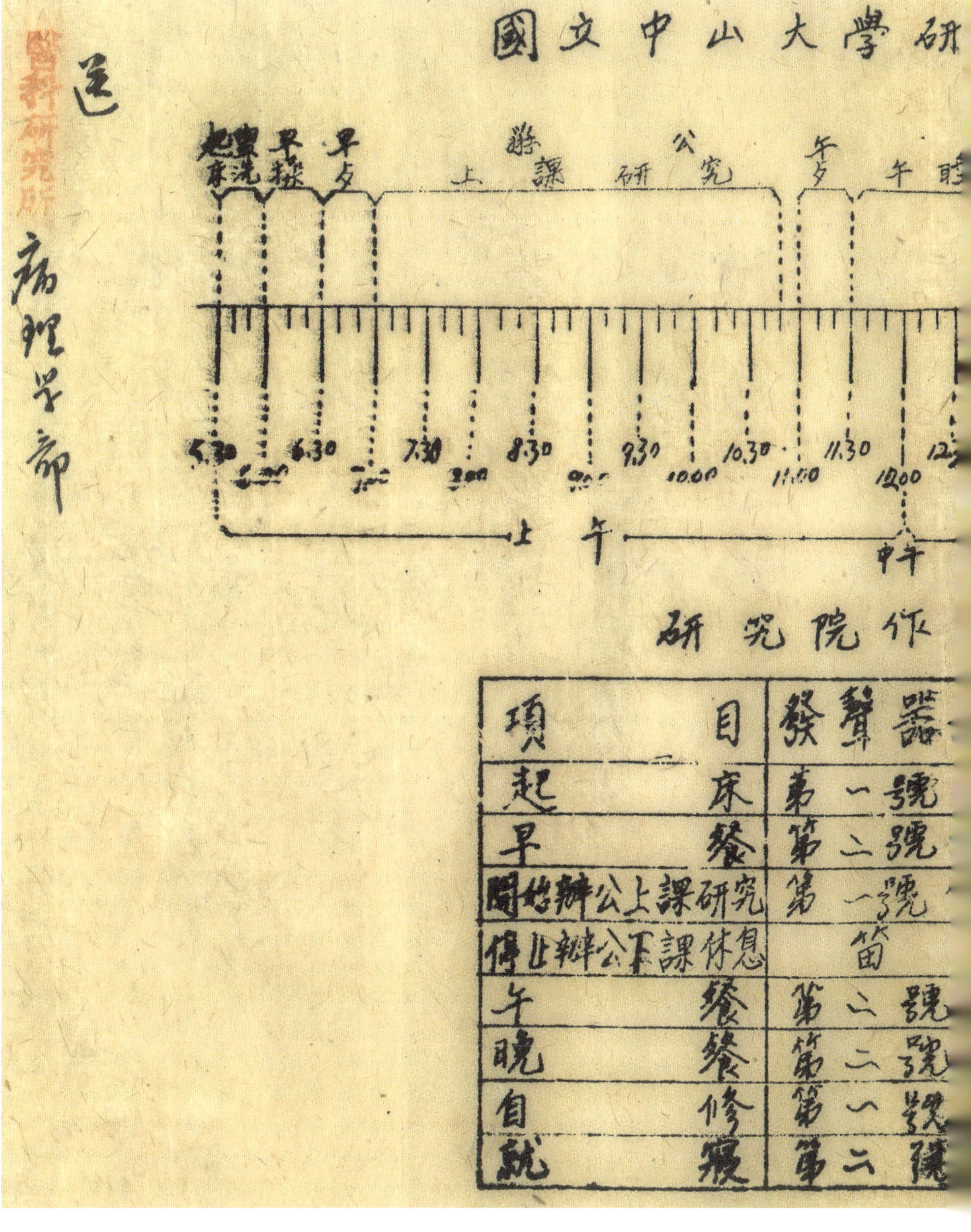

國立中山大學研

送

病理學部

起床	盥洗	早操	早餐	辦公 上課 研究	午餐	午

5.30　6.00　6.30　7.00　7.30　8.00　8.30　9.00　9.30　10.00　10.30　11.00　11.30　12.00　12.3

上午　中午

研究院作

項目	發聲器
起床	第一號
早餐	第二號
開始辦公上課研究	第一號
停止辦公下課休息	笛
午餐	第二號
晚餐	第二號
自修	第一號
就寢	第二號

国立中山大学研究院农科研究所土壤学部学生出外考察实习申请书

國立中山大學學生出外考察實習申請書

卅二年三月二十日

組織名稱：國立中山大學研究院農科研究所土壤學部土壤考察實習隊

院、所、部：研究院、農科研究所土壤學部

人數：全體研究生共五人 共需旅費2040.00

考察實習計劃：分别作專題之考察，其題目如下：
1. 粵漢路坪石至長沙段農人石灰施用情況考察
2. 粵漢路坪石至長沙段綠肥之種類、施用之方法及輪栽制度考察
3. 粵漢路坪石至長段土壤耕作方法考察
4. 同一氣候帶下母岩性狀對于土壤剖面形態之影响

經過地點：衡陽、衡山、南岳、長沙

往返日期：自民國卅二年四月一日起至四月十四日止共十四天

舟車費（以每人計算）：坪石至衡山三等火車費弍89.00 卧鋪弍10.00 衡山站至南岳手車費約弍30.00 南岳至衡山站手車費弍30.00 衡山至湘潭三等火車費約弍40.00 湘潭至長沙船費約弍20.00 往程共弍219.00 返程共弍189.00（內除去南岳至衡山站一段弍30.00）往返共弍408.00

需要工具（必須詳列）：土壤鑽，土壤帶，土壤剖面盒，小鋤，小鐘，各研究生行李

代表人姓名：張宇敬

擬參加學生：張宇敬 李嘉猷 張丰庚 茹皆耀 華屯

国立中山大学教授符罗飞关于赴前方各战地考察与获取抗战资料并赴渝桂等地举行画展申请经费给代理校长金曾澄、教育部部长陈立夫的呈及经费表

108

簽呈 民國三十二年四月十五日
於廣東坪石國立中山大學工學院

竊職為展揚抗戰宣傳啟發民衆知識曾親赴各戰地採取抗戰資料繪成畫張經在香港桂林韶關及坪石各地舉行個人畫展茲為深加研究並為社會服務起見擬利用暑假期間赴前方各戰地考察及採取豐富抗戰資料俾得赴渝桂等地展覽並編印畫集供獻於社會預定經費弍萬叁陸佰元茲奉

鈞部三十一年八月廿八日高字第三四三八一號訓令略開「為獎勵服務有成績之專科以上學校教員研究著述得領獎學金並擬定申請等辦法」

等因奉此茲本

鈞長愛護研究學子熱心藝術發展之厚望理合備文連同旅行前方考察與採取資料並赴渝桂等地舉行畫展經費表暨專科以上學校教員獎助金甲種申請書各乙份簽呈

109

察核，俯乞賜准發給經費，俾得研究，實爲公便。

謹呈

校長金　轉呈

部長陳

附呈符羅飛前方攷察採取抗戰史料與赴渝桂等地舉行畫展經費表暨事斜以上學校教員奬助金甲種申請書各乙份

國立中山大學教授符羅飛

謹呈

110

符羅飛前方考察與採取抗戰史料及赴渝桂等地開畫展經費表

經常支出門

目	項	節	摘要	金額	備註
			經費總數	二、〇六〇〇〇〇	本人及助手兩名由韶關經桂林往重慶開畫展會、並赴前方採訪史料、往返旅費每員三仟員搬運工具行李等費在內、
1			旅費	九〇〇〇〇〇	
	1		旅費	九〇〇〇〇〇	
		1	旅費	九〇〇〇〇〇	
2			生活費	三六〇〇〇〇	每員每月六佰元以兩個月計算合如上數、
	1		生活費	三六〇〇〇〇	
		1	生活費	三六〇〇〇〇	

111

3		寫生材料費	五〇〇〇〇〇	
	1	寫生材料費	五〇〇〇〇〇	
		1 白磅畫紙	一六〇〇〇〇	以每張八元計，用二佰張合計如上數、
		2 水彩顏料	二〇〇〇〇〇	以每盒四十元計、每四張畫須用顏料一盒以五十合計合如上數、
		3 油料	一〇〇〇〇〇	
		4 鉛筆稿紙雜費	四〇〇〇〇	
4		開展覽會籌備費	三〇〇〇〇〇	預定在重慶需壹仟五佰元、桂林需壹仟元、韶關需五佰元、
	1	開展覽會籌備費	三〇〇〇〇〇	
		1 開展覽會籌備費	三〇〇〇〇〇	

國立中山大學工學院教授符羅飛

国立中山大学文学院班代表关于毕业考察事宜给该院吴院长和代理校长金曾澄的呈

117

國立中山大學文學院用牋

第　頁

為畢業考察事請照原案分四組由

奉本月廿三日轉下
校長批文略稱関於畢業考察旅行事准將考察地点分為曲江及衡陽兩組每組准派領隊教授一人等由現經同学議決再懇請照向例並照原案將考察隊分為四組理由如下

(一)各系性質不同考察目的互異如強為牽合不特無補事功且有失考察意義

(二)前奉發下之請領考察費表格着每系聘定領隊教授一人生等業經依章商定教授領隊

中華民國　年　月　日

118

國立中山大學文學院用牋

第　頁

（三）本校歷屆畢業考察皆以系爲單位本年似

不能例外

爲此情理故懇請仍照原案分爲四隊每隊領

隊教授一人俾得成行實深

德便謹呈

文学院〻長吴村呈

校長金

中文系班代表何學機

英文系班代表王遂成

史学系班代表蘇寃章

哲学系班代表方健鵬代

謹呈

中華民國卅七年四月廿七日

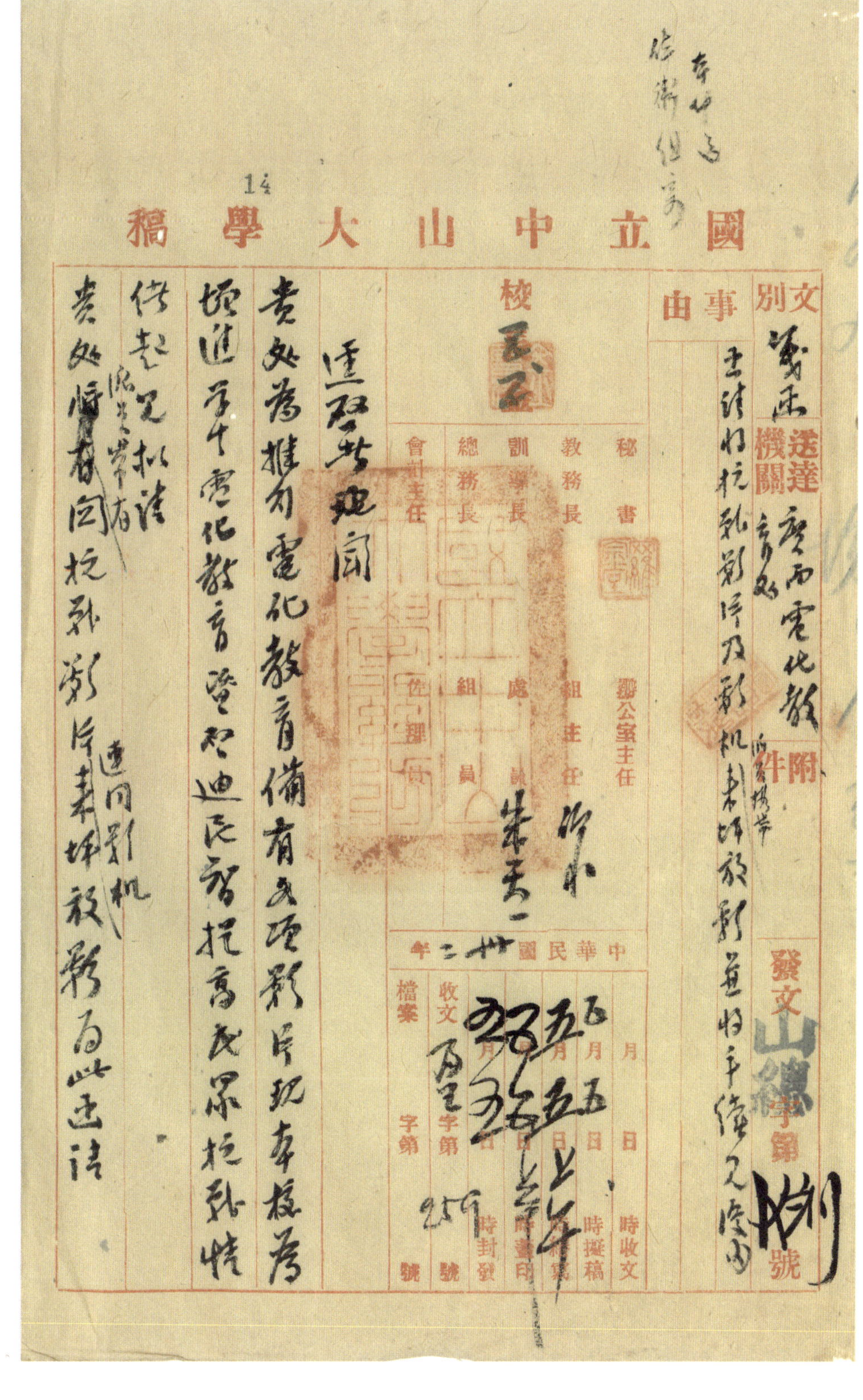
國立中山大學稿

文別	事由	校長
送達機關		秘書 / 教務長 / 訓導長 / 總務長 / 會計主任
附件		辦公室主任 / 組主任 / 處員 / 組員 / 佐理員
發文 字第 號		中華民國 年

收文	擬稿	繕寫	蓋印	封發	收文 字第 號	檔案 字第 號
月 日 時	月 日 時	月 日 時	月 日 時	月 日 時		

国立中山大学代理校长金曾澄关于派员来校放映抗战影片等情给广西教育厅电化教育处的笺函

15

查照惠予照辦並將有關手續見復為荷

此致

廣西教育廳電化教育處

代理校長金[illegible]

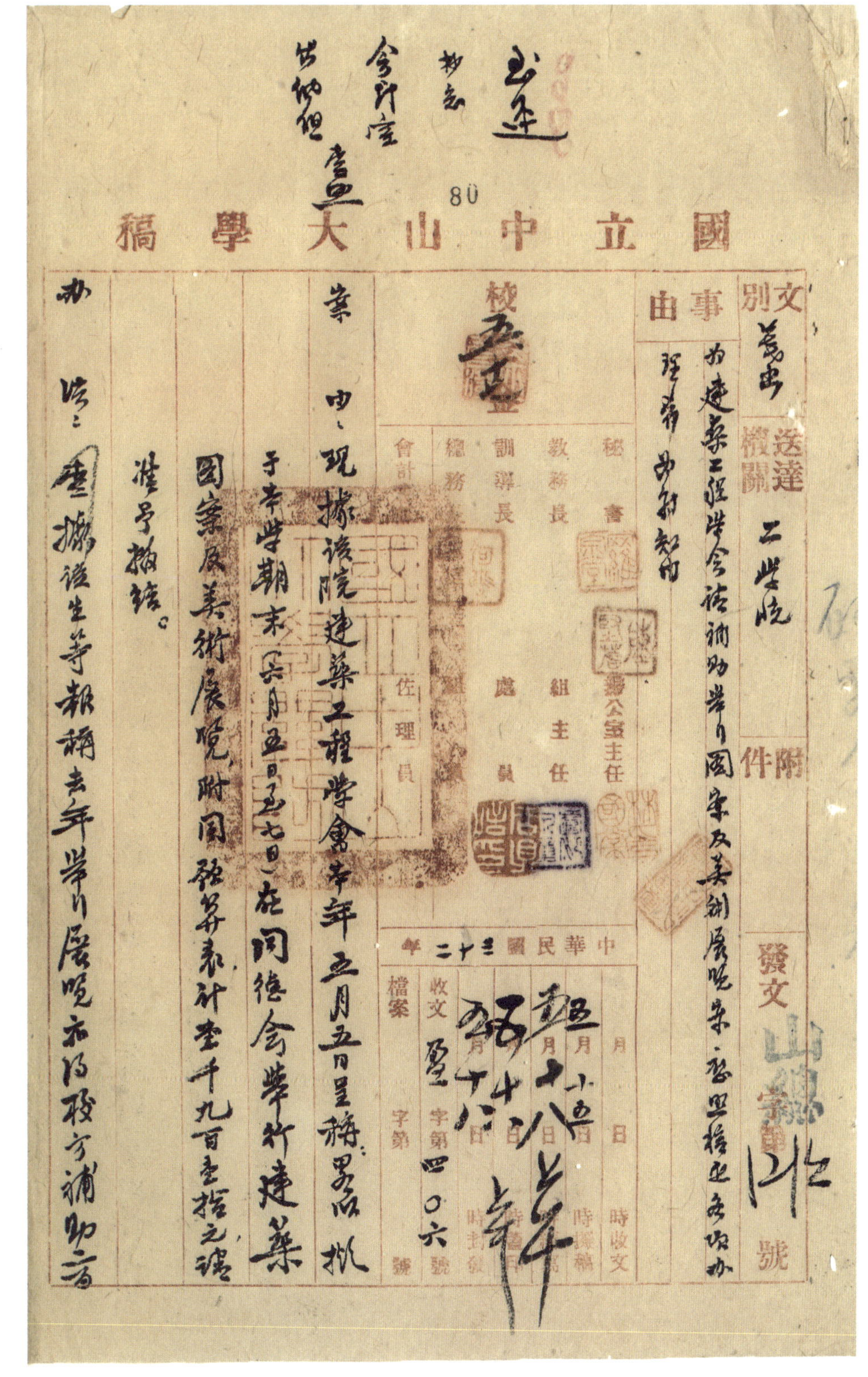

國立中山大學稿

文別：箋函

送達機關：工學院

事由：為建築工程學會請補助舉行圖案及美術展覽案，照准撥給由

案由：現據該院建築工程學會本年五月五日呈稱：「……於本學期末（六月五日至七日）在同德會舉行建築圖案及美術展覽，附同預算表計叁千九百叁拾元之譜……」

准予撥給。

中華民國三十二年

國立中山大学代理校长金曾澄关于建筑工程学会举行建筑图案及美术展览费用一事给工学院陈院长的笺函

八千餘元，懇該校擬俟後予補助等語，去年雖曾由校補助該項款數，惟給予補助費國幣肆百元；迄表列擔工費數一百八十元，可由該院工程代挑，所給茶資；至工作人員十四人津貼費為四百八十元，開銷過鉅，應自行縮減，以免虛糜，希為斟酌。

此致

工學院陳院長

代理校長金○○

国立中山大学教务处出版组关于请准印刷《经济科学》等情给代理校长金曾澄和教务长的笺函

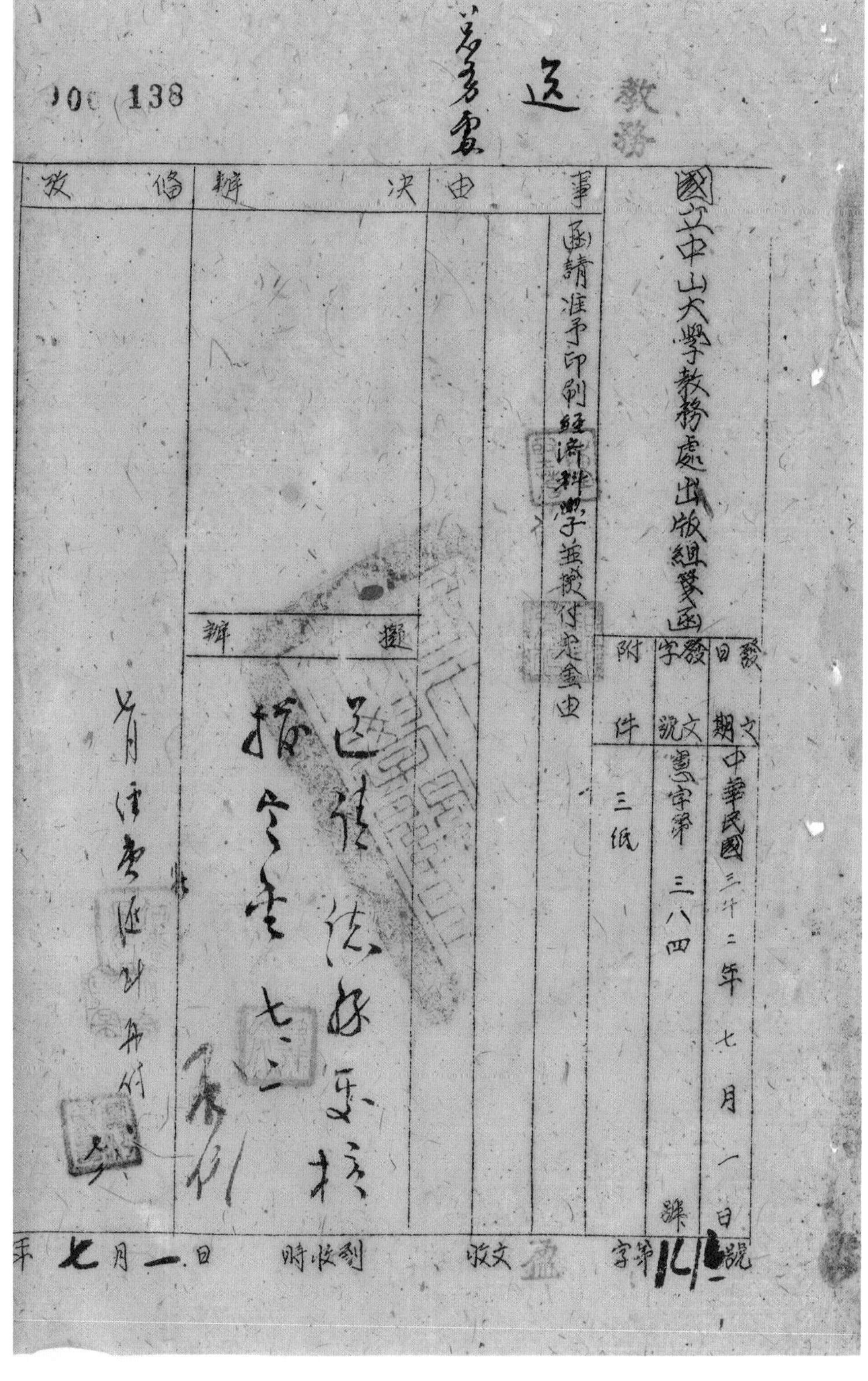
送

教務

138

國立中山大學教務處出版組箋函

事由：函請准予印刷經濟科學並撥付定金由

發文日期：中華民國三十二年七月一日

發文字號：惠字第三八四號

附件：三紙

擬辦

批示

修改

年七月一日　收到時　收文　字第　號

139

案由：經濟科學第〇卷第五期稿經由法學院編纂委組付印壹仟〇佰本

辦理意見：謹呈文匯、大成藝生 三間印刷廠報廉估價单叁張其中以文匯印刷廠估價最廉擬交該廠承印並請撥付國幣貳仟伍佰元為定印金

附註：按照本年預算分配科學刊物費每月玖仟元壹月至柒月止共應支科學刊物費陸萬叁仟元截至本日止本組共已領該項費國幣伍萬叁仟伍佰叁拾玖元零角零分正

附件：文匯、大成藝生三印廠估價单共叁紙

謹上

教務長鄧 轉陳

校長金

出版組主任羅時憲

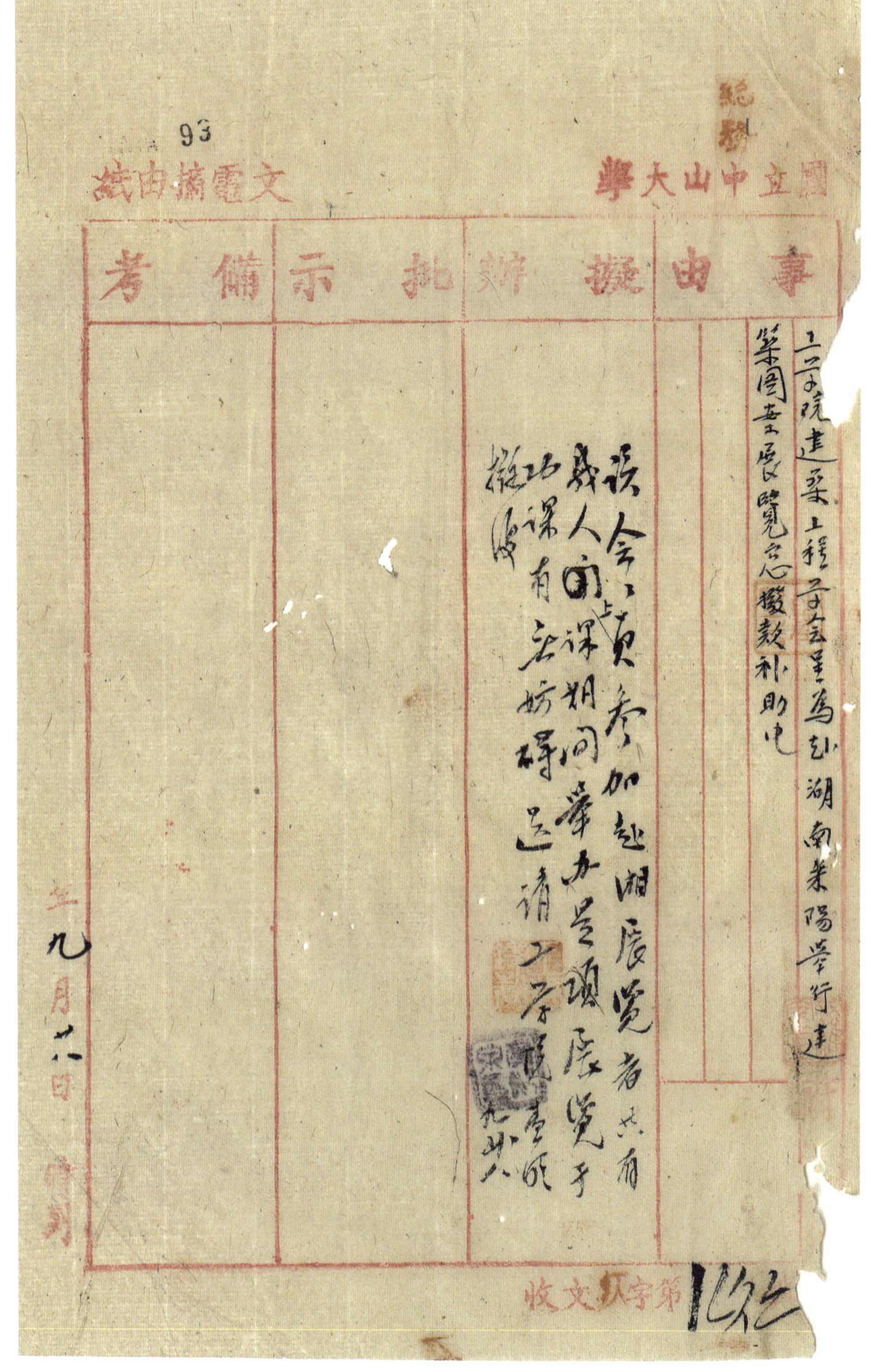

93

國立中山大學文電摘由紙

事由	擬辦	批示	備考
工學院建築工程學會呈為赴湖南耒陽舉行建築圖案展覽會懇撥款補助由	該會會員參加赴湘展覽者共有幾人，上課期間籌辦是項展覽，於功課有無妨碍，送請工學院查核 九.廿八 擬得		

年九月廿八日時到

收文字第　號

国立中山大学工学院建筑工程学会关于请拨款赴湖南耒阳举行建筑图案展览等情给代理校长金曾澄的呈

事由：為赴湖南耒陽舉行建築圖案展覽

懇撥款補助事

竊建築一科、早已濫觴歐西、古希臘之陵寢、羅馬之殿堂、皆為建築之偉跡、即中國之萬里長城、歷代帝王宮室、亦為偉構、特歐西往昔僅視建築為純粹藝術、而中國則視為工匠小技耳、近世科學精進、合建築結構於一爐、工程與藝術並重、建築學術、更形突飛猛進、摩天大廈如雨後春筍、競立於歐美各大都市、而建築學在中國、則仍被多數人所誤解、或目為雕蟲小技、或視與土木無殊、至數十年

來、建築學術，了无成績、窃以建國大業、百廢待
興、建築尤為萬端之首、此種積習、亟待矯正、自非
廣事宣傳不為功、本会有鑑於此、擬趁雙十節湖
南全省運動会之便、赴湖南舉行建築圖案展覽
惟本会經費困難、同学攜圖前往、旅費廣告等
開支、預算不下三千元、如此數目、实難籌借、用特懇請
鈞座撥款補助、以成盛舉、則匪特建築學術、得以
闡揚、而於校譽、亦有榮光、实深學便、謹呈
校長金

工學院建築工程學會謹呈

三十二年九月廿八日

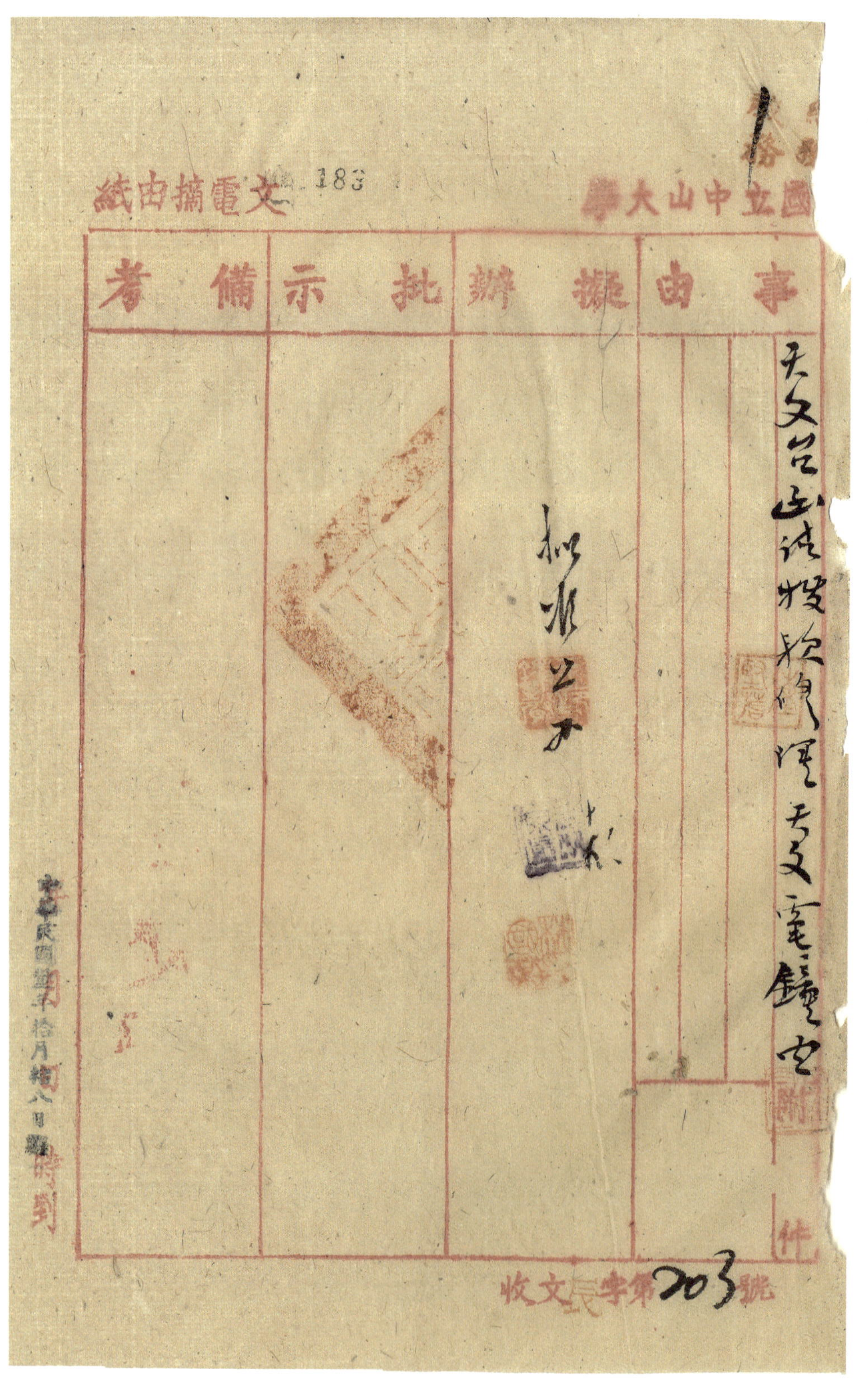
國立中山大學 文電摘由紙 183

事由	擬辦	批示	備考

中華民國 年 拾月 拾八日 時到

收文 字第 203 號

国立中山大学天文台主任邹仪新关于请拨款修理天文电钟一事给代理校长金曾澄的函

國立中山大學天文台用箋

No. 184

事由：為修理天文電鐘以利實習觀測請撥款由

案由：查本台子午儀室之天文電鐘因機件損壞而停晚致一切觀測無法舉行而天文組學生正擬趁晴天作實測論文不克補救此鐘遍訪坪石得劉時珍店號之機器匠商洽結果其技術似尚可司修理惟索價頗高再三商洽減為國幣伍佰元現付該店之估價單乙紙送呈

察核請　賜予照准早日撥款修理以應急需

為荷　此致

金代校長

國立中山大學天文台用牋

185

天文台主任鄒儀新

中華民國卅二年十月十六日

国立中山大学关于该校发刊《中山学报》系属文化宣传刊物的证明书

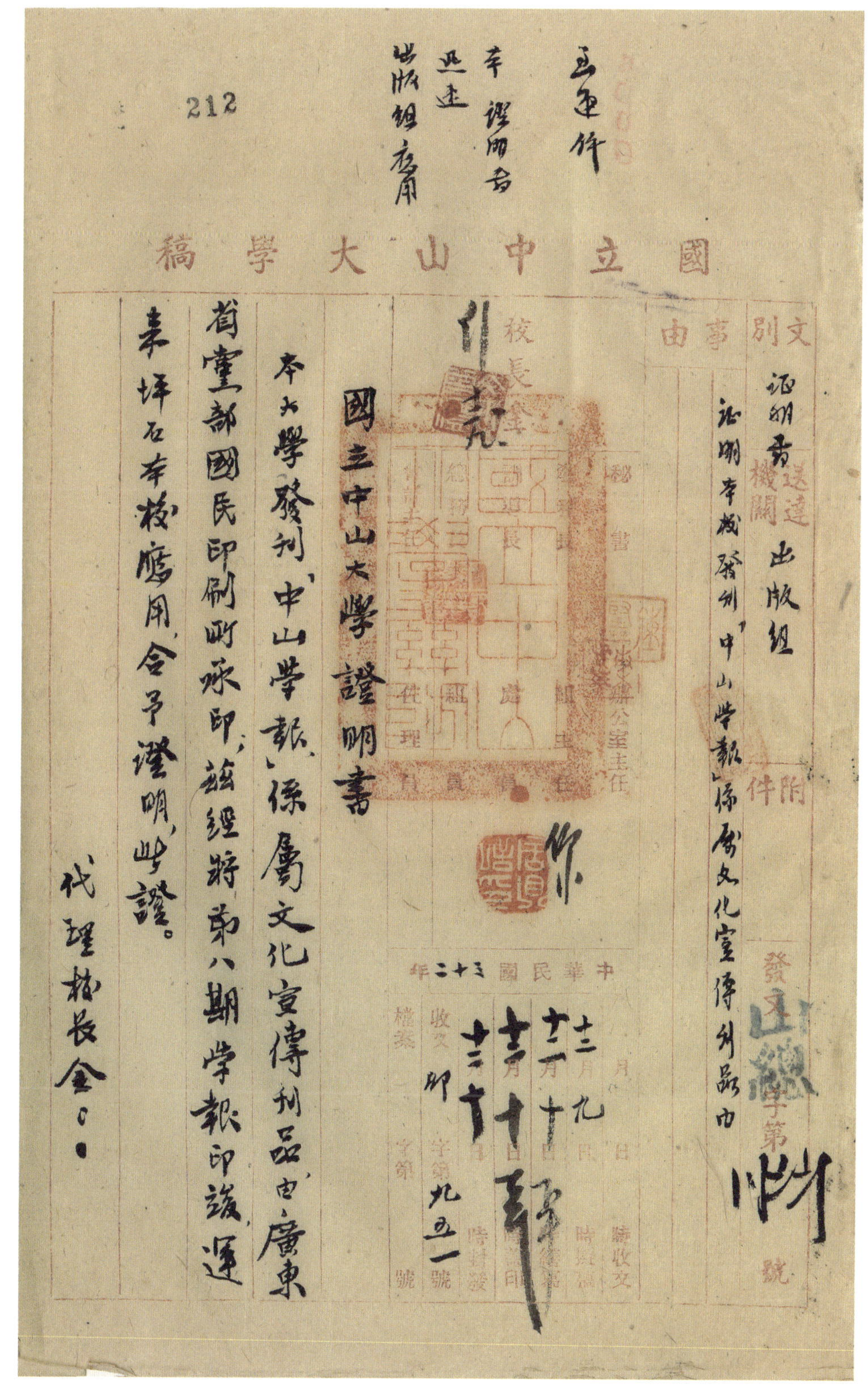

國立中山大學稿

文別：證明書

送達機關：出版組

事由：證明本校發刊中山學報係屬文化宣傳刊品由

國立中山大學證明書

本大學發刊中山學報，係屬文化宣傳刊品，由廣東省黨部國民印刷所承印，茲經將第八期學報印竣，運來坪石本校應用，合予證明，此證。

代理校長金○

中華民國三十二年十二月九日

国立中山大学代理校长金曾澄关于该校法学院毕业考察团减价购车票一事给粤汉及湘桂铁路管理局的公函

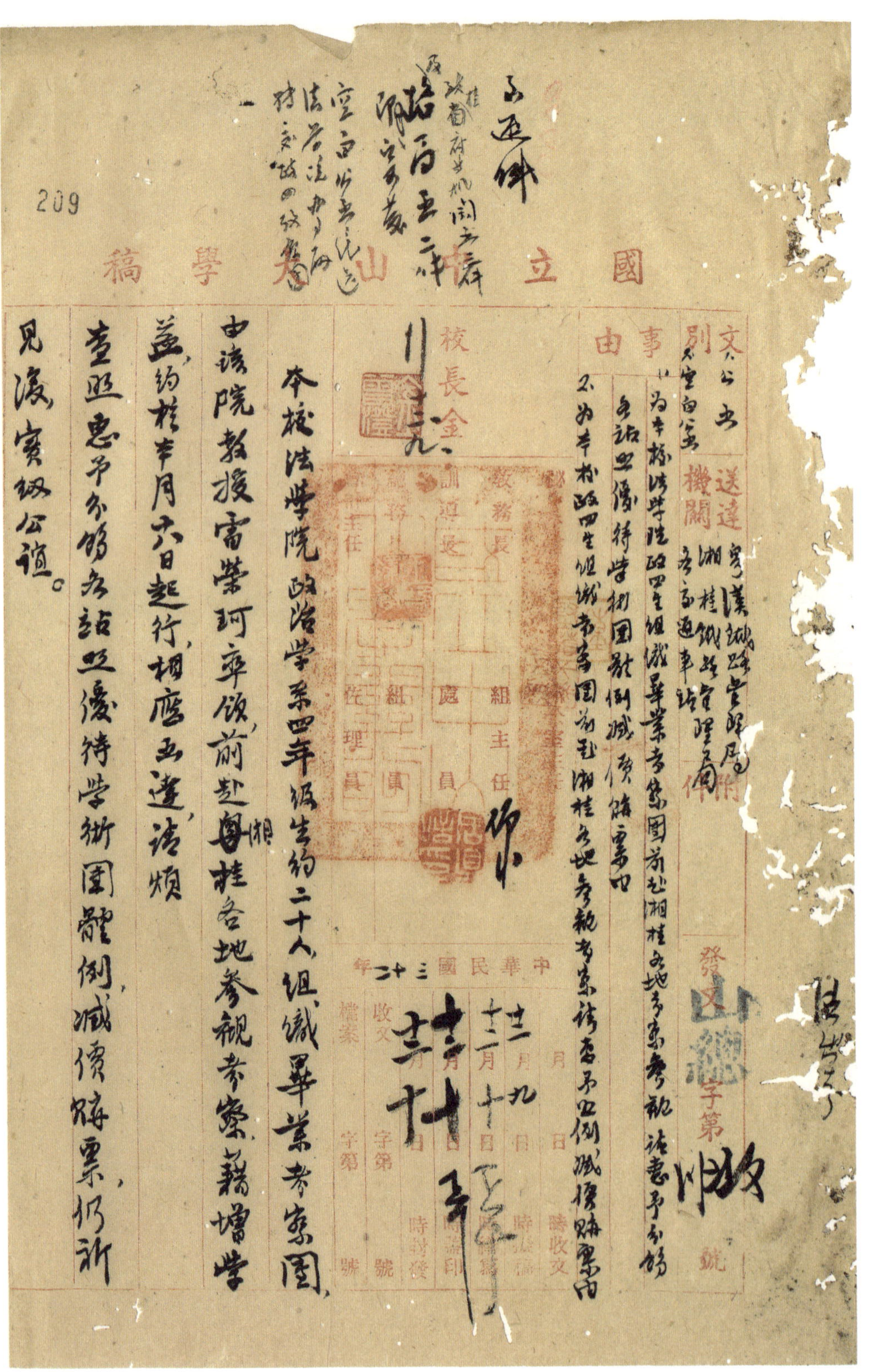

209

国立中山大学稿

文别：公函

送达机关：粤汉铁路管理局、湘桂铁路管理局

校长金

中华民国三十二年

本校法学院政治学系四年级生约二十人，组织毕业考察团，由该院教授雷荣珂率领，前赴粤湘桂各地参观考察，藉增学益，约于本月六日起行，相应函达，请烦查照，惠予分饬各站照优待学术团体例减价购票，仍祈见复，实纫公谊。

如擬

210

空白第十件

函

粵漢鐵路管理局

湘桂鐵路管理局

本校法學院政治學系四年級生約二十人組織畢業參觀團，

代理校長金〇〇

由該院教授雷榮珂率領前赴粵桂各地參觀考察，藉增學

請由口口鐵路管理局分飭各站[illegible]

益。相應備函介達，請煩

查照優待學術團體例減價購票，實紉公誼。此致

代理校長金〇〇

国立中山大学法学院庆祝一九四三年元旦暨迎新游艺大会经费预算表

法學院慶祝卅二年度元旦暨迎新游藝大會經費預算表

第一項 運動部	
第一目 藍球賽	一五〇、〇〇
第二目 排球賽	一〇〇、〇〇
第三目 乒乓賽	五〇、〇〇
第二項 戲劇部	
第一目 話劇演出	六五〇、〇〇
第二目 歌詠隊	五〇、〇〇
第三項 壁報部	
第一目 壁报出版賽	一〇〇、〇〇

第四項　游藝部　三〇〇、〇〇

第一目　象棋比賽

第二目　射虎

第三目　宿舍清潔比賽

第四目　個人住房清潔比賽

第五目　禮物交換

第五項　什費　一〇〇、〇〇

合計　一、五〇〇、〇〇

國立中山大學三十二年度學校曆

三十二年八月一日(星期日)……學年開始

二十日(星期五)……第一學期開學

廿一日至(星期六至)廿四日止(星期二止)……第一學期註冊

廿七日(星期五)休假……孔子誕辰(教師節)紀念日

三十、卅一日(星期一、二)……第一學期選課

九月一日(星期三)……第一學期上課

十月十日(星期日)休假……國慶紀念日

十一月十一日(星期四)休假……本校成立紀念日

十二日(星期五)休假……國父誕辰紀念日

三十三年一月一日(星期六)……中華民國開國紀念日

二日(星期日)休假……年假

十八日至(星期二起至)二十二日止(星期六止)……第一學期考試

二十五日至(星期二起至)卅日止(星期一止)休假……寒假

二月一日(星期二)……第二學期開學

二日起至(星期三起)……第二學期註冊

国立中山大学一九四三年度的校历表

八日止（星期□止）

九日（星期三、四）……第二学期註冊

十一日（星期五）……第二学期上课

三月二十九日（星期三）休假……革命先烈纪念日

四月五、六日（星期三、四）休假……春假

六月三日（星期六）……禁烟纪念日

五日起至（星期一起至）十日止（星期六止）……毕业考试

廿四日起（星期六起至）至廿九日止（星期五止）……第二学期考试

七月一日（星期六）……暑假开始

七日（星期五）抗战建国纪念日（五月九日国耻纪念廿日并国民月会合併举行）

卅一日（星期一）……学年终了

抄送

医科研究所

国立中山大学医学院一九四三年级毕业考察团章程

國立中山大學醫学院民卅二年级畢業考察團章程

一、定名：國立中山大學醫学院民卅二年级畢業考察團

二、宗旨：以實地考察粤湘桂医药衛生事業以增進学術研究為目的

三、團員資格：凡屬医學院民卅二年级同学均得為本團團員

四、組織：本團設團長一人由團員大會公决聘請之。本團組織分下列各股股之下設組均由團員充任之本團以全体團員大會為最高權力機關

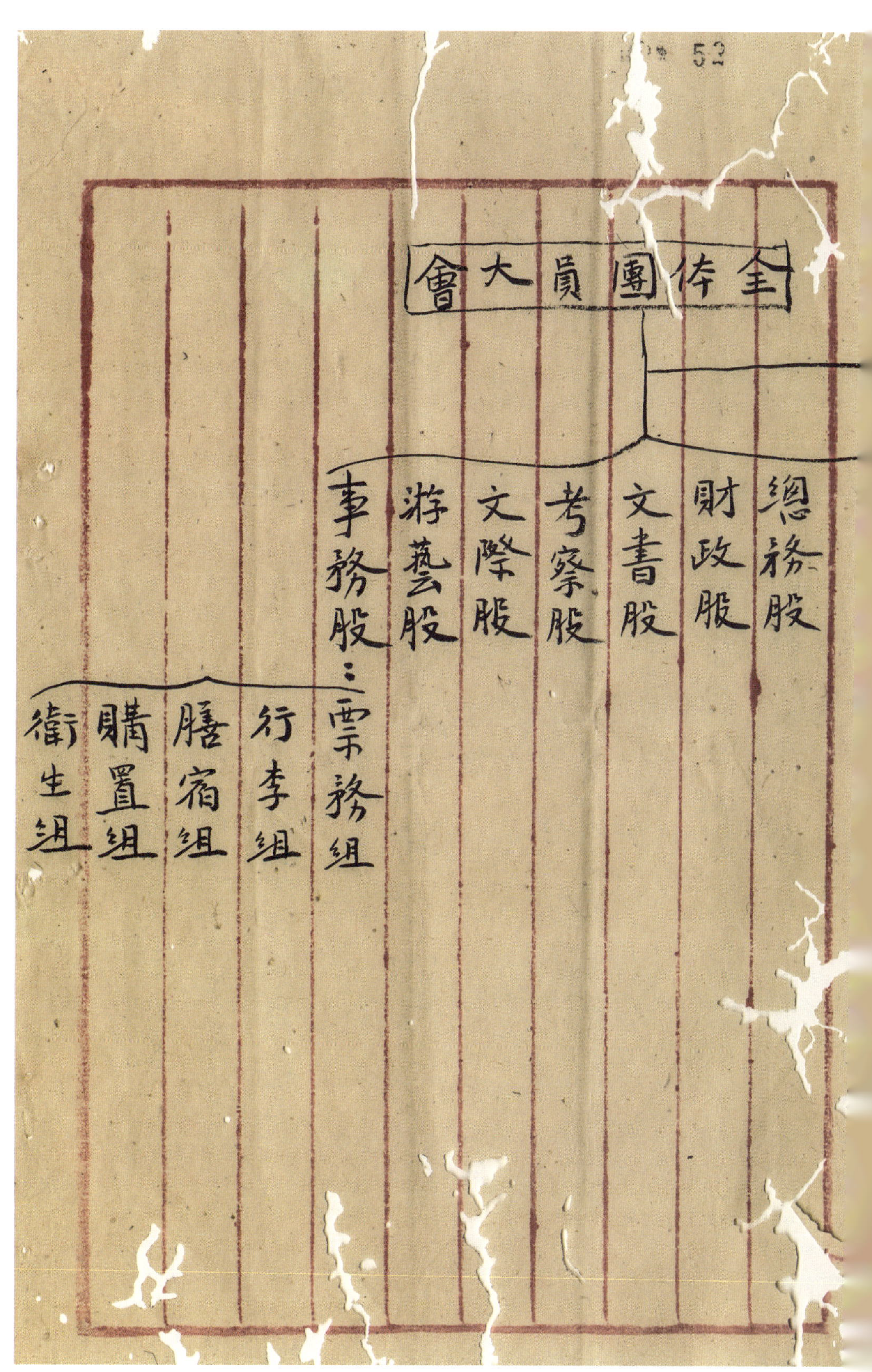
52
全体團員大會
總務股
財政股
文書股
考察股
交際股
游藝股
事務股
票務組
行李組
膳宿組
購置組
衛生組

53 53

五、職權：總務股負責本團一切對內對外事宜

財政股負責本團一切財政收支事宜

文書股負責本團一切來往文書事宜

考察股負責紀錄旅途各地醫藥衛生事宜

交際股負責本團一切對外交際事宜

游藝股負責調劑本團團員生活及對外聯〔絡〕歡事宜

事務股負責本團行李、票務、膳宿、衛生、購置事宜

六、經費來源：呈請學校發給

54

七、本章程呈請医學院轉呈學校核准施行之。

国立中山大学研究院一九四三学年度招考研究生考试时间表

國立中山大學研究院卅二學年度招考研究生考試時間表

日期 時間 科目	廿日（星期五）							
上午七時至八時	黨義（共同）							上午七時至八時
上午八時至十一時	英文（共同）							上午九時至十一時
下午一時至三時	國文（共同）							下午一時至三時
下午三時至五時	國學概要（中文部）	中國通史（史部）	考古學（史人組）	教育學（教部）	生物學（教心部）	植物分類學（農植部）	理論化學（土壤部）	下午三時至五時

廿一日（星期六）

中語組	中文組	史學組	史學組	教部	教心部	農植部	土良部
語言學（中語組）	詩歌學（中文組）	西洋通史（史學組）	人類學（史學組）	教育研究法（教部）	英文及英文修辭（與英系相當學致）；普通心理學（教心部）	植物生理學（農植部）	生物化學（土良部）
文字學（中語組）；英語音學（與英系相當學致）	詞曲學（中文組）	史學史（史學組）	社會學（史學部）	社會學（教部）	統計測驗（教心部）	植物形態學（農植部）	土壤學（土良部）
聲韻學（中語組）；英國文學（與英系相當學致）	中國文學史（中文組部）	史學方法（史學組）	民族學（史人組）	教育心理學（教部）	教育心理學（教心部）	植物生態學（農植部）	肥料學（土良部）

口試（共一日）

国立中山大学农学院一九四三年度上学期一年级各系组必选修课程表

農學院三十二年度上學期一年級系各系組必選修課程表

科目	擔任教授或講師姓名	年級	必修或選修	每週講授時數	每週實習時數	學分數	備註
倫理學	朱明光	一	必	二		二	一學年四學分
動物學	蒲蟄龍	一	必	二	三	三	實習分三組
植物學	蔣英	一	必	二	二	三	一學年六學分實習分兩組
數學	陸覲成	一	必或選	二		二	農藝組森林系及農化系必修，其餘選修
農學概論	丁穎 溫文光 林亮東	一	必	二		二	一學年四學分
經濟學及農業經濟	黃卓豪	一	必	[illegible]		二	
國文	毛湘澄	一	必	二		二	一學年四學分分二組授課
英文	陳瑞華	一	必	四		四	一學年八學分分二組授課

化學	梁紫珊	一	必	三		三	一學年六學分
黨義	朱明光	一	必	二		一	一學年二學分
體育	王應杰	一	必		二	〇	
軍訓	林啓戰	一	必	二	二	〇	
農場實習	李慶魁	一	必		四	一	一學年二學分分二組實習

国立中山大学研究院一九四三学年度第一学期课程表

研究院卅二學年度第一學期課程表

所部別	科目	學分	担任教授	必修或選修	備考
文科研究所中國語言文學部	語言學理論及方法	3	岑麒祥教授	必	語言學組一年科目共六學分（一二年級）
	實驗語音學	3	岑麒祥教授	必	（一二年級語言組）
	中國文學理論及方法	3	林文錚 李笠教授	必	一年科目共六學分（一二年級文學組）
	文藝批評與創作	3	林文錚教授	必	（一二年級文學組）
	文學專籍研究	3	李笠教授	選	（一二年級文學組）
	訓詁學專題	3	李笠教授	選	（一二年級文學組）
	比較文學	3	林文錚教授	選	（一二年級文學組）
	民間文藝研究	3	鍾敬文教授	選	（一二年級文學組）

文科研究所歷史學部

科目	學分	教授	必/選	備注
法文	3	岑麒祥、林文錚教授	選	(二三年級各組)
史學理論及方法	3	朱謙之教授	必	一年科目共六學分(二三年級史學組)
專門史	3	朱謙之、黃延毓、容肇祖教授	必	(二三年級史學組)
文化專題	3	陳安仁、黃延毓教授	~~必~~選	(二三年級史人組)
近代史專題	3	朱謙之、黃延毓教授	選	(二三年級史學組)
人類學理論及方法	3	楊成志教授	必	一年科目共六學分(二三年級人類組)
考古學專題	3	楊成志教授	必	(二三年級人類組)
中國邊疆研究	3	楊成志教授	選	(二年級人類組)
中國民族政策史	3	胡體乾教授	選	(二三年級史人組)
論文研究		各指導教授	必	(二三年級各組)

師範研究所教育學部				
教育專史研究	3	崔載陽教授	必	
課程研究	3	朱有光教授	必	
教育研究法	3	崔載陽 陳一百教授	必	（一年級）
三民主義研究		嚴明先生	必	（一年級）
師範研究所教育心理學部				
系統心理學		陳一百 郭一岑教授	必	
感覺與知覺及其發展		郭一岑教授	必	
專書研究		郭一岑教授	必	
統計方法		陳一百教授	補習	
遺傳學		張作人教授	選	
社會調查		胡體乾教授	選	

所部	科目	學分	教員	必修
農科研究所土壤學部	英文習作			
	高級土壤分析學	3	謝申教授	必
	土壤分類及調查	3	鄧植儀教授	
	土壤管理學	3	鄧植儀 謝申教授	必
	土壤專題研究	2—3	鄧植儀 謝申教授	必
	土壤問題討論	2	全体員生	必
農科研究所農林植物學部	植物學用拉丁文	2	蔣英教授	必
	植物形態學	2	蔣英教授	必
	德文	2		必
	書報討論		蔣英教授 梁寶漢先生	必

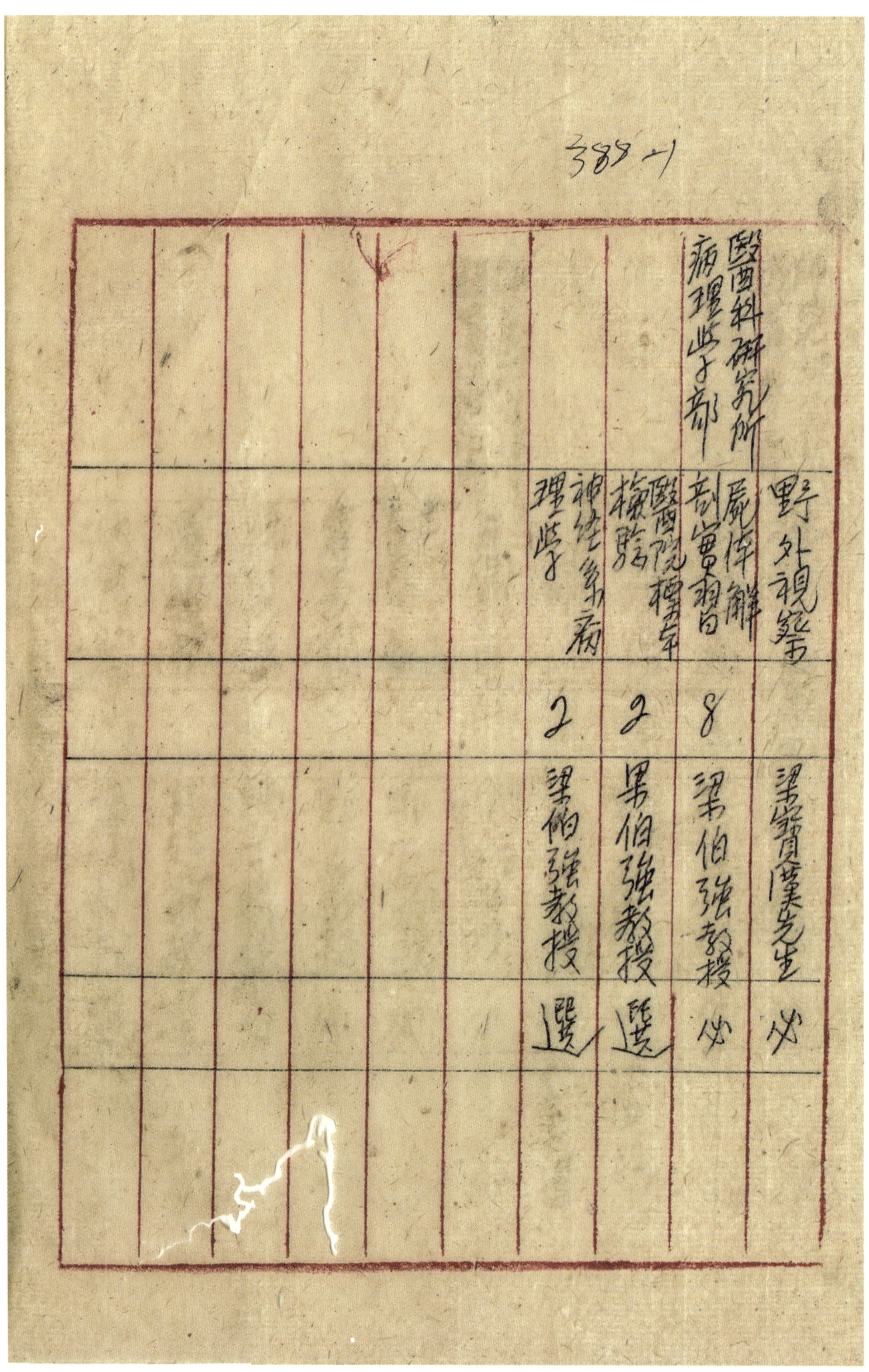
388-1

醫科研究所病理學部	野外視察		梁寶廉先生	必
	屍体解剖實習	8	梁伯強教授	必
	醫院標本檢驗	2	梁伯強教授	選
	神經系病理學	2	梁伯強教授	選

《中山学报》第二卷第二期目录

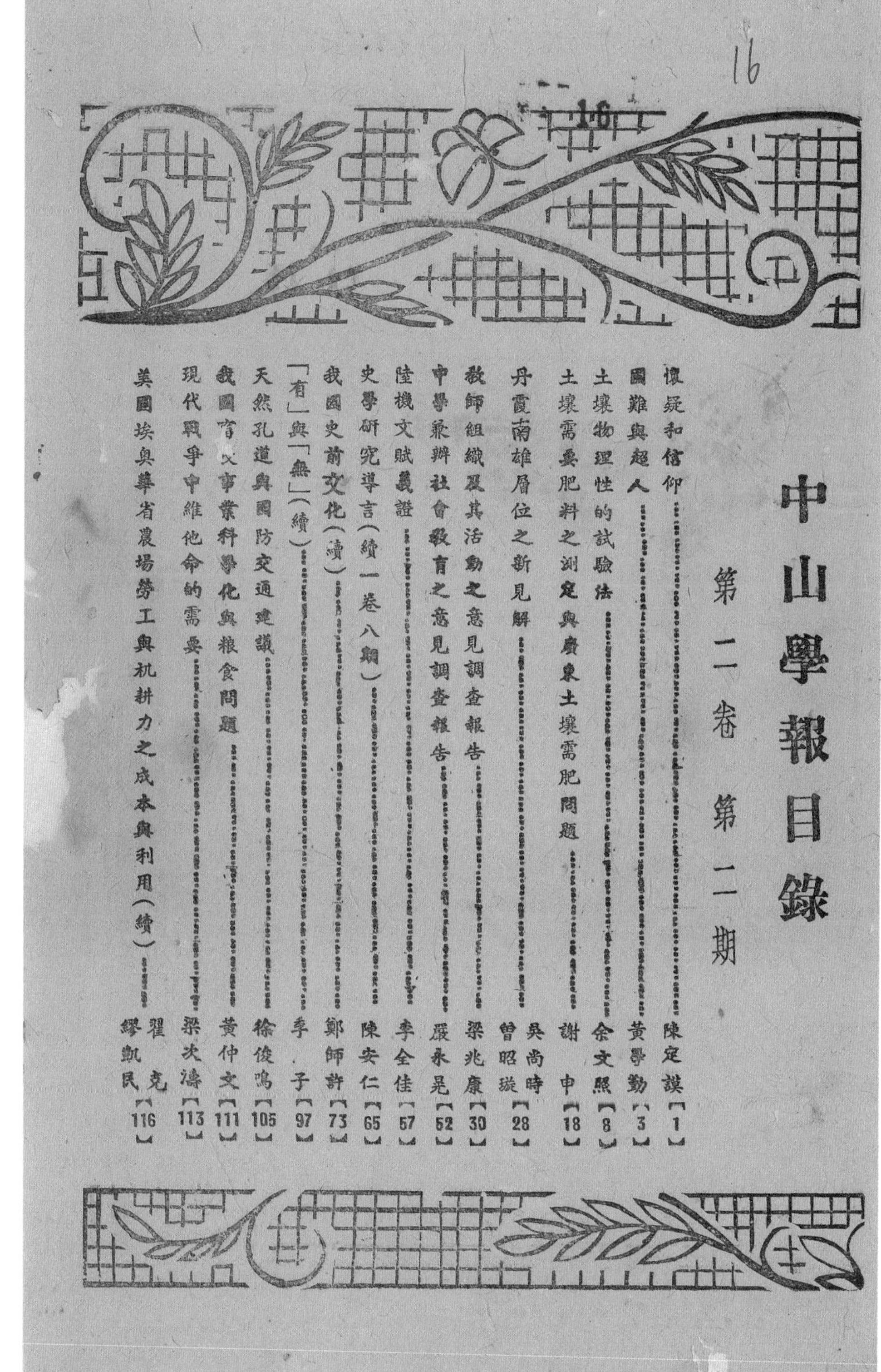

中山學報目錄

第二卷　第二期

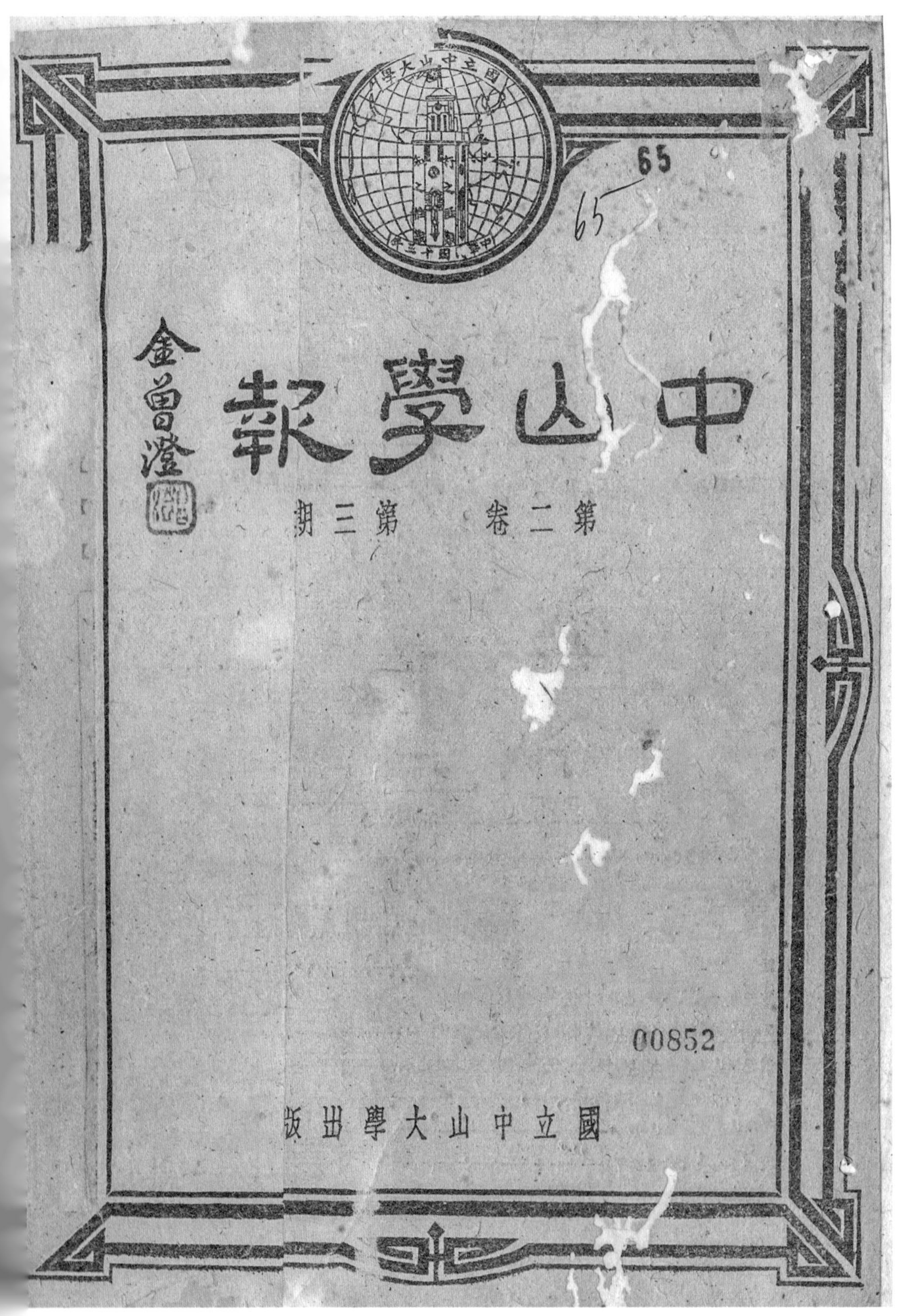

《中山学报》第二卷第三期封面及目录

66

中山學報目錄

第二卷　第三期

地質學專號

国立中山大学农学院土壤调查所所长邓植仪关于请准拨款印刷连县等五县土壤调查报告书等请给邓院长的笺函

28

國立中山大學農學院土壤調查所箋函

發文日期	發文字號	附件
民國三十三年九月廿一日	土字第101號	如文

事由：函請校長准予撥款印刷連縣等五縣土壤調查報告書及土壤圖事

決辦：擬辦：擬照 虎 九 廿一

備考

案由：查本所自遷回粵北後，對於土壤調查工作經繼續積極進行，計十年來已完成粵北方面之連縣、樂昌、南雄、仁化、始興、乳源

民國三十三年 月 日收文 字第 號

陽山連山等八縣土壤調查其中連縣樂昌南雄仁化始興等五縣之報告書及圖表經已編製完成祇以該項印刷費前經請出版組估價每縣印五百份約需二萬餘元五縣共須十二三萬元一時不易多籌措致未能即行付印前曾函請 教部編譯館補助前接張北海先生函復經將此項請求簽呈 陳部長核示已承俞允由部補助約八萬元其餘不足之數由部命本校補足並囑即商請 校長先行付印免受物價再漲之苦等由爲此備函連仝 張北海先生來函送請察轉准予先行墊撥款項以使辦理付印爲荷

此上

院長鄧

附張北海先生復函乙件

土壤調查所所長鄧植儀

一九四四学年度第一学期中山大学先修班概况报告表

存

三十三学年度第一学期國立中山大学先修班概況报告简表

	班级数				学生数				教員数				職員数			
	共計	文组	理组	醫農组	共計	文组	理组	醫農组	共計	專任	兼任(一)	兼任(二)	共計	專任	兼任(一)	兼任(二)
共計	5	2	2	1	256	104	98	54	32	10		22	10	8		2
男					204	74	97	33	29	8		21	7	5		2
女					52	30	1	21	3	2		1	3	3		

附：歷年度已辦班级数及修業期滿学生数简表

学年度	班级数	修業期滿学生数			備註
		計	男	女	
年度					三十二年度以前班级數及修業期滿学生数因坪石淪陷卷宗散失無從可查留備註列
年度					
年度					
年度					
年度					
年度					
年度					
三十二年度	5	357	279	78	

說明：1、兼任(一)係指由他校、職员及其他机関職员兼任者
2、兼任(二)係指由大学部教職员兼任者

三十四年七月十日編製
班主任 蕭錫三
主辦統计人员 陳粤夫

国立中山大学医学院病理学研究所试验题目

473

本学期兹将试验题目列后：

（一）试述肺炎（Pneumonie）之组织变化

（二）试述慢性肺结核症（Chronische Lungentuberkulose）之肺脏变化

（三）试述慢性胃溃疡（Chronische Magengeschwür）之形状、位置以及发生

（四）试述胃癌（Magenkarzinome）之形状以及其结果

（以上四条题目可任择两条答覆）

梁伯强　十二月十二

國立中山大學醫學院　病理學研究所　廣東樂昌

国立中山大学关于感谢李约瑟教授光临农学院指导及请其代购目前所需图书仪器药品的函

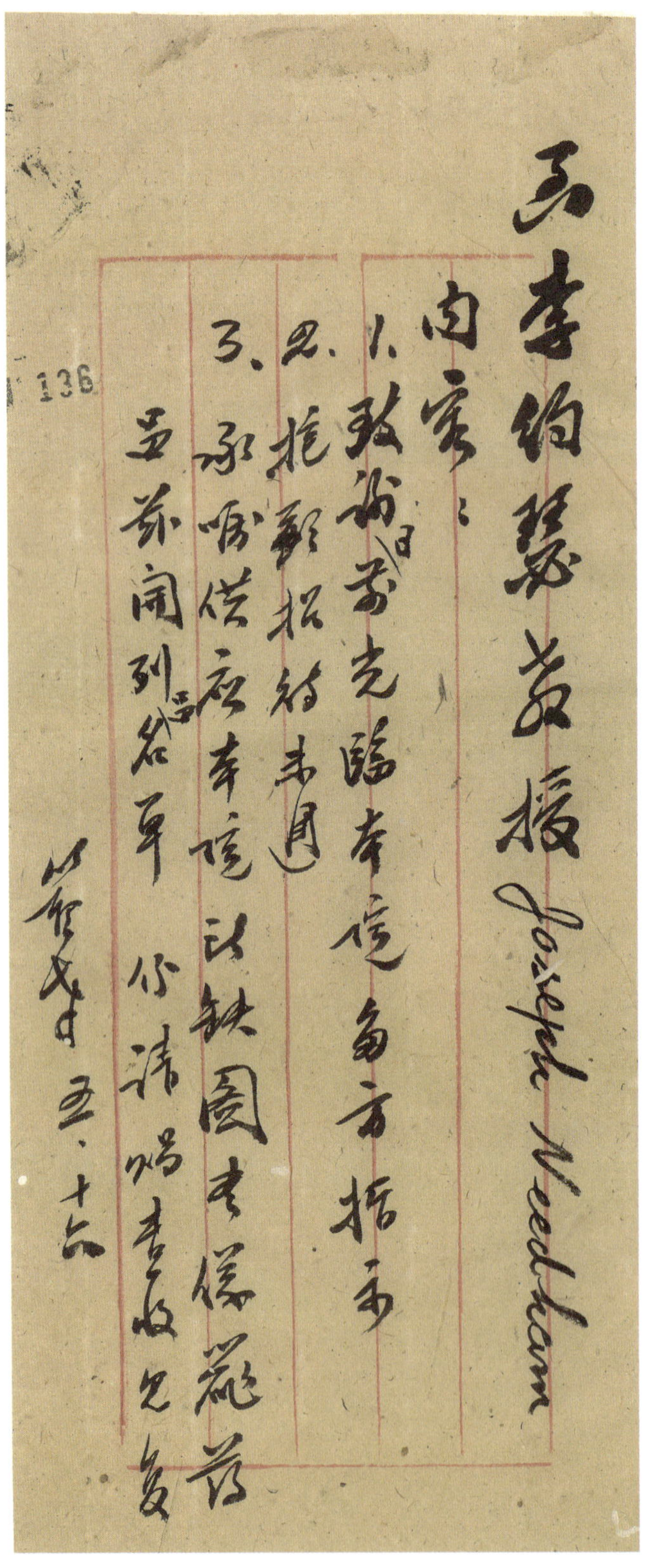

致李约瑟教授 Joseph Needham

内容：

1、致谢台端光临本院多方指示

2、推荐[illegible]

3、承嘱供应本院所缺图书仪器药品

[illegible]开列各单 [illegible]请嘱寄发

[illegible] 五、十六

国立中山大学关于洪深教授率领外文系四年级学生赴耒阳等地考察并请沿途军警关卡予以保护放行的证明书

本大學文學院外國語文學系四年級生八人，由該系教授兼主任洪深，率領前赴湖南耒陽、衡陽等地考察實習，藉增學益，沿途所經駐防軍警長官暨關卡車站，應即驗照，准予分別保護通行，此證。

右給本大學文學院外國語文系教授兼主任洪深收執

代理校長張。

空白公函
四件

66

文学院朱院長

附送通行證明書一份 優待車費介函 四份

代理校長 張。

本校文學院外國語文學系四年級生八人由該系教授兼主任洪深率領前赴湖南耒陽、衡陽等地考察實習，藉增學益，相應備函介遣，請煩查照優待學術團體例減收車費，實紉公誼，此致

國立中山大學代理校長張。

國立中山大學證明書

国立中山大学理学院地质系粤汉路沿线实习预算表

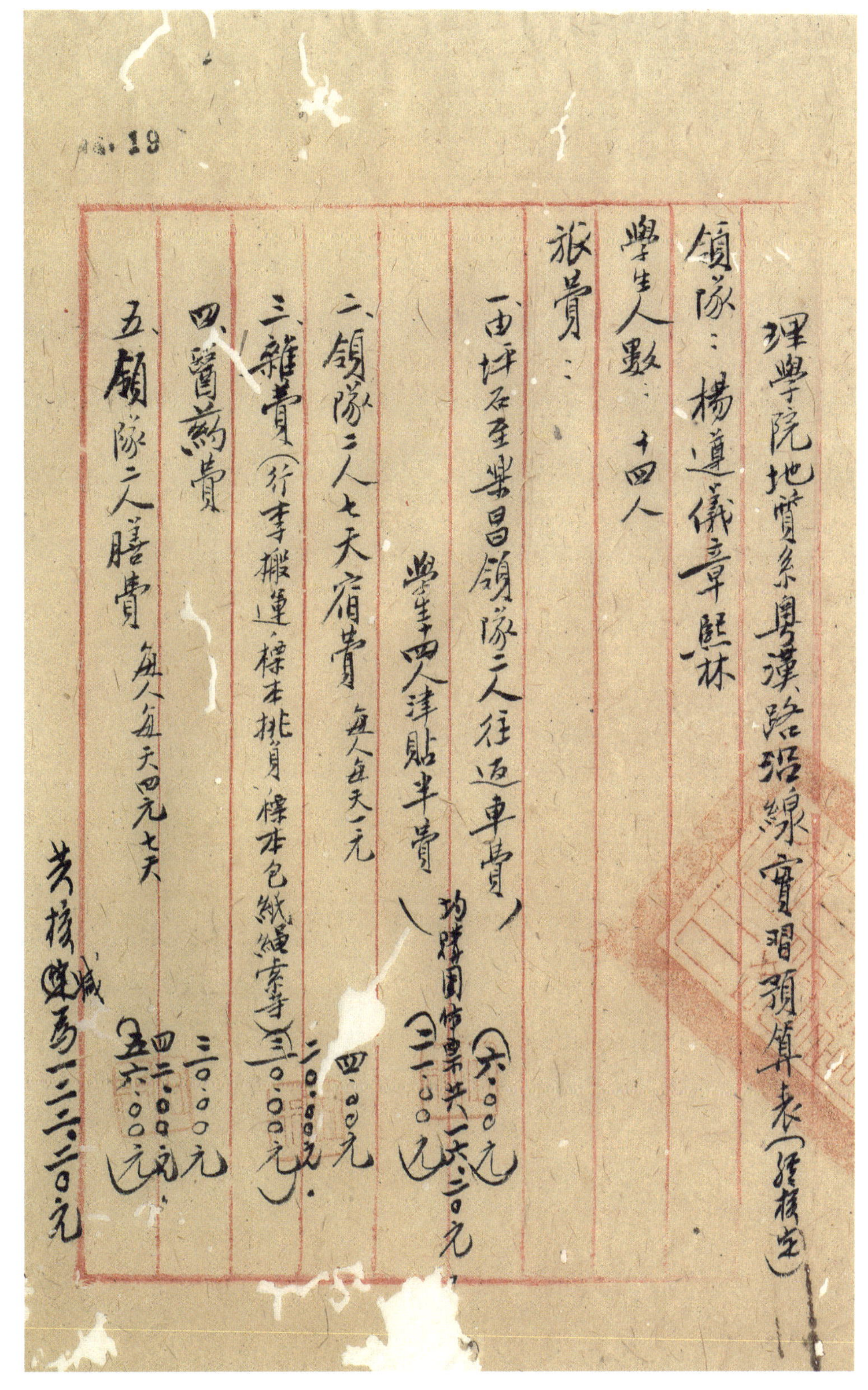

理學院地質系粵漢路沿線實習預算表（經核定）

領隊：楊遵儀 章熙林

學生人數：十四人

旅費：

一、由坪石至樂昌領隊二人往返車費 （六.〇〇元）

學生十四人津貼半費 （三一.〇〇元） 均係固定之費共一六〇.〇〇元

二、領隊二人七天宿費 每人每天一元 四〇.〇〇元

三、雜費（行李搬運、標本挑負、標本包紙繩索等） （三〇.〇〇元）

四、醫藥費 二〇.〇〇元

五、領隊二人膳費 每人每天四元七天 五六.〇〇元

共核減為一二三.〇〇元

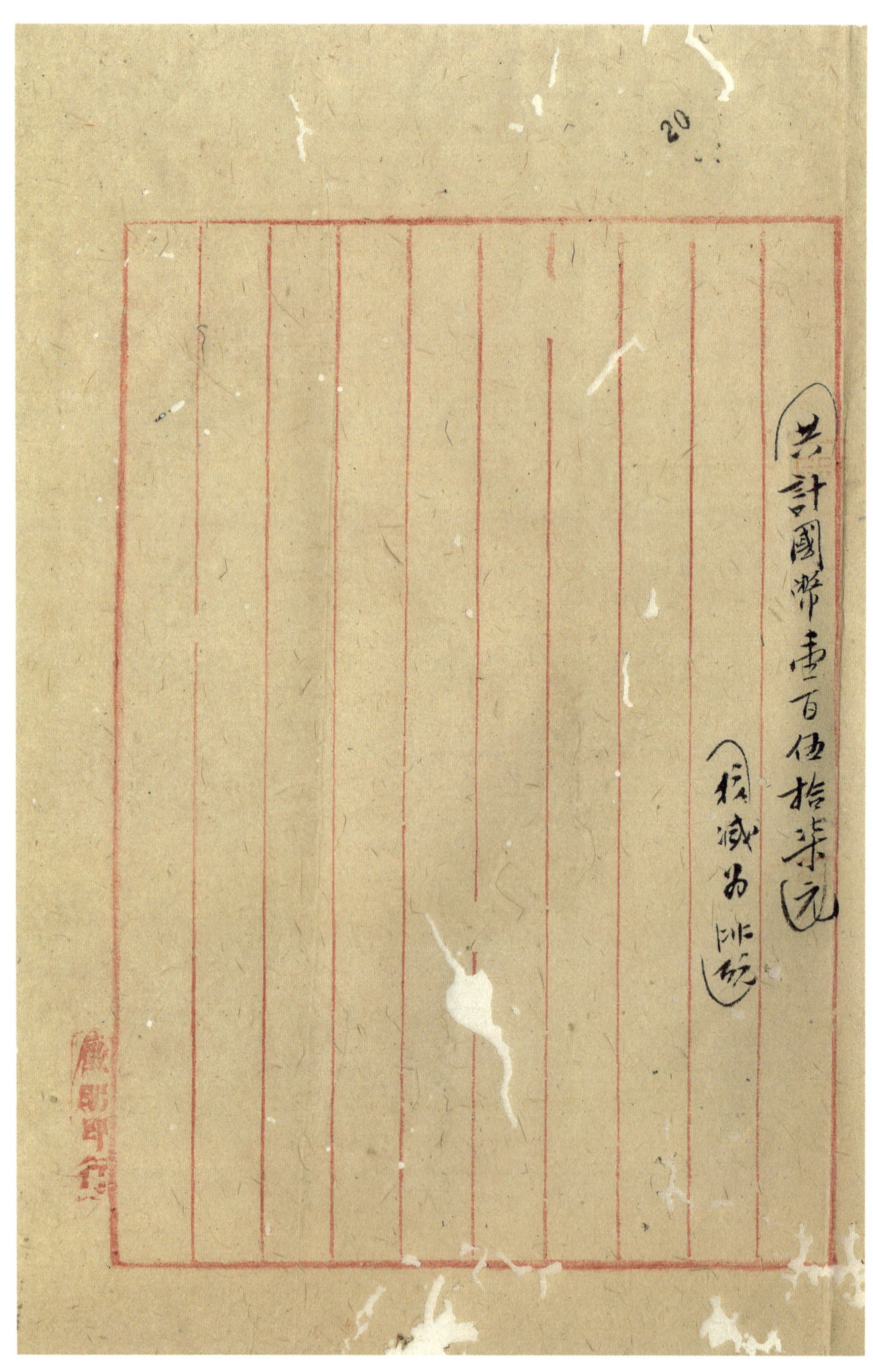
20

共計國幣壹百伍拾柒元

(捐減為附繳)

国立中山大学通行证明书样式

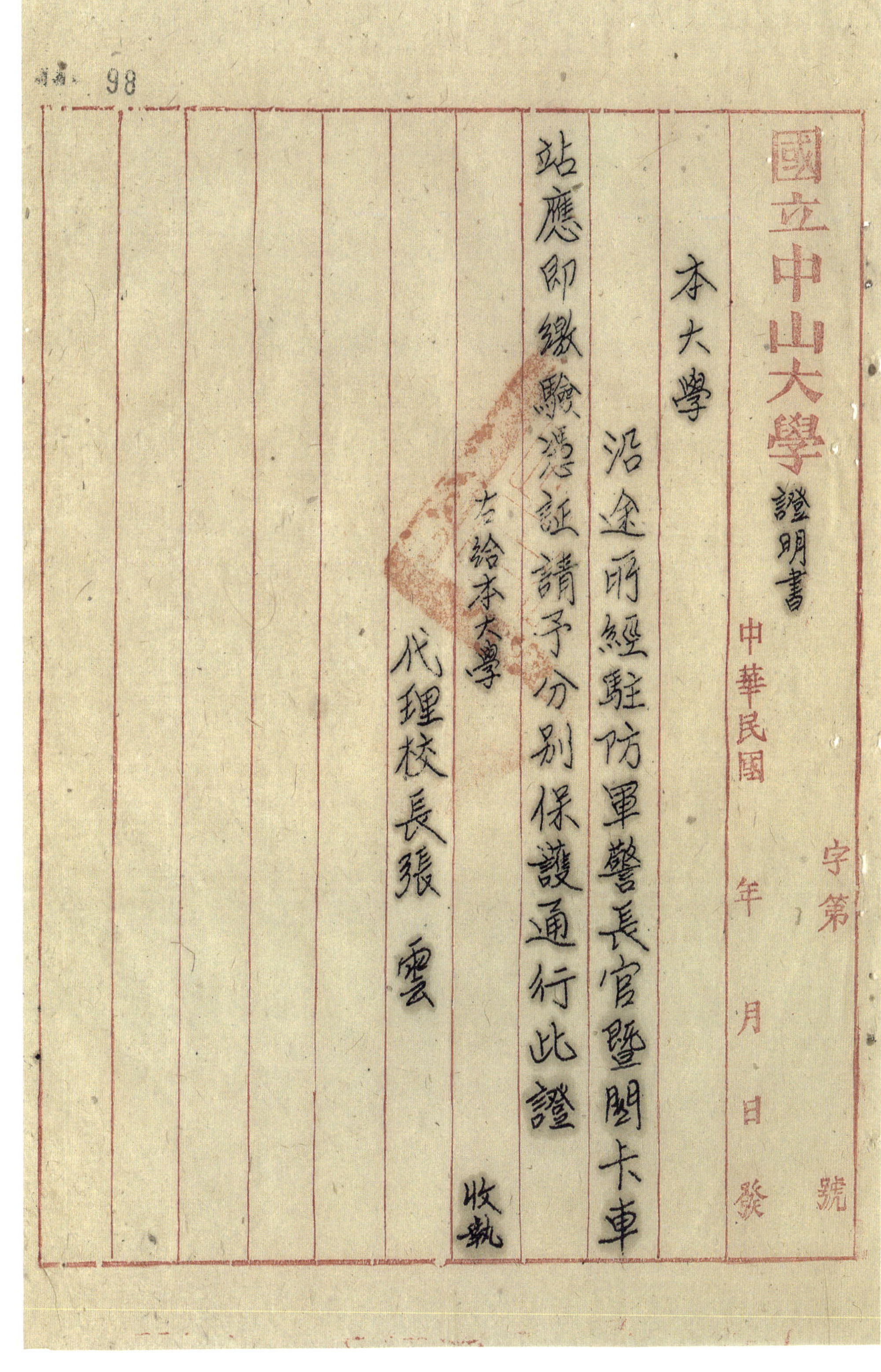

98

國立中山大學證明書　　字第　　號

本大學

沿途所經駐防軍警長官暨關卡車站應即繳驗憑証請予分别保護通行此證

右給本大學　　收執

代理校長張　雲

中華民國　　年　　月　　日發

國立中山大學理學院用牋

理學院各學系四年級生畢業考察地點人數一覽表

系別	考察地點	考察日期	領隊姓名	參加學生人數	領隊共需旅費	學生共需補助費	備考
數天系	衡陽、桂林、柳州	五日	趙卻民	四人	九五〇〇	四〇〇〇〇	
物理系	南雄、南康、大庾、贛州	十日	朱志滌	二人	一六九六〇	二〇〇〇〇	
化學系	衡陽、桂林、柳州	十二日	蕭錫三	八人	二〇八〇〇	八〇〇〇〇	
生物系	衡陽、桂林、陽朔	十一日	張作人、于志匡	八人	二六七八〇	八〇〇	
地質系	連縣、星子	十五日	陳國達	四人	一三〇〇〇	四〇〇	
合計					八四三四〇	二六〇〇〇〇	

第　頁

中華民國　年　月　日

国立中山大学理学院各学系四年级生毕业考察地点人数一览表

未縮減前領隊人數及費用表

理學院各學系四年級生畢業考察地点人數一覽表

系別	考察地点	考察日期	領隊姓名	參加學生人數	領隊共需旅費	學生共需舟車費	備考
數天系	衡陽、桂林、柳州	十天	趙卻民	四人	一五〇〇〇	六〇〇〇〇	
物理系	南雄、南康、大庾、贛州	十五天	朱志滌	二人	一〇九六〇	一九八四〇	
化學系	衡陽、桂林、柳州	十六天	蕭錫三、袁文奎	八人	三四〇〇〇	五六〇〇〇	
生物系	衡陽、桂林、陽朔	十四天	張作人、于志臣、唐瑞斌	八人	三五〇〇〇	三六七六〇	
地質系	大庾、南康、贛州、上猶、崇義	二十天	陳國達、司徒穗卿	四人	二七四八〇	四八〇八〇	

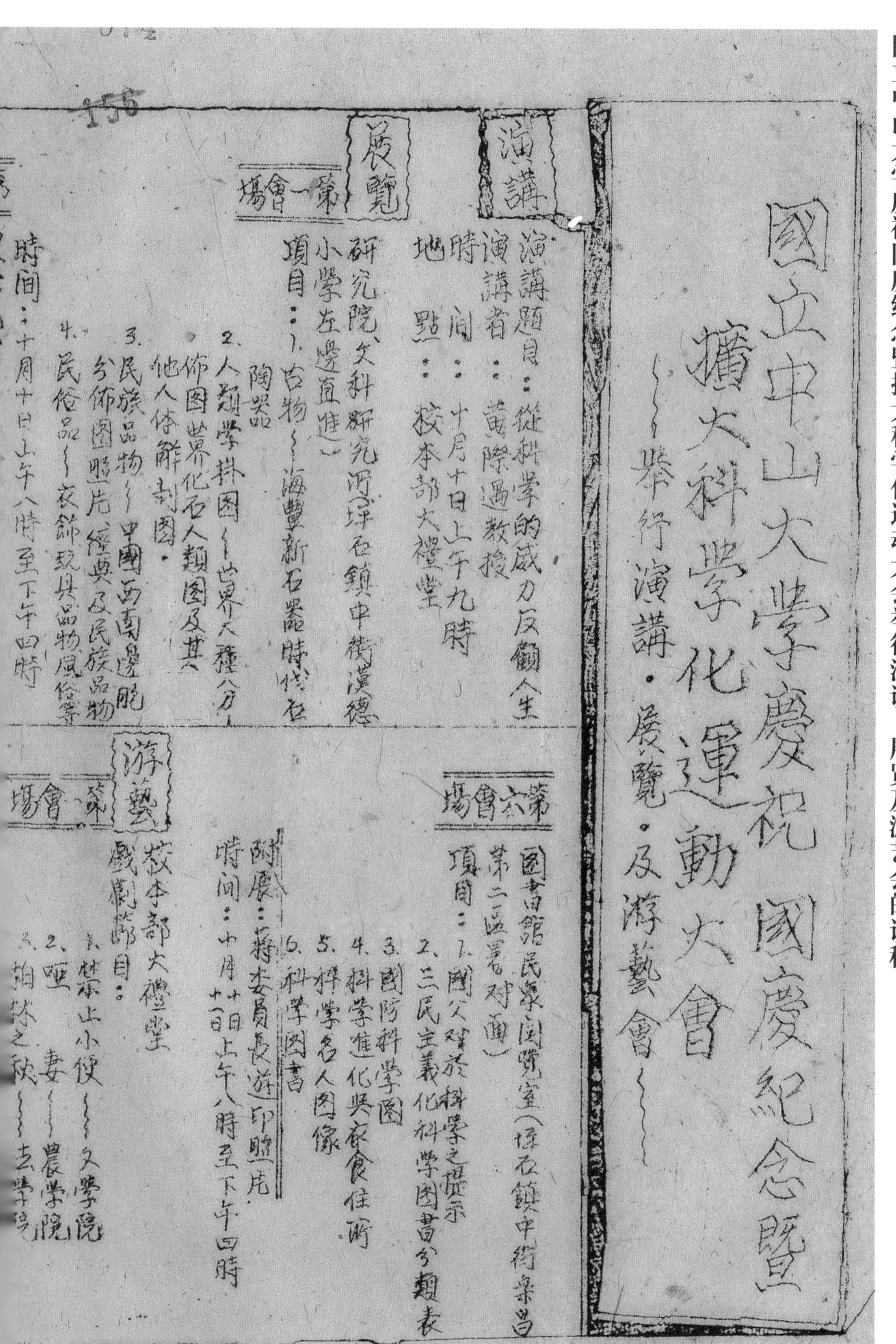

國立中山大學慶祝國慶紀念暨擴大科學化運動大會

——舉行演講·展覽·及游藝會——

演講

演講題目：從科學的威力反顧人生

演講者：黄際遇教授

時間：十月十日上午九時

地點：校本部大禮堂

展覽

第一會場

研究院文科研究所（坪石鎮中街漢德小學左邊直進）

項目：1.古物～海豐新石器時代石陶器

2.人類學掛圖～世界人種分佈圖、世界化石人類圖及其他人体解剖圖。

3.民族品物～中國西南邊疆分佈圖照片、經典及民族品物

4.民俗品～衣飾玩具品物風俗等

時間：十月十日上午八時至下午四時

第六會場

圖書館民衆閲覧室（坪石鎮中街桑昌第二區署對面）

項目：1.國父對於科學之提示

2.三民主義化科學圖書分類表

3.國防科學圖

4.科學進化與衣食住行

5.科學名人圖像

6.科學圖書

附展：蔣委員長遊印照片

時間：十月十日上午八時至下午四時

游藝

第一會場

校本部大禮堂

戲劇節目：

1.禁止小便～文學院

2.啞妻～農學院

3.狗林之秋～法學院

国立中山大学庆祝国庆纪念暨扩大科学化运动大会举行演讲、展览及游艺会的议程

157

圖數學模型、毒氣防護圖
表、化學儀器、習見動物標
本、習見植物標本、岩石標本、

2. 表演方面：—天文觀測、化學遊戲、下等生物之生活觀察。

第三會場

時間：十月十日上午八時至下午四時

工學院（三星坪—由汽車站沿公路直進）

項目：1. 發動機工作實習、機械工程儀器

2. 建築工程圖案及模型

3. 土木測量儀器、化工實驗、電工實驗。

第四會場

農學院（栗源堡—由汽車站沿公路直進）

時間：十月十日上午八時至下午四時

第五會場

醫學院（樂昌縣城天后宮）

（第四第五會場展覽項目及時間至當地公佈）

會場

時間：十月十日下午六時

2. 音樂：馬思聰、黃友棣諸先生演奏

×　×　×　×　×　×　×　×　×　×

摘錄——本校擴大科學化運動委員會傳單：

1. 讓我們認識科學的危机和它的重要意義。科學主張實在，反對虛偽，要求切實，反對含糊，提倡合理，反對迷信。科學是為了全人類的利益，而不可以為了侵略的戰爭。

2. 擴大科學化運動，使科學和民眾結起姻緣來，掃除民間一切落後與無知，駁斥一切非科學的理論和囈語。

出版組啟事

本日為國慶紀念日，本校日報照例均有特刊編發，以資慶祝。現因本校舉行擴大科學化運動，經有論著多篇，改由校友通訊第十七期登載，于本日發出，故日報停刊一天，希各同學留意。

国立中山大学游泳竞赛办法

國立中山大學游泳競賽辦法

(一)為發揚本校學生課外活動精神引起學生運動興趣藉以養成強健体魄起見特舉行游泳競賽

(二)競賽日期：定於本年六月十一日上午九時舉行

(三)報　名：凡本校男女生均可報名參加

(四)競賽地点：三星坪與東田壩之間

(五)競賽項目：

(甲)長途泳(由三星坪工學院辦事處前游灘起至東田壩止)分男女組

(乙)渡江泳(起点東田壩對面公路邊游過對岸復游返公路边法學院渡頭為終点)分男女組

(丙)三人渡江接力泳以團体為單位每單位以一隊為限

（分男女組）

（六）報名地點：體育衛生組及各學院訓導分處

（七）優勝及獎勵：成績優良者各發給獎品

（八）報名時間：由公布日起至比賽前一星期截止

（九）取錄名額：除捉鴨泳外各項取錄六名長途泳則取錄十名

（十）競賽規則：根據全國體育協進會游泳規則辦理

（十一）本競賽辦法呈　校長核准公布施行

85

建築工程學會舉办建築圖案及建築模型展覽会费用預算表

费用名称	摘要	單價	共值
廣告費	挑工：計圖一担、模型五担共六担 由新村至校本部来回	每担单程郵15元	$180.00
	顏色：共二斤，各种顏色平均每两15元	每斤$240.	$480.00
	顏色紙20张	每张$5.	$100.00
	漿糊，用麵粉煮共五斤	每斤15元	$75.00
	墨汁拾瓶	每瓶5元	$50.00
	大筆五枝	每支10元	$50.00
	细筆五枝	每支5元	$25.00
	大小刷五個	每個5元	$25.00
	牛皮膠一斤	每斤42元	$42.00
佈置費	竹竿二支	每根5元	$10.00
	木炭五斤	每斤1元	$5.00
	顏色紙五十张	每张5元	$250.00
	圖画釘五盒	每盒25元	$125.00
	厚草紙五斤，簽名紙二张	每張5元	$35.00
工作人员膳食補助費	共十人四天	每人每天12元	$480.00
	共 洋		$1910.00

86

国立中山大学建筑工程学会举办建筑图案及建筑模型展览会费用预算表

华南肝硬化症之研究计划

No. 1.

142

142

华南肝硬化症之研究

研究計劃

醫科研究所
病理學部研究生 鍾文珍

研究院院長 崔載陽

醫科研究所主任 梁伯強

病理學部主任 梁伯強

指導教授 梁伯強

(一)研究導言

肝硬化症(Lebercirrhose)前人以為由於肝臟之慢性炎症及肝實質變性所致，而近今則認此乃肝實質毀壞之結果，其原因至多，不僅限於炎症。至於形態上之變化，在外籍文獻中已有詳盡之敘述，可分為二型：(一)萎縮性或蘭納氏肝硬化(Atrophische od. Laenne'sche Lebercirrhose)，(二)肥大性或漢奈氏肝硬化(Hypertrophische od. Hanot'sche Lebercirrhose)。前者較常發生，普通臨床上所遇併發腹水及脾腫大，或死體解剖上所常見者均屬此型，即萎縮性肝硬化。該症發生之原因，意見尚未一致。外籍文獻上所認為主要者乃由於慢性酒精中毒而起，次則其他毒素以及某種傳染病亦有相當關係。

在我國方面，肝硬化症頗常見。憶去年在桂林省立醫院實習時，一月內曾見三例就診，而原因方面在我國則甚少可用慢性酒精中毒以為解釋。根據(a)梁伯強教授(梁伯強、楊簡：「廣州中華瓜仁蟲症之病理解剖研究」中華醫學雜誌(上海)23卷7期一九三七)在廣州所作死體解剖之統計(一九三二至一九三六

No. 2.

年),於一百二十三例肝瓜仁蟲(Clonorchis sinensis)之傳染者中,發現肝硬化症七例,且屬萎縮型者。此外(b)在肝硬化臟官内間可找到日本住血吸蟲(Schistosomum Japonicum)卵,前者者亦曾道及。此實不足異,蓋我國各地寄生蟲病蔓延至廣,就兩廣方面而論,廣西之貴陽(姚永政氏,「同濟季刊」)及粵北一帶(梁伯強教授在樂昌解剖所見)均有日本住血吸蟲症流行,而在廣州及沿西江流域則多肝瓜仁蟲病。至於(c)瘧疾傳染近更普遍,是否亦可為肝硬化成立之原因,在我國文獻上似無可據,而前兩種寄生蟲對於吾國肝硬化之關係,亦欠定論。又由此引起之肝臟變化如何,中外文獻頗少詳確之紀載。茲即擬就此方面加以研究,冀能得一較詳確之解答也。

(二)研究材料

為欲從事此種研究,將於屍體解剖時,搜集所有肝臟,至少須有一百例,約計在樂昌二三年内可獲得此數。每例肝臟,不論其為正常抑或呈病理變化者,均從左右兩葉各切下二小塊,分別置入Formalin及96%酒精固定液内,以備製顯微鏡標本之用。

於此用品方面，又須預備(a)約100ccm容量之闊口玻璃瓶二百個(100病例×Formalin+Alkohol固定之)，(b)製顯微鏡標本用之載物玻璃片及蓋玻片各八百塊(即100病例×左右兩葉×Formalin+Alkohol所固定者×每塊二切片)又固定及製片用化學藥品：(c) Formalin五磅，(d) Chloroform五磅，(e)無水酒精十磅，(f) 96%酒精三十磅，(g)足供八百個切片標本染色用之顏料Haematoxylin, Eossin, Van Gieson溶液及其他零星用品等。

至上述研究之進行，在第一二年內因側重一般病理解剖學之進修，僅能從事於百例材料之搜集及八百個顯微鏡標本之製成，而在第三年中始能開始詳細之檢驗及整理，全部研究工作，將於此年內完成之。

(三)研究方法

(甲)肉眼檢驗：每次解剖屍體時，將就肝臟方面詳細記錄下列各點：

(a)大小：有無縮小或增大。

(b)顏色：是否正常(棕紅色)，或作淡黃，黃棕，黃綠，或呈朱古力糖之棕色(瘧疾)。

No. 3.　~~145~~ 146　95

(c)形態：肝臟之表面是否平滑或作結節狀，切面上是否可見小島狀之假葉形成(Pseudolobuli-bildung)，肝內膽管有無擴大(由瓜仁蟲而惹起)門靜脈周圍組織內是否可見粟粒狀結節(由日本住血吸蟲卵惹起)等等。

(d)硬度：正常或較硬，容易切入否。

(e)寄生蟲：在肝內膽管中有無瓜仁蟲存在。

(乙)組織檢驗：以上所收集百例在Formalin及96%酒精固定之左右兩葉肝臟小塊，須製成切片標本八百個，半用Haematoxylin-Eosin，半用van Gieson染色，以備組織檢驗之用，於此須注意

(a)肝小葉之形狀，中央靜脈之位置，其間結締組織之多寡及分佈，

(b)前述組織內有無已含日本住血吸蟲卵之假結核形成或者

(c)有無瘧疾色素(檢查酒精固定之標本！)存在，又

(d)肝內膽管是否呈慢性炎症之上皮小窩(Epithelkrypten)增殖而為瓜仁蟲所惹起者。凡此種種乃僅就其顯著者言之耳。

(四)可能結果

根據上述檢查所得，在百例肝臟中呈硬化症者幾何，可以確定。又在此種硬化之肝臟中(a)有幾何呈肝内較小膽管變化而為爪仁蟲惹起者；(b)有幾何在其内可見假結核形成而為住血吸蟲所致成者；又或者(c)有幾何在其中含有瘧疾色素可認為與瘧疾有關者。如果在將來之檢驗中，發現上述各該組織變化，則肝硬化之發生與各該寄生蟲有關無疑。如竟罕見此種變化，則在我國之肝硬化症，其原因當另求之。於此吾人可以推想，因由我國人常患腸道疾病，而由腸道所吸收之毒素亦可惹起肝實質之毀壞而變為硬化，此在篇首既申明其原因固甚多也。

国立中山大学与坪石汇文供应社关于共同订立发行书刊的合约样式

417

國立中山大學校
坪石滙文供應社 總發行書刊合約

（1）國立中山大學（以下簡稱甲方）今以本校出版之書刊交坪石滙文供應社（以下簡稱乙方）為總發行

（2）甲方每屆書刊出版時將各書刊交由乙方辦理發行

（3）乙方於收到甲方交來之書刊時即須給回收書条據

（4）訂定每年内二四六八十十二各月為報帳期乙方須於期底將銷出之書刊及尚存書刊數目分別列報甲方並將銷得之書價繳交甲方

（5）每年六月卅日十二月卅一日總結算一次其未銷出之書刊務限在下一期總結算時全部退還其已銷得之書價

限於本期清結交還甲方

（6）乙方須定價發行如用有郵運特別費用之支出所增加成本不在此限

（7）各種書刊之廣告費如屬乙方自辦者應自行負担若屬甲方着乙方辦理者由甲方負担

（8）所有書刊統照定價六折發交乙方

（9）本合約分繕兩份經雙方代表人同意簽名蓋章各執一紙存據

（10）本合約自簽名蓋章之日發生效力

訂合約代表人

坪石匯文書刊文具印刷供應社代表人

中華民國　年　月　日

国立中山大学工学院建工系二年级上学期课程表

145

75

建工系二年級上學期課程表

科目	學分	必修選修抑	教員姓名	修習人數	附註
房屋建築	3	必修	金澤光	11	
建築圖案設計	4	仝右	仝右	仝	
應用力學	4	仝右	廖華揚	仝	
模型素描	2	仝右	丁紀凌	仝	
透視學	2	仝右	劉英智	仝	
單色水彩	1	仝右	丁紀凌	仝	
建築史	4	仝右	(龍慶忠)	仝	擬新聘龍教授擔任惟尚未應聘
建築材料	2	仝右	劉英智	仝	

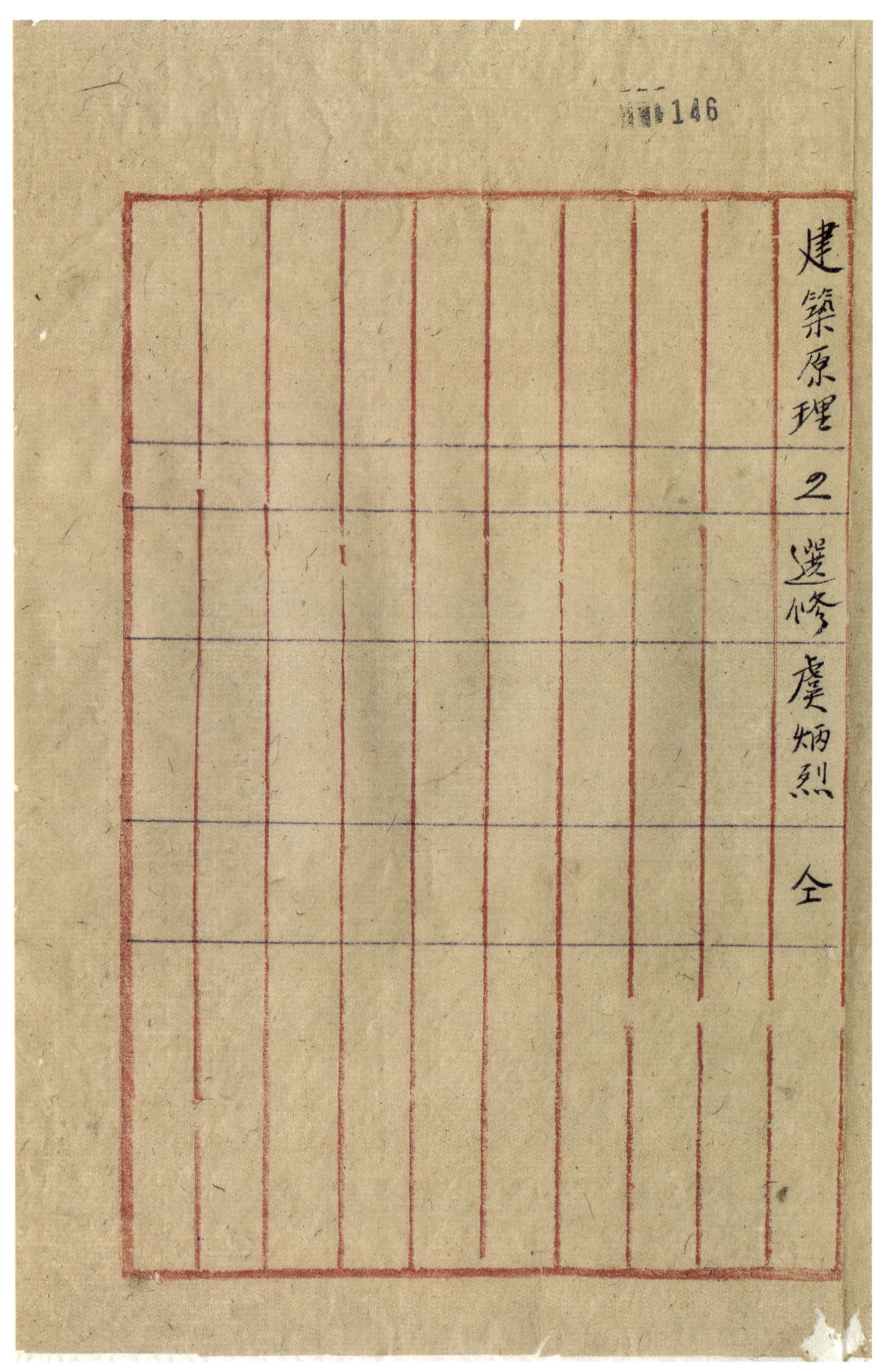

146

建築原理之選修

虞炳烈

仝

国立中山大学学生选课程序

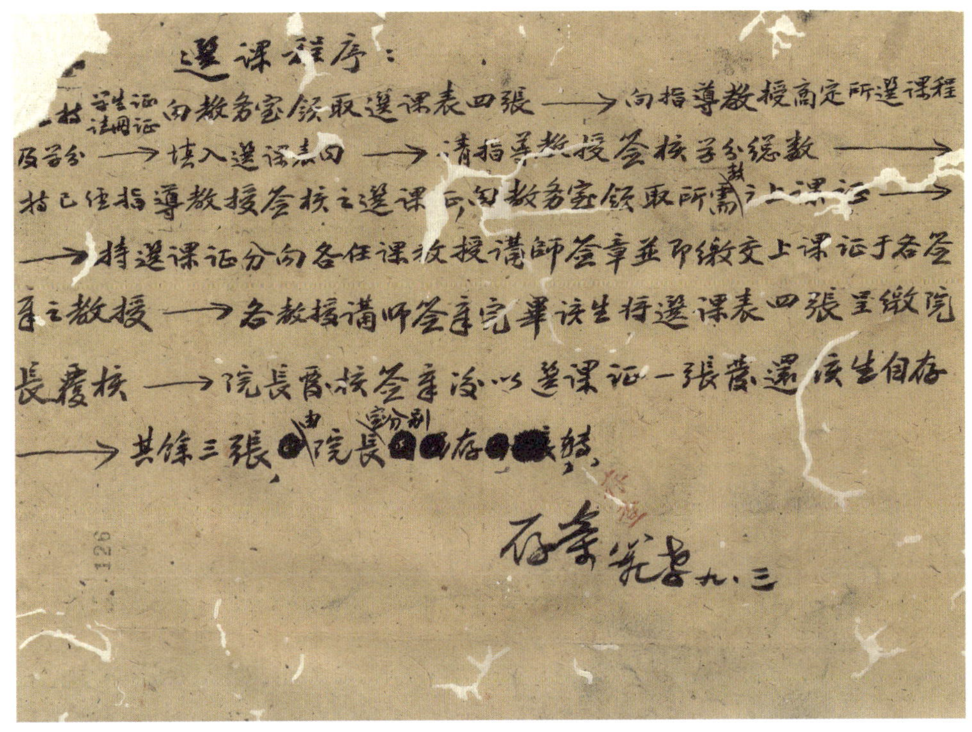

選課程序：

持學生證註冊證向教务室領取選課表四張 ——→ 向指導教授商定所選課程及学分 ——→ 填入選課表四 ——→ 請指導教授簽核学分總数 ——→ 持已經指導教授簽核之選課表向教务室領取所需數之上課證 ——→ 持選課證分向各任課教授講師簽章並即繳交上課證于各簽章之教授 ——→ 各教授講師簽章完畢該生持選課表四張呈繳院長覆核 ——→ 院長審核簽章後以選課證一張發還該生自存 ——→ 其餘三張由院長室分別存轉。

九、三

国立中山大学文学院函授学校课程

國立中山大學文學院函授學校課程

學部	課程及編號	教員	課本或講義	編著者	出版處
中國文學	中國文學史 1	陸侃如			
	聲韻學 2	岑麒祥	中國音韻學	王力	商務
	文字學 3	李笠			
	詩詞史 4	馮沅君			
	戲劇史 5	陳竺同			
哲學	哲學概論 6	范錡			
	中國哲學史 7	陳竺同			
	西洋哲學史 8	吴康			

95

9	10	11	12	13	14	15	16	17	18
		歷史教學					社會[illegible]學		
論理學	政治哲學	中國通史	西洋通史	日本史	中國近百年史	歐美近百年史	社會學原理	社會統計學	社會心理學
陳節堅	張嘉謀	羅香林 陳國治	徐家驥		陳安仁	徐家驥		胡體乾	

96

句

上欄	科目	編號	教員
	社會思想史	19	黃剛
	社會調查	20	謝哲邦
外國語文学	應用英文	21	
	翻譯	22	
社會学	文法及作文	23	
	英國文學史	24	
	法文	25	
	德文	26	
	日文	27	

共克时艰

国立中山大学教务长邓植仪关于请转知农民银行代汇五百元交东吴大学代购仪器药品给校长邹鲁的函

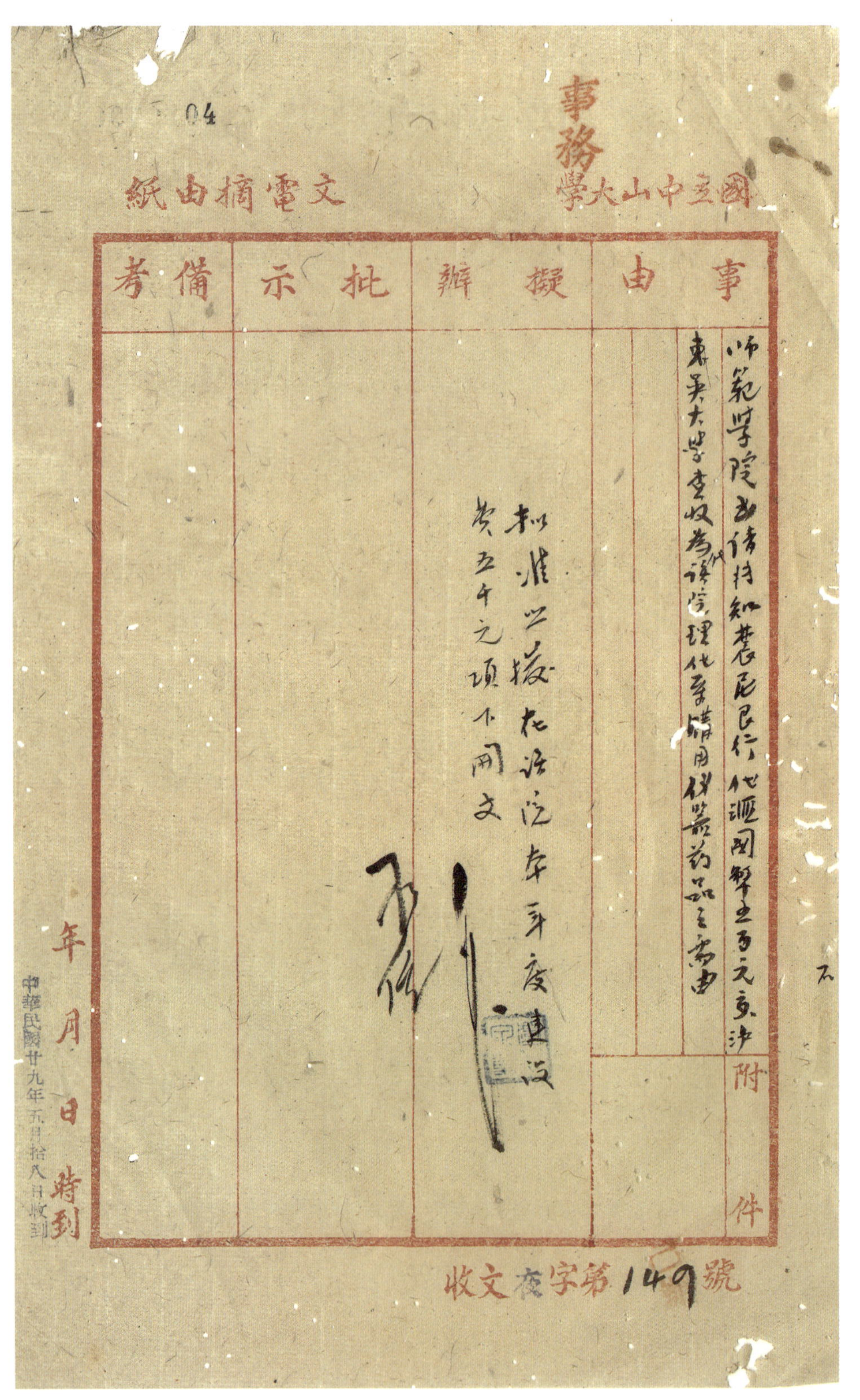

國立中山大學 事務

文電摘由紙

事由	擬辦	批示	備考
师範学院函请转知農民银行代滙国幣五百元交沪东吴大学查收为该院理化系请用仪器药品之需由	拟准照撥在该院本年度建设費五千元項下開支		
附件			

中華民國廿九年五月拾八日收到

年 月 日 時到

收文教字第149號

05

國立中山大學師範學院公用箋

第　頁

江字第一〇六一號

查本院理化系對於儀器藥品需用迫切，在昆明實無應購，向外國購置則函電來往又費時日，不得已擬委託東吳大學化學系特別設法代為在滬就近訂購，現須滙去國幣伍佰元作為訂購之用，除逕函委託東吳大學負責辦理外，相應函請

鈞長轉知徵江中國農民銀行代滙該款抵滬交東吳大學查收，以便辦理為荷！

此上

校長鄭

教務長兼代師院院務　鄧植儀

中華民國廿九年五月十七日　星期五

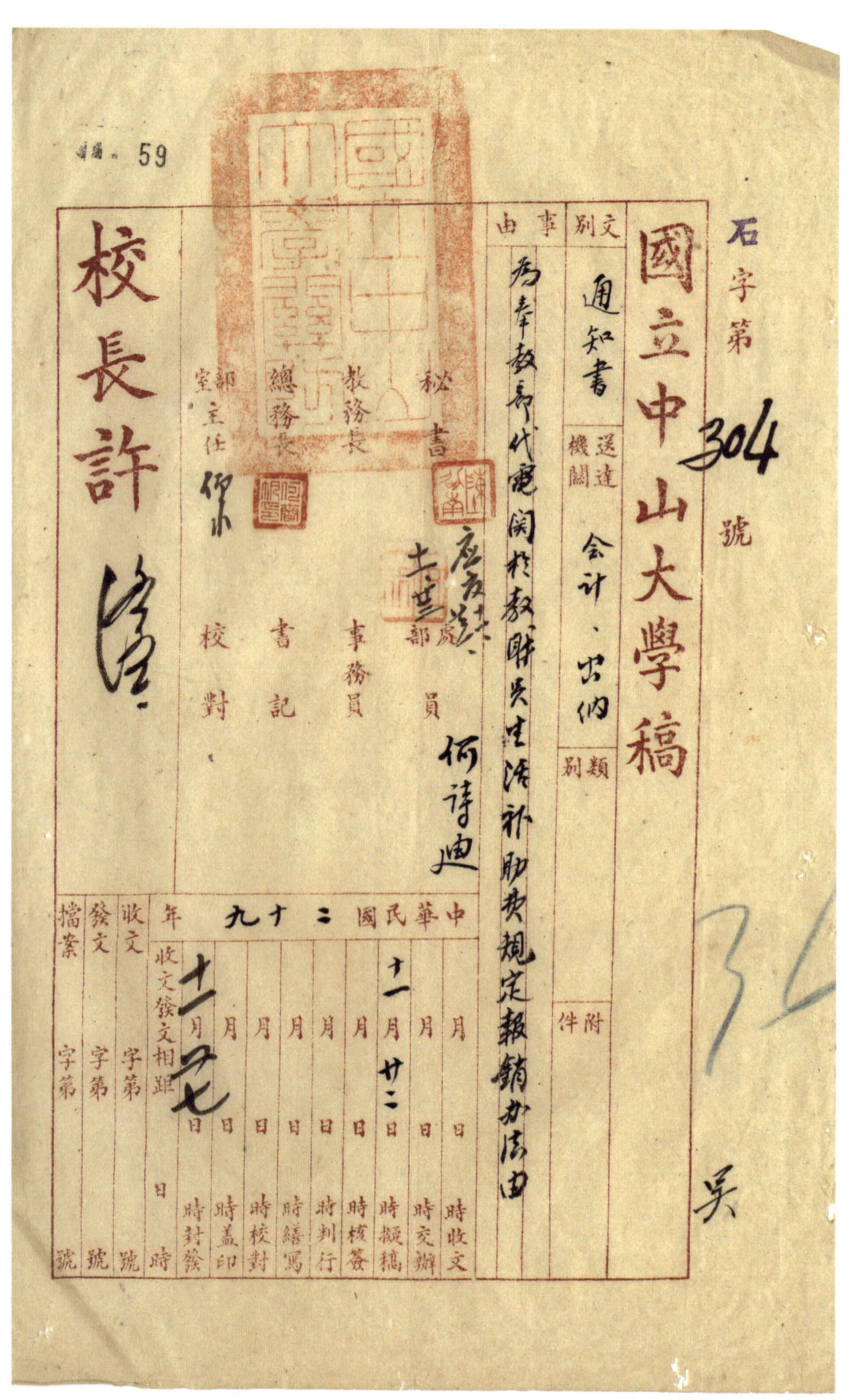
國立中山大學稿

石字第304號

文別：通知書

送達機關：会计、出纳

事由：為奉教育部代電閱於教職員生活補助費規定報銷辦法由

校長許 (簽)

秘書　教務長　總務長　室部主任 何(簽)

處部 事務員 書記 校對

庶務 李(簽)

何詩迪

中華民國二十九年 十一月廿二日 擬稿

十二月廿七日

吴

国立中山大学代理校长许崇清关于教职员生活补助规定报销办法给会计和出纳主任的通知书

60

現奉

教育部二十九年十月十七日代電人壹字第三四六〇八号開：

「查各機関学校應發職员生活補助費，（照原令録至）

仰即遵照办理為要。」

等因，自應遵办，除分知外，為此抄发，即希查照办理。此致

会计室龔王主任

出纳组谭主任

代校長许〇〇

国立中山大学理学院院长康辛元关于尽量采用课本减少油印讲义等情给代理校长许崇清的文及附书单

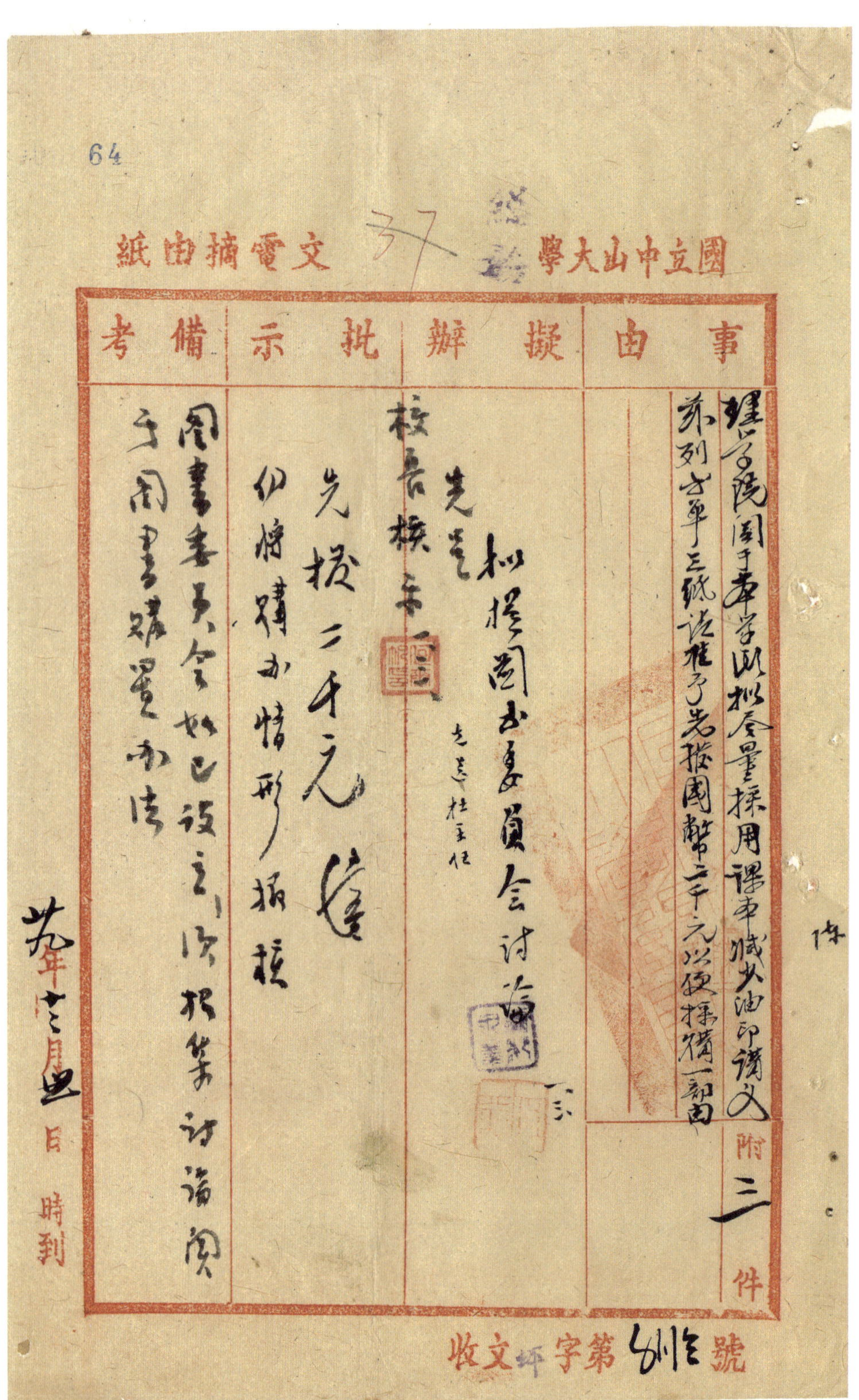
國立中山大學文電摘由紙

事由：理學院圖書事宜擬盡量採用課本減少油印講義並列書單二紙請准予先撥國幣二千元以便採購一部由

附 二 件

擬辦：擬提圖書委員會討論 先簽 杜主任

批示：校長核示 先撥二千元 [illegible] 仍將購辦情形報核

備考：圖書委員會如已設立，[illegible]提集討論 [illegible] 與圖書購置辦法

[illegible]年十二月[illegible]日 時到

收文坪字第[illegible]號

國立中山大學理學院用箋

第 頁

逕啟者查本學院現已復課各學系圖書亟須畧事補充以利教學又本學期擬盡量採用課本以減少油印講義之煩茲列就書單三紙計約需國幣四千五百餘元擬請准予先撥國幣二千以便採購一部而應急需為荷此致

代校長許

附書單三紙

理學院院長康辛元

中華民國二十九年十二月三十日

著者	書名	價目
Allen	Commercial Organic Analysis vol I-X	150 00
Mellor	Comprehensive Treatise on Inorganic and Theoretical Chemistry vol. I-XVI	320 00
Thorpe	Dictionary of Applied Chemistry vol. I-VII	150 00
Taylor	A Treatise on Physical Chemistry	20 00
Richtmeyer	Modern Physics	7 50
Brinkley	General Chemistry Rev. Ed.	3 80
Lucas	Organic Chemistry	5 50
Loeb	Kinetic Theory of Gases	6 50
Lewis & Randall	Thermodynamics	7 50
Tolmaim	Statistical Mechanics with Applications to Physics and Chemistry	7 50
Paul & Karret	Organic Chemistry	10 00
Treadwell & Hall	Analytical Chemistry vol I & II. (9th. ed.)	14 00
Taylor	Elementary Physical Chemistry	5 80
Allmond & Ellingham	Applied Electrochemistry	7 80
A.O.A.C.	Official & Tentative Method of Analysis	7 00
Autenrieth & Warren	Laboratory Manual for the detection of Poison and Useful Drugs	9 00
Badger & McCabe	Elements of Chemical Engineering	7 00
Baskerile & Curtman	A Course in qualitative Chemical analysis	3 60
Belcher & Colbert	Experiments & Problems for College Chemistry	4 80
Brinkley & Ketsey	Laboratory Manual arranged to accompany Principle of General Chemistry	2 60
Brookman	Qualitative analysis	2 00
Butler	Hand Book of Blowpipe analysis	0 50
Caven & Lander	Systematic Inorganic Chemistry	6 00
Chapin	Exercise in Second year College Chemistry	2 60
Cuming & Kay	Quantitative Chemical Analysis	8 00
		769 00

著者	書名	價	目
		769	00
Davision & Klooster	Laboratory Manual in Physical Chemistry	4	50
Fay	Advanced Course in Quantitative Analysis	2	40
Mullikan	Identification of Organic Compounds		
Findley	Practical Physical Chemistry 4 vols.	24	00
Getman & Daniels	Outline of Theoretical Chemistry	4	80
Gibson	Essential Principle of Organic Chemistry	5	50
Haas	Quantum Chemistry	6	00
		2	60
Hognes & Johson	Qualitative analysis and Chemical Equilibrium	5	00
Lowkowitch	Chemical Technology and Analysis of oils, Fats, & Waxes 3 vols.	30	00
Lewis & Radasch	Industrial Stoichiometry	3	00
MacDougall	Physical Chemistry	6	50
Mellor	Modern Inorganic Chemistry	7	00
Ostwald & Fisher	Theoretical & Applied Colloid Chemistry	4	00
Stieglitz	Qualitative Chemical Analysis vol. I.	3	40
Stewart	Recent Advances in Organic Chemistry	12	00
Wedekind	Stereochemie	2	30
Betley-Driver	Text Book of Pharmaceutical Chemistry	6	50
Crowther	Ions, Electrons & Ionizing Radiation	5	80
Vilbrandt	Chemical Engineering Plant Design	7	00
Wassermann-Hopff	Grundriss der Anorganischen Chemie	4	80
Prentiss	Chemicals in War	8	50
Oppenheimer	Grundriss der Anorganischen Chemie	3	00
Oppenheimer	Grundriss der Organischen Chemie	3	00
Fisher	The Chemistry of the Natural Products related to Phenanthrene	5	80
Cross & Beran	A Text book of Paper Making	9	00
		945	40

著者	書名	945	40,
Wyed	The Manufacture of Sulpharic acid	9	00,
Norris	Organic Chemistry	5	00,
Noyes & Sherrill	Chemical Principle (2nd. ed.)	5	50,
Sherrill	Laboratory Experiments on Chemical Principle	2	90
Griffin	Mathematical Analysis, Higher Course	5	50
Goursat	Mathematical Analysis, 2 vols. (3 parts)	18	60,
White	Introduction to Atomic Spectra	6	20,
Lord & Demorest	Metallurgical Analysis	7	00.
Low	Technical Method of Ore Analysis	8	00
Williams & Homer-berg	Principle of Metallography	6	20
Wyckoff	The Structure of Crystals, Supplement	5	00
	总数	1024	30
	依龍门書局規定加220% 实共國幣	3277	76.

66-1

67

Key to elements of coordinate geometry (Pt. I)	Loney	9.6
Modern analysis	Whitaker & watson	28.8
Analytic and vector mechanics	Edward	12.16
Theoritical mechanics 40	Jeans	14.4
Dynamics	Lamb	16.0
Statics	Lamb	16.0
An elementary treatise on dynamics of a particle of Rigid bodies	Loney	20.8
Solution to dynamics of a particle of rigid bodies	Loney	20.8
Elements of statics and dynamics	Loney	11.52
Key to elements of statics and dynamics	Loney	11.52
Theoretical mechanics dynamics of a rigid body	Macmillan	25.6
Wave mechanics	Sommerfeld	19.2
Theory of function	Titchmarsh	16.0
Function of a complex variable	Townsend	22.4
Theory of function and intergro diff equation	Volterra	16.0
Function of a real variabl	Townsend	22.4

(Theory of function … Function of a real variabl: 76.8)

以上定價按國幣計算共該銀國幣伍佰玖拾壹元捌角陸分
另再購後列四部，國幣柒拾陸元捌角.
合共國幣陸佰陸拾柒元陸角陸分

以上各書桂林鳳北路龍門書局均有出售

数天系拟购必须图书

68

书名	著者	定价
Stage-A Geometry with answers	Bibbs	$ 6.4
Introduction to higher Algebra	Bocher	11.52
Introduction to the study of integral equation	Bocher	5.76
Theory of probability	Burnside	11.52
Theory of equation	Cajori	10.24
Textbook of algebra, 2 vols.	Chrystal	44.8
Differential equation	Coken	10.24
General Mathematics	Currier & watson	11.52
Algebra and their arithematics	Dickson	13.44
First cousse in theory of equation	Dickson	8.32
Introduction to the theory of Number	Dickson	10.88
Advanced Calculus	Gibson	17.6
Mathematical analysis Vol 1, 2	Goursat & Hedrick	59.52
An introduction to mathematical analysis	Griffin	15.36
Mathematical analysis, Higher Cowse	Griffin	17.6
Pure mathe matics	Hardy	12.16
Introductory college mathe matics	Johnston	14.08
Famous problems of elementaray Geometry	Klein	5.12
Elements of coordinale geometry, Part 1.	Loney	9.6
Differential equation (二册)	Murray	14.72
Differential equation	Piaggio	10.88
Source book in Mathematices	Smith	19.2
Analytic geometry of three dimensions	Sommewille	20.8

69

1040	Byerly:	Fourier's series	5.00
1085	Coffin:	Vector Analysis	3.00
1141	Graustein:	Introduction to Higher Geometry	6.00
1110	Forsyth:	A treatise on Differential Equations	7.00
1111	Forsyth:	Solution of the Examples in a treatise on Differential Equations	7.00
1120	Gibb & Wilson:	Vector Analysis	7.00
1140	Graustein:	Differential Geometry (1935)	5.00
1122	Gibson:	Advanced Calculus	5.5
1155	Franklin:	Differential Equation For Electrical Engineering	4.80
1230	Leland:	Practical Least Squares	4.50
1319	Piaggio:	Differential Equations	3.60
1266	Merriman:	Method of least Squares	3.60
1274	Morray:	Differential Equations	2.30
1465	Woods:	Advanced Calculus	5.50
1408	Townsend:	Function of Real Variables	7.00
1455	Whitaker & Watson:	Modern Analysis	9.00
1128	Goursat:	Mathematical analysis Vol. I	6.80
1129	Goursat:	Mathematical Analysis Vol. II part 1	5.80

共 $25.06

70

物理系擬添購下列書籍

書碼	著者	書名	價目
2090	Duff:	Physics	$3.20
2080	Dirac:	Principle of Quantom Machanics	6.00
2126	Hoag:	Electron Physics	5.00
2134	Jauncey:	Modern Physics	5.60
2209	Millikan a Mill:	Electricity, Light a Sound	4.50
2311	Sommerfeld:	Wave Machanics	6.00
2346	White:	Introduction to Atomics spectra	6.20
2346	White	Experimantal college physics	5.00
2353	Winston	Thermodynamics	3.00
2210	Millikan Roller a Watson:	Mechanics Molecular physics Heat a Sound	7.00
2360	Wood:	Physical Optics	10.00
3562	Taylor:	Physical Chemistry	20.00
2052	Clarke a others:	Physics of to-day	3.00
6005	Vinal:	Storage Batteries	5.50
6131	Cook:	Electrical Engineering (1935)	6.50
6258	Ghirardi:	Radio Trouble-Shooter's Hand book	9.00
6271	Glasgow:	Principle of Radio Engineering	7.00
6331	Hund:	High Frequency Measurements	7.00
6411	Lauer a Brown:	Radio Engineering Principles	4.90
1053	Caratheodory:	Conformal Representation	2.00
6421	Laws:	Electrical Measurements	9.00
1036	Burnside:	Theory of Probability	3.60

国立中山大学代理校长许崇清关于为推行民众治疗及防疫工作一事给医学院李院长的函

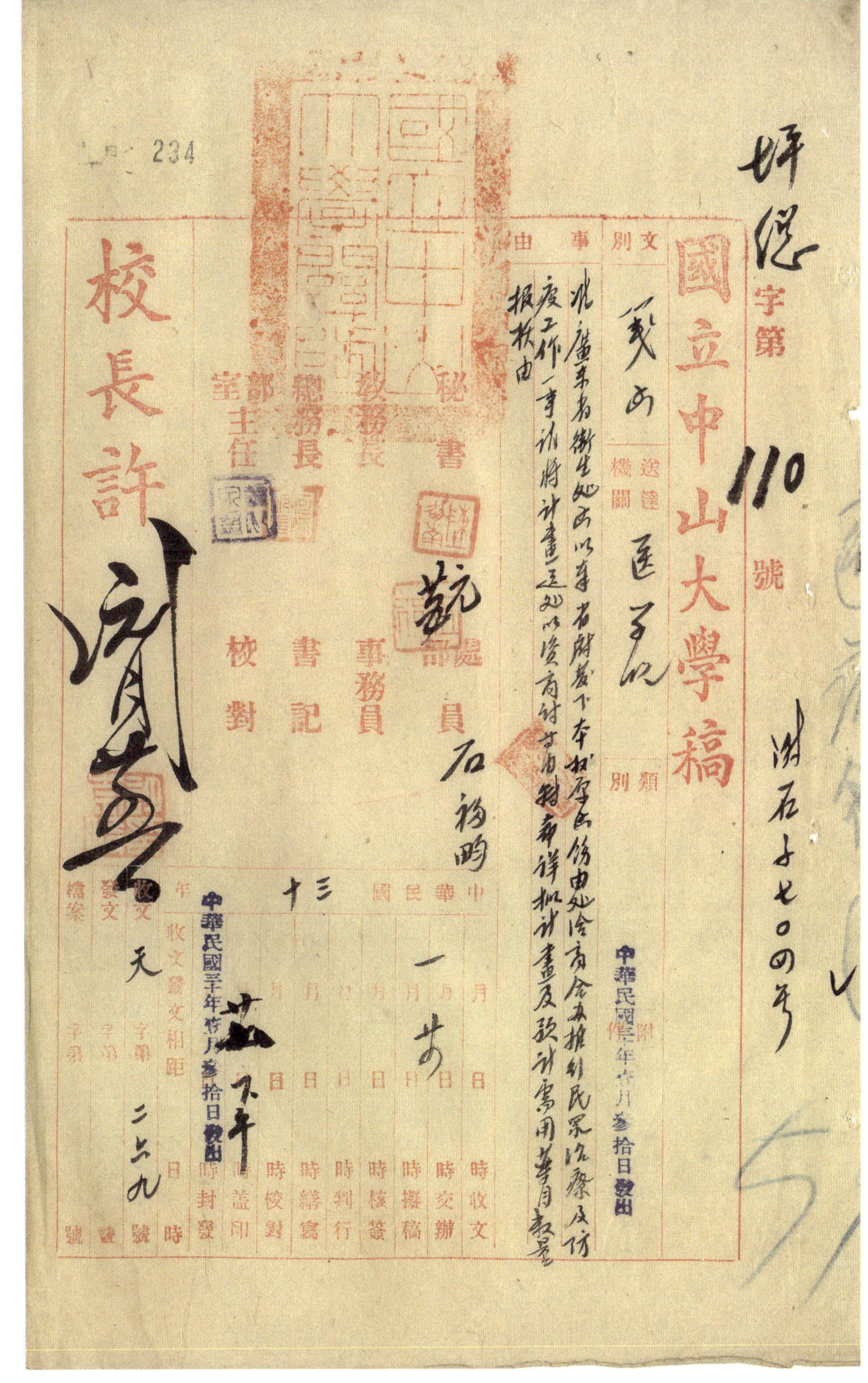
国立中山大学稿

坪說字第110號

文别：笺函

送達機關：医学院

事由：准广东省卫生处函以本省府发下本[illegible]李院长仿由处洽商合办推行民众治疗及防疫工作一事请将计划送处以资商讨等由特函详拟计划及预计需用费用报校由

校長許

秘書　教務長　總務長　部室主任

處員　事務員　書記　校對

中華民國三十年一月廿日

查本校拟推行民众治疗及防疫工作，经函请广东省政府转饬卫生处函本校医学院洽商合作办法，并供给药品及函请广东省振济会赠送药品，各在案。现准广东省卫生处一月十六日卫二话字第〇〇五二号公函开：

「案奉广东省政府主席李发下贵校先年十二月廿三日石字第七〇四号公函，为利进行由，批：等由，抄附原函一份，准此。相应函达，即希查照拟订计划及预计需用药目、数量，并依照执事前函李主席接洽办法，拨用美国红十字会赠送药品，分别详细报核为荷」！此致

医学院李院长

代理校长许〇〇

国立中山大学代理校长许崇清关于发起征募书报运动等情给各学院会部的函

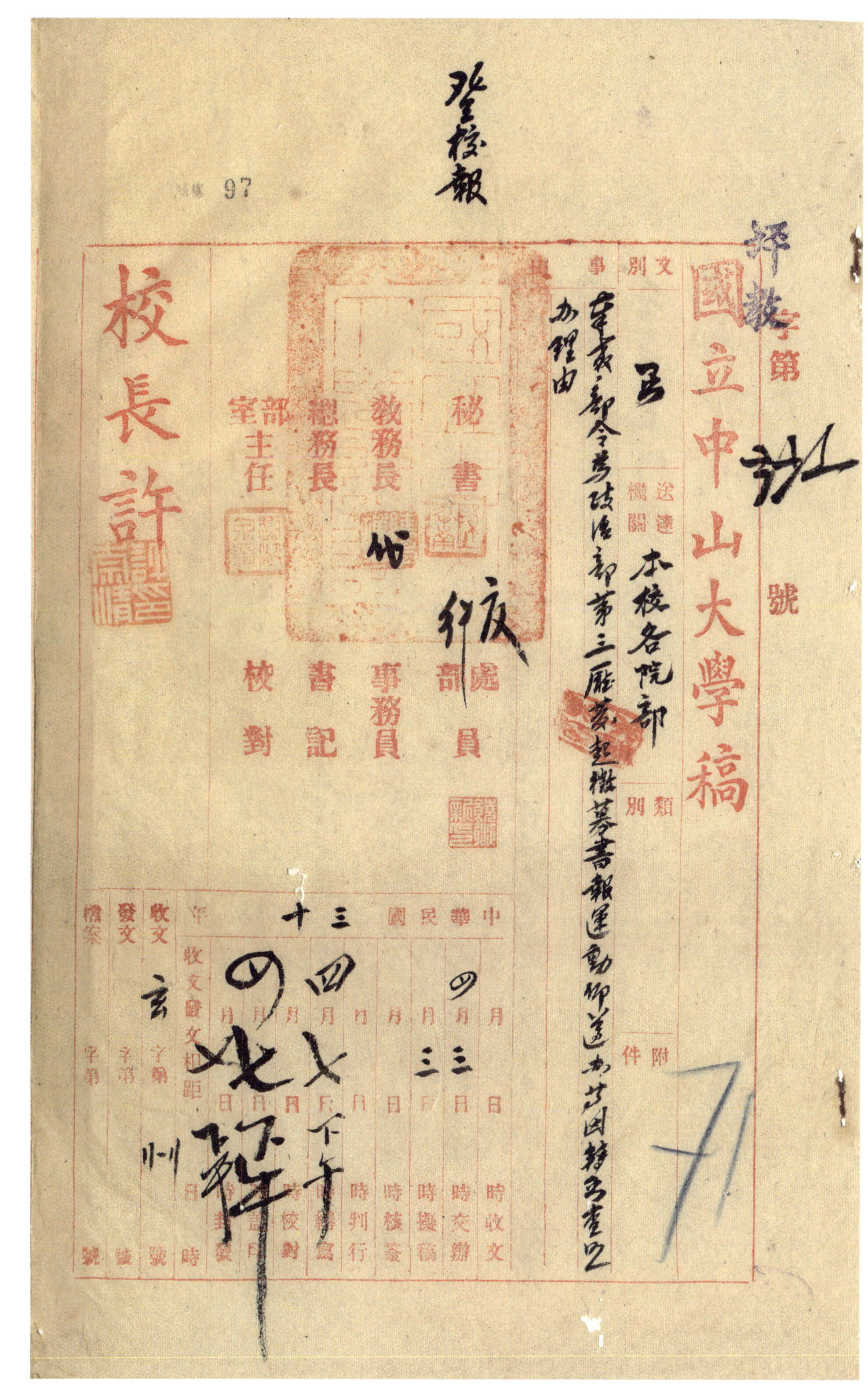
登校報

國立中山大學稿

文別：函

送達機關：本校各院部

事由：案奉教部令為政治部第三廳發起徵募書報運動仰遵辦等因轉函查照

辦理由

校長許

秘書 教務長 總務長 部室主任

處部員 事務員 書記 校對

中華民國三十四年

收文 月 日 時

交辦 月 日 時

擬稿 三月 三日 時

核簽 月 日 時

判行 月 日 時

繕寫 四月 七日 下午 時

校對 月 日 時

蓋印 月 日 時

封發 月 日 時

收文發文相距 日 時

收文 字第 號

發文 玄字第 1171 號

檔案 字第 號

98

逕復

教育部三十年三月十四日社字第〇九七一二號訓令開：「案准軍事委員會政治部第三廳本年一月二十七日治智三字第一四七三號公函略開：『茲為供給前方英勇將士與後方榮譽軍人之精神食糧並提高一般民衆文化水準起見，照原文抄呈希查照辦理見復』等由。准此，除函復並分令外，合行令仰遵照辦理。此令」等因；奉此，自應遵辦。奉令前因，除分令知外，相應函達即希查照辦理爲荷。此致

旅桂各僑會部

代理校長許〇〇

国立中山大学代理校长许崇清关于湘米购运及分配办法一事给广东省政府主席李汉魂的公函

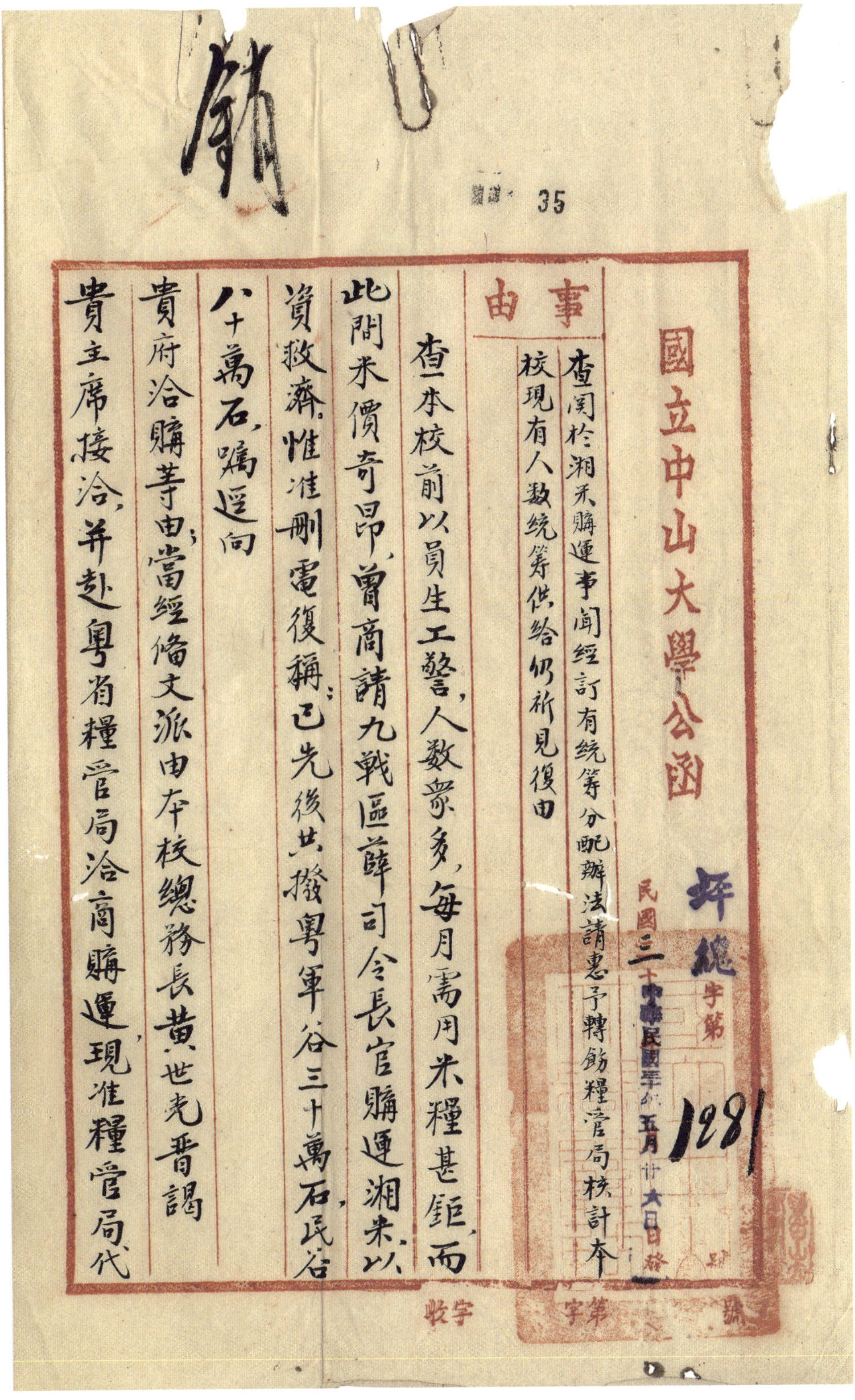

35

国立中山大学公函

坪总字第1281号

民国三十一年五月廿六日发

事由：查関於湘米購運事閲經訂有統籌分配辦法請惠予轉飭糧管局核計本校現有人數統籌供給仍祈見復由

查本校前以員生工警人數衆多，每月需用米糧甚鉅，而此間米價奇昂，曾商請九戰區薛司令長官購運湘米以資救濟，惟准删電復稱：已先後共撥粤軍谷三十萬石，民谷八十萬石，囑逕向

貴府洽購等由；當經備文派由本校總務長黄世光晋謁

貴主席接洽，并赴粤省糧管局洽商購運，現准糧管局代

字第　　號　收字

電開：署以經奉核減米量，不敷分配，無法挪撥，請仍向湘省當局洽購，在米訂購前，如屬急需，可暫撥湘米五百市担，俟購到湘米時，如數撥還等由准此；本擬再向湘省洽購，惟近聞薛司令長官以各方迭請購運湘米，難於應付，經規定由
貴府統籌購運，并加撥粵省米糧拾萬担，以應分配。至本校雖屬國立大學，惟在
貴省治內，且校內人員多屬粵籍，自當請為統籌現薛司令長官經規定統購，未便再行請求購運，如就地採購，以人數衆多，不敷供給，勢必至米價益趨高昂，致本地人民生計，大受影响，洵非善策。且近以米價又漲，員生

37

终日惶惶，若非加以统筹，不足以安定课务。夙仰

贵主席乐育为怀，谆行　热心救济，爰将本校员生工警，

及教职员家属人数表列送（计共五千一百五十八人）请烦

查照惠予转饬粮管局按照每月每人所需食米数量（约三

十市斤）妥为统筹供给，俾得按月领购，相应函达，请烦

查照俞允办理，仍祈见复，至纫公谊。

此致

广东省政府主席李

附本校员生工警及教职员家属人数表一份

国立中山大学代理校长许崇清

国立中山大学农学院院长丁颖关于苏启禧等学生赴稻作改进所服务等情给广东农林局刘局长的函

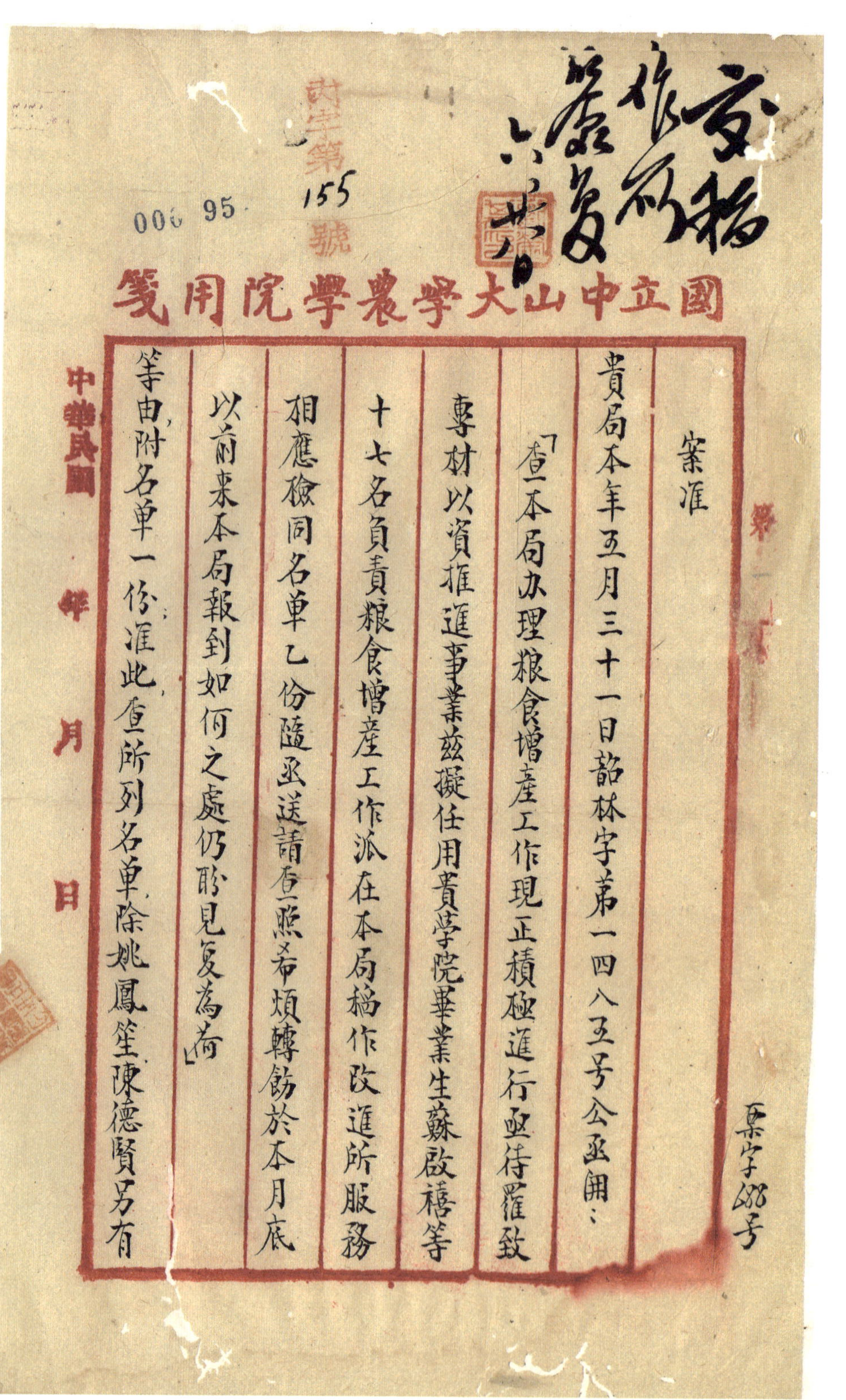
006 95

肄字第155號

交稻作所
蔡复 六廿

國立中山大學農學院用箋

案准

貴局本年五月三十一日韶林字第一四八五号公函開：

「查本局办理粮食增產工作現正積極進行亟待羅致專材以資推進事業兹擬任用貴學院畢業生蘇啟禧等十七名負責粮食增產工作派在本局稻作改進所服務相應檢同名單乙份隨函送請查照希煩轉飭於本月底以前來本局報到如何之處仍盼見复為荷」

等由附名单一份准此查所列名单除姚鳳笙陳德賢另有

中華民國　年　月　日

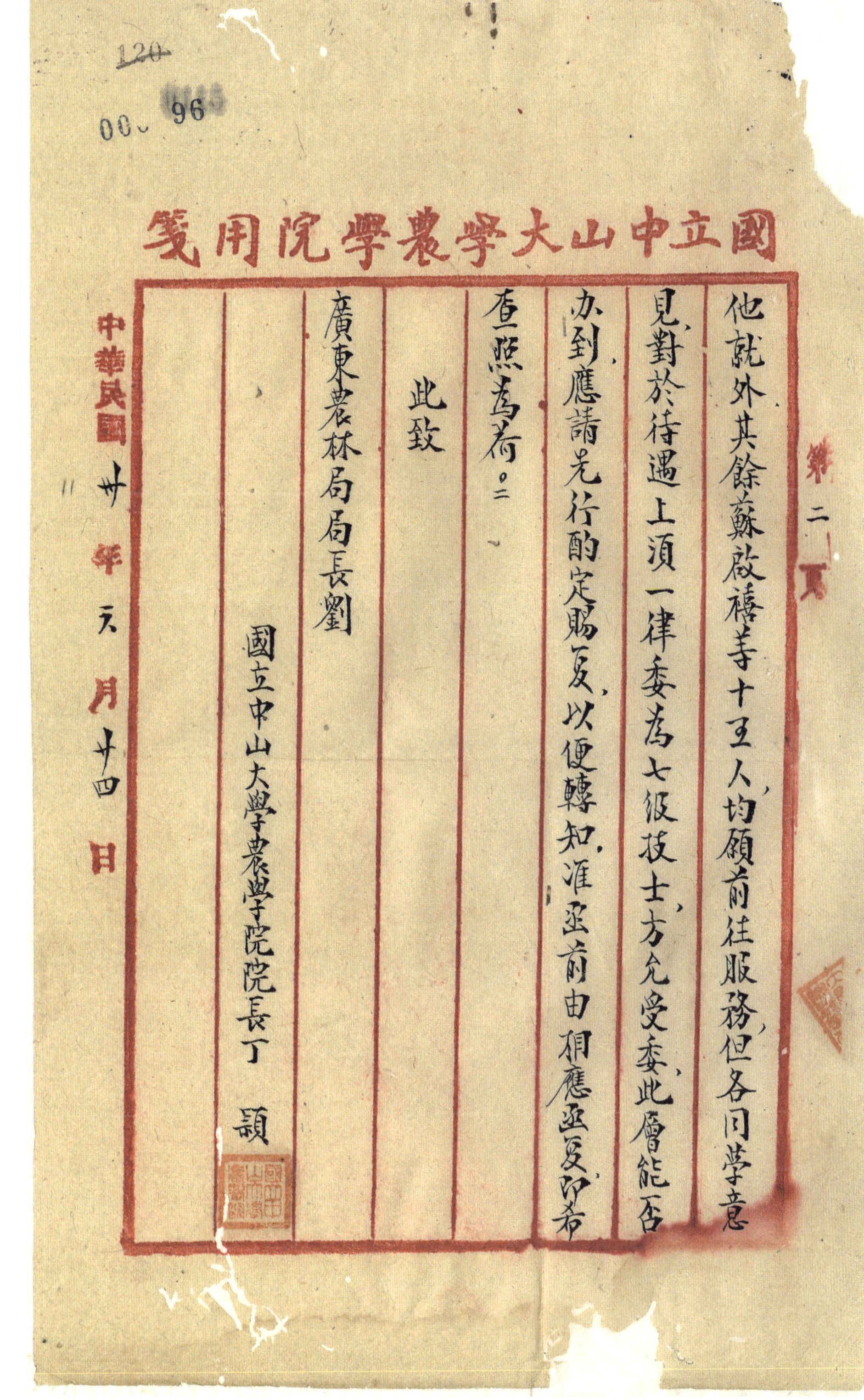
120

0096

國立中山大學農學院用箋

第二頁

他就外，其餘蘇啟禧等十五人，均願前往服務，但各同學意見，對於待遇上須一律委為七級技士，方允受委，此層能否办到，應請先行酌定賜复，以便轉知。准函前由，相應函复，即希查照為荷。

此致

廣東農林局局長劉

國立中山大學農學院院長丁　穎

中華民國卅年六月廿四日

教育部关于各学校应尽先收录抗日烈士遗族子女给国立中山大学的训令

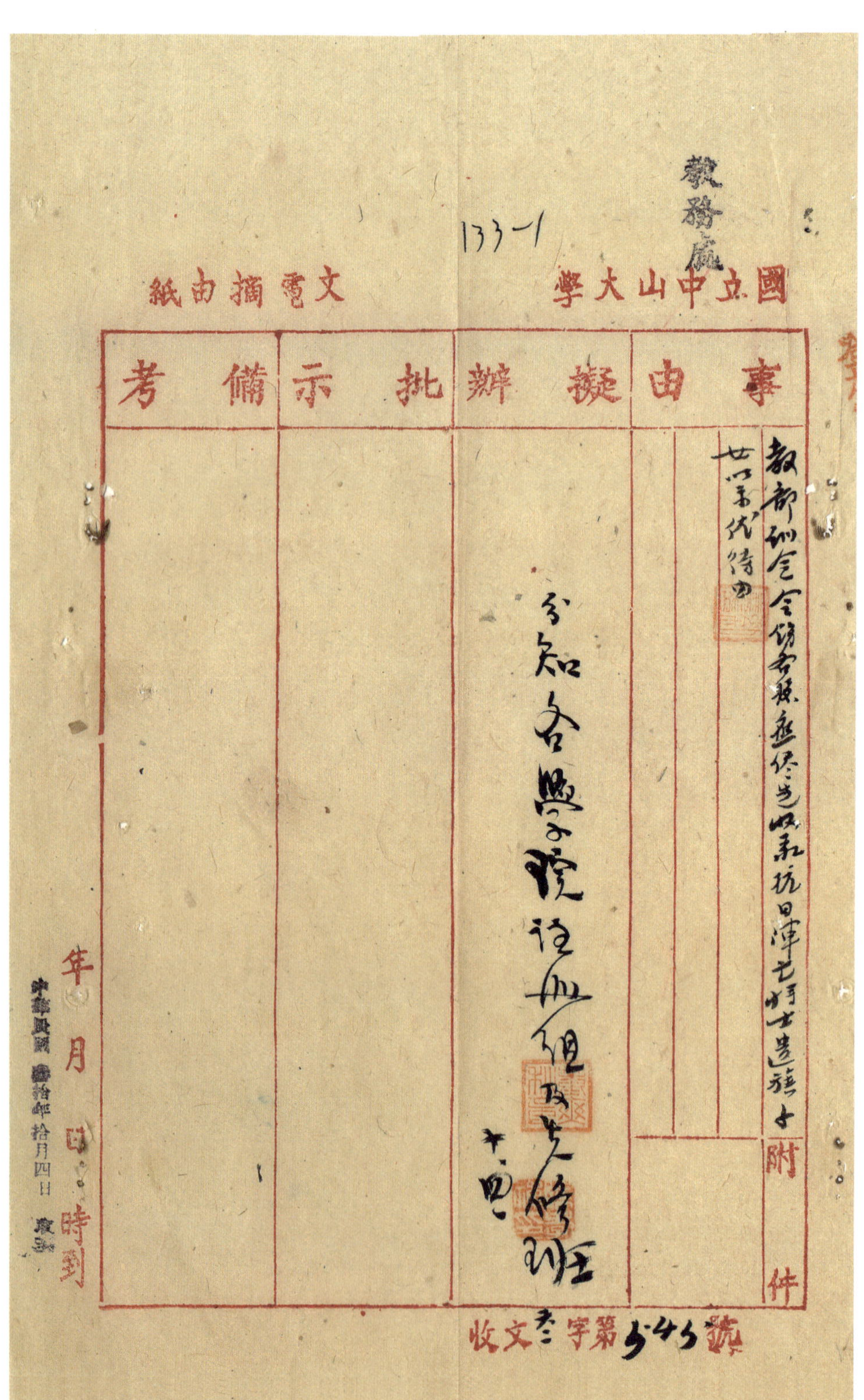

教務處

133-1

國立中山大學　文電摘由紙

事由	擬辦	批示	備考
教部訓令令飭各校應儘先收錄抗日陣亡將士遺族子女	分知各學院註冊組及先修班 十、四		

附件

收文　字第　號

中華民國　拾月四日

年　月　日　時到

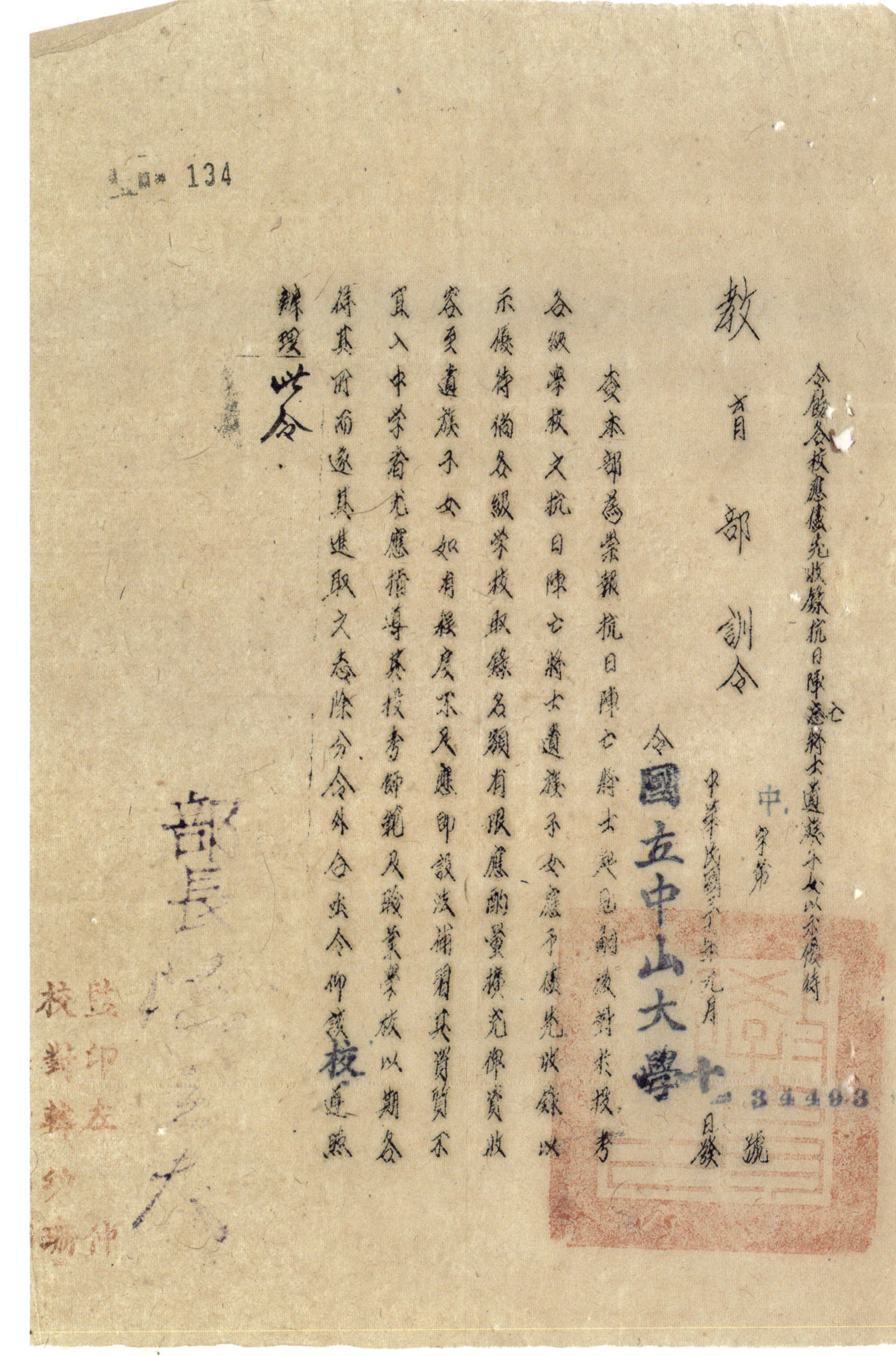

令飭各校應儘先收錄抗日陣亡將士遺族子女以示優待

中字第　號

教育部訓令

中華民國二十六年九月十　日發

令國立中山大學

34493

查本部為崇報抗日陣亡將士起見嗣後對於投考各級學校之抗日陣亡將士遺族子女應予儘先收錄以示優待惟各級學校取錄名額有限應酌量擴充俾資收容更遺族子女如有程度不及應即設法補習其資質不宜入中學者尤應指導其投考師範及職業學校以期各得其所而遂其進取之志除分令外合亟令仰該校遵照辦理此令

部長　王世杰

監印
校對
繕寫

国立中山大学代理校长张云关于应尽先收录抗日烈士遗族子女给各院等的函

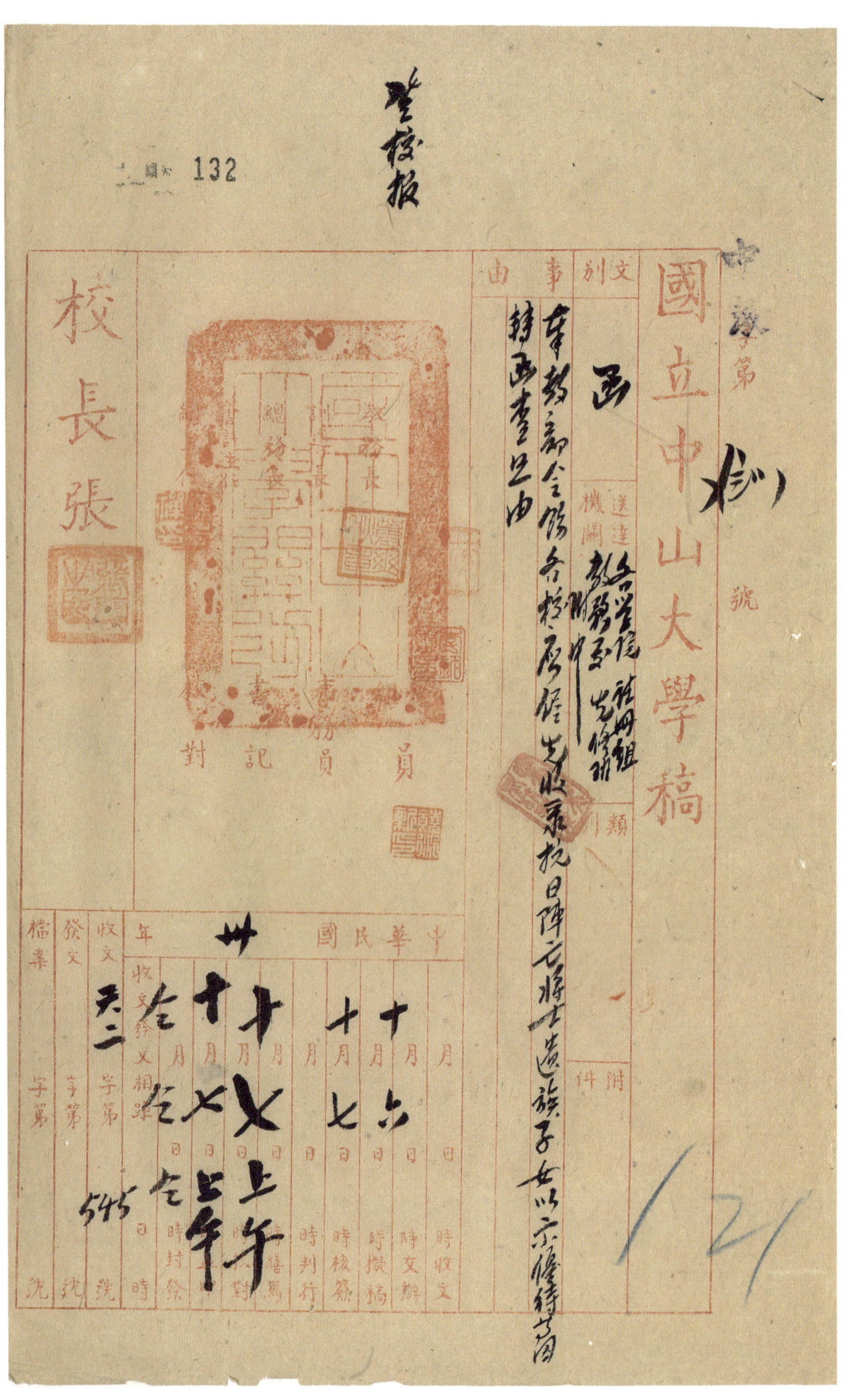

132

國立中山大學稿 字第 號

文別：函

送達機關：各學院、教務處、先修班、註冊組

事由：奉教育部令飭各校應儘先收錄抗日陣亡將士遺族子女以示優待等因轉函查照由

校長張

中華民國卅年

十月十六日

十月十七日

十月十七日上午

油印

133

径启：

教育部三十年九月十日中字第三四四九三号训令开：

「查本部为崇报抗日阵亡将士起见（以下原文叙至）

合亟令仰该校遵照办理。此令」

等因。奉此，自应遵照办理。奉令前因，除分知外，相应函

达，即希

查照为荷。此致

○学院○院长

教务处

训导组陈主任

先修班萧主任

附中校主任

代理校长许○

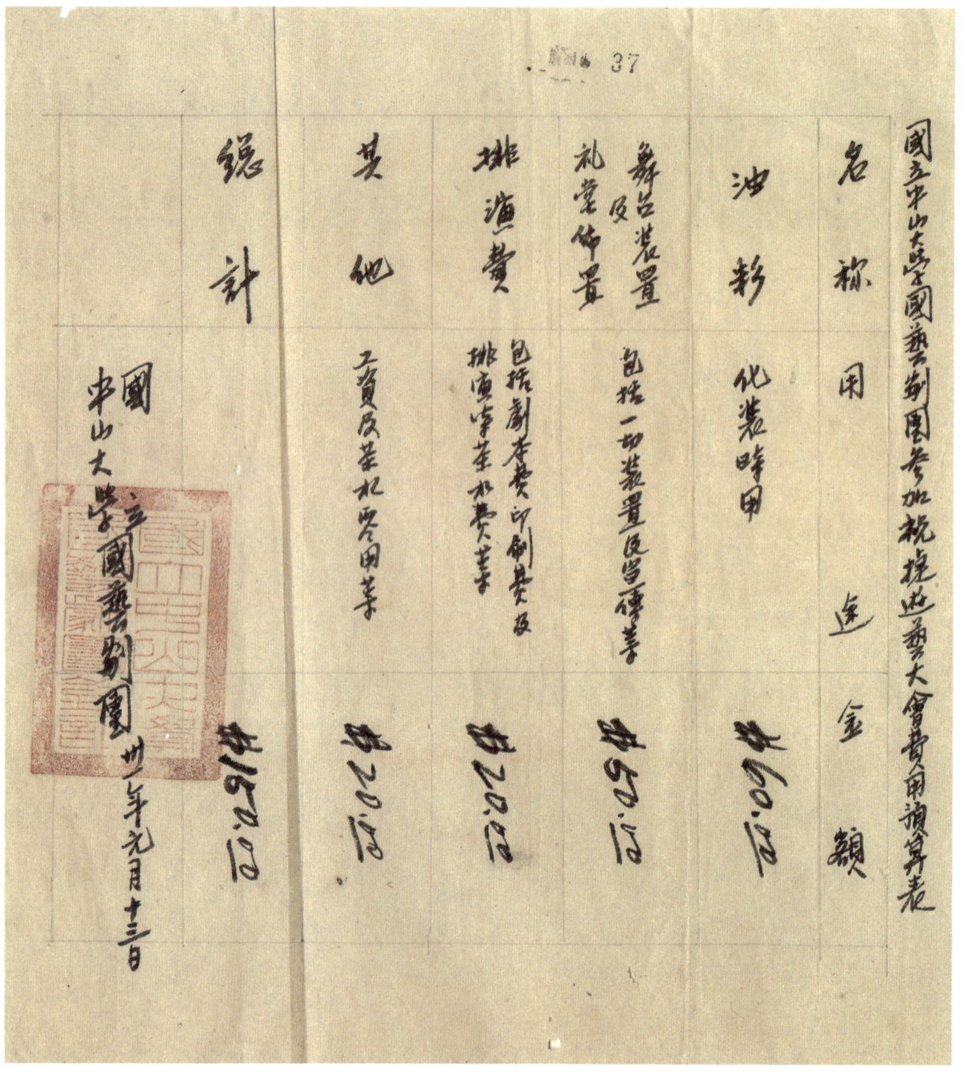

37

國立中山大學國藝劇團參加祝捷遊藝大會費用預算表

名稱	用途	金額
油彩	化裝時用	＄60.00
舞台裝置及禮堂佈置	包括一切裝置及宣傳等	＄50.00
排演費	包括劇本費印刷費及排演宵茶水費等	＄20.00
其他	工資及茶水零用等	＄20.00
總計		＄150.00

國立中山大學國藝劇團　卅一年九月十三日

国立中山大学国艺剧团参加祝捷游艺大会费用预算表

教育部部长陈立夫关于分发工科毕业生到交通部各路局实习给国立中山大学的训令

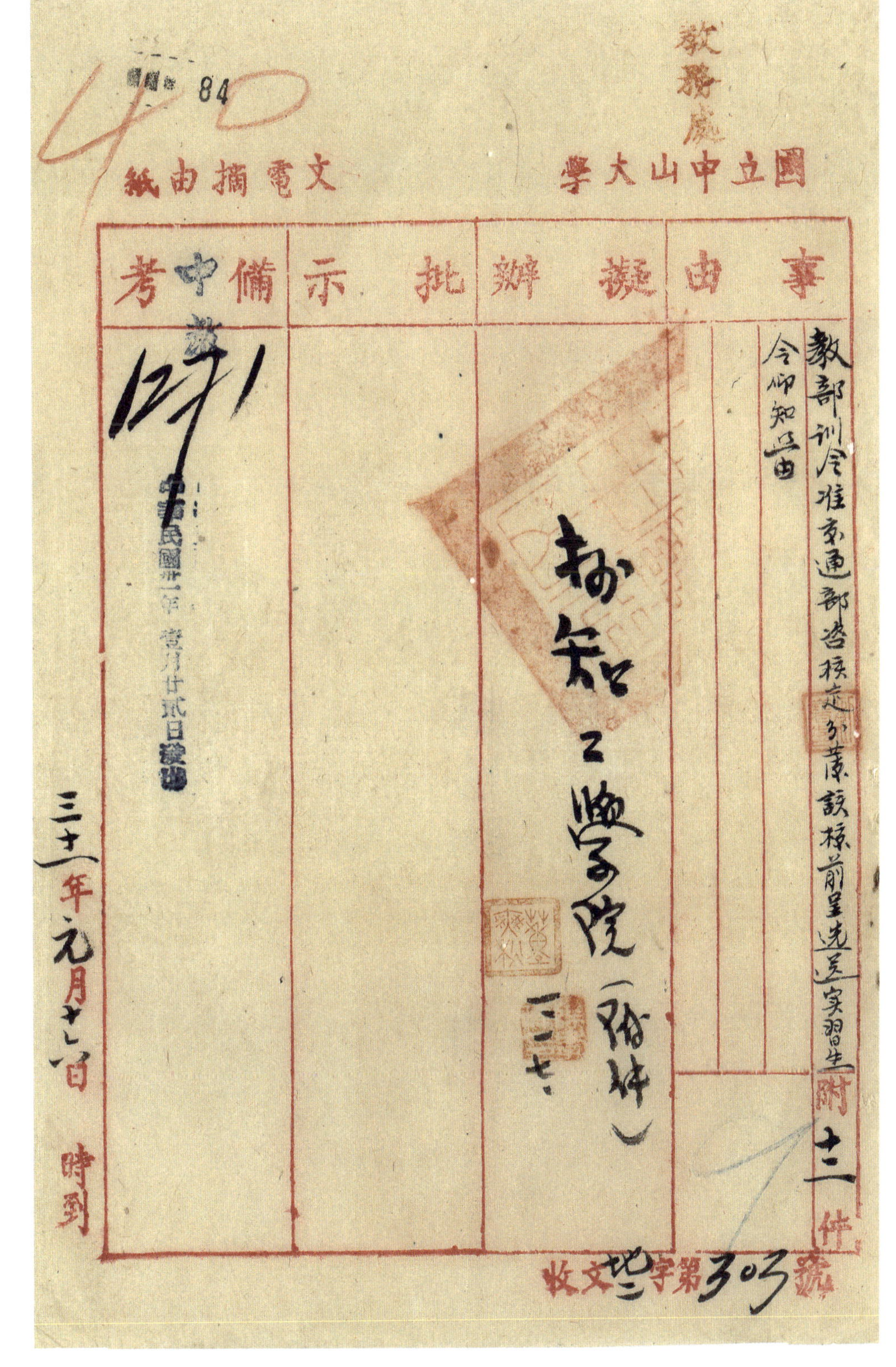
国立中山大學　文電摘由紙

教務處

84

事由	擬辦	批示	備考
教部訓令准交通部咨核定分發該校前呈送之實習生令仰知照由　附十二件	抄知工學院（附件）一二七		中大收文 1271　中華民國卅二年壹月廿貳日發出

三十二年元月十七日時到

收文 地二 字第 303 號

85

中華民國 年 月 日收文 字 號

事由：准交通部咨核定分發該校前呈送實習學生令仰知照由

教育部訓令

令國立中山大學

案查前據該校本年十月廿日呈送本年土木科畢業生志願前往各路局實習名單請核轉交通部轉予分發等情，當經審核原單所列各生中查有林國培一名前已按其志願分發湘桂鐵路，陳為鑑等十二名經轉請交通部查核辦理去後，茲准十一月十八日人育字第二八四四九號咨復，以核定該生陳為鑑、馬掞二名應予分發湘桂鐵路

86

管理局實習張玲光盧宗濂陳鍾傑何領輝區永興李康年陳驕杏等七名分發黔桂鉄路工程局實習甘耀涯李國亮梁富榮等三名分發滇緬鉄路工程局實習檢同派令希查並轉知等由准此合行檢同原派令十二件令仰知照此令。

附交通部分發實習訓令十二件

部長　陳立夫

監印　左仲

国立中山大学关于举办征募物品慰劳前方将士竞赛办法的布告

存

（佈告乙子貼）

國立中山大學佈告　中訓字第167號

為布告事查倭敵此次甘冒不韙妄冀閃擊英美復乘我赴援港九之際大舉進犯長沙意圖牽制我軍首尾呼應卒賴我 統帥籌幄得宜將士用命強敵為殲獲得碩大之戰果造成三次湘北大捷之光榮非獨我國實利

頼之凡屬國民聞此奇捷允宜慶祝

尤當慰勞前方將士崇報有功茲規

定徵募物品慰勞前方將士競賽辦

法公布仰各知照此佈。

附徵募物品慰勞前方將士競賽辦法一份

中華民國廿一年一月十七日

代理校長張雲

国立中山大学代理校长张云关于准发补助费给该校国艺剧团的批

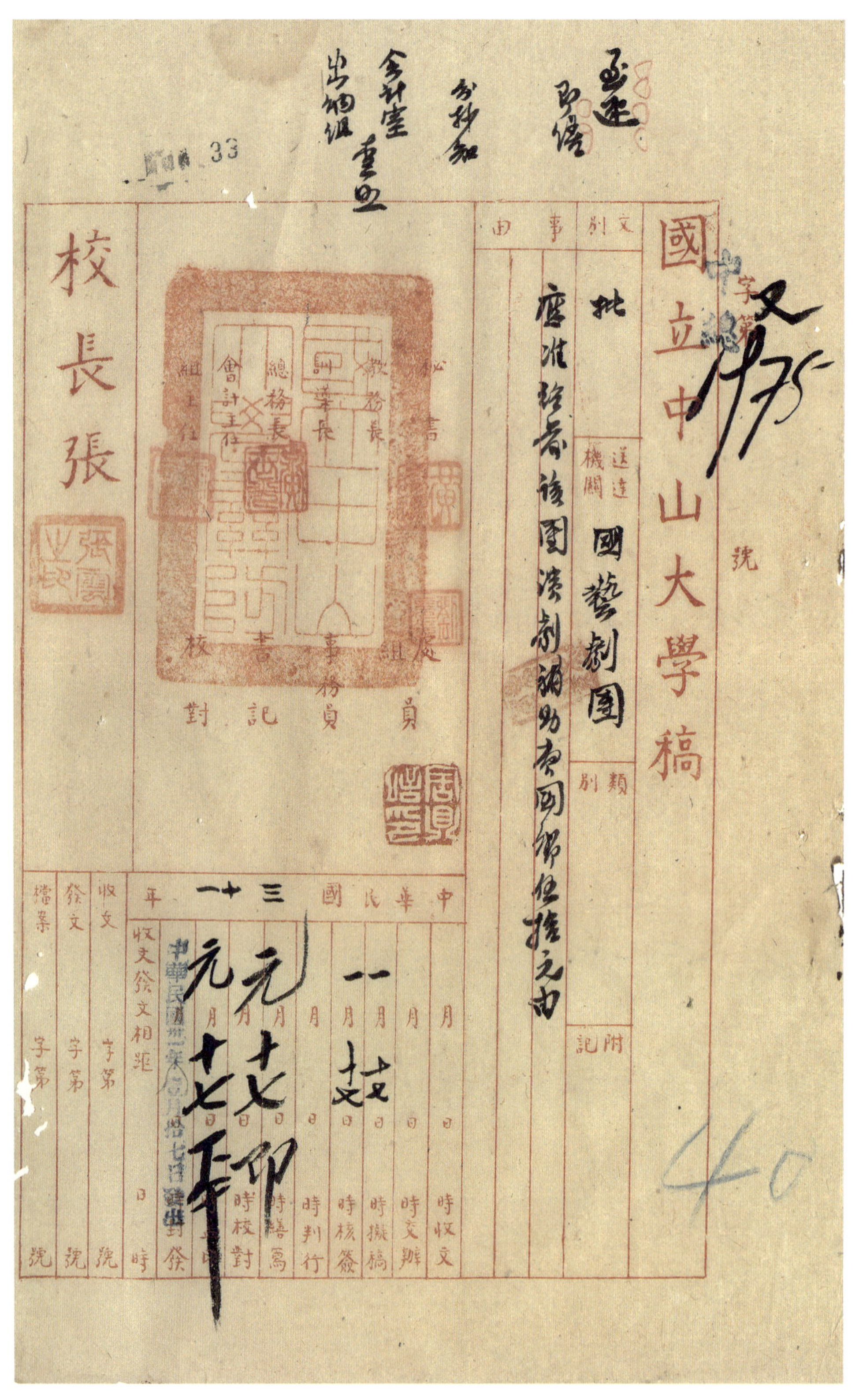

國立中山大學稿

文別：批

送達機關：國藝劇團

事由：應准照發該團演劇補助費國幣伍拾元由

校長張

中華民國三十一年 一月十七日

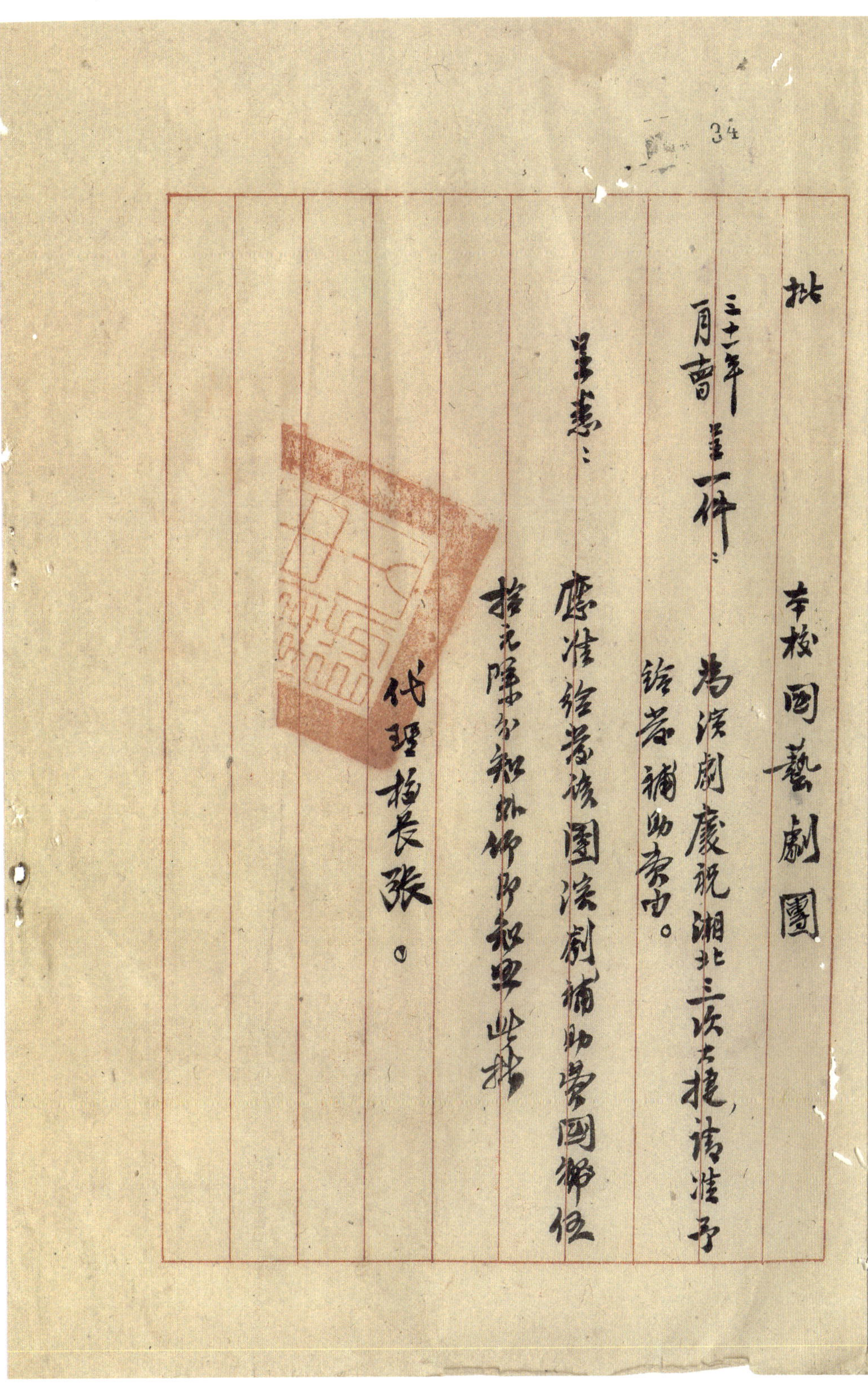
34

批

本校國藝劇團

三十二年
十月世一日呈一件，為演劇慶祝湘北三次大捷，請准予
給發補助費由。

呈悉。

應准給發該團演劇補助費國幣伍
拾元，陳不分知外仰即知照，此批。

代理校長張

国立中山大学代理校长张云关于举办春季种痘请该校各人员参加的函

查種痘為衛生之要圖本校歷年經分期舉辦有案現春季種痘之期已屆亟宜從速辦理以重公共衛生茲定自本年二月一日起至二月十日止每日上午九時至十時半為種痘時間分設第一二三四四種痘站于第一二三四各校医室凡本校員生工警及其直系親屬前往種痘概不收費除布告外相應函達即請

查照并轉所屬知照為荷。

此致

代理校長張雲

三十一年二月一日

国立中山大学代理校长张云关于增加学生贷金及灯油费一事给各院及校本部的布告

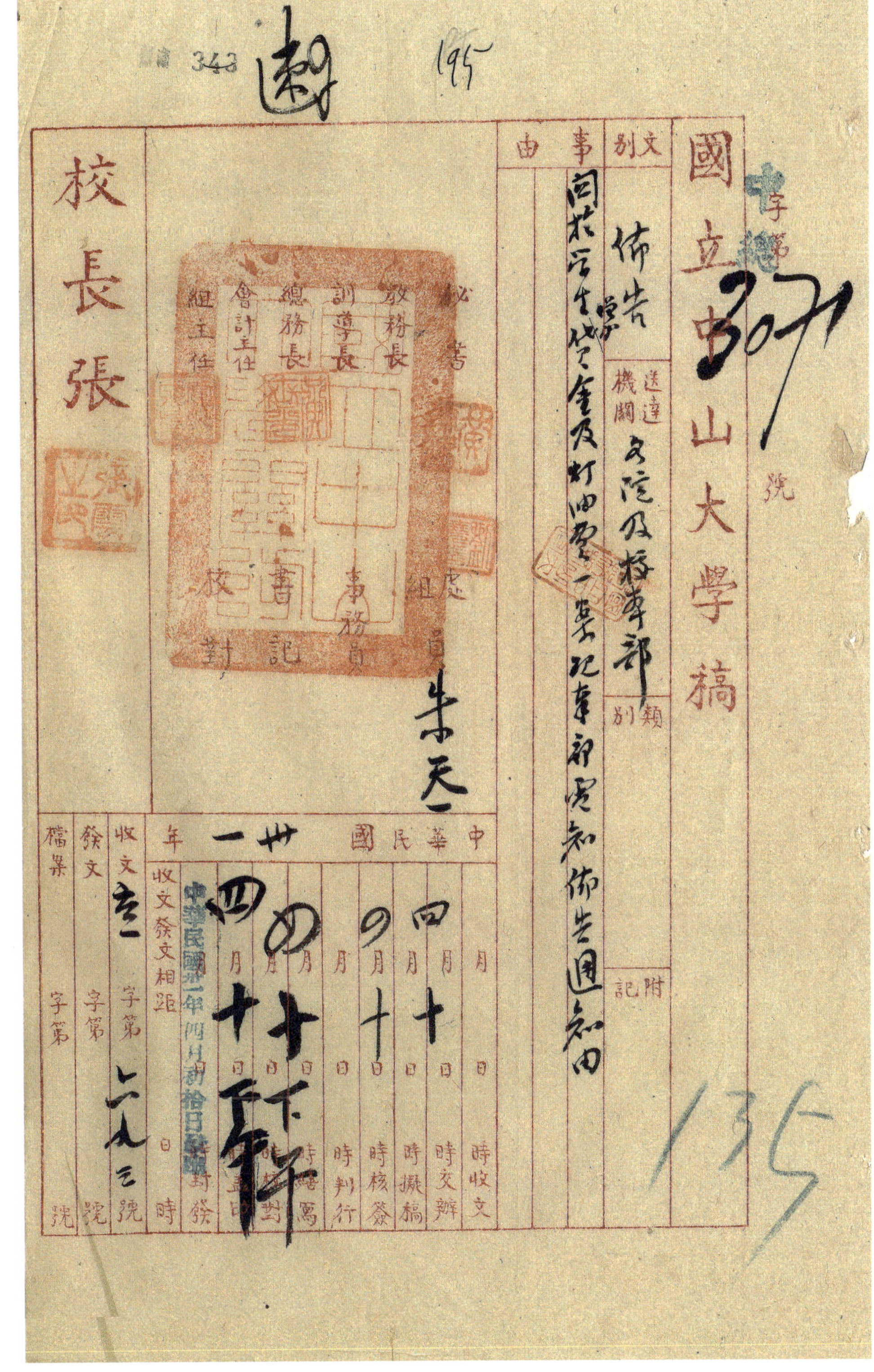

國立中山大學稿

文別：佈告

送達機關：文、法……及校本部

事由：關於學生貸金及灯油費一案，現奉部電知，佈告周知由

校長張

中華民國卅一年　月　日

344

案查前以物價高漲各種貸金補助費未能隨物價增加屢經呈請以本校所報五月實需數額核發並增加燈油費各在案現奉教育部卯豪高（1258）號電開：「學生燈油費云云一併特飭知照」上等因奉此自應遵辦除學生燈油費俟奉到部令再行另案辦理外合行佈告周知此佈

代理校長張〇

教育部关于检发战区生一九四一年八九两月膳食及零用贷金给国立中山大学的代电

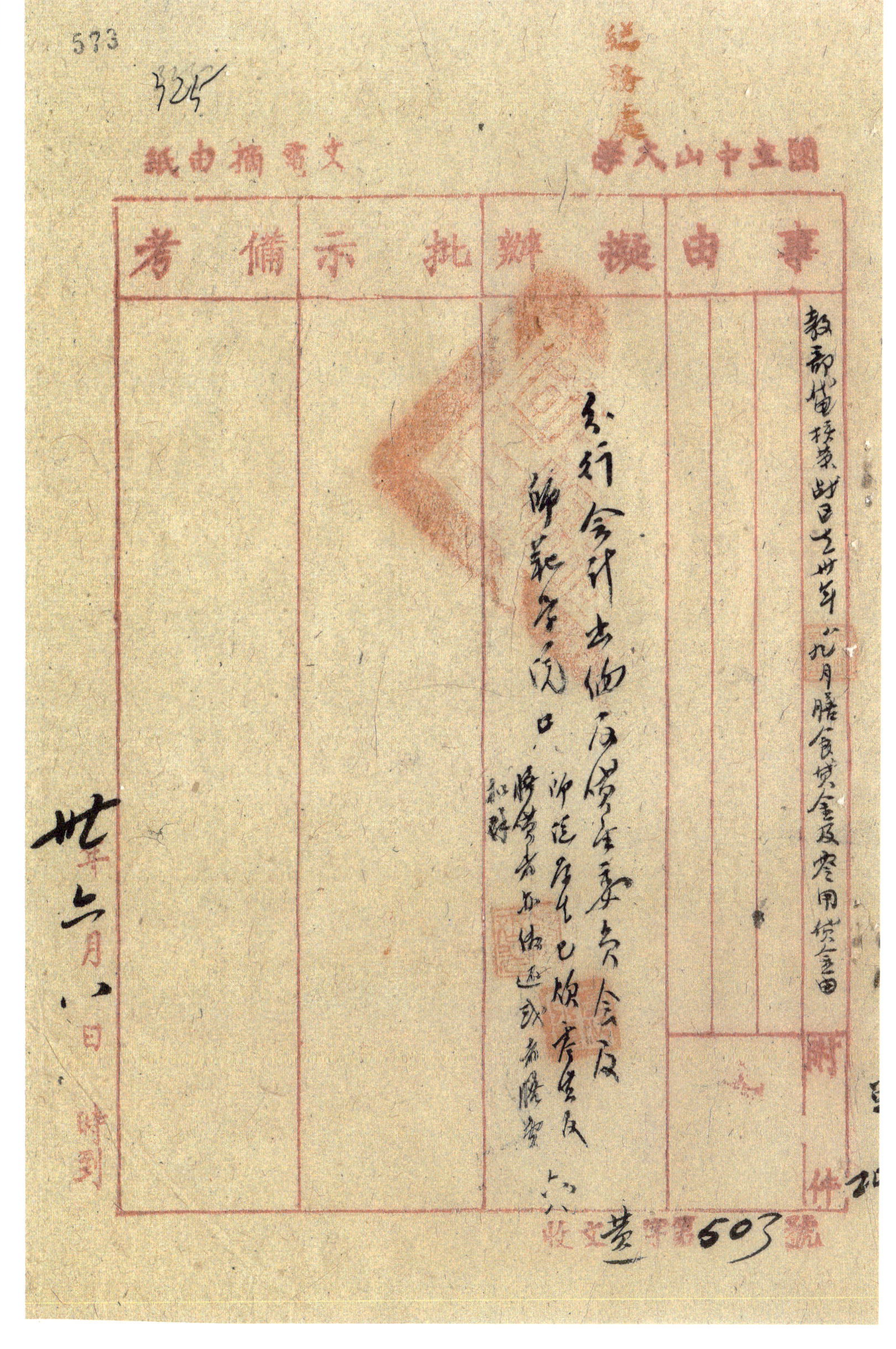
国立中山大学　文电摘由纸

总务处

事由	拟办	批示	备考
教部代电核发战区生廿年八九月膳食贷金及零用贷金由			

附件

收文 黄字第 503 号

卅年六月八日　时到

事由：檢發戰區生三十年八九兩月膳食貸金及零用貸金由。

中華民國　年　月　日收文　字　號

教育部代電

國立中山大學：本年三月二十日中訓字二二四號呈件均悉。准予發給戰區生五百零五名三十年八月份全額膳食貸金，每名三十三元七角七分，計一萬七千零五十三元八角五分；半額九十六名，每名二十一元七角七分，計二千零八十九元九角二分，合計一萬九千一百四十三元七角七分。○九月份戰區生全額五百零五名，每名三十八元二角九

中華民國三十一年五月

分、計一萬九千三百三十六元四角五分；半額九十六名、每名二十六元二角九分、計二千五百二十三元八角四分、合計二萬一千八百六十元二角九分。又八九兩月學生各一百零八名、零用貸金、每名月各三元、計共六百四十八元。

以上總計四萬一千六百五十二元零六分、仰在該校上年九月份止結存貸金餘款八千九百七十七元五角六分及移轉二十九年十一月員工未賠餘款四萬五千元共計五萬三千九百七十七元五角六分項下支付、補具零貸六百四十八元膳貸一萬一千零六十元及二萬九千九百四十四元零六分印收三帋呈部。至師範學院學生已

576　327

核發膳費補助，照規定不能再發膳食貸金及零用貸金、冊報八九兩月師範生二名膳貸及三十六名零貸、無此規定、應予剔除、並仰知照。件存。教育部總處印

577

監印 左仲

校對 黃灼剛

国立中山大学代理校长金曾澄关于定期举行全校注射霍乱疫苗给各部门的布告

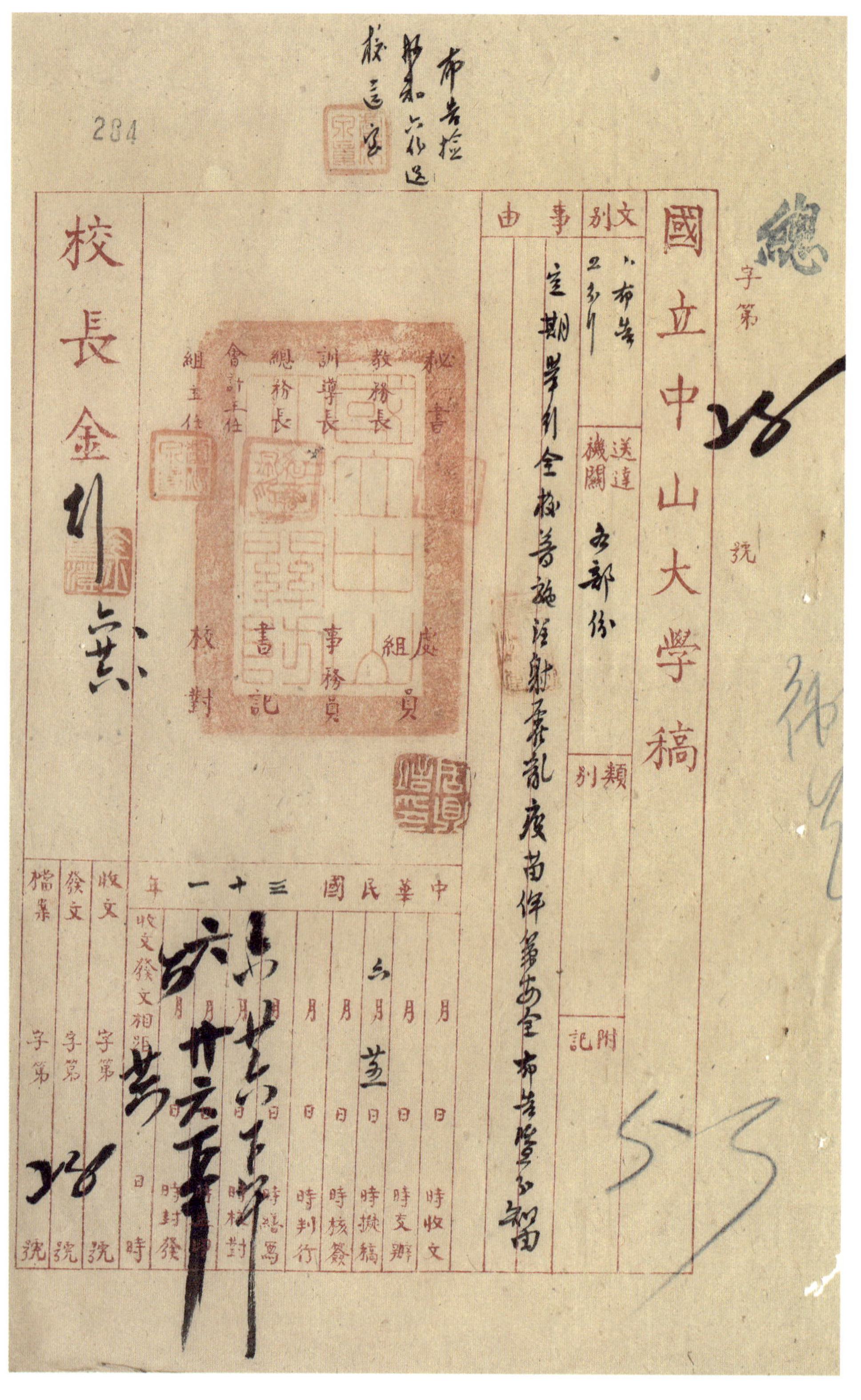
國立中山大學稿

字第 號

文別：布告

事由：定期舉行全校注射霍亂疫苗併希各安全布告暨分留

送達機關：各部份

校長金曾澄

中華民國三十一年 月 日

查繕

285

1. 布告
2. 分函

茲為防免霍亂疫病發生而策安全起見，特舉行全校普施注射疫苗運動，定期自本年六月九日起至七月十日止（除星期日外）每日下午二時至四時為普注射疫苗時間，分設第一二三四注射站於第一二三四分校醫室，凡本校員生工警及其直屬親屬前往注射者，概不收費；除分知外，合行布告週知，此布。

代理校長　金○○

国立中山大学代理校长金曾澄关于征募书报劳军运动广征书报转寄前方以供将士阅览等情的文及附征募书报劳军运动办法大纲

132

現奉

教育部三十一年七月九日中字第二七三三〇號訓令開，業准全國慰勞抗戰將士委員會總會慰(卅)發一字第一〇三七號代電開，本會鑒於精神食糧之供應關係士氣甚大，而戰地生活復頗枯燥，為求有以鼓勵士氣調劑戰士生活起見，爰發動徵募書報勞軍運動，廣徵書報，轉寄前方以供將士閱覽，特電奉達，敬請迅予轉飭各中等以上學校或學生組織發動徵募書報勞軍運動，廣泛徵募業已閱過之期刊書籍，在衛戍區徵得者彙送軍事委員會政治部，各地徵得者寄送附近駐軍或鄰近之戰區政治部，分別轉發，并請將徵募情形賜復為禱等由，准此，除分令外，合亟檢發原送徵募書報勞軍運動辦法一份，令仰該校遵照辦理，并將徵募情形逕復該會，此令等因，附發徵募書報勞軍運動辦法一份。奉此，自應遵辦，除分行外，相應抄附該募書辦法一份

即希

查照，迅為辦理，并將徵募情形見複，以便轉報總會為荷

此致

附徵募書報勞軍運動辦法一份

代理校長金曾澄

徵募書報勞軍運動辦法大綱

（一）緣起

本會為充實前方將士精神食糧，提高軍隊文化水準，藉以激勵士氣起見，爰發起書報勞軍運動。

（二）組織

陪都方面由本會商請中央宣傳部、軍事委員會政治部、三民主義青年團中央團部、中央文化運動委員會、國家總動員會議、全國婦女慰勞總會、各出版業、各報館、文化界共同發起組織徵募書報勞軍運動籌備委員會，各省市縣方面由籌備委員會託由各該省市之文化驛站及動員委員會負責徵募，就地輸送各部份

(三) 推行

1. 由參加徵募書報勞軍運動籌備委員會之各單位自動認捐書報若干種以為倡導

2. 由籌備委員會分函各機關團體政府首長社會聞人請其自動捐獻書報若干種

3. 宣傳方面定期於陪都各報發行特刊分請黨國領袖文化界名流撰文刊載以資號召

4. 徵募之書報不限新舊其內容如次

a. 總理遺教

b. 總裁訓詞文告

c. 有關國際問題之書籍

d. 有關政治經濟之書籍

e. 有關抗戰之書籍畫報

f. 各種定期刊物

g. 各種報紙

h. 其他適宜於抗戰將士閱讀之書報

(附註)徵募之定期刊物及報紙至少以一年為限

5. 徵募書報須切實審查務期理論正確以免有紛歧錯雜之思想妨害抗戰之毒素混入部隊影響官兵心理

(四) 日期

徵募書報之日期自開始徵募之日起至多以一個月為截止期間

(五) 分配

四、陆部征募之书报汇集后统缴军事委员会政治部分配各部队及各伤兵医院

五、各省市县征募之书报为免除运输上之困难起见以截止日期后缮造清册报请军委会政治部指示分配办法以便就地分配或迳送当地或附近之驻军政治部代收转发仍将征发书报之种类数目及分配机关造具简明清册送本会备查

（六）附则

一、筹备委员会内部组织及办法另订之

二、本大纲呈请　核准后施行

国立中山大学关于战区学生准予免缴学什各费一事的布告

存查

卅一年八月廿八日

卅八九（佈告）

總字第卅0號

952

國立中山大學佈告

查本校戰區學生經核准貸金者經照部令准予免繳學什各費在三十一年度上學期貸金生未核定以前凡屬三十年度下學期經核准各種貸金者本學期註冊時均准暫緩繳費其餘應照向章辦理除分知外合行佈告週知

此佈

中華民國三十二年八月二十五日

代理校長金曾澄

私立东吴大学代理校长沈体兰关于请准学生吴茂汉等借读国立中山大学等情给代理校长金曾澄的笺函

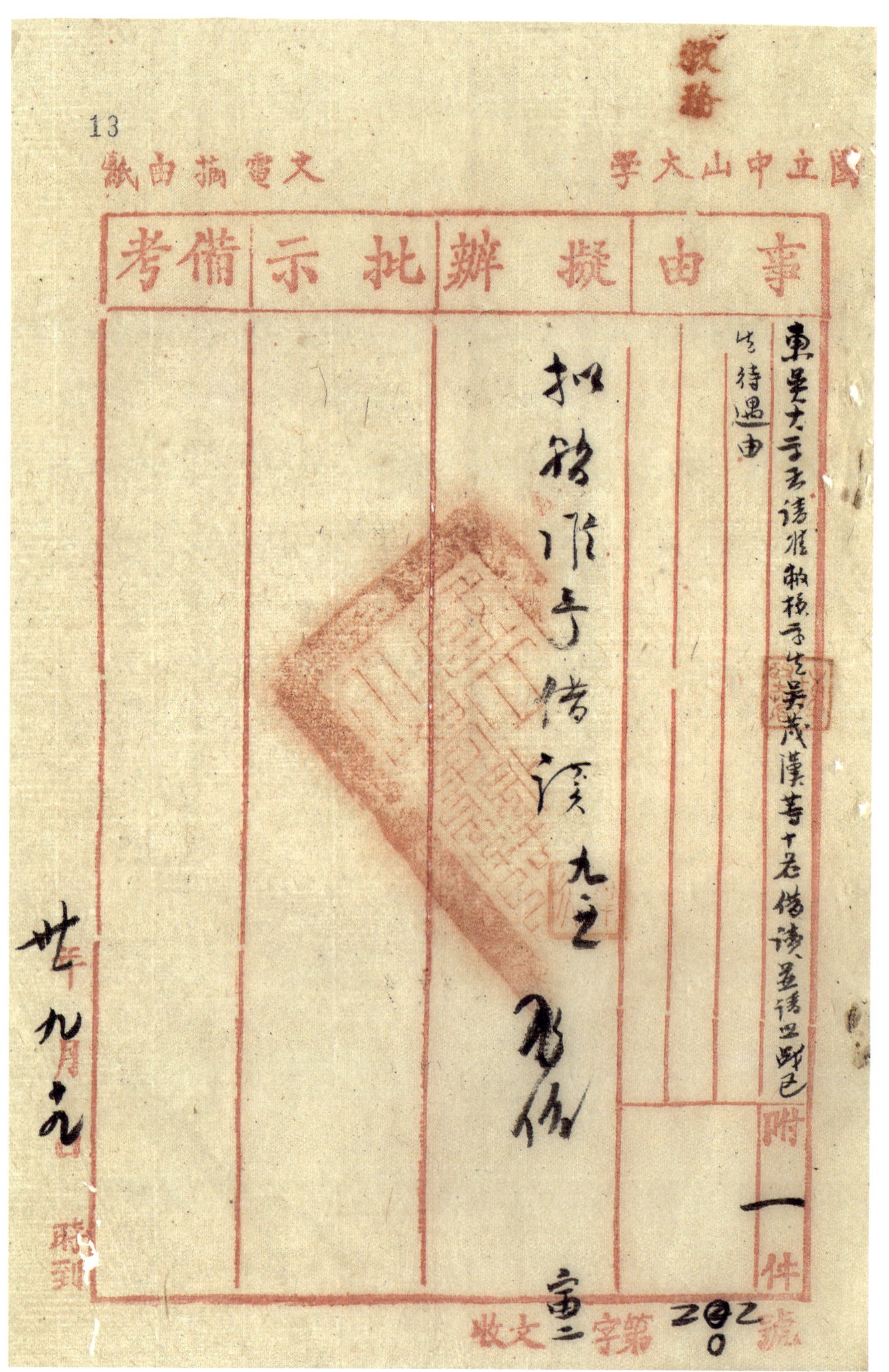

13

國立中山大學文電摘由紙

事由	擬辦	批示	備考
東吳大學函請准飭校予生吳茂漢等十名借讀並請照戰區學生待遇由	擬轉飭准予借讀 九.二		廿九年九月十九日 時到
附 一 件			

收文 寅二 字第 2020 號

第一頁

14

敬啓者自敝校奉　令內遷後一部分員生於五月中抵達金華預期於八月中全體員生內撤完成乃於九月在閩復學詎知浙贛戰事發生交通阻梗多數員生滯留滬上敝校本學期復學計劃因之遭受挫折不得已先將隨　敝校內遷來粵之學生設法使在就近學校借讀以免耽誤該生等學業素仰

貴校規模宏大辦理完善對於由戰區內撤

中華民國卅一年九月十七日

東吳大學用箋

第二頁

學生之顛沛流離定多同情故請 准許敝校學生吳茂漢等十名暫時借讀 貴校除已呈請教部核准外特先奉懇並希 准該生等先行入學隨班聽講再該生等入學後請依照戰區學生待遇辦法給與膳食貸金敬希 賜覆無任感盼此致

國立中山大學

15

金校長曾澄

私立東吳大學代理校長沈體蘭敬啓

中華民國卅一年九月十七日

東吳大學用箋

国立中山大学代理校长金曾澄关于选送大学生到各机关服务一案给文学院吴院长的函及布告

036

現奉

教育部卅一年九月五日高字第三五五八六號代電開：

「案查關於本年各大學畢業生選送各機關服務一案業經辦理並叠令遵照在案茲准湖南省政府咨以府屬各機關及各中等學校需用大學各科畢業生多名囑予選送服務等由自應照辦惟查原咨所需此項畢業生為數甚夥規定報到期間複較迫促遠道學生勢難遵送服務茲查該校校址距湖南省較近本屆畢業生尚多其中不乏有志教育事業者自應予以選送服務俾圖效力准咨前由除電復湖南省政府逕向該校甄選引用外合行電仰遵照」

等因奉此除佈告暨分行外相應函達即希

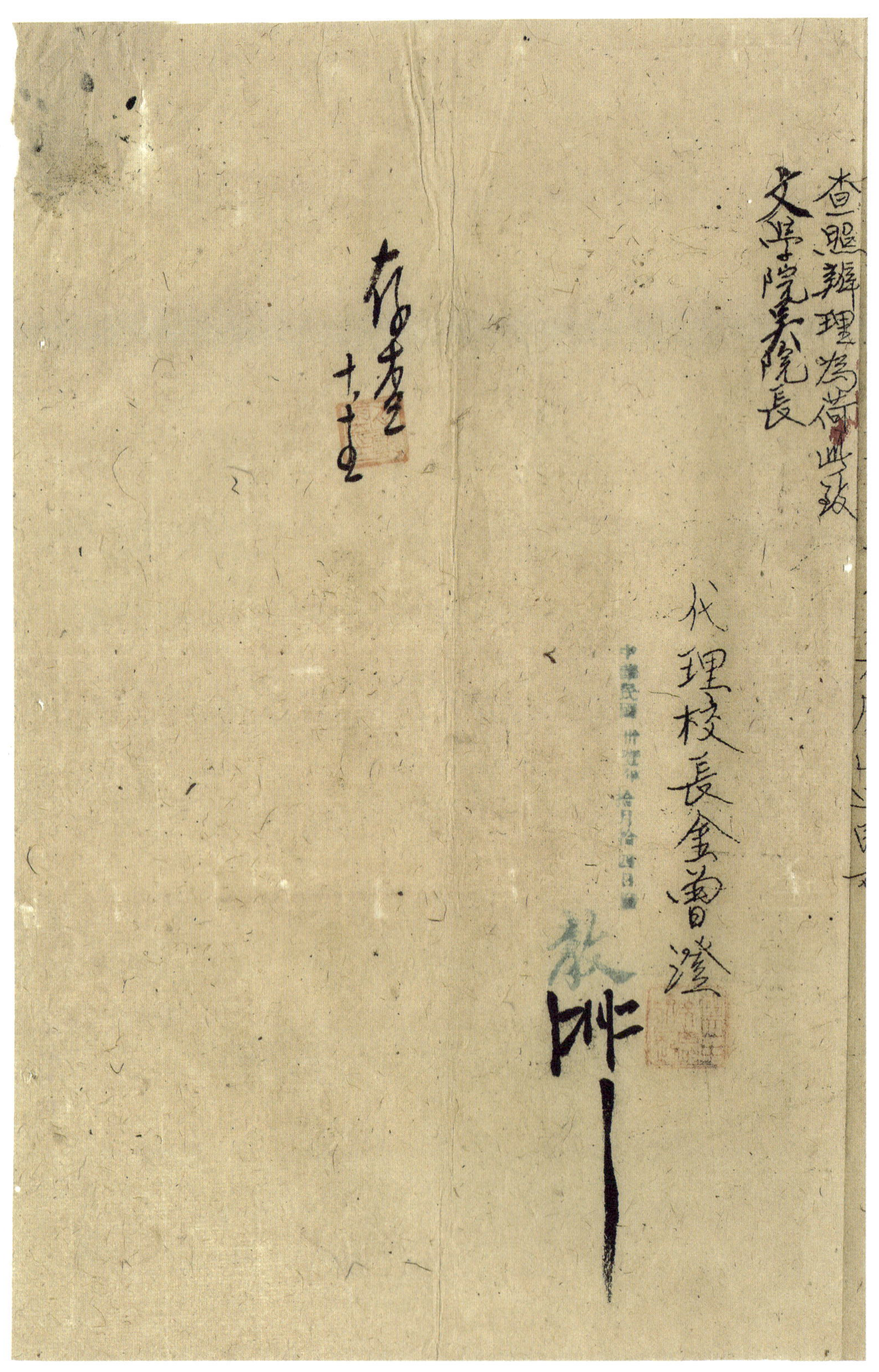

查照辦理為荷此致
文學院吳院長
代理校長金曾澄

國立中山大學佈告

字第卌號

037

現奉

教育部卅年九月五日高字第三五五八六號代電開：

案查關於本年各大學畢業生選送各機關服務一案業經辦理並疊令遵照在案茲准湖南省政府咨以府屬各機關及各中等學校需用大學各科畢業生多名囑予選送服務等由自應照辦惟查原咨府需此項畢業生為數甚夥規定報到期間復較迫促遠道學生勢難遂送服務茲查該校校址距湖

南省較近本屆畢業生尚多其中不乏有志教育事業者自應予以遴送服務俾圖效力准咨前由除電復湖南省政府遴向該校甄選引用外合行電仰遵照。

等因奉此除分行外合行佈告仰本屆畢業生一体知照。

此佈。

中華民國卅一年十月十四日

代理校長金曾澄

国立中山大学代理校长金曾澄关于租住各房房东不得无故辞租加租等情给文学院教职员的公函

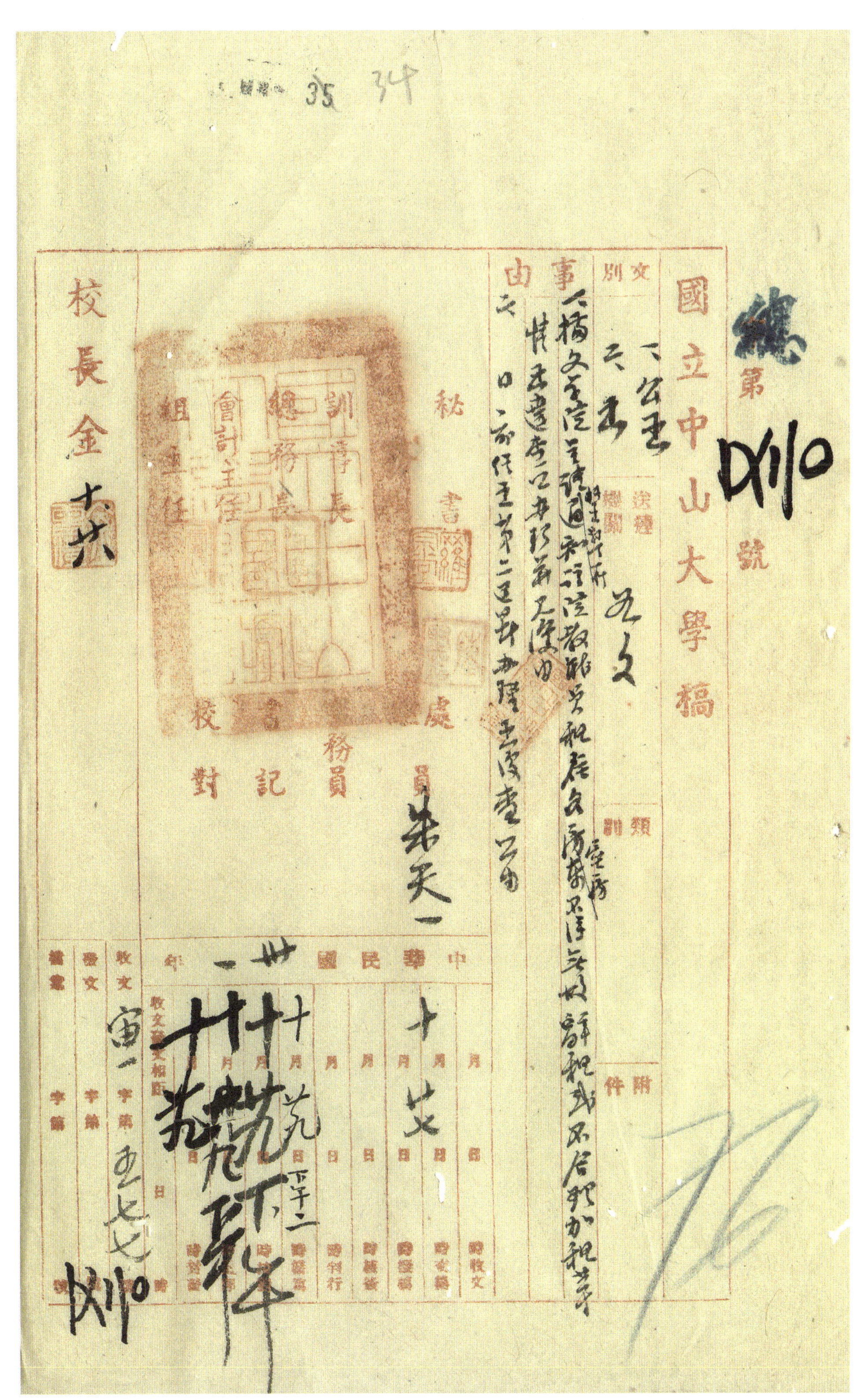

案據本校文學院院長吳康本年十月廿二日廣字第一二三號呈稱：

「查本院劉[illegible]奉核辦理」

等情，並附呈教職員租住民房調查表一份。據此，查本校教職員原租住民房，若係由於房東無故辭租或不合理之加租，不予取締，殊非所宜。據呈前情，除指復外，相應抄同原表一份函達，即希查照求取，並見復為荷。

此致

[illegible]第二區署

据文学院教职员租住民房调查表一份

代理校长金 钧

迳启者：本年十一月廿二日发字第一二三号函附送教职员租住民房调查表一份，请函饬石牌警察所通知各房东不得无故辞租或不合理加租等由，准此。自应照办。除将原表一份函请警察局第二区署查照办理外，相应函达，即希查照为荷。此致

文学院院长

代理校长金 钧

国立中山大学关于坪石往来栗源堡班车票价班次的布告

国立中山大學佈告　總字第[illegible]號

查本校以農學院遠離坪石員生往來長途跋涉至形不便前經分函廣東省銀行及該行信託部專定往來坪石栗源堡間之通行車每星期行駛二次在案現准該行信託部本年十月廿七日馬信字七八六號函以定每星期一五兩

0000103

日由坪石站開上午八時同日上午十時由栗源堡開返坪站暫定每票單程國幣壹拾肆元由本年十一月二日起實行等由准此除函知農學院外合行佈告周知

此佈

中華民國卅二年十月三十日

代理校長金曾澄

国立中山大学一九四二年七至十月份个人生活上所需物品价格增减表

326

三十一年七八九十月份個人生活上所需物品價格增減表

名稱	米	鹽	花生油	茶油	柴	炭	豬肉	魚
單位	每斤	每斤	每斤	每斤	每百斤	每百斤	每斤	每斤
七月份 價值	二三五	一〇五〇	七五〇	五〇〇	七〇〇	一四〇〇	八〇〇	七八〇
七月份 比較上月增減數	增二〇	增一五〇	增五〇	增二〇	增一〇〇	增一〇〇		增五〇
八月份 價值	二四〇	一三〇〇	八〇〇	六四〇	八〇〇	一八〇〇	八〇〇	八〇〇
八月份 比較上月增減數	增五	增二五〇	增五〇	增一四〇	增一〇〇	增四〇〇		增二〇
九月份 價值	二七五	一三〇〇	一〇〇〇	八〇〇	一三〇〇	二四〇〇	九五〇	九〇〇
九月份 比較上月增減數	增三五		增二〇〇	增一六〇	增四〇〇	增六〇〇	增一五〇	增一〇〇
十月份 價值	二八〇	一三〇〇	一三〇〇	一一五〇	一六〇〇	二六〇〇	一三〇〇	一一〇〇
十月份 比較上月增減數	增一二	增一〇〇	增三〇〇	增三五〇	增四〇〇	增四〇〇	增三五〇	增二〇〇
七月至十月總增數	八〇	四〇〇	五〇〇	六七〇	一〇〇〇	一五〇〇	四〇〇	三七〇
備註	每人每日約十二兩	每人每日約一兩	每人每日約一兩半	每人每晚點燈約二兩	每人每日約三斤	每人每日約四兩（非天寒可不用）	每人每日約四兩	每人每日約三兩（若食肉可不食魚）

菜蔬	粗布衣料	鞋	袜	毛巾	房租
每斤	每尺	每雙	每對	每條	每房以一華井計
一五〇	三六〇	二六〇〇	一二〇〇	八〇〇	二八〇〇
增一〇	增四〇	增三〇〇	增二〇〇	增一〇〇	增三〇〇
一八〇	四〇〇	二六〇〇	一三〇〇	一〇〇〇	三五〇〇
增三〇	增四〇		增一〇〇	增二〇〇	增七〇〇
二三〇	五〇〇	三〇〇〇	一五〇〇	一二〇〇	四四〇〇
增五〇	增一〇〇	增四〇〇	增二〇〇	增二〇〇	增九〇〇
二五〇	五八〇	三三〇〇	一九〇〇	一八〇〇	五〇〇〇
增二〇	增八〇	增三〇〇	增四〇〇	增六	增六〇〇
一〇〇	二六〇	一〇〇〇	九〇〇	二〇〇	二五〇〇
每人每日約半斤	上列係湖南國產土布 每人每月約十五元	每雙可穿三個月	以上所列係棉紗粗袜 每對可穿兩個月	每條可用兩個月	每人約需租賃人房一間約華井濶

以上所列最近市價每人每月生活費非三百五十元不辦現在物價尚日日扳漲個人生活費就目前觀之確難維持待遇有改善之必要

庶務組列報

十月三十一日

国立中山大学关于出让武阳司校舍的合约

合約

立合約人國立中山大學（以下簡稱中大）、國立第二僑民師範學校（以下簡稱僑師），今因中大新生部之法、工兩院一年級生併入各該學院修業，原設在乳源縣屬武陽司之新生部校舍暫時騰空，適因僑師擬就武陽司建設校址，經雙方磋商，由中大特將原有武陽司校舍酌照時值讓與僑師接管，藉以彌補另建工、法兩院新生課室、宿舍、膳堂等建築費之用。查中大在武陽司經營校舍之初，曾與第十二集團軍候補軍官養成所頂受原有所址，計補回該所修建費及搭棚與車運材料與餘存材料暨傢具等費共壹萬柒仟伍佰叁拾肆元，另由中大在武陽司先後建築校舍用去肆萬式仟捌佰餘元另修理費用壹式仟餘元現經議定關於軍官養成所當時向地方人士借用繼而轉借中大使用之房舍應由僑師續借業權仍歸當地人士特未該校遷出時以元整交還業主於所有中大經手建築之校舍除教職員宿舍全座及教職員厨房浴室廁所保留歸中大管業外其餘各種房舍(見附表)均因年來物價暴漲由雙方商討酌照時值讓與僑師管業取回全部價銀國幣壹拾叁萬元整訂明于簽約後先交伍萬元其餘捌萬元於一個月內清交屋價同時由僑師接收管業恐後無憑特訂立合約各執一份以資信守

附粘中大價讓僑師武陽司房舍一覽表一紙

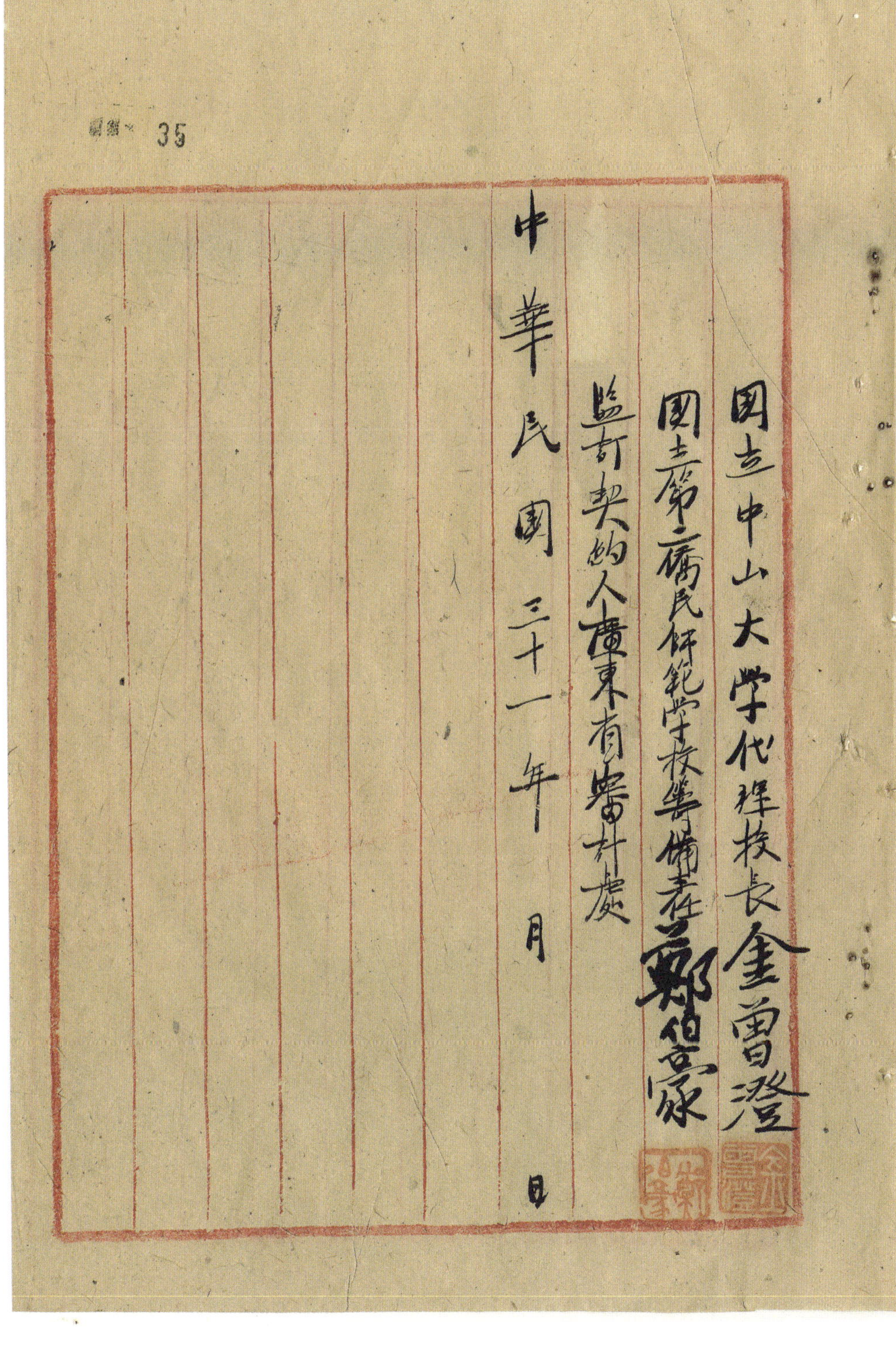

35

国立中山大学代理校長金曾澄
国立第二僑民師範學校籌備主任鄭伯家
監訂契約人廣東省審計處

中華民國三十一年 月 日

国立中山大学关于制定学生社会服务及劳动服务办法大纲的布告

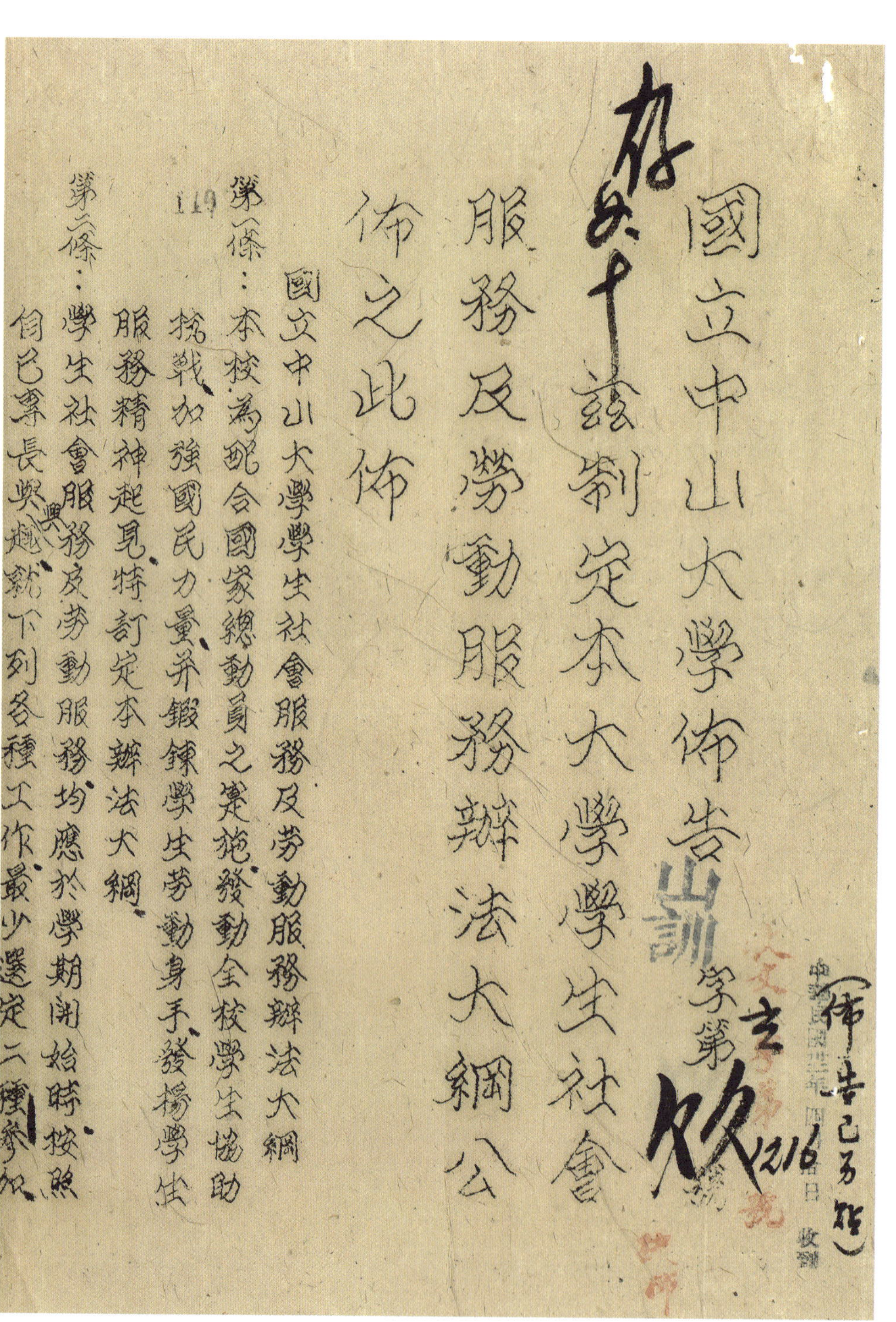
國立中山大學佈告（佈告己字第216號）

茲制定本大學學生社會服務及勞動服務辦法大綱公佈之此佈

國立中山大學學生社會服務及勞動服務辦法大綱

第一條：本校為配合國家總動員之實施發動全校學生協助抗戰加強國民力量并鍛鍊學生勞動身手發揚學生服務精神起見特訂定本辦法大綱

第二條：學生社會服務及勞動服務均應於學期開始時按照自己專長興趣就下列各種工作最少選定二種參加

一、掃除文盲運動工作
二、提倡國民体育運動工作
三、推進國防科學運動工作
四、擴大慰劳救助運動工作
五、擴大劳動服務運動工作
六、改良風俗運動工作
七、推進新生活運動工作
八、實行國民精神總動員運動工作
九、促進國民經濟建設運動工作
十、推進地方自治運動工作
十一、提倡公共衛生運動工作
十二、推行國民兵役運動工作
十三、其他

129

第三條：學生社會服務及勞動服務事宜由學校組織學生社會服務委員會及勞動服務委員會總籌主持，各院學生工作時應相互聯繫與配合，以收分工合作之效。

第四條：學生參加社會服務及勞動服務工作，每週不得少於二小時，每逢星期日及各種紀念節日尤應加強工作。寒暑假期內之工作辦法另定之。

第五條：學生社會服務及勞動服務，各導師應對其導生加以鼓勵與督導（貸金生必須參加）。

第六條：各院導師對於導生之參加社會服務及勞動服務工作，應協同各該院訓導分處主管人員訂定考核成績辦法，嚴密考核，每學期至少考核一次，工作成績列為操行成績之一種，并認為核發戰區學生貸金時之重要參考。

第七條：學生社會服務及勞動服務成績特別優良者得由訓導長聯同各該學院院長呈請校長發給奖金或奖狀以資鼓勵。

第八條：本辦法自公佈日起施行。

中華民國三十二年四月九日

代理校長金曾澄

交通部宝天铁路工程局关于请选派土木系毕业生前来实习给国立中山大学的公函

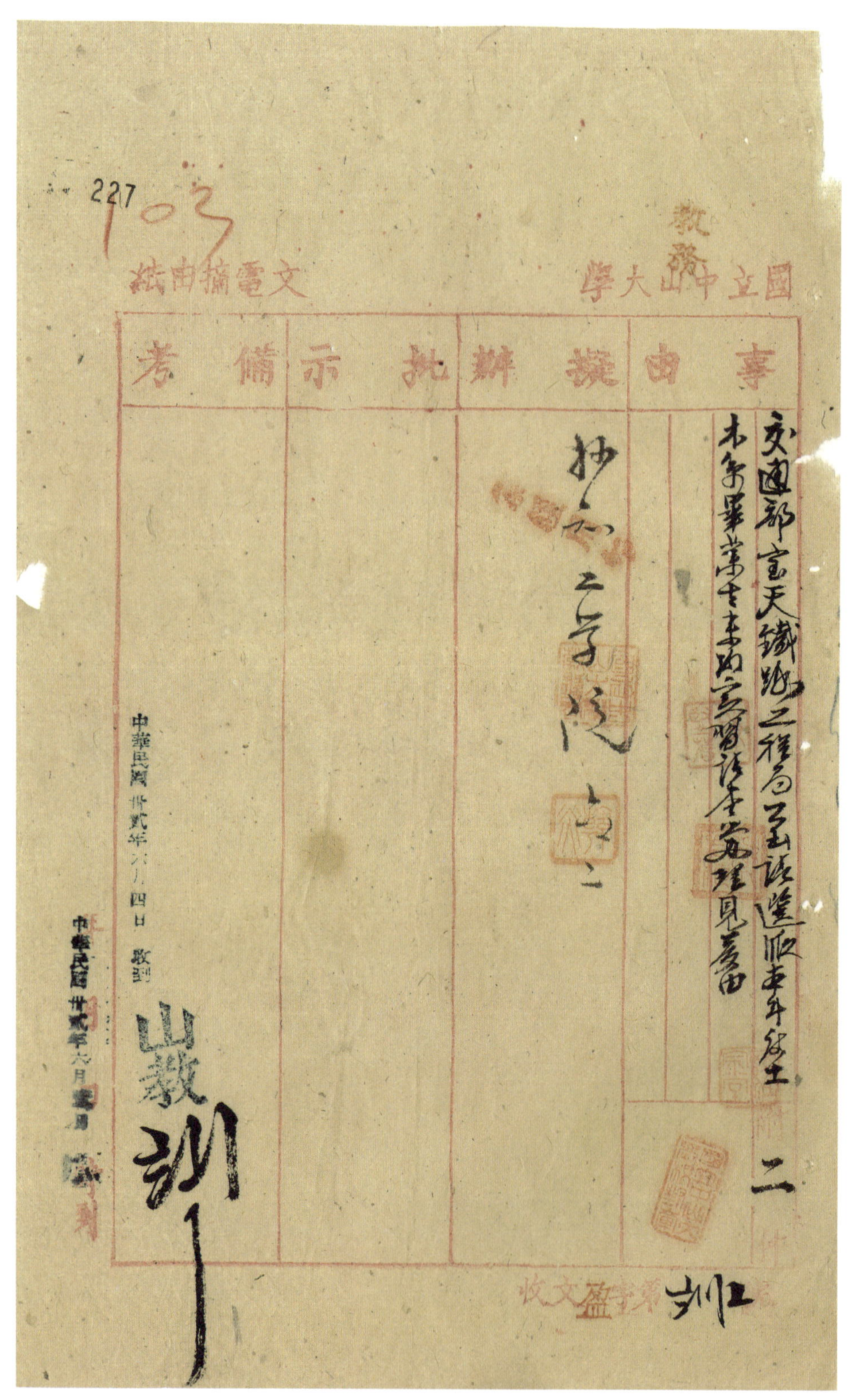
国立中山大学 文电摘由纸

事由	拟办	批示	备考
交通部宝天铁路工程局函请选派本年度土木系毕业生来路实习请查照见复由	抄知工学院		

中华民国卅贰年六月四日收到

交通部寶天鐵路工程局公函

中華民國三十二年一五月 日發 第2556號

事由：請選派本年度土木系畢業學生來路實習祈查照辦理見復由

附件

逕啟者本局現以需要低級技術及管理人員擬請
貴校就本年度畢業生中選派體格健強品學俱優之土木系學生五人來路實習至祈將選派各生姓名年齡籍貫體健及各學期成績（包括學業操行體育等）逕寄一併列示以憑選定並核匯旅費同時並請呈請 教育部轉咨交通部照派所有選派各生務希於考試完畢後即來天水本局報到以便指派實習處所各生月薪為壹百元連附支各費共約玖百餘元至壹仟貳百元來程舟車等費均可照章報支相應檢附本局函約各大學畢業生報到及支領差旅費辦法一份送請

年 月 日 時到

（復文註明本局發文年月日號目及字號）

收文 字第 號

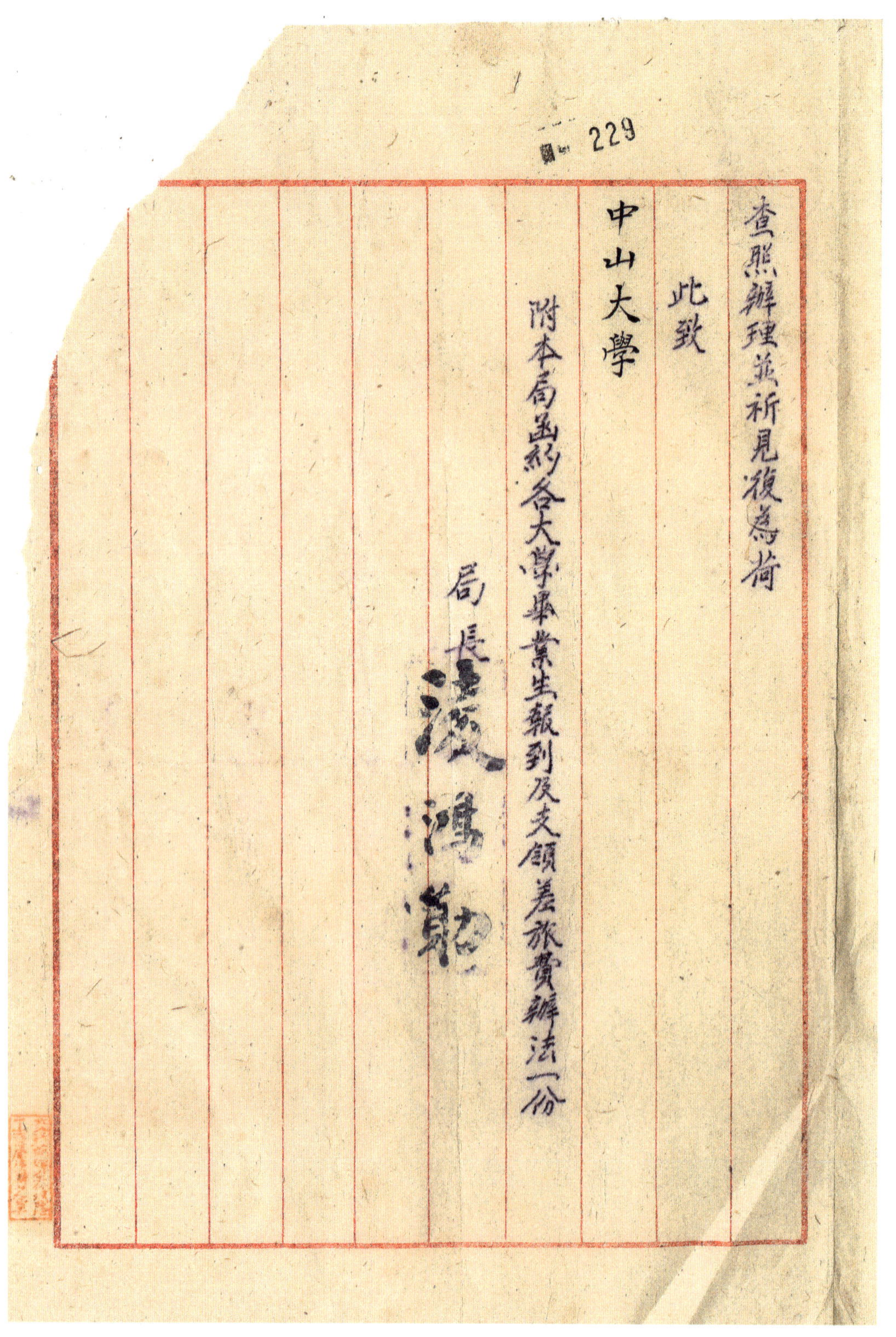

229

查照辦理並祈見復為荷

此致

中山大學

附本局函約各大學畢業生報到及支領差旅費辦法一份

局長 凌鴻勛

国立中山大学医科研究所主任梁伯强教育人员财产损失报告单

158

教育人員財產損失報告單　105

0159

損失項目	單位	數量	價值 單位國幣元	損失情形 損失時期(年月日)	地點	事件	被敵損毀或强收或佔用
總計		159	6600.00				
房屋	/	/	/				
器具	件	35	1000.00	二十七年十月底	廣州東山百子路	廣州失陷	被敵强收
現款	/	/	/				
服着物	件	50	1200.00	仝上	仝上	仝上	仝上
書籍	册	45	900.00	仝上	仝上	仝上	仝上
古物	/	/	/				
其他 私人顯微鏡 標本二十五盒 攝影機三架 打字機一架		29	3500.00	仝上	仝上	仝上	仝上

填報日期 32年 11月 8日

受損失者　國立中山大學醫科研究所 主任　梁伯強（印）

審核者

国立中山大学代理校长金曾澄关于请节约使用纸张印件给研究院的函

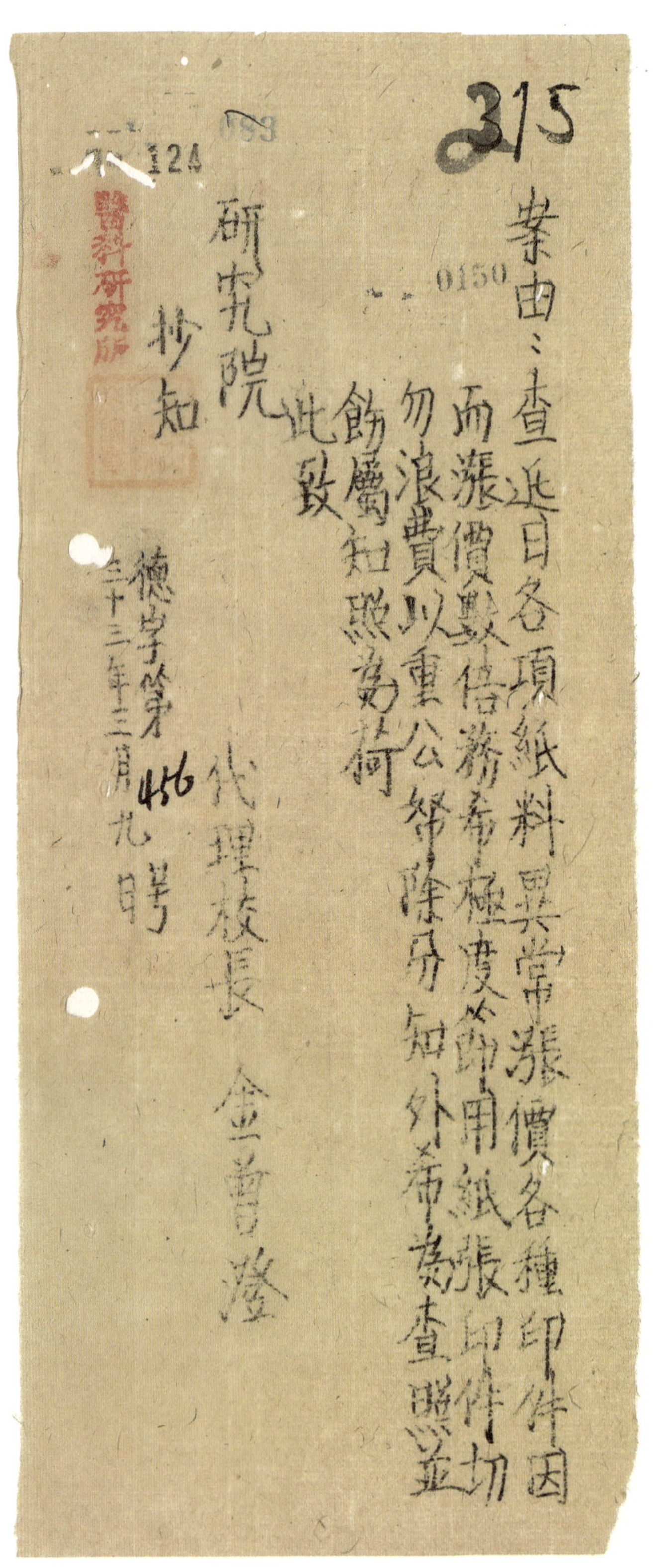
315

案由：查近日各項紙料異常漲價各種印件因而漲價數倍務希極度節省用紙張印件切勿浪費以重公帑除分知外希為查照並飭屬知照為荷

此致

研究院

抄知

代理校長 金曾澄

三十三年三月九日 德字第456號

国立中山大学关于一九四四年三月二十九日在坪石时代戏院举行革命先烈纪念日大会的布告

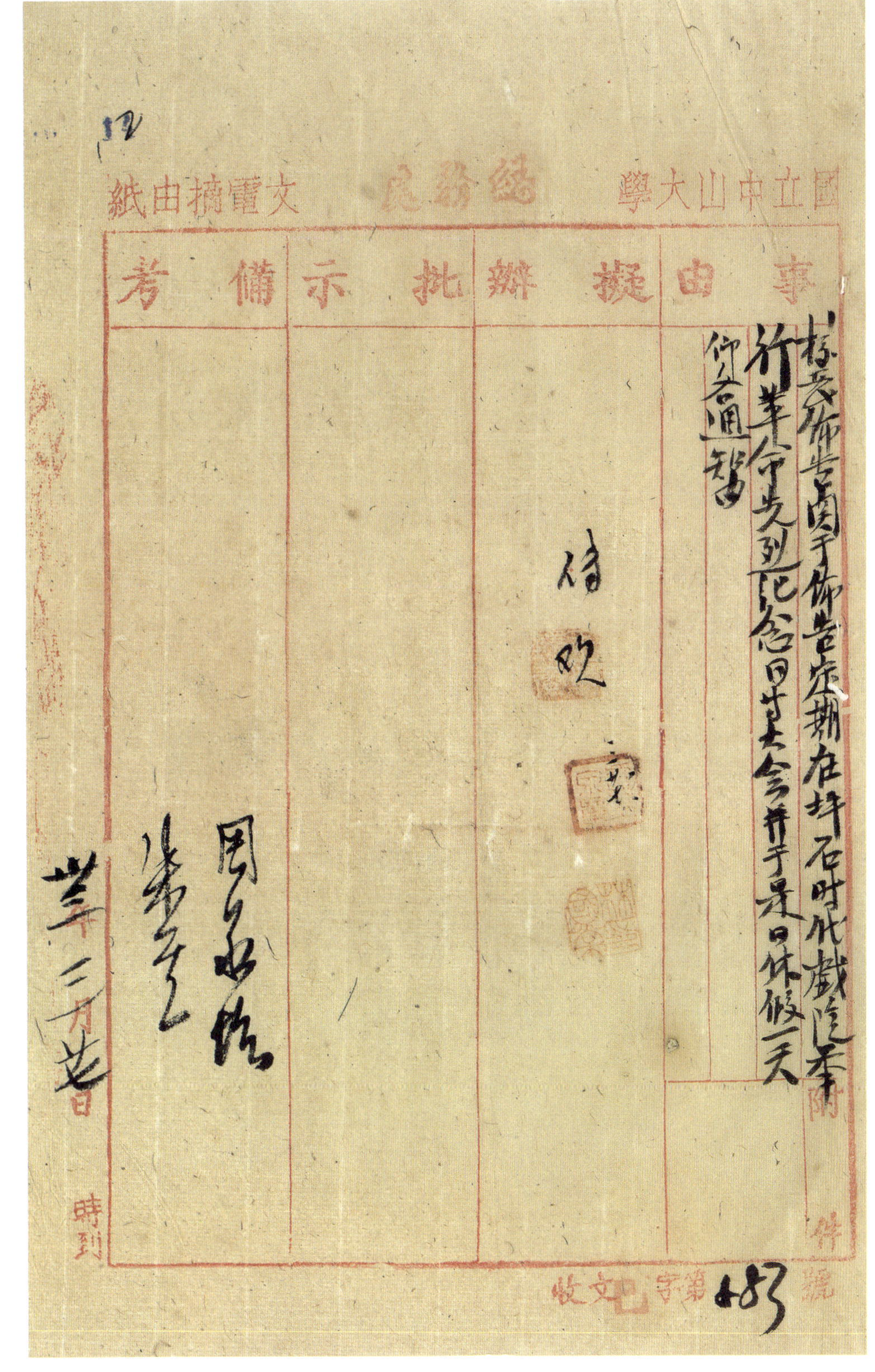
國立中山大學總務處文電摘由紙

事由	擬辦	批示	備考
校長布告 為布告定期在坪石時代戲院舉行革命先烈紀念日大會並於是日休假一天 仰各週知由			

國立中山大學佈告

學總字第九二一號

查本年三月二十九日（星期三日）為革命先烈紀念日茲定於是日下午一時在坪石鎮時代戲院舉行紀念會與慶祝第一屆青年節典禮同時舉行本校員生除農醫師各學院因相距較遠在各該學院舉行外其餘各院班附校員生三民主義青年團團員暨總務公廳職員等均須一律依時參加藉崇重典並照校曆於是日休假一天合行佈告週知

此佈

中華民國三十三年三月廿五日

代理校長金曾澄

国立中山大学与湖南省政府建设厅合办蚕丝改良场关于检送工作报告、事迹概况及今后展望给农学院邓院长的代电

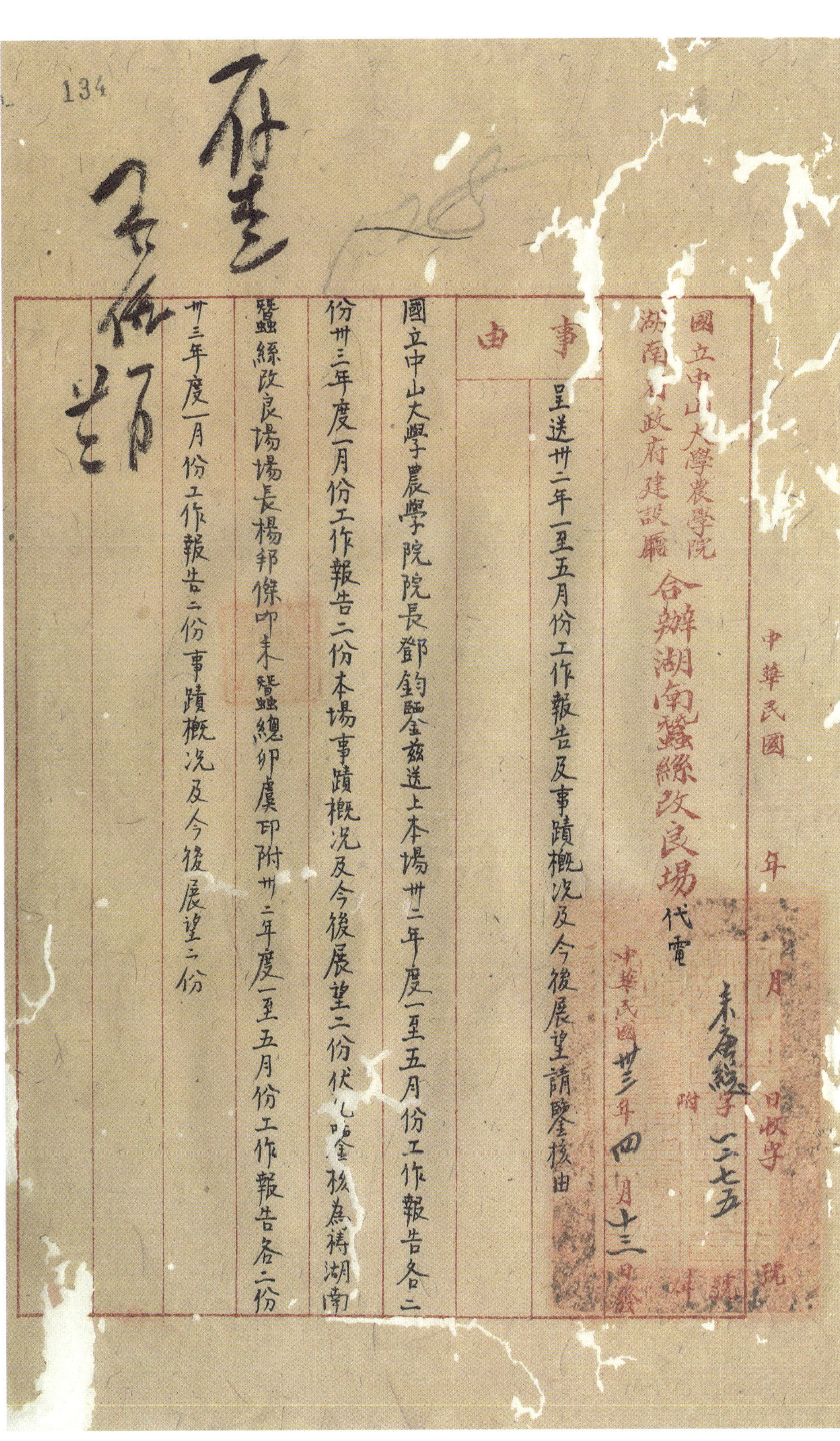

134

存查

中華民國　年　月　日收字　號

國立中山大學農學院
湖南省政府建設廳
合辦湖南蠶絲改良場代電

附

未虞總字一三七五

中華民國卅三年四月十三日發

事由：呈送卅二年一至五月份工作報告及事蹟概況及今後展望請鑒核由

國立中山大學農學院院長鄧鈞鑒茲送上本場卅二年度一至五月份工作報告各二份卅三年度一月份工作報告二份本場事蹟概況及今後展望二份伏乞鑒核為禱湖南蠶絲改良場場長楊邦傑叩未虞總卯虞印附卅二年度一至五月份工作報告各二份卅三年度一月份工作報告二份事蹟概況及今後展望二份

謄寫 文廣全
校對 梁世漢
監印 劉嫒嫺

130

國立中山大學調查坪石鎮中等米市價及每元可購米幾両幾合計算表　33年2月份

日期	每元可購米司碼斤両數	依算每元可購米市升合數	日期	每元可購米司碼斤両數	依算每元可購米市升合數
1	1.3	0.0604	2	1.3	0.0604
3	1.3	0.0604	4	1.3	0.0604
5	1.2	0.0558	6	1.2	0.0558
7	1.2	0.0558	8	1.3	0.0604
9	1.3	0.0604	10	1.3	0.0651
11	1.4	0.0651	12	1.[illegible]	0.0651
13	1.3	0.0604	14	1.[illegible]	0.0604
15	1.2	0.0558	16	1.[illegible]	0.0558
17	1.2	0.055[illegible]	18	1.[illegible]	0.0604
19	1.3	0.0604	20	1.4	[illegible]651
21	1.4	0.0651	22	1.[illegible]	[illegible]0651
23	1.4	0.0651	24	1.[illegible]	0.0651
25	1.4	0.0651	26	1.[illegible]	0.0651
27	1.3	0.0604	28	1.3	0.0604
29	1.3	0.0604	30		
31			共計每月平均每元可購米數	壹市升壹市合強	

備考：以上米價經由本會核算與市價相符合此證明。

坪石鎮商會

一九四四年二至四月份国立中山大学调查坪石镇食粮市价报告表

國立中山大學調查坪石鎮中等米市價及每元可購米幾兩幾合計算表 33年3月份

日期	每元可購米司碼秤兩數	伸算每元可購米市升合數	日期	每元可購米司碼秤兩數	伸算每元可購米市升合數
1	.121	0.05626	2	.121	0.05626
3	.121	0.05626	4	.122	0.05673
5	.120	0.05580	6	.120	0.05580
7	.118	0.05487	8	.118	0.05487
9	.117	0.05440	10	.117	0.05440
11	.117	0.05440	12	.116	0.05394
13	.116	0.05394	14	.117	0.05440
15	.118	0.05487	16	.119	0.05534
17	.119	0.05534	18	.119	0.05534
19	.118	0.05487	20	.118	0.05487
21	.120	0.05580	22	.120	0.05580
23	.120	0.05580	24	.120	0.05580
25	.120	0.05580	26	.123	0.05720
27	.124	0.05766	28	.124	0.05766
29	.123	0.05720	30	.122	0.05673
31	.122	0.05673	共[illegible]月平均每元可購米數	伍市升伍市合陸市勺強	
備攷	以上米價係由本會核算之市價相符合此證明 坪石鎮商會				

132

國立中山大學調查坪石鎮中等米市價每元可購米幾兩幾合計算表 33年 8 月份

日期	每元可購米(坪石秤)斤兩數	每元可購米(坪石升)升合數	日期	每元可購米(坪石秤)斤兩數	每元可購米(坪石升)升合數
1	.113	0.005254	2	.113	0.005254
3	.113	0.005254	4	.113	0.005254
5	.113	0.005254	6	.112	0.005208
7	.112	0.005208	8	.112	0.005208
9	.112	0.005208	10	.112	0.005208
11	.112	0.005208	12	.11[illegible]	[illegible].005208
13	.111	0.005161	14	.1[illegible]	0.[illegible]0465
15	.10	0.00465	16	.1[illegible]	[illegible].00465
[illegible]	[illegible]	0.00[illegible]	18	.[illegible]9	0.[illegible]04185
19	.09	0.004185	20	.0[illegible]	0.[illegible]
21	.09	0.004185	22	.09	0.[illegible]04185
23	.09	0.004185	24	.0[illegible]	[illegible].004185
25	.09	0.004185	26	.09	0.004185
27	.09	0.004185	28	.09	0.004185
29	.09	0.004185	30	.09	0.004185
31	.09	0.004185	共一個月平均每佰元可購米	肆市斤陸市兩	捌市合強
備註	以上米價經由本會核算與市價相符 合與證明。 坪石鎮商會				

国立中山大学代理校长金曾澄关于指定医学院附属医院校医室及私立坪石医院为医疗机关给研究院的函

案由：現奉 教育部三十三年九月七日人字第四三〇〇五號訓令開：

查本部所屬各學校所在地如缺乏公立醫療機關，請多指定私立醫院以便教職員就診，前經函准衛生署三十三年八月十日三十三醫字第1183號公函節開："查各校住在地本署多不明悉，請轉飭所屬各學校查明附近設備較為完善之私立醫院列報（已指定之公立醫療機關除外）彙轉來署，以便呈院核定，惟請領醫藥補助費以患病或受傷經該處必需留醫者為限，查報之私立醫院須設有病床方可列入指定，相應復請查照辦理"等由，准此。查本案經於三十三年八月十八日以人字第39101號通令飭遵在案。茲准前由，合行

令仰於文到十日內呈報以憑辦理此令

辦法：自應遵照查本校前經呈部請指定醫學院附屬醫院校醫室及私立坪石醫院為醫療機關有案茲奉前因除分行外即希

查照為荷

此致

研究院

代理校長金曾澄

三十三年十一月三日

學總3311

醫科研究所　抄知

三十三年十一月四日

德字八四八號

教育部部长陈立夫关于教导学生演唱《青年从军歌》给国立中山大学的训令附原歌一份

339

217

33

教育部訓令　社字第55166號

中華民國三三年九月二十二日

令國立中山大學

本部為鼓勵青年從軍起見經製從軍歌一首頒發演唱期喚起全國青年以加強抗战力量除分行外合行檢同原歌一份令仰遵照教導學生演唱為要

此令

附原歌一份

部長陳立夫

抄送

研究院

三十三年十一月廿二日　學訓二一七號

抄叔

醫科研究所

德字八七三號

三十三年十一月二十八日

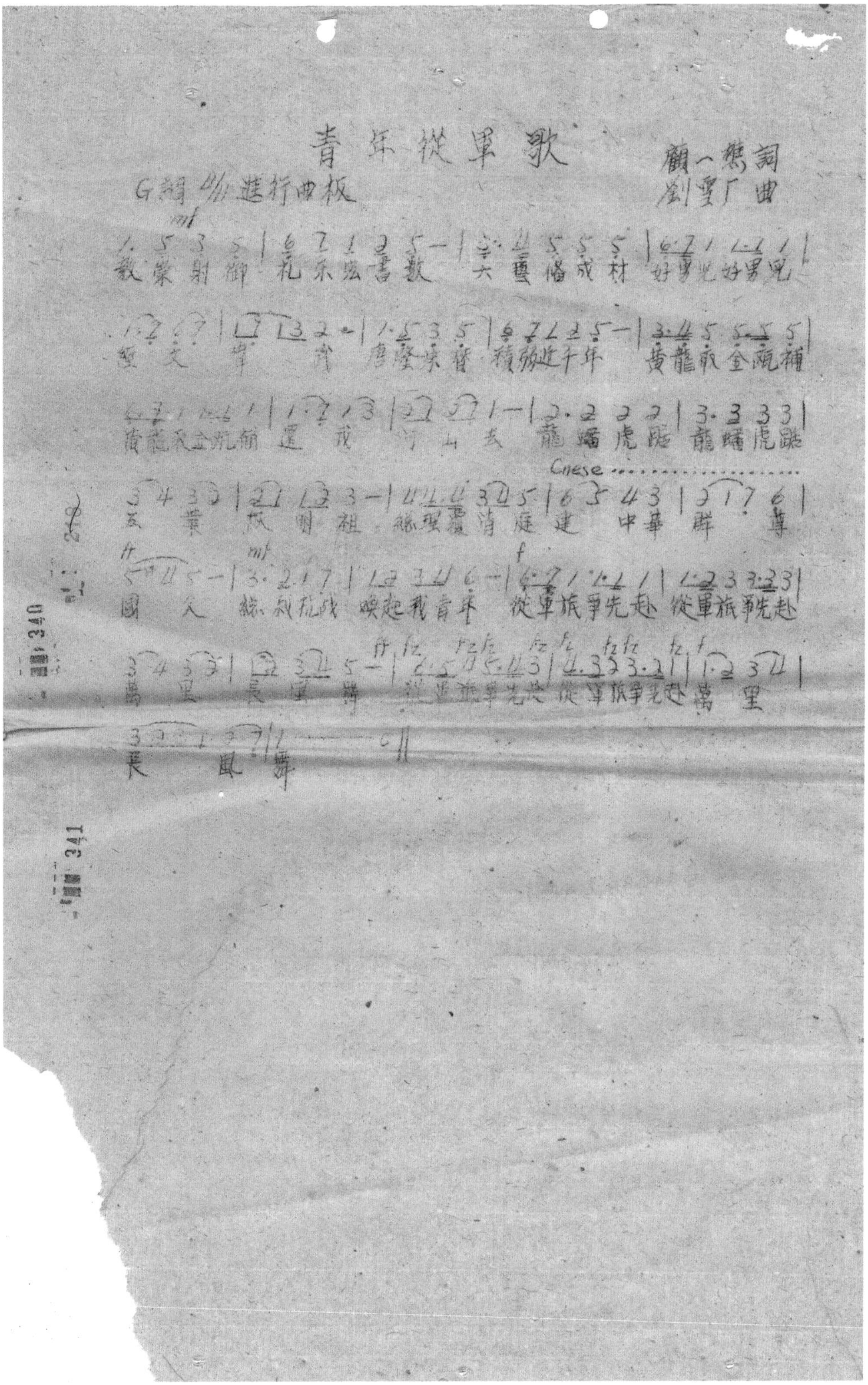

青年從軍歌

顧一樵詞
劉雪厂曲

G調 4/4 進行曲板

教稼射御 礼乐弦書數 六藝皆成材 好男兒好男兒
經文 緯 武 唐堯宋晉 積弱近千年
黄龍府金瓶補 黄龍府金瓶補 還 我 河 山 去 龍蟠虎踞 龍蟠虎踞
友 業 炳 明 祖 繼理疆消 庭 建 中華 群 尊
國 人 繼 起抗戰 喚起我青年 從軍旅爭先赴 從軍旅爭先赴
萬 里 長 風 舞 從軍旅爭先赴 從軍旅爭先赴 萬 里
長 風 舞

共克时艰

国立中山大学一九四四年度办公室暨各所零用金分配数额表

三十三年度辦公室暨各所零用金分配數額表

部份別	原額	增加四成後數額	現定額	備考
文科研究所	三三〇〇〇	四六二〇〇	四五〇〇〇	
師範研究所	三三〇〇〇	四六二〇〇	四五〇〇〇	
農科研究所	三三〇〇〇	四六二〇〇	四五〇〇〇	
醫科研究所	二六〇〇〇	三六四〇〇	三五〇〇〇	
辦公室	七五〇〇〇	一〇五〇〇〇	一一〇〇〇〇	
合計	二〇〇〇〇〇	二九〇〇〇〇	二九〇〇〇〇	

国立中山大学各学院一九四四年度油印讲义费分配数目表

本校各学院卅三年度油印講義費分配數目表

院别	核定數額		備考
研究院	五〇〇	00	自卅三年五月份起照表列數額核發，暑期內七八兩月停發
文学院	一四〇〇	00	
理学院	九〇〇	00	
法学院	一四〇〇	00	
農学院	一〇〇〇	00	
医学院	九〇〇	00	
工学院	一四〇〇	00	
师範学院	二一〇〇	00	
合計	九六〇〇	00	講義費一項除剔撥西文講義印刷等費外，實祇餘約七千元，現共列支九六〇〇元，係以暑期內停發兩月數目勻補

乐昌复兴报社关于国立中山大学研究院定购大光报报费的定报收银收据

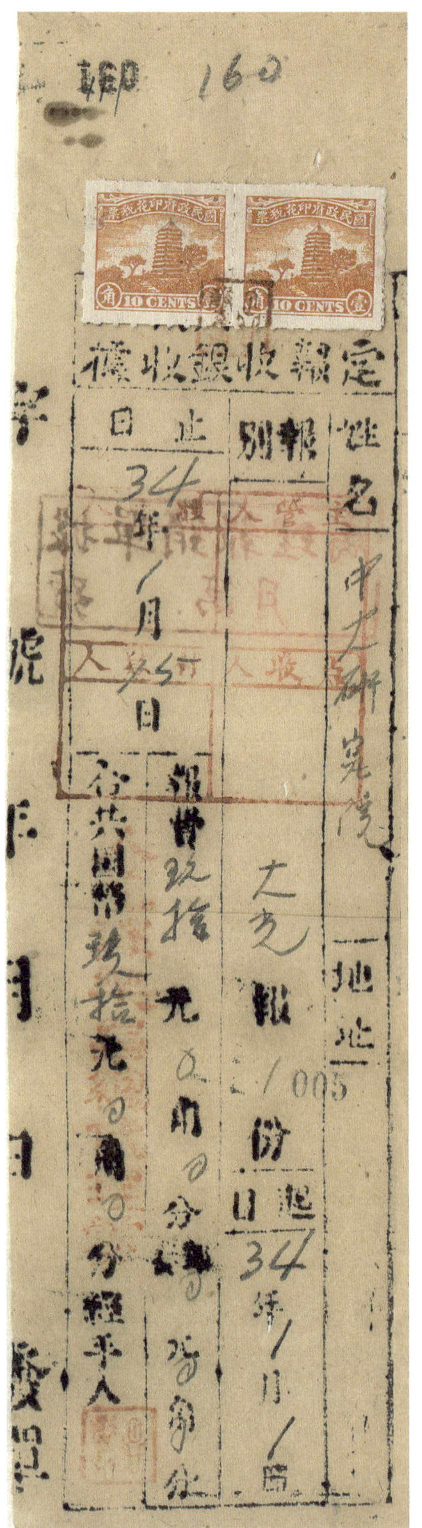

定報收銀據

姓名：中大研究院
報別：大光報 1/005 份
止：34年1月　日
起：34年1月1日
報費玖拾元〇角〇分
合共國幣玖拾元〇角〇分
經手人

字　號　年　月　日發單

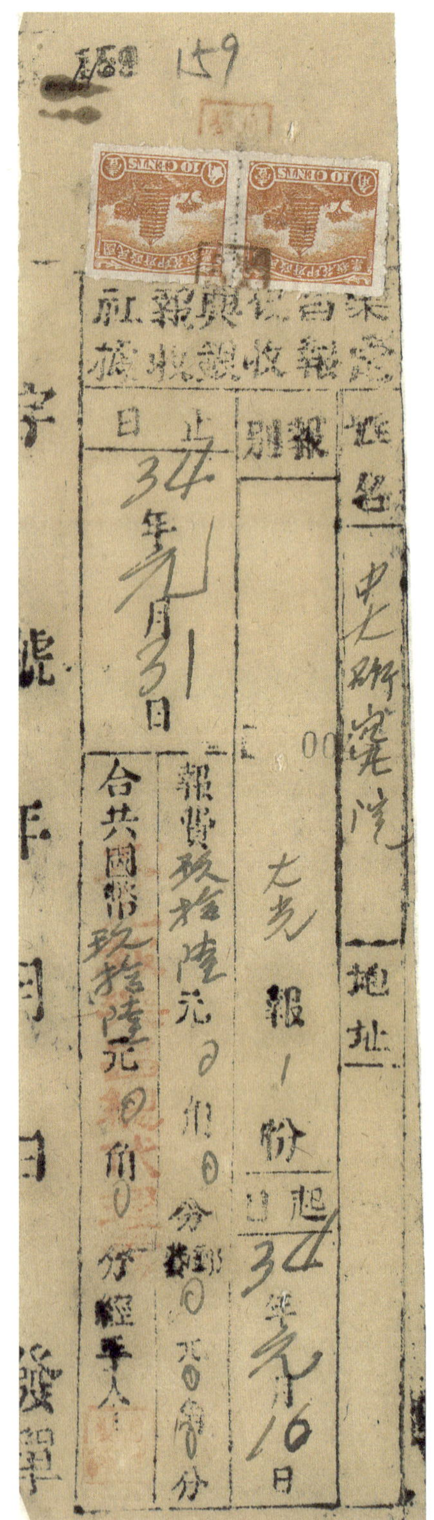

樂昌復興報社
定報收銀據

姓名：中大研究院
報別：大光報1份
止：34年　月31日
起：34年　月16日
報費玖拾陸元〇角〇分
合共國幣玖拾陸元〇角〇分
經手人

字　號　年　月　日發單

国立中山大学由坪石交通银行汇付数目清单

1344-1 54

由坪石交通银行汇付款目清单

项目	金额	
该所疏迁仁化署输费	一0000.00	
9—12/33月份零用金	一四00.00	
工友彭桂8—12/33月份米代金尾数	二四八八.00	八至十二月份米代金尾数四四十斤，每斤二元六角，一共一千一百四十四元，扣印花七元二角
又8—12/32月份补发二斗米代金	七八四四.00	前领每月四斗现改为六斗，计补八九十三个月应补七八八元扣印花
又七月份米代金	一000.00	
又青份工饷及补助费	九000.00	入研究所 给男夫
合计	五七二三二.00	

2结 1403

5723
920 四人分(230)
4803
51.97
10000 入银行 还差款

此数有误

凌启鸿收讫
徐斗成收讫
梁惟馨督
李瑛收讫

国立中山大学饮水消毒简法

飲水消毒簡法

消毒藥品　飲水可用漂白粉消毒，漂白粉各藥房均有出售。

消毒藥水做法　取清水一煤油桶，加入漂白粉四兩，攪和數分鐘，靜置半小時，將上部清液裝入玻璃瓶中，即得消毒藥水。

河水消毒　河水可在家中消毒或在碼頭消毒。

一、家中消毒　河水消毒可在家中水缸內消毒，每一煤油桶水中加消毒藥水一羹匙。（約為十公撮）

二、碼頭消毒　河水可在挑水碼頭處由衛生局或公安局派人消毒。每逢一擔水，約三煤油桶，每擔水內加消毒藥水三羹匙。消毒藥水可裝在小瓶內，用三羹匙容量之竹杯量水，每桶水內加消毒藥水半杯。

井水消毒　井水可在家中消毒或在井中消毒。

一、家中消毒：與河水消毒同。

22

二、井中消毒　公共水井可由衛生局或公安局派人每日消毒。普通大小之水井先，水深一尺加消毒藥水八羹匙，或先做成八羹匙容量之竹杓，水深一尺加藥水一杓。

戰地飲水消毒　戰地飲水在可能範圍內，應仿照上述方法消毒液，分送前線士兵飲用。但最前線之士兵每人應携帶漂白粉一小瓶，瓶有木塞，塞上有白鉛鐵小匙，在炮火猛烈後方不能送水時，就近取水，每水一壺加入漂白粉一小匙。（其重量約為0.四公分）搖動數分鐘，半小時後，即可飲用。

国立中山大学征募物品慰劳前方将士竞赛办法

徵募物品慰勞前方將士競賽辦法

一、本校為慶祝湘北三次大捷特舉行員生徵募物品慰勞前方將士運動、

二、茲為增加徵募運動效率起見特擬定徵募物品慰勞前方將士競賽辦法、以資鼓勵、

三、慰勞品種類包括慰勞書信日用品款項等類、

四、參加競賽單位者為文理法工農醫師範學院及研究院新生部先修班附中等十一個單位、

五、慰勞物品由各單位登記彙交訓導處由校送前方將士

六、本競賽評定成績標準以分數計、其計分辦法、為慰勞書信

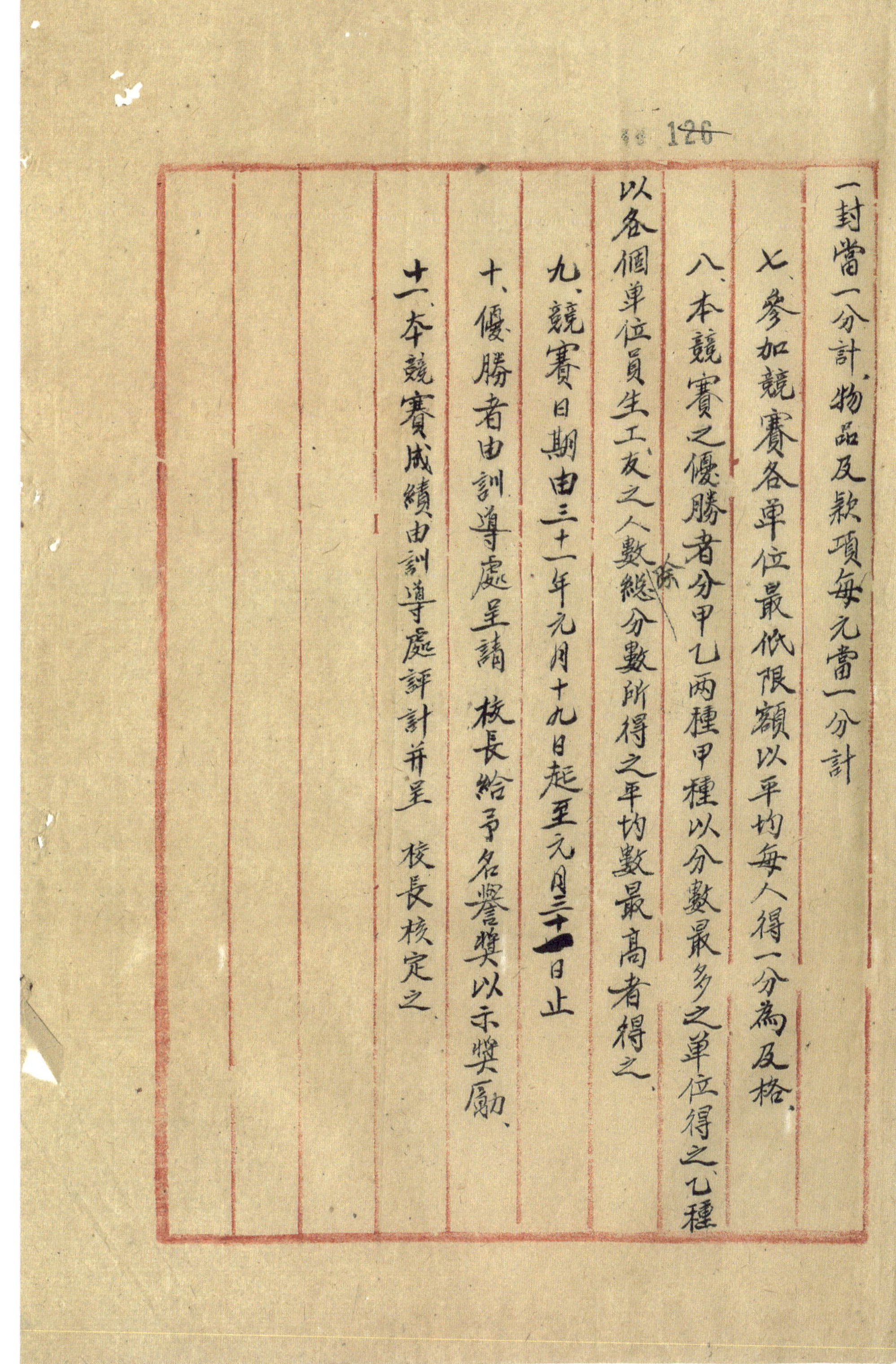

126

一封當一分計，物品及款項每元當一分計
七、參加競賽各單位最低限額以平均每人得一分為及格
八、本競賽之優勝者分甲乙兩種甲種以分數最多之單位得之，乙種以各個單位員生工友之人數除總分數所得之平均數最高者得之
九、競賽日期由三十一年元月十九日起至元月三十一日止
十、優勝者由訓導處呈請　校長給予名譽獎以示獎勵
十一、本競賽成績由訓導處評計并呈　校長核定之

国立中山大学学生领取津贴保证书

65

88

具保證人 今保得
國立 大學 院系 年級學生 確係
湖北省 縣籍其所填家庭狀況表均係實在如有不
實由保人負賠償所領津貼責任此證

保證人 簽名蓋章

職業（薦任以上公務員或殷實商店 中等以上學校教員）

與學生關係

現在通訊處

永久住址

中華民國 年 月 日

国立中山大学法学院教职员租住民房名表

61

60

國立中山大學法學院教職員租住民房名表

職别	姓名	租住民房间数	每月租金總額	租住民房地址	房東姓名	有無訂定租用期限	備攷
黨室主任	趙康恩	一间	三十元	下東田埧	羅际清	未	
教授	立琳	二间	六十四元	下東田埧	羅来勝	立有租約	租約内聲明不得隨意加租隨意藉故收回另租他人
經濟系主任	王亞南	三小间	六十元	坪石蓮塘鄉第三保第伍甲觀音堂右邊	何第鄉　何文樑	訂有租约一紙限期一年	租金在前租约期限未滿即被勒加租金兩倍
教授	劉求南	三间	六十元	坪石上台街三号	王源發	無	前年租起原為十七元去年增加三元（農曆）
教授	李浩川	三间	三十元	坪石中街爐官庙巷允斌别墅内	朱培棟	未訂定	
教授	劉槃	二间	三十元	張家灣三甲七號朱龍旺宅	朱龍旺	未訂定期限惟立有租约規定不得藉故迫還並不得任意加租	
教授	劉耀燊	一间	十元	坪石箐家灣祠堂左壁	何第鄉	有訂租约	
教授	梅龔彬	三间	七十元	上前街廿三号内進	陳金才	無	

副教授	章導	一房一廳	四十元	坪石張家灣	張水孝	訂定租屋人可自由居住不得隨意迫遷及加租	
副教授	吳逸之	三間	六十五元	張家灣	黃明才	未有訂定租用期限	
副教授	張學堯	一間隔開二小房	二十三元	坪石上中街壇官廟巷允賦別墅	朱培棣	無	最近業東又擬加租
副教授	董家遵	四間	四十元	坪石上前街九十八號二樓	丘全冬	租限五年	
副教授	章振乾	兩小間	四十五元	畈上鄉吳家沖一號	吳緒雍	無	十個月前遷入當時租金每月卅元現增百分之五十口頭約明兩年不加租
副教授	彭芳草	兩間	五十八元	肖家灣二保二甲第八號	何明華	言定一年內不更改	
講師	梁釗韜	兩房一廳	七十元	畈上鄉庵堂下楊梅涌十號	虞季隆	無	
助教	李桓	一間	二十元	坪石下街六〇五號	林長記	無	
文牘員	丘儀彬	一間	十六元	下車田填	羅發容	訂有租約未定期限	
教務員	鄺挺英	樓下舖面及半座樓房一座	二十元	坪石上前街八十六號	曹建棣	經訂定租期三年	訂約時用本人乳字鄺應生名義

63

教務員	梁文稔	一间	十六元	坪石上後街一三二号楼下		無
會務員	林佩馨	一间	七十元	車田壩	李長才	租用一年
書記	何瑶贊	一间	十五元	下車田壩	羅維清	無約
教授	胡體乾	五间	六十元	上前街九号	卜財喜（財興隆商号）	租期仍定三十一年三月一日至三十四年三月一日

烽火弦歌

——抗战时期广东学校迁徙与办学档案史料选编

广东省档案馆　广东省文物考古研究所　编

南方出版传媒
花城出版社
中国·广州

图书在版编目（CIP）数据

烽火弦歌 ：抗战时期广东学校迁徙与办学档案史料选编 / 广东省档案馆，广东省文物考古研究所编. -- 广州 ：花城出版社，2021.12
ISBN 978-7-5360-9339-3

Ⅰ. ①烽… Ⅱ. ①广… ②广… Ⅲ. ①高等学校－迁徙－史料－中国－1931-1945 Ⅳ. ①G529.6

中国版本图书馆CIP数据核字(2021)第252027号

出 版 人：肖延兵
策划编辑：张 懿
责任编辑：林 菁
技术编辑：薛伟民 林佳莹
封面设计：庄海萌

书　　名　烽火弦歌：抗战时期广东学校迁徙与办学档案史料选编
FENGHUO XIANGE KANGZHAN SHIQI GUANGDONG XUEXIAO QIANXI YU BANXUE DANGAN SHILIAO XUANBIAN
出版发行　花城出版社
（广州市环市东路水荫路 11 号）
经　　销　全国新华书店
印　　刷　深圳市福圣印刷有限公司
（深圳市龙华区龙华街道龙苑大道联华工业区）
开　　本　787 毫米 ×1092 毫米　16 开
印　　张　50.25　2 插页
字　　数　625,000 字
版　　次　2021 年 12 月第 1 版　2021 年 12 月第 1 次印刷
定　　价　380.00 元（全二册）

如发现印装质量问题，请直接与印刷厂联系调换。
购书热线：020-37604658　37602954
花城出版社网站：http：//www.fcph.com.cn

目录

第二部分　私立岭南大学

迁址曲江

学习生活

第三部分　其他学校

第四部分　粤港澳学校守望互助

第二部分　私立岭南大学

迁址曲江

私立岭南大学全体教职员关于抗战期间学习工作事宜给该校同学的文

同學諸君公鑒：

自「七七」變作，而全國揭開抗戰之序幕；自敵機南襲，而廣州轉佈恐怖之氛焰。我校於此種緊張嚴重局面下，仍一依政府公佈時間上課，未嘗一日輟，以迄於今。同事因校服務者，達十之七八，同學治課者亦循是努力，「母校屹立，風波不搖」，平昔吾人頌之於校歌者，現既經呈見於事實，廣州各大學之從事治課者，且群為我校之响應；此種現象，凡我愛護嶺南者，想必同引為深慰！惟是抗戰局勢現正逐步展開，應付非常之時期，尤須對環境先具明確之認識。我等為我負同人用是於欣慰之餘，不得不有為同學諸君告者：

此次抗戰為中華民族生死存亡關頭，吾人皆知。抗戰之能臻勝利，必有賴於後方之支持。而後方之能否支持，又純繫於是否人人具有果決勇毅精神，加緊工作以從事于其我們所在之業務。若上述前提為不謬，則現目前教育事業之進行，縱我國敵機飛襲頻行

1.

停校之理！学生之求学，教师之授课，正无殊于农夫之耕植，工人之工作。抗战期中若以避空袭警扰，即农夫停止其耕植，工人停止其工作，抗战更由何处支持？全面抗战局势下，学者若必先求自身绝对之安全始言授课，试问「牺牲已达最后关头」之义何指？智识界领导民众之责任何在？吾人将何以领导全国之农夫工人？又将何以对前方浴血抗战之士？又况现目校内课室宿舍均甚巩固，早已竭力之所能及，置有相当之安全设备耶！

基上理由，我教职员同人之所勉于我校我亲爱同学者，厥为两事：（一）未回校者赶速于十一月中旬回校，校中为体谅学生处境计已决定一种本学期之课程，详情将另由注册室公布。万一确因绝路未能克服之阻障而至无法回校时，亦应妥筹方法，运用自己能力从事于有裨国家社会之研究或工作，勿虚费宝贵之时光。（二）已回校者加紧努力，从事于校内已修习之学问外，亦应积极参加后方救国工作。当前为吾人待偿报国」。现正诸君担负吾人责任之时，现目校内负

KQ14

生已协组国难工作委员会，策动全校救亡工作。甚望吾人以一致振刷精神，勉力担负吾人之担负。总之，吾人认定本学年之展开，于校校史，我国国史均为最严重之一页，当此严重时期，吾人不惧校内国内困难之来袭，而惧自身决心之未定。困难之来，吾人难预料，决心之有无，纯操吾人手中。我校员生尚同具一决心，则困难终有克服之一日。决心从何表示？必以勉尽自身职务责任，力维后方秩序为先务。同人于飞机声中炸弹声中服务校内，当以此义互勉，兹更提出以与同学诸君共勉：抗战期中校内遭遇种种之困难，如精神之维持，如物质生活之简陋，同人等已一一备尝，惟未敢因是畏避。今后之困难，势或将有过于往昔，同人等亦早在预料中，决定一致坚持而不退缩。兹更愿本君子爱人以德之义，敦勖我同学勿再踌躇观望！我校员生尚人人具一此决心，即当前最严重之一页校史之一页国史，不难使之转为极光荣之一页校史一页国史。母校屹立，风雨不摇，已往经营是校之前贤，当前可为，得仗校员，今后已赖我同学肩起自

2.

身之担负。嗟乎！寇深矣！事急矣！时不我待！为存为国，责无旁贷！何去何从，惟我同学善决之！言未尽意，临书神往！

谨致　民族的敬礼！

岭南大学全体教职员同人启

民国廿六年十月廿日

私立岭南大学校长李应林关于接任校长职务给农学院院长的文

案奉

校董會第四十五次會議議决由本年九月一日起聘應林

接充校長職務。等因：經於本月一日就職。特此函達

即煩

查照爲荷。此致

農学院、長古

校長李應林（印：李應林）

九、二、

私立岭南大学关于在抗战期间的财物损失及迁移情况的文

25

CLAIM FOR RESTITUTION OF LOOTED PROPERTY

38

Place: Lingnan University
Canton, China

Date : July 31,1948

A) Detailed Description of Property:

(1) List of looted property - see attached sheet. This list gives the names of scientific apparatus, instruments and machineries together with a detailed description regarding their serial number, size, range and general condition.

(2) Uses of the looted property: All the items in the above mentioned list are originally purchased by Lingnan University and are used for teaching and research purposes in the College of Science and Engineering and the College of Agriculture.

(3) Original Location: All the looted properties were originally located on the campus of Lingnan University, Canton, China.

(4) Marks: Every piece of the looted property has on it the manufacturer's serial number and type number. The numbers are indicated on the list.

B) Proof of Ownership: Ownership can be identified by the marks and serial numbers on the instrument or machinery. For some of the looted properties, the Japanese Army had issued statements in which the detailed description of the looted property is indicated. Copies of such "statements" are attached herewith. One of the copies bears the seal of American Consulate in Canton, this serves as witness of the looting.

C) Brief Statement of Conditions of Loss:

Lingnan University was moved down to Hongkong after the fall of Canton in 1938. The properties on the campus were kept intact by a group of American professors until December of 1941. The campus was then occupied by the Japanese army and properties were moved away from the campus from time to time. "Statements" concerning the "removals" were issued at the first few times, but the Japanese army refused to do so afterwards.

The list submitted consists of only scientific instruments and machineries for which we have marks and serial numbers to identify. The Japanese army also took away 1007 spring beds, [illegible] pieces of [illegible] and a large number of furnatures and utensiles which do not bear identification marks and which are therefore not included in this list.

一九四〇年度私立岭南大学农学院北迁坪石开基纪念日志

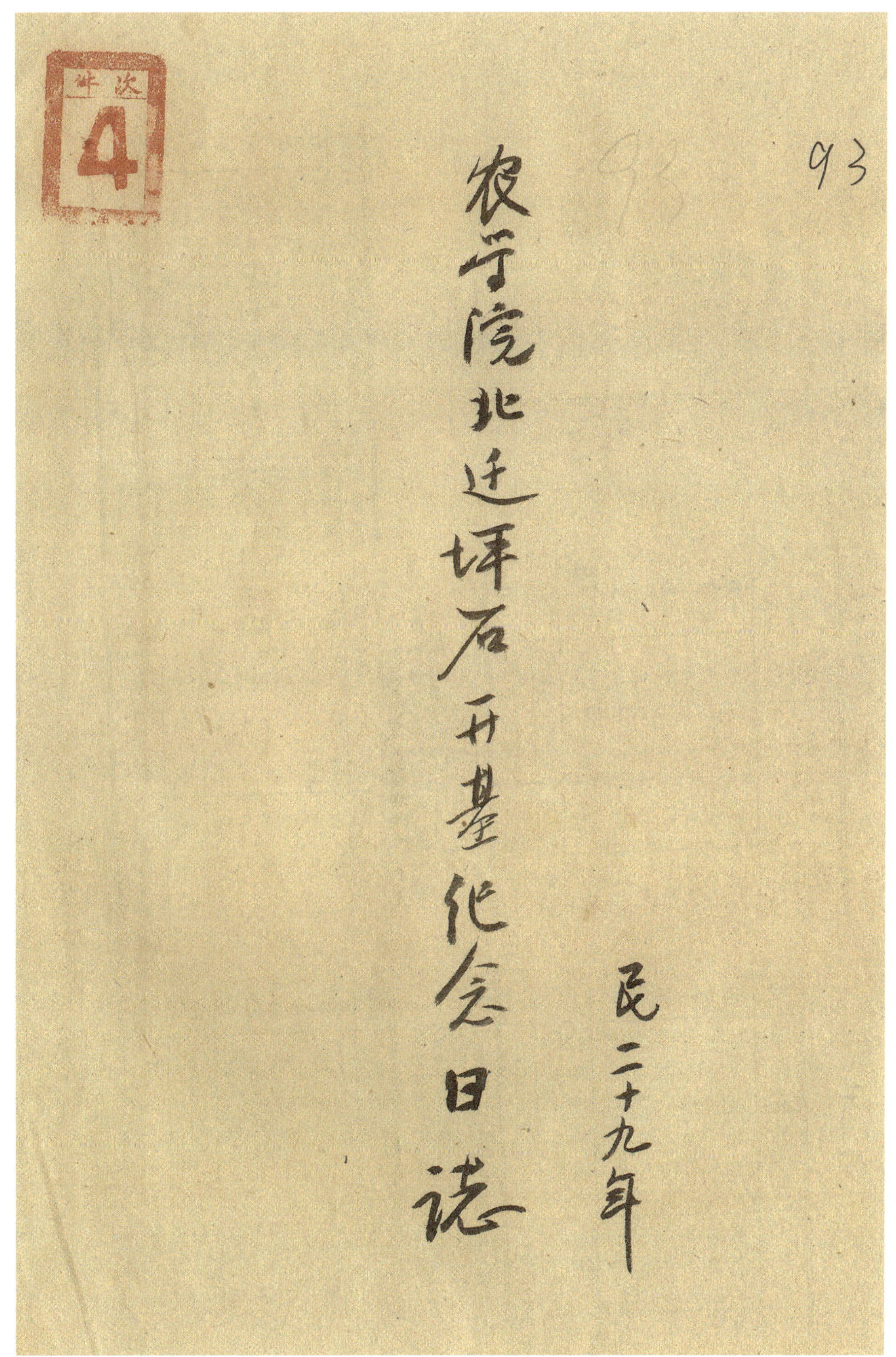
次
件
4
93
农学院北迁坪石开基纪念日志
民二十九年

111

私立嶺南大學前歲因廣州淪陷暫遷香港繼續講學承香港大學之慨助借用校舍予以種種便利其盛意良足感謝惟同人等深知我國內地需要最高教育而熱血青年亦多懷抱共赴國難之精神更應予以機會在此抗建大時代中養成刻苦耐勞之人材爰決定先遷農學院深感故古院長桂芬不辭勞瘁尋得坪石院址復承政府當

112

同之贊助農學院遷此遂慶觀成今日舉行開基典禮參加諸君多係初次來臨為農學院開闢草萊將來迴溯農學院遷地歷史諸君即是開基創業之人其作始雖小其發展無窮期對國家社會有偉大之貢獻當為今日參加諸君所同深祝禱也茲請諸君題名於左以永留紀念

中華民國廿九年十一月九日私立嶺南大學農學

113

院北遷坪石開基紀念日校長李應林謹誌

許崇清　林熙　楊仲理　馬廷瑞　李喬帆　陳炳權　徐甲南

王以敦　張宗鑾　楊慕貞　畢福民　凌鴻勛　李蓀莪　朱廣陶

杜樹材　鄭天熙　謝昭杰　蕭組藏　李法詮　鄧堯年

黃琢亲
阮命
陳梦直
何兆民
黃景芳
鄧兆懷
陳慕迪

區鈐藏
朱志堅
黃永恩
林豐倫
衞聰宇
丘安端
黃錫沛
余達生

陳贊林
何天生
李振成
鄭長佑
雷澤荃
麥仰諶
梁賜蓮
何雨榆

114

鄭此珊老瑞祺

鄭漢石老[illegible]

陳岡嶺先壽[illegible]

[illegible]

乳源县县长关于私立岭南大学永租农学院址及农场一事给该校校董会的公函

事由	拟办	批办
函复永租农学院址及农场一案仍请查明见复由		

乳源县政府公函

社字第二八五一号

中华民国卅年八月二十一日

案查前准

贵会本年六月九日地字第四号公函附送永租乐昌坪石火车站对河之坡地为农学院址及农场平面图嘱查照备案等由过府当经饬查办理在案兹据县属管埠警察分驻所清洞乡公所会呈称：

「職等當於七月二十五日前往靈石場會同該地第三保長謝烈勳詳細查勘查得圖內所繪上羊牯沖中羊牯沖下羊牯沖等幅地係屬乳源縣境該境內田業經樂昌縣皈上鄉所買受惟田之西旁山嶺為買主以田佔有私向嶺南大學登記領租又該境內如有朱羅等姓坟墓則以坟墓之所在佔據前後嶺地亦向嶺大登記領租殊有藉業權關係行其侵佔企圖其餘圖內油菜沖深底塘双毫洞以及板子埇等處均屬樂昌縣境無可糸爭奉飭前因理合將查勘情形備文呈報鈞府核奪仍祈指導遵守為公便」

等情據此所稱藉權侵佔一節究竟是何實情相應函復

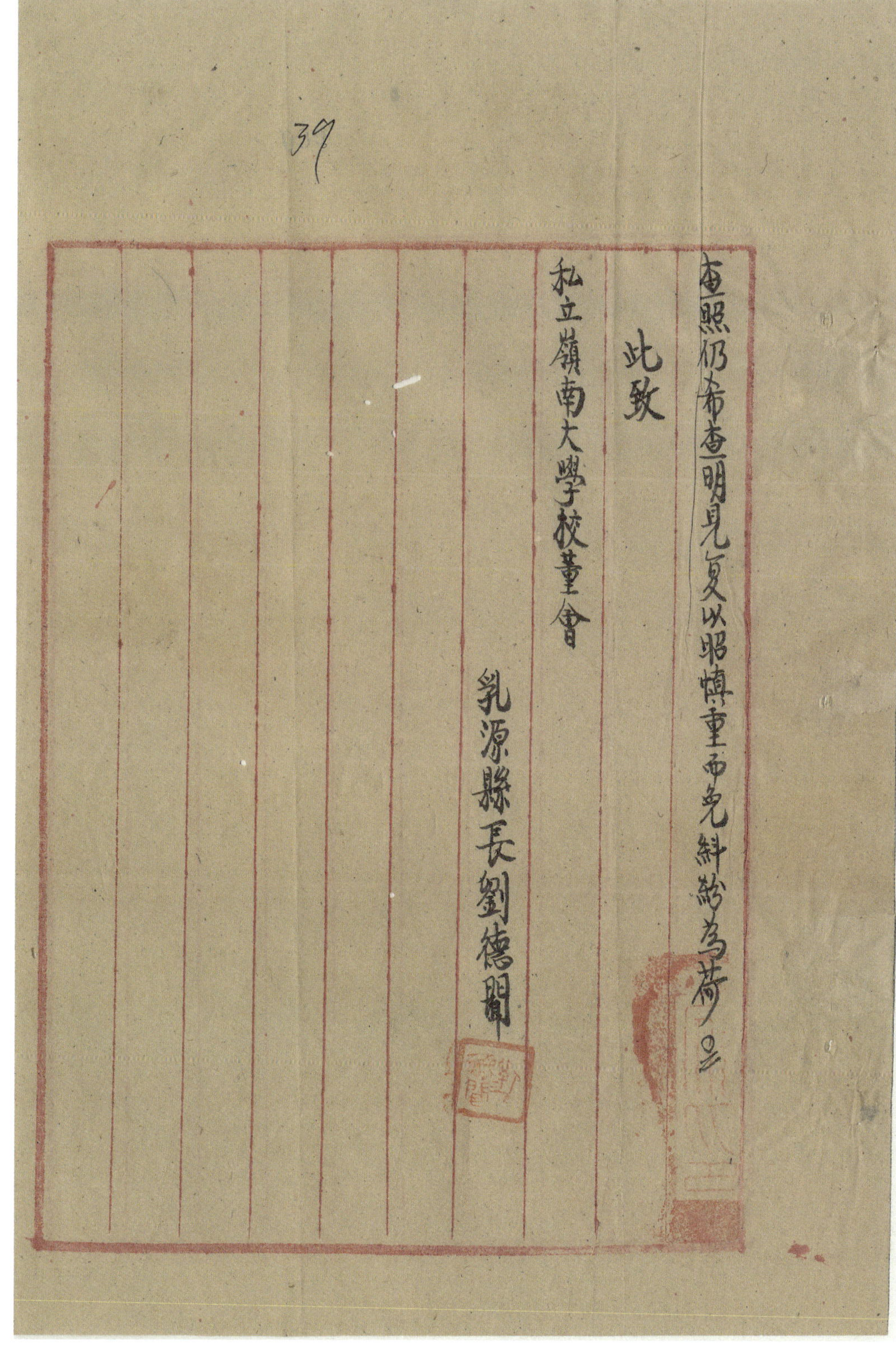
39

查照仍希查明見復以昭慎重而免糾紛爲荷。

此致

私立嶺南大學校董會

乳源縣長劉德聞

鑫兴发关于建造私立岭南大学农学院浴室等工程的估价单

估價單

建造一年級宿舍浴室房壹座四圍釘壹[illegible]搭住高

[illegible]十英尺長廿英尺內有水池[illegible]長十三尺內

挑英坭外用英坭較只內地下灰沙塗內梳子兩架

竹水枧壹条長度約入水箱壹個用枋板木如左

水箱壹個　入[illegible]人工材料[illegible]元

竹枧四条　入[illegible]人工材料[illegible]

四圍房間壹座　入[illegible]材料人工搭住鐵釘[illegible]

水池壹個　入[illegible]

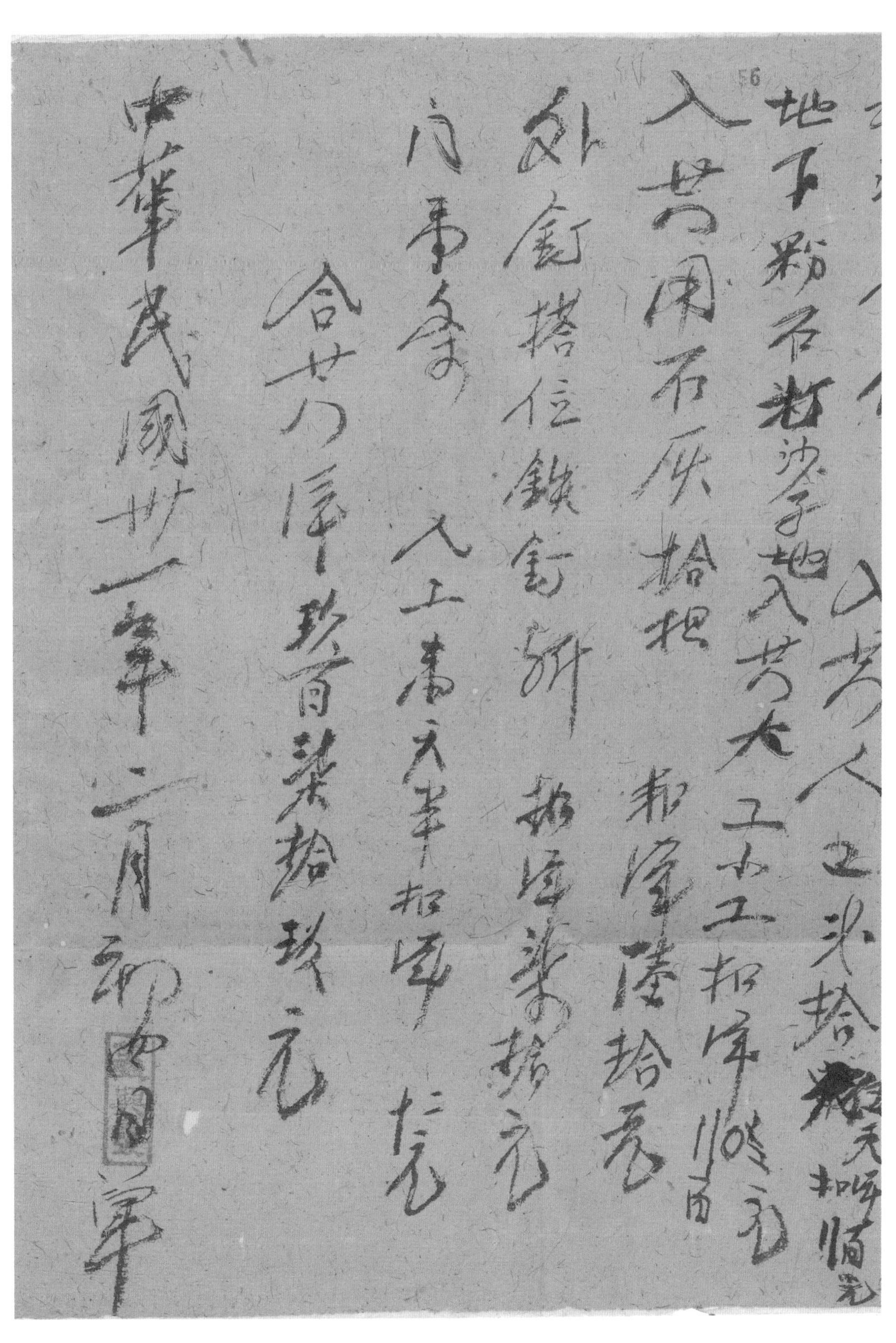

[illegible]人[illegible]拾[illegible]天[illegible]
地下粉石沙子地入共大工小工[illegible]
入共用石灰拾担　[illegible]拾[illegible]
外钉搭住铁钉[illegible]　[illegible]拾[illegible]元
[illegible]事[illegible]　人工[illegible]天半[illegible]元
合共[illegible]仟[illegible]百[illegible]拾[illegible]元
中华民国卅一年二月[illegible]

私立岭南大学校董会曲江第一次大会会议记录

129

(1)

私立嶺南大學校董會曲江第一次大會會議紀錄

日期：卅年十二月十日　地點：嶺大村本校

出席：金曾澄　鄭壽芝　錢樹芬　駱愛華

顧　克　龔約翰（代表夏葛）　李濟深（鄭壽芝代）

香雅各（駱愛華代）　孫　科（金曾澄代）

甘乃光（錢樹芬代）　金　佛（龔約翰代）

列席：李應林　林樹模　謝昭杰　劉君樸

司徒衛

主席：金曾澄　紀錄：謝昭杰代

行禮如儀

龔約翰牧師領禱開會

報告事項

一、主席宣讀各校董委託代表出席函件

二、校長報告

A、卅年十二月八日太平洋戰事發生後本校應變經過情形

1、宣佈大學附中及香港分校一律停課

2、在港存款債券圖書儀器大部份損失

130

3、名譽校長鍾榮光博士逝世中央黨部明令褒揚并撫恤國幣三萬元正

4、據調查所得本校遇難學生大學者一人中學者一人

5、本人與教職員及其家屬脫險回國經過

6、本校美籍教授除葛德儒一位外餘皆交換返國

7、廣州康樂原校現狀圖書儀器多被日人運走所餘一部份及校舍校地現為偽廣東大學佔用

8、美籍教授賀輔民等最近狀況

9、留港尚未脫險之教職員暨同學及其家屬近況（另詳）

B、本校在粵北復課經過

1、文學院暨附中已在嶺大村本校上課

2、醫學院一二三年級暫在江西永新與中正醫學院合辦四年級在曲江河西循道会醫院上課五年級分在各醫院實習

3、農學院各年級仍在坪石上課

4、理工學院因經費關係暫停招生舊生亦分別借讀他校

5、附中高中一部份在澳門辦理

6、澳門上海西貢分校仍繼續辦理星洲分校未接消息近況不詳

C、校內現任行政人員名單（另表傳觀）

D、本校现址建築用费（至開会日止）

1、新建校舍　三一八、五一四元

2、修建校舍　九七六、一五〇元

3、傢私設備　八二九、八〇〇元

4、坪石農学院建築费　七七八、二一元

5、其　他　二七〇、五〇〇元

合　共　六〇三、三八〇元

另未完工之新屋七座约需一七〇、〇〇〇元未計在内

E、關於圖書儀器之添置及運费

1、為文学院購書用　五〇、〇〇〇元

2、為搶運存港儀器用　一五〇、〇〇〇元——二〇〇、〇〇〇元（已在途中）

3、在戰前運入坪石農学院之圖書儀器幸得保存未受損失

4、現在文学院有圖書

中文　一二七五冊　英文　三一四冊

由協和借用者中文　三一五冊　英文　二三六冊

F、對員生之救濟办法

1、教職員返校者除支給旅费外再發薪津未能由八月一日起計

2、学生救濟分四項办法

a、学校在善基金及其他有定款之学額外另撥出四萬四千元為学額费

132

6、向廣州灣殷商陳學談捐得國幣拾萬元為學生工讀費
7、向男女青年會請求學生救濟
8、向教育部請求貸金

G、捐助本校經費及人事協助者

團体方面

1、美基会　2、教育部　3、財政部　4、廣東省政府
5、中正醫學院　6、循道会　7、河南醫院　8、協和神學院
9、中華文化基金会　10、美國援華会　11、英國援華会　12、中茶公司
13、男女青年会學生救濟委員会

個人方面

1、陳學談先生捐壹拾萬元　2、譚禮庭校董捐壹萬五千元

H、本校與東吳大學合作合約(另文附覌)與協和神道學院合作合約尚未訂妥未能報告

三、会計主任劉君權報告由本年二月一日至十月廿日收支賬目及醫學院財政報告(另表分發)

四、總務長謝昭杰報告在港借款救濟留港教職員及往來港校經過

五、教務長林樹模報告

A、現有學生人數

1、文學院　二六六人

2、東吳大學三四人

133

131

3、協和神道学院 一一人
4、農学院 一三二人
5、醫学院 九〇人 {在中西醫学院上課者七二人 在河西醫院上課者一八人 在各醫院實習者一〇人}
合共（大学部）五三二人
舊生三七五人 新生一五七人 註冊後退学者二四人
6、附中学生二二七人
B、教職員人数
1、教授 三〇人 2、副教授 九人 3、講師 一八人
4、助教 八人 5、職員 三八人
C、課程開設者九十七科，卅年度畢業学生農学院三十二人、醫学院九人。
D、全國專科以上学生畢業競試本年度本校僅居第二名

決議事項

一、接納龔約翰博士代表夏葛醫学院出席為本校校董
二、追認余魯燮、林逸民、錢樹芬、譚禮庭四校董辭名操、議案三款
A、改組校董会凡身在香港或其他淪陷区不能回校執行職務者暫停止其校董職權
B、選舉李濟深、胡继賢、駱愛華、俞鴻鈞、顧克、鄭壽等六人為新校董
C、校董会每年在十二月開年会一次其餘重要校務由常務校董会議

决定之

三、関於校董任期用抽签法决定如下

李济深、骆爱华、俞鸿钧、胡继贤、郑寿芝（以上三年）谭礼庭

金曾澄、金佛、钱树芬、龚约翰（以上二年）顾克、林逸民

孙科、甘乃光、香雅各（以上一年）

四、选举常务校董及校董会职员如下

主席孙科　副主席金曾澄　书记林逸民　司库谭礼庭

常务钱树芬、骆爱华

五、议决致谢下列人士及机关团体

A、校长及协助复校各教职员

B、上条校长报告各赞助本校复校之机关团体個人

C、已脱险返国之美籍教授

六、通过现行教职员待遇办法如必要时授权校长便宜处理

七、通过本年度临时费及经常费预算下年度经常费预算加入下列各项（预算表另列）

A、建筑费　贰00,000元　B、米津　五0,000元

C、卅年度十二月一月补薪　一二0,000元　D、医学院建筑储蓄　一00,000元

E、理工学院　一一0600元

八、议决理工学院下年度復课

九、議決由本年十一月份起每月津貼鍾華先夫人國幣四百元正

十、農學院茶樹研究所設立與否應再與中茶公司商洽辦理

散會

关于奉令到私立岭南大学勘察空地拟建安侨村给李沛文的呈

93

行文該籌備會主任述明之校

沛　三廿七

簽呈　民國三十二年三月廿七日於本院

竊奉派至訪廣東省政府技術主任李蘊璀，乃即赴韶關公寓訪謁，據廣東省政府技術室測量員簡經陵先生面稱：奉主任經追曲江，此次奉令到貴校測量空地，乃廣東省政府救濟歸僑事業籌備委員會主任委員王志遠派來測量地帶，擬建築「安僑村」等語前來。茲奉派前因，理合簽呈鑒核。

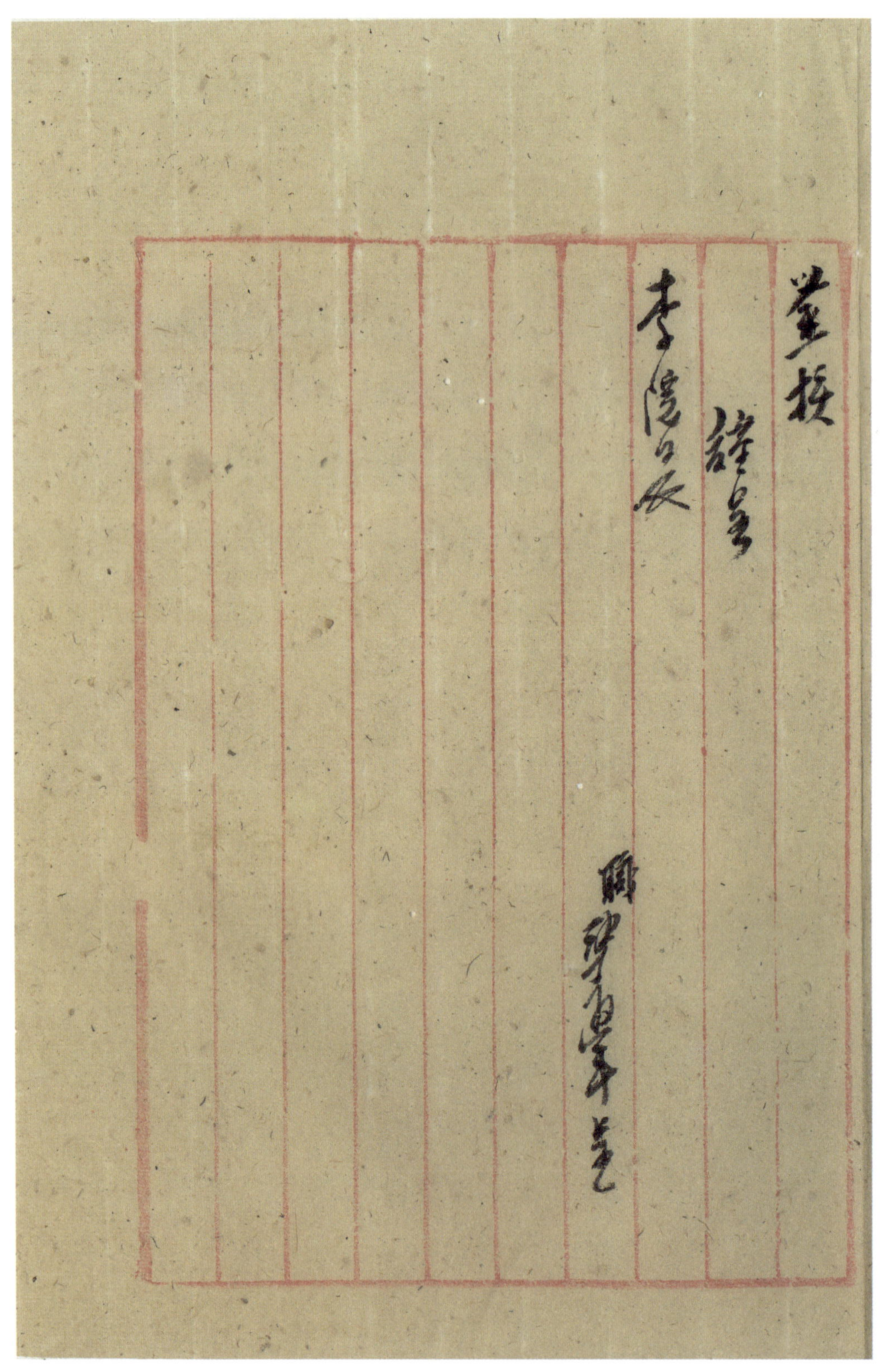

董校
鍾魯
李漢□兄

職 許崇清 [illegible]上

私立岭南大学农学院关于由交通银行汇来实验室建筑费的记账回单

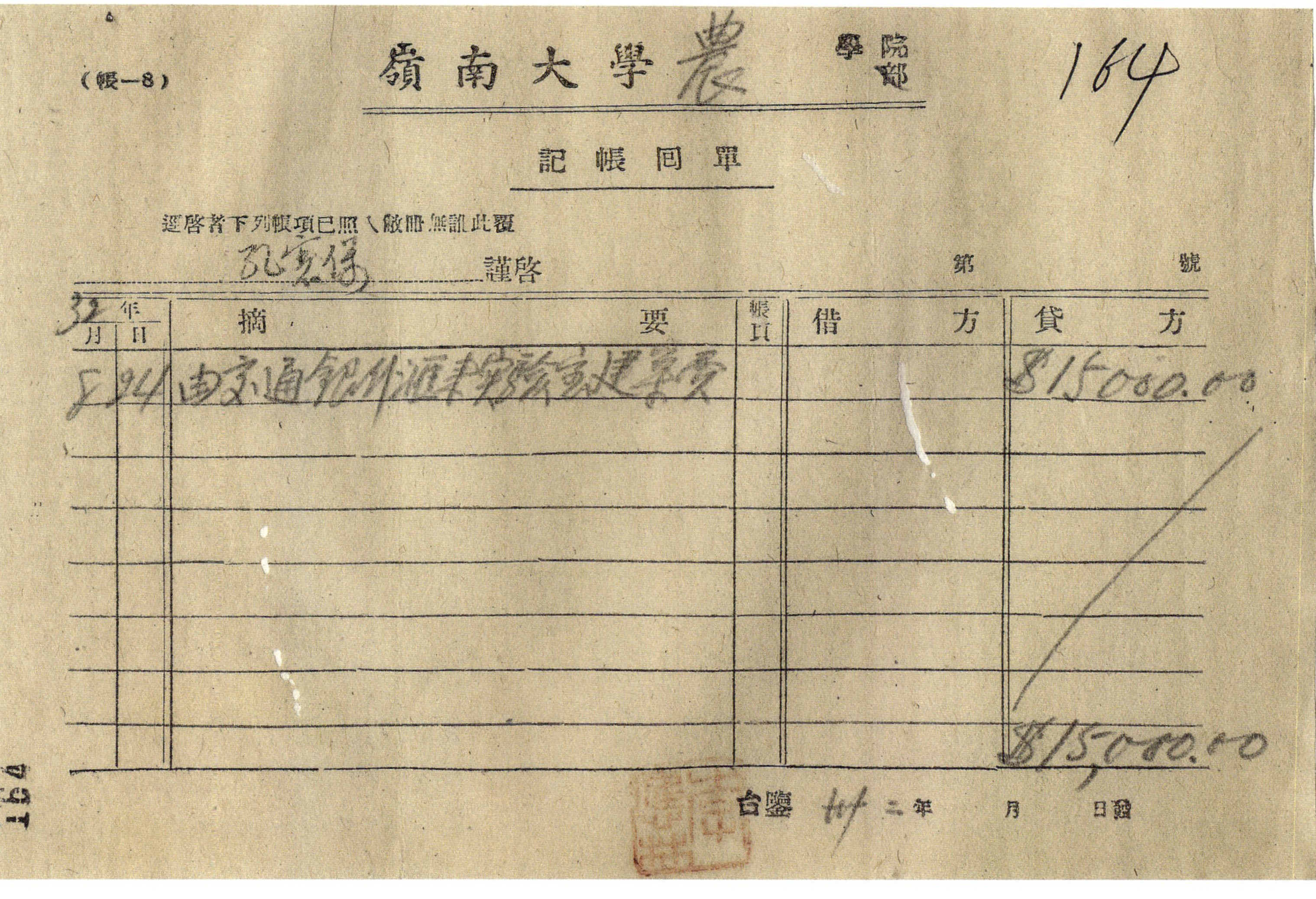

164

（賬—8）

嶺南大學 農 學院部

記帳回單　　　第 164 號

逕啟者下列帳項已照入敝冊無訛此覆

[illegible] 謹啟

32年 月	日	摘要	帳頁	借方	貸方
8	24	由交通銀行匯來實驗室建築費			$15,000.00
					$15,000.00

台鑒　卅二年　月　日發

李应林校长致私立岭南大学校董会年报

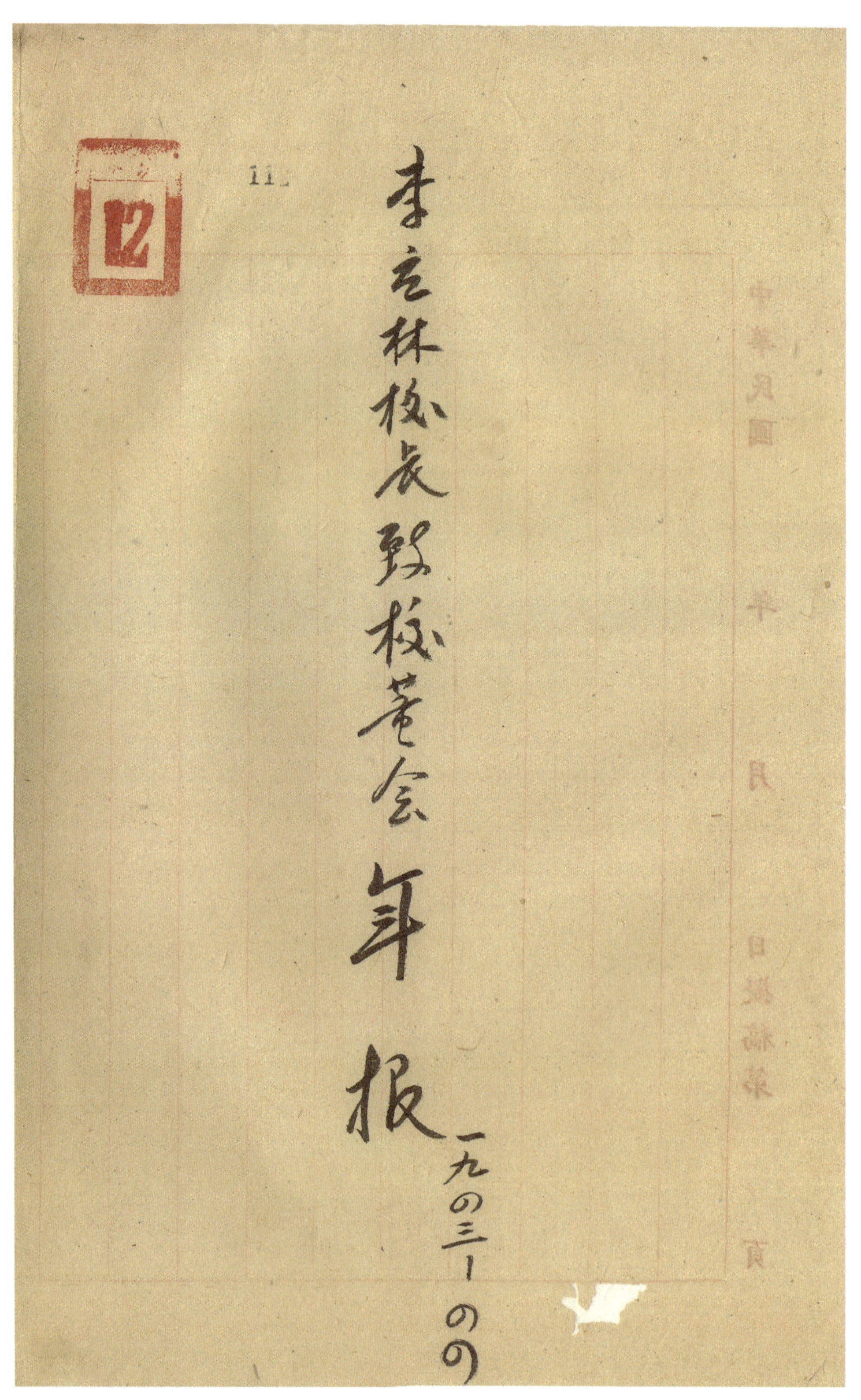
12

11

李应林校长致校董会年报

一九の三一のの

中華民國　年　月　日擬稿第　頁

115

李校長致校董会年报（一九四三——一九四四）

校董先生公鑒：本校文件疏散到别處去，刚好運回，此年报仍因之稽延而稍為簡短。今先從余個人前幾天往興寧之經歷說起。鑒於曲江附近之軍事情形及友人催促遷校往粤東興寧之迫切，余即於十二月十日偕同伴一人乘私家汽車離開曲江。殊不知該車機件实欠妥善，車盤及手掣皆有毛病。此舊車駛離曲江僅一百二十公里，於行經一斜坡时，駛盤忽告不靈，車遂翻覆於路之右側，介於兩樹中间，恰好轉成二百七十度角而墜入禾田中，離路面約十尺。余受劇震，乃至暈绝，直至車夫足踐余身方才甦醒。未幾，余從車廂中被拖出來，並且能夠幫助别人將壞車拖起。略事修理，車仍可行駛，遂復向前途邁進。

本校遭遇頗似余所經歷。當生命未告绝时，仍須前進。在实際上言，余等乃處在日人軍事行動中闖而進行工作，並避

110

②

敵流亡中之嶺南，校址適在粵漢鐵路上，鐵路之首尾兩端皆為敵人所佔領。任何一端，敵有活動，必受影響，或則停課或須疏散。本年度（一九四三—一九四四）日人在鐵路兩端曾有兩次發動，幸而在本年度內，有大部份時間仍能開課，在不甚正常情形中，維持一切校務，仍可以進行，誠堪告慰者也。

從香港退出後未克重開之理工學院經已恢復，重收一年級生，而在中正醫學院借讀之低年級醫學生亦得返回本校復課。統共四個學院上學期共有學生五百六十五名，其中三百九十九名是男生，一百六十六名女生。下學期學生總數為五百二十六名。所開學科共一百八十一科，而全校教職員則達七十人。

學生均能享受其正常及豐富之生活。宗教事業更形蓬勃。星期日員生工友，及眷屬集體崇拜，從不間斷，即在疏散期間亦然。得協和神學院教員之助，每晚均有祈禱會或討論會。遂有比聚會之意義更加深刻者，即員生之躬行實踐工作，表現於解衣分財以救濟所需要者是也。

(3)　117

各種級際辯育秩序亦極為活躍。音樂会常舉行。附中有銅樂隊，更有全校歌詠團及絃樂隊。他们不独对校内羣眾演奏，更遠至衡陽曲江对美國第十四航空隊演奏。

惟本年瘧疾比往年為多。兹我们曾受重慶萬國紅十字会贈以藥品，但深感不足於用。

有一部分学生是從淪陷區来者，經濟困难，亟待救濟。除政府貸金外，学校則給予免費学額及設有工讀制度以資救濟。大学生之倚賴他方面補助，才得继續其学業者共有二百九十人。陈学谈先生捐重指導充以助工讀团進行。許多学生為經濟所迫，遂輟年得胼手胝足以维持其生活矣。

上学期我们向湖南省政府購来一千包。於是動員全体男女学生及職教员從車站將米府挑背買回来，存置倉中。此事轟動一时。曲江报纸曾藏言之。

雖然我國政府准許大学学生緩征兵役，但本校各年級皆有

118　(4)

学生志愿从军者。本年有十一名学生或入空军或投効为译员。其所以如此者，缘本校常是鼓励青年当以为国及社会服务为其终身目的故也。

附中学生协力募捐建筑费七十万元。学校因此便能把全部附中宿舍由茅蓬棚厂改为竹织批荡之屋宇矣。

许多学生加入义勇队守夜，使校内鸡犬无惊，并在隆冬寒夜执行职务如常。本年夏季疏散期间，生员泰半离校后，约有五十人留守校本部，由政府供给军械，因此遂得以奠定后方。

疏散时避往广西省之学生备尝辛苦，惟精神表现甚佳。他们有在大城市中开设茶室者，藉此遂足以维持其生活，直至返回本校复课为止。

我不能不再次报告教职员之待遇颇为菲薄，实在比不上其他大学。虽然，我却十分感谢近年来许多方面在我们凄凉惨淡中仍能鼎力维护。现有两位久经在校服务之教授经已返校复职。其一是从中正医学院回来，其一则从广东省立银行回来。至于全体

119

教职员及其家属由于本学年末之大疏散，所受艰苦，殊为巨大，健康及金钱，两方皆蒙受损失不少。

最后一批本校美国教授经从广州交换回国。除　　先生仍在华中营外之，本校任职之美国人员，现只一人留在中国境内参加本大学，咸觉非常庆幸，并以欢迎英文学系路考活先生返校复职。其他陈如协和神学院之龚约翰夫妇，循道会之　　医生，钟爱华牧师，及何明华会督，紫藕光女士，联会先蒙会之　　医生，香港大学之　　医生，均于本学年内在各学系服务，是非常之可感可谢。

尤有进者，本学年内得数位名教授从海外来本校访问，益足以加增本校光宠，如　　教授，英使馆派来之　　教授，美国国务院派来之　　教授及从杭州学院来之　　教授是也。本年美政府敦请六位中国教授往美国讲学。本校植物学系容启东教授即为其中六人之一。窃谓与外国大学交换教授识属最为有益之举。鉴于已往，足以证明之。

从本校财务处报告之一九四三至一九四四年度之结看来，足见本校财政

(6)

120

政，多由联華救济会及樞基金供给，我们为此特别感谢。還有其他之特别救济金，如：英国援華会捐助六千鎊，中華基督教大学联合会捐助二十万元美金，本校教職员补助费一十六万元国幣；均如及时之雨，周吾所急，裨補非淺也。還有其他需要深致谢忱者：如本国政府给予本校之補助费在分配上並不比其他各校为少；本校学生募捐建築费達七十万元國幣，数目頗鉅；校友举行一人一善運動，捐得國幣六万元，書籍一千零一十七册；余長官於絶对需要时，慨借本校國幣式十万元，均屬難能可贵者也。

關於本年財政用途，有許多錢财是用於建築及修理方面，因為現有之建築物祇是屬於臨时性质之一類，故特别多需修理。又有許多捐款是指明為改建附中宿舍及建新宿舍以安置理工学院一年級学生及從中正学院返校之医学生而用者。

現在本校圖書館藏書七千六百三十九册；其中有六零九八册是中文本，一五四一册英文本。我们更可以從經已回國之美國人購買圖書，更有一三一六册是他们借與我们者。定期刊物積至三一五二本。總

⑦ 121

而言之，图书数目虽少，但在战争期中，注册学生不多，亦足以应付矣。

本校农学院主编之农事季刊经已复版。内容有数篇论文颇佳，特别是关于四十种农业之研究者，其他多数有关于种茶及茶之病理者。可惜因战事影响困难，寄出不多耳。农院员生与第四农场及粤岩公司取得联系，服务良佳。粤岩公司乃本校与粤汉铁路合办之企业。

本校再次得同学关君之助，实感愉快。他从香港又抢运仪器一批回来，中有显微镜一十五座。虽则运费甚巨，但值得抢运。

本校附中学分两部分，一在仙人庙校本部，一在澳门。两处均办理完善。上海、星洲、西贡各分校仍在开办，不过鲜有消息回来。澳门分校经归并附中澳校合办矣。仙人庙附中由重庆基督教中学救济协会每年均领得补助金。

总括而言之，本校全年度之进行甚为良好。直至本年之末，五月时候接到政府紧急疏散令，乃立即疏散。此系由于日军沿铁路两端发动攻势，愈行愈近所致。员生及教职员家属于是分投去地，有向西行以达重庆、成都者，亦有奔回香港、澳门者。走向广西省之众，现尚滞留于广西之战场里。当经流离迁荡析，艰

122

皆備矣，但我們從國家之立場上看去，與夫鑒於前途之光明，咸無怨言。

在此次大疏散期間，余若在百忙中仍設法到重慶一行。政府領袖，及與學校有關之英美人士均能一一晤面，並道達我們學校於本秋季必能復課之信心。此信念卒能實現，適如所期，而今日我們即能把握其希望，生命，及努力以前進矣。專此奉達並請

籌安

校長李應林謹白

一九四四年十二月十九日

私立岭南大学于此次粤北事变中处理之经过

145

(1)

私立嶺南大學於此次粵北事變中處理之經過

校長李應林

自昨歲六月曲江大疏散後我們由各地返回仙人廟復課之時，綜覽國內外大勢，雖則歐洲方面儘管東西兩綫均獲大勝，太平洋方面儘管節節進取，逐步迫使敵人向後退却，佔領塞班島進而攻克菲列賓羣島，而華南方面之緊張情緒仍然不獲解除，需恐愈益促使敵人行使再進一步之壓迫，打通粵漢鐵路綫，進攻我粵南半壁所餘下之城市。此在當時中西人士心目中所測度之趨勢不謀而合者也。職是：我嶺南大學雖則附中部於九月十日開課，大學部於十月廿四日開課，但不能不定下三個辦法以應付時局之或有意外轉變，第一；學生以少爲貴，附中不超過壹百人，大學以二百人爲限，攜帶行李不得超過自己雙手能勝任之重量，其二；逐漸存穀作來歲備荒歉。其三；與附近鄉村聯防，並在卅里外之山村租定屋宇以爲退步之計。該三項辦法定下後，逐漸實施。故卅三學年度本校學生統計附中祇收九十三人，大學則有二百廿餘人，並因坪石離校本部遠，兼顧甚難，是以毅然將農學院全部遷仙人廟，借居東吳大學舊址。由八月起購買穀米，分存各倉。計至年底止共存穀米六百餘担，設自衞隊，購槍八十餘枝，聯絡各鄉，日夜守望。擇定黃坑，上塘，溪頭等鄉爲逐步撤退地步。領員生工友通力合作，依照所訂辦法進行，非常順利。可此則事前預防之大概也。原本我們當時亦曾議及遠遷問題，但經過考慮後，覺得遷移費用浩大，交通工具困難，沒有絕對安全地點，而仙人廟附近山村倒覺比較安全，故採取上列之處置。

開課經有三月，一切校務順利進行，迨至今年正月中旬，敵人進一步之企圖又告開始。是月十五局勢轉緊，十八十九兩天學生方面已有自動請假離校者，後經長官電令，遂即宣佈放假，勸學生回家，並派人入山村佈置。

廿一晚間道路有鎗砲聲，乃決定廿一早全部員生遷入山村暫住。計此時本校學生離家眷留校者六十多人、（後來從曲江退返學校者又有三四十人，合計不下百人）。協和學生廿人，與約翰牧師夫婦亦在內，教職員暨家屬約二百人，均隨校入山。先後分兩批遷徙。婦孺爲第一批於念一日午十二時起行。老弱艱於走動者乘轎，餘均步行。每人准帶行李廿五公斤，由校僱夫挑往，超過定額則自行僱夫給費。此時浩浩蕩蕩有如大軍啓行，秩序整齊，甚爲壯觀。第二批則於念二日早七時啓行。本兩天全部員生均已安置於預定之山鄉裡，凡膳食，衞生，治安，皆分部負責辦理，無不各盡所長，克守厥職。

是時深以款項爲一最重要問題，故親自偕同事二人於十九日往韶關銀行提款，廿一日趕返學校發給全部職教員薪津至三月底止。安置妥學生及職教員暨眷屬之後，又開始運穀米，圖書儀器及公物矣。曲江雖轉進，幸而仙人廟一帶久久無敵蹤，故能從容將各物搬運，絕無困難。惟全部運費則耗去約三十萬元。此則遷校入山之經過也。

余念全校遷避窮山僻壤中，與外間失去聯繫，何從得救濟，通消息及聯絡耶！故不得不離校出走。余出走之原因有三：其一與外間聯絡，二，聯絡銀行，俾能接收匯款，三，助理救濟事宜；四，免陷敵手，由於香港失陷之經驗，可爲殷鑒。因此安置諸事完畢後，遂於廿二早偕同事陳汝銳兄步行往曲江。余之子女五人及汝銳之四人子女均留下隨校進退。

出走經過——當時擬到何處去，往何方向走，均無所適從，祇有到曲江後相機行事耳。因局勢不知演變到如何地步，亦不知何處是安全地帶，祇有見路即行。料當時必有不少人具同樣感想，並有此種經驗。行經犂市已有戒嚴氣象，隊帶中見有人負挑條具覓地疏散，無論公所發給之特許便條、不准入市。但，由北區進曲江，通行無阻，間遇警察檢查，示以證章，亦即准許通過。

迁址曲江

（2）

午後二時許抵五里亭，香雅各牧師寓所。據香牧之侍從說，彼經於午前離寓。大約是往南雄乘飛機赴渝云。彼是把背囊及所携之輕便行李放下，即入市赴銀行提款作長途旅行用。此時各銀行均停文，祇中國銀行尚可通融。餘均無法提取。因是知時局大變，遂就近到一飯店草草膳畢 即返香寓，蓋飛機時間，稍晚，不許行人通過也。寓內草坪上早有八校學生六七人在玩彈珠和其他游戲。心殊奇之。時局緊張至此，行李要途皆市民之事捨離城惟恐稍緩者，而該等青年竟視若無視，何鎮靜乃爾耶？問之，曰：「車雖有，但太昂，奈何？」余曰：「昂至何等程度耶？」曰：「由曲往與寧四十萬元一輛」。余曰：「此時以速離境為要，遲恐欲逃無路 縱能冲出危城，亦累你們家人掛念。但昂，可多招同學附搭，以輕負擔。」對曰：「彼等皆作如是想耶？」眾皆大笑，余曰：「搭，我及陳先生皆願附爾車行，此時祇求速離險境，錢多少不用計較也 」蓋即租車，準明早起程。」彼是眾乃散去，分頭招徠搭客。翌晨，廿二日，香牧師之侍童已悄然携行李他徙，并聞車已不能通過大坑口，祇得循南韶公路過，知時局又逼緊一步。但所租車久候不到，同學往催，乃悉車經別人出高價租出。各人皆急極，幸而得某後方辦事處之助，卒另租得一車來。遷延復遷延，於十時左右乃得成行 行李多，乘客眾，除同學十餘人外還有其他搭客，全車不下廿五六人。把皮箱，行李舖平車廂內，高及車身之半。車頂則堆滿被服。乘客縮首屈足坐車廂內行李之上，僅得容身地耳。沿途見扶老携幼者充塞道途，間見壞車棄於道旁，而軍隊及軍車復絡繹向東行。此時眾人均以及時離城為幸，不以車廂逼仄為苦，祇求早達南雄才心安耳。但必趕急車行越慢，復時時停車修補輪胎 天已入黑，僅及南韶路程三分之二，路上一小食店僅客多至無以應付。候許久始得食物，仍僅足半飽。忽見有車由東向西疾馳而過，視之 乃美軍車。同學毛禮士坐拖車上頻向我等招手，眾奇甚。有謂必是往曲江搶救重要物件者 不久所乘車又壞，眾乘機下車抖一抖氣，不料美軍車復由曲江回來。眾大聲呼之，車遂停。毛禮士詢我是否欲乘美軍車行。余喜甚，乃招陳君附車先行，以為早一刻到南雄，容易覓地安息也。十時抵南雄，天黑如墨，店戶盡閉。叩熟識者門，久無人應，祇得躑躅街頭耳 無何，所租車趕至，乘下車，互商就宿之所，終苦無辦法中 忽見民眾教育館在道旁，遂率眾敲門直入。喚醒看守人告以嶺南大學師生十數人從曲江撤退，欲假一席地居停半晚，守者欣然接納。於是縱橫臥於椅桌上，酣睡至曉。是夜寒冷特甚，乘搭被服，非倦極奚能入睡耶！

翌晨 廿四日早 余承加拉士丁大尉之囑，往美軍車站聽候，或能載余及陳往興寧。故此我等絕對不敢怠慢。天甫亮即到指定地點恭候。七時左右有普車二輛從飛機場駛來。我們將欣然登車，經過民教館門前 還見我們所僱商車停在路邊修理。同學皆起我們感激呼揚手目送我等飛馳而去 該商車機件不良，輪膠更壞，深為大眾担憂，幸而駕車者非常謹慎，雖嫌遲緩究屬安穩。後來幸能於式月初旬抵達興寧 各同學皆獲平安，可謂厚幸矣。

美軍車行駛絕速，黃塵障天，耳目口鼻皆為塵埃塞滿 全身如穿上一件黃袍，黃種人色彩益加深幾重矣。北行抵贛縣，發一位同人和一位英人搭飛機往昆明。時已正午，罗進茶點，車又起行。根據公路處指導 下宜經龍南返興寧，恐橋樑會被毀壞，宜北行經虔南瑞金折而南返較為穩當，故車遂向北而行。抵瑞金時不覺天色入黑，是晚宿於瑞金，翌晨，廿五日折而南行，午時到會昌縣城，酉時抵達筠門嶺圩。為因過嶺，路途陡峻 灣曲多。不便夜間行車，故止宿於該處之招待所。翌晨，廿六日，天甫亮，即起程。原來筠門嶺是贛粵間之分水嶺，過此就是尋鄔縣，仍屬江西省 再過便是平遠，才入廣東界。於午前經過尋鄔縣之吉潭，稍進午食，下午一時抵平遠縣之東錫，是時不料迎面駛來兩輛美軍車，據說興寧站全部人員撤退、因敵逼近瀨坑，當地政府已下令疏散也。並命加氏停止前進，得原路駛回，還勸我們不宜往興寧，宜就停止乘車遠，或退回筠門嶺亦可。余此時處之進退失據，無所從適，繼念目的地是興寧，勢無半途停下之理 故決定不論前途如何， 定必繼續前進。幸而祇加氏之車須要修邊面

（3）

納爾遜氏所駕車停留前進到興寧搬運器材。於是乘納氏車直向興寧駛去，在離城一公里處下車，步行入市。找到體育館，得知蔡館長未有外出，心乃略寬，後來荷蔡氏熱情招待並將大局情形詳告我們，因知時局尚不至絕無希望也。是晚陳子木先生亦宿於體育館。得彼之助，遂將從曲江返寧諸同學之平安消息遍告各家長，使勿掛念。翌晨，廿七日往總部見各長官，報告我校狀況及請示一切。十時許聞前綫消息，謂敵有撤退模樣，於是心乃大安。欣然返體育館，以後消息日好，大局安定，直迄今日，無大波動，實則非在東錫時所及料也。

我此次冒險東來，負有數種任務：（一）與重慶和美國取得聯絡；（二）安撫東來學生，（三）接濟校內外職教員，（四）瞭察情形，如環境許可，即謀復課，（五）幫助國際援華會廣東救濟工作。故於抵達興寧之次日（正月廿七日）即開始與重慶通電，將我校狀況報告重慶教育部和各校董及中英美救濟機關。廿九日商接寄紐約校董會一電，亦是報告校況及請款接濟者，匪特對于本校思盡其職責，即為各教會學校及教會工作人員及救濟難民計，亦須設法向英美援華會和其他機關領請救濟。兩三日間去電十餘通，皆託當地友人和各機關代發，各會盡力幫忙，此種熱情給予我之鼓勵非常之大，於此不能不特別報告一下也。

在梅縣工作可分數項：（一）設臨時辦事處（二）辦理本校學員登記（三）發給借讀證（四）與銀行取得聯絡，使匯款通暢（五）鞏固救濟會機構（六）辦理本校青年從軍事宜（七）接濟留梅學生和準備復課——余於廿九日離興寧赴梅縣觀察地方情形，乘參加梅縣青年會二月一日開幕典禮，是時感覺我校有設通訊處之必要，而梅縣青年會地位和設備均適宜，故即決定於此設嶺南大學辦事處，並通知重慶各方面使知我校通訊處所，同時登報請東來員生來處登記。直至現在止，學生登記者一百五十餘人，教職員東來者除余及汝銳外尚有李少剛李聖華鍾愛華胡國豪陳耀雲諸位，借讀證共發八十四張，中學生多在梅州中學，東山中學，廣益女中及和平縣立中學借讀。關於大學生借讀事，已得中山大學金校長允諾，並通令該校各學院儘量收容。關於匯款，存款，提款等，均得各銀行當事人鼎力幫助，予以種種利便，殊深感謝。

救濟工作——同事鍾愛華牧師，初時隨校遷入仙人廟附近山鄉居住，於正月廿七日始離校本部間道東來，經過幾許艱難，鍾牧師乃於二月五日安抵梅縣。他本擬由梅縣赴某地候飛機轉渝返美國去，初不知我們在此，相見之下，不勝欣慰。而鍾牧師於敵騎臨境之後，冒險東行，隻身逃難，行李不完，鬚長數寸，誠屬意中與我們相遇，異常高興，所以他第一句話就說：「我或者不須回英國去矣！」鍾牧師與我等一同在青年會住下，商量以後工作，余知路愛華先生已轉渝返國，廣東方面英美援華救濟工作，一向由彼主持，國際救濟會款項亦多由彼轉撥，今彼既返美國去，宜有人替代之，然後聯絡不至中斷，最好是知請鍾牧師相負此責任。彼亦深以為然，故即電知重慶方面報告鍾氏安抵梅縣，並提議請鍾牧師替代路愛華先生主持援華救濟會工作。因我感覺現在所需要救濟者比任何時期為大，非有人專責主持把救濟工作範圍擴大不可。果然重慶方面深表同意，經已正式委任鍾愛華牧師主持廣東方面救濟事宜，款項亦依期匯至。救濟範圍，東江區，韓江區之救濟工作，乃得繼續進行，目下鍾牧師在興寧設總辦事處，並請李聖華牧師任青年會救濟站總幹事，所有緊要待人救濟。

青年從軍——三月廿六日本校第一批青年志願從軍同學抵梅，他們由仙人廟直步行至此，沿途跋涉千里，衣履不完，故立即安置彼等於青年會宿舍并發給旅膳零費，助彼等購回衣履應用。越兩日留梅同學開會歡迎并贈以毛巾等物品，經即於四月一日妥送入營，後來零星而至者尚有數人，皆因閱本校青年志願從軍徵集委員會所登告白才知道青年從軍府繼續進行也。最後一批共十四人係於四月十九日從仁化來梅提到梅縣者，亦即照章發給入營等費俾得某處集中。總計前後共有廿六名志願從軍同學，我會經

144

（4）

兩次親到其營地探訪他們，見各精神煥發，深爲上官稱許，然現甚佳，良可喜也。

我校現況——留校員生一直到現在均屬平安，所住地方離仙人廟卅華里，敵人未曾到過，因自衛力充足，土匪亦不敢近覬。存糧尚多，無須向外購買，祇生活甚爲枯燥，消息隔斷，無人不感苦悶而已。無論日夜，生員輪流站崗守衛，曾經鬧過數度虛驚，謂土匪到來，然因應付得宜，畢竟無事。敵曾到仙人廟巡視，爲鄉人發覺，互相開槍射擊，本校自衛隊聞訊亦即派隊赴援，但抵達時敵經退去，是役大村鄉民被殺死者數名，敵亦死一傷一，曾來揚言復仇，但卒不再來。龔牧師夫師暨涉和學生及彼之兒女三人，經於二月初旬繼續返連縣。雖然途中遇劫，但人皆平安。三日底王季子先生往見莫司令，彼勸嶺南生員暫遷黃坑上塘鄉村，因爲祇靠自衛而政府力量不及，是不能持久者，而該處屬於三不管地方，土匪出沒靡常，久必生變。經過相當考慮之後，遂決定大遷徙計劃。（壹）四月一日發給職教員全部薪津至七月底止。（二）學生每人發給疏散費式千元另穀七十斤，（叁）全部職教員和眷屬向東移。（四）祇留下工友若干名，由職員三人率領負責留守，大計議定，逐步實施，幸賴本國軍隊和游擊司令部派隊護應保護，均獲平安，離開險境。現在一部份職教員止於汝城，大部分住在仁化，均設法赴東江，不久可達抵矣。留校學生四十人，於四月廿八由仁化起程跟隨黃福如師長步隊來龍南，經於五月十一日抵步，沿途得該師官長及弟兄招待深感厚德。在龍南余曾官贈米並借旅費，余漢謀副總司令派車送彼等直抵興甯，由興來梅復得鄧總部派車護送，愛護之周，有非筆墨所能形容者，尤爲深有學生廿餘人參加某戰區抗戰工作，語云：「國家有難，當被髮纓冠以救之」我校同學實不敢後人。

復課問題——余自抵興甯以迄今日，無時不以復校復課爲念，但根據各長官暨地方上有識人士意見，均謂時局未定，不宜遽返，處暇果事尚稱爲佳，區以個人觀察，初時學生之能到達粵東方面者不多，教授之來此者亦少，無復課之需要及可能，後來興甯縣縣長及金會澄校董邀請，即其意見亦深以爲然，蓋學生既少，不若暫借讀各校，以候大局之演變較爲妥善，況是，時至今日，時局大致安穩，學生抵此者已達壹百七十餘人，而教職員亦不久大部份來此，則復課不特有其需要，抑亦當有可能，故決定如果時局無重大變化，當擬於六月間完成復課計劃，一俟醫校教職員抵此之後即着手辦理，至於復課地點，時日，及計劃如何，容俟日後詳細報告。

還有一事須向報告者：三月廿日醫學院馬汝莊教授由連中抵梅縣，據報有兩事，可稱欣幸之極：其一，從曲江至楓灣的醫學院全部書籍儀器藥物均無損失，其二，各醫學生均在青年會救濟站服務，非常得力；又農學院院長李沛文兄已安抵汝城，身體頗好，現與住汝城農院職教員同在一起。將來該兩學院如何復課，容後再定。

綜觀我校此次之遭遇，雖則員生等所經歷者艱苦備嘗，但仍屬厚幸，不獨全體職教員及學生均獲平安，即公私物件亦無甚損失，而本國及重慶方面亦陸續有款匯來，殊堪告慰。抑余有不能不向各方面表示謝忱者：如本省各機關長官、各銀行當事人，和各友好，校友等均予我校以莫大之幫忙和指示；在校各同事及工友等，均能共體時艱通力合作，尤其自衛隊及留守諸君之勇敢，殊足欽佩。現抗戰勝利雖在目前，而吾人仍須不斷之努力，方能克服難關，願與我校同人共勉之，並希各長官、校董、校友，時予指導扶持為盼。謹此報告，諸希亮察。

卅四年六月　日脫稿於梅縣青年會嶺南大學辦事處

33

嶺南大學在港上課地方分佈表

校長室……………………………
教務處……………………………
總務處……………………………
在香港大學鐘樓三樓（電話：25277）

訓導處……………………………
校醫室……………………………
學生會……………………………
理科研究所…………………………
生物學物理學實驗室………
社會科學研究室…………
在般含道寧養台五號及六號（電話：20653）

圖書館……………………………在馮平山圖書館二樓

文學院……………………………
理工學院…………………………
農學院一二年級…………………
醫學院……………………………
在香港大學鐘樓中文學院及港大義學各課室

化學實驗室…………………………在港大水力實驗室內

工科實驗室…………………………在港大工科各實驗室

醫學院臨症前學科實驗室…………在堅道活倫台二號

醫學院臨症學科教室………………在瑪麗醫院

農學院三四年級……………廿九年暑假後遷往粵北樂昌縣

附設中學……………………………在九龍青山道梁園

農學院內遷及建校經過報告　謝昭杰述

本校農學院內遷，職奉　李校長命，追隨古故院長同赴粵北籌備一切，自七月十六日起至十二月九日止，其間工作經過情形，謹報告如下：

一、擇地經過——七月二十日，隨同古故院長前赴坪石，由該處粵路車站站長派人引導，到金雞嶺對河之林石壩村及棠口村間各嶺地，視察數小時，經古故院長認為合用，乃往坪石墟查訪，由一農科舊生黃永安君介紹，獲向周北煊先生詳詢該地情形。旋於下午返韶，翌日前往省地政局訪高黃兩正副局長，商收用該地辦法，當蒙派出測量人員隨古故院長往坪石測勘農場院址，但黃副局長認為在該處建立農場，具有永久性質，不主張由政府收用，而主張由本校直接與鄉人照官價或比官價較高給值承買。職等亦認為如此辦法較為妥善，遂決定宗旨進行。嗣承友人何步雲君介紹，結識坪石大紳何澤洪君，勷助一切。於是一方面由古故院長率領地政局測量人員赴坪測地，一方面則由職在韶與各建築商人接洽建築院舍事宜。

二、建築經過——七月二十日在坪石晤周兆煊先生時，已知坪石並無大建築商，因決意在韶招商承建。又未離港時，古故院長曾託李楊安則師繪有班房教職員宿舍及辦事處等圖則，惟僅攜帶該圖則一份，故初時未能多與承商接洽，直至一星期後，接香港續寄來圖則，始能分頭接洽。旋發覺李則師所定各種材料，尤其是木料一項，費用浩繁，致建築價只五座已需款三萬餘元，因與公路處梁科長安

181

民等商酌，減輕材料。至八月十日，始與其中之一承商聯信公司商妥價目，計班房每座需款二千三百七十八元，大座一幢需款一萬二千元。但因仍需再建男女生宿舍及飯堂等，（此三則乃古故院長自行畫則而交公路處技士改正者）則仍超過預算甚多，因再與古故院長商議，先與承商訂立建築班房四座之合約，其教職員宿舍及辦事處則仿照男生宿舍圖樣另建，庶不太過超出預算，議定後即行開工，先闢地盤。古故院長又主張除班房四座外，其餘均自行買料建築，但因工人問題，直至九月一日，始興工建築班房，而男生宿舍教職員宿舍則至九月六日始覓得判工開工。此外飯堂及女生宿舍，則古故院長自行僱工建築，其意蓋認為如此或可早日完工，又一方面向有銀行借得鐵殼房屋以為臨時校舍。建築開始未幾，不幸古故院長積勞致疾，竟以不起。職於辦理其喪事完畢後，即回坪視察，發覺自行僱工建築辦法流弊滋多，乃即停止其工作，另行判工。十月底，教職員宿舍、飯堂、班房相繼完成，十一月底，男女生宿舍亦完成。先是十月初旬，獲悉員生將於月底到達，因復趕速完成浴室廁所各一間，餘如男生新住二間，亦於十一月初興工趕建，次第完成。各建築物所用材料，教職員宿舍及辦事處為磚柱草隔牆，上蓋瓦面批盪，離地二尺鋪木板；男生宿舍除大部份用泥磚外，飯堂地面鋪灰砂石仔，餘與教職員宿舍同；班房則用磚柱織竹，批盪瓦面，地鋪灰砂石仔，女生宿舍用磚柱爛板批盪木樓面，地穿則用單隔磚灰砂石地，其餘廁所浴室則用磚柱，爛板或織竹批盪，

蓋樹皮。計共建築物十二間，需款約三萬一二千元之間。（職手支出約達二萬八千元，尚有三四千元未支付）

三、交通運輸——此次交通運輸之辦理，全得力於農院庶務主任林書洛君，因職隨古故院長多匆赴韶，所有留港書籍儀器均由林君經辦。計自八月九日起程至九月十五日始抵韶，其中經過，困難寔多，尚幸管理得法，未有損壞。員生及行李赴韶，亦得林君親至龍川接應，洵稱週到也。

四、購地情形——購地初期接洽，全由古故院長辦理，迨中道逝世後，杜代院長蔭坪。職乃與之會同辦理，幸得當地大紳何澤洪君助力，經與各鄉人訂妥辦法為每畝價銀一元五角，由鄉人書立斷賣契，但由本校立回字據與各業主，即本校不用該地時，須照原價賣與原主。現俟測量完後，便可照此原則交易。

五、各方贊助——此次職隨同古故院長赴粵北籌備農院內遷事務，徒抱一股勇氣，對人對地，兩不熟悉，幸而校譽素著，極得各方面人事之協助，曲江同學分會各同學時時予以鼓勵與協助，固極可感，而坪石友人何澤滋君出力亦多，所有各項建築材料之購買，工人之雇請，院址農場之購地，倘不得其指導勸理，則用款必多，且不易成功。至坪石其他友人如馬站長周兆煊先生陳綿先生閎以身任，盧振威所長、鄭工務分段長及坪石站站長等，均極肯幫忙，至堪感謝者也。

本校農院內遷，事前未獲充份準備，且在滬籌備時間亦太短促，職 對於該處情形，毫不諳悉。古故院長雖二次赴韶，然亦停留時間不多，對於坪石更僅往一次，是以理想與事實往往不相符合，更不料古故院長中途逝世，影響甚大。所幸當航空交通利便，遇事得秉承李校長函電指示，內遷將次完成時復得李校長林校董逸民等親臨視察，而杜代院長抵步後，主持有人。湖職 初在古故院長領導下黽勉從事，繼得農院同人協力共爲艱鉅，而友好輩多方贊助，始勉強告成任務焉。至於款項詳細數目，應俟核算清算，與本校會計主任對照後，方能詳細報告，今附

證明。

关于断卖乳源县灵石坝土地一事的地契

謝

立永遠斷賣嶺地人　有地一段坐落乳源
縣第　區灵石壩鄉土名　編圖地目第貳號
東至河邊　西至嶺腳　南至　北至大路
共計面積貳拾捌市畝叁分肆釐〇毫茲因私立嶺
南大學農學院奉政府命由港內遷粵北需用該地為
院址及農場經由蓮塘鄉鄉公所介紹將該地賣與嶺南
大學校董會每畝由嶺南大學校董會給田地價國幣
壹元五角合共該國幣肆拾貳元△角陸分正經
親手收足自賣之後任由嶺南大學校董會永遠管

業及自由使用該地如嶺南大學將來不用該地時應照
買來原價賣回　毋得異言恐口無憑持立此
斷賣契與嶺南大學校董會收執為據
一、實收到嶺南大學校董會交來地價國幣
肆拾弍圓零仝陆角正
二、如嶺南大學將來不用該地時應照買來原價賣回
管業

立永遠斷賣契人　簽名
見証人

关于断卖乐昌县莲塘乡土地一事的地契

立永遠斷賣嶺地人朱蘭馥 羅時彝 有地一段坐落樂昌
縣第二區蓮塘鄉土名深底塘編圖地目第 壹號
東至上岸塘坪大路西至 嶺腳 南至羅姓第二段地 北至何姓嶺
地共計面積 伍 市畝叁分〇釐〇毫茲因私立嶺
南大學農學院奉政府命由港內遷粵北需用該地為
院址及農場經由蓮塘鄉鄉公所介紹將該地賣與嶺南
大學校董會每畝由嶺南大學校董會給回地價國幣
壹元五角合共該國幣 柒 元 玖 角 伍分正經 朱蘭馥
羅時彝 親手收足自賣之後任由嶺南大學校董會永遠管
業及自由使用該地如嶺南大學將來不用該地時應照

買來原價賣回朱蘭馥羅特甯毋得異言恐口無憑特立此斷賣契與嶺南大學校董會收執爲據

一、朱蘭馥羅特甯實收到嶺南大學校董會交來地價國幣法幣圓拾角伍分正

二、如嶺南大學將來不用該地時應照買來原價賣回管業

立永遠斷賣契人　朱蘭馥　羅特甯　簽名

見証人

学习生活

私立岭南大学校长李应林关于学生迁校注册注意事项给家长的笺文

私立嶺南大學用箋

逕啓者本校在港上課瞬經兩載過去兩年來雖在播遷之頃而校務施行仍稱順利至深慶幸茲者廿九年度將屆開始爰將應行奉告事項列下

(一)農學院三四年級自廿九年度起遷往粵北樂昌縣坪石一弍年級則仍留港辦理二年級學生如已修畢基本科目擬隨三四年級入內地者得分別向教務長聲請

(二)廿九年度上學期繳費註册提前兩日辦理繳費自九月四日至六日(星期三至五)註册九月六七(星期五六)兩日九月十一日(星期三)起在港各年級同時上課本學期學費依照歷年辦法一次過征收

(三)請轉知　貴子弟依期回校辦理繳費註册手續預備二寸半身相片兩張於註册時繳交以便發給學生証

(四)本校遷港後經濟深感困難但倘能勉强支持暫仍不擬增收學費加重學生負担

以上各事敬希

貴家長查照爲荷此致

家長先生

嶺南大學校長李應林

中華民國廿九年八月十七日

香港辦事處：般含道香港大學鐘樓二樓　電話：二五二七七

私立岭南大学农学院一九四一年度第一学期招生简章

嶺南大學農學院三十年度第一學期招生簡章

（在曲江，桂林，梅縣，分區招生）

名額：一年級新生六十名（農藝，園藝，畜牧獸醫三組），三年級轉學生十名（分組同前）。

投考資格：（一）曾在公立或已立案之私立高級中學畢業得有畢業証書或畢業証明書，或升學証明書者。

（二）曾在公立或已立案之私立高級農業職業學校畢業得有畢業証書，或畢業証明書者。

（三）曾在外國公立或在該地政府立案之私立中學畢業得有畢業証書或畢業証明書，或升學証明書者。

報名手續：投考生須於規定日期內就近向招考地點報名，塡寫報名單二紙，並隨繳下列各件：

（一）畢業証書或畢業証明書，或升學証明書，（均須原件，查驗完畢，即行發還，但錄取入學時，仍須呈繳）。

（二）二寸半身正面相片五張（署名於每張相片背面）。

（三）報名費二元（取回收條，錄取與否，概不退還）。

（四）凡申請獎學金之學生務須於報名時塡具申請書及呈繳家境調查表，並繳清寒証明書。

報名地點：（一）曲江區：1.學北樂昌坪石本院（七月十八日以前，通訊親到均可，遲則不能收受）。

2.曲江風度中路基督教青年會。

（二）桂林區：桂林桂西路省立桂林中學。

（三）梅縣區：梅縣省立梅州農業職業學校。

報名日期：七月廿一日至廿三日止（通訊報名應用快郵或空郵將應繳各件（報名單可補塡）寄遞，如郵件延誤，未能如期前寄達各報名處各報名處概不收受）。

試驗地點：各區在當地通告，但投考生祇准在其報名地點所在區應考。如欲在他區應考者，應照例依時在該區另辦報名手續，否則不准參加該區入學試驗。

試驗日期：七月廿八日廿九日。

試驗科目：1.公民，2.國文，3.英文，4.數學(平面幾何，代數，三角)。5.物理，6.化學，7.生物，8.中外史地。

轉學生：凡曾在與本院程度相等之大學修業兩學年以上之學生，得請求轉入本院三年級(本年度暫不招收二年級轉學生)，但須受編級試驗及將原校學業成績送繳審查，報名手續及試驗日期與新生辦法相同。

錄取：錄取學生，除本院在招考地點登報通告外，另函通知。新生應於規定日期前將入學志願書及一部份註冊手續在各招考地點或以通訊方法向坪石本院辦妥，逾期即將被取資格註銷。

入學手續：已辦妥上項手續之新生，應於規定日期前來粤北樂昌坪石本院報到繳費入學，並完成註冊手續。除有特別原因先期得本院書面特准外，逾期即不准入學。

學費：學費每學期九十元，宿費雜費每學期約七十元(膳費不在內)。

獎學金：本院為鼓勵品學兼優，銳意向學而財力有限之學生起見，設置免費獎學金，公費獎學金八名，金額每年二百元至五百元不等，視學生之成績及需要而定。此外另設特種公費獎學金多名，名額及金額如左：

(一)古桂芬紀念獎學金三名每名每年六百元(二年級以上之學生，始可申請)。

(二)鄭雨泉紀念園藝學金二至三名每名每年三百元至五百元。

(三)中正獎學金一至二名每名每年四百元(不由本院直接指定，但可由本院代向　教育部申請)。

(四)上海商業儲蓄銀行獎學金一至二名每名每年四百元(亦由本院代向該行申請)。

貸金：家在戰區，經濟確屬困難學生，得於入學後依照戰區學生貸金辦法，由本院向　教部代為申請貸金。

附則：本簡章未盡事宜，報名時在各招考區通告及解答。

附本院遷坪經過及教員名表

本院成立於民國十年，屬本大學現有四學院之一。院址及農場原設廣州康樂。在過去之廿載中，教學研究推廣三者並重，計先後在本院畢業之學生逾數百人，多在華南各省及南洋各地從事農業之發展。際茲農業生產建設事業突飛猛進之時，各方農業人材，有供不應求之勢。近年來中央及各省之籌用於農業建設經費，恆年達數千萬元，農業已進佔國家重要地位。戰後農村復興建設，尤需用大量人材。高級農業教育機關，責任將更繁重。本院於廣州淪陷後，曾一度與本校其他各院遷移香港復課，嗣於廿九年秋遷入粤北坪石。現建有教室實驗室宿舍等九座，復闢有農場五百餘畝，圖書儀器，亦能逐漸大量內運，於今更臻完備。本院教學方針，側重學生素質。最近　教育部主辦之全國大學學業競試，本院農科入選人數，在全國廿餘農校中，忝獲最多。此後亦將本此宗旨注重學生之嚴格訓練，以副國家作育人材之至意。

附列三十年度本院教員名表

姓名	職別	履歷
李沛文	園藝學教授	美國康乃耳大學農學士及農學碩士，歷任本院教授及園藝學系主任及植物生產學系主任。
G. W. Groff	園藝學教授	美國賓省省立大學農學士及農學碩士，曾任本院院長，歷任本院副教授教授及園藝學系主任。
C. N. Laird	化學教授	美國濱省大學文學士及理學碩士，曾任本校文理學院院長，歷任本校副教授，教授
杜樹材	畜牧學教授	嶺南大學農學士，美國愛歐華省立大學農學碩士，曾任本院副教授兼畜牧系主任，實業部天津商品檢驗局技正兼農產檢驗組組長，武漢大學農學院教授兼代農藝系主任，及本院代院長。
李德銓	園藝學教授	美國伊利諾大學農學士，歷任本校副教授教授。

邵堯年　園藝學教授　廣東農業專門學校畢業，曾任廣東農林試驗場技術員兼農業調查員，東南大學農場技術員，歷任本校副教授教授。

黃善荃　農藝學教授　德國克里大學農學博士，曾任中山大學農學院教授，歷任本院教授。

黃昌賢　園藝學副教授　中山大學農學士，嶺南大學理科研究所修業，美國柯利根省立大學農學碩士，密斯根省立大學（農科）哲學博士，曾任密斯根省立大學研究助理，歷任本院副教授兼柑橘試驗場主任。

鄭天熙　昆虫學副教授　美國奧亥奧大學理碩士及（農科）哲學博士，曾任奧亥奧大學研究員，歷任本院副教授兼柑橘試驗場副主任。

麥國珍　獸醫學副教授　嶺南大學農學士，菲律賓大學獸醫學博士，曾任廣州卜內門洋行化學田料部部長，菲律濱中西中學自然科主任。

蕭祖徽　畜牧學副教授　嶺南大學農學士，曾任本校畜牧技佐及講師，廣東建設廳農林局畜牧技正，前第一集團軍第三軍墾區畜牧科科長兼那九農場場長。

林孔湘　植病學副教授　美國愛立根尼大學研究，美國康乃耳大學（農科）哲學博士，曾任康乃耳大學研究助理。

徐國卿　農藝學講師　嶺南大學農學士，菲律濱大學農學碩士，曾任嶺南大學理科研究所研究員，歷任本院講師。

黃公安　農業經濟學特約講師　德國克里大學博士，歷任本院特約講師，現任廣東地政局副局長。

Mrs. C. N. Laird　英文兼任講師

陳贊林　助教　嶺南大學農學士，曾任廣東農林局技士，香港南越中學教員，香港青年農藝院教授主任兼教員，歷任本院助教。

陳華仁　助教　嶺南大學農學士，曾任汕頭柑橘產銷合作社業務主任，歷任本院助教

李永祿　助教　嶺南大學農學士，歷任本校農業技士。

私立岭南大学农学会会长邝兆珊关于举行欢送一九四二年毕业生联欢会给院长的函

232

德銓院長鈞鑒：敝會經第三次職員會會議議決定于本月廿一日下午五時舉行歡送一九四二春季畢業同學叙餐大會，但敝會經費無多，是以用特函懇鈞長亮察，並請補助該日歡送會費用壹佰伍拾元，俾可成其美舉，則感激無既矣。耑此，即頌

教安。

農學會會長鄺兆珊謹上

十一月十六日

德　照發給壹佰伍拾元　李德銓　三十一年十一月十八日

36

三十学年度第二学期岭南大学农学院班数报告简表

系组别	班数				
	共计	一年级	二年级	三年级	四年级
農藝系	4	1	1	1	1
園藝系	4	1	1	1	1
畜牧獸医系	3	1	1	0	1

卅、三、十七、

私立岭南大学一九四一学年度第二学期农学院班数报告简表

私立岭南大学校长李应林关于筹备第二届联合运动大会奖品一事给农学院院长李沛文的文

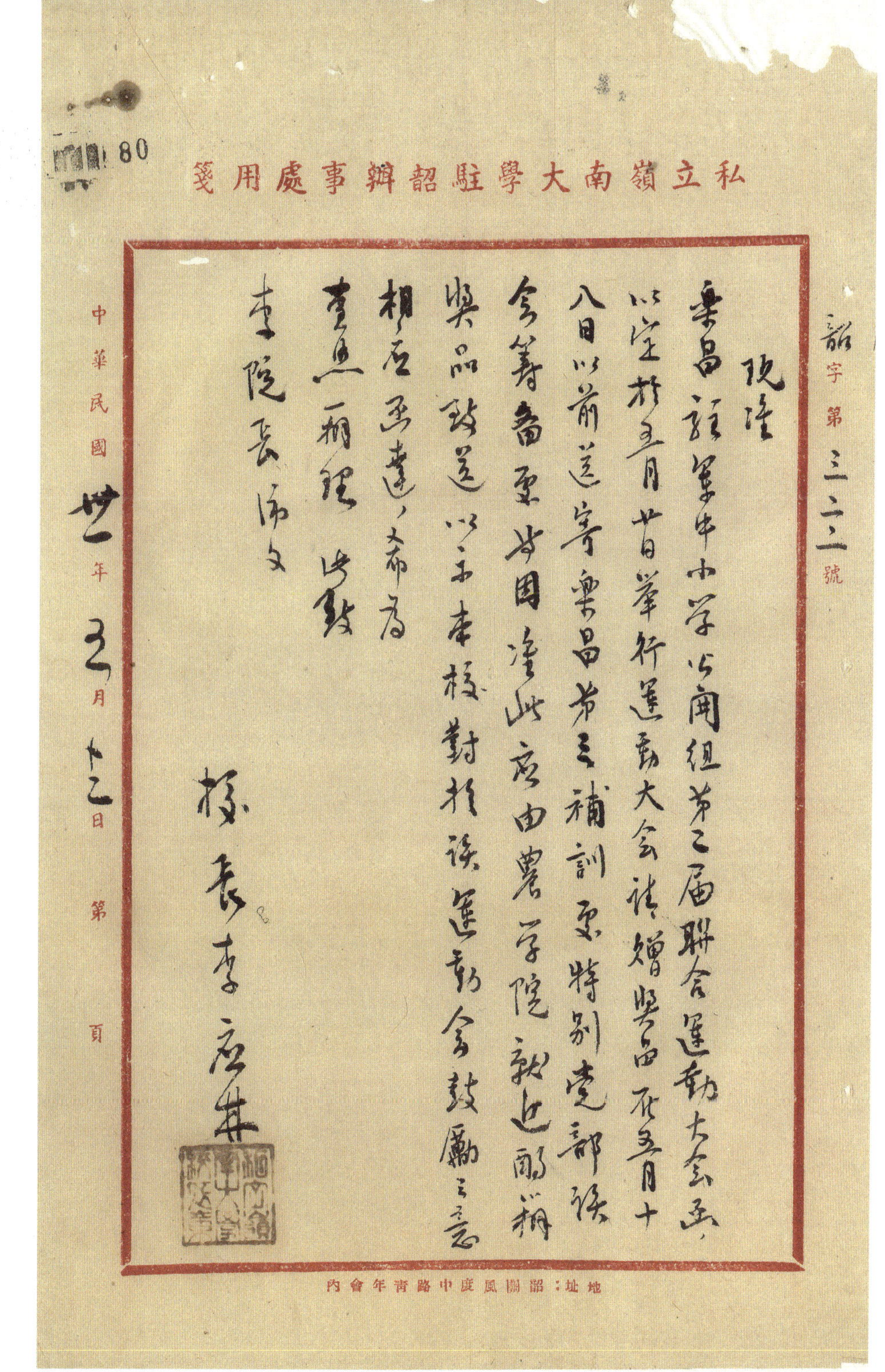

私立嶺南大學駐韶辦事處用箋

韶字第三二二號

逕啓

粤省韶關中小學以南組第二屆聯合運動大會函

以定於五月廿日舉行運動大會請贈獎品限五月十

八日以前送寄粤省第三補訓處特别黨部該

會籌備處等因准此應由農學院就近酌捐

獎品致送以示本校對於該運動會鼓勵之意

相應函達，希為

查照辦理　此致

李院長沛文

校長李應林

中華民國卅一年五月十二日　第　頁

地址：韶關風度中路青年會內

私立岭南大学取录新生通告

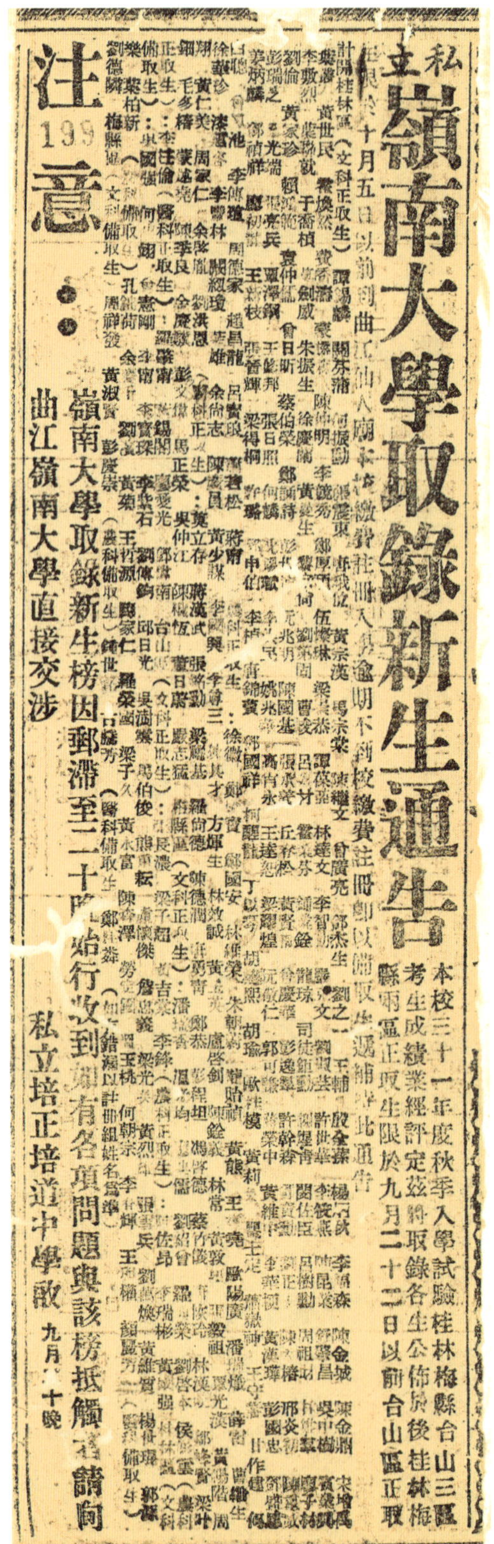

私立嶺南大學取錄新生通告

本校三十一年度秋季入學試驗桂林梅縣合山三區考生成績業經評定茲將取錄各生公佈於後桂林梅縣兩區正取生限於九月二十二日以前合山區正取生限於十月五日以前到曲江仙人廟本校繳費註冊入學逾期不到校繳費註冊即以備取生遞補特此通告

桂林區（文科正取生）……

注意：

嶺南大學取錄新生榜因郵滯至二十晚始行收到如有各項問題與該榜抵觸者請向曲江嶺南大學直接交涉

私立培正培道中學啟　九月二十晚

私立岭南大学农学院办《岭南农刊》杂志调查表

雜誌調查表

名稱	嶺南農刊	地址	坪石嶺南大學農學院
創刊與經過時期	在廣州[illegible]時已出版 創刊於民國廿年十二月		
印刷處所		刊期類別	期刊
登記証號碼			
言論中心	以農業科學智識為言論中心		
已出期數	[illegible]二卷共八期	每期字數	
銷行總數	每期約一千冊		
經費來源	嶺南大學農學院	經費數目	貳仟元

編輯人

職別	姓名	年齡	籍貫	出身	經歷	著述
教授	~~邵堯年~~ 鄭天熙 陳其保	三十	廣東南海	廣東農業專門學校畢業	曾任廣東農林試驗場技術員歷任本校農學院副教授教授	
~~學生~~	~~[illegible]~~	~~廿六~~	~~台山~~	~~農~~		
學生	梁[illegible]	廿一	廣東南海	本院園藝系學生		
學生	[illegible]	廿一	廣東新會	本院[illegible]農藝系學生		

主要撰稿人

姓名	年齡	籍貫	出身	經歷	著述	現在職業
邵堯年	53	廣東南海	廣東農業專門學校畢業	曾任廣東農林試驗場技術員本院教授		本院教授
鄭天熙	30	福建	美國迪儉生大學哲學士 美國威斯康辛州立大學理學碩士 農學院[illegible]博士	美國威斯康辛州立大學研究員 本院教授兼系主任		本院教授
陳其保	30	~~[illegible]~~ [illegible]	國立浙江大學農學士	歷任實業部果品監理處潮汕柑橘研究所技士及代理本場副場長		本校柑橘試驗場主任
李沛文	36	廣西蒼梧	美國康乃爾大學農學士及果樹園藝科碩士	歷任本校農學院教授及系主任		本院院長
林孔湘	30	福建	福建協和大學理學士 美國康奈爾大學植物病理科哲學博士	曾任協和大學助教 美國亞力根尼大學助教 加利芬尼亞大學研究員		本院教授

主要讀者	農業學術界
備註	

廣東省圖書雜誌審查處製　　卅一年[illegible]月[illegible]日

私立岭南大学一九四二年度校务会议常务委员会第一次会议记录

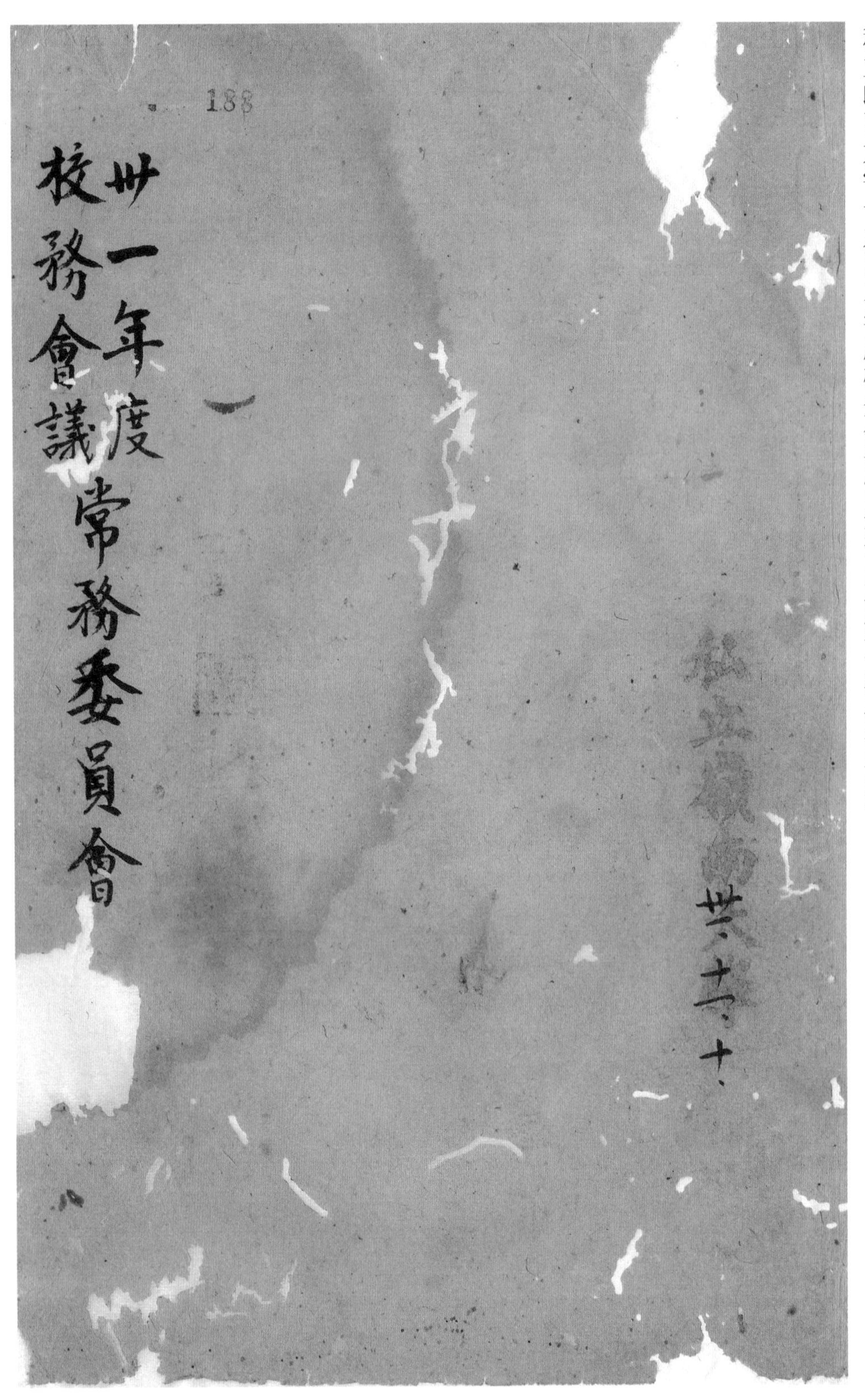
188

卅一年度

校務會議常務委員會

私立嶺南大學廿一年度校務會議常務委員會第一次會議

日期：廿一年十月十日

時間：上午十一時

地點：本校八角亭

出席者：李應林　林樹模　司徒衛
李寶榮　吳堯如　張雲　司徒藻賢
謝昭杰　司徒衛（鄧……代）

列席者：鄧堯年　黃延毓　鄭……　J. S. Kunkle

主席：李校長

紀錄：盧惠風、謝昭華代

（行禮如儀祈禱）

（甲）報告事項

一、根據本校組織法最高立法机關為校董會，在校內則為教務會議，再由校務會議產生常務委員會，但現在因遷校向例校務會議未能依法組織，故校由校長暫依委人員為校務會議常務委員會委員代行職務，一俟校務会议組織成立，当依法改選

191

二、本校现与东吴大学订立合作合约（合约原文附后）

三、本校、协和神道学院现拟与本校合作其详细办法由本校林处务长与协和神道学院龚院长商洽中

四、本校现拟与天主教会合作请其派人来到校担任教授现正商洽中

五、美基会派来本校之教授陈鲁恩、锡臣鉴之四来中国因特别情形未能回校服务其他之四美之教授除联考须已定再

192

来服务外，其余未有消息。二、再来信学校已有函往美基金会请其再派教授来校。

六、医学院本年度一二三年级与江西国立中正医学院合作，本校学生借读该院，借读其余四年级生则与曲江循道会同西医院合作，但要自行建筑校舍，六年级生则分在各医院实习。

七、本校内迁后，学生多来自港澳或外国，故急待救济，曾去函电美国各团体请求廿二万五千元，但未接有确实覆音。

學處則應當商陳學談先生指助十數元為本校學生工讀學額（三）青年會報告貴本校款僅八千元但由廖生向青年會直接請求（四）學生貸金則在辦理中

八、教育部撥給教授貸金辦法現在教務處辦理中

九、本校財政情形（另詳）

十、本校在港儀器之未被敵查封者本曾囑由謝昭杰君會同在港職員分別借地儲藏六七月間曾由醫學院黃院長雯

派鍾燦林君往港選事，要徵錢回其現書。承黄前院長處，又黄前院長曾与方人林方山訂立合约，代選醫院儀器，由現款竟談林方山方面，完全為一騙局，但校方已糜費數万元，現由校派雷惠民、雷祖潤前往办理交涉，並限期內真相又明。

(五)討論事項

一、議決：本校各會議為全校之立法机關，其組織急不完善，應即參照其他各部之法令及本校以往成例組織之，俾成本校內最完隆

不要。如其中有由教授選出之代表
三人可改由各院各選一人至其人數議日
期則六改為每學期開會一次，但必要
時可由校長臨時召集之。
二、議決：公費免費助學委員會應組織全校委
員會，另由各學院組織分會。
三、議決：全校學生申請貸金審查委員
會應根據前會組織之，但由各學院組
織初審委員會先行審定之。
四、議決：理工學院應在本學年第二學期恢復

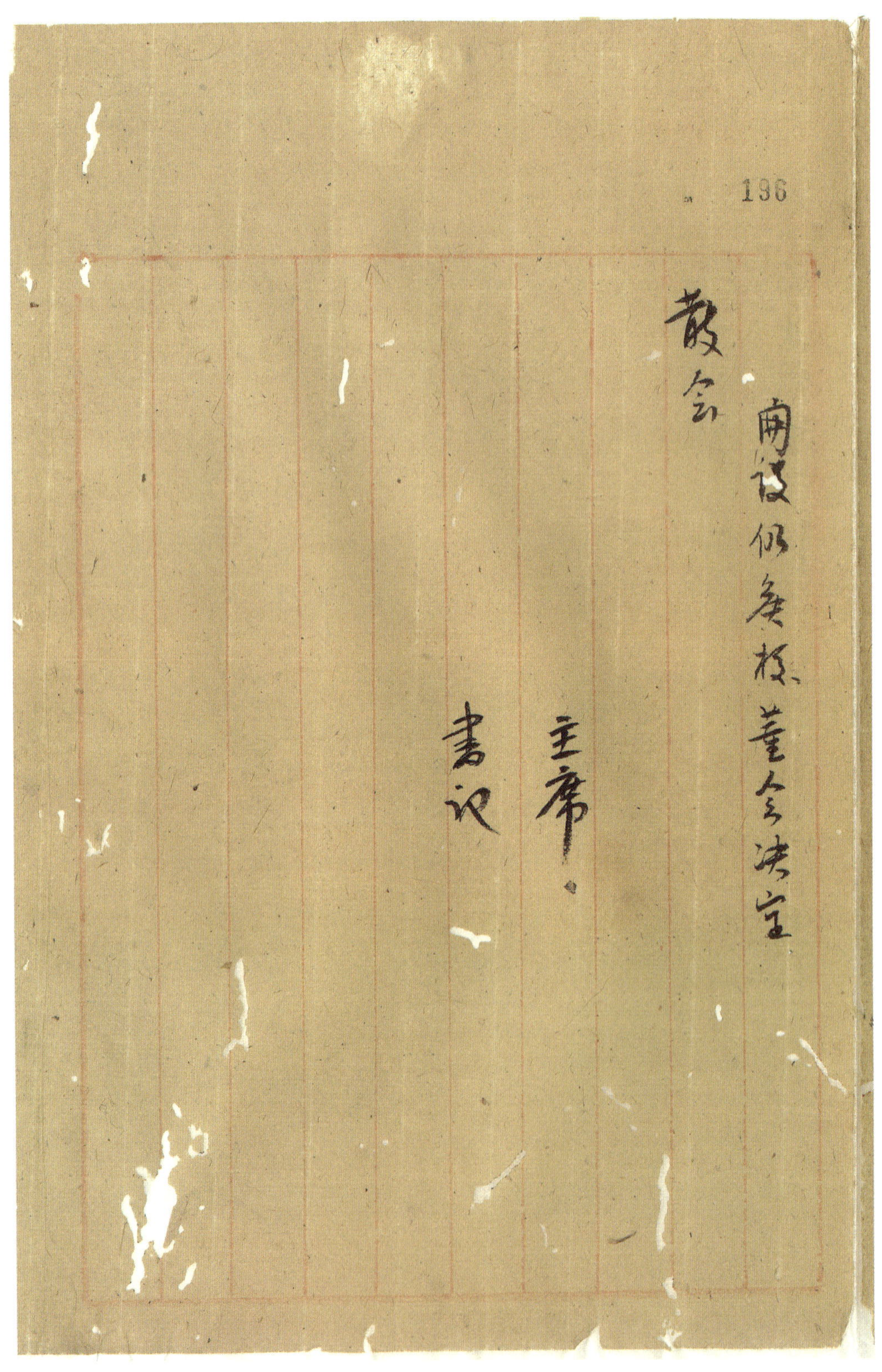

196

开设仍原样，董会决定

散会

主席

书记

私立岭南大学附设中学调查表

中華基督教教育協會中等學校調查表（1942—1943）

校名（中文）私立嶺南大學附設中學　　已否立案 已立案

（英文）Lingnan Uni Middle School　　屬何教會

校址（原在）廣州河南康樂

（臨遷）曲江仙人廟嶺大村

校長姓名（中文）~~司徒衛~~ 李應林　　畢業學校 ~~嶺南大學修業~~

（英文）~~Sze-to Wai~~ Lei Ying Lam　　性別 男

I 學生：（一學期）

級別	男生	女生	走讀生數	教友人數	慕道友人數	選讀宗教科目人數		受洗（30年度）
高中	146	36	/	53	20			
初中	24	7	/	9	5			
小學	/	/	/	/	/	/	/	/
幼稚園	/	/	/	/	/	/	/	/

畢業生人數（30年度）高中 36 人　　初中 無 人

II 教職員（限中學部）

中學部現任教職員：

男 15 人，女 1 人共 16 人（在此數中專任占 10 人兼任占 6 人）

專任基督徒教職員 8 人，　兼任基督徒教職員 4 人

教職員大學畢業者 10 人，（基督教大學畢業者占 7 人）

[illegible] 教員 [illegible] 無 人兼任 1 人共 1

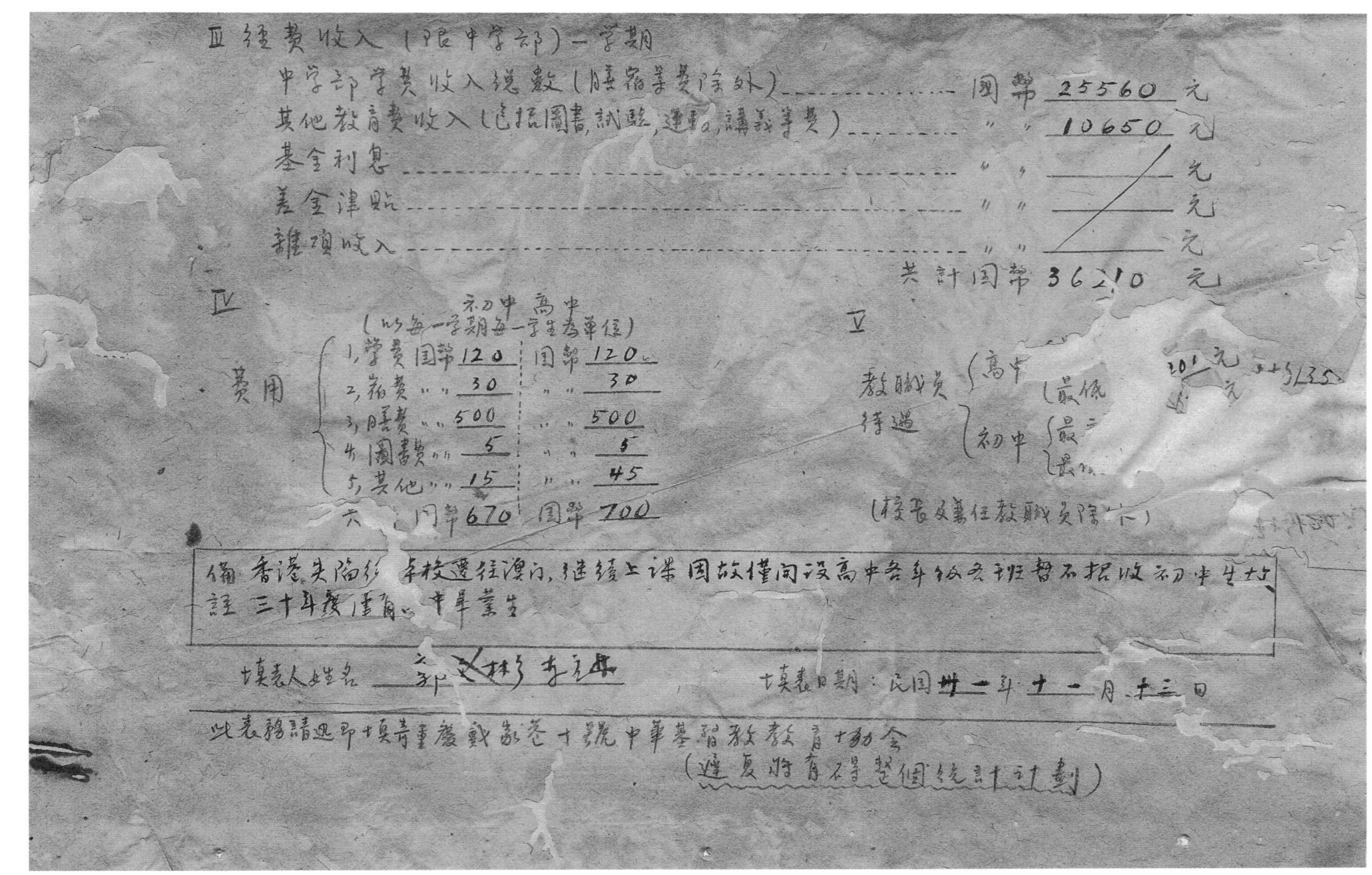

III 經費收入（限中學部）一學期

中學部學費收入總數（膳宿等費除外）…………國幣 25560 元

其他教育費收入（包括圖書、試驗、運動、講義等費）…………〃〃 10650 元

基金利息…………〃〃 ／ 元

差金津貼…………〃〃 ／ 元

雜項收入…………〃〃 ／ 元

共計國幣 36210 元

IV 費用（以每一學期每一學生為單位）

	初中	高中
1，學費	國幣 120	國幣 120
2，宿費	〃〃 30	〃〃 30
3，膳費	〃〃 500	〃〃 500
4，圖書費	〃〃 5	〃〃 5
5，其他	〃〃 15	〃〃 45
六	國幣 670	國幣 700

V 教職員待遇

高中 最低 …… 201 元

初中 最…… 最……

（校長及專任教職員除外）

備註：香港失陷後本校遷往澳門，繼續上課，因故僅開設高中各年級各一班，暫不招收初中生，於三十年度僅有初中畢業生

填表人姓名 郭文彬 李之康　　填表日期：民國卅一年十一月十三日

此表務請迅即填寄重慶戴家巷十號中華基督教教育協會

（遵辦將有得整個統計計劃）

私立岭南大学校长李应林关于贴用印花税一事给李沛文先生的函

案奉

教育部本年九月卅日高字第三〇一二一號訓令內開：

「查專科以上學校教員資格送審合格者日漸增多，合格證書亟待頒發，惟以印花問題前經函請財政部解釋，旋准覆函以：查專科以上學校教員資格證書係印花稅法第十六條第二十八目備考欄所列甄別證書性質，在此非常時期應由領受者每張貼用印花四元，等由，印花乃國家稅收，自應照貼，合行令仰該校即將送審合格各教員每人印花四元，造冊彙呈，以便早發證書；嗣後並應同樣辦理」

等因，奉此，自應遵辦。查閣於送審教員資格一案，奉該數

117

須前繳送審之證件業經查核分別發還核收并將審定合格教員名單函知在案　奉令前因　除分函外，相應函達查照即希將送審核定教員資格證書應貼印花費國幣四元於文到一星期內繳交本校以便造冊彙呈俾得早日核發證書為盼此致

李沛文先生

私立嶺南大學校長李應林

卅一、十二、廿三

請李會計在本人薪俸下扣出四元并將該款彙同其他應繳證費之同事所繳一併呈交校本部

沛文　十二、廿六

已交李會計往教授保證存在每人[illegible]

十二、廿一

私立岭南大学农学院关于侨汇困难情形及补救措施一事的笺函

李先生

王為擇要節略函申謝忱由

179

179

韶州中國銀行
經理伍廷瑞　先生

廷瑞吾兄經理大鑒　久違
大教　想念殊深　比維
興祉日隆　為頌為祝　昨奉
台函及節略　均經拜悉　殊深銘感
盛意　專此奉覆　並申謝忱　此頌
台祺　不宣

僑匯補救設施　查存

弟李應林　謹

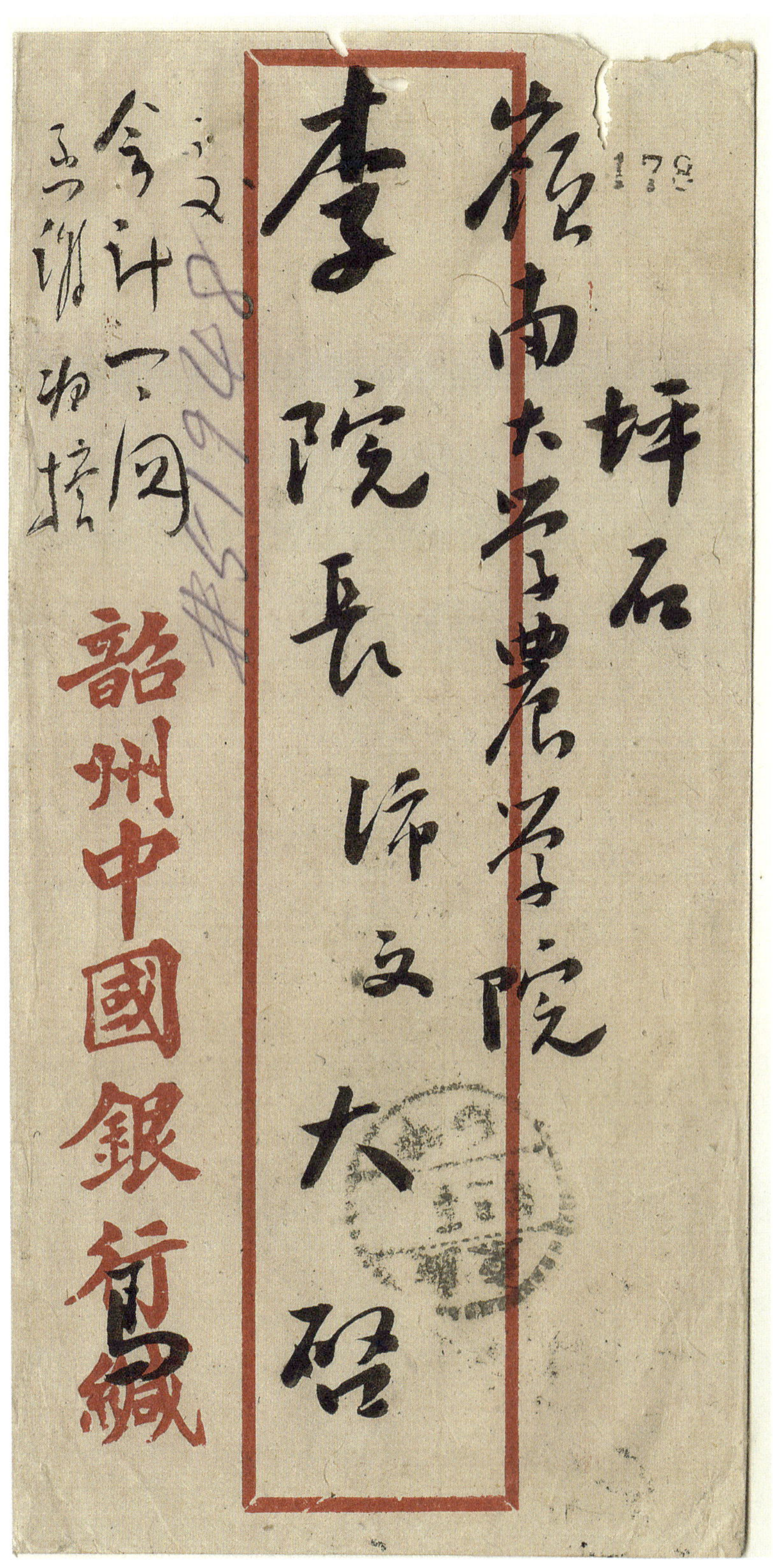
坪石
嶺南大學農學院
李院長沛文大啓
178
韶州中國銀行緘

私立岭南大学附设中学设备调查表

6

中等學校調查表（其二：設備）頁二

校名 廣州私立嶺南大學附設中學

三十一年度第一學期調查

校舍

種類	數量及容納人數	種類	數量及容納人數	備考
普通教室	五座可容252人	體育機械室	×	香港失陷本校校舍及各種設備全部損失遷校粵北百事待舉現在竭力設法充實圖書儀器各種設備以臻於至善
特別教室及實驗室	實驗室在籌建中	膳堂	一座可容250人	
圖書館	一座可容100人	工場及農場	農場一所	
運動場	二所	合作社或家事實習室	一間	
教職員寢室	三座可容18人	成績陳列室	在籌建中	
學生寢室	~~七~~座可容250人	課外活動作事室	在籌建中	
自習室	×	浴室	二間	
集會室	一座可容500人	儲藏室	一所	
辦公室	一座	校園	一所	
儀器藥品標本室	在籌建中	其他	×	

設備

種類		數量	種類	數量
圖書	中文	1500冊	模型	×種 件
	外國文	325冊	化學藥品	×種 件
物理儀器		×種 件	醫學藥品	×種 件
化學儀器		×種 件	各種掛圖	12種50件
博物儀器		×種 件	勞作實習用具	8種35件
特種儀器		×種 件	童子軍用品	×種 件
動物標本		×種 件	軍訓用品	×種 件
植物標本		×種 件	體育用品	4種12件
礦物標本		×種 件	衛生服務及訓育器材	×種 件

中華民國卅一年十二月卅一日　　校長 李應林 填報

私立岭南大学农学院回国侨生兑换外币证明书

342

僑證字第　號

私立嶺南大學農學院回國僑生兌換外幣證明書

民國三十一年　月　日

據本院學生　報稱僑生於居留地陷敵逃難來坪時携有港幣　元懇賜證明書俾便向銀行兌換國幣以維生活等情查係屬實合行發給證明書一紙以資證明此證

右給

私立嶺南大學農學院院長李沛文

姓名	年齡	籍貫	原籍	僑居地址	現在地址	兌換港幣數目	備考

私立岭南大学校长李应林关于私立学校学生膳食贷金援照公立学校办理给农学院的函

私立嶺南大學用箋

字 號

13

兹奉

教育部本年三月五日總字第一〇五三二號

代電開：

查專科以上學校學生膳食貸金向根據各地糧政機關調查及學校所報米價與實際膳價時有出入，現國立學校學生所需食糧概據飭向當地縣市政府取具領收以資徵信，其無法照市價購得實物者，并飭知得商由縣市政府代購，該校亦可援照辦理，俾於食費外

中華民國　年　月　日　第　頁

校址：廣東曲江（粵漢鐵路仙人廟站）嶺大村　電報掛號：曲江【一五四五】

私立嶺南大學用箋

字 號

令行電仰轉照
黃：東：此：陽 並曲江、樂昌兩縣縣長
照外，相應函達
查照辦理
此致
農學院

校長李應林

中華民國卅年三月廿二日

第 頁

校址：廣東曲江（粵漢鐵路仙人廟站）嶺大村　電報掛號：曲江【一五四五】

坪石建设委员会关于指定张孚亨等人担任国民体育委员会委员等情给私立岭南大学的公函

坪石建設委員會

公函 總字第 號

中華民國卅二年五月廿四日

查本會本年五月十六第一次常務委員會閑聆本會第一次全體委員會交議酌聘專家担任各專门委員會委員一案當經議決推聘張孚亨先生郎頌棠先生吳華英先生趙善性先生（嶺南大學一人）（鐵工廠一人）（陸軍醫院一人）等七人為國民體育委員會委員並以張孚亨先生為召集人經紀錄在卷除分别函聘外相應錄案函達敬希

查照即予指定

貴校担任國民体育委員會委員姓名見覆俾便照聘

為荷

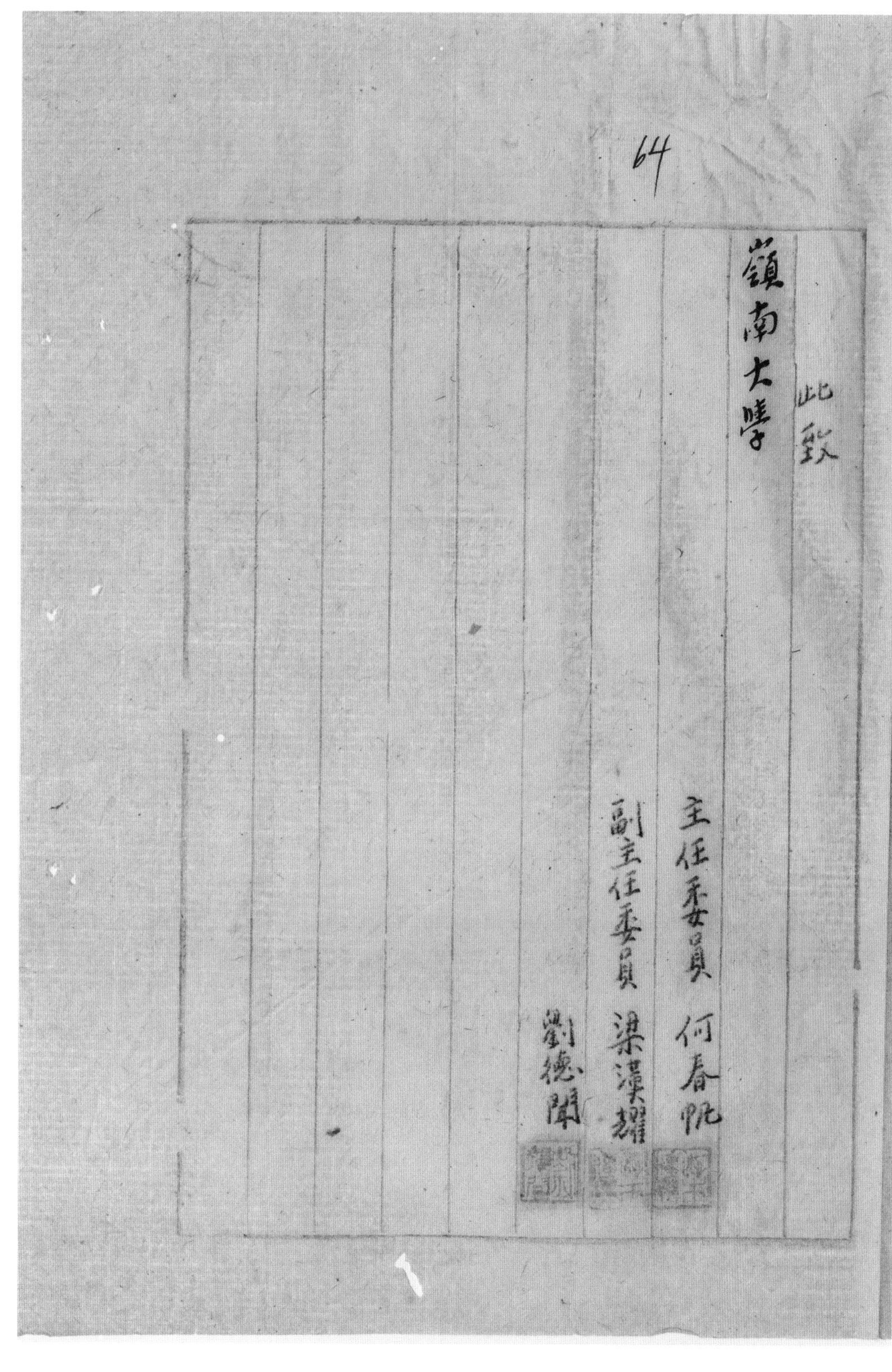
64
此致
嶺南大學
主任委員　何春帆
副主任委員　梁漢耀
劉德閑

私立岭南大学校长李应林关于请增派军训教官来校任教一事给广东省军管处的呈

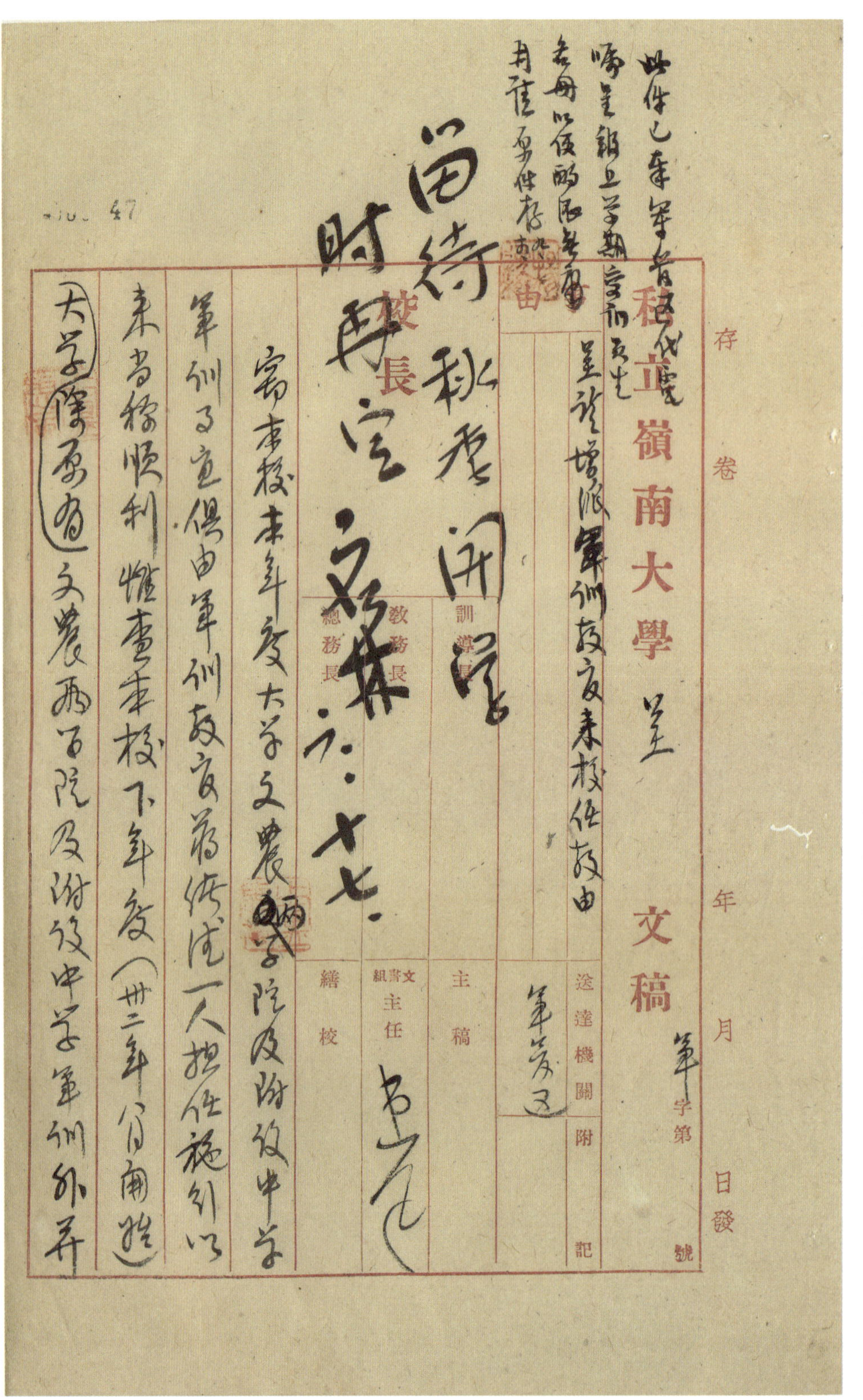

私立嶺南大學 呈 文稿

存卷 年 月 日發

字第 號

送達機關 附記

校長

總務長 教務長 訓導長

繕校 文書組主任 主稿

呈請增派軍訓教官來校任教由

竊本校本年度大學文農兩學院及附設中學

軍訓原定僅由軍訓教官葛俊述一人擔任總計以

來尚稱順利惟查本校下年度（卅二年度開始）

大學除原有文農兩學院及附設中學軍訓外并

48

增加理工醫兩學院全校學生合計壹千七八百人軍訓工作益加繁劇只有教官一人實難兼顧週全為此

擬請

鈞部迅予增派大學軍訓教官二員助教三員高中軍訓教官一員助教一員來校任教俾應需要而利進行理合備文呈請

鑒核是否有當仍候

批示祗遵

謹呈

廣東省軍管區司令部

（全銜）校長兼軍訓總隊長李應林

中華民國卅二年七月十七日擬稿第　頁

私立岭南大学校长李应林关于检送教职员待遇办法细则给云鹏的文

46

私立嶺南大學用箋

字 號

雲鵬同事兄：

本校自去年由港内遷備嘗艱苦校命得以繼續實因
台端不以待遇菲薄努力犧牲所致感激奚如下年度因生
活程度日高校董會詢於教職員待遇辦法略有增訂每月
除原薪及生活津貼及米津照本年度辦法外每月增送照
原薪百份之百作為戰時生活補助金（例如原薪弍佰元增送
弍百元）明知所增無多然當此國難時期本校經濟力量
有限尚希　共體時艱維繫嶺南壽命倘蒙
俯就請將聘約一份署名于一星期内賜還為幸

校長　李應林

卅二年六月廿六日

待遇細則照舊

中華民國　年　月　日　第　頁

校址：廣東曲江（粵漢鐵路仙人廟站）嶺大村　電報掛號：曲江【一五四五】

私立岭南大学农学院关于举行毕业典礼时间地址等情的通告

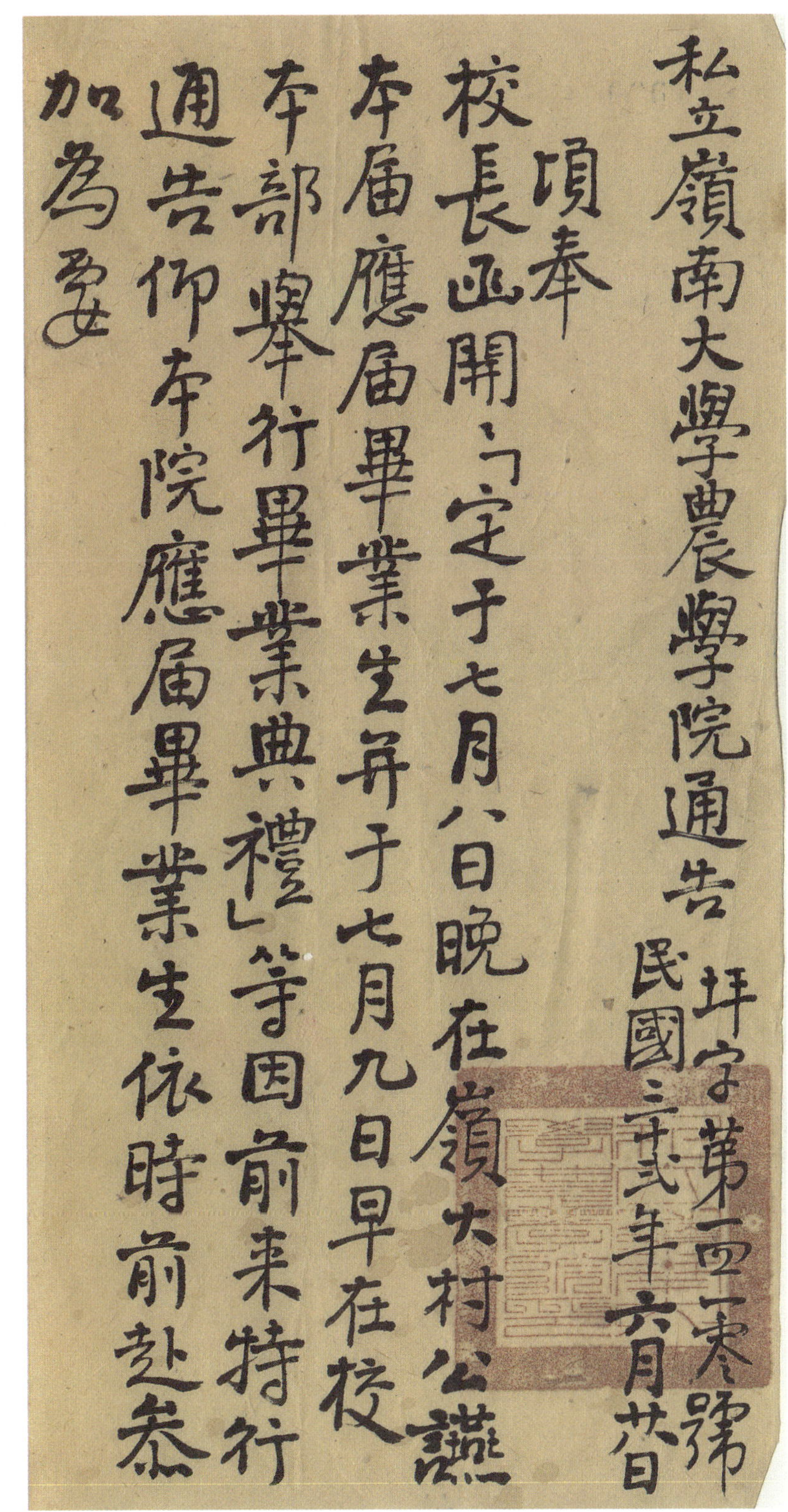
私立嶺南大學農學院通告　坪字第一四一零號

項奉

校長函開：「定于七月八日晚在嶺大村公讌本屆應屆畢業生并于七月九日早在校本部舉行畢業典禮」等因，前來，特行通告，仰本院應屆畢業生依時前赴參加為要。

民國三十弍年六月廿八日

26

右通告

陳國樑君 知
陳紹律君 知
閻大璋君 知
梁本安君 知
梁祖煌君 知
李遐偉君 知
何棣章君 知

李智常君 知
彭國珍君 知
蕭秉謙君 知
黃國熙君 知
唐鳳書君 知
余群就君 知

院長李沛文

私立岭南大学附设中学高中部普通科第十六届毕业生投考空军军官生成绩一览表

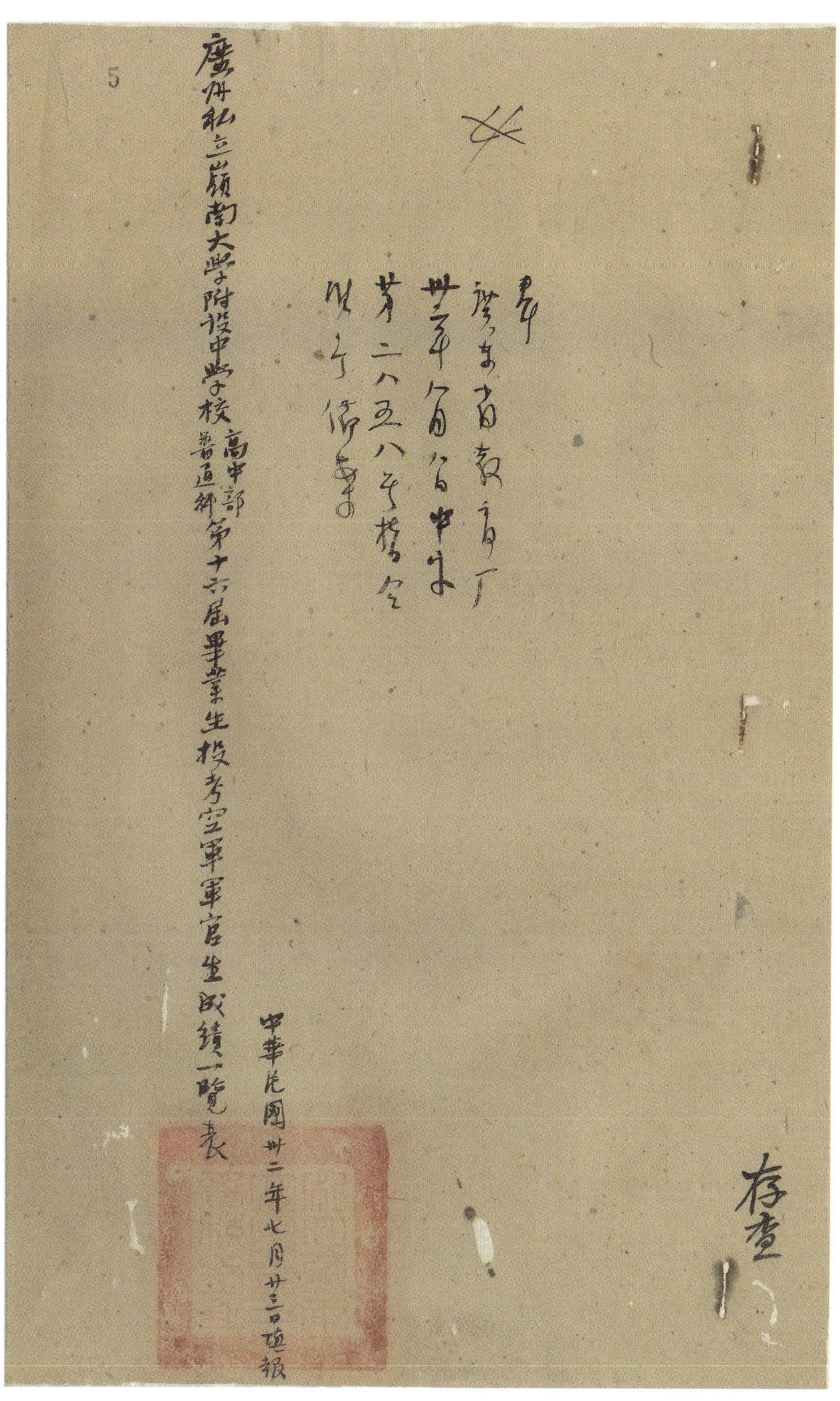

5

存查

奉
廣東省教育廳
卅二年八月八日中字
第二八五八三號指令
准予備案

廣州私立嶺南大學附設中學校高中部普通科第十六屆畢業生投考空軍軍官生成績一覽表

中華民國卅二年七月廿三日填報

廣州私立嶺南大學附設中學校高中部普通科十六屆畢業生畢業成績一覽表 卅二年七月填報

（此表適用於不參加畢業會考者於辦理畢業後一個月內呈由省教育廳呈教育部）

學號	017			028		
姓名	簡鴻鈞			李世富		
年齡	十九			十八		
性別	男			男		
籍貫	廣東南海			廣東新会		
入學年月	廿九年九月			廿九年九月		
畢業年月	卅二年七月			卅二年七月		
科目／成績	各學期平均成績	各科畢業考試成績	各科畢業成績	各學期平均成績	各科畢業考試成績	各科畢業成績
公民	75.5	85	81.2	71.4	65	67.6
軍訓	66.0	70	68.4	76.0	78	77.2
國文	74.3	70	71.7	71.9	70	70.8
英語	66.7	70	68.7	60.6	65	63.2
算學	65.2	65	65.1	86.1	96	92.0
生物	65.0	63	63.8	92.0	90	90.8
礦物	78.9	80	79.6	85.7	85	85.3
化學	61.6	94	81.1	71.9	92	84.0
物理	74.3	95	86.7	83.8	88	86.3
歷史	71.4	72	71.8	73.9	68	70.4
地理	76.7	62	67.9	78.0	85	82.2
勞作	82.0	80	80.8	85.0	80	82.0
圖畫	83.3	75	78.3	82.0	85	83.8
音樂	71.5	85	79.6	73.0	80	77.2
各科畢業成績總數	1044.7			1112.8		
畢業成績平均	74.62			79.48		
操行成績	乙			乙		
體育成績	84.8			75.0		
備註						

7

說明

一、籍貫須註明省市縣名称 二、各科成績一欄各按照科目依次排列增加格數 三、本表國立中等學校應呈報教育部同時并造送所在地教育行機關 四、此表省校應造二份縣市私立學校應造三份二份呈廳存轉一份存縣市轉

040			025		
莫英琪			李富錦		
十九			二十		
男			男		
廣東中山			廣東台山		
卅一年九月			卅九年九月		
卅二年七月			卅二年七月		
各科畢業成績	各科畢業考試成績	各學期成績平均	各科畢業成績	各科畢業考試成績	各學期成績平均
92.5	100	81.3	84.2	90	75.5
79.2	80	78.0	76.4	80	71.0
89.8	88	92.6	75.4	75	76.1
82.8	85	79.6	78.0	83	70.5
76.5	75	78.8	79.4	81	77.1
90.8	90	92.0	90.8	90	92.0
85.8	86	85.6	84.0	85	82.5
96.8	96	98.0	86.6	95	74.0
84.1	85	82.7	81.9	88	72.8
80.6	72	93.6	75.2	70	83.0
82.4	75	93.6	81.9	80	84.7
80.8	80	82.0	83.2	82	85.0
78.9	78	80.2	74.9	75	74.8
85.2	85	85.4	88.0	90	85.0
1186.2			1139.9		
84.73			81.42		
乙			丙		
81.0			87.5		

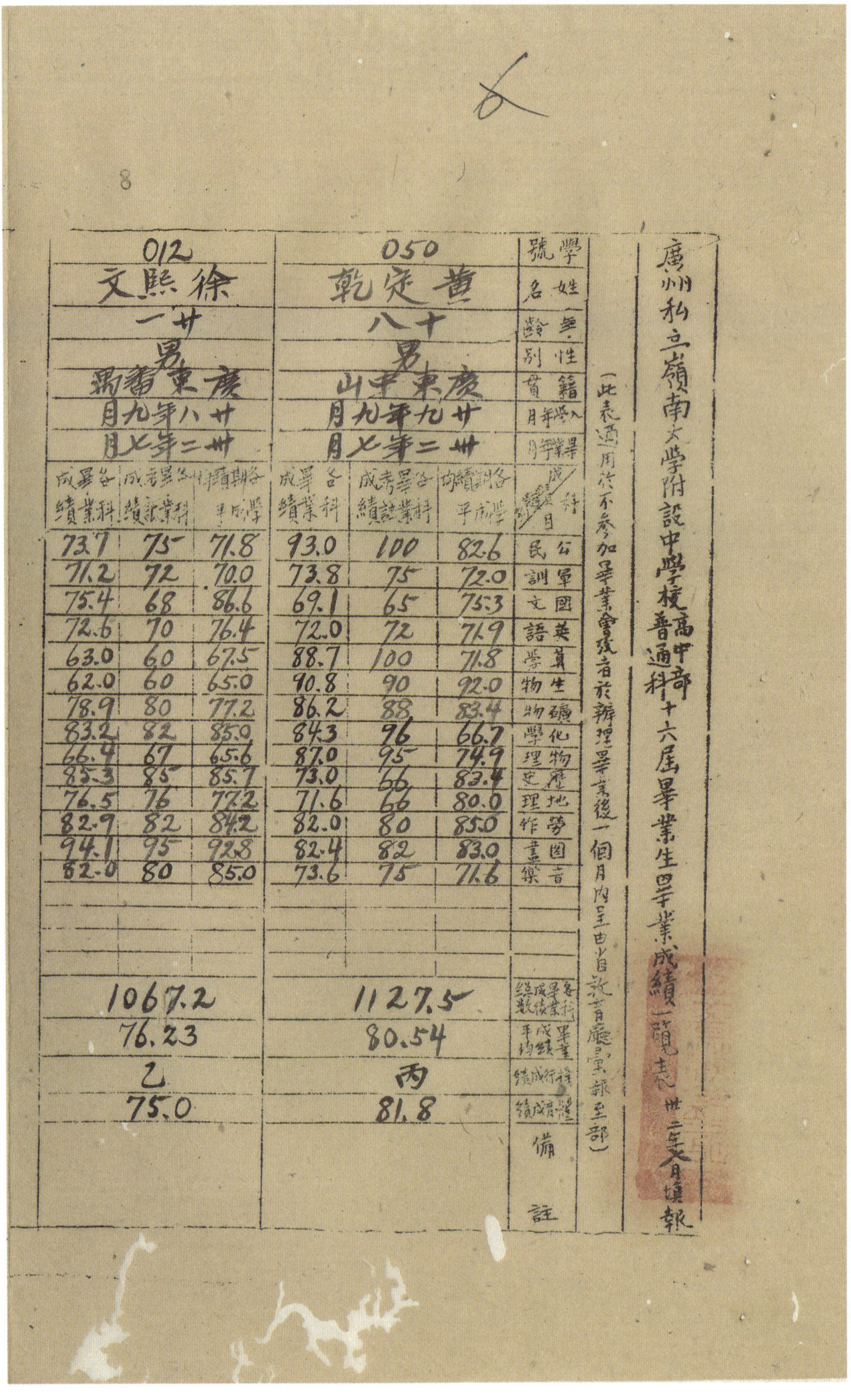

廣州私立嶺南大學附設中學校高中部普通科十六屆畢業生畢業成績一覽表　卅二年七月填報

（此表適用於不參加畢業會考者於辦理畢業後一個月內呈由省教育廳彙報至部）

學號	050			012		
姓名	黃定乾			徐熙文		
年齡	十八			廿一		
性別	男			男		
籍貫	廣東中山			廣東番禺		
入學年月	廿九年九月			廿八年九月		
畢業年月	卅二年七月			卅二年七月		
科目＼成績	各科畢業成績	各科畢業考試成績	各學期成績平均	各科畢業成績	各科畢業考試成績	各學期成績平均
公民	93.0	100	82.6	73.7	75	71.8
軍訓	73.8	75	72.0	71.2	72	70.0
國文	69.1	65	75.3	75.4	68	86.6
英語	72.0	72	71.9	72.6	70	76.4
算學	88.7	100	71.8	63.0	60	67.5
生物	90.8	90	92.0	62.0	60	65.0
礦物	86.2	88	83.4	78.9	80	77.2
化學	84.3	96	66.7	83.2	82	85.0
物理	87.0	95	74.9	66.4	67	65.6
歷史	73.0	66	83.4	85.3	85	85.7
地理	71.6	66	80.0	76.5	76	77.2
勞作	82.0	80	85.0	82.9	82	84.2
圖畫	82.4	82	83.0	94.1	95	92.8
音樂	73.6	75	71.6	82.0	80	85.0
各科畢業成績總數	1127.5			1067.2		
畢業成績平均	80.54			76.23		
操行成績	丙			乙		
體育成績	81.8			75.0		
備註						

9

說明

一、籍貫須註明省市縣名称 二、各科成績一欄各校按照科目依次排列增加格數 三、本表國立中等學校應呈報教育部同時并造送所在地教育行機關 四、此表省校應造二份縣市公私立學校應造三份二份呈廳存轉一份存縣市轉

018

高仲釗

十九

男

廣東澄海

廿九年九月

卅二年七月

各科畢業成績	各科畢業考試成績	各學期成績平均
78.8	70	67.0
71.2	72	70.0
74.3	75	73.2
64.3	65	63.2
80.2	85	73.1
80.8	80	82.0
86.0	85	87.4
76.6	84	65.6
88.0	96	75.9
79.2	75	85.5
71.1	68	75.7
81.6	80	84.0
90.7	90	91.8
77.8	78	77.6

1100.6

78.61

乙

80.5

(十二)

私立岭南大学一九四二年度财政报告

私立嶺南大學民國卅一年度財政報告

由民國卅一年二月至卅二年七月卅一日止　（國幣計算）

(一) 收入欄	
I 廣東省政府補助費	147,498.00
II 教育部補助費	267,605.78
III 中國茶葉公司補助費	100,550.00
IV 財政部補助費	150,000.00
V 學費	262,933.50
VI 捐款	269,928.00
VII 美基會	1,316,838.41
VIII 中國文化研究室	20,000.00
IX 中基會	60,000.00
X 雜項	78,437.57
XI 臨時費	
A. 美國援華會	318,200.00
B. 教育部	250,000.00
C. 僑務委員會	59,801.90
D. 美基會	210,000.00
E. 美國顧問委員會（重慶）	300,000.00
F. 英援華會	396,686.44
民國卅一年度合計收入	$4,208,479.60

(二) 支出欄		
I 校本部		562,638.51
A. 薪金津貼	192,910.85	
B. 辦公費	116,294.40	
C. 設備費	50,600.40	
D. 特別費	202,832.86	
II 文學院		164,736.90
III 理工學院		58,698.35
IV 農學院（詳細另報）		569,969.39
V 医學院		300,892.76
VI 附設中學		144,062.09
VII 臨時費		2,078,430.35
A. 內遷設校籌備費	37,615.59	
B. 校舍建築費	1,498,563.02	
C. 教職員救濟	85,546.00	
D. 圖書儀器標本及傢私	260,266.91	
E. 農學院卅年度維持費	90,201.60	
F. 清远港幣欠薪	106,238.23	
民國卅一學年度合計支出		3,879,428.35
民國卅一學年度收支比對結存		329,051.25
		$4,208,479.60

會計主任　劉居樸　卅二、八、一、

三十二年度 上學期 嶺南大學學生選課表 號數 65

姓名	Name	男，女

注意：每項俱須填寫清楚	科目號碼	組	教授	學分
學院 農	農學一甲		[illegible]	2
年級 一	農藝三甲		[illegible]	1
學系 園藝	生物四甲		容啓東	3
主修	生物六甲		[illegible]	2
請用∨符號表示學籍：	化學一甲		[illegible]	4
新生 舊生 復學生	國文一甲		[illegible]	3
正式生 借讀生 特別生	英文一甲		[illegible]	4
	倫理一甲		[illegible]	1
			總共	

三十二年 九 月 十五 日　選課顧問　註冊主任

(1000-2-43)

私立岭南大学农学院一九四三年度上学期学生选课表

私立岭南大学农学院教职员学生请领国民兵身份证名册

私立嶺南大學農學院教職員學生請領國民兵身份證名冊

留本院存查

华农
No 42P

私立嶺南大學農學院員生請領國民兵身份証冊

姓名	年齡	籍貫	科系及年級	証件及號數	備考
陳培松	二一	廣東南海	畜牧獸醫一年級	僑校員生回國証明書回字第玖壹號乙件	
羅冠華	二〇	廣東番禺	園藝系一年級	檢疫通過証第叁捌玖號乙件（雲陽丸）	
劉慶陞	二三	廣東番禺	畜牧獸医一年級	華南中學畢業証明書乙件	
陳澤光	二二	廣東南海	農藝系一年級	廣東僑務處僑生証明書書字第壹零玖叁號壹件	
陳德權	二〇	廣東新會	農藝系一年級	離港証明書第弍四〇叁號壹件	

3

姓名	年齡	籍貫	系別年級	證件
鄭時羣	二〇	廣東汕頭	農藝系一年級	無
梁子超	二一	廣東新會	農藝系一年級	無
葉惠恆	二一	廣東台山	畜牧獸医一年級	廣東僑務處僑生証明書生字第弍零陸伍號乙件
潘壽城	二〇	廣東南海	農藝系一年級	三青團駐港籌備處証明書韶總字第壹號壹件
梁冠羣	二〇	廣東信宜	園藝系一年級	無
林健滋	二一	廣東新會	農藝系一年級	無
陳作溥	二一	廣東南海	園藝系一年級	事業輔導會歸僑証荒字第四壹號壹件

李啟基	二三	廣東新會	農學院農藝系一年級	澳門返國升學證明書乙件（註名循私立廣州培正中學校學生身份証明書）
黃偉勝	三六	湖南臨湘	教授	清遠縣清遠鎮公所證明書清字第陸叁陸號壹件
甘尚權	二三	廣東信宜	畜牧獸医系二年級	無

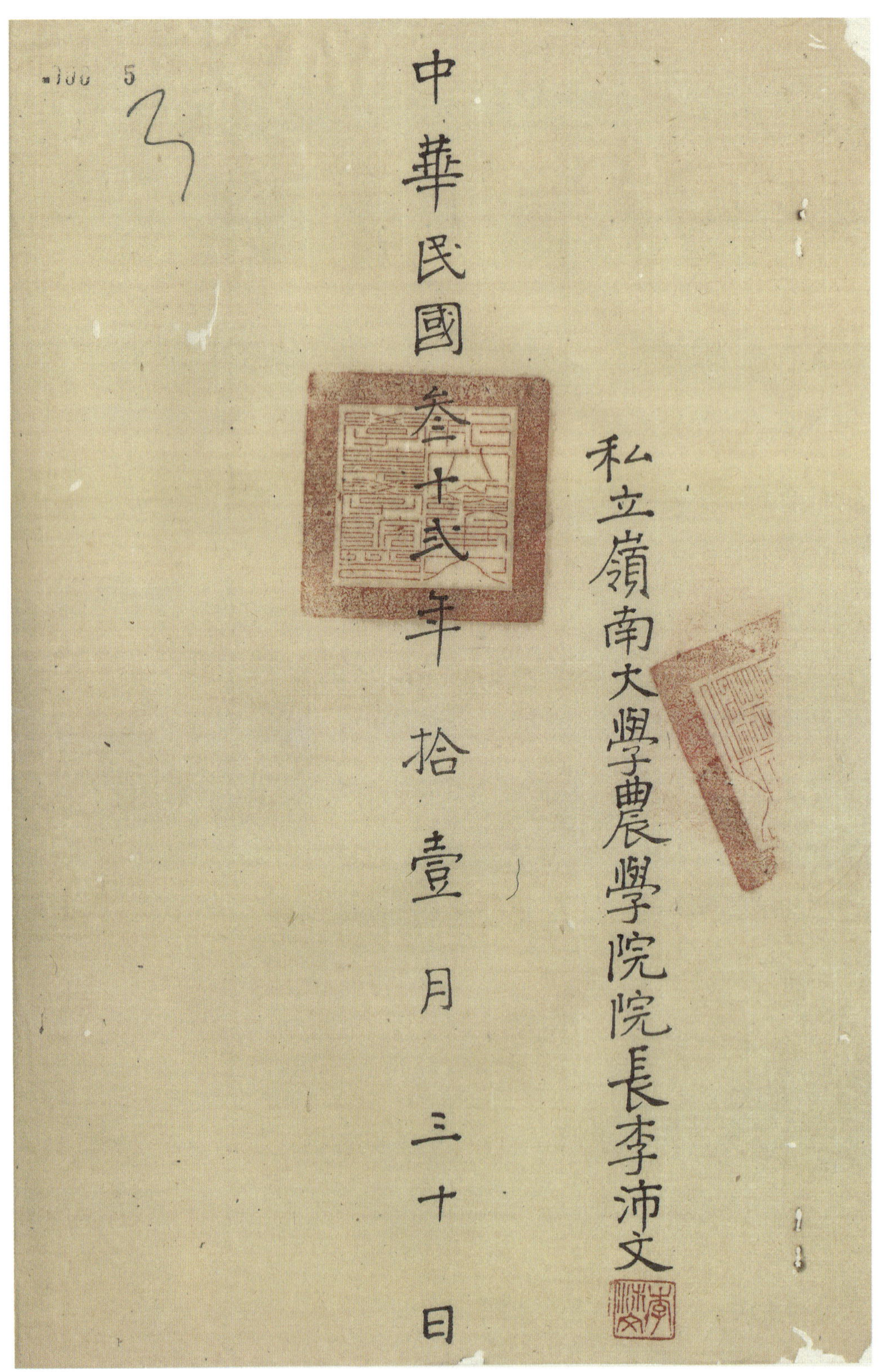

私立嶺南大學農學院院長李沛文

中華民國叁十弍年拾壹月三十日

私立岭南大学农学院畜牧兽医学会关于募集印刊经费举行音乐演奏会一事给该院李沛文院长的呈

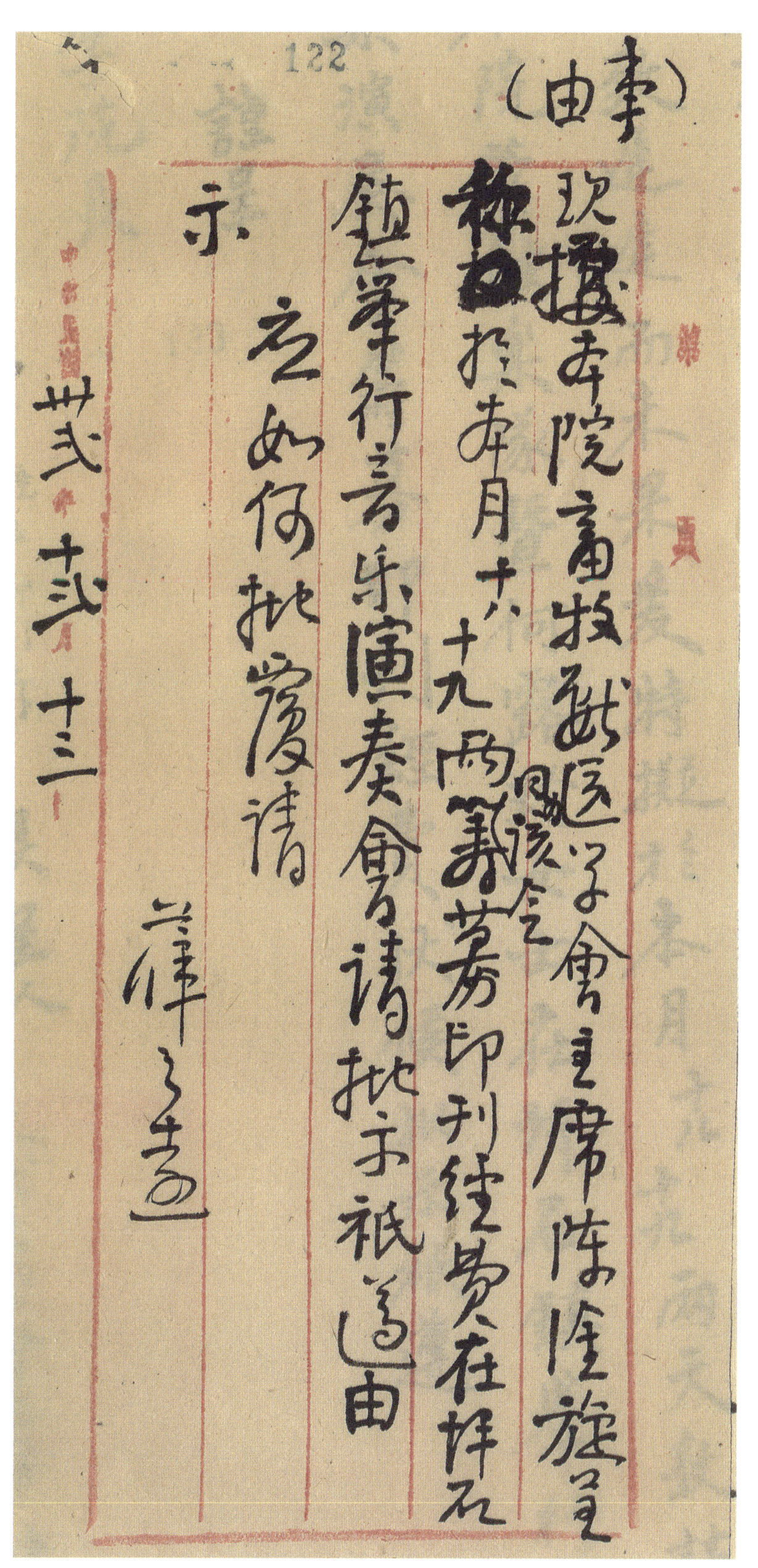

（事由）

窃据本院畜牧兽医学会主席陈隆旋呈称该会於本月十六、十九两晚为募印刊经费在怀士堂举行音乐演奏会请批示祇遵由

应如何批复请

示

[illegible] 呈

卅贰年十贰月十三

呈為呈請核審事竊自本會成立以還無時不在策劃印行「畜牧獸医年刊」中然苦於費用之浩大遂致遲遲而未果爰特擬於本月十八十九兩天敦請本院管絃樂隊暨何露玲女士在坪石鎮舉行音樂演奏會籌募印刊經費伏候批示祇遵

謹呈

李院長

具呈人

畜牧獸医學會主席 陳淦旋

卅二年十二月八日

該學會之音樂演奏會既為印行學術刊物籌款（[illegible]）之學生可以准予照辦惟查本校校務會議對於演劇因同款性質之入場券禁止向校內推銷該劇券不得派銷[illegible]

十二、十四

私立嶺南大學農學院
院址：粵北坪石
電報掛號：一五四五

私立岭南大学校董会人选的英文函

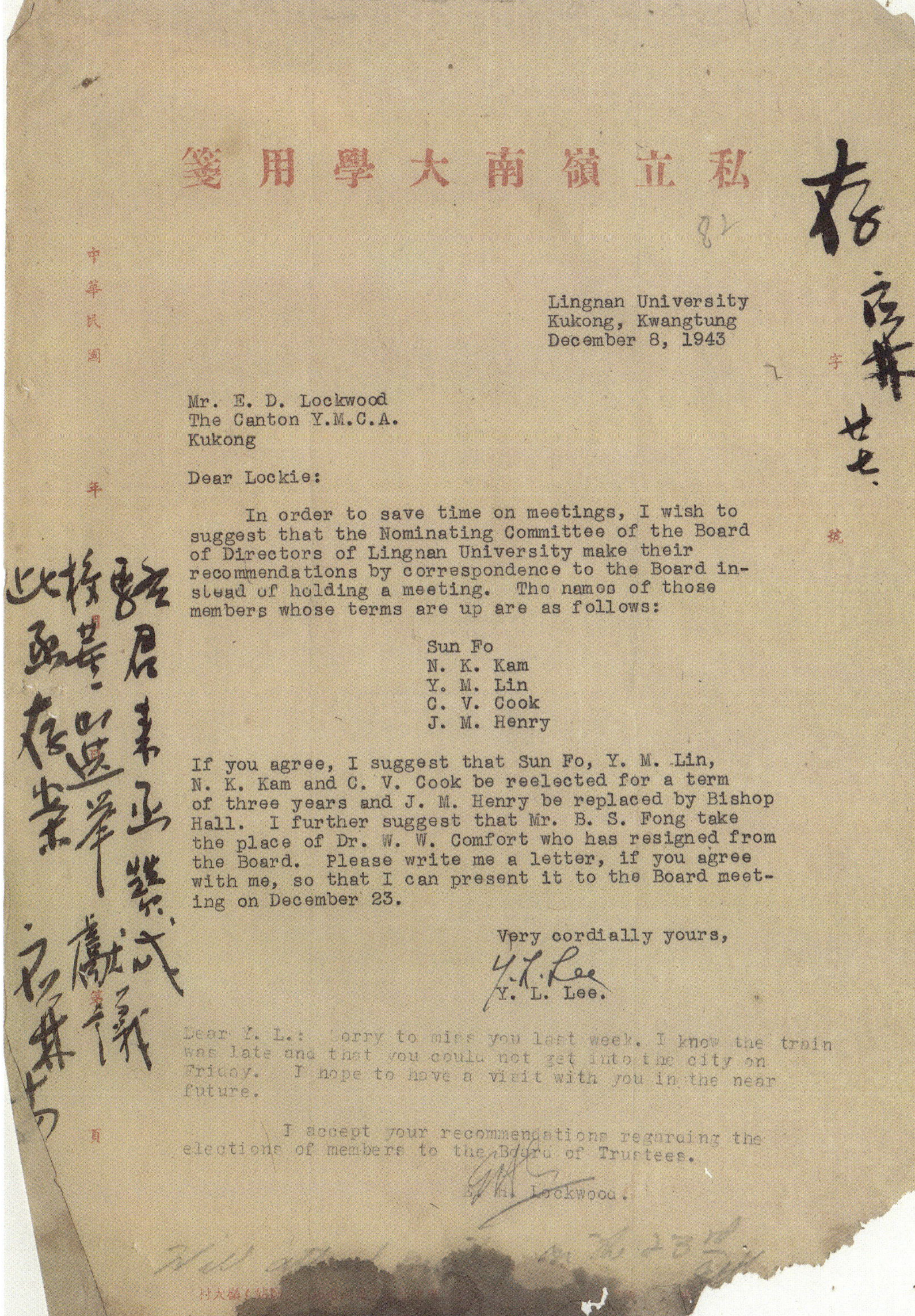

私立嶺南大學用箋

Lingnan University
Kukong, Kwangtung
December 8, 1943

Mr. E. D. Lockwood
The Canton Y.M.C.A.
Kukong

Dear Lockie:

In order to save time on meetings, I wish to suggest that the Nominating Committee of the Board of Directors of Lingnan University make their recommendations by correspondence to the Board instead of holding a meeting. The names of those members whose terms are up are as follows:

Sun Fo
N. K. Kam
Y. M. Lin
C. V. Cook
J. M. Henry

If you agree, I suggest that Sun Fo, Y. M. Lin, N. K. Kam and C. V. Cook be reelected for a term of three years and J. M. Henry be replaced by Bishop Hall. I further suggest that Mr. B. S. Fong take the place of Dr. W. W. Comfort who has resigned from the Board. Please write me a letter, if you agree with me, so that I can present it to the Board meeting on December 23.

Very cordially yours,

Y. L. Lee.

Dear Y. L.: Sorry to miss you last week. I know the train was late and that you could not get into the city on Friday. I hope to have a visit with you in the near future.

I accept your recommendations regarding the elections of members to the Board of Trustees.

E. H. Lockwood.

私立岭南大学一九四三年第一次校务会议记录及第二次校务会议程序

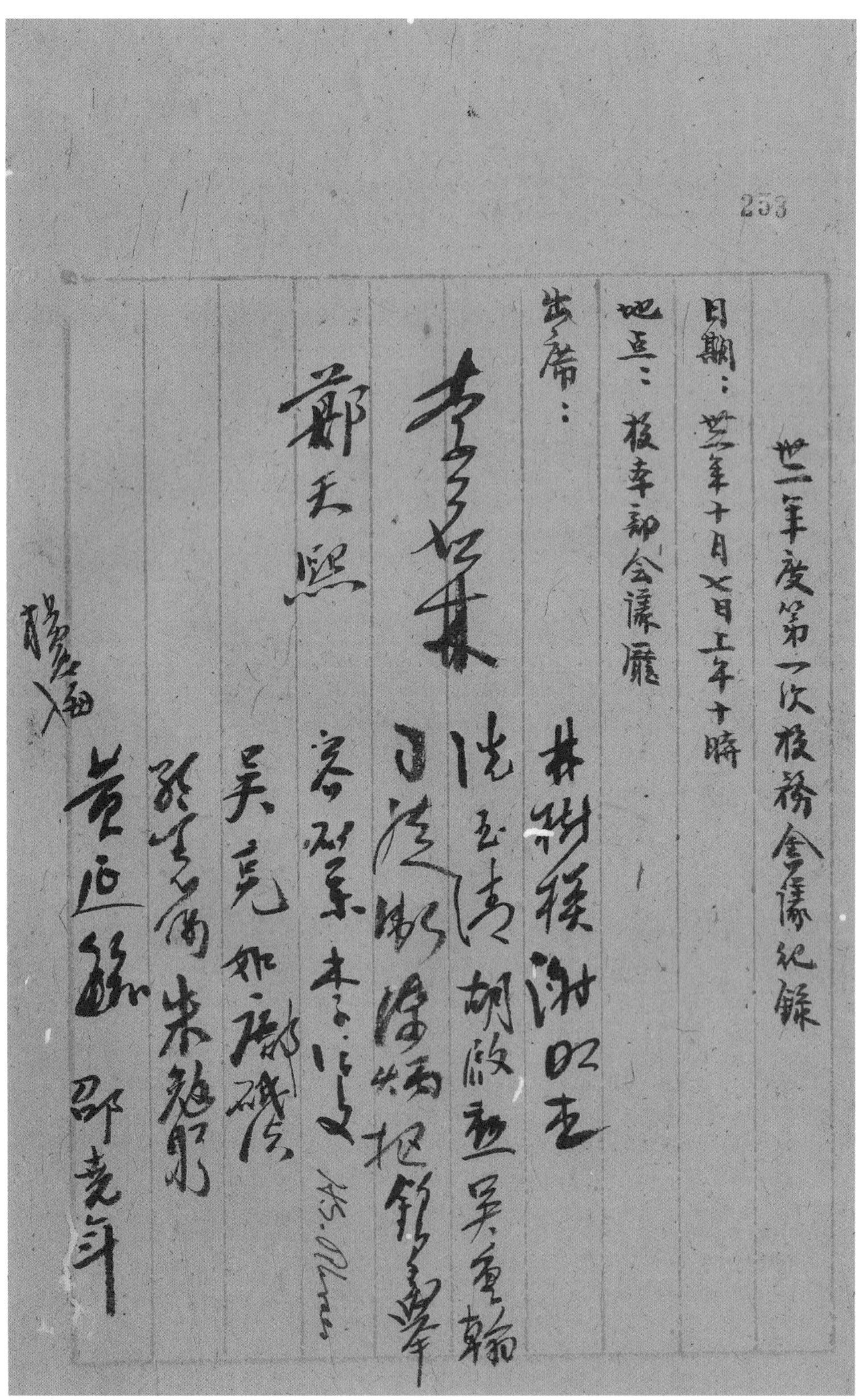

253

卅二年度第一次校務會議紀錄

日期：卅二年十月七日上午十時

地點：校本部會議廳

出席：

李應林

鄭天熙

林樹模 謝昭杰

陳玉清 胡啟勳 吳重翰

[illegible] [illegible]

容[illegible] 李[illegible] H.S. Rhoads

吳克[illegible] [illegible]

[illegible] 朱[illegible]

黃延毓 邵堯年

[illegible]

主席：李應林　　紀錄：楊元梅

報告事項

（一）宣讀（書記）卅年度第三次校務會議紀錄衆認可

（二）李校長報告：

甲、本校卅一年度八月以前收到各方捐款如下

(1) 美援華會捐建築費陸拾萬元正

(2) 美援華會捐補助醫學院復課開辦費陸拾萬元正

(3) 美援華會捐附中補助費貳萬元正

(4) 英大使館捐本校經費五萬四千元正

(5) 英大使館捐女生宿舍建築費不敷數叁萬捌千叁百陸拾元之建築費指定

指定華幣八千七百二十元正

255

(6) 附中女生筹建宿舍并仍捐得壹拾陆萬元已收之款叁萬五千元正

(7) 捐書運動韓二於交來六千陸千[illegible]元正附中交來壹千陸百元正

(8) 陳学俊捐本年度之獎金壹拾萬元正

(9) 待冊因之無捐廿四史一部已到待冊俟運來交學校內各方借書已借得市有吳經熊先生於金融學書籍全部書籍數冊馮世安先生允借治医學書籍一批在接洽中

(10) 本校卅三年度預算
經常費照文方面
教育部補助壹拾捌萬元
廣東省政府存壹拾萬元

256

財政部 壹拾萬元

英援華会 壹拾貳萬元

美援華会及美基金会 壹拾捌萬元

中基会 陸萬元

中華公司(代偽和韩公司) 伍拾萬元(以上較有把握)

~~[illegible]何現時尚難確定~~

英援華会叁萬元

個人捐助貳拾貳萬元

政府補助外匯六十五萬元(成表如何尚難確定)

收支此數不敷約九十萬元

七、A、B、C、C、C、委迁巾山案

八、各委员会名单

十、陈之陶教授本学期赴中正医学院上课，下学期回校

二、教务长报告

一、教职员进退 计教授辞职者八人 新聘者九人 另兼任者三人

职员辞职者六人 新聘者五人

外国教授返校及新聘者六人 另聘者完全停教

二、本年度招生情形 计分曲江、坪石、桂林三区招生 报名者二一

四二人 到考一七二四人 取录正取生一百二三人 备取生九十八人 新生

四年一二四人

258

七、本校现有学生　文学院二七八人　理工学院五十四人　农学院一二七人　医学院一〇五人　附中二百四十人

八、港大学生之在本校肄业　医学院三一人（附中亦通）文学院七人

[illegible]、毕业竞试奉教部令饬办理已分别通知各系主任遵照

[illegible]、理工学院四年级学生依原中大传统五年毕业已得中大同意并呈教部备案

[illegible]、教授奖助金已接准核拨获奖未能领取但经请部查照本学陆钟孔宪傅之四人

九、教授研助金管理委员会本年度已分配比率备用金之支

259

暂时停开会等候之

六、本市职业学会指定第八届留英公费生的介绍职业学生应考

三、训导长报告

八、新生训练情形：共收大学部学生一二四人，先修班者一〇六人，逐期受训，作来到课时按训练者，新训班于先修

七、赴韶出席训导会议，该会定于七月一日起举开会三天，议决各案已送教部

九、学生贷金办理情形：上学期（系按第一）贷金已清发，第二学期本部令因未接由读书未能核定本学期起新请各费办法原有

260

貸金生發至畢業為止

四、總務長報告

一、卅年度財政收支狀況

一、本期內建築情形計新建宿舍三座實驗室一座住宅一座共用建築費四十四萬餘元附中建宿舍一座課室一座建設費共用去十九萬餘元之農院建築費八萬元已經去會用

二、李福林港僑款大部份已到惠州日間可撥給

三、工讀委員會除學生讀捐款撥發之外另自籌五萬元之四千元

仍人數比例分現有勞作課應李子房大村區辦事陳瑞勳而陳有退

韓子房大村史請學生已審核之該

261

五、李院長報告

一、與嶺南公司之保證及計劃，由[illegible]局出[illegible]廣[illegible]業[illegible]會及本校合作辦理[illegible]場、畜牧繁殖場及園藝種子繁殖場，明年假本校農田舉辦，開辦大規模林場，種植草木，公司之贏利以百分之四十給

二、[illegible]農業教育[illegible]

三、教職員之進退，辭職者九人，新聘者七人，尚有一二人未到

四、本學期學生報到一二六人，內新生二十七人，其中[illegible]

五、本學期科目共開四十二科

六、新生訓練照校本部程序辦理，本期[illegible]日新生全體出席

七、農院新建宿舍二座，[illegible]已完妥

263

六、会计及财政报告

卅三年八九两月收支概况之计：计有收入八四三、四八四、六二元

支出三四八、五二五、七〇元　收付后存四九四、九五八、九二元

九月份收入九九九、五三一、七二元　支出三二二、三九八、七七元

收付后存六七七、一三二、九五元

七、附中主任报告

一、学生二七八人　退学二人　实二七六人　内女生七十四人

二、教职员辞职及改就大学职者共三人　新聘者六人

三、上年度毕业学生初中三十二人　高中五十六人

四、本年度高初中现有高一两班　高二两班　高三一班

丙、今年新生入学试由政府统考进行尚顺利计投考者五百人取录一七〇人其中旧生八十人新生九十人

丁、本学期拟扩大图书馆增设课室添备仪器

戊、女生自动筹建宿舍一座共捐得十六万元已收到者八万元

讨论事项

一、战时损失及复员需要如何拟造报告案

议决：由[illegible]教务部、总务部派林树模、谢以[illegible]、杨[illegible]、[illegible]现、姜[illegible]等部

推选组委员谢[illegible]、孔宪保、李沛文、黄延毓、司徒卫、林树模七人

送该委员会研究之通过

二、征调各学生充当通译员案

265

議決：公佈招考通過

三、本校學生青年會募捐案

議決：照案通過

四、選舉本年度幹事委員案

議決：照上屆先年選任通過　即　林樹模、朱勉邦、謝昭杰、
黃延毓、司徒衛、李維文

臨時主席[illegible]

一、由學院借黃調鐘[illegible]案

議決：推謝少卿、黃延毓、宋賢新、李維文、林樹模分配以謝昭杰

由全體人通過

五、散會

主席
书记

262

卅一年度第二次校務会议程序

(一) 宣讀上次会议紀錄

(二) 報告事項

校長報告

a、外巡經過實況

b、增設學系問題

c、到校訪問名人

d、英援華会捐款

e、藥物

f、芳衛臺教授來此

①、

②、

g、其他

教務長報告

a、學生人數

b、教職員進退

c、醫學院三、四、五年級遷出河西醫院經過情形

d、校本部負責人進退

總務長報告

a、購來經過

b、儀器保管

c、第四次運出儀器

d、教職員福利合作社

訓導長報告

李院長報告

a、大禮嶺農場合約

b、其他

附中主任報告

會計課主任報告

a、上學期財政報告

b、上學年財政收支審核經過

(三) 討論事項

a、招生問題

b、下學年度學校預算

c、其他

①、

②、

私立岭南大学农学院一九四三年度第一学期开设科目

144

卅二年度第一学期開設科目

(一)共四十三科

農藝　十二科

園藝　六科

畜牧　六科

生物　五科

化學　兩科

經濟　兩科

國文　兩科

英文　兩科

工學

倫理

政治

軍訓

救護

體育

各一科

私立岭南大学一九四三年度第二学期录取新生统计表

卅二年度第二學期取錄新生

正取生

報名號數	學生證號數	姓名	性別	年齡	籍貫	學歷	院	系	補修科目
曲111	甲65	林菁娥	女	21	台山	真光中學畢業	文	中	Eng.AB His.Sab
曲165	甲102	趙子田	男	22	新会	培正中學畢業	文	政	Eng.AB His.Sab
曲87	特8	陳宝玲	女	22	東莞	中大師范二年	文	社	Eng B
曲4	乙1	陳佳蘭	女	21	潮陽	嶺光中學畢業	理工	化	Chi.B His.Sab
曲20	乙3	翁堯光	男	21	順德	培英中學畢業	理工	土	Eng.AB Math.L
曲49	乙13	陳文宗	男	19	南海	國立僑三畢業	理工	土	Chi.B, Eng.B Math.L
曲94	乙17	鄭紹堂	男	19	中山	培正畢業	理工	土	Chi.B Eng.B Math.L
曲96	乙18	梁蘄美	男	19	南海	培正高三肄業	理工	土	Chi.AB, Math.B 補繳証件

40

備取生

曲	甲/丙	姓名	性別	年齡	籍貫	學歷	院	系	成績
曲153	丙27	李鑄山	男	22	從化	從三中學畢業	農	農園	Chi.B Eng.AB
曲171	丙30	凌巧賢	女	19	番禺	培道女中畢業	農	農	Eng.B
曲185	甲109	林日華	男	17	廣西 陸川	桂林中學畢業	文	中	Chi.B Eng.AB His.8ab
曲131	甲80	陳典書	男	21	揭陽	汕頭華僑中學畢業	文	經	chi.AB His.9ab
曲8	甲4	張冠林	男	23	茂名	高州中學畢業	文	經	chi.B, Eng.B Math.B His.9ab
曲32	甲9	潘蕙芳	女	20	南海	香港聖心女校畢業	文	英	chi.B His.9ab His.8ab
曲140	甲87	張健民	男	18	開平	基聯中學高二肄業	文	政	chi.AB Eng.AB His.8ab His.9ab（報名時未繳證件）
曲71	甲41	楊春廷	男	21	中山	教忠中學畢業	文	經	Chi.AB Eng.B His.9ab
曲119	甲71	謝楠桂	男	19	信宜	粵華中學畢業	文	英	His.8ab
曲39	28	朱鈞翰	男	21	台山	台山縣立中學畢業	理工	化	Eng.B Math.BL His.9ab

41

特別生

編號	號	姓名	性別	年齡	籍貫	學歷	院	系	科目
曲46	乙12	張丙元	男	22	興寧	興寧縣立一中學畢業	理工	土	Chi.AB Eng.AB Math.L
曲103	丙17	馬玉簪	女	21	台山	協和女中畢業	農	農[illegible]	Eng.AB
曲85	丙14	曾勝銓	男	22	五華	華仁書院肄業	農	農	Chi.B
曲77	甲44	陳宝瓔	女	21	台山	Sacred Heart School, Macao	文	美	Chi.A His.9ab His.8ab
曲26	乙24	何雅達	男	22	順德	省立粵華中學	理	生	Eng.AB Math.L His.9ab
曲28	甲17	潘如容	女	21	開平	安息日會學校	商		Chi.B Eng.B Math.B His.9ab
曲11	乙2	蕭其燊	男	24	順德	香港指華書院 中大先修班	理工	化	Chi.AB Eng.B His.9ab Math.BL

（看後頁）

補繳證件

卅二上 鄭鎮武 顏163 甲27 chi. B Eng. AB , His. 8ab

卅六下 沈德明 坪322 Eng. AB, His. 8ab, His. 9ab

潘幼容 西28 甲17 Chi. B, Eng. B, Math. B, His. 9ab, ~~8ab~~

何甜達 西26 乙4 Eng. AB, Math. L , His. 9ab.

~~梁精志 西62 丙10 chi. B , Math. B , His. 9ab,~~

曾其芳 西11 乙2 chi AB, Eng. B His. 9ab, Math. BL

陳宝碧 西77 甲44 Chi. A, His 9ab, 8ab

卅上 林绍贤 校1050 chi. B, Eng. B , His. 9ab

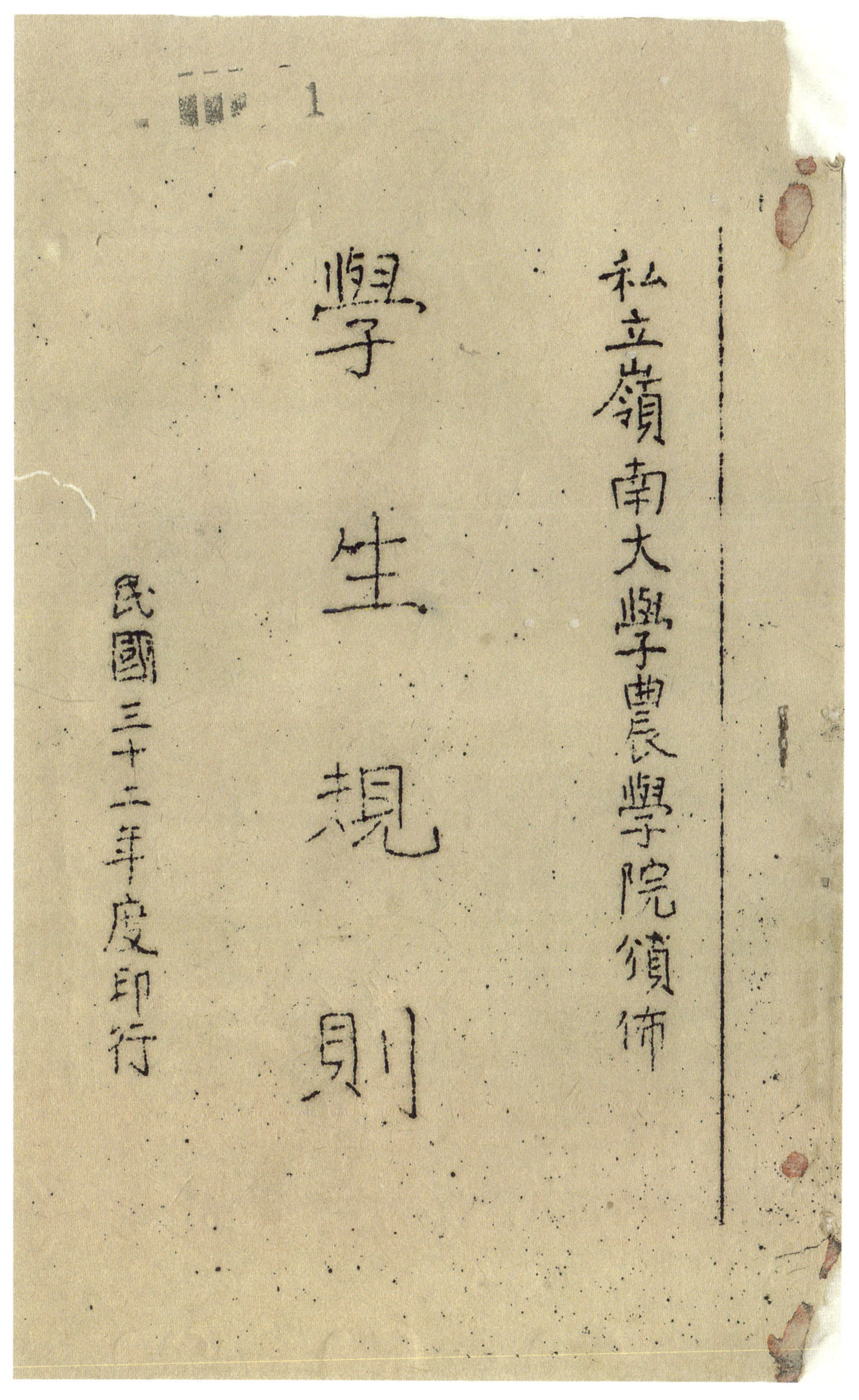

1

私立嶺南大學農學院頒佈

學生規則

民國三十二年度印行

私立嶺南大學農學院學生規則（坪石專用）

第一章　通則

（一）學生當敦品勵行，尊師敬友，恪守校規，值此國難時期，尤當淬厲奮發，自重行檢，己立立人。

（二）學生如有品行不端或違犯院規者，即由訓導分處分別勸導，警告，記過或提交訓導委員會核准，着令停學，退學或開除學籍。並由註冊分組將該生犯規事實登記于其成績記錄表及家庭報告表。

（三）賭博酗酒及不健全的娛樂遊戲，應知力誡，如有犯者，查出從嚴懲戒。

3

(四)學生考試舞弊，由該科教員報告訓導分處，分别情節輕重，予以懲戒或提交訓導委員會着令停學或予以其他處分。

(五)學生每學期須受体格檢驗一次。

(六)學生須參加大學週及其他集會之經學校佈告必須出席者，除事先以書面陳明充分理由(如合法證明之惡病，及請假邀准者)取得訓導分處之核准外，概不得缺席。每學期內如缺席超過兩次時，每次應記小過一次，小過三次作大過一次計。

(七)除本規則外所有本院所須佈之規則，學生均應遵守。

第二章 缺課及請假規則

(一)學生不上課，無論曾經請假與否，均由教員報告訓導分處核辦。

(二)上課遲到十分鐘者以缺課論。

(三)學生因病不能上課者，須得校醫書面之證明（校外醫生證明書須得校醫之加認方為有効）送交訓導分處核准，方給病假，並須于病癒後三日內向訓導分處領取假單，逾期不准補假。

(四)學生因親屬喪病，或代表學校公幹，或其他要事而有充分證明者，應于事前邀得訓導分處之核准，方得請假離校。

(五)學生因請假不上課者，其次數如達該生每週上課次數之四倍時，即須停讀本學期所修學科之一半。至何者應輟，何者應讀，仍須得導師及註冊分組之同意。其次數如達每週上課次數之五倍時，本學期即須停學。

(六)學生未得訓導分處之准假而不上課者，謂之缺課。每學期每科其缺課次數，如超過該科每週授課次數之二倍時，不准參與該科學期考試。該科成績作不合格論，積點作零算。

(七)學生如因請假及缺課，以致其缺堂次數達到上列第五項所限之倍數時，即須依照該項所訂輟讀及停學辦法辦理。(未請假之缺

堂作請假缺堂之兩倍計）

（八）學生因病不能應學期攷試者，須得校医之書面証明，先期交與院長核准，始得補考。

（九）學生因要事，在學期考試期間請假者，須經院長先期之書面核准，始得補考。

第三章 學生團體與集會規則

（一）學生團体之設立及其會章之訂立與修改，先經訓導委員會核准，方生効力。

（二）農學會有關於全院學生全体之議決案及各學生團体超過一千元之預算，須呈院長核准，始得公佈，公佈後，始生効力。

（三）學生團体，每學期須將當選職員及顧問姓名分別呈報院長及訓導分處。

(四)學生曾受記大過處分或本學期被命試讀者，不得當選為職員。

(五)個人或團体發起校内捐款，須先得院務會議之許可

(六)學生團体借用大學週及上課時間，須得主管人員允許。

(七)學生團體借用禮堂及膳堂集會，須得主管人員允許。

(八)學生團体如有全体集會，應最遲於開會前一日用書面報請訓導分處查照，該處得

察酌情形，派員出席指導。

(九)娛樂及交際性質之集會時間至遲不得過晚間十一時，如得院長之特許，不在此例。

(十)學生團體在每屆職員交代前，須將任內進支數目表冊送交院長指定人員審查。

第四章　出版規則

(一)學生欲刊行出版物，須先將該出版物之種類，時間，宗旨，性質，內容，數量，負責編輯人員及其他職員姓名用書面陳報本校訓導長登記，並將每期稿件，送請訓導長審查核准，方得付刊發行。

(二)出版物内容須適合以下標準：
(甲)不違反國家法令、政府公佈之施政綱領、及本校宗旨。
(乙)思想高尚。
(丙)事理正確。
(丁)文字通達。
(三)出版物之適合標準、而内容優良者、學校得酌予獎勵。
(四)出版物之投稿者、可用筆名、但如學校詢問時、編輯人須將其真姓名報告、否則由編輯人負責。
(五)凡關于攻擊性質及粗鄙猥褻之文字、編

第五章 宿舍規則

（一）宿舍之內，不得收藏違禁書籍及物品。
（二）不得在宿舍內烹飪。
（三）宿舍之內，不得喧嘩，在休息時間，中午十二時至一時，晚間九時以後，尤應肅靜。
（四）所有公物，不得損壞及任意搬遷。
（五）寢具衣物等，應保持潔淨齊整。
（六）宿舍內不得留外客住宿，如有必需留外客越宿時，須先商得舍長允許，但寄期以三天為限，事後須由舍長將外客姓名報告訓導分處。
（七）女生不得入男生宿舍。
（八）女生除在會客室外，不得在宿舍招待男

11

性親友男生亦不得入女生宿舍。凡違反本條規則，經訓導委員或本院教授發覺者，該生記大過一次。

（九）因本院環境關係，女生須晚間十時以前回返宿舍。如有特殊情形，不能按時返校者，應于事前通知女生生活指導員，如有違反本條規則者，按照情節輕重，由訓導委員會予以處分。

（十）宿舍內不得豢養牲畜及禽類。

附學力比率規則

（一）根據教部規定學生得請求補考之科目（學期成績在四十分以上不滿六十分之科目）以補考後之學期成績為計算學力比率之根據。

（二）學生如有不及格科目，其學分數逾該學期修習學分總數二分之一以上者，應令退學，嗣後不得復學，但得投考別校。

（三）學生如有不及格科目，其學分數不超過該學期修科目學分總數二分之一以上，但其學力比率不足二·五者，應令停學。

（四）學生之學力比率在二·五，或以上但不滿四，者，作一學期為試讀生，但如該生於該學

13

期已受試讀之處分，而上一學期之學力比率爲不滿三·○者，或上兩個學期之學力比率俱不滿四·○者，應令停學。

(五)凡因學力比率低劣着令停學之學生，未滿一學期後不得復學；於停學滿一學期以後，如欲復學，須於新學期舉行入學試驗一星期以前，向教務會議常務委員會請求，經核准後始得復學，如復學後該學期學力比率仍不滿四·○者，應令退學，嗣後不得復學，但得投考別校。

(六)學生如有不及格科目，其學分數逾該學期

14

修習學分總數三分之一以上，但不逾二分之一以上者，應令留級，即其學業時期照應屆畢業期限展緩之。

(七)凡試讀學生每學期修習科目不得超過十四或十五學分，其餘各生其學力比率在四．○至七．○者，下一學期修習科目不得超過十八或十九學分，其學力比率超過七．○以上者下一學期修習科目可至二十一學分，此為修習學分之最高限度。

私立岭南大学附设中学一九四三年第二学期军事训练备案表

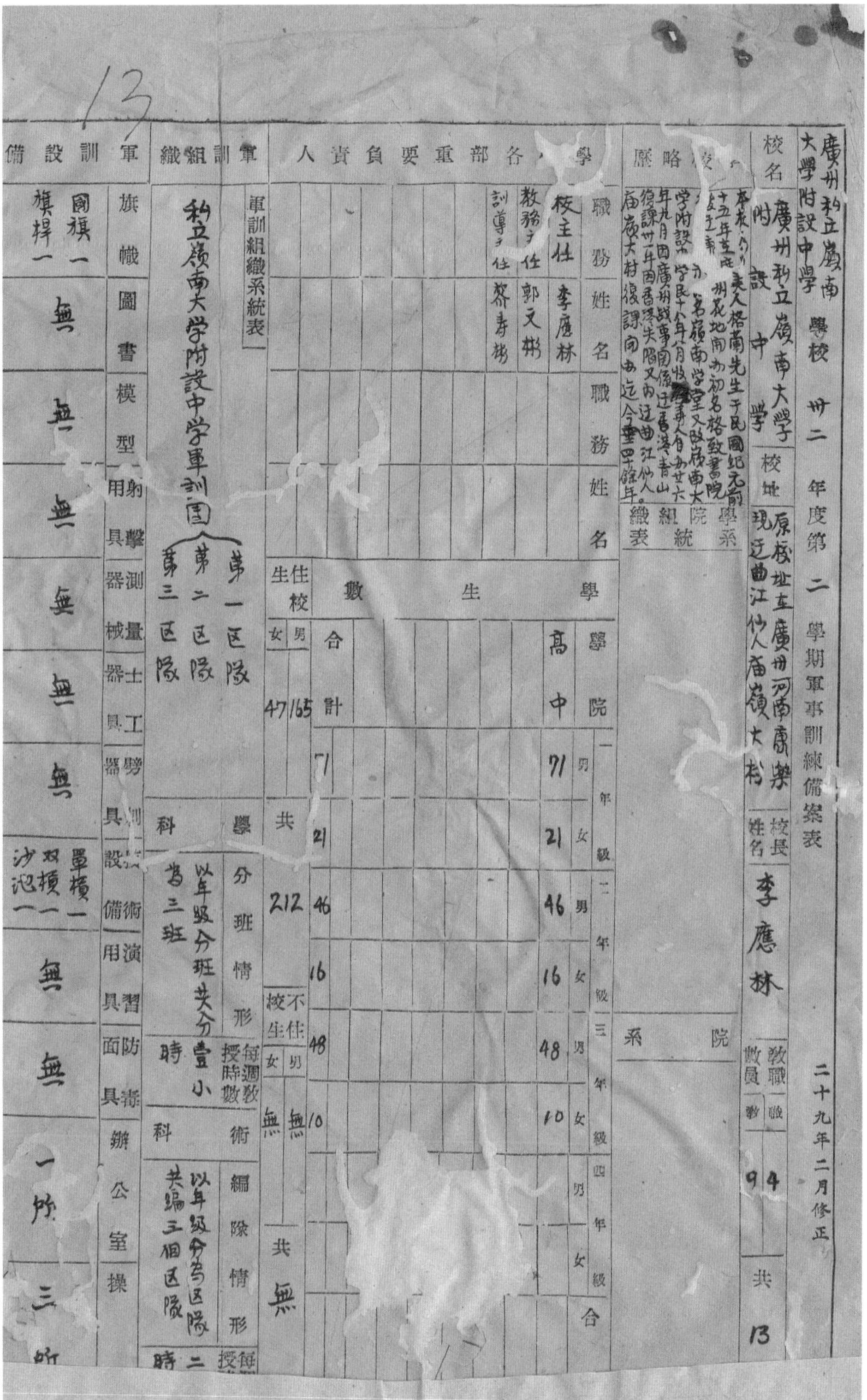

廣州私立嶺南大學附設中學學校卅二年度第二學期軍事訓練備案表

二十九年二月修正

校名	廣州私立嶺南大學附設中學
校址	原校址在廣州河南康樂，現遷曲江仙人廟嶺大村
校長姓名	李應林
教職教員數	職94 共13

學校沿革略歷： 本校創始於前清光緒十三年，至民國紀元前十一年... 遷至廣州河南... 初名格致書院... 改名嶺南學校... 民國十八年... 附設中學... 民國廿六年廣州戰事... 遷香港... 香港失陷... 又由... 遷曲江仙人廟嶺大村... 復課... 至今...

學院系組織系統：

職務	姓名
校主任	李應林
教務主任	郭文彬
訓導主任	蔡壽彬

學生數：

學院	一年級男	一年級女	二年級男	二年級女	三年級男	三年級女	四年級男	四年級女	合計
高中	71	21	46	16	48	10			
合計	71	21	46	16	48	10			共212

住校生 男	住校生 女	不住校生 男	不住校生 女
165	47	無	無

軍訓組織系統表：私立嶺南大學附設中學軍訓團——第一區隊、第二區隊、第三區隊

學科分班情形：以年級分班，共分為三班

每週教授時數：壹小時

術科編隊情形：以年級分為區隊，共編三個區隊

每週授時數：二小時

軍訓設備：

旗幟	國旗一，旗桿一
圖書	無
模型	無
射擊用具	無
測量器械	無
士工器具	無
劈刺器具	無
技術設備	單槓一，雙槓一，沙池一
演習用具	無
防毒面具	無
辦公室	一所
操	三所

軍訓管理	
宿舍事項	現有男生宿舍六所女生宿舍二所内務整理由学生自動每日举行内務檢查
膳食事項	膳食由学生負責管理一切採購亦由学生辦学校派員監督
各種集會	每週举行紀念週每日举行升降旗礼及精神講話每週有聯誼会举行
衛生設備	学校設護養院壹所有駐院医生一人護士二人另毛厕二處浴室二所

訓練計畫

科別	年級	課目	担任教官	講義或課本	講授時數	進展起訖
學科	一年級	步兵操典、陸軍礼節、兵器被服保存要領、軍事法令、兵役法規	蔣緒德	講義与筆記		綱領、各個戰鬥教練、單人之敬礼、升降旗之儀節、綱領[?]、總則、服從、稱謂、連内諸官職務、值星勤務、風紀衛兵、起居、操点、例假及外出、衛生保存要領、總則、罰則、附則、施行兵役法
	二年級	與一年級同	仝右	仝右		仝右
	三年級	與一年級同	仝右	仝右		仝右
術科	一年級	徒手各個基本教練、持鎗各個教練				由立正起至行進跪下（卧倒）及起立、立正起至裝退子彈上下刺刀
	二年級	與一年級同				
	三年級	與一年級同				
野外演習	一年級	各個戰鬥教練				地形地物之識別及利用目標之發見及指示瞄準点之選定及[illegible]表尺運動與衝鋒
	二年級	與一年級同				
	三年級	與一年級同				

軍警長官協助事項	無
其他計劃及意見	請選派教官專任本校附中軍事訓練事務

軍訓人

職務	姓名	年齡	籍貫	教官班期別	出身	簡歷	部派或校聘	到職年月	月薪	兼職月薪	備考
教官	蔣緒德	三八	湖南	二期	中央軍校	曾充連官長參謀	部派	三十年十月			曾時兼任

附記

一、本表於每學期開始時由各團（隊）長附填寫三份呈報軍管區備案（一份呈軍管區其餘二份由軍管區彙呈軍訓部）
二、「學生人數」如年級有超過四級年者可照此式增加欄（格）
三、「行訓計劃」可分爲基本教練戰鬥教練等兩欄
四、「軍訓人員」如不敷用可自行橫方面延寬但高低不得變更
五、格式大小務須遵照規定不得任意變更（如第四項情形則例外）（高二十七公分寬六十三公分）

中華民國卅二年　月廿日

學校軍訓團（隊）長　李應林
團（隊）附　蔣緒德
謹呈

私立岭南大学一九四三年度第二学期取录新生通告

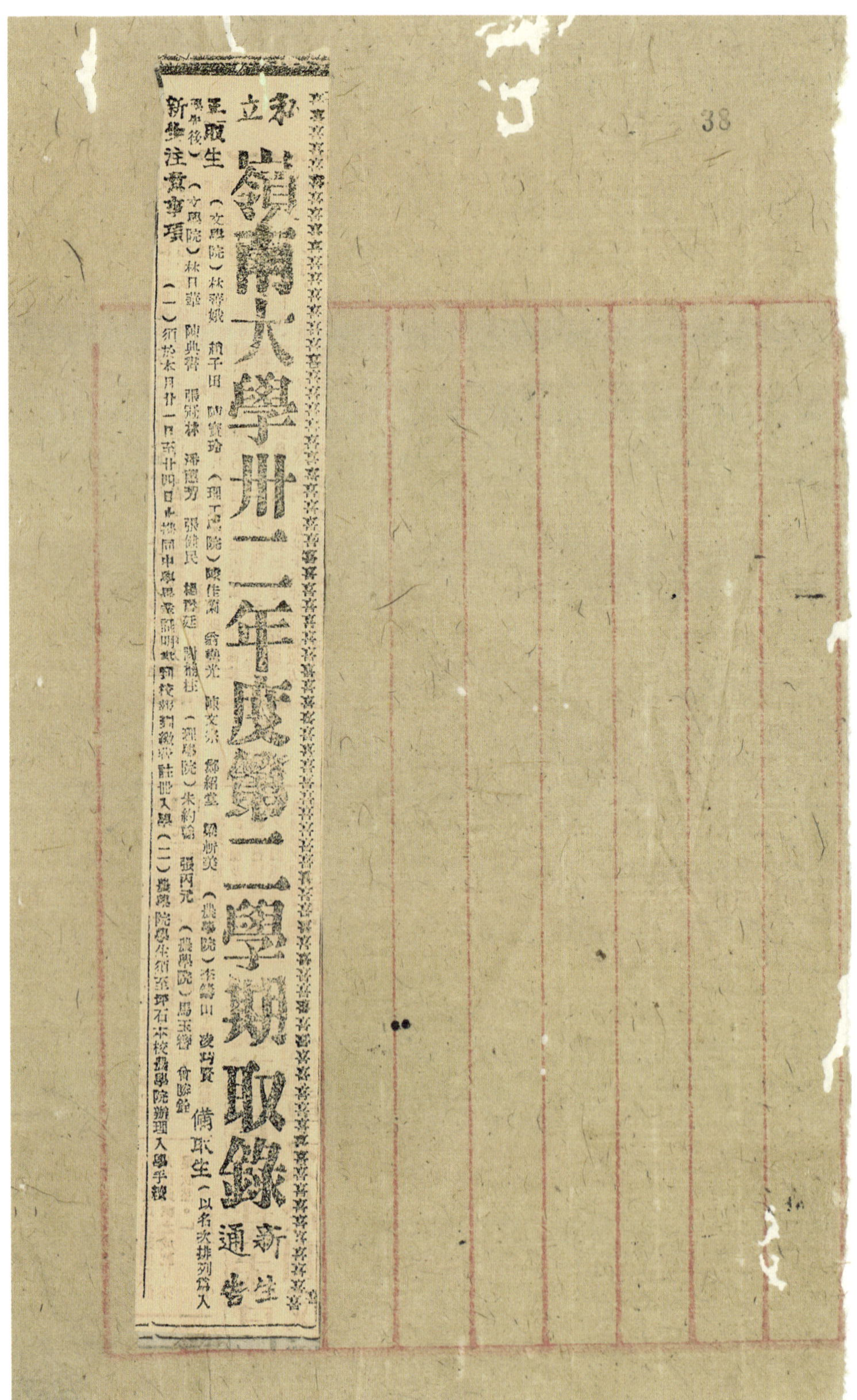

私立嶺南大學卅二年度第二學期取錄新生通告

正取生（文學院）林靜娥 賴千田 陳寶玲 （理工學院）陳作霖 翁翰光 陳文崇 鄧紹棠 梁樹炎 （農學院）李錦山 凌均賢

備取生（以名次排列為入學先後）（文學院）林日華 陳典譽 張冠林 潘德勤 張健民 楊修廷 謝植桂 （理學院）朱約翰 張丙元 （農學院）馬玉鑾 何躍鈞

新生注意事項 （一）須於本月廿一日至廿四日携同中學畢業證明書到校辦理繳費註冊入學（二）農學院學生須至坪石本校農學院辦理入學手續

私立岭南大学校长李应林关于致送路考活教授及夫人、钟夫人糙米一事给会计组的文

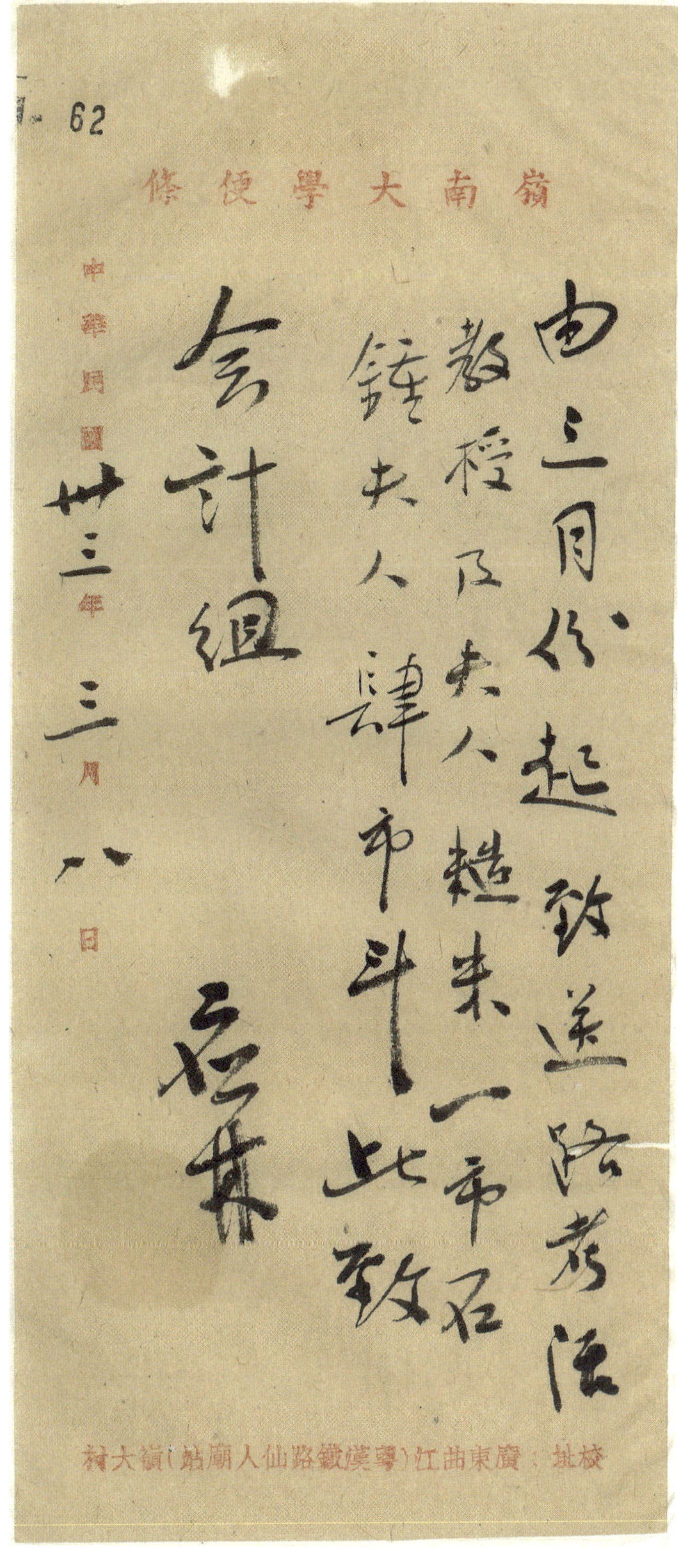
62

嶺南大學便條

由三月份起致送路考活教授及夫人糙米一市石

鍾夫人肆市斗

此致

會計組

應林

中華民國卅三年三月八日

校址：廣東曲江(粵漢鐵路仙人廟站)嶺大村

私立岭南大学校长李应林关于各省军区应征翻译学生免服兵役的布告

4

姑假重

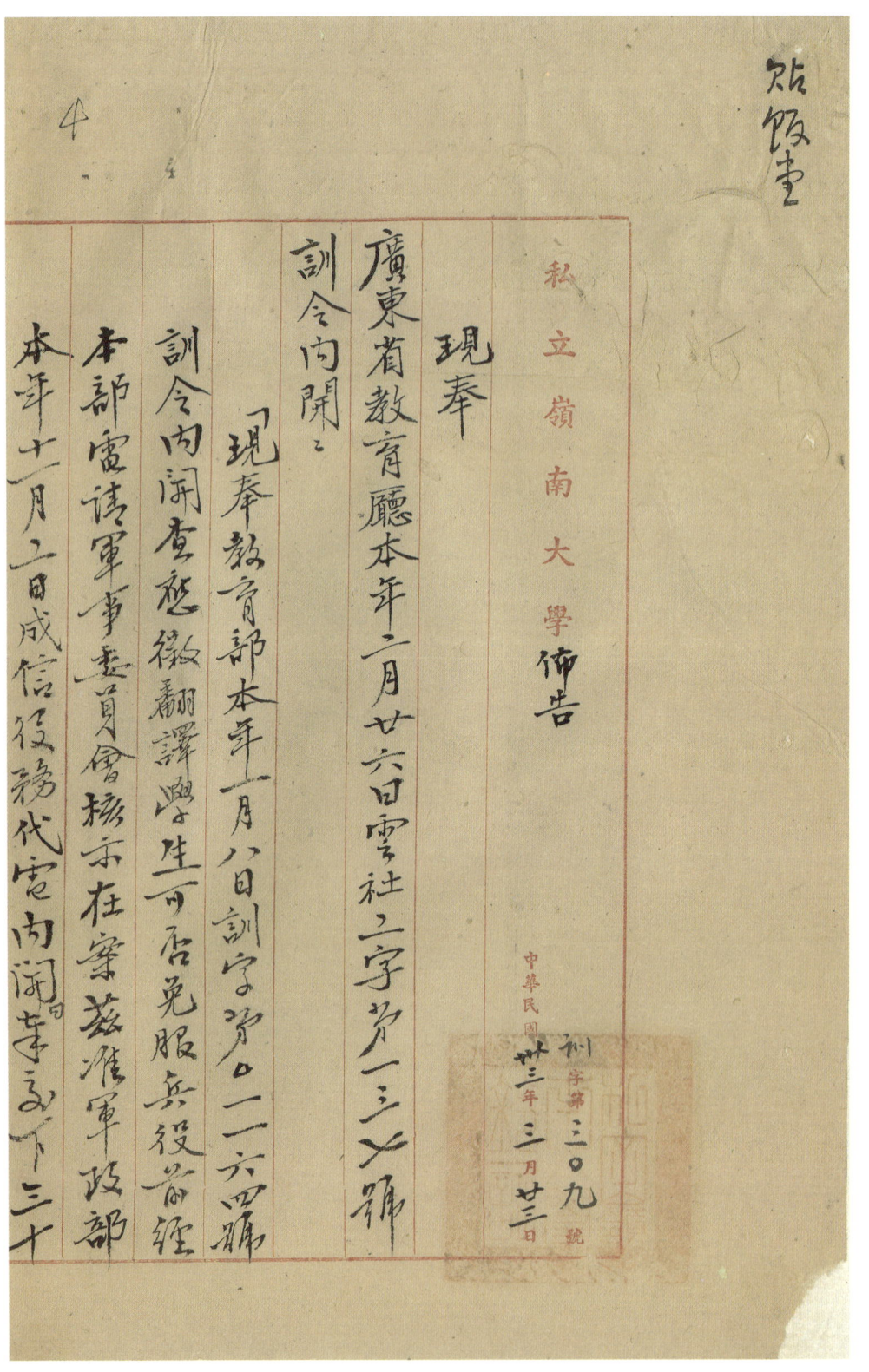

私立嶺南大學佈告

中華民國卅三年三月廿三日 利字第三〇九號

現奉

廣東省教育廳本年二月廿六日雲社二字第一三七號

訓令內開：

「現奉教育部本年一月八日訓字第〇一一六四號

訓令內開查應徵翻譯學生可否免服兵役前經

本部電請軍事委員會核示在案茲准軍政部

本年十一月二日成信役務代電內開奉委座三十

二年十一月一日滑字第七七五號代電敬悉查閣校應徵翻譯學生去征調充任時期概以服任輔導作戰勤務論不再另行作動員召集除分電各省軍區知照并轉飭遵照外相應報請查照為荷等由准此除分令外合行令仰該廳遵照并轉飭遵照此令等因奉此除分令外合行令仰該校遵照此令等因奉此合行布告仰各知照

此佈

校長李應林

军政部第八十二陆军医院关于派员到私立岭南大学洽领尤加利树苗暨花种等情给校长李应林的公函

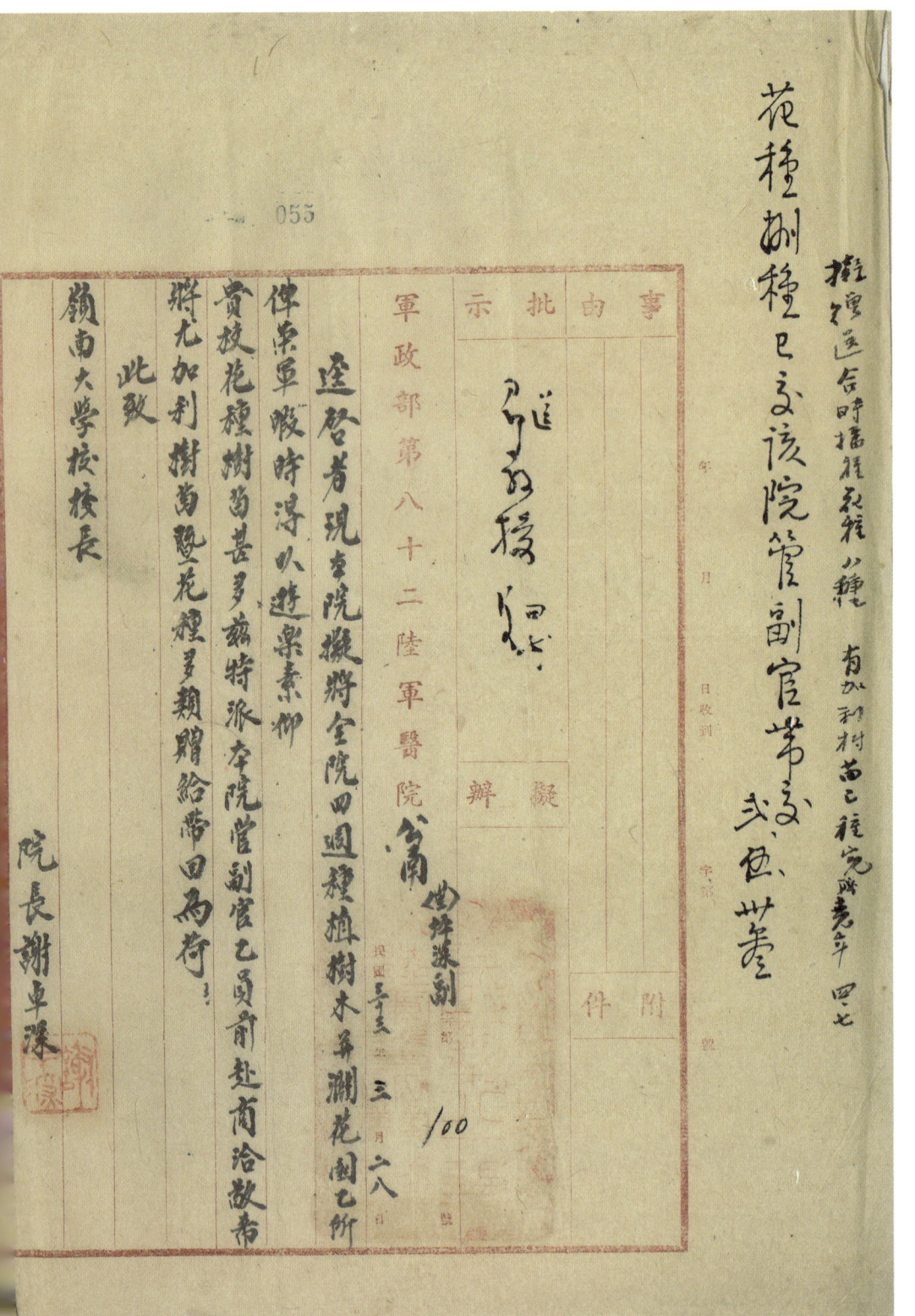

事由

批示

擬辦

附件

軍政部第八十二陸軍醫院公函

逕啓者現本院擬將全院四週種植樹木並闢花園乙所俾榮軍暇時得以遊樂素仰貴校花種樹苗甚多茲特派本院管副官乙員前赴商洽敬希將尤加利樹苗暨花種多類贈給帶回爲荷。此致

嶺南大學校校長

院長謝卓深

民國三十三年三月二八日

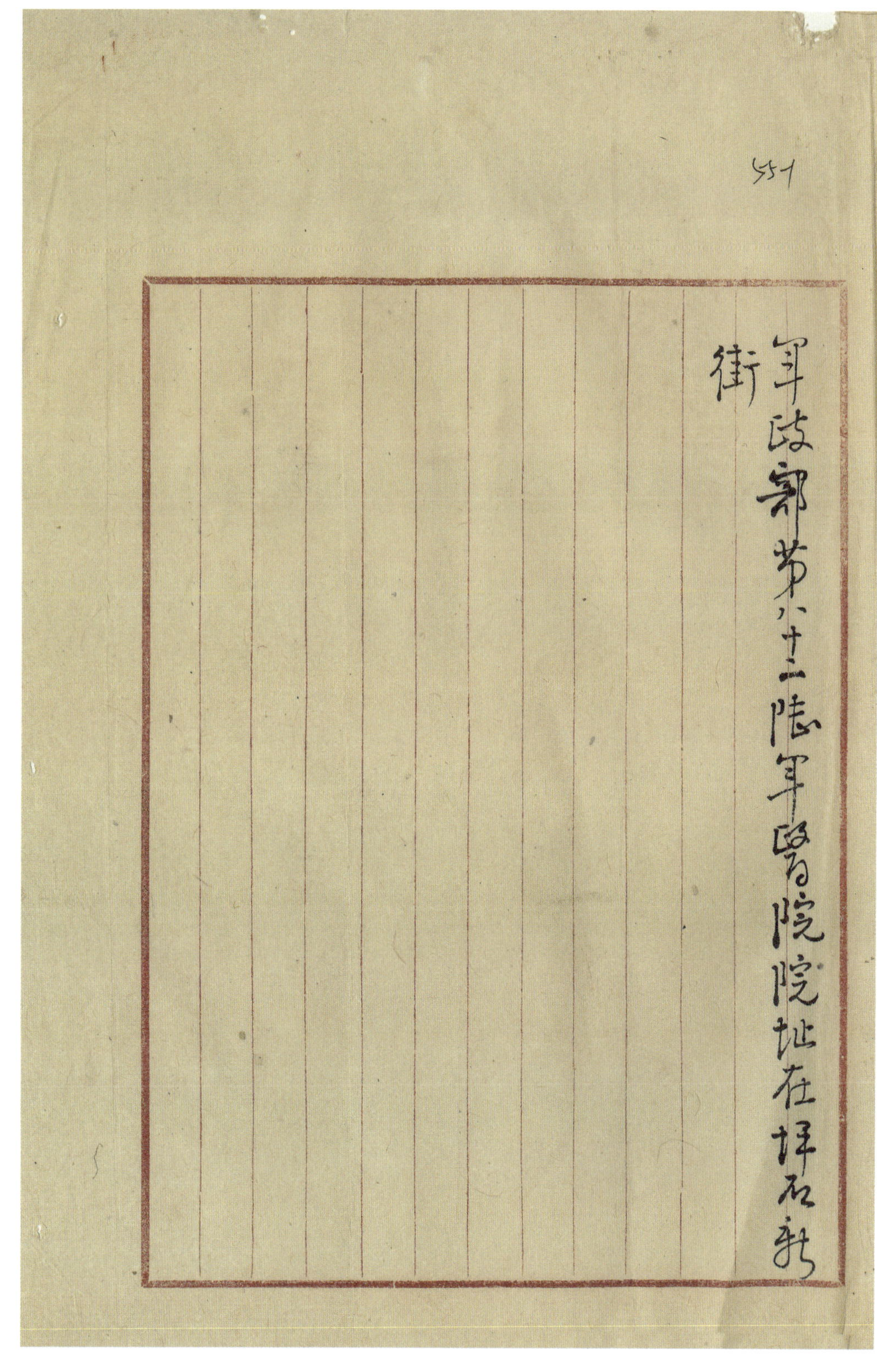

551

军政部第六十二陆军医院院址在拜石新街

私立岭南大学校长李应林介绍并证明容启东赴美讲学给教育部部长陈立夫的函

1944年

36　17

私立嶺南大學　文稿　董

存卷　年　月　日發　字第　號

事由：介紹及證明容啟東教授赴美由

校長　訓導長　教務長　總務長　主稿　組主任　繕校　送達機關　附記

立夫部長勳鑒：敝校因應美國大使館聘選派容啟東教授出國講學，茲特出介紹容教授晉謁面陳，專示，至希接洽為荷。順頌

勛祺

弟 李應林 敬上

又函

本校學生多參加校外派出實習某教授亦隨行期急迫且或須四月間（因美大使館函邀派遣教授出國講學及研究）

學加暑假期間故擬請於五六月初旬間出洋乃免貽誤前係電達請

為代定前述機位信函其今從前教授前請諒詢（請佳達照）

指示不力協助是所至禱專此奉達

勛祺

弟 李應林 拜啓

又函

昔派本校教授出國講學某教授某某擬於廣州出國講學請發給護照

沿途某某壹四一日行李予便利是荷

中華民國 卅七年 五月 廿七日擬稿第 頁

教育部部长陈立夫关于一九四三年度第一学期应届毕业生手续问题给私立岭南大学的指令

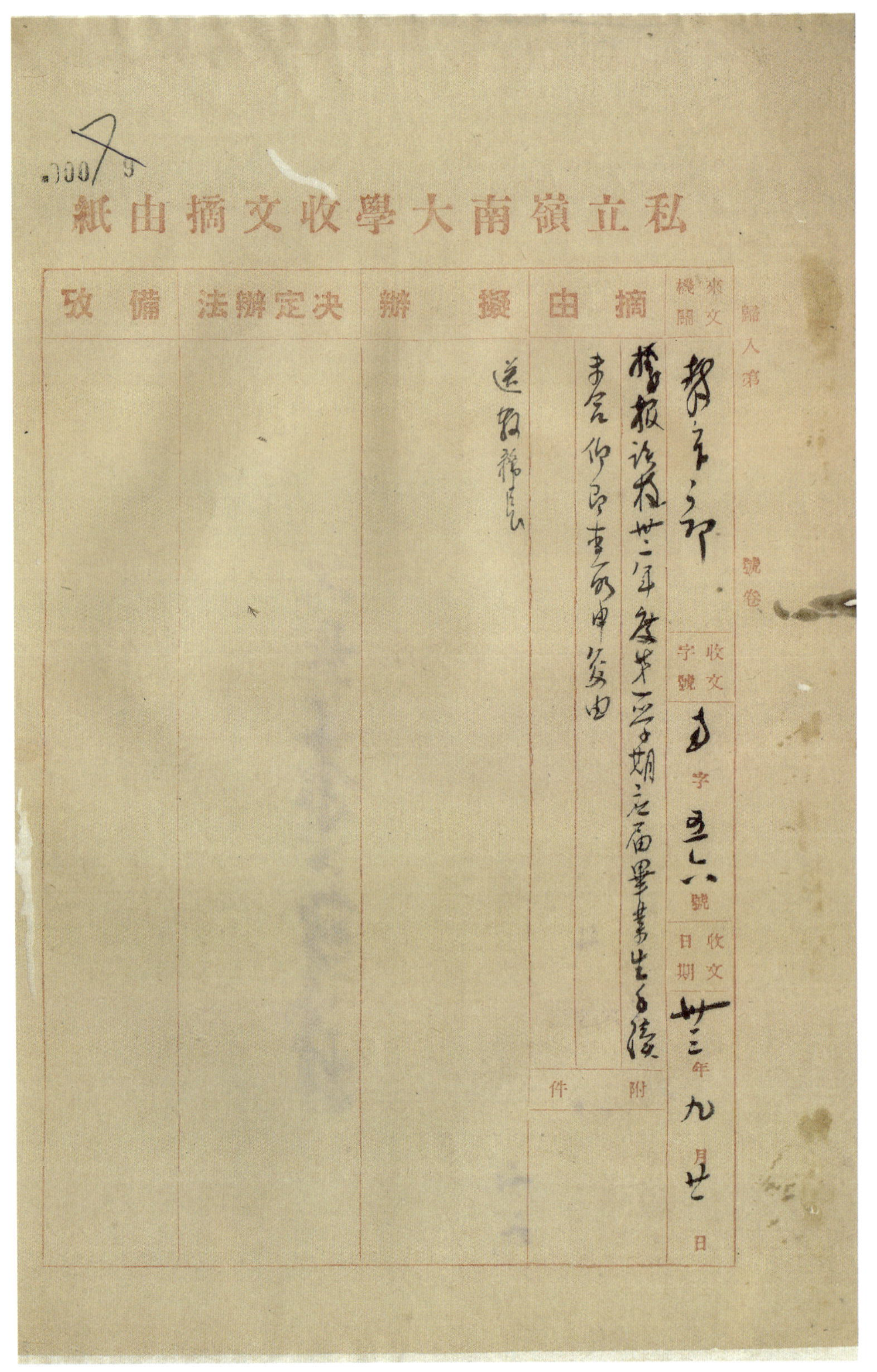

私立嶺南大學收文摘由紙

來文機關	教育部
收文字號	高字三一八號
收文日期	卅二年九月廿日
摘由	據報該校卅二年度第一學期應屆畢業生手續未合，仰即查明申覆由
擬辦	送教務長
決定辦法	
備攷	

10 8

事由 据报该校三十二年度第一学期应届毕业生手续未合仰查明申复备核

教育部指令

中华民国三十三年七月廿五日 高字第35917号

令私立岭南大学

三十三年五月十二日岭字第三九一号呈一件，呈报三十二年度第一学期应届毕业生请察核由。

呈件均悉。查专科以上学校呈报应届毕业生，依照专科以上学校学生学籍规则第一一三条之规定，应于举行毕业试验前三个月将报该校三十二年度第一学期应届毕业生何以于毕业试验后四

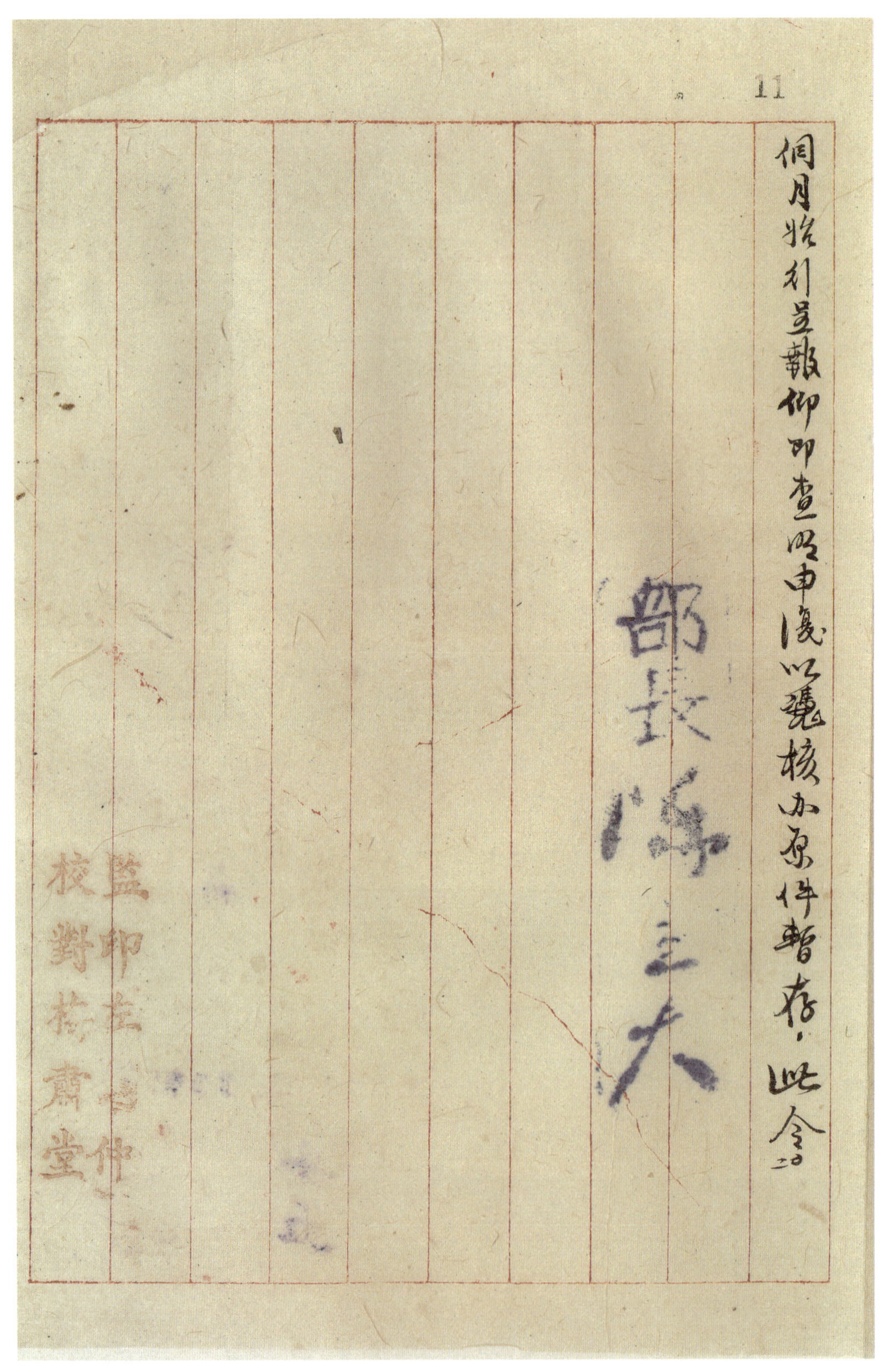

11

伺月將材呈報仰即查照申復以憑核辦原件暫存。此令

部長陳立夫

監印王仲

校對蒋肅堂

私立岭南大学一九四三年度财政说明表

21

私立嶺南大學民國卅二年度財政說明表（國幣計算）

由民國卅二年八月一日至卅三年七月卅一日止

收入之部

I. 教育部補助費		159,550.00
II. 廣東省政府補助費		102,000.00
III. 財政部補助費		50,000.00
IV. 英援華會補助費		1,027,573.47
V. 學費		990,675.00
A. 大學部	657,550.00	
B. 中學部	333,125.00	
VI. 本國友人捐助（內建築捐款698,762.00）		832,859.20
VII. 美援華會及美基會補助費		3,075,989.75
VIII. 透支款		399,856.53
IX. 前任結存現金		88,833.34
X. 雜項		266,327.24
合計		$6,993,664.53

支出之部

I. 校本部		1,614,303.48
A. 薪津費	550,734.38	
B. 辦公費	471,192.61	
C. 設備費	115,125.99	
D. 特別費	477,250.47	
II. 文學院		394,195.04
A. 薪津費	387,968.24	
B. 辦公費	661.40	
C. 設備費	4,916.40	
D. 特別費	649.00	
III. 理工學院		266,461.50
A. 薪津費	206,559.26	
B. 辦公費	563.23	
C. 設備費	58,889.01	
D. 特別費	450.00	
IV. 農學院		1,027,499.75
A. 薪津費	676,343.18	
B. 辦公費	284,357.12	
C. 設備費	47,440.45	
D. 特別費	19,359.00	

V 醫學院 394,835.85
A 薪津費 254,665.54
B 辦公費 33,933.80
C 設備費 83,221.81
D 特別費 23,014.70
VI 附中部 373,332.03
A 薪津費 262,171.43
B 辦公費 49,666.40
C 設備費 36,064.70
D 特別費 25,429.50
四 [illegible]特費 2,608,059.65
A 書籍及儀器 107,700.43
B 運輸費 443,680.30
C 建築及設備私費 2,056,678.92
C 項內分
1 校本部 706,212.99
2 醫學院 549,493.90（英校華會捐助）（房屋及購置）
3 農學院 83,015.50
4 附中部 717,956.53（本國友人捐助）
合計 6,678,687.30
收對結存 314,977.23
$6,993,664.53 $6,993,664.53

附錄："於民卅三年六月二日在余長官撥奇改交通銀行共借支國幣叁拾玖萬玖仟捌佰伍拾陸元伍角叁分正比對不敷數為國幣捌萬肆仟捌佰柒拾玖元叁角正"

會計主任 陳炳根

中華民國卅三年七月卅一日

私立岭南大学学生自治总会一九四四年代表会名单

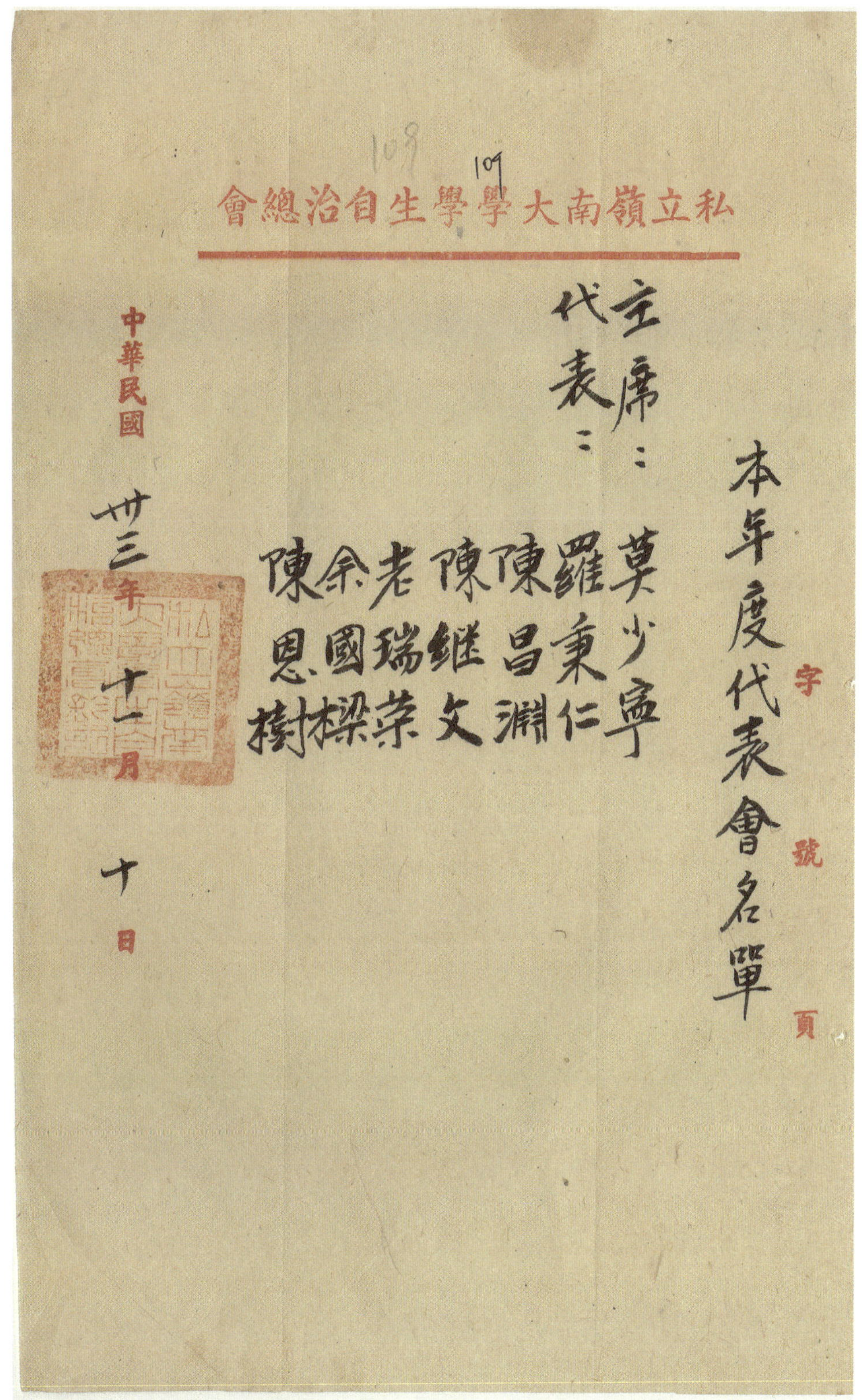
109

109

私立嶺南大學學生自治總會

字　號　頁

本年度代表會名單

主席：莫少亭

代表：羅秉仁　陳昌淵　陳繼文　老瑞棠　余國樑　陳恩樹

中華民國卅三年十二月十日

私立岭南大学一九四四年度薪津计算法统计表

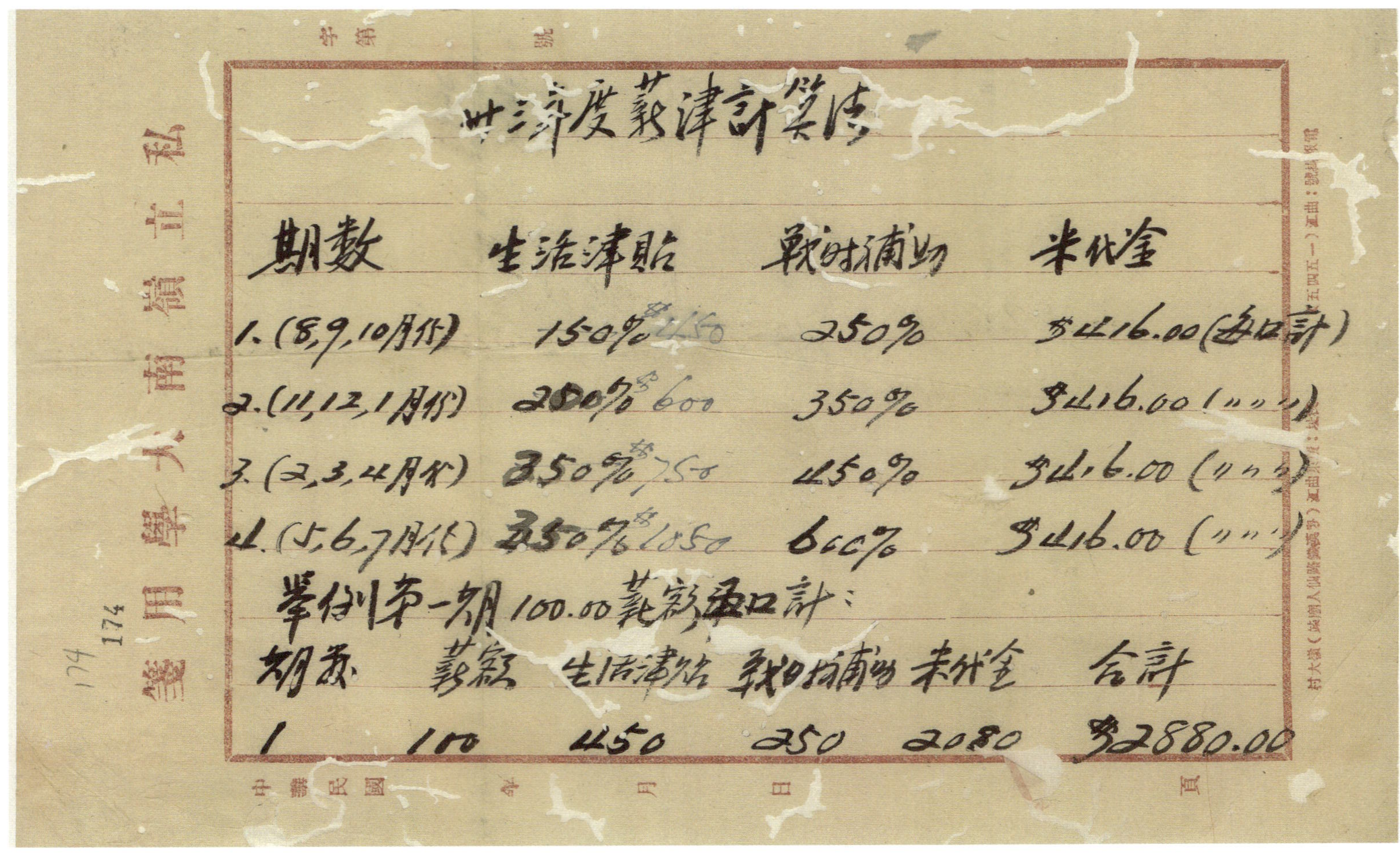

174

174

私立嶺南大學用箋

卅三年度薪津計算法

期數	生活津貼	戰時補助	米代金
1.(8,9,10月份)	150% $450	250%	$416.00(每月計)
2.(11,12,1月份)	200% $600	350%	$416.00(〃〃)
3.(2,3,4月份)	350% $750	450%	$416.00(〃〃)
4.(5,6,7月份)	350% $1050	660%	$416.00(〃〃)

舉例第一期100.00薪額每月計:

期數	薪額	生活津貼	戰時補助	米代金	合計
1	100	450	250	2080	$2880.00

私立岭南大学一九四四学年度上学期投考生成绩一览表

128

嶺南大學三十三學年度上學期投考生成績一覽表

揭名	号数	暗碼	姓名	编号	投考院	国文	英文	数学	中外史地		公民	理化		生物	總分	正取	備取	補修科目	代	三角	平幾	解析
		1	伍守仁		医	40	45		46	36	50	0	0	75	227.6				60	20	0	
		2	趙兆鵬		林	50	25		30	20	25	90	35	20	213.3				40	10		70
		3	王国英		林	45	60		45	52	40	20	35	15	301.8				70	90		95
		4	陈家明		医	70	50		33	56	60	0	30	55	264.6				20	20	0	
		5			化	35	0		10	17	25	0	5	25	83.5				0	0	0	
		6			林	45	15		40	35	25	[illegible]		30	210.9				60	90		80
		7	梁耀熙		林	45	25		50	57	30	0	10	38	207.8				35	20		60
		8			農	60	30		30	18	40	15	40	31	205.9				60	0	10	
		9			医	65	20		53	42	40	33	15	45	213.5				30	0	0	
		10			社																	
		11	張之虎		林	55	50		34	43	30	0	20	40	231.8				90	60	5	
		12	張之麒		史	65	40		30	38	45	5	10	35	234.9 253.9				100	60	0	
		13			医	65	15		35	38	30	15	13	35	199.7				50	30	0	
		14			英	45	48		46	54	45	15	20	70	226.6				10	10	0	
		15			英																	
		16			經	50	30		18	26	25	10	20	25	163.6				40	15	0	
		17			農	55	5		30	78	45	33	40	45	200.0				0	0	0	
		18			農	60	30		26	36	50	0	5	25	181				0	0	0	
		19			農	35	0		18	4	25	0	0	20	77.6				0	0	0	
		20			史	55	25		26	28	70	0	2	25	187.6				0	0	5	
		21	陈坤光		英	40	70		22	12	15	0	5	28	159.1				20	0	0	
		22			医	65	10		28	26	40	0	0	45	160.3				10	0	0	
		23			林	50	45		36	27	35	30	15	43	207.4				0	20		30
		24	[illegible]		林	60	45		47	76	65	33	40	42	323.4				0	60	100	
		25			社	50	30		20	24	50	0	0	45	220.6				100	60	0	
		26	[illegible]		林	50	30		52	74	50	95	70	57	298.3				60	10		30
		27	関少[illegible]		經	50	60		38	25	50	15	20	43	237.5				50	10	0	
		28			經	80	20		24	31	40	10	15	20	183		✓		0	0	0	
		29			林	80	20		57	55	50	100	85	68	310.3				40	0		20
		30			史	55	20		18	22	55	0	0	20	166.6				20	10	0	
		31			医	65	55		35	54	25	10	10	30	206.1				0	0	0	
		32			医	60	20		25	13	50	60	20	40	189				0	0	10	

正取 9/16

11

P1

121 Average marks for Hist & Geog, Math, & Science.

嶺南大學三十三學年度上學期投考生成績一覽表

曲江

報名號數	暗碼	姓名	編號	投考學院	國文	英文	數學	中史外地	公民	理化	生物	總分	正取	備取	補修科目
	1						26.6	41		25					
	2						40	25		48.3					
	3						8.5	48.5		23.3					
	4						13.3	44.5		26.8					
	5						0	13.5		10					
	6						76.6	37.5		11.8					
	7						38.3	53.5		16					
	8						23.3	24		28.6					
	9						10	47.5		31					
	10						—								
	11						38.3	38.5		20					
	12						53.3	34		16.6					
	13						26.6	36.5		21.6					
	14						6.6	50		35					
	15						—								
	16						18.3	22		18.3					
	17						C,	59		36					
	18						0.	31		10					
	19						0	11		6.6					
	20						1.6	27		9					
	21						6.6	16.5		11					
	22						3.3	27		15					
	23						16.6	31.5		29.3					
	24						53.6	61.5		38.3					
	25						53.6	22		15					
	26						33.3	63		72					
	27						20	31.5		26					
	28						0	28		15					
	29						20	56		84.3					
	30						10	20		6.6					
	31						0	44.5		16.6					
	32						0	19		40					

私立岭南大学一九四四学年度上学期投考学生学历数目及取录人数表

卅三年度上學期投考學生學歷數目及取錄人數表

學校名稱	投考人數	取錄人數
本校附中	25	20
韶師	18	
培英	12	1
培聯	35	16
廣大附中	17	1
廣大附中(澳校)	1	
中大附中	15	4
中大先修班	5	
文理學院	4	
真光	6	1
知用	11	
嶺英	1	1
華英	8	6
中德	2	
明德	1	
基聯	2	
培正	1	1
禺山八桂聯合中學	1	
私立文藝	1	
民大(韶關)	3	
省立金山	2	
〃仲愷	1	
〃瓊崖	12	

學校名稱	投考人數	取錄人數
省立南雄	5	
〃 仲元	10	2
〃 高州	2	
華僑第三中學	20	4
粵秀	6	
梅州	1	
庚戌	1	
兩陽	2	1
執信	4	
農工職業	1	
越華	1	
連州	1	
合浦縣立一中	1	
肇慶縣中	1	
興寧縣中	1	
防城縣中	2	
東莞縣中	1	
普寧縣中	2	
曲江一中	11	
汕头私立海濱中學	1	
〃 〃 礐光	2	
〃 〃 聿懷	1	
湖立省立二中	4	2

70

學校名稱	投考人數	取錄人數
湖南省立第三職業學校	1	
〃 〃 第二師範	1	
〃 〃 嶽雲高中	2	1
〃 長郡聯立中學	1	
〃 省立第十二中學	1	
〃 私立廣益	1	
〃 私立衡湘	1	
〃 私立修業高農	1	
上海江淮中學	1	1
香港聖保羅	1	
香港英皇書院	1	
〃 同濟	1	
〃 皇仁	1	
澳門粵華	1	
〃 教忠	1	
廣州灣益智	1	
(家庭補修)	1	

共計：投考人數＝283名
取錄人數＝62名

71

Wah Ying School.

118 余秉權 ~~90 80~~ 75 85

121 麥謙 75 70

112 李大典 80 85 ✓

106 羅綺雯 80 65 ✓

122 黄道章 75 85 ✓

5+20+24=49

培英

30

P.61 招憲基 72 70

P.149 李逸華 80 85 ✓

P.155 梁秀梅 78 85 ✓

P.153 畢瀚波 71 70

P.80 陳錫元 82 75 ✓

P.10 盧榮倫 90 85 ✓

P.11 吴宝香 88 80 ✓

P.81 劉子昇 78 75 ✓

P.82 林國鈞 88 70 ✓

P.83 簡道毅 88 70

P.84 鄭達和 80 78 ✓

P.85 趙宗謙 84 75 ✓

P.86 凌翕瑙 76 75 ✓

P.87 李育光 82 70

P.88 邱紹和 80 70

P.89 熊贊成 80 60

P.89 梁錦祥 76 60 ✓

P.90 黄毅方 77 65

白炳榮 72 70 P.46 ✓

李夢麐 79 65 P.91

24

P. 22, 23, 48, 49, 50, 53, 67, 6

P.139

1, 2, 3, 4, 7, 11, 12, 21, 2

41, 51, 61, 62, 124, 130

72
~~284~~
240

陳惠瓊	114	程業驥		何伯平
譚秀華	74	譚永庭		
胡文耀	84	〃		
梁永鉅	127	余伯[其]		
林世雄	P.35	〃	M.0	
周淑娥		周錫康	✓	
蔡錫元	P.152	〃	D.S. 0	
蔡麗蓮	P.150	〃	M.0	
✓梁德智		余其[宦]	Total 229	
✓黄植熙	79	〃	Eng.20	
✓黄坤欽	8	陳[貝昶]	Total 206	
✓陳紹平	48	李大超	Eng 20 Total 192	
鄭鈺堂	P.102	郭蔭棠	M.0	
余任[高]		〃	〃	
陳[啟耆]	113	何伯平		
葉大[洲]	115	〃		
[邝]志惠	164	〃	✓	
✓蔡德道	67	蔡德棠	Eng.3	
黄美娟	46	黄兆棟	✓	
周素[蟾]	13	周良	Eng 15	
張偉芳		黄景芳		
陳振華		〃	Eng.25 M.10	
林國才	55	徐景雲 孙璞	Eng 5	
[曾]德興	85	陳永傑		
黄慧[銓]		譚永庭		

容允[菜]		譚永庭 朱志傑	
李夢[鑾]	[坏]1	〃	
✓郭文藻	33	馬廷瑞	
胡景鍾	92	胡继雄	
✓香基強	87	香翰屏	Eng 25
✓余立中	28	〃	Eng 20
李日昇	123	〃	M.0
蔡日昇	60	潘允和	
胡 堅	128	〃	
✓潘家[善]	72	〃	Eng 30
梁耀富	98		

言文
倪宇仁 陳家彬 邓志惠 張佩芳 周澍娥 李小璧
鄭達和 趙宗謙 黄冠豪 劉文科 9
理工
趙兆鴻 王國英 梁耀熙 朱寶鎏 李富勤
關子修 莫志雄 李耀煊 陳小懷 黎靄康
李言開 張炳焜 程兆駿 劉子昂 蔡祖敏
郭鑑棠 〃 16
化 梁錦添 理 盧葉儉 化 關肇祉 理 李森恩 理 陳錫元
化 陽粤雲 化 李偉強 理 余東權 8
農
饒紀雲 李少流 吳實曾 陳澤波 陳錦球
白炳棠 陳國蘭 鄭雪娟 林國鈞 凌翰滔
韓洪銘 11
文
張之虞 張之麒 陳坤光 關少娟 黄美娟
譚乃盛 ~~[illegible]~~ 匡寶杰 匡綺夢 李大興
陳百康 饒瑞菁 金文 胡鑑明 曾森林
黄植雄 梁季梅 黄道章 李惠華 民

18 11 8 / 37 169

私立岭南大学一九四五学年度第一学期学生学历比较图

本校三十四年度第一學期學生學歷比較圖

附註：協和神學院學生18名及東吳大學借讀生24名未列入表內

校別	聖士提反	僑三中	知用	華英	培聯	培道	培正	其他	本校附中	培英	協和	真光	梅州	相當程度	英皇	廣益	合計
人數	6	11	14	18	22	34	100	226	161	43	40	31	15	12	7	6	746
百分比				2.4	2.9	4.6	13.4	30.3	21.6	5.8	5.4	4.2					%

=三十四年十二月十八日註冊組編制=

私立岭南大学一九四五年度第二学期图书册数调查表

151

三十四年度第二學期圖書冊數調查表

類別	哲學宗教	社會科學	商學	語言學	自然科學	應用技術	藝術	文學	史地	其他	合計	備註
中國文	一·五三四	二·八六八	一·二七三	九二六	二·一二六	二·八九六	一·三五八	一六·四五八	一〇·四六八	三二·四九	八三·二七九	
外國文	一·四八二	一·四六五	三·五三〇	四九五	三·三五五	三·四四九	五〇四	五·三八七	二·七九五	二二〇	二二·七六二	
合計	一〇六·〇四一											

三十二年度第二學期圖書冊數調查表

類別	哲學宗教	社會科學	商學	語言學	自然科學	應用技術	藝術	文學	史地	其他	合計	備註
中國文												
外國文												
合計												

私立岭南大学一九四五年度第一学期招生统计表

216

P.1

私立嶺南大學三十四年度第一學期招生統計表

招考地點		主持人	考試日期	報名人數	取錄人數	取錄人數百分比	
						佔該區	佔全体取錄
廣州	第一次招考	鍾香擧	十月十九、二十日	530人	109人	20.7%	23.1%
	第二次特考	鍾香擧	十月廿四、廿五日	166人	34人	20.4%	7.2%
梅興區	梅縣	黄延毓	八月二十、廿一日	507人	101人	16.5%	21.4%
	興寧	鄺磯法	八月二十、廿一日	106人			
連縣		黄菩荃	八月二十、廿一日	163人	65人	38.4%	13.4%
澳門		楊重光	八月廿九、三十日	238人	164人	68.9%	34.8%
合計				1710人	472人	取錄人數佔報名人數 28.3%	

註冊組編製

私立岭南大学连县分教处一九四五年招考一年级新生简章

私立嶺南大學連縣分教處
三十四年度招考一年級新生簡章

本校為適應地方需求起見特在連縣設立分教處招收一年級新生簡章如下：

（一）學院及學系

1 文學院：中國文學系　經濟商學系　外國語言學系　社會學系　歷史政治學系

2 理工學院：物理學系　化學系　生物學系　土木工程學系

3 農學院：農藝學系　園藝學系　畜牧獸醫學系

4 醫學院：不分系

（二）編制

本校學分制度遵照教育部規定文、理工、農學院之修業年限概為四年醫學院修業年限為五年並實習一年成績及格給予學士學位

（三）招生名額

本分教處暫收一年級新生共五十名（不收一年級以上之轉學及借讀生）

（四）投考資格

1 曾在公立或已立案之私立學校高中畢業領有畢業証書或升學証明書者

2 經投考香港大學入學試及格有証明書者

3 已在教部立案之國外學校高中畢業領有畢業証書或升學証明書者

4 凡在高中師範畢業滿規定服務年限有証明文件者

（五）報名地點

連縣雙喜山忠堂本分教處臨時辦事處

（六）報名日期

由八月一日起至八月十五日止（除星期日外每日上午八時半至十一時半下午二時至四時）

（七）報名手續

投考新生須向本分教處填繳報名單連同（一）最近二寸半正面半身相片三張（二）証明文件（三）報名費國幣壹百元換取考試証

（八）攷試日期

暫定八月二十，二十一兩日（禮拜一二兩日）

（九）考試科目

院別	考試科目							
文學院	公民	國文	英文	數學（代數 平面幾何）	理化	中外歷史	中外地理	生物
理工學院	公民	國文	英文	數學（代數 平面幾何 解析幾何）	物理	化學	中外史地	生物
農學院	公民	國文	英文	數學（代數 平面幾何）	物理	化學	中外史地	生物
醫學院	公民	國文	英文	數學（代數 平面幾何）	物理	化學	中外史地	生物

（十）註册上課及繳費日期

新生取錄後再行公佈

（十一）學雜費（以學期計）

學費四、〇〇〇元　宿費七五〇元　實驗費四〇〇元（每科計）　均暫定　[illegible]

（十二）公費及免費

遵照教育部定章辦理

（十三）獎學金

本校原有獎學金額多名本分教處本年度仍繼續辦理以資鼓勵

（十四）校址

本分教處校址暫定在連縣仰掌塘

校長　李應林

分教處主任　龔約翰

私立岭南大学连县分教处一九四五年度第一学期各学院课程表

94

私立嶺南大学連縣分教处卅四年度第一学期各學院課程表

科目	科目號數	學分	每週上課時數	每週實習時數	担任教授	文	理工	農	醫
中国文學概論	国文一甲	3	3			3	3	3	3
補習国文	国文甲	(3)	3			(3)	(3)	(3)	(3)
英文	英文一甲	4	4			4	4	4	4
補習英文	英文甲	(4)	(4			(4)	(4)	(4)	(4)
數學	(A) 3 (S) 4	3 4	3 4			3	4	3	3
補習數學		(3)	3				(3)		
倫理學概要		1	1			1	1	1	1
政治學	政治二甲	2	2			[illegible]	[illegible]	[illegible]	[illegible]
無机化學	化學一甲	4	3	3		[illegible]	[illegible]	[illegible]	[illegible]
動物學	生物二甲	2	1	3		2	2	2	2
植物學	生物四甲	3	2	3		3	3	3	3
物理學	物理三甲	3	3			3	3	3	3
經濟學	經濟一甲	3	4			3	3	3	3
歷史	中國通史	3				3			
☆地質學	地質一甲	3	2	2			3	3	
農業概論	農業一甲	2	2					2	
農場實習	農藝三甲	1	1	3				1	
軍事訓練		(1)				(1)	(1)	(1)	(1)
體育		(1)				(1)	(1)	(1)	(1)

附表一份 簡章二份

☆註：地質農学院选一學期理工学院选二学期

私立岭南大学一九四五学年度第一学期开设学科统计表

卅四年度第一學期開設學科統計表

文學院	科數	農學院	科數	理工學院	科數	醫學院	科數	
國文	12	農藝	12	生物	7	不分系	13	
英文	17	園藝	4	化學	6			
歷史政治	23	畜牧獸醫	5	物理	1			
社會	11			土木工程	8			
經濟商學	17			數學	5			
合計	80		21		27		13	141

私立岭南大学校长李应林关于在岭大村开校务会议等情的文

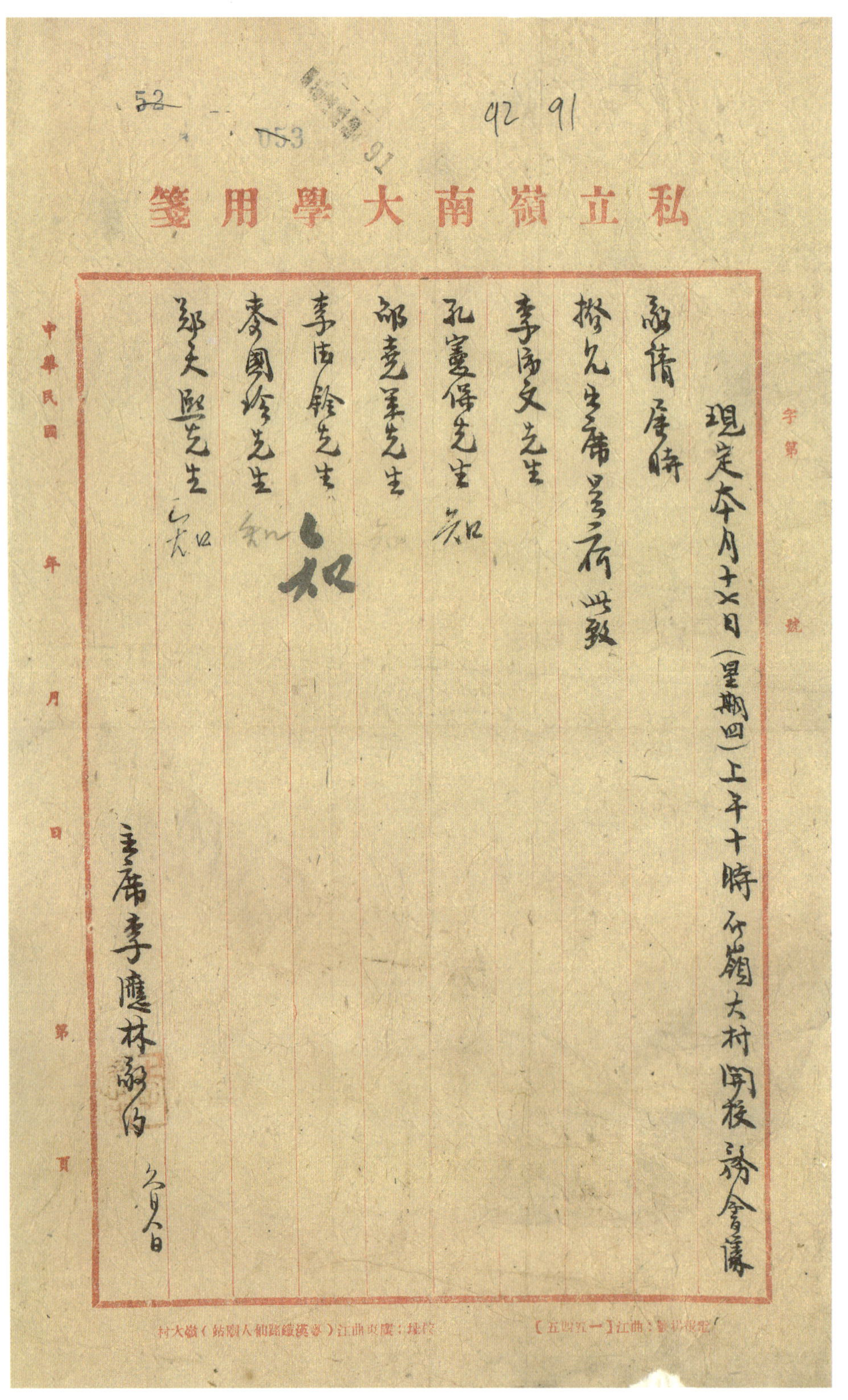

私立嶺南大學用箋

現定本月十七日（星期四）上午十時在嶺大村開校務會議
敬請
屆時
撥冗出席是荷此致
李應文先生
孔憲保先生 知
郭堯年先生
李應銓先生 知
麥國琦先生
鄧天照先生 知

主席李應林敬啓
十七日

私立岭南大学录取新生通告

私立嶺南大學錄取新生通告

本屆入學試驗曲江、坪石、韶州三區考生成績業經評定，茲將錄取人名公佈於后：（名次以報名先後爲序）

（甲）文學院正取生

[illegible]

私立嶺南大學舊生報到手續通告

三十年度港校文學院農學院舊生須於本月十一或十二日到曲江青年會本校辦事處註冊繳費逾期本校不負保留名額責任此佈

校長李應林

私立岭南大学校长李应林关于该校员生应征从军情况的文

志毅

鳴劍師長麾下：敬啟者，此次青年從軍由中央發動，全國景從，敝校接中央電飭組織委會從事徵集，各員生均歡欣鼓舞，踴躍應徵，嗣由江精進大受影響，然亦冒險偷渡，歷盡千辛，來東集中候命，其志切從戎，熱心報國，於茲可見。查本校學生先後由梅縣出發赴韶，道經報到者共二十名，茲附表於後，敬希察照。查此該生等在校訓練有年，中有肄業數年，皆為校內優秀份子，而從軍動機亦甚純正清潔，祇求有以振勵命，保衛疆場，宣揚國

土

威恕请

麾下予以训导俾成干才使彼等完成勋

志作用于城一番从我笃心以匪特本校

之幸抑亦国家之福也肃此奉达敬乞

垂鉴顺颂

勋祺

私立岭南大学校长
兼徵委会主任委员 李应林

乐昌县国民兵团团本部关于请编造军训生名册一事给私立岭南大学校长李应林的代电

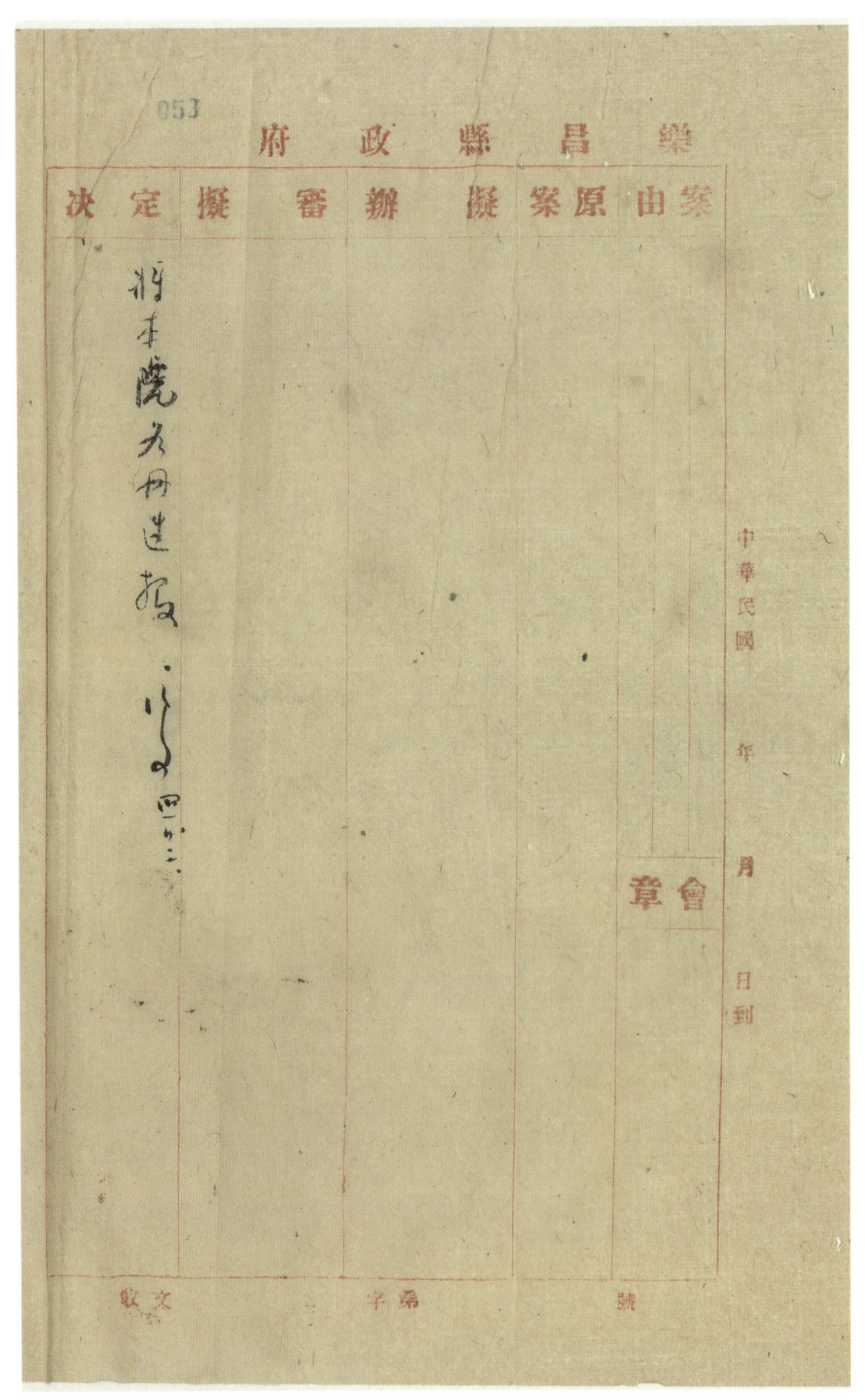
053

樂昌縣政府

案由	原案	擬辦	審擬	定決
				將本院名冊造報。□ 四、六、二

會章

中華民國　年　月　日到

收文　第　字　號

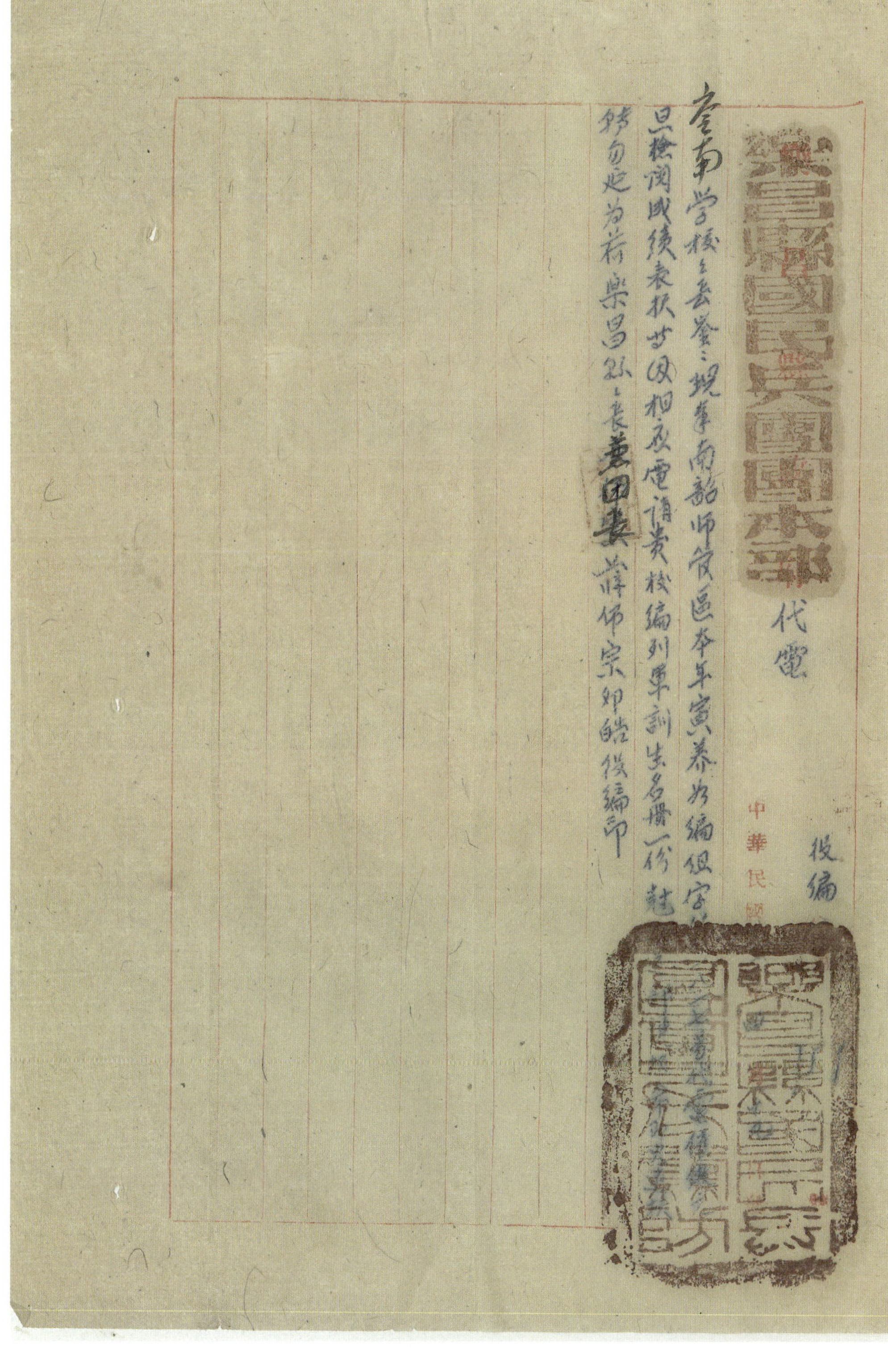

樂昌縣國民兵團團本部 代電

役編

中華民國

岺南學校公鑒：現奉南韶師管區本年寅養[?]編組字[illegible]呈檢閱成績表抄[?](因)相應電請貴校編列軍訓生名冊一份報轉[?]返為荷。樂昌縣縣長兼團長蕭仰宗卯皓役編印

岭大村畜牧垦植公司章程草案

10

嶺大村畜牧墾植公司章程草案

1、定名—嶺大村畜牧墾植公司。

2、宗旨—本公司以利用嶺大村環境與荒地經營畜牧墾殖以謀各同寅之福利為宗旨。

3、本額—本公司暫定本額國幣伍萬元分一百股每股五百元每股東最少佔股一股最多可佔股四十股股息規定週息一分

4、股東—本公司股東暫定以嶺南大學及協和神學院教職員為限凡屬該兩校教職員均可入股為股東

5、股權—本公司一切選舉或其他公決事項均以股額為根據即每股一權可投一票各股東如有將股票轉讓應先得本公司董事會同意仍以讓與嶺南大學及協和神學院教職員為限又本公司有權以公價優先購買本公司各股票

6、組織

甲、董事會—本公司每年由股東大會公選董事長一人董事五人組織董事會以聘任本公司各職員決定本公司業務立大計及審核本公司財政狀況

乙、股東大会—每年正月由董事長召集股東大會一次，報告去
年營業状況、財政進支，改選董事及決定本公司董事
会交議之業務大計等。本大会應有股權半數出席
方得開会，各缺席股東可用書面報告董事長委托
其他股東代表出席。本会議一切議案以出席人數之多
數作為通過。

丙、職員—本公司設下列各職員，除工役外均不支薪。

(一)經理一人—主持一切業務計劃之実施及管理牧場及農
場一切事宜，凡是一千元或以上之購置或拍出，均應得
董事長之同意。

(二)司庫一人—管理一切財政收支，本公司一切現金在五十元以下
者可存放嶺南大學信託部，五千元以上者應存放于
中國銀行，由經理及司庫簽名提支。

(三)顧問一人—協助業務上及技術上之改進。

(四)工役若干人—管理農場及牧場一切清潔、保育、繁殖等
工作。

丁、利益—本公司每年收益除一切開支及股息外所餘款額是為
純利，以二成為公司公積金，以八成為紅利，由紅利提出三成
為董事及職員工役酬金（董事長佔二份，每董事佔

一份

8. 預算

一份，經理佔三份，司庫佔十份，工役佔一份，共十弍份，這八成為股東紅利，照股額平均分配，本公司一切產品股東得受八折優待

摘要	
購母羊四十頭每頭約廿五斤每斤卅元算共	$30,000.00
購幼羊十六頭每頭約十五斤每斤卅元算共	$7,200.00
購公羊三頭每頭約卅斤每斤卅元算共	$2,700.00
建羊舍一座工料費	$2,000.00
建羊欄工料費	500.00
建工役住室	$600.00
工具	$500.00
籌備費	$500.00
流動資金	$5,000.00
意外準備金	1,000.00
合計	$50,000.00

9. 本章程如有應修改者得由董事會提出經股東大會多數認同修改之

10. 本章程經股東大會通過實行

附初期計劃

1. 利用嶺南大學贈給材料在大學膳堂後山脚建築羊舍一所可容羊約一百頭羊欄一所及工役住室一間共需三千一百元

2. 向省行樂昌畜牧場購入母羊四十頭每頭約廿五斤幼羊十六頭每頭約十五斤公羊三頭平均每頭卅斤每斤卅元算共值[illegible]百元。

3. 顧用工人一名任清潔及保育之責工資福食月支五百元。

4. 平均全年共畜羊八十頭除天然飼料外冬季三個月增給五穀五担紅薯十担共良六千元又全年生産約一百斤值良弍千二百元。

5. 開辦時所有牲畜列後

牲畜	頭數	每重	共重	每斤價	共值
母羊	40	25斤	1000斤	30元	$30,000.00
幼羊	16	15斤	240斤	30元	$7,200.00
公羊	3	30斤	90斤	30元	$2,700.00
合計	59		1330斤	30元	$39,900.00

6. 一年内牲畜增殖增量狀况

增殖（甲）母羊40頭 10%死亡實存36頭 每頭年產二胎每胎15頭算增

小羊54頭除10%死亡實存小羊49頭

（乙）幼羊16頭除10%死亡實存14頭

（丙）公羊三頭作實存三頭算

增重（甲）母羊36頭共重〩百斤每年增重50%共增〤〥百斤

（乙）小羊14頭共重〢一百斤每年增重100%共增〢一百斤

（丙）公羊三頭共重九十斤每年增重70%共增〦〣斤

(丁) 新產小羊49頭，一年內每頭增重廿斤，共增[illegible]斤

四項共增重[illegible]斤

7. 一年末第二年始所存牲畜列下

畜類	頭數	增殖	原重	現重	原值	當值	共值
原有母羊	36		900斤	450斤	27,000.00	13,500.00	40,500.00
原有小羊	14		210斤	210斤	6,300.00	6,300.00	12,600.00
原有公羊	3		90斤	63斤	2,700.00	1,890.00	4,590.00
增殖小羊		49		980斤		29,400.00	29,400.[illegible]
合計	53	49	1200斤	1730斤	36,000.00	51,090.00	87,090.[illegible]
一年來照市價增值20% 增出17,418.00						共值	104,508.00

8. 一年內支出預算列下

摘要	金額
工役一人月支500元 一年共支	$6,000.00
生薑 100斤@22.00共	2,200.00
玉蜀黍 5担@400.00共	2,000.00
紅薯 10担@400.00共	4,000.00
藥物 每月100元 全年共	1,200.00
工具添置	400.00
辦公費每月100元全年	1,200.00
股息	5,000.00
修葺	500.00
雜項	500.00
	23,000.00

9. 一年内收益统计表

13

支方		進方	
摘要	金額	摘要	金額
母羊40头重1000斤@30	30,000,00	股本	50,000,00
小羊16头〃240斤	7,200,00	羊糞15担@20元	3,000,00
公羊3头〃90斤	2,700,00	母羊增重	13,500,00
羊舍一座	2,000,00	小羊〃〃	6,300,00
工役宿舍	600,00	公羊〃〃	1,890,00
羊欄	500,00	小羊增殖	29,400.00
工具	500,00	羊奶180磅@60元	10,800,00
筹備费	500,00		
股息	5,000,00		
工资	6,000,00		
飼料	8,200,00		
药物	1,200,00		
工具添置	400,00		
办公费	1,200,00		
修葺	500,00		
雜項	500,00		
意外準備金	1,000,00		
流動资金	5,000,00		
母羊损失100斤	3,000,00		
小羊损失30斤	900,00		
是年純利	37,990,00		
合計	114,890,00	合計	114,890,00

10. 本公司参看情形得内校内屠宰猪羊每月贰拾次供给校内膳堂每次约可得往利五百元每月五千元全年计共六万元

附已认股同人列

何明华会督　四十股　龚约翰牧师　二十股　李校长应林　十股
司徒卫主任　一十股　李圣华牧师　二股　司徒深先生　二股
陈汝锐先生　二股　蔡寿彬先生　一股　杨子毅先生　二股

认股通知书

迳启者鄙人赞成贵公司组织及计划拟加入为股东

认佰　股共国币　万　仟　佰元正

希顺登记为荷此致

岭大村畜牧垦植公司董事会

认股人

年　月　日

第三部分　其他学校

国立中山大学代理校长许崇清关于借仲元中学课室为本校补招新生试场等情给广东省教育厅黄厅长的函

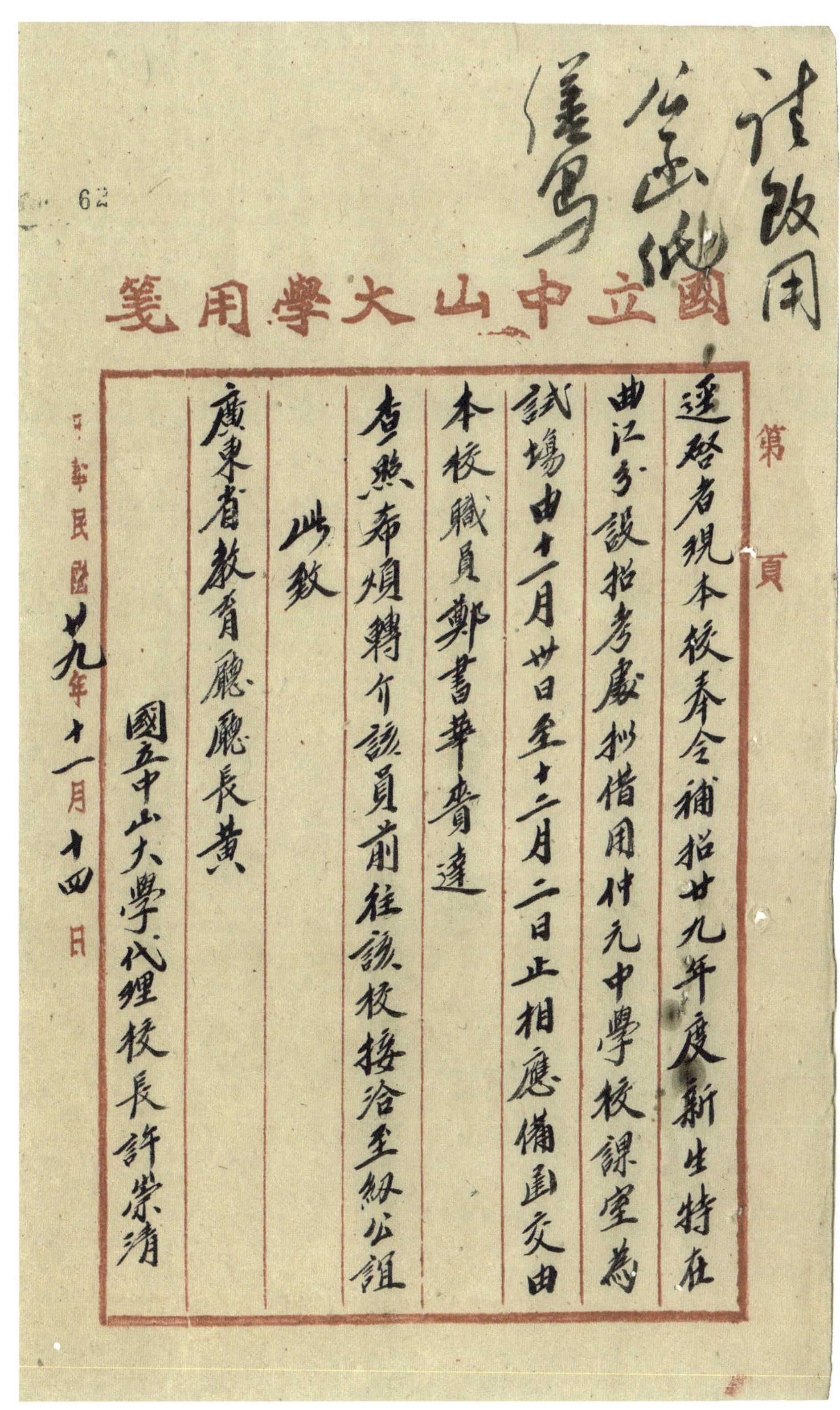

請改用公函紙繕寫

62

國立中山大學用箋

第　頁

逕啓者現本校奉令補招廿九年度新生特在曲江分設招考處擬借用仲元中學校課室為試場由十一月廿日至十二月二日止相應備函交由本校職員鄭書華賫達

查照希煩轉介該員前往該校接洽至級公誼

此致

廣東省教育廳廳長黃

國立中山大學代理校長許崇清

中華民國廿九年十一月十四日

国立中山大学代理校长许崇清关于核拟坪石区复试委员会之组织规则事宜给广东省立文理学院院长的公函

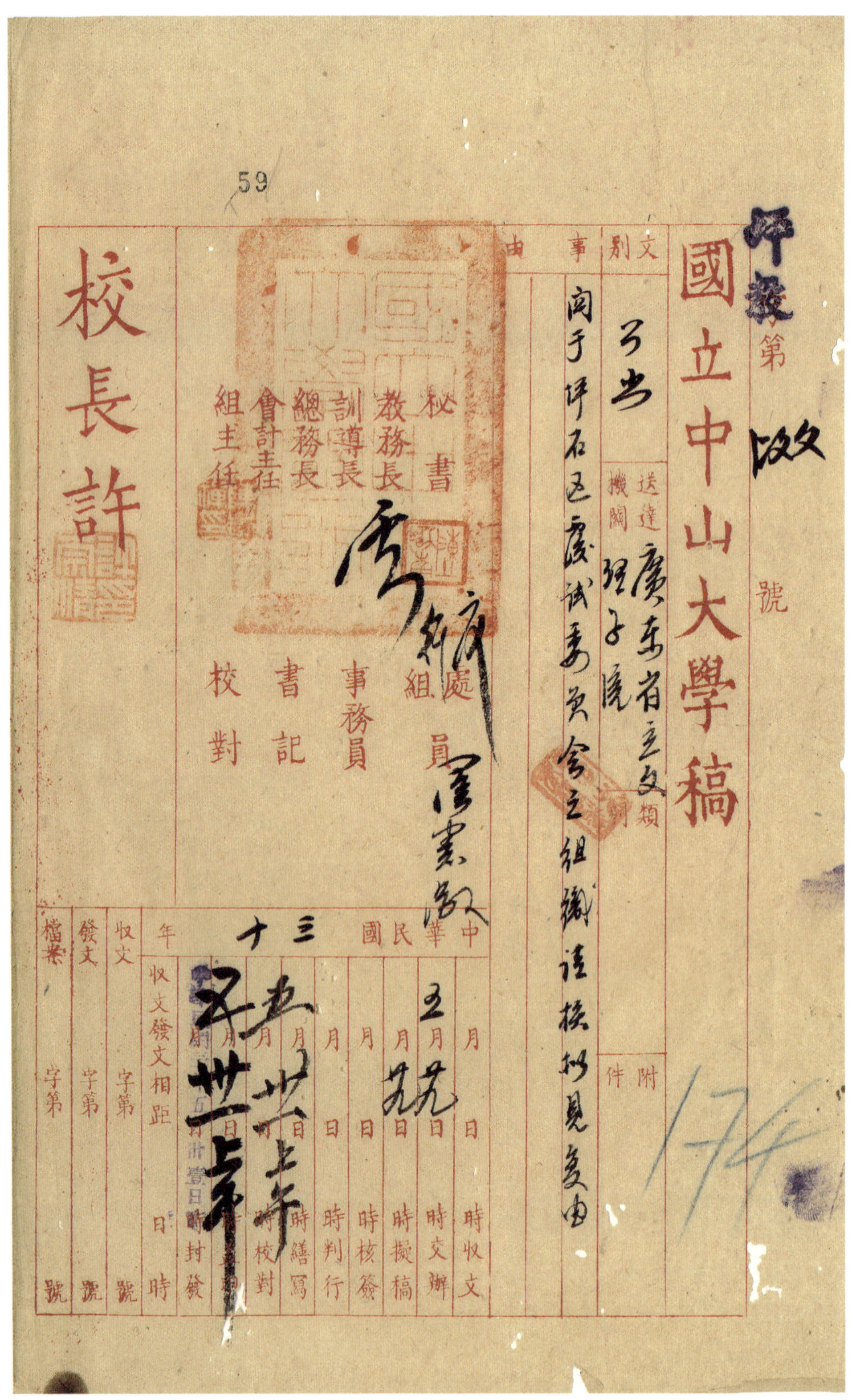
國立中山大學稿

59

文別：公函

送達機關：廣東省立文理學院

事由：關于坪石區覆試委員會之組織請核擬見復由

校長許

中華民國三十年五月廿日

60

現奉

教育部卅年五月十三日高壹八字第一八五〇九號訓令附發第二屆全國專科以上學校學生學業競試委員會第二屆全國專科以上學校學生學業競試各區複試委員會組織規則及各複試區主任委員及指定委員名單，飭遵照辦理，並將辦理情形具報等因，奉此，自當遵辦。查坪石複試區，派本校長為主任委員，貴院長為指定委員，關于複試委員會之組織，自應洽商，以利進行。奉令前因，相應函達，希煩查照核擬見復為荷。此致

廣東省立文理學院院長林

全銜　代理校長許〇〇

私立仲恺农业职业学校关于请派员来校检定设立科目及指导教学方法等情给国立中山大学农学院的函

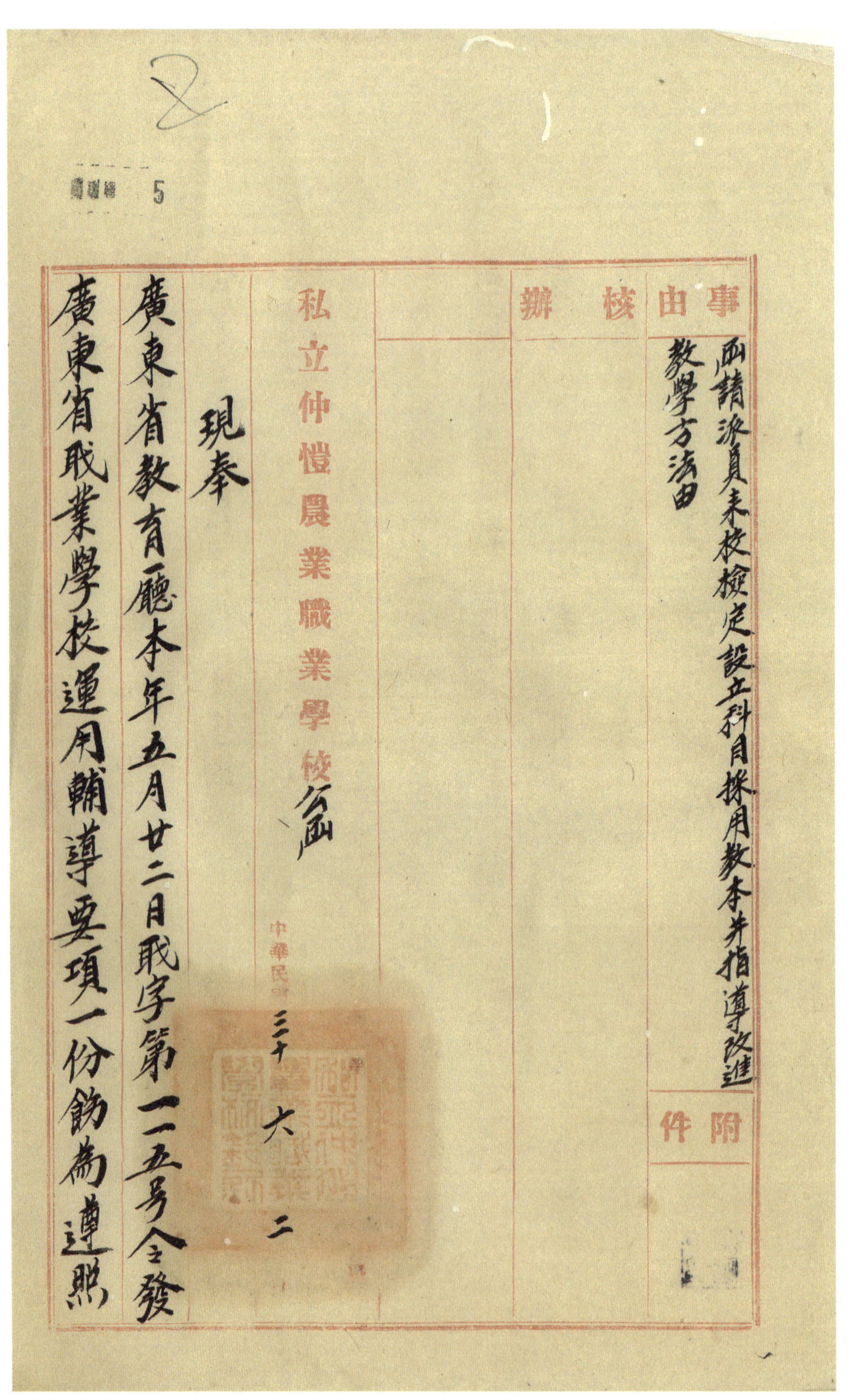

事由：函請派員來校檢定設立科目採用教本并指導改進教學方法由

核辦

附件

現奉

廣東省教育廳本年五月廿二月职字第一一五號令發

廣東省職業學校運用輔導要項一份飭爲遵照

私立仲愷農業職業學校函

中華民國三十六年二

辦理具報等因查本校設立高級農蠶桑兩科所有各科科目採用教本及自編教材均應檢送輔導學院徵詢意見惟此項書籍講義為數不少且屬笨重寄送殊感不便可否由

貴院派員來校檢定抑酌為檢寄同時關於教學方法應如何改進有待於指導者正殷所冀

惠然肯來至所放幸奉令前因相應函達煩為

查照仍祈　見復至感公誼　此致

中山大學農學院

私立仲愷農業職業學校代校長陳鎮頑

私立仲恺农业职业学校关于该校教学科目采用教本之检定办法给国立中山大学农学院的函

事由：関於本校教學科目採用教本之檢定辦法請迅賜見復俾便遵辦由

核辦：

私立仲愷農業職業學校公函

中華民國三十六年六月廿五日

字第　號

附件

前奉

廣東省教育廳本年五月廿二日職字第一一五號令發廣東省職業運用輔導要項関於各科科目及採用教

8

本應檢送輔導學院徵詢意見一案當經本年叁月
二十一日請
貴院派員蒞校檢定同時並請指導教學改進方
法抑將各科教本先行酌為檢寄函達
查照在案未准函復現屆學年終了亟待結束究應
如何辦理之處尚希
見復俾資遵辦為荷
此致
中山大學農學院
私立仲愷農業職業學校代校長陳頌頎

国立中山大学关于派翟克讲师去检定设立科目及指导改进教学方法给私立仲恺农校的函

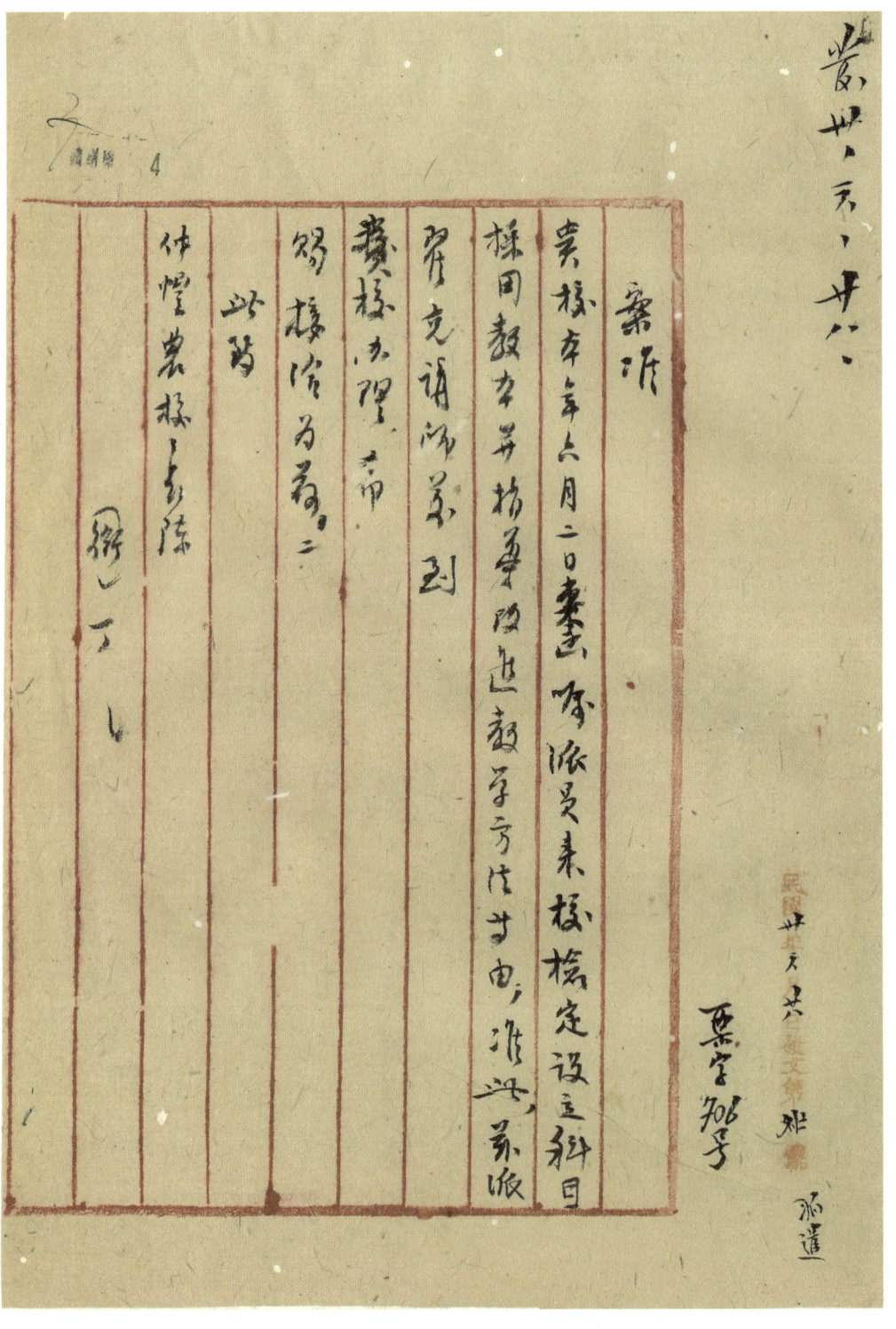

发卅六、六、廿八

案准

贵校本年六月二日函嘱派员来校检定设立科目并指导改进教学方法等由，准此，兹派翟克讲师[illegible]到

贵校办理，希

赐接洽为荷。

此致

仲恺农校校长陈

国立中山大学

私立仲恺农业职业学校代校长陈颂硕关于准函聘任农学院考试委员等情给国立中山大学代理校长许崇清的公函

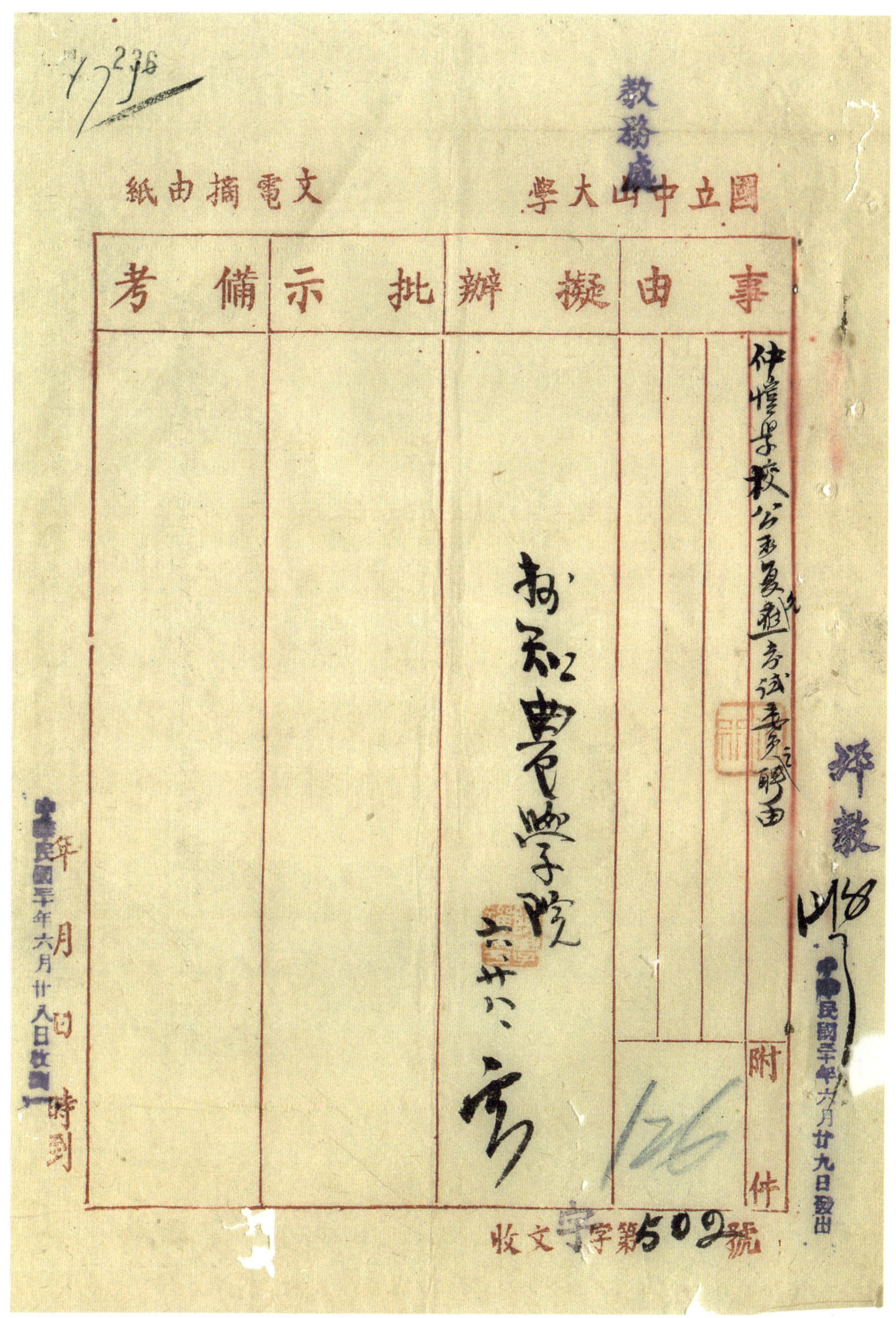
國立中山大學　文電摘由紙

教務處

事由	擬辦	批示	備考
仲愷學校公函復聘考試委員之聘函	卸知農學院 六、廿八		

附件

收文字第502號

中華民國三十年六月廿九日發出

中華民國三十年六月廿八日收到

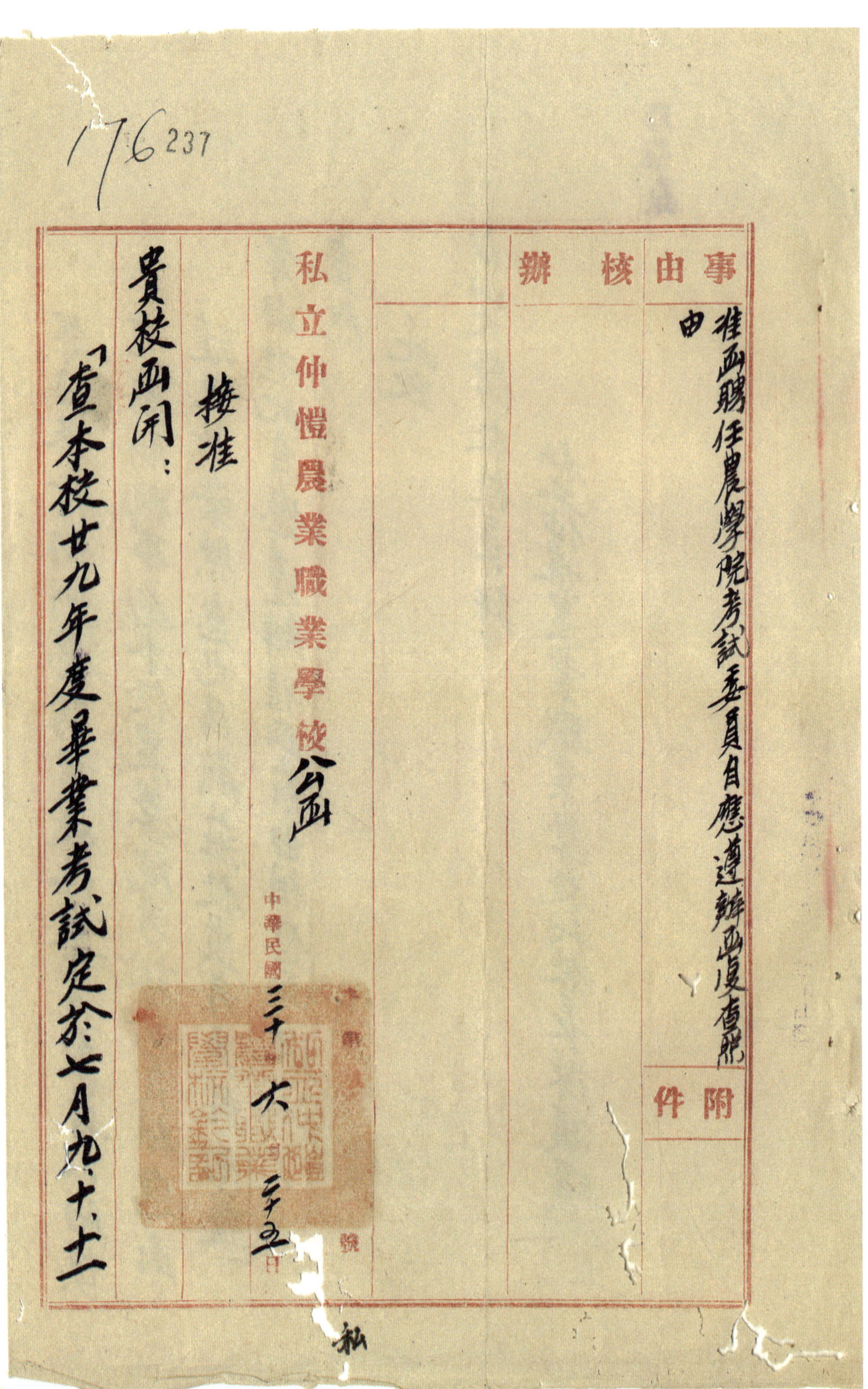
176 237

事由：准函聘任農學院考試委員自應遵辦函復查照

核辦

附件

私立仲愷農業職業學校公函

中華民國三十一年六月三十五日

接准

貴校函開：

「查本校廿九年度畢業考試定於七月九、十、十一

私

等日舉行向例應聘請校外委員監考以昭慎重兹聘執事爲本校農學院考試委員相應函達至祈察照惠允屆期蒞校監考并希見覆

等由准此自應遵辦准函前由相應函復

查照

此致

中山大學校校長許

私立仲愷農業職業學校代校長陳頌碩

广东省立艺术院关于聘任赵越为戏剧系导师的聘书

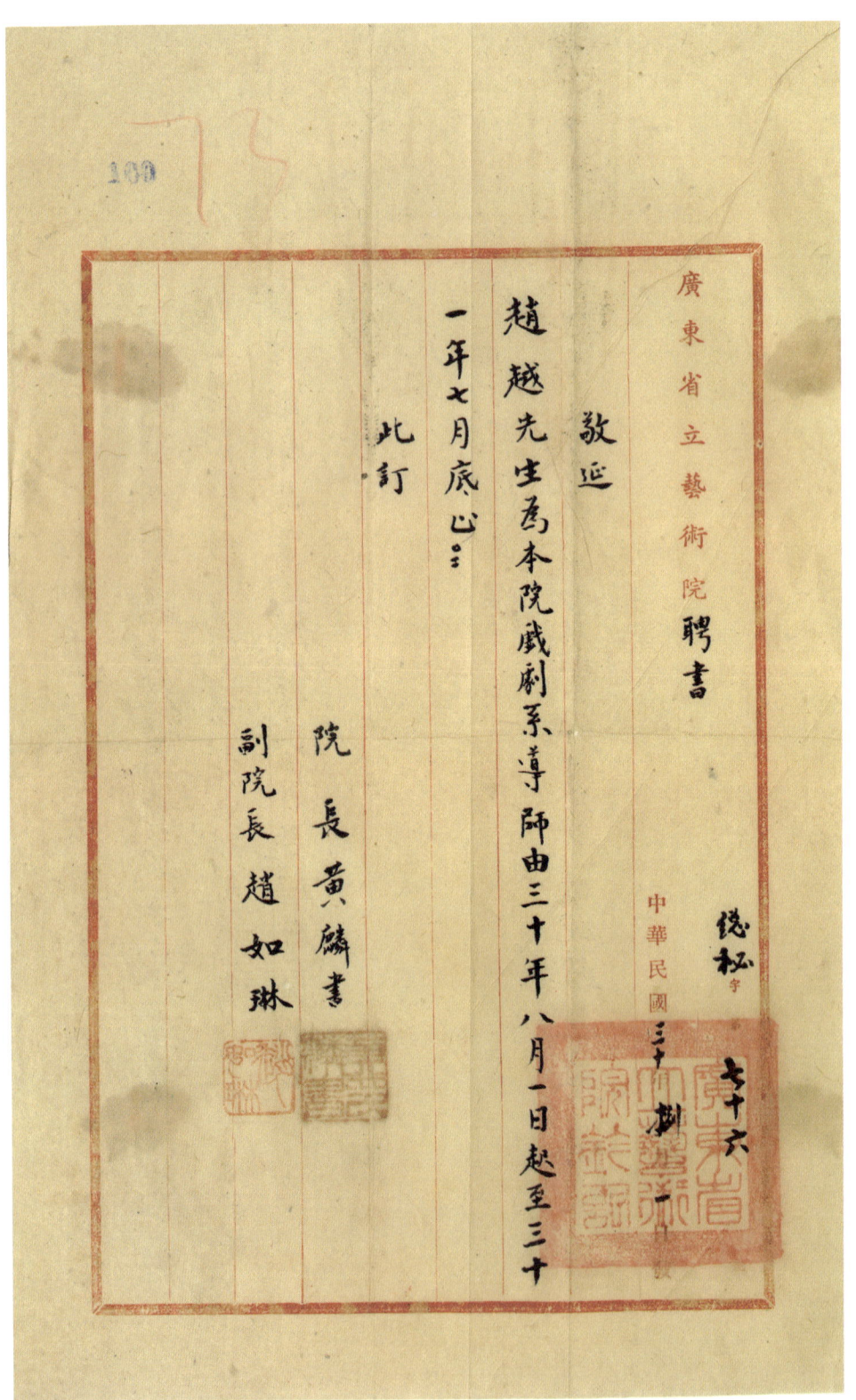

100

廣東省立藝術院聘書

總秘字七十六

敬延

趙越先生為本院戲劇系導師由三十年八月一日起至三十一年七月底止

此訂

院長黃麟書

副院長趙如琳

中華民國三十年捌月一日

私立广州培正培道中学坪石分校关于王蕙英的学历证明书

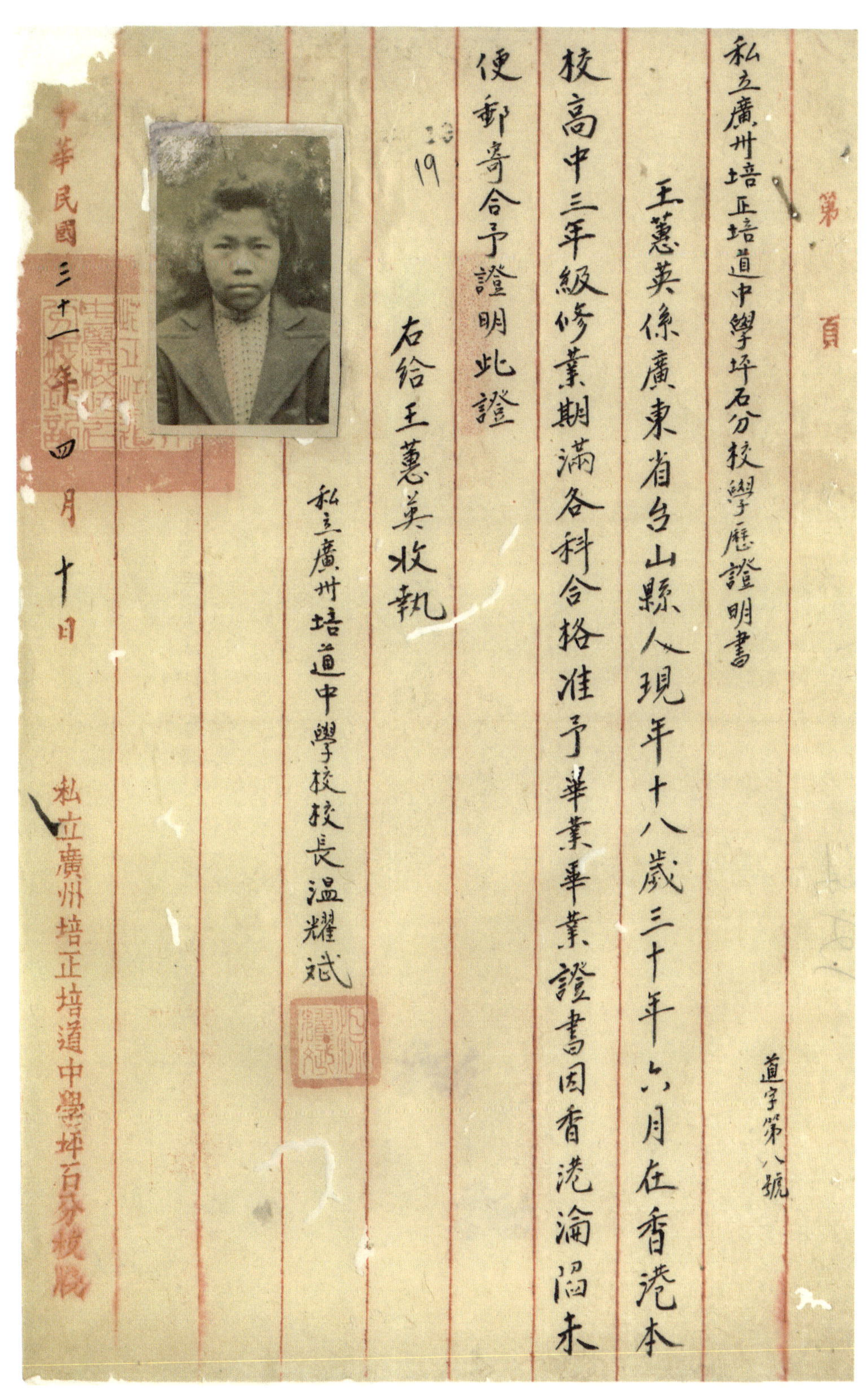
第　頁

私立廣州培正培道中學坪石分校學歷證明書

王蕙英係廣東省台山縣人現年十八歲三十年六月在香港本校高中三年級修業期滿各科合格准予畢業畢業證書因香港淪陷未便郵寄合予證明此證

右給王蕙英收執

私立廣州培道中學校校長温耀斌

道字第八號

中華民國三十一年四月十日

私立廣州培正培道中學坪石分校

广东省立文理学院院长黄希声关于参加全国专科以上学校学生学业竞试复试给竞赛复试委员会的函

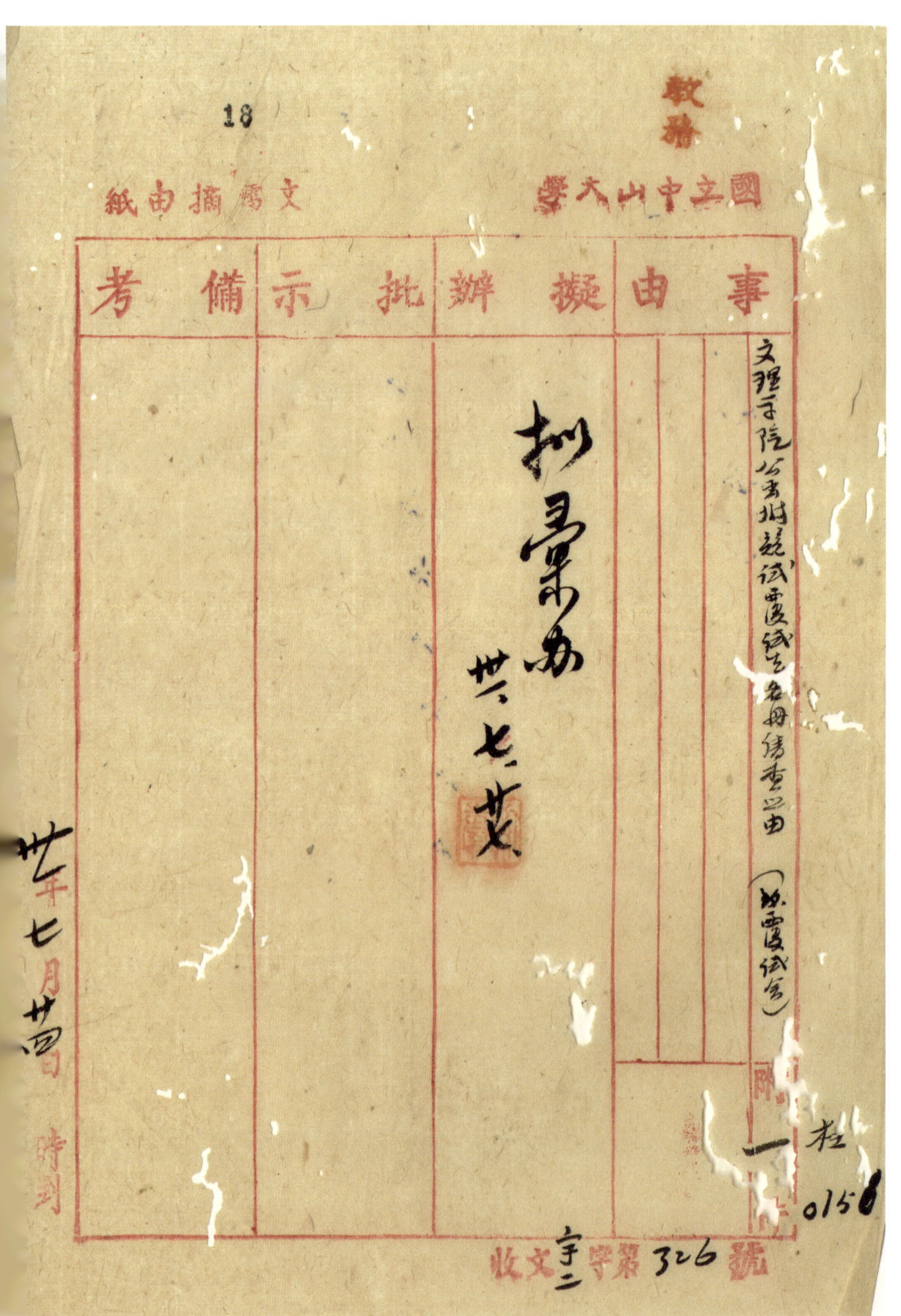
18

國立中山大學 文書摘由紙

事由 擬辦 批示 備考

文理学院公函 转競試委复試会名册请查照由（致委复試会）

擬照發

卅七、艾

卅年七月廿四日 時到

一柱 0156

收文字第三字326號

19

广东省立文理学院公函

决定	审拟	办拟	原案	案由
				函送参加全国专科以上学校学生学业竞试复试名册 请查照由

会章

复文请叙明本院発年月日字轨号数

民国　年　月　日到

收文　字第　号

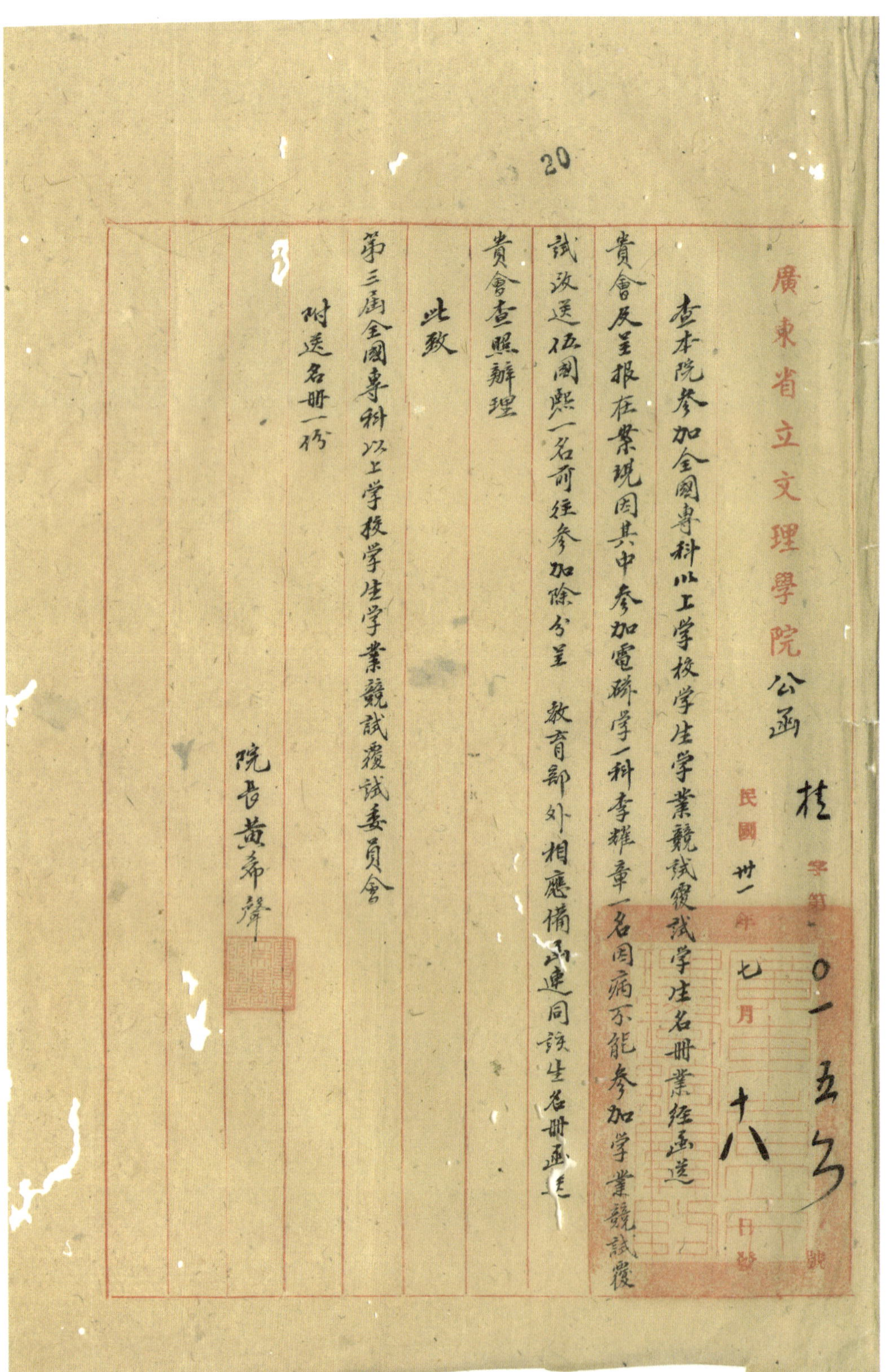

20

廣東省立文理學院公函

桂字第〇一五六號

民國卅一年七月十八日發

查本院參加全國專科以上学校学生学業競試覆試学生名冊業經函送

貴會及呈報在案現因其中參加電磁学一科李耀章一名因病不能參加学業競試覆

試改送伍國熙一名前往參加除分呈　教育部外相應備函連同該生名冊函達

貴會查照辦理

此致

第三屆全國專科以上学校学生学業競試覆試委員會

附送名冊一份

院長黄希聲

粤桂区公立各院校联合招生委员会关于转发一九四二年度广东省立文理学院新生入学须知一事的布告

照出件存查

九、十六

三十一年度粤桂區公立各院校聯合招生委員會佈告

前准國立中山大學轉到廣東省立文理學院本年六月四日函附三十一年度該學院新生入學須知一份請查照辦理等由准此合行佈告仰取錄本年度該學院新生一体知照此佈

附錄三十一年度廣東省立文理學院新生入學須知於後

召集人金曾澄

中華民國三十一年九月十二日

卅一年度文理學院新生入學須知

入學須知

（佈告已另貼）

考

第10號

收文玄字第214號

中華民國卅一年九月拾五日收到

(一)、凡經取錄學生須在規定日期(另行公佈)內覓妥保店或保證人(其保證辦法依照中等以上學校學生保證章程辦理)到曲江桂頭本院訓導處報到填具保證書向會計室清繳各費再憑繳費證件到教務處註冊

(二)、新生一律免繳學費宿費惟于入學時須繳保證金國幣拾四元在學期間如有損壞校具及實驗器具等事須由保證金中扣償每學期末清算一次其被扣除數仍於次學期註冊時補足之至畢業時再清算發還如有途中退學者概不發還保證金又宿舍所用燈油須由學生自備

公費及貸金

(一)、家境清貧而成績優秀之學生得於入學後依照本院設置公費學額暫行辦法申請公費待遇此項辦法可向各招生區報名處索取

(二)、家在戰區經濟確屬困難者得於入學後依照戰區學生貸金辦法向本院申請貸金

广东国民大学附设训练班驻韶办事处关于成本会计进修班上课时间的通知书

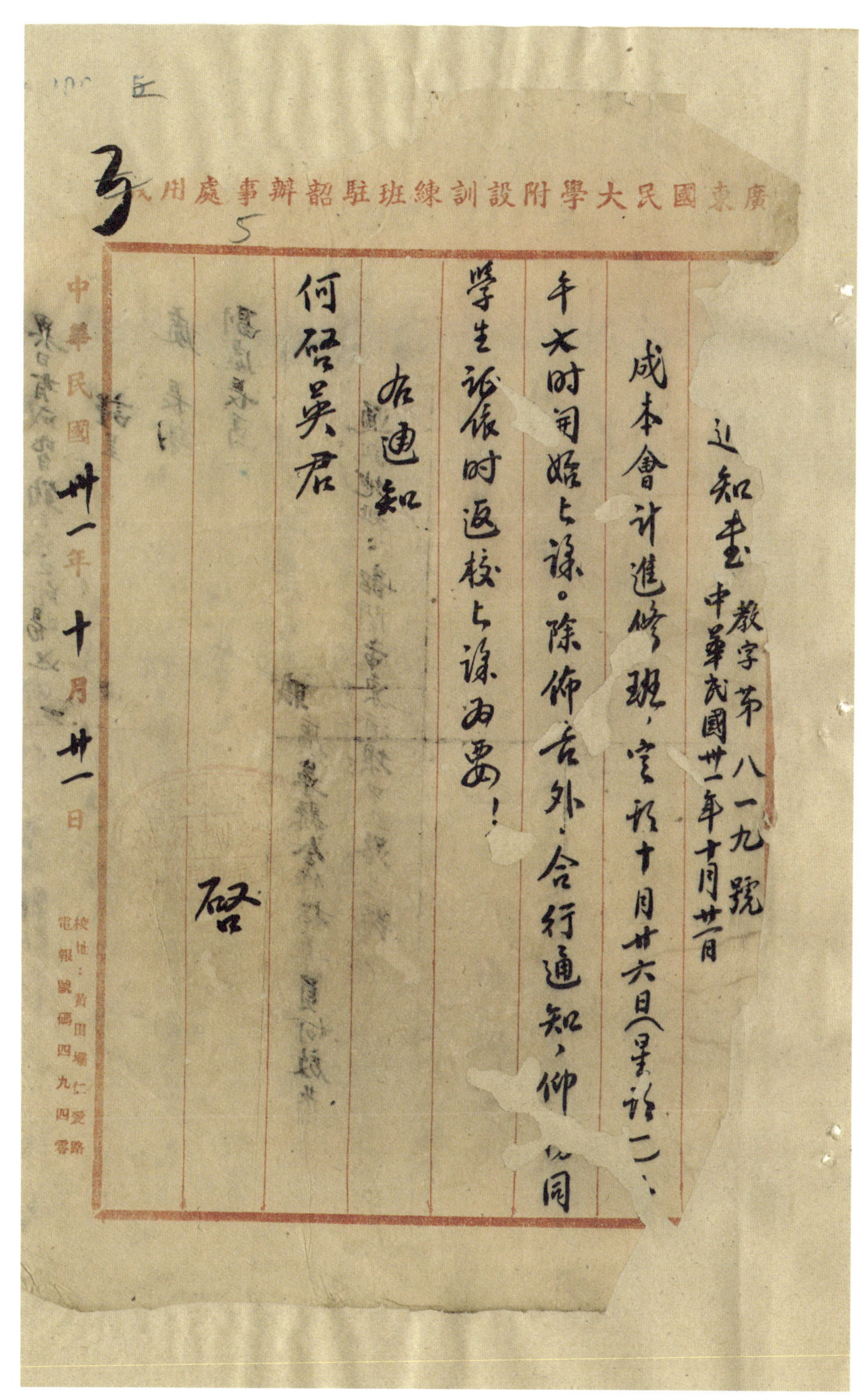

廣東國民大學附設訓練班駐韶辦事處用箋

逕知者　教字第八一九號　中華民國卅一年十月廿一日

成本會計進修班，定於十月廿六日（星期一）、午六時開始上課。除佈告外，合行通知，仰該同學生等依時返校上課為要！

此通知

何啟昊君

啟

中華民國卅一年十月廿一日

校址：曲江黃田壩仁愛路　電報號碼四九四零

关于聘甘洁贞为私立广州培正培道中学坪石分校专任教员的关约

關 約

敬延

甘潔貞　先生爲本校專任教員奉訂如左

(一) 專任本校教員或職員，不得兼任外席。

(二) 專任職員辦公時間，由學校另定。

(三) 專任教員所任功課時間，每星期不過二十小時，所定之時間，係專指上堂教授，在課堂内須負全責管理，其餘學生之生活，及校内之任務，如公衆演講，交際等事，凡可以振興本校之精神者，職教員均有職責，各因其才之所長，選擇担任，若係駐校教員，須任管理宿舍，及自修堂等事。

(四) 倘有告假，則由學校代覓替人，惟該替人薪金，係在先生原薪項下，由學校代爲撥給。

(五) 已規定之課程及鐘點，非經校長或級主任許可，不得更改或加減。

(六) 每屆開學，須依期到校，免碍學生功課。

(七) 每月致送薪金國幣　壹佰　元，如先生不教夏令館則停送是月薪金。

(八) 先生收到此關約後請于十日内答覆，免碍學校進行，逾期作不就任論。

(九) 以上條件，雙方均須尊重，如欲更改或解除，須先於一個月前提出。

民國廿七年二月一日至廿七年八月廿七日

私立廣州培正道中學坪石分校校長　楊元勳

主任　温耀斌　林瑞銘

謹訂

中華民國卅七年一月五日訂

附職教員待遇細則

（一）專任職教員之聘請均以一年計算由九月一日起至次年八月底止但因事不能教夏令館則減送一月薪金新聘職教員其第一期以一學期計算概照下列條例辦理

（甲）秋季開始任職者支薪五個月另補給夏令假半月薪如春季繼續聘任則照全年計算

（乙）春季開始任職者支薪五個月另給夏令假半月薪如教夏令館則多送薪一月

（丙）中途聘請者第一次由聘請之日計延至學期終或停職之日止

（二）職教員倘中途辭職其薪俸計至任務停止之日爲止

（三）職教員請假不論久暫必須預得校長或級主任許可並商訂時間補授功課或請人代課該代課人先得校長或級主任認可倘逾期仍未返校則作爲自行辭職論照第二條辦理

（四）兼任職教員支薪每學期以五個月計算如學校須請其教夏令館時薪金另訂之

（五）職教員在本校專任受職每連續七年期學校另送薪半年以資酬勞如欲更求深造者可呈請校長批准發給全年薪俸

（六）在任之專任職教員經連續服務二年以上者其子女來校就學得免學費其餘各費一律照繳

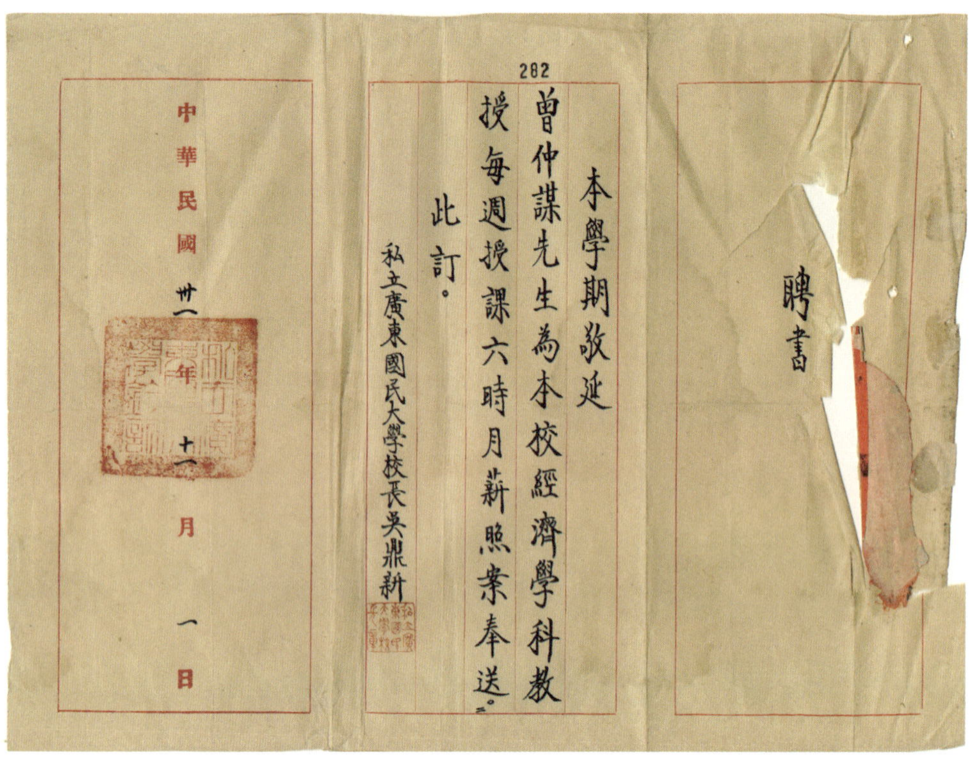

282

聘書

本學期敬延

曾仲謀先生為本校經濟學科教

授每週授課六時月薪照案奉送

此訂。

私立廣東國民大學校長吳鼎新

中華民國卅一年十一月一日

私立广东国民大学吴鼎新校长聘曾仲谋先生为经济学科教授的聘书

私立广州培正培道中学坪石培联青年会关于邀请李沛文出席成立典礼的邀请函

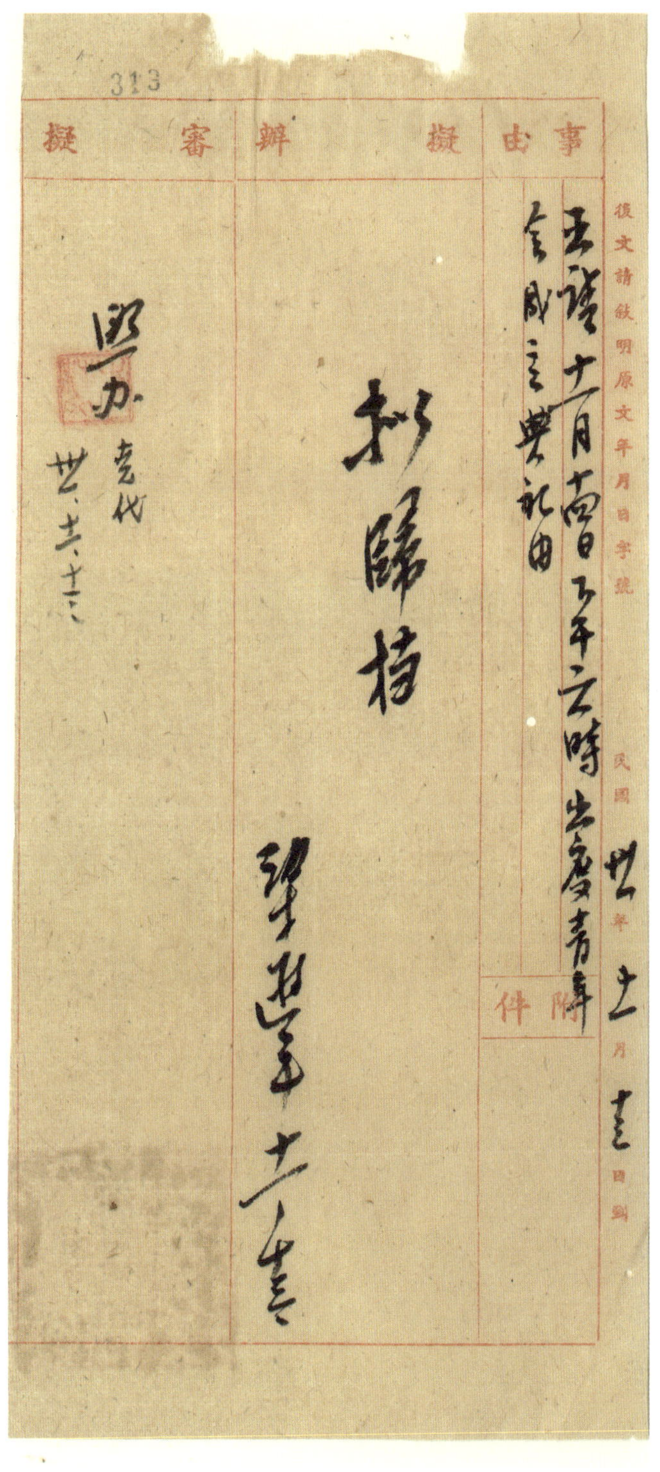

事由　函請十一月十四日下午六時出席青年會成立典禮由

擬

辦

審

擬

附件

復文請敍明原文年月日字號

民國　　年　　月　　日到

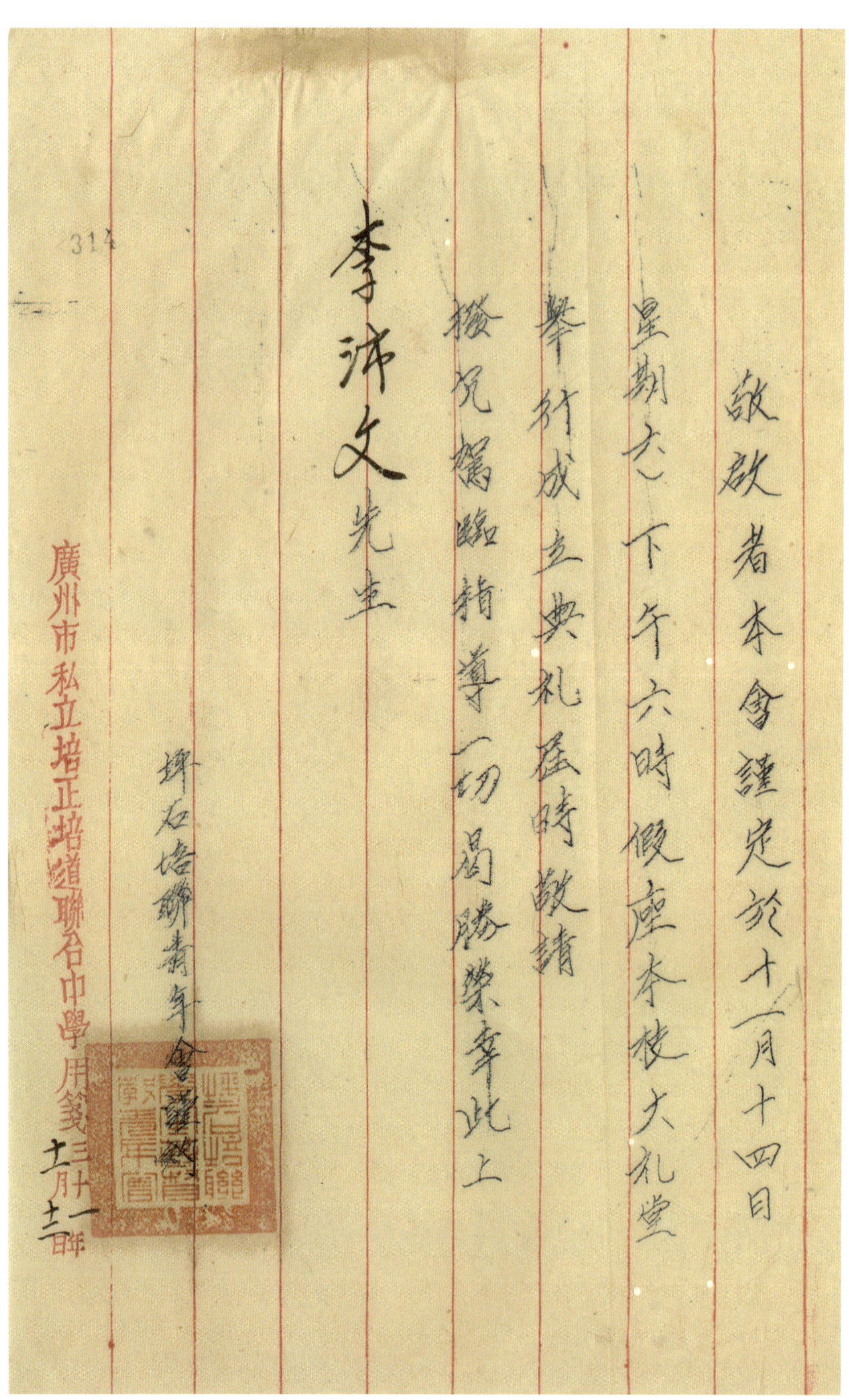

敬啟者本會謹定於十一月十四日
星期六下午六時假座本校大礼堂
舉行成立典礼屆時敬請
撥冗駕臨指導一切曷勝榮幸此上
李沛文先生
坪石培聯青年會謹啟

廣州市私立培正培道聯合中學用箋
三十一年十一月十二日

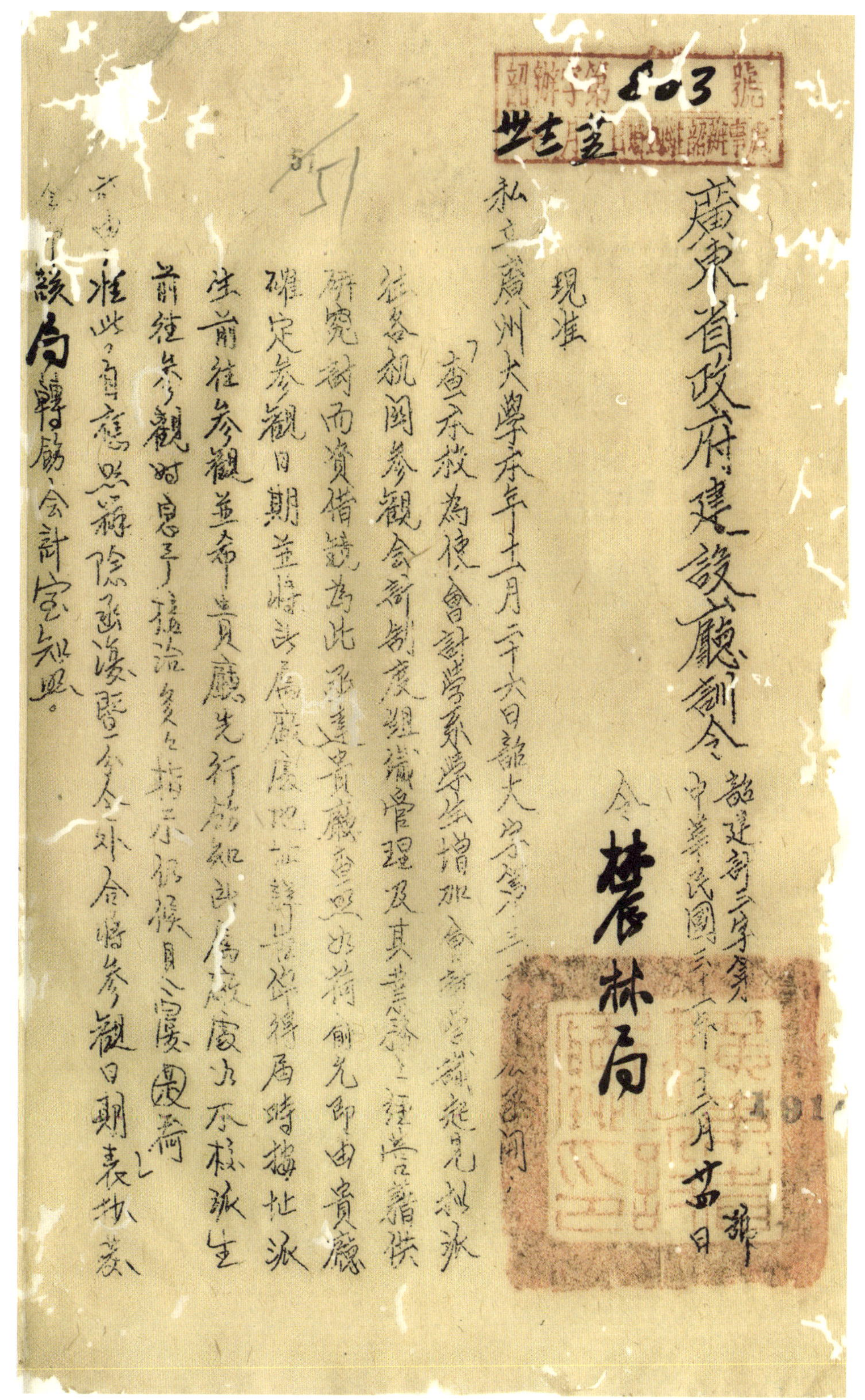

廣東省政府建設廳訓令

韶建訓三字第八號
中華民國三十一年十二月廿四日發

令農林局

現准

私立廣州大學本年十一月二十六日韶大字第八三二號公函開：「查本校為使會計學系學生增加會計學識起見，擬派該系學生往各機關參觀會計制度、組織、管理及其業務之詳情，藉供研究討論而資借鏡。為此函達貴廳，查照，如荷俞允，即由貴廳確定參觀日期，並將該局廠處地址詳示，俾得屆時按址派生前往參觀，並希貴廳先行飭知該局廠處，與本校派生前往參觀時，惠予接洽，多予指示，俾獲實益，[illegible]荷」等由。准此，自應照辦。除函復暨分令外，合將參觀日期表抄發，令仰該局轉飭會計室知照。

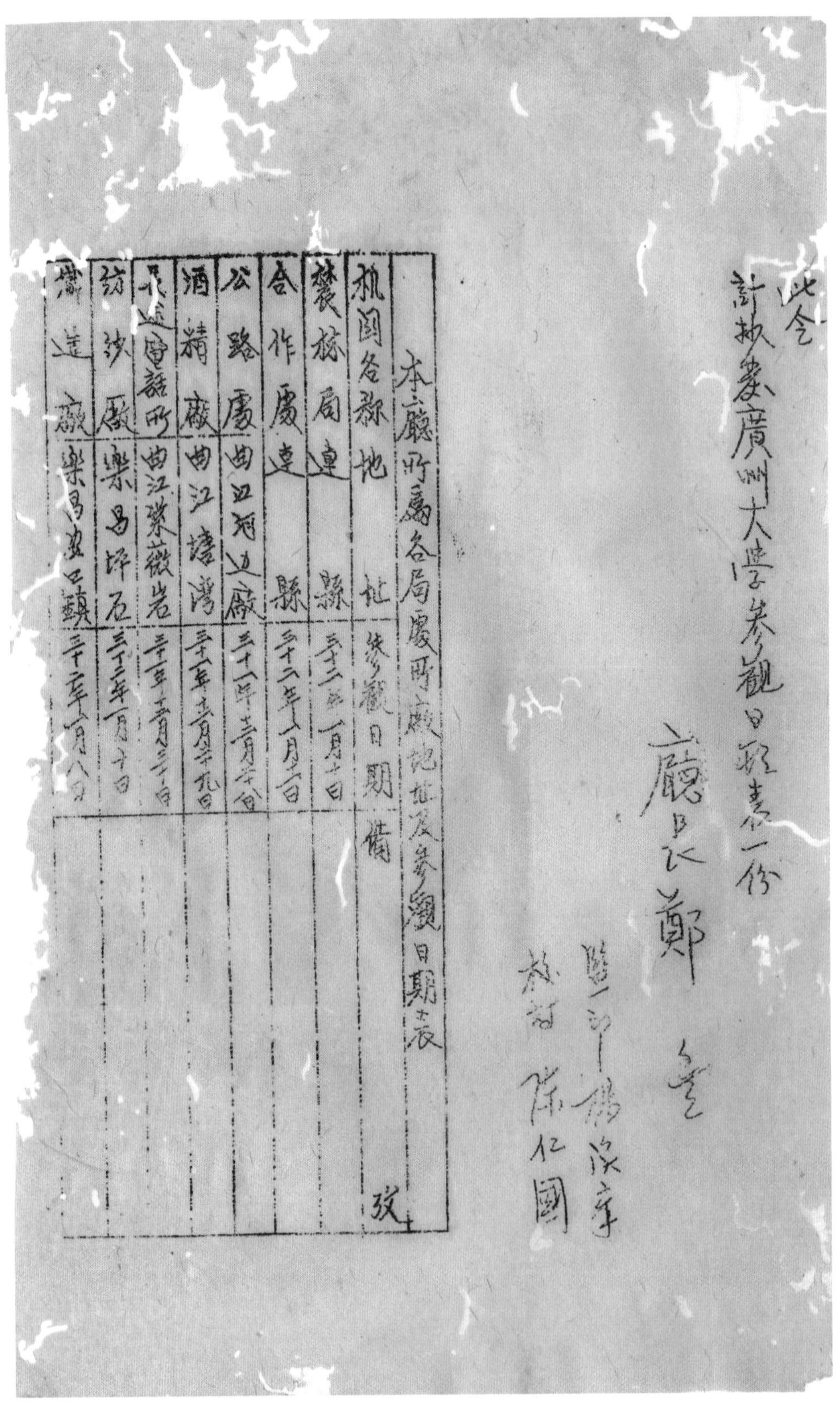

此令

計抄發廣州大學參觀日程表一份

廳長 鄭 [illegible]

監印 [illegible]

校對 陳仁國

本廳所屬各局處所廠地址及參觀日期表

機關名稱	地址	參觀日期	備考
蠶絲局	連縣	三十二年一月十日	
合作處	連縣	三十二年一月十日	
公路處	曲江河邊廠	三十一年十二月廿八日	
酒精廠	曲江[illegible]灣	三十一年十二月廿九日	
長途電話所	曲江[illegible]岩	三十一年十二月三十日	
紡紗廠	樂昌坪石	三十二年一月十日	
織造廠	樂昌[illegible]口鎮	三十二年一月八日	

国立中山大学电工系学生陈作源关于请准予以原校省立文理学院一年级成绩作为该校工学院一九四〇年度一年级成绩并确定学籍等情给工学院陈宗南院长的呈

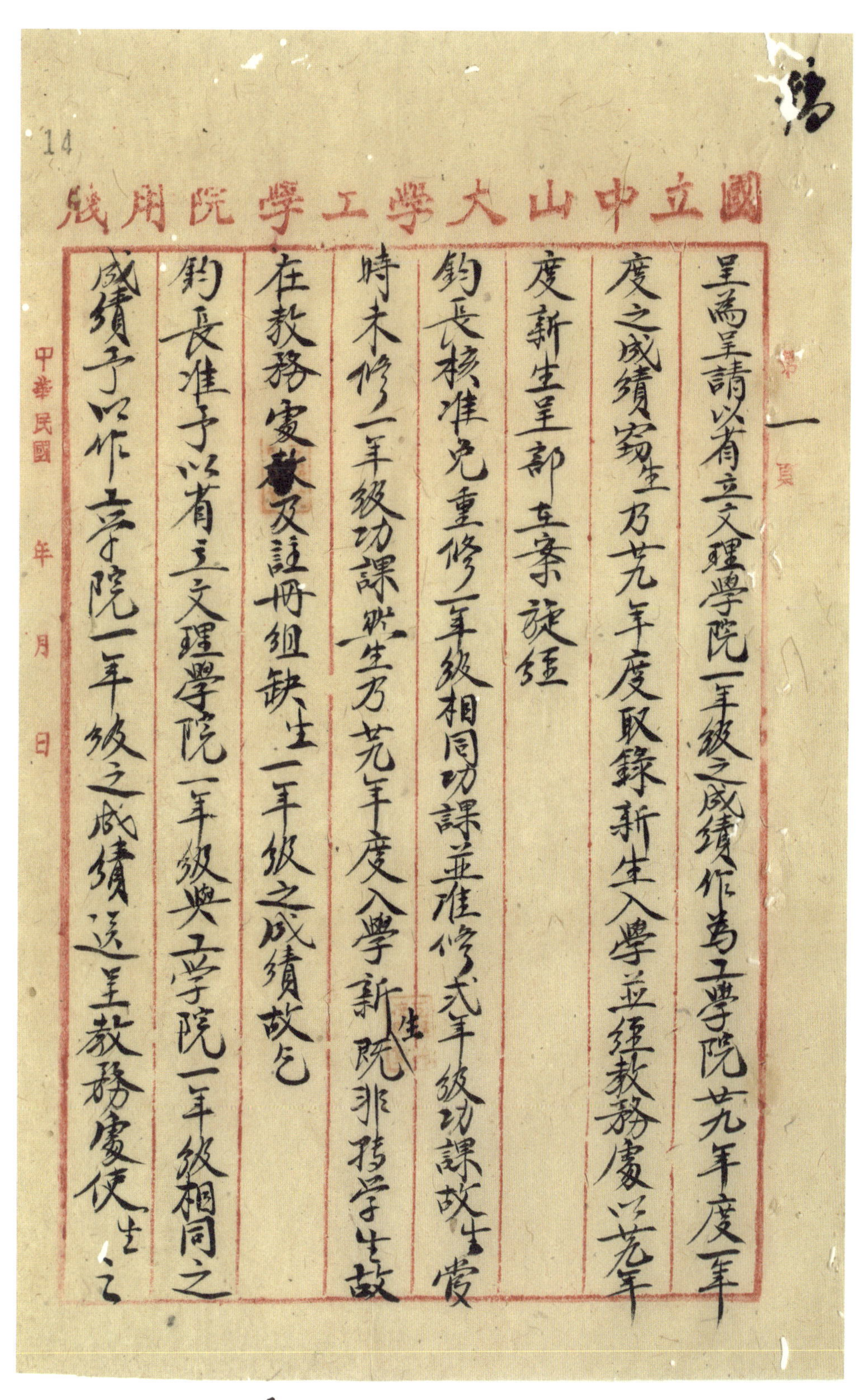

14

國立中山大學工學院用箋

第一頁

呈為呈請以省立文理學院一年級之成績作為工學院廿九年度一年度之成績竊生乃廿九年度取錄新生入學並經教務處以廿九年度新生呈部在案旋經鈞長核准免重修一年級相同功課並准修弍年級功課故生實時未修一年級功課然生乃廿九年度入學新生院非轉學生故在教務處及註冊組缺生一年級之成績故乞鈞長准予以省立文理學院一年級與工學院一年級相同之成績予以作工學院一年級之成績送呈教務處使生之

中華民國　　年　　月　　日

15

國立中山大學工學院用箋

一式二年級成績表全份尚乞准予所請寔叨德便謹呈

工學院院長陳

電工系三年級學生陳作源謹呈

中華民國卅六年二月十三日

专业指导员关于补缴健康检验证明书及仲恺学校证明书等情的呈文

本年五月二十一日奉
鈞團同年月十日連糧人字第一八二三號簽覆表畧以
欠繳仲愷學校畢業證書應即補繳此外並須補
填健康檢驗証明書三份一併繳團以憑核轉等
因附發健康檢驗証明書三份奉此遵經前往樂
昌縣衛生院檢驗完竣奉令前因理合備文連
同健康檢驗証明書三份及仲愷學校証明書乙
紙呈繳
核轉懇請給予証明文件收據寔為公便！
謹呈

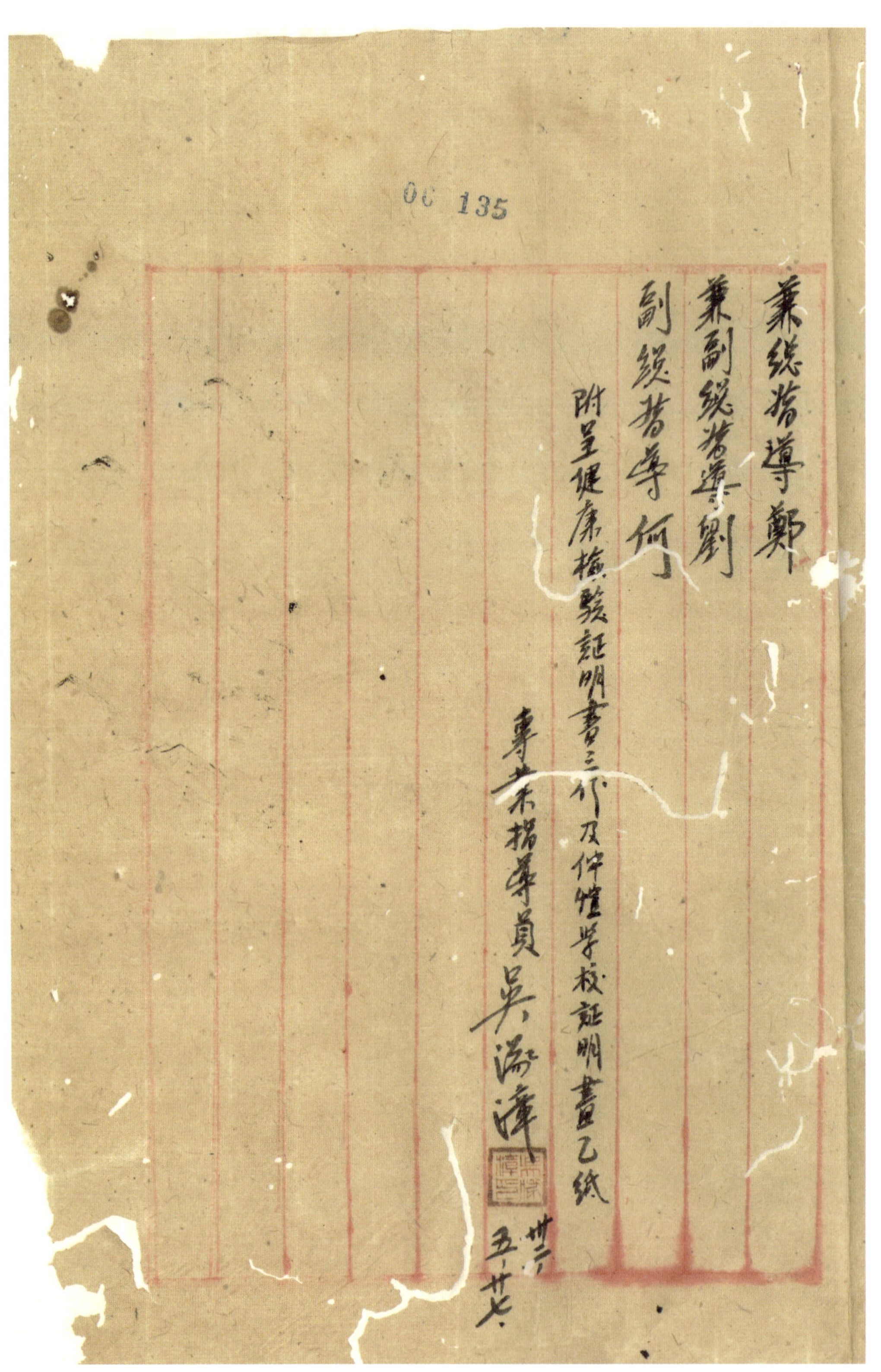

兼总指导郑

兼副总指导刘

副总指导何

附呈健康检验证明书三份及仲恺学校证明书乙纸

专业指导员吴灏泽

卅六　五、廿七

私立广东国民大学校长吴鼎新关于侵占校地擅行建筑请迅即饬令拆卸将地交还应用以维教育给建设厅厅长的公函

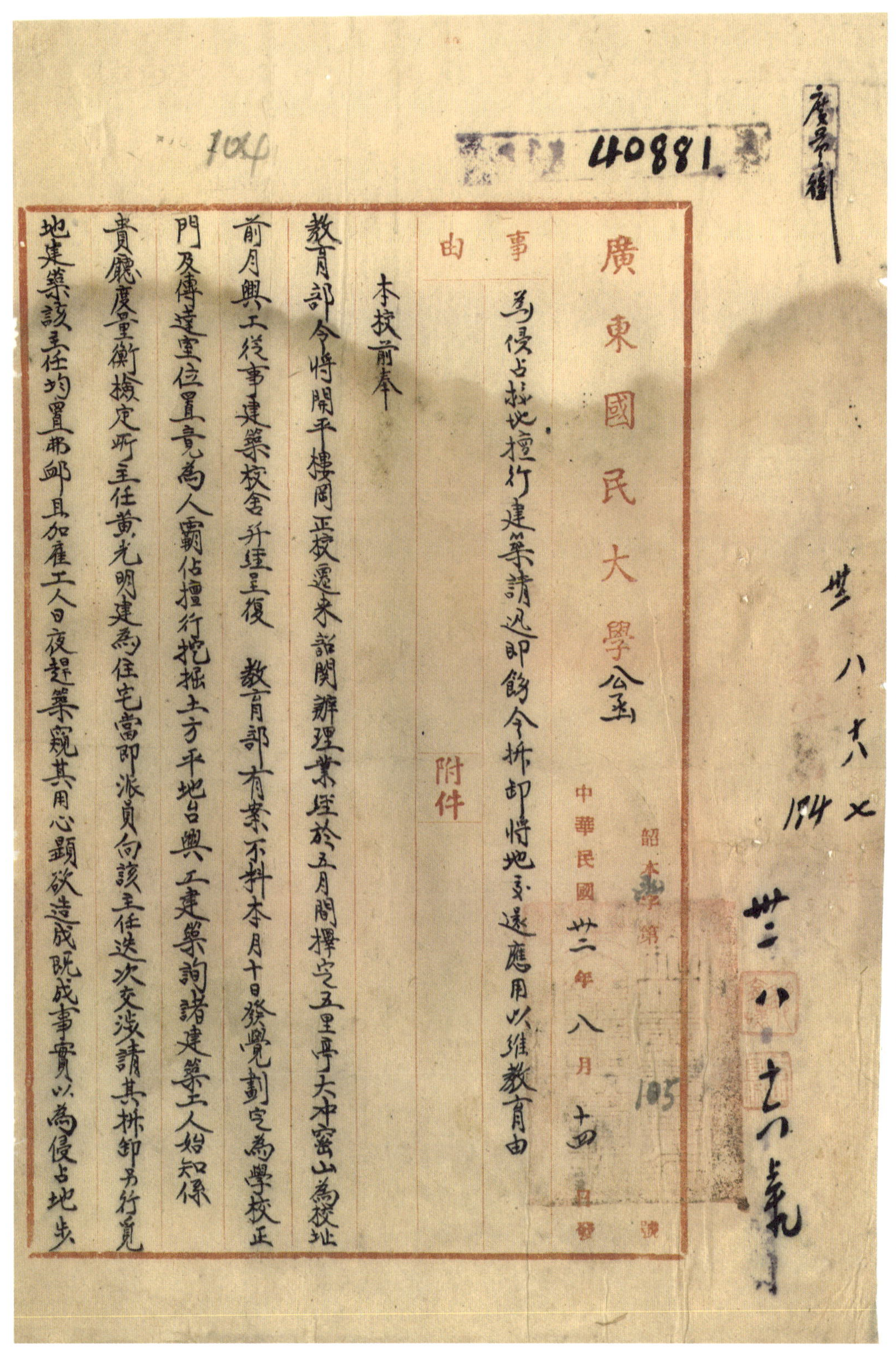

104　40881

廣東國民大學公函

事由：為侵占校地擅行建築請迅即飭令拆卸將地交還應用以維教育由

附件

中華民國卅二年八月十四日發　韶本學第　號

本校前奉
教育部令將開平樓岡正校遷來韶閱辦理業經於五月間擇定五里亭大坪窰山為校址
前月興工從事建築校舍并經呈復
教育部有案不料本月十日發覺劃定為學校正
門及傳達室位置竟為人霸佔擅行挖掘土方平地台興工建築詢諸建築工人始知係
貴廳度量衡檢定所主任黃光明建為住宅當即派員向該主任迭次交涉請其拆卸另行覓
地建築該主任均置弗邮且加雇工人日夜趕築窺其用心顯欲造成既成事實以為侵占地步

卅二　八　十八　184　七

卅二　八　十八

105

105

復查該主任未經呈准主管機關擅行建築似此行爲實屬大違法紀相應函達

貴廳務希飭令該主任立即將建築物拆卸併將地交還應用以維教育而戢野心是荷。

此致

廣東省建設廳廳長鄭

校長吴鼎新

关于要求私立广东国民大学赔偿拆毁建筑物等情给广东省建设厅的签呈

查私立廣東國民大學欲還建者，係本年所建築工程之一部份，已建築及半，本年月十五日午間接到鈞廳魏主任秘書通知，以國民大學派出吳魯寬君到廳磋商，可補回還建費，請還原該地，囑即停止建築等由；仝時接鈞廳第四科李科長電話，囑同前因，經即將該部份工程停止建築，該處擇地還建。詎翌（十六）晨七時許，竟有[illegible]經到廳磋商之吳魯寬，帶國民大學之學生工人數十人，逕行將該處建築物毀拆，工料不免損耗，當時經鈞廳派出專員兩視察，諸勘被毀拆屬實，此種損失，自應由國民大學負責賠償，並撥建築工人單到損失壹千玖百六十七元

110

（113）

五角，恳请补偿前来，此项损失，未系预算所载，理合检

同原单呈请钧电国民大学如数补偿，以俾发给。谨呈：

厂长郑

附呈工人刘志鸿工料损失单壹纸

职［印］谨签 卅六、八、十九、

广东省立广州女子师范学校校长李雪英关于该校训导主任朱明光前去进修事宜给国立中山大学的函

58

總務

國立中山大學文電摘由紙

事由	擬辦	批示	備考
粤女師函知該校訓導主任朱明光到校進修日期由	擬函[illegible]是否即本校訓導員朱明光同是一人送請訓導處查復		

附件

收文 月字第 51 號

32年3月19日 到

廣東省立廣州女子師範學校公函

連總字第壹玖玖號

中華民國卅二年三月九日

事由：為本校訓導主任朱明光奉令前列 貴校報到進修函達 查照由

附件

查本校訓導主任朱明光於去年六月休假進修，當由該員擬具研究農貸計劃轉報廣東教育廳核示在案。現奉本年三月三日師字第一七羨號訓令內開：

「查該校教員朱明光休假進修一案，前經 教育部卅一年十月一日中字第三九二四二號令核准並指定於卅

60

一年十月底到国立中山大学进修，有案。嗣据该员来
厅函称，以奉文过迟，请将进修时间展至卅一学年度
第二学期等语。查该员所称尚属实情，应予照准。除据
情转报
教育部核备外，仰即转知该员于本年二月底以
前到国立中山大学报到进修，并具报为要。」
等因，奉此，自应遵办。除转知朱明光先生依期前赴
贵校报到外，相应函达
查照办理为荷。此致
国立中山大学

广东省立广州女子师范学校校长李雪英

广东省教育厅关于一九四二年八月份平价米代金一事给省立文理学院的训令

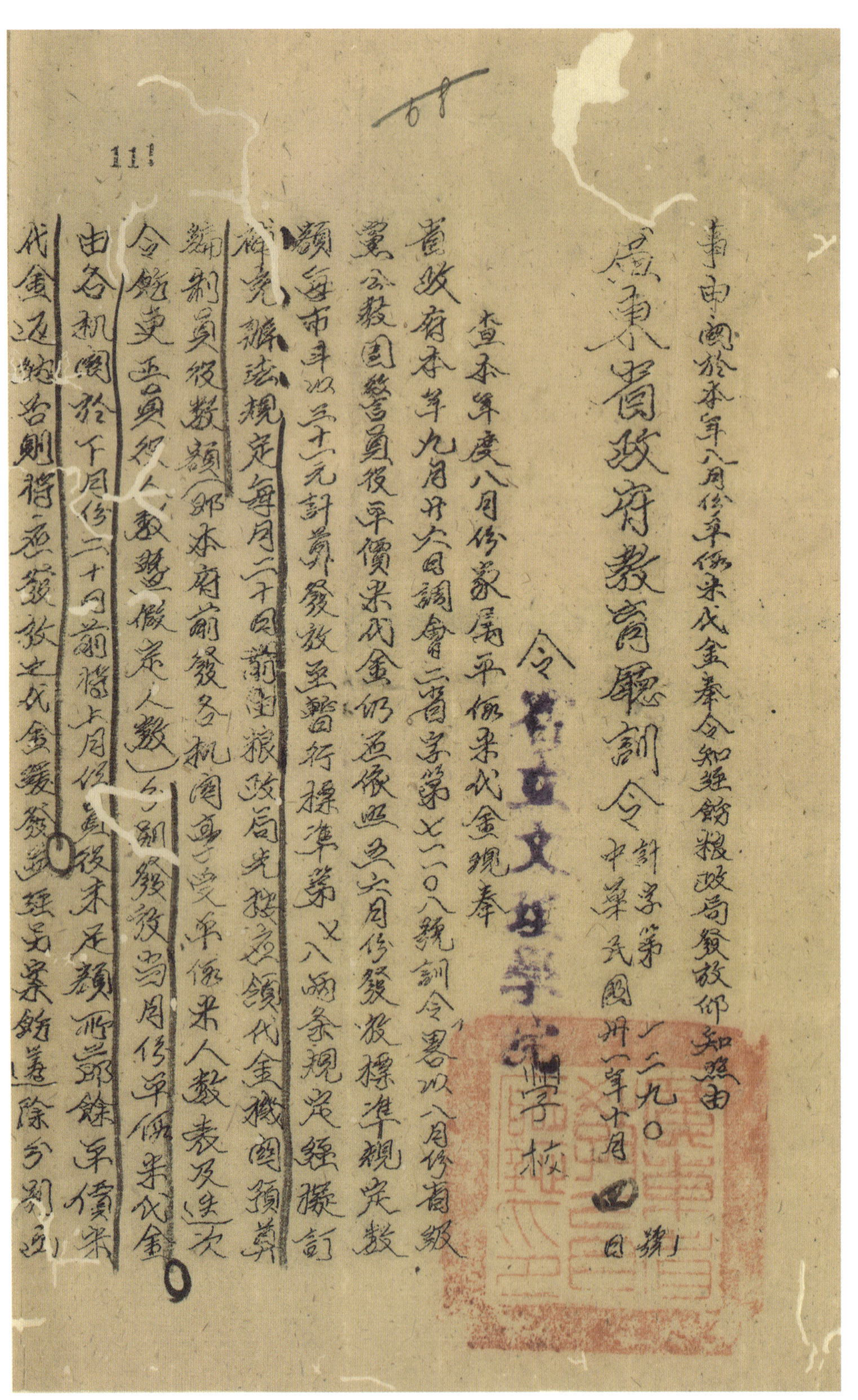

事由：关于本年八月份平价米代金奉令知照饬粮政局发放仰知照由

广东省政府教育厅训令　计字第一二九〇号

中华民国卅一年十月四日

令省立文理学院学校

查本年度八月份家属平价米代金现奉

省政府本年九月廿六日调会二西字第七一一〇八号训令略以八月份省级党公教团警员役平价米代金仍应依照五六月份发放标准规定数额每市斗以三十六元计算发放至暂行标准第七八两条规定经核订办法规定每月二十日前由粮政局先按应领代金机关预算编制员役数额（即本府前发各机关直接受平价米人数表及迭次令饬更正员役人数暨假定人数）分别发放当月份平价米代金由各机关于下月份二十日前将上月份员役未足额所节余平价米代金迳缴省财厅总发放之代金暨发过经另案饬遵除分别函

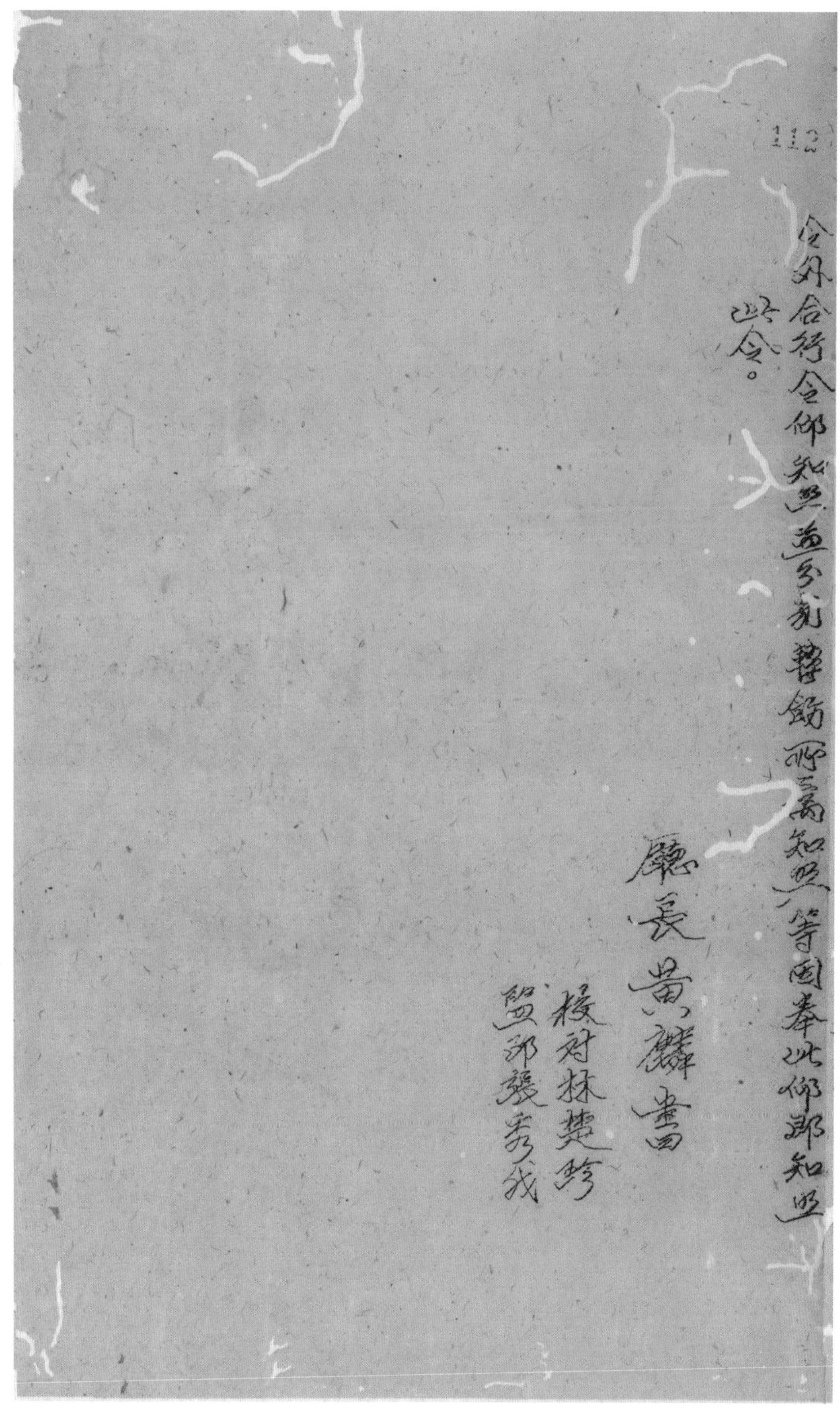
112

令外合行令仰知照，並分別轉飭所屬知照，等因奉此，仰該知照
此令。

廳長　黃麟書

校對　林楚玲

監印　龔秀我

私立广州大学理工学院土木工程系学生潘煜均成绩表

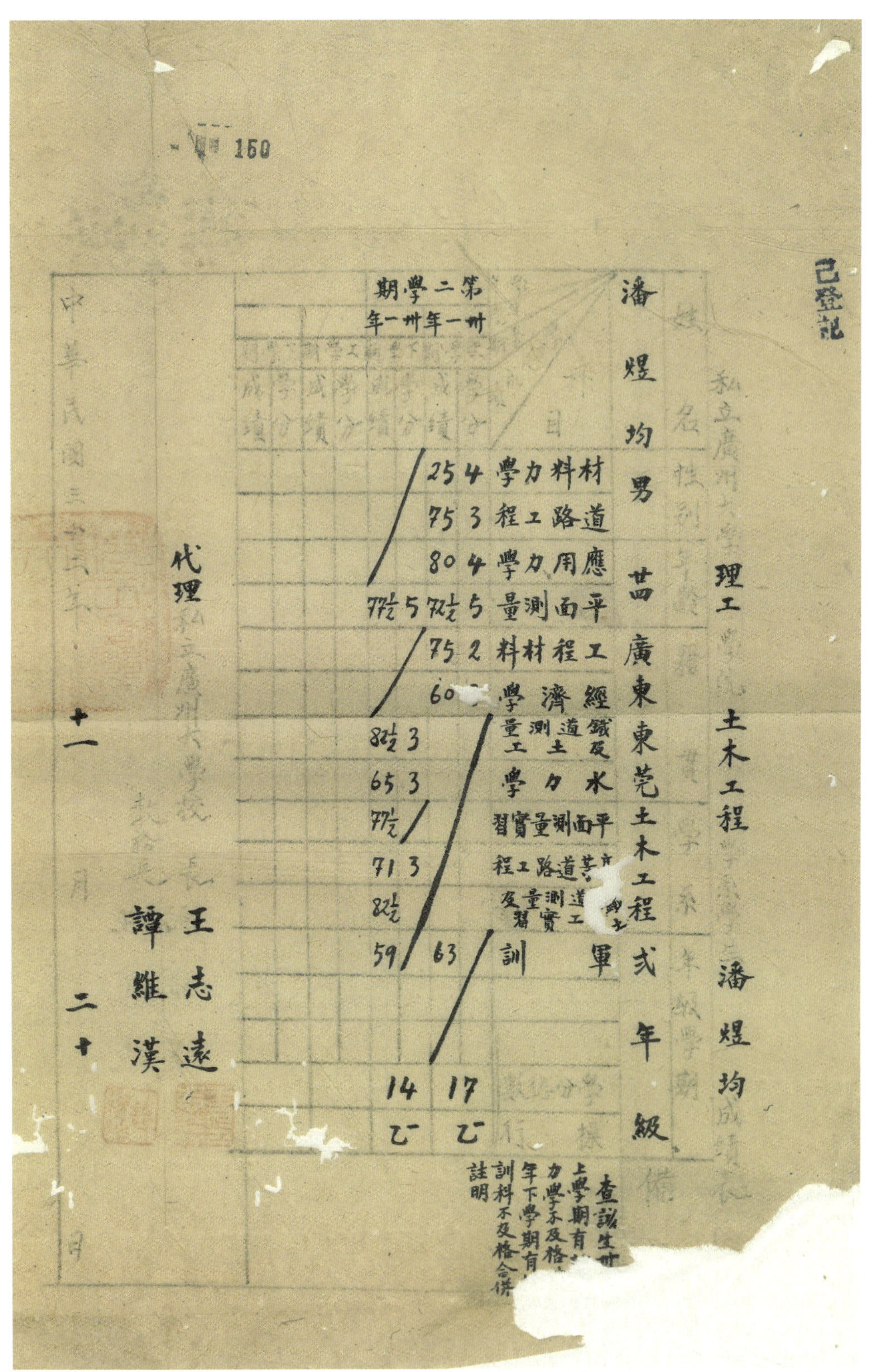
150

已登記

私立廣州大學理工學院土木工程學系潘煜均年級學期成績表

姓名：潘煜均　性別：男　年齡：廿　籍貫：廣東東莞　學系：土木工程　年級：弍年級

第二學期　卅一年—卅一年

學科	學分	成績	學分	成績
材料力學	4	25		
道路工程	3	75		
應用力學	4	80		
平面測量	5	77½	5	77½
工程材料	2	75		
經濟學	[illegible]	60		
鐵道測量及土工			3	82½
水力學			3	65
平面測量實習				77½
高等道路工程			3	71
道路測量及土工實習				82½
軍訓		63		59
學分		17		14
操行		乙		乙

備註：查該生卅一年上學期有材料力學不及格，卅一年下學期有軍訓科不及格合併註明

代理私立廣州大學校長　王志遠
教務長　譚維漢

中華民國三十一年十一月二十日

广东省立文理学院关于社教系及体育专修科学生照师范生待遇的报告

文别	报告
送达机关	教育厅
类别	总务
附件	

事由：報告關於本院社教系及体育專修科學生准照師範生待遇，每月發給公粮二市斗，並請示遵由

院長：希穀 廿二、十二、七

秘書	教務主任	訓導主任	總務主任
			福六、八

會計主任	文書組主任	擬稿員	書記
	辛華	黄樹森	

卅二年十二月七日擬稿	年月日送判	年月日判行	卅二年12月8日繕發	年月日歸档	收文字號	發文1字第號	檔案字號

送請陳子明先生核

廿二、十二、八

送院長室轉送教育……

57　126　36

137

37

58

報告

一、事由

報告關於本院社教系及体育專修科學生准照師範生待遇，每月各給公糧二市斗一案並請求二點由、

二、原案

前奉

鈞廳本年四月十四日計字第八九〇號訓令飭知此案經奉　教育部本年三月六日高字第一〇六四八號指令准予比照省立師範學校學生待遇辦理，仍候　省政府核辦復奉

59

鈞廳本年申文計代電轉奉　省政府陽未灰端
陽會一省市字第三六九七一號代電飭將應領公粮人數
列冊呈核，各等因；奉此，當經將本院社教系及体育
專修科新舊學生名册於本年十一月六日以仁字第一
八六號呈送
鈞廳察核辦理在案，迄今未奉　核復。

三、目前根据
本年九月十日本院奉
教育部頒發「非常時期國立中等以上學校及省立專科
以上學校規定公費生辦法」，該辦法第一条規定：「自本學

60

年度第一學期起（即三十二年八月起），所收新生，照規定給予甲種公費（免學膳費，并得补助其他費用）或乙種公費（免膳費）。又第二条規定各門類學生公費待遇等第，其中第一項並規定師範、医藥、工、各院科系學生全為甲種公費，第二三四各項規定理科學生百分之八十，農科學生百分之六十，文、法、商科學生百分之四十，受乙種公費。

本院當經呈請

教育部准予將本院社教系及体育專修科學生與師範學院學生同等待遇，全体給予甲種公費，現奉

教育部本年十一月廿三日總字第五七二三六號指令開：

64

「呈悉、社教系及体育專修科學生、得視為師範生比照核准給甲種公費……」等因、

四、請求

根據上述第二三兩段、前後案飭事件、本院社教系及体育專修科學生、應與師範生享受同等待遇、事理明確、茲請求二点如次、

(一)本院社教系及体育專科本學年度一年級新生(卅三十二年暑假後入學者)既奉教育部核准全体給予甲種公費生待遇、應請免予發給本省師範生公糧、

首報戴股長出各縣增加公粮每月二市斗三升

62

（二）本院現年度社教系二、三、四年級及体育專修科二三年級學生，因入學日期係在三十二年暑假之前，未能適用部頒「非常時期國立中等學校及省立專科以上學校規定公費辦法」之待遇，謹請照「原案」比照本省師範公粮之待遇，自八月份起發給各該生公粮每月二市斗三升，仍候

指令祗遵。

謹呈

廣東省教育廳

附呈本院社教系二、三、四年級及体專科二三年級學生名冊各四本

（全銜）院長黄○○

79

數學系四名
台 6064 李俞玫
長 9359 徐福來
長 9298 譚興似
曲 2537 謝鎮祥

理化系六名
坪 0938 謝德民
梅 5118 黃新娥
曲 2519 林沈岸
坪 1081 彭靖瓊
坪 0781 胡少蓮
長 9334 洪承禮
桂 1 周治平

博物系六名
坪 514 潘雅麗
曲 2535 許宗彬
坪 0696 張春陽
坪 0123 林海琴
坪 0707 劉永福
曲 2520 呂尚權
坪 0205 倫美賢

（以）廣東省立文理學院

中文系十六名
桂 64 黎灼似
梧 8 鄧元貞
台 6202 袁景總
台 6241 林均田
梧 232 陳遂圖
桂 101 鄧祖祐
坪 90 黃恩準
曲 2225 楊衍光
坪 0032 鄧國民
台 6220 李嶽
桂 939 韓琰初
梅 5356 彭慶榮

茂 7248 周斯畲
坪 0777 黄自銳

史地系廿九名

梅 5258 吳海文
梅 5383 梁古英
坪 0703 陳澤群
梅 5227 曾一鋒
坪 0721 魏麟嶽

社教系

桂 544 吳懷勳
曲 2135 董麗莊
茂 7224 曾匡蘭
梅 5260 劉冠群

桂 1193 梁得桐
梅 5264 彭育祥
梅 5265 盧汝鴻
曲 2442 繆憲新
揭 8059 陳傳仁
曲 2062 羅振綱
桂 262 馮李華
坪 0713 方真妹
曲 2367 葉國恩
桂 1200 李彥恩

坪 0615 陳迎恩
坪 0104 黃能昇
梅 5355 陳家修
坪 0797 楊維新
坪 0699 趙潤書
坪 0619 李若珏
坪 0146 陳泰雲
坪 0196 馮美喬
桂 318 蕭佩勞
茂 7169 盧仲衡

坪 0643 周學棫
桂 945 蘇勞祿
坪 0927 魏炯玉
桂 1194 梁　棪
梅 5306 林興熾
坪 0086 楊煥元
梅 5373 陳叔衆
坪 0496 鍾森祥
坪 0368 曾造力

80

曲 2231 鄭惠川

理化系十七名

台 6051 李小青
梅 5142 廖典儒
曲 2669 譚尉智
台 6159 黄鏡強
曲 2570 孫得恩

台 6233 許尚欽
梧 65 謝澤栄
台 6052 黄秀屏
梅 5146 岑條昌
曲 2671 蔡炳炎

梅 5140 黄振南
曲 2599 黎棠枝
茂 7417 唐炯
茂 7357 吳耀儒

梧 302 吳秉寧
梅 5141 林爵欽
坪 1139 黄家給
桂 245 岑宗璟

生物學系九名

曲 2558 吳樹能
茂 7389 潘家祥
曲 2546 黄汎夫

坪 1075 張玉珍
梅 5167 吳慶豪

梅 5122 余宗源
坪 0351 楊樹明

曲 2881 沙徽泉
曲 2768 岑美倫

體育專修科六名

梧 18 姚發榮
坪 0652 何斂來
曲 2482 陳賓煥
坪 96 陳聞謀

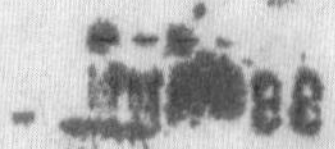

揭 8104 郭大祥

（六）廣東省立勷勤商學院

桂 9 顏麗芳

桂 952 黃文

桂 956 高漢强

梅 5214 李錦賢

桂 342 黎中石

梧 265 毛兆亨

坪 0177 劉燕英

曲 2302 袁淑嫻

坪 0027 易達人

桂 219 朱達根

桂 627 林維群

曲 2246 陳德明

桂 123 張增祥

會計系四十名

桂 794 朱平歐

坪 0391 黃實君

梅 5231 藍世球

名 6181 韋鼎榮

坪 0785 陳培芳

坪 0191 陳偉華

桂 1129 梁秉樞

揭 8049 黃史漢

桂 957 戴達尊

梅 5421 張齊端

梅 5423 張業佳

桂 588 李義

广东省立文理学院一九四三年度社会教育学系和体育专修科学生名册

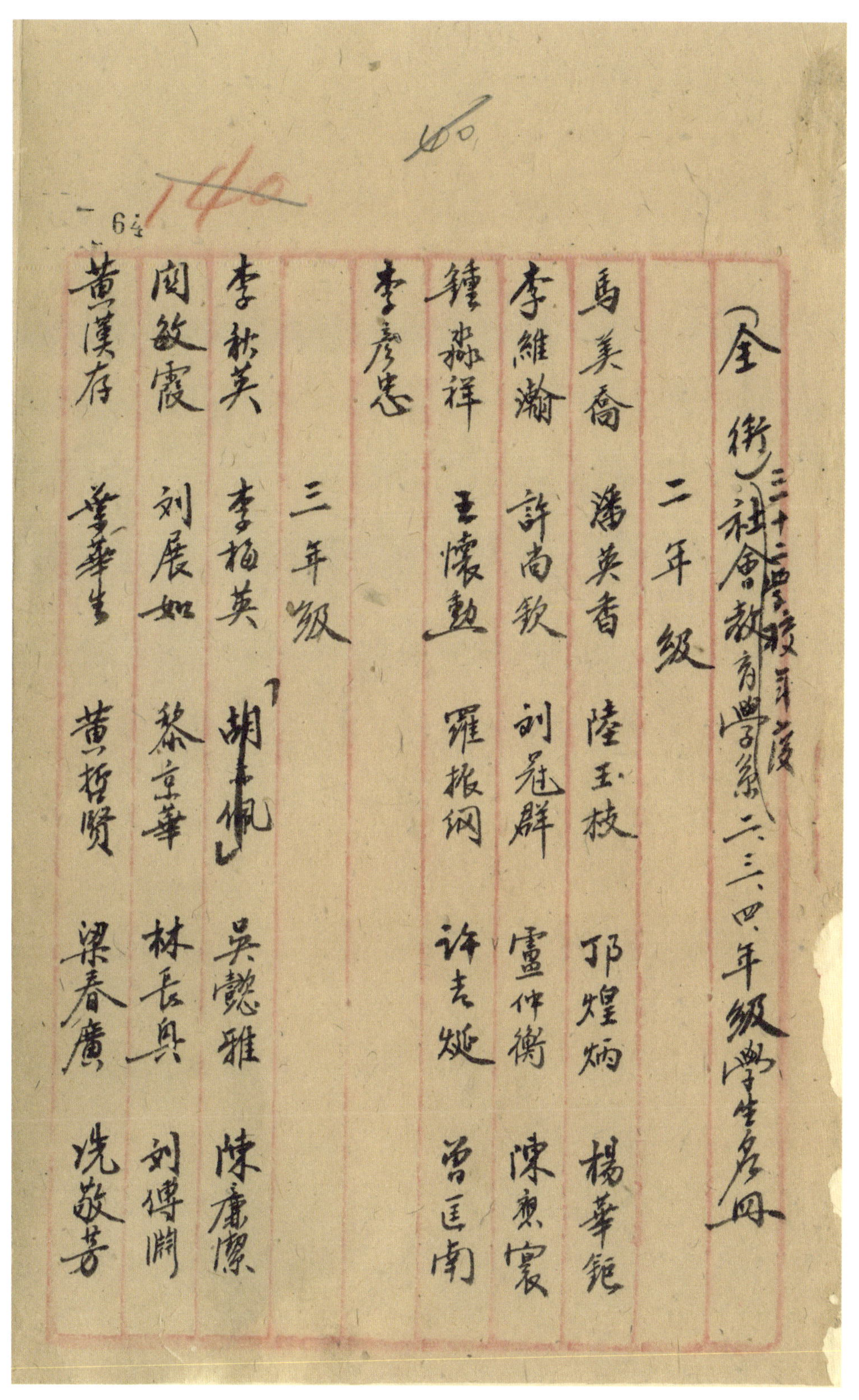

60

140

64

（全銜）三十二學年度社會教育學系二、三、四年級學生名冊

二年級

馬美喬　潘英香　陸玉枝　邝煌炳　楊華鉅

李維瀚　許尚欽　刘苞群　盧仲衡　陳爽寰

鍾淼祥　王懷勳　羅振綱　許吉嬿　曾匡南

李彥忠

三年級

李秋英　李梅英　胡佩　吳懿雅　陳康嫻

閔啟霞　刘展如　黎京華　林長興　刘傳鵬

黃漢存　董華生　黃哲賢　梁春廣　冼啟芳

65

鄭振儒　黃慶韶　李嚴　陳常基　黃兆富

楊樹培　駱鏡樫　王維新　巫棣生　黃傑夫

三年級

傅佩英　陸瑤娟　毛秀娟　朱群重　江婉言

汪秀焜　羅美蘭　張菊英　楊衡芬　雲燕謙

容宗衡　彭持盛　羅宗彥　李佳修　崔永憲

刘兆曦　巫兆松　方焜華　雲曼海　黃海安

徐國鈞　黃軒泉　黃兼良　朱耀文　陳蕭生

黃鏡湖

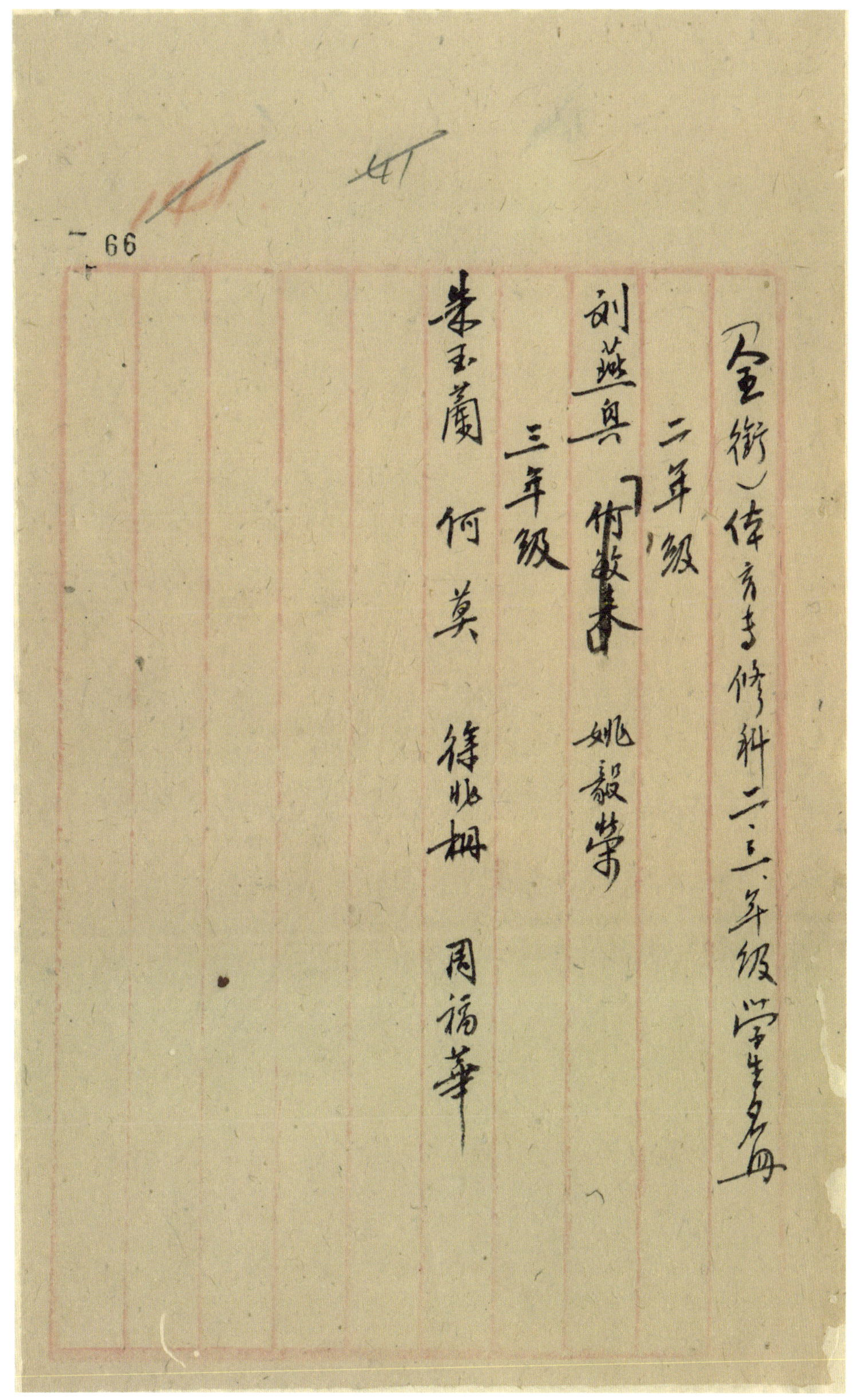

66

(全衛)保育專修科二、三、年級學生名冊

二年級

劉燕貞　何敬春　姚毅棠

三年級

朱玉蘭　何莫　徐兆桐　周福華

广州市私立培正培道联合中学一九四三年度高中毕业生名单

85

卅二年度本校高中畢業生名單

陳錫元　盧崇儉　吴寶晋　劉子昂　韓洪鈞

林國鈞　謝兆光　梁今翀　閻道毅　鄭達和

趙宗謙　凌翕滔　李有光　鄧紹和　熊貴成

李逸華　梁錦祥　黄毅才　白炳榮　李夢塵

計共弍拾名

—67

廣東省政府歲計案通知單

雲會(一)[illegible]字第　　號

中華民國三十三年三月　　日

來文機關日期字號	省立文理、勷勤商學院[illegible]卅三年十二月廿九日報告
來文附件	抄呈訓令一份、辦法一紙
來文事由	關於本兩院教員研究補助費及社教系体商專科學生公糧等項呈請核示由
原案	
審查	本案關於(一)(二)兩項奉批飭本廳會計處糧政局查案會簽等因，茲謹簽擬如次：(一)查部定國立專上學校教員學術研究補助費办法規定，其得領補助之專任教員以經部審查合格者為限，又其發給標準計教授月支伍零零元，副教授叁捌零元，講師式伍

552

意見及辦

叁元助教壹叁零元現查文理學院卅二年度教員其經部審查合格者有教授五人副教授一人講師二人助教五人勷勤商學院有教授二人副教授二人依照是項標準補助文理學院月需經費叁、柒捌零元卅二年四至十一月份共需叁肆、零弍零元勷勤商學院月需經費、壹柒陸零元四至十二月份共需壹伍、捌肆零元是項經費似可准在呈奉陽會一普五字第五八一七〇號歲計案通知單核准之卅二年度追加教育文化支出臨時部份第一項該兩院預備費各捌萬項下撥給卅三年度之補助經費因為教育文化支出概算已編呈核定難於劃撥擬另案呈請行政院追加(二)省立文理學院社教系及体育專科學生前奉部准可比照師範生待遇月給公

決定辦法	理經過
照審查意見以外生原報告第三項應候幹訓團遷移後再行應通知審計處查照財政廳知照教育廳遵照將本省公費生公粮分配表列送粮政局并將卅三年度該兩院所需教育研究費數額呈府核办粮政局遵照於理文理勷勤兩學院知照	粮二市斗一升關於本部指令核准該系科一年級學生得比照師範生待遇由部給予四種公費（免學膳費）惟二三四年級學生因入學年度關係未得享同有同等待遇擬請援案配發公粮查該院社教系二三四年級學生計共六十七人體育專修科二三年級學生計共七人合計學生七十四人每人月給公粮二市斗三升每月共需公粮壹柒零弍市升擬請准在本省公費生公粮項下撥發

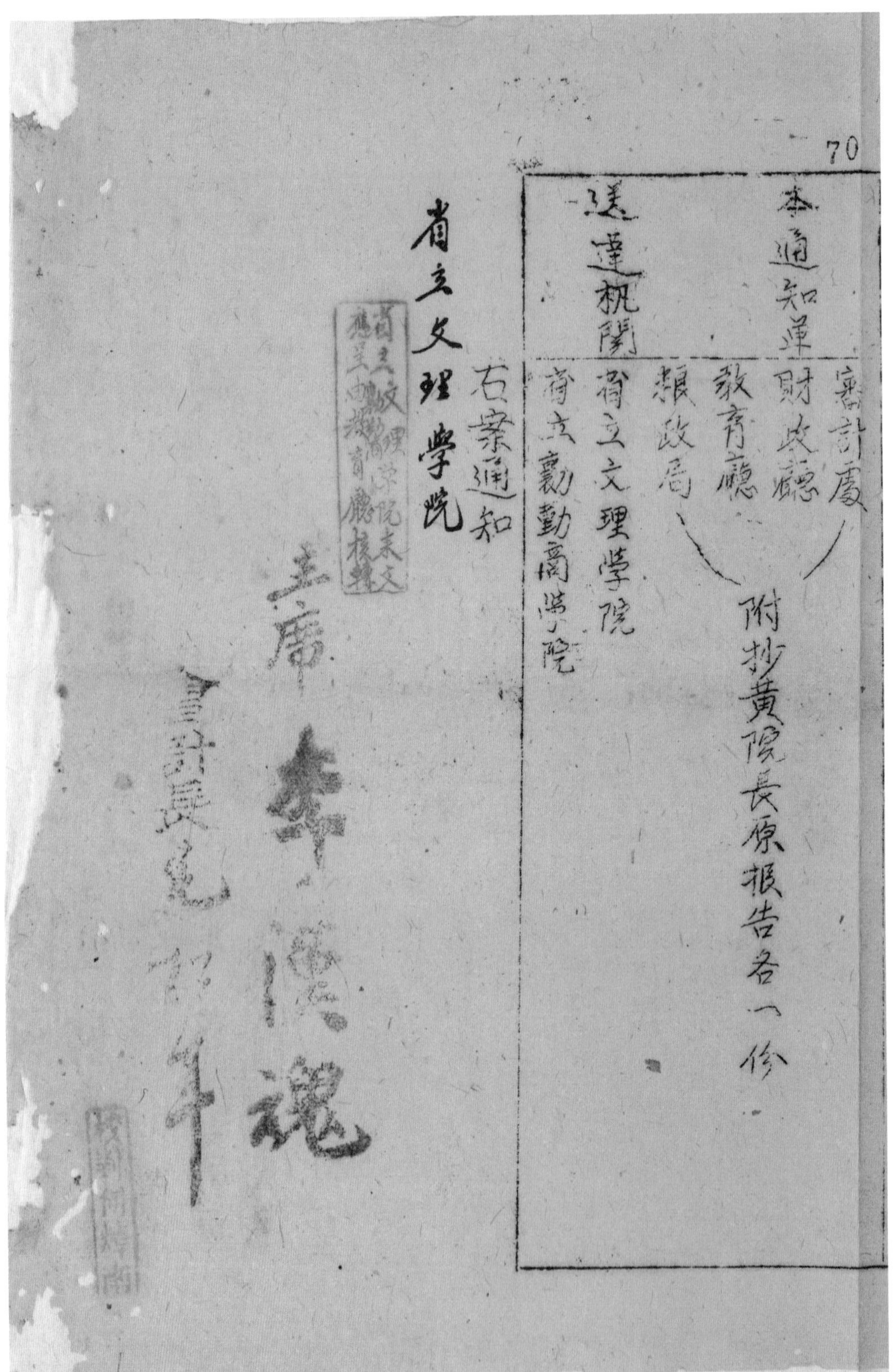

70

本通知單　送達機關
審計處
財政廳
教育廳
糧政局
省立文理學院
省立勷勤商學院

附抄黄院長原报告各一份

右案通知
省立文理學院

省立文理學院未文
應呈由教育廳核轉

主席　李漢魂
審計長　□□

广州市私立培正培道联合中学关于检送一九四三年度高中毕业生名单一份给私立岭南大学招生委员会的函

廣州市私立培正培道聯合中學

聯校字第三〇七號

中華民國卅三年十月四日

案准

貴校招生委員會本年五月三日函送招生辦法一份，項「凡本校各聯校高中畢業學生成績在該班全數之前列（百分之七十五）者得由原校校長將該生高中全期成績連同報名單保送來校」等由准此查本校卅二年度高中畢業生陳錫元等廿名呈請保送用特專函連同該生等名單先行奉達仍希查照為荷此致

嶺南大學招生委員會

附卅二年度本校畢業生陳錫元等二十名名單乙紙

校長趙恩賜

85

卅二年度本校高中畢業生名單

陳錫元　盧榮儉　吴寶晋　劉子昂　韓洪鈞
林國鈞　謝兆光　梁令翀　閻道毅　鄭達和
趙宗謙　凌翁滔　李有光　鄧紹和　熊貴城
李逸華　梁錦祥　黄毅才　白炳榮　李夢麈

計共弍拾名

广东省一九四〇年至一九四五年各类师范学校毕业人数一览表

311

廣東省廿九年至卅四年各類師範學校畢業人數一覽表（附表六）

年別	師範畢業	簡易師範畢業	專科師範畢業	幼稚師範畢業	備考
二十九年	六九〇	六五六			
三十年	八五三	一、五八八			
卅一年	四〇八	一、六六六			
卅二年	三三〇	一、六二九	一三八		
卅三年	三六八	一、五六〇	三七九	三五	
卅四年	四六八	一、一一四	六〇	三七	
合計	一、八三八	七、六八三	五七八	六八	

私立广州大学学生证

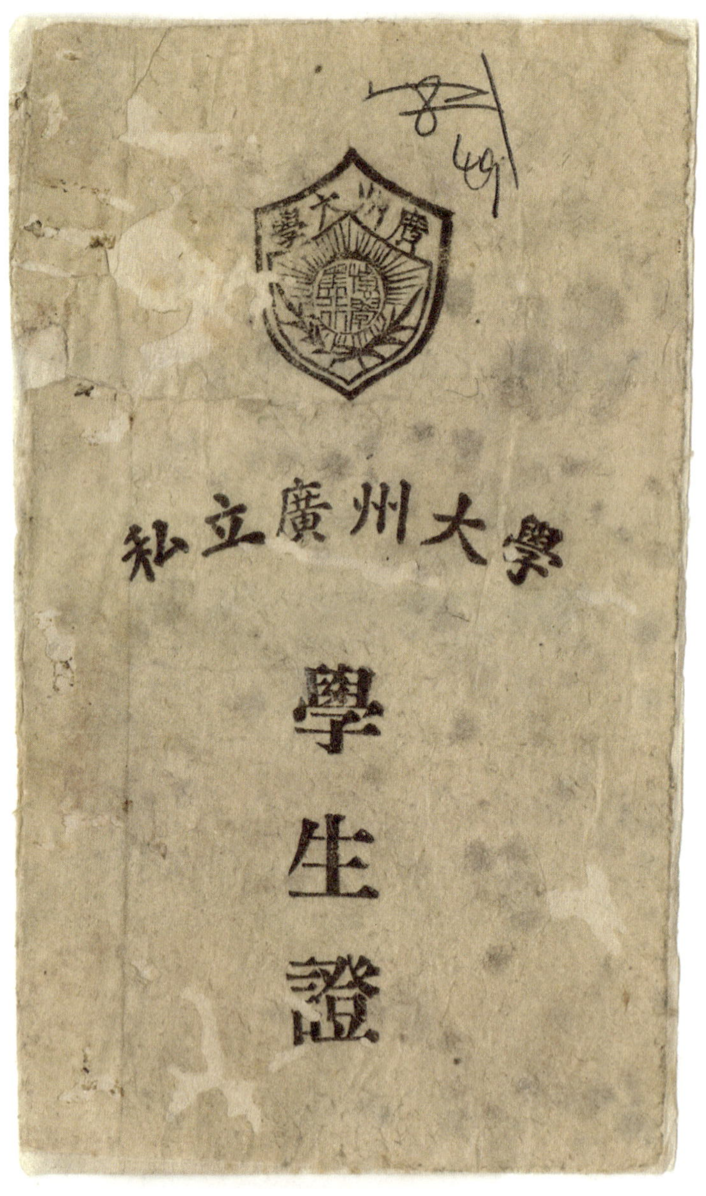

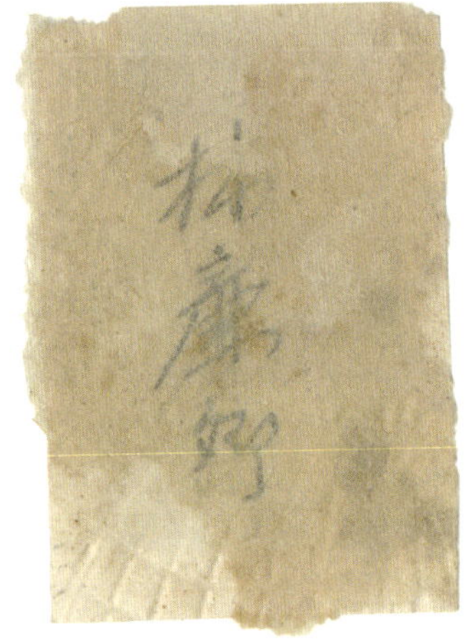

广东省立文理学院学生学业竞试初选优胜学生名册

117

國立中山大學學生學業競試初選優勝學生名冊

廣東省立文理學院卅年

姓名	性別	年齡	籍貫	肄業學院學系	肄業年級	參加覆試科目	備註
羅宗彥	男		廣東番禺	文理學院社會教育學系	一	英文	
陳昌澂	男		廣東普寧	仝右	一	國文	
陸軌生	男		廣東三水	文理學院理化學系	二	有機化學 定量分析	
岑學幹	男		廣東番禺	文理學院社會教育學系	二	教育心理 社會教育概論	
徐效鵬	男		廣東梅縣	文理學院文史學系	二	作文 中國文學史	

26

廣州私立培正培道聯合中學

張飛霞 桂林四會街李子園聖經學院
邑衛 桂林七星岩祝勝里十八号
黎善、黎美、黎孝成 桂林七星岩新橋東里廿六号
陳鈺昆 良丰中央研究院物理研究所
黃瑞麟 桂林環湖東路空軍橋查所
曾賁聯 桂林北極路永固化工廠
梁、賡堯 桂林麗澤门信義巷西廣外交部
陳炳灝 桂林三皇路中華營造廠
羅希賢、葉洵愛 桂林桂北路道生医院医生
馬廷棟、李俠文 桂林大公報社
廖奉基 桂林桂花街孫委員公館廖崇真夫人轉
蔡紹嬋 桂林桂花街舊门牌三十号蔡公館
葉婉靜 桂林中南路百樂门二樓葉錦華医务所
彭國珍 闕大衛同學轉
闕大瑋 桂林桂北路二四六号闕大衛同學轉
黃璧捧 桂林義學路國民戲院中國戲劇供應社
張慶瀅 桂林鳳北路八十号
蔡德先 桂林樂群路安利廳二樓
鄧啓全、鄧啓俊 桂林中北路鄧啓俊医务所
李樹智 桂林對河良下街九下關菜園110号
曹明安 桂林西城路榔槌巷八号二樓
簡日祺 桂林桂西路八十九号二樓
黎啓蓬 電話[illegible] 桂林北極路四百二十六号
方仲澤 桂林五美路五家園三号
符和丰 桂林桂西路瑞與商店轉
蕭殿康 桂林桂北路桂林市民行黎錦倫轉

[illegible]

廣州私立培正培道聯合中學

27-1　27-2　27

符雲強　賴俊輝　莊澤宣　全昊　桂林良丰西大

陸其漸　桂林依仁路八号

周粵珠　環湖東路四十四号

廖寶琦　桂林法政街軍糧局

陳柏年　桂林桂西路艮星行

陳澤棠　桂林鳳北路南一巷二号

林逸民　桂林正陽路中國實業銀行

顏志清　桂林環湖東路長沙海關

魏秀靈　黃永濟　桂林麗獅上路樂射里一号

陳汝權　桂林仕敏土廠

蔡達芳　桂林芙蓉路卅二号

簡又文　桂林東鎮路廣西銀行倉庫

林遂恩　劉耀棍　桂林鳳北路廿一號二樓

陳廷琛　李冬青轉

張覺可　桂林中南路華英聽轉

李卓波　桂林中南路廣東省行

陳竹威　桂林桂東路金城銀行

尹永燦　黃時天同學轉

黃時天　桂林桂東路廣西銀行

鄭琳瑚　桂林四會街蘭園

許雪清　桂林四會街蘭園

林漢中　陳乃鼎　林頻夫　黃崑昌　許銓錦　楊華日　桂林建幹路珠江水利局

27

28

廣州私立培英培正培道聯合中學

關恩佐	桂林桂北路二四六號
關大衡	
李聘意	
李沛全	
李沛中	桂林東鎮路十一號李主任公館
李沛泉	
梁子鏗	
張裕祖	桂林樂群路六十一號
葛永良	桂林[illegible]前街黃主席公館
梁煦	
李瑞堯	桂林東江鎮陽家里七十二號二樓
曾秋容	
劉昭春	桂林鳳北路新兒童半月刊辦事處
劉澄	桂林正陽路二十七號
劉俊	
楊國亮	桂林桂東路郵政局
梁鳳生	
潘達堯	
顏悟緣	
胡信樞	桂林文明路逸仙中學
陳宏志	
李穗躍	
阮餘慶	桂林太平路明日社
陳占元	
劉永康	桂林桂西路良星行
張經燦	
歐陽淑潔	桂林東華路中央審計處
歐陽淑芝	
陳家士	桂林文明路四十號中大工學會
黎錦倫	桂林桂北路桂林市中銀行
胡好	桂林麗獅上路安廬
鄺偉耿	桂林桂北路永固公司

29

廣州私立培正培道聯合中學

姓名	地址
余茂槐	桂林麗獅上路安盧胡好先生轉
黃棠焯	桂林中北路現代行
李毓宏	桂林北極路永固公司
黃亞華	林杏初小姐轉
林杏初	桂林桂東路中國銀行
任柏勝	桂林中北路現代行
蘇子權	桂林樂群路青年會轉
朱礼信	桂林樂群路青年會
葉棠棣	桂林文明路嶺英中學
李斌才	
洪德身	
洪高煌	
李玉蟬	
洪錫惠	
周信生	
李信芳	桂林騮馬崗真光中學
何玉瑛	
曾昭遠	桂林四會街培聯中學
湯寧	
李業泰	
陳慶明	
李英瀾	
唐佐才	
林漢寧	
譚日昇	
鄭智明	
李浩	
黃秀平	
黃啟元	
李冬青	
溫耀斌	

第四部分　粤港澳学校守望互助

广东省立文理学院关于汤擎民来院借读满一年给国立中山大学师范学院的函

第　頁

73

逕啟者：

貴校學生湯擎民自二十八年十二月來本院文史學系第二年級借讀，現已滿一年，理合檢同該生借讀成績表備函寄請

察核備案為荷！此致

國立中山大學師範学院

廣東省立文理學院教務處啟

中華民國二十九年十二月五日

廣東省立文理學院用箋

国立女子师范学院院长谢循初关于举行正式成立暨院舍落成典礼及征集图书等情给国立中山大学代理校长许崇清的函

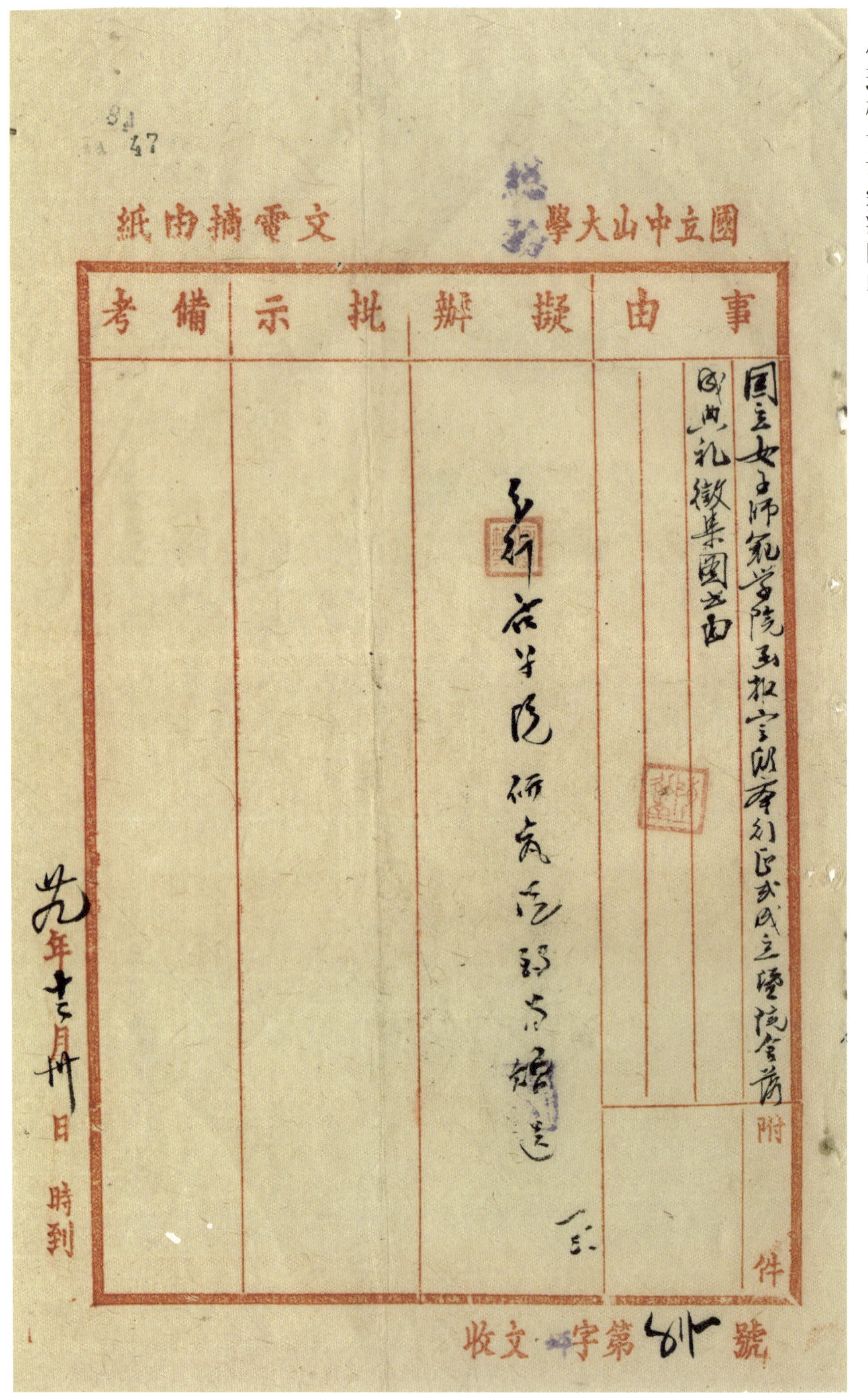

國立女子師範學院用箋

崇清先生道鑒敝院籌備以來於茲數月篳路藍縷粗具規模爰訂於二十九年十二月二十五日舉行正式成立暨院舍落成典禮徵集圖書藉資紀念倘蒙慷慨惠贈中外載籍無不拜嘉分鄴架之餘藏供後學之參考諒爲先生所樂許也專此奉達並頌台祺

國立女子師範學院院長謝循初拜啓

中華民國廿九年十二月拾五日發出

院址：四川江津白沙鎮

漢記鉛石印書局承印

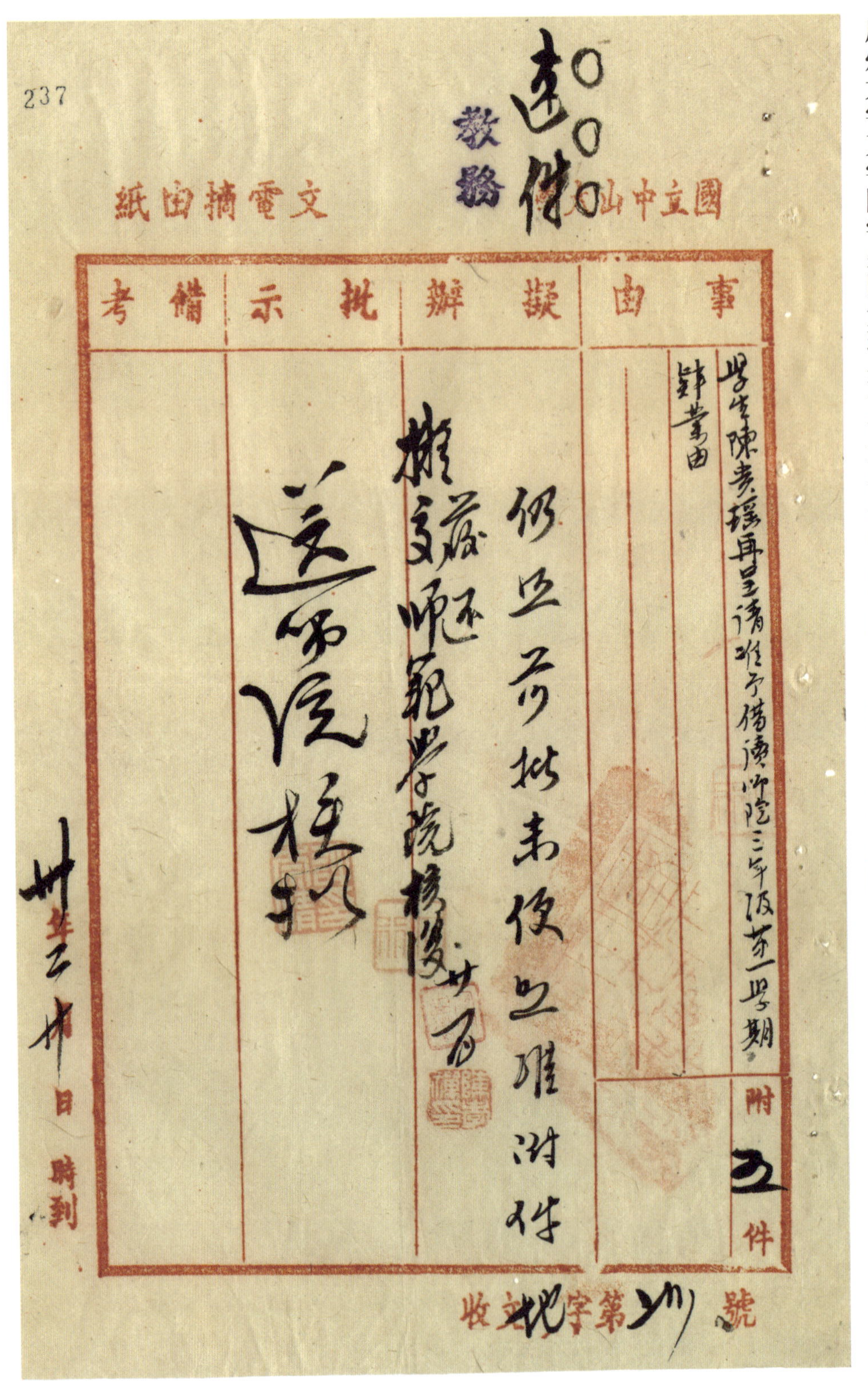
237

國立中山大學文電摘由紙

事由	擬辦	批示	備考
學生陳貴瑤再呈請准予借讀師院三年級第一學期肄業由	仍照前批未便照准附件	擬送師範學院核辦	送師院核辦

附件

收文字第 號

年 月 日 時到

广州大学文学院学生陈贵瑶关于请求借读师范学院三年级第一学期给国立中山大学代理校长许崇清的呈

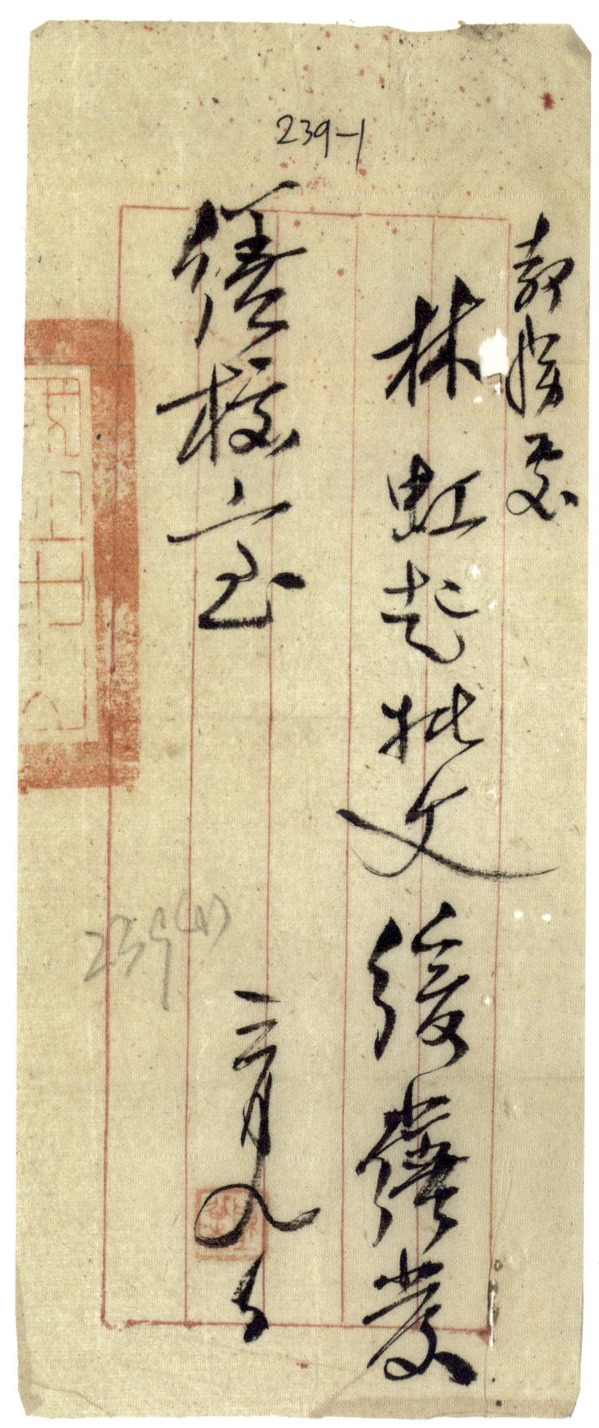

238

呈為家鄉淪陷原校遷再請准予借讀師範學院免致中途輟
學事竊生奉教育部高等教育司二十九年十二月九日第四一零三一號批
除原文免叙外又于三十年一月廿九日奉教育部一月十五日第零一九五九號
批畧開准予分發該生入中山大學借讀除令該校外仰即持原校證件
前往報到等因原件發還此批奉此生于去年屢次呈請准予在
鈞校借讀各在案于二月六日呈請准予在
鈞校第三年級第二學期借讀旋奉三十年二月十五日坪教第三一六
號批畧開呈附均悉查該生尚未修足第二學年第二學期功課應
俟本校下學期開始（本年四月）來校在第二學年第二學期借讀仰即
知照此批附件發還奉此生惶駭萬狀迴念時僅二月距離四月尚有數

十天之久而且家鄉淪陷產業無存隻身抵坪舉目無親甚至行囊
無多不能回原校肄業處此環境困難之際不難流落異鄉之痛至
于尚未修足第二學年第二學期功課入學後自當多選課目補修
以期修足學分對于
鈞校法規尚無抵觸懇請
校長俯念向學情殷負笈萬里幾經跋涉希冀列入門墻准予借讀
師範學院第三學年第一學期免致中途輟學同沾化雨不勝感德
之至理合具呈連同成績表等呈請
察核伏乞准予所請實為
德便謹呈

239

國立中山大學校校長許

附呈廣州大學借讀證明書乙紙成績表乙紙收費單乙紙廣東省立文理學院成績表乙紙教育部批乙紙鈞校批乙紙

廣州大學文學院教育學系第三年級學生陳貴瑶（印）

中華民國三十年二月二十日

广东省立文理学院院长林砺儒关于加借各种器物给国立中山大学代理校长许崇清的函

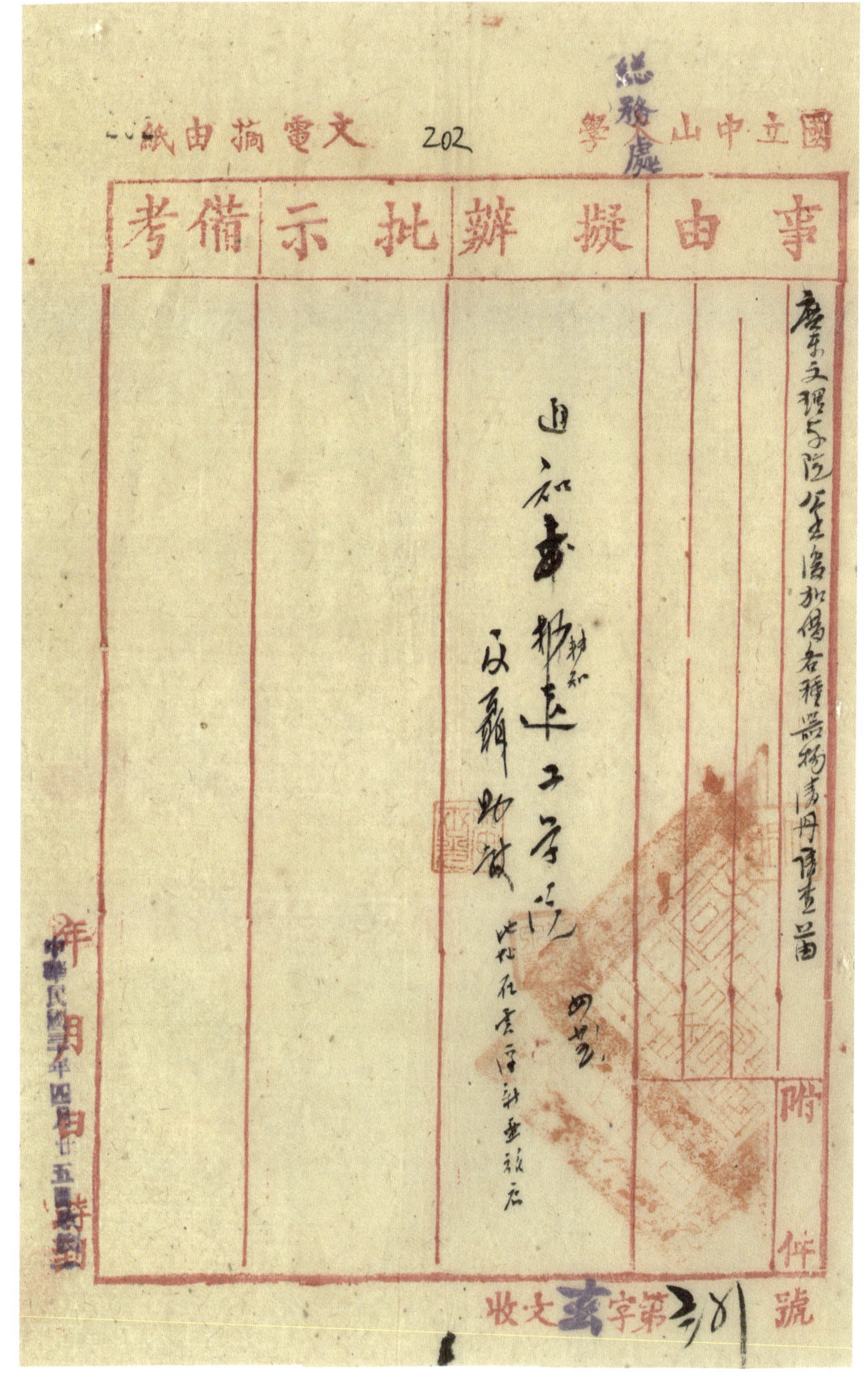
國立中山大學　文電摘由紙　202

總務處

事由	擬辦	批示	備考
廣東文理學院爲加借各種器物請查照由			

附件

中華民國　年四月廿五日　時到

收文　字第 381 號

廣東省立文理學院 公函

文字第四四九號

中華民國三十年四月十七日發

事由：函復加借各種器物清冊請查照由

現准三月二十日

大函加借關於工料適用之西文日文圖書雜誌、及鉄工木工車床、油渣等件、連同清册、請予概允見復、等由准此、自應照辦、惟查册列各件、其中有為本院需用者、未便概予借用、謹分别裁復如次：一、西文日文圖書、除物理化學及其他小數參攷書外、均可照借。二、本院發動機、時需油渣應用、此種油渣、未便照借。三、車床五架、已遷運回院應用。貴校若

204

屬需要，可分借木車床、鉄車床各一架，並請派人來院搬運。四、加借各物仍請依照本院前列送清册為標準，准函前由相應函復，希煩查照為荷。此致

國立中山大學校長許

院長林礪儒

私立广东国民大学校长吴鼎新关于借读学生请按规定办理学籍给国立中山大学的函

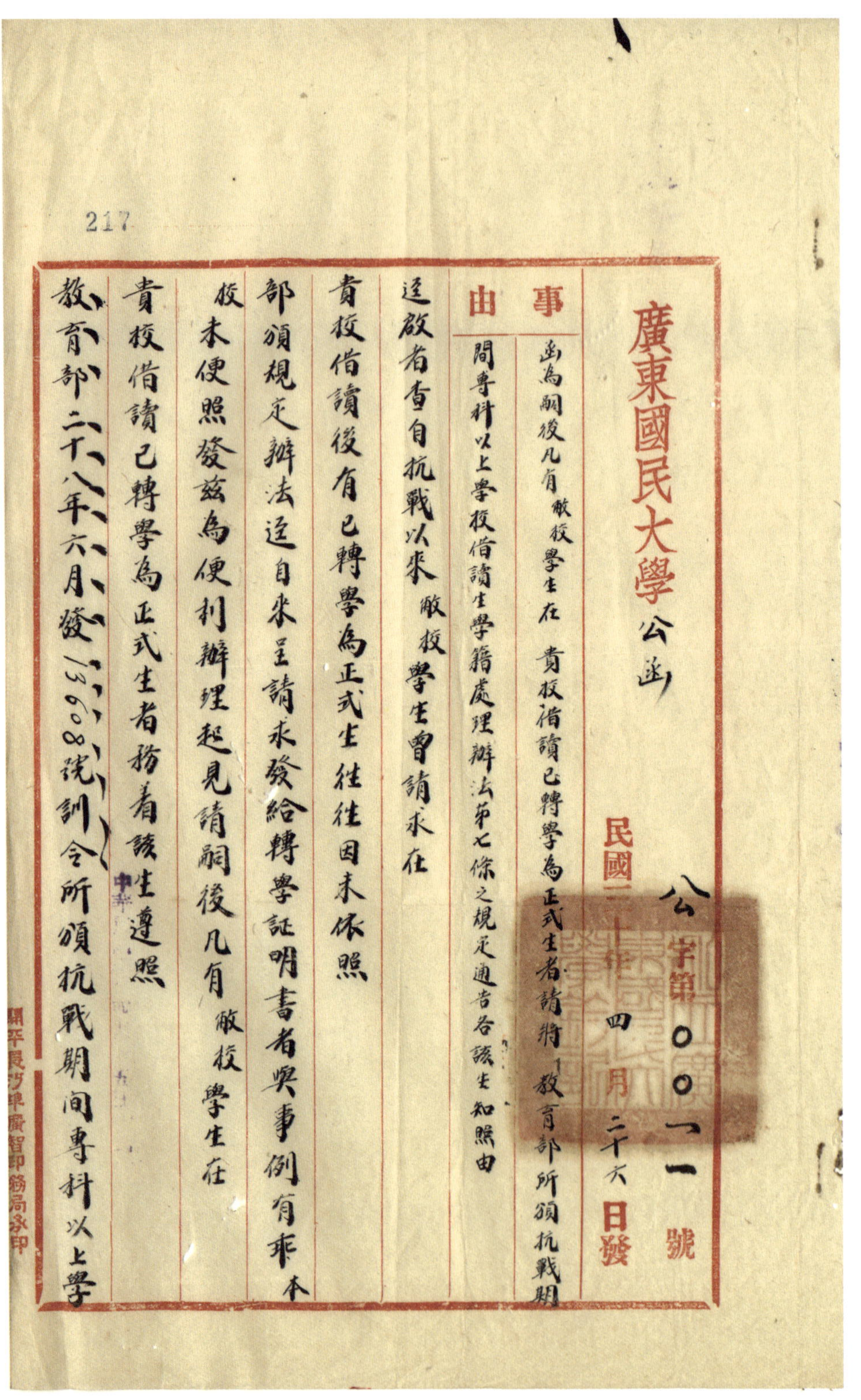

217

廣東國民大學公函

公字第〇〇一一號

民國二十[illegible]年四月二十六日發

事由：函為嗣後凡有敝校學生在貴校借讀已轉學為正式生者請將教育部所頒抗戰期間專科以上學校借讀生學籍處理辦法第七條之規定通告各該生知照由

逕啟者查自抗戰以來敝校學生曾請求在貴校借讀後有已轉學為正式生往往因未依照部頒規定辦法逕自來呈請求發給轉學證明書者與事例有乖本校未便照發茲為便利辦理起見請嗣後凡有敝校學生在貴校借讀已轉學為正式生者務着該生遵照教育部二十八年六月八日發（13608號）訓令所頒抗戰期間專科以上學

開平長沙埠廣智印務局承印

校借讀生學籍處理辦法第七條之規定辦理俾便照發用特函達

請煩

查照賜予通告各該生知照為荷此致

國立中山大學

私立廣東國民大學校長吳鼎新

国立中山大学向广东省立文理学院借用器物清册

263

名称	數量	備考
六三角瓶	36	
玻璃漏斗	27	
瓷漏斗	3	
馬蹄磁鐵	14	
瓷蒸發皿	25	
粗天秤	7副	連法碼及橡[illegible]
灯遮	57	
錶時計皿	56	缺
蒸盅	10	二只無蓋、
蓝白玻璃片	220	大小、
乾燥箱	2	
玻璃吸筒	27	

第四頁

名称	數量	備考
269 通心玻璃管	10	大小
实心玻璃筒	1束	
玻璃樽一箱	86	什樽三七，大小沙木塞樽四九、
油漆用药	97	錫罐25件，木箱6条（內12件），玻璃樽60.
液体药水	75	大沙樽15，中沙樽60，小沙樽12，
瓷片	20	
瓷杯	8	
玻璃樽一箱	39	
不燥杯	2	
三角瓶	7	
瓷乳钵	2	附棒六、
大小燒瓶	4	
鼓風器	2	坏

270

號數	名稱	數量	備考
	火酒燈	2	
	鐵鎚	15	
	木积尖	3	
	液体药品	210	大小
	固体药品	49	什樽
	液体药品	79	什樽
	大試管	6	
	固体药品	40	大小

陶瓷廠物品(存延平)

號數	名稱	數量	備考
	石羔模型	13	只
	石羔粉	1	

第五頁

271

號數	名稱	數量	備考
	药品	1罐	(罐燗)
	車碟車	1	
	油枧	1	
	火鏍	3盒	燗
	玻璃片	2	
	乳钵	2	連棒四、
	司馬秤	1	

皮革廠(存延平)

號數	名稱	數量	備考
	綠粉	1樽	
	削皮刀	1	
	樹蒿	1包	
	圓皮鑿	1	

272

號數	名稱	數量	備考
	各色染皮葯	1箱	齊
	各色染皮葯	1	樽未一丈木瓜箱(正欠)
	製草工具	1箱	七件(欠)
	皮圍裙	2條	
	刀石	2	

晒圖室用品

號數	名稱	數量	備考
	大晒圖架	2	
	中晒圖架	3	
	500 c.c. 杯	1	
	白瓦	1包	
	刀仔	1把	

第六頁

273

號數	名稱	數量	備考
	較剪	1把	

機械器物

號數	名稱	數量	備考
1	木工用具	92	
4	寶碧令	8	
5	英文字母	1盒	(不全)
6	鋼字模	1盒	
7	飾口	2件	
8	木鎚仔	4	
9	大喉	1合	存
10	烽鋼刀把	1	
12	學生實習銅件模型	25	
13	鉄頭	40	

274

號數	名　　　称	數量	備　　考
15	硬頭士巴 [illegible]	28	
16	爛塔 [illegible]	1	
17	松香	約6磅	
18	水 [illegible]	1	
19	八磅鎚	5	
20	曲士巴 [illegible]	2盒	不齊
21	爛火石(連架)	1	
22	火石	1	
23	三分作	3	
24	皮 [illegible] 梳	7條	
26	劃 [illegible]	1	
27	車車 [illegible] 手	2枝	

第七頁

275

號數	名　　　称	數量	備　　考
28	[illegible] 頭板	1塊	
29	[illegible] 子	1扎	15只
30	鉄鑿	10	
32	[illegible] 銅 [illegible]	1盒	
33	補 [illegible] 車 [illegible] 架	1个	
34	三方 [illegible]	1條	
35	銅汗	約半磅	
36	[illegible] 油 [illegible]	1个	
37	黄油	1罐	
38	[illegible] 口	3件	
39	硬錫	約磅半	
40	[illegible] 鉄 [illegible]	60	件
41	磅半二磅手鎚	23	

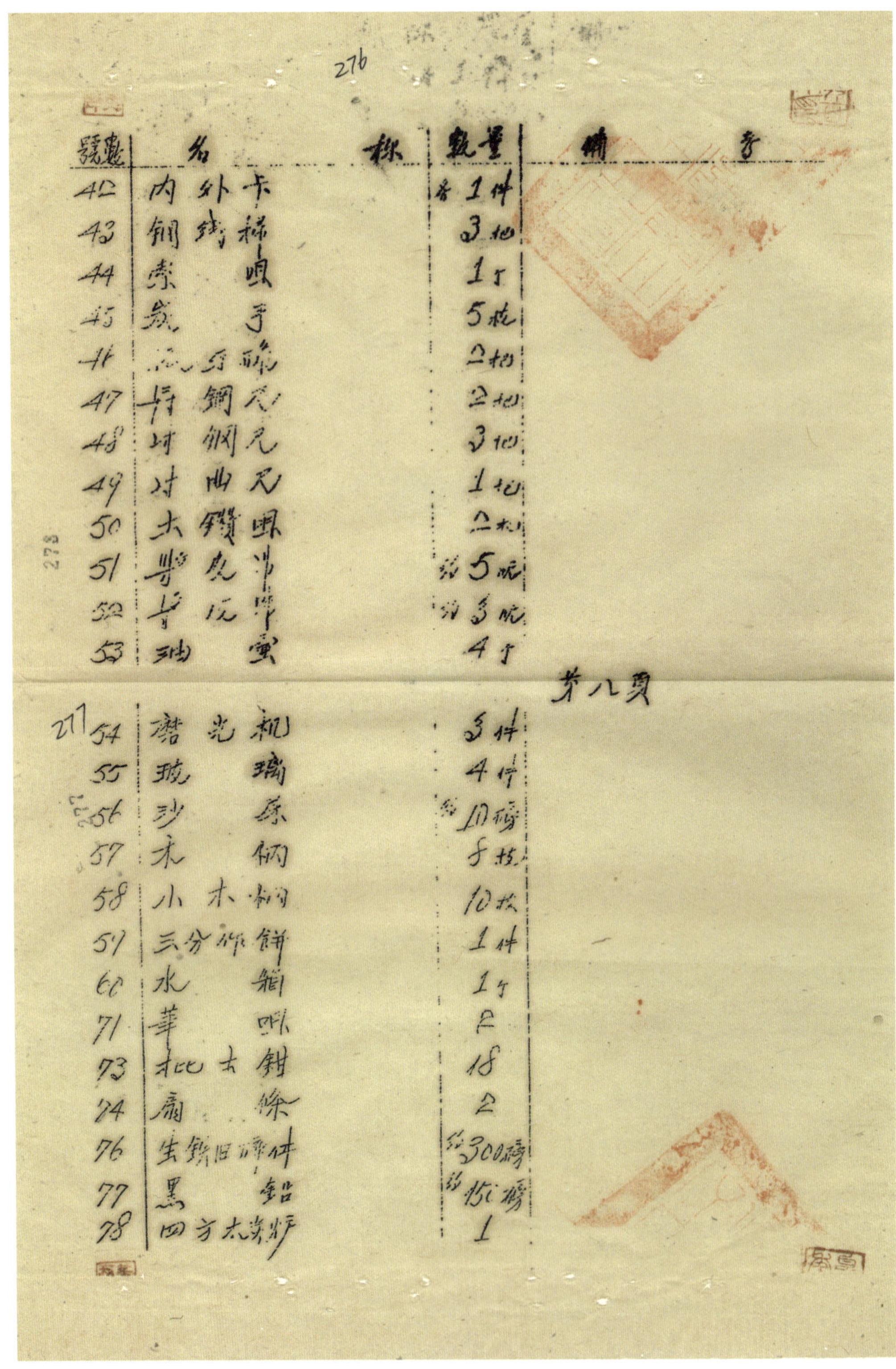

276

號數	名稱	數量	備考
42	内外卡	各1件	
43	銅綫梯	3把	
44	索眼	1个	
45	[illegible]手	5枝	
46	[illegible]	2把	
47	呎鋼尺	2把	
48	吋鋼尺	3把	
49	吋曲尺	1把	
50	大鑽頭	2枝	
51	[illegible]	各5吨	
52	[illegible]	各3吨	
53	油[illegible]	4个	

第八頁

277

號數	名稱	數量	備考
54	磨光機	3件	
55	玻璃	4件	
56	沙原	各10磅	
57	木柄	5枝	
58	小木柄	10枝	
51	三分[illegible]餅	1件	
60	水箱	1个	
71	華呎	2	
73	批士鉗	18	
74	扁條	2	
76	生鉄旧碎件	各300磅	
77	黑鉛	各[illegible]磅	
78	四方太[illegible]炉	1	

278

號數	名稱	數量	備考
80	封皮半碌	1个	
81	十行排筆	2排	
82	羅　斗	1个	
83	風　夾	1个	
84	花士苓	約5磅	
85	翻沙工具	8箱	每箱十四件
86	沙　箱	12合	
87	水　斗	3个	
88	翻沙鉄	10件	
89	沙　鏟	2个	
90	鉄　斗	1个	連架
100	風　箱	2个	

第九頁

279

號數	名稱	數量	備考
102	手　錘	1把	
103	板　鋸	1把	
104	珠　鑽	2把	
105	鉄　鎚	1把	
106	鉸　剪	1把	
107	累絲批	1條	
108	色士巴爐	1个	
110	鉄　筆	1枝	
112	鑄鉄鉗	3枝	
113	木模型	35件	
114	汗　鍋	1只	
116	刀　石	7件	
117	鉄　鑝	2把（2把）	

280

號數	名　　称	數量	備
118	打鐵鈎	5枚	
119	擘子	1綑	竹料
120	車床尾牙	4个	
124	3分鋼通	1条	
125	4分鋼通	1条	
126	黑絲釘	15枚	
127	鐵風鑽	2枚	
128	[illegible]鉆	10把	
132	打鐵工具	82件	
133	旋車電油盅	1个	
138	半寸扁鐵 3分厚	3条	
139	2分元鐵	10条	

第十頁

281

號數	名　　称	數量	備
140	對戒元鐵	2条	
144	2分鐵鑽咀	2枚	
148	鐵鉸	2付	
153	木料什黑絲一小箱		
154	半寸頸通 大小	3条	
158	3分元鐵	4条	
159	6分元鐵	3条	
160	1分元鐵	5条	
161	寸扁鐵	4条	
162	寸扁鐵 三分寬，2分厚，	2条	
163	8分元鐵	11条	
164	付扁鐵，1寸厚	1条	
165	付扁鐵	6条	
166	寸扁鐵	3条	

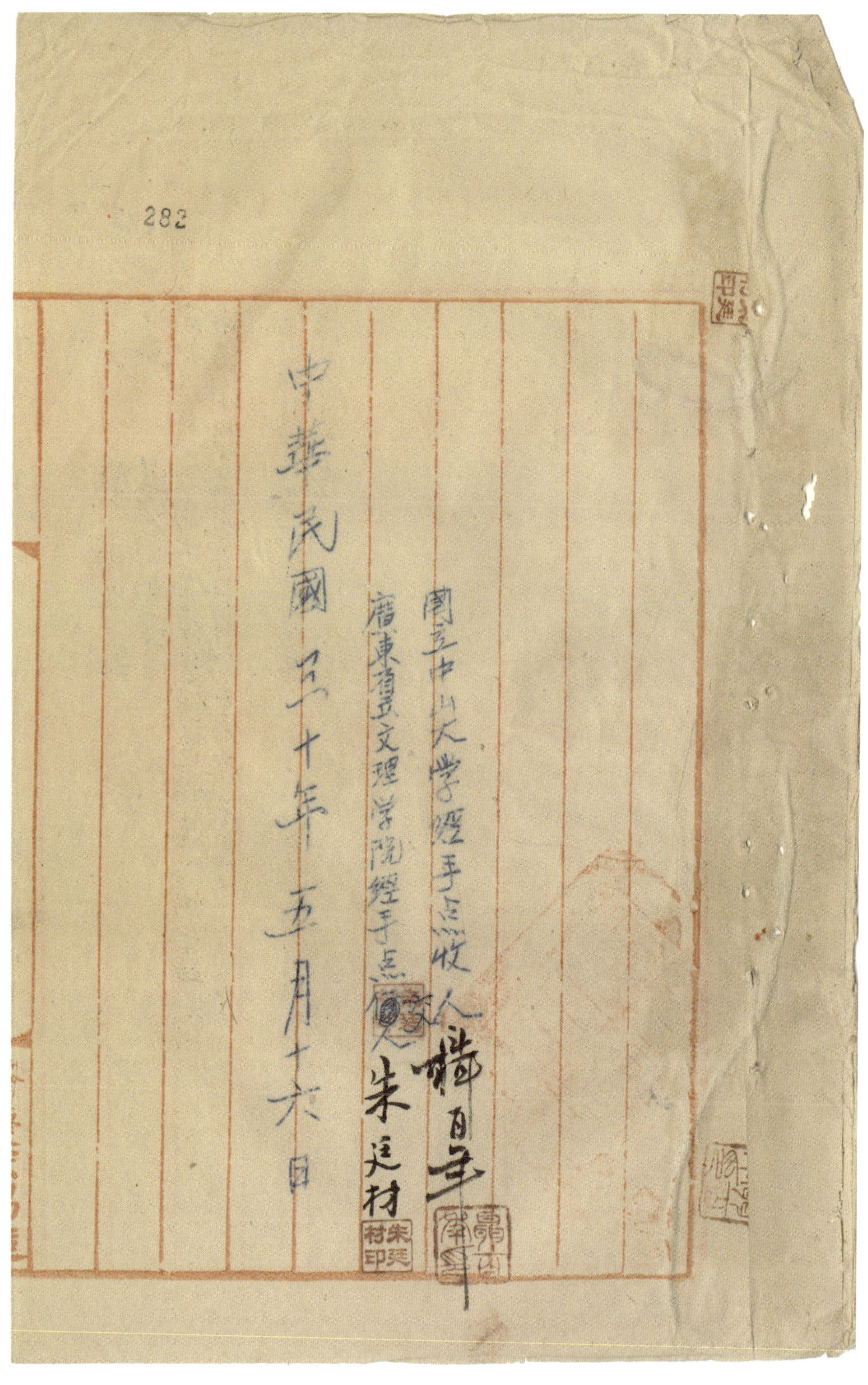
282

国立中山大学经手点收人　蔣百年

广东省立文理学院经手点交人　朱廷材

中华民国三十年五月十六日

国立中山大学校长关于收容借读生事宜给私立岭南大学和教务长的函

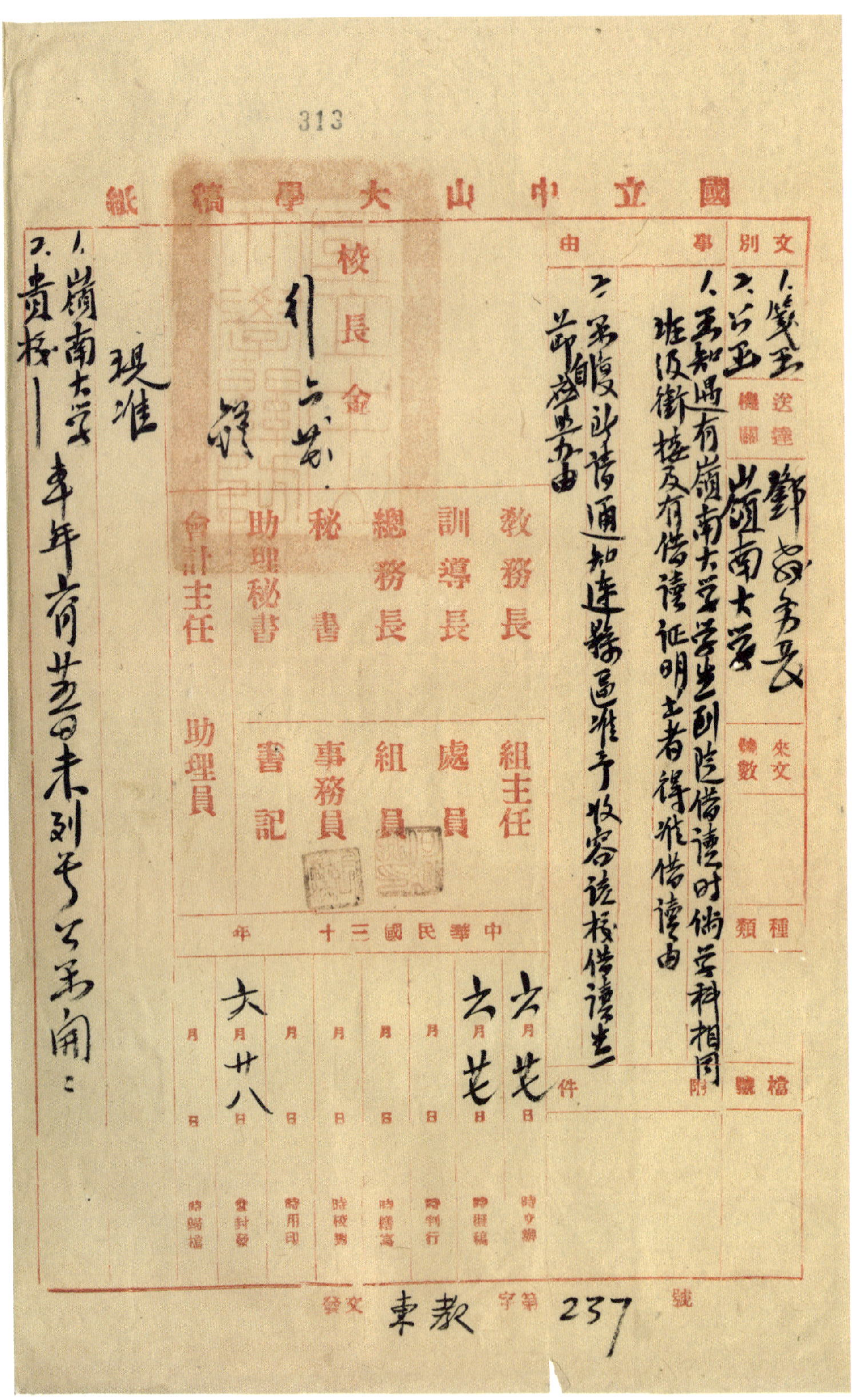

313

國立中山大學稿紙

文別	1.箋函 2.公函
送達機關	鄧教務長 嶺南大學
來文號數	
種類	
檔號	

事由：
1. 函知遇有嶺南大學學生回院借讀時倘學科相同班級銜接及有借讀證明書者得准借讀由
2. 函復[illegible]通知遷縣區准予收容該校借讀生一節[illegible]由

附件

校長 金 [illegible] 六日 簽

教務長 訓導長 總務長 秘書 助理秘書 會計主任

組主任 處員 組員 事務員 書記 助理員

中華民國三十　年

六月廿七日 擬稿　六月廿七日 判行　六月廿八日

時擬稿 時判行 時繕寫 時校對 時用印 時封發 時歸檔

1. 嶺南大學
2. 貴校——

現准

本年[illegible]未到[illegible]

發文 東教 字第 237 號

314

「案查本校目前函请贵校允予本校学生借读一案，业经蒙分别各院办理，请并函知贵校陈县区」

1. 事由——
2. 查由准此，自应照办。1. 陈函复外，即希——
1. 查照遇有该校学生借读时，倘与知外相应函复，即希
2. 证明书者得准予借读为荷。科相同班级衔接及借读
2. 查照为荷——此致
1. 邓……长
2. 岭南大学

代理校长金○○

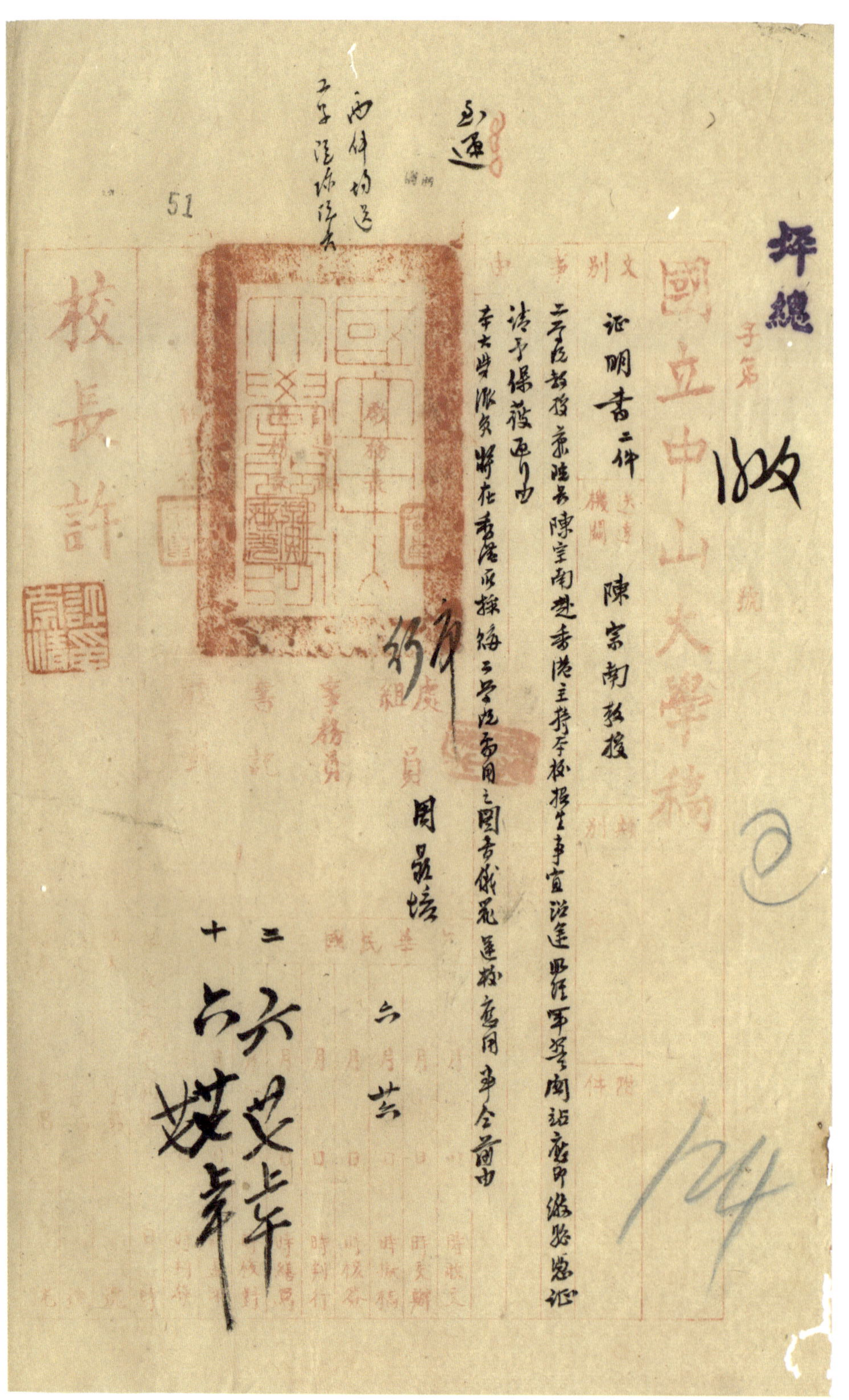

國立中山大學稿

文別：證明書二件

陳宗南教授

工學院教授兼院長陳宗南赴香港主持本校招生事宜沿途如經軍警關站應即[illegible]證

請予保護[illegible]

本大學派員將在香港所採購工學院需用之圖書儀器運校應用[illegible]

校長許

國立中山大學關於工學院院長陳宗南赴港主持招生事宜的證明書

52

國立中山大學證明書

本大學工學院教授兼院長陳宗南現赴香港主持本校招生事宜沿途所經驗防軍警長官暨關卡車站應即徵驗憑證請予分别保護通行此證

右給本大學工學院教授兼院長陳宗南收執

代理校長許○○

中華民國三十年六月　日

私立国民大学会计系学生关于借读法学院经济系二年级上学期给国立中山大学校长的呈

190

事由

為呈請准予借讀法學院經濟系二年級上學期事由

附件

教育部批文、畢業証書收據、上課証各一

擬辦

批示

備考

字第　號　年　月　日　時到

收文　字第　號

竊生原肄業於香江國民大學法學院會計系二年級因感
家庭負担綦重曾於去年十月間上呈　貴校請准予借
讀蒙
鈞長批示「應逕向教育部呈准分發來校始得收容」等
因奉此仰上呈教育部得其於一月廿一日復示批准正擬啟
程來校不料始則適逢農曆年關（一月廿七日）繼則以淡水
失陷（二月三日）前後均未能成行然生志切來校故雖阻礙
重重終於歷盡艱險於四月初抵達坪石然因開課已久
註冊過期未獲　允准收容值此進退維谷之際蒙
鈞長示意謂下學期連同教育部批文一並呈來必可獲

准云□生以既已来此务达目的故不惜牺牲乙载时光坐
候刻下三十年度上学期将届开始诚恐再蹈覆辙故
特先行呈请
钧长 俯察衷情准予借读法学院经济系二年级上学
期则感玉成之德无涯矣谨呈
张代校长钧鉴

国民大学法学院会计系二年级生
王淑嫦呈

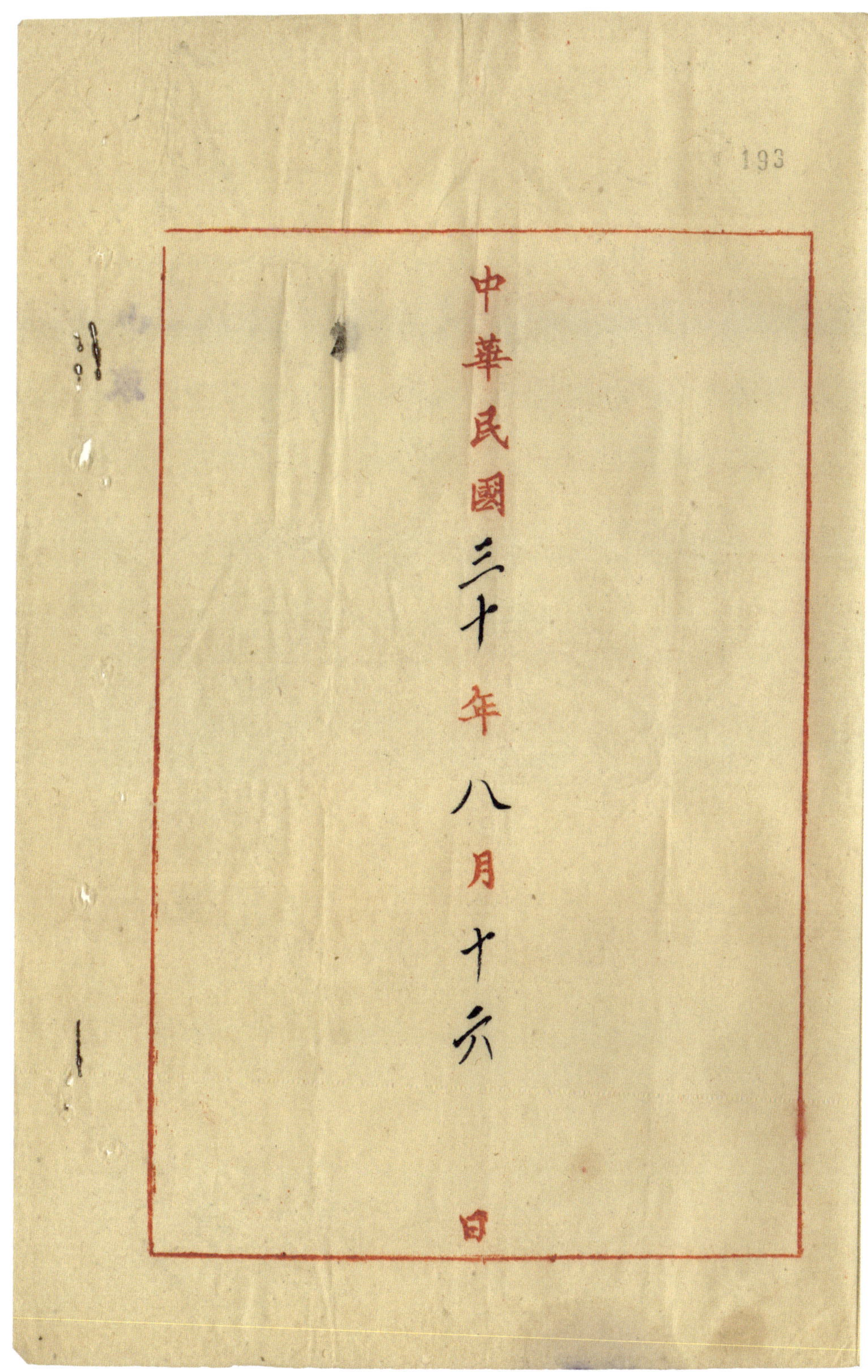

193

中華民國三十年八月十六日

国立中山大学代理校长张云关于暂定由港汇款来校救济办法一事的布告

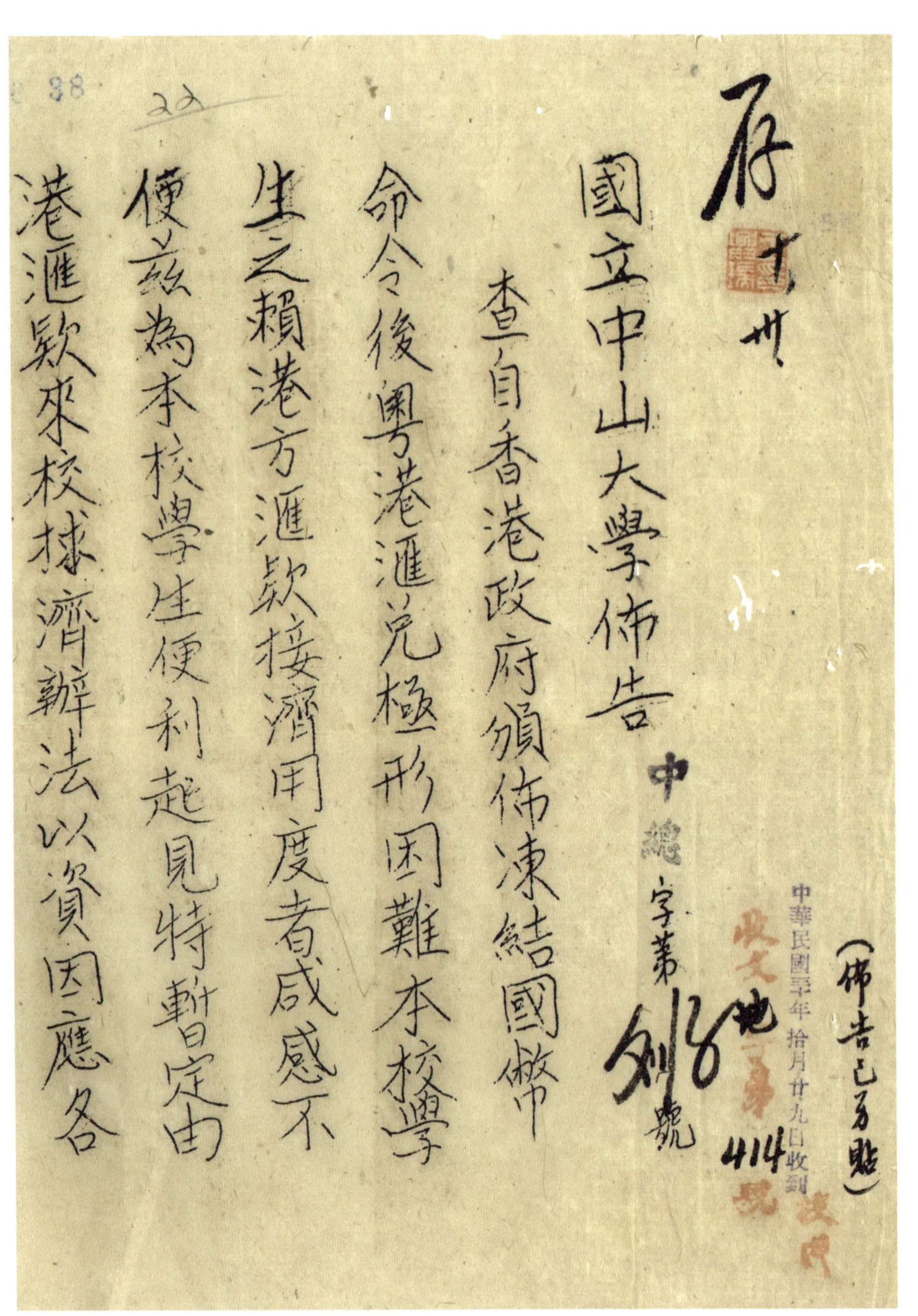

存 十卅

國立中山大學佈告

中總字第　號

查自香港政府頒佈凍結國幣命令後粵港滙兌極形困難本校學生之賴港方滙款接濟用度者咸感不便茲為本校學生便利起見特暫定由港滙款來校救濟辦法以資因應各

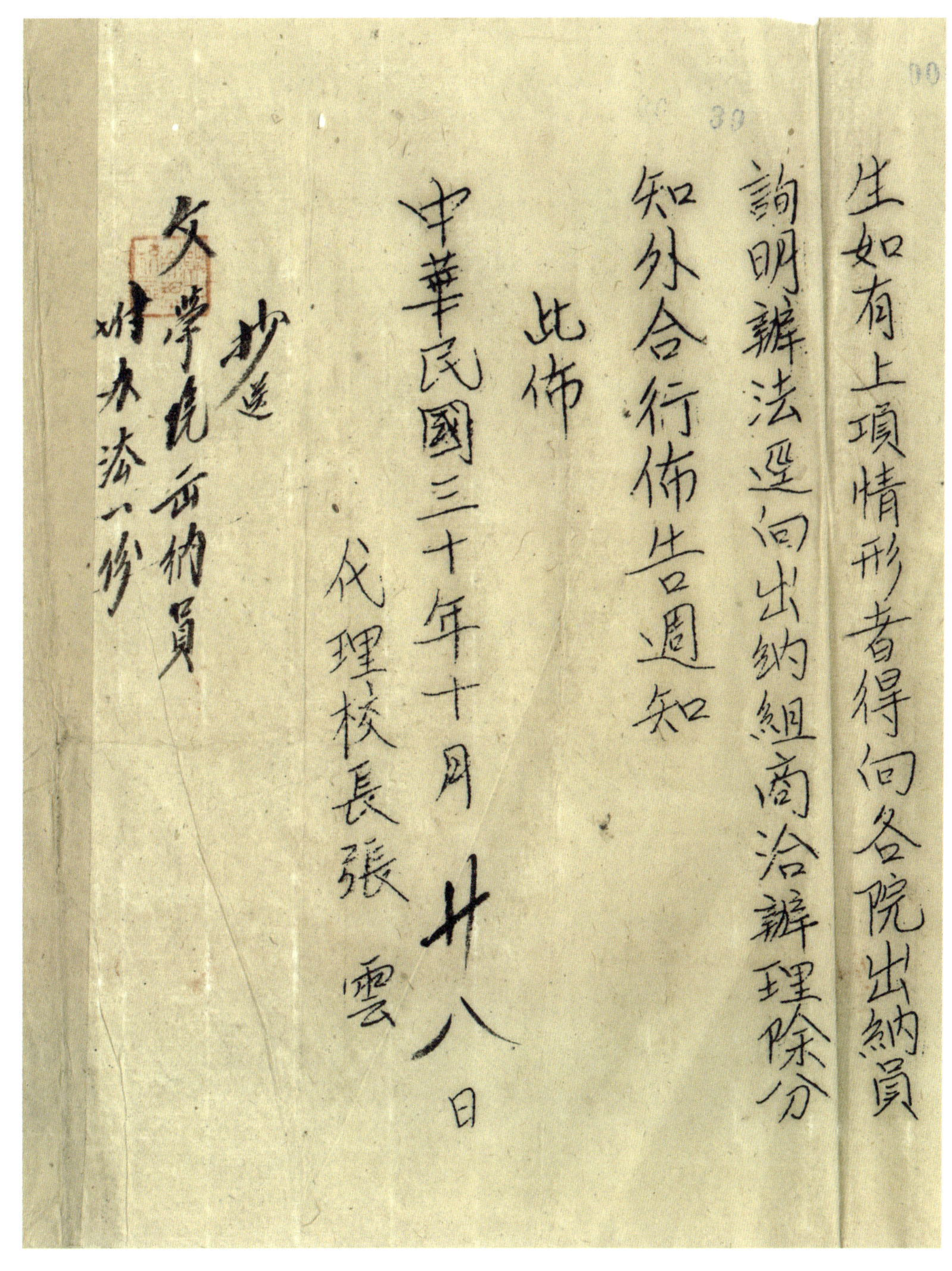

生如有上项情形者得向各院出纳员询明办法迳向出纳组商洽办理除分知外合行佈告周知

此佈

中華民國三十年十月廿八日

代理校長張雲

抄送

文學院出納員林潔心（珍）

国立中山大学关于订定一九四一年考入公私立专科以上学校清贫侨生申请公费待遇办法的布告及附件

141

存阅 生舟 十二 十二

國立中山大學佈告 中教字第1113號 651

（佈告三多點）

中華民國三十年十二月拾八日收到

現准僑務委員會本年十二月二日僑（30）教字第五六八三號公函稱：「查本會為資助海外清貧僑生回國升學藉資造就專門人材從事福利僑胞工作起見，經訂定三十年度考入公私立專科以上學校清貧僑生申請公費待遇辦法，已公佈施行，相應檢同該項辦法函達查

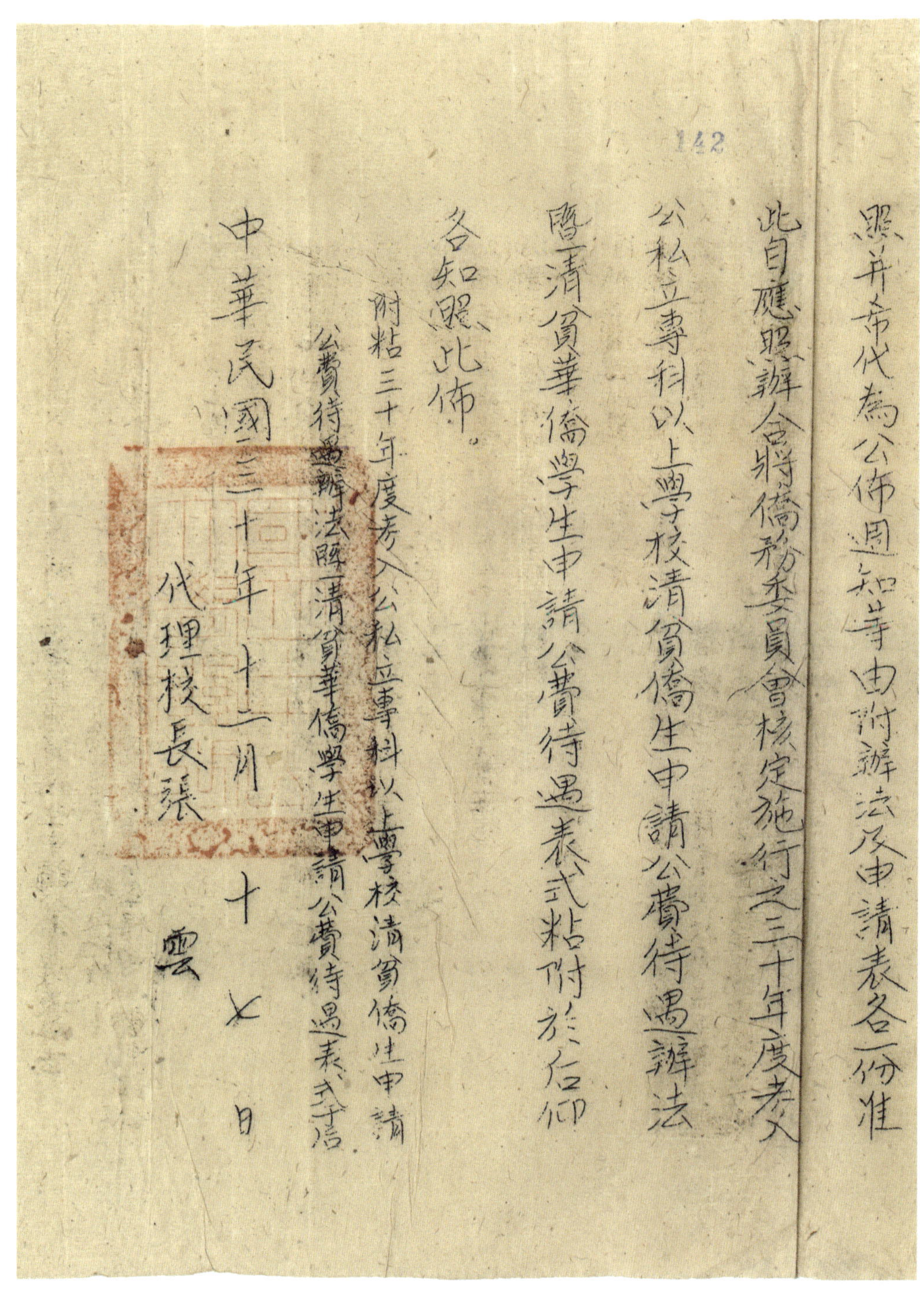

142

照并希代為公佈周知等由附辦法及申請表各一份准

此自應照辦合將僑務委員會核定施行之三十年度考入

公私立專科以上學校清貧僑生申請公費待遇辦法

暨清貧華僑學生申請公費待遇表式粘附於后仰

各知照此佈。

附粘三十年度考入公私立專科以上學校清貧僑生申請

公費待遇辦法暨清貧華僑學生申請公費待遇表式于后

中華民國三十年十二月十七日

代理校長張雲

三十年度考入公私立專科以上學校清貧僑生申請公費待遇辦法

——中華民國三十年十一月二十七日僑務委員會核定施行——

一、凡本年度考入下列各院校科系之清貧華僑學生得向本會申請公費待遇：

(一)國立中央大學教育系及公民訓育系，

(二)國立西南聯合大學經濟系及公民訓育系，

(三)國立中山大學教育系公民訓育系經濟系及機械工程系，

(四)國立交通大學唐山工程學院鑛冶系，

(五)國立暨南大學教育系銀行會計系及工商管理系，

(六)國立浙江大學教育系及化學工程系，

(七)國立上海商學院銀行系及國際貿易學系，

(八)國立重慶商船專科學校造船科，

(九)四川省立重慶大學銀行保險系及工商管理系，

(十)私立復旦大學新聞學系，

二、申請公費待遇者須填具申請表(表式附后)隨附華僑身份証明書家境清貧證明書暨入學考試成績單呈由肄業學校轉送本會審核

附註：關于華僑身份之証明由已辦理華僑登記之僑居地回國者之繳

發華僑登記証或當地領事館証明其確係華僑之証件由本辦理華僑登記之僑居地回國者應繳驗當地中國國民黨高級黨部或中華總商會或中華會館証明其確係華僑之証件香港澳門學生以在本會立案僑民學校畢業領有曾經本會驗印之文憑者為限

關于家境清貧之証明家在海外者須繳驗當地領事館或中國國民黨高級黨部之証明書家在國内者須繳驗縣市政府之証明書

三　申請日期自公布之日起至十二月底止

四、核准公費待遇之生每年由僑民教育經費項下發給國幣五百元至畢業為止

五、關于華僑學生申請公費待遇之審核由本會會同教育部辦理之

六、依本辦法核准公費待遇者其應遵守事項悉照本会改進清貧優秀華僑學生回國升學規程辦理

七、本办法經本会核定後施行

清貧華僑學生申請公費待遇表　（第　　號）

姓名		性别		年齡	像片
未婚		籍貫			
僑居海外經過					
現肄業學校及所習學系					
修業年限		預計畢業年月			
是否黨員團員		黨証或團証號數			
隸屬何區分部或小隊					
學歷經歷	小學				
	初中				
	高中				
	其他				
家長姓名		家長職業			
家庭經濟狀況					
家庭住址	現在	中文			
		外文			
	永久	中文			
		外文			
繳驗証件					
備註					

中華民國三十年　　月　　日

国立中山大学代理校长张云关于设法救济该校港澳南洋部分学生等情给教育部的电

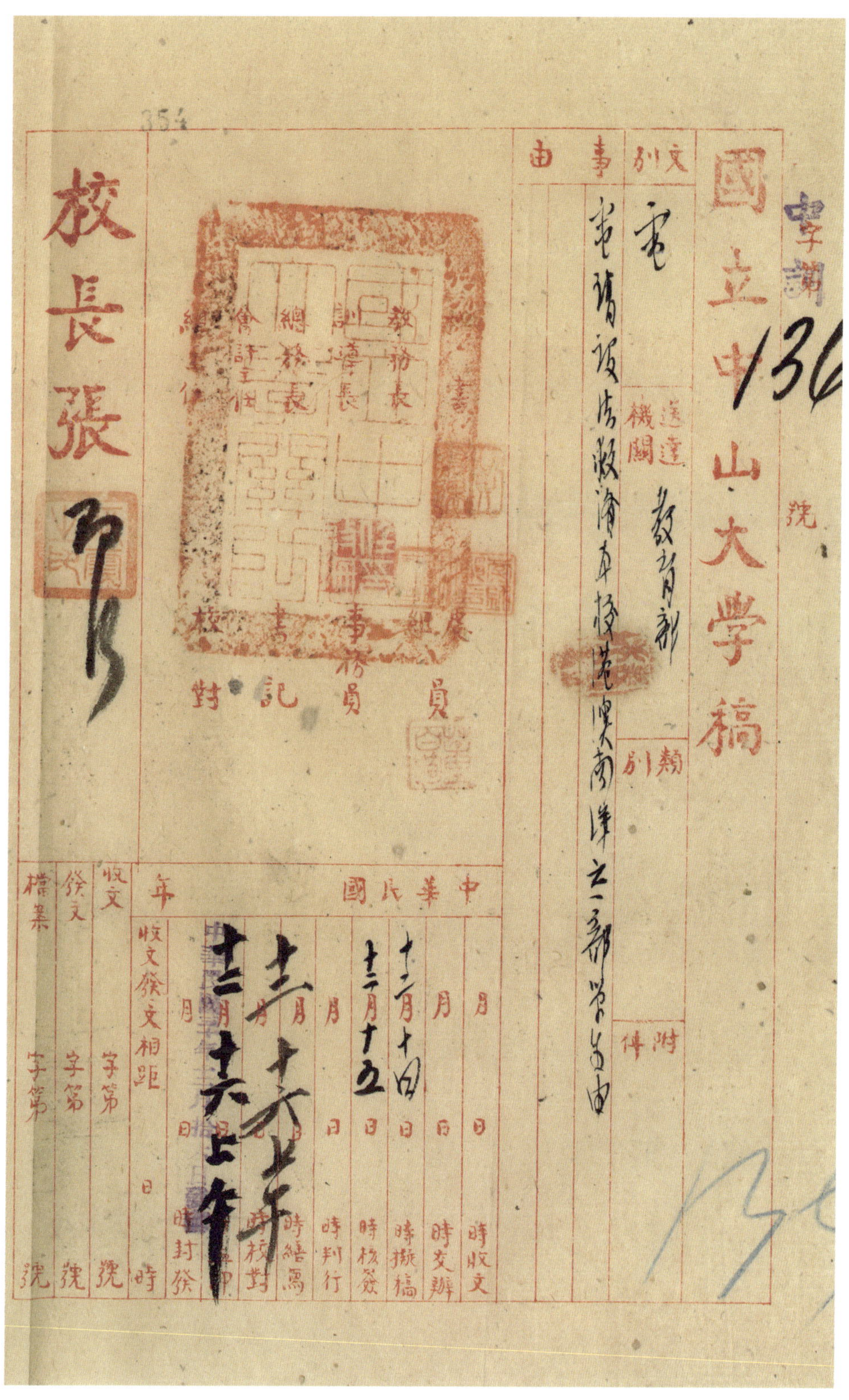

國立中山大學稿

字第 136 號

文別：電

事由：電請設法救濟本校港澳南洋之一部學生由

送達機關：教育部

類別

附件

校長張

中華民國　年　十二月十四日　十二月十五日

收文發文相距　日　時

收文　字第　號
發文　字第　號
檔案　字第　號

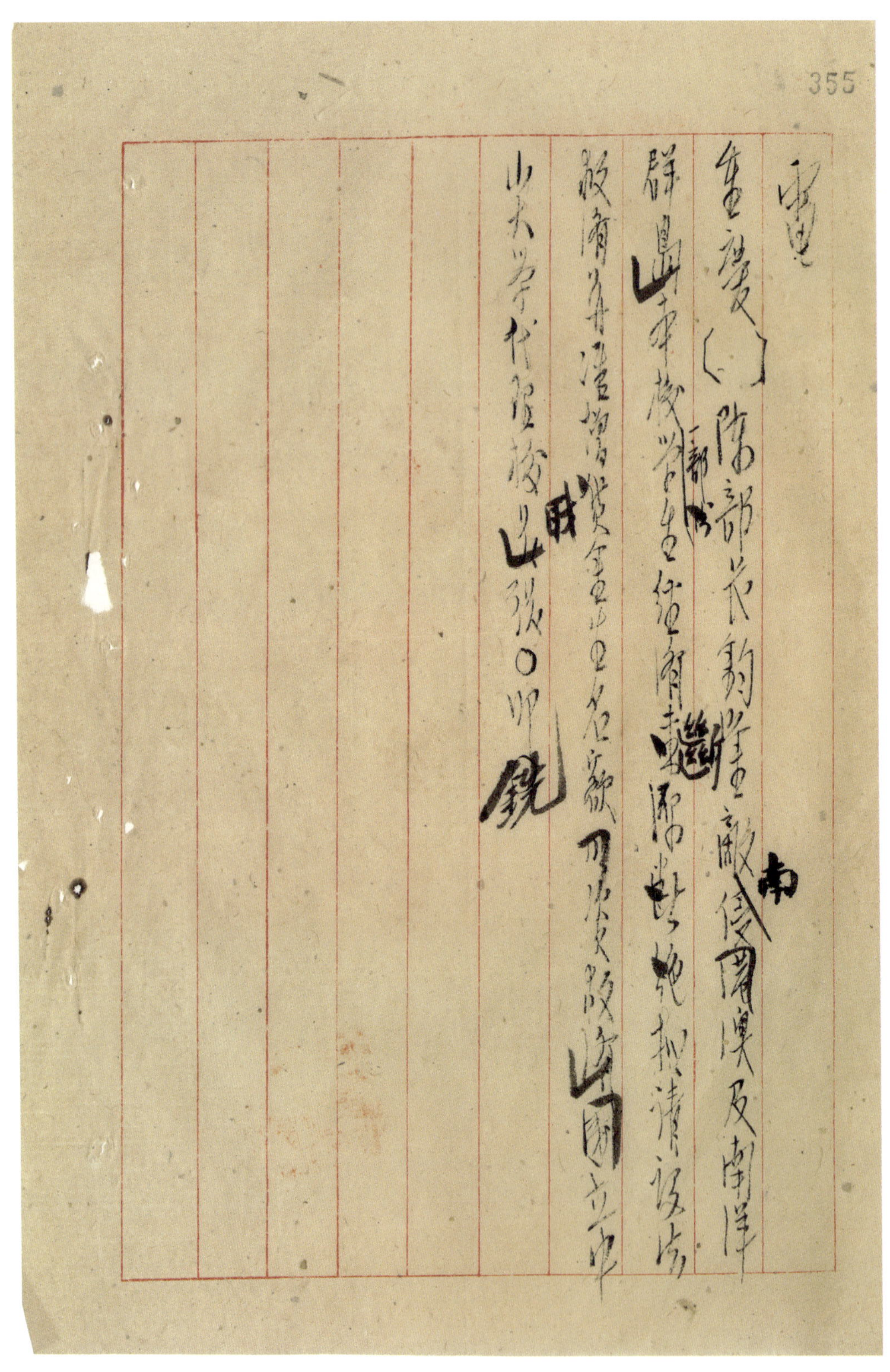
355

電

重慶〔 〕陳部長勛鑒：敵侵南閩粵及南洋群島，中山本校一部份學生僑生經濟來源斷絕，擬請設法救濟，並請增戰貸金五百名額，懇予照准救濟。國立中山大學代理校長張〇卯銑

教育部关于应尽量收容私立岭南大学文理工医学生借读一事给国立中山大学的电

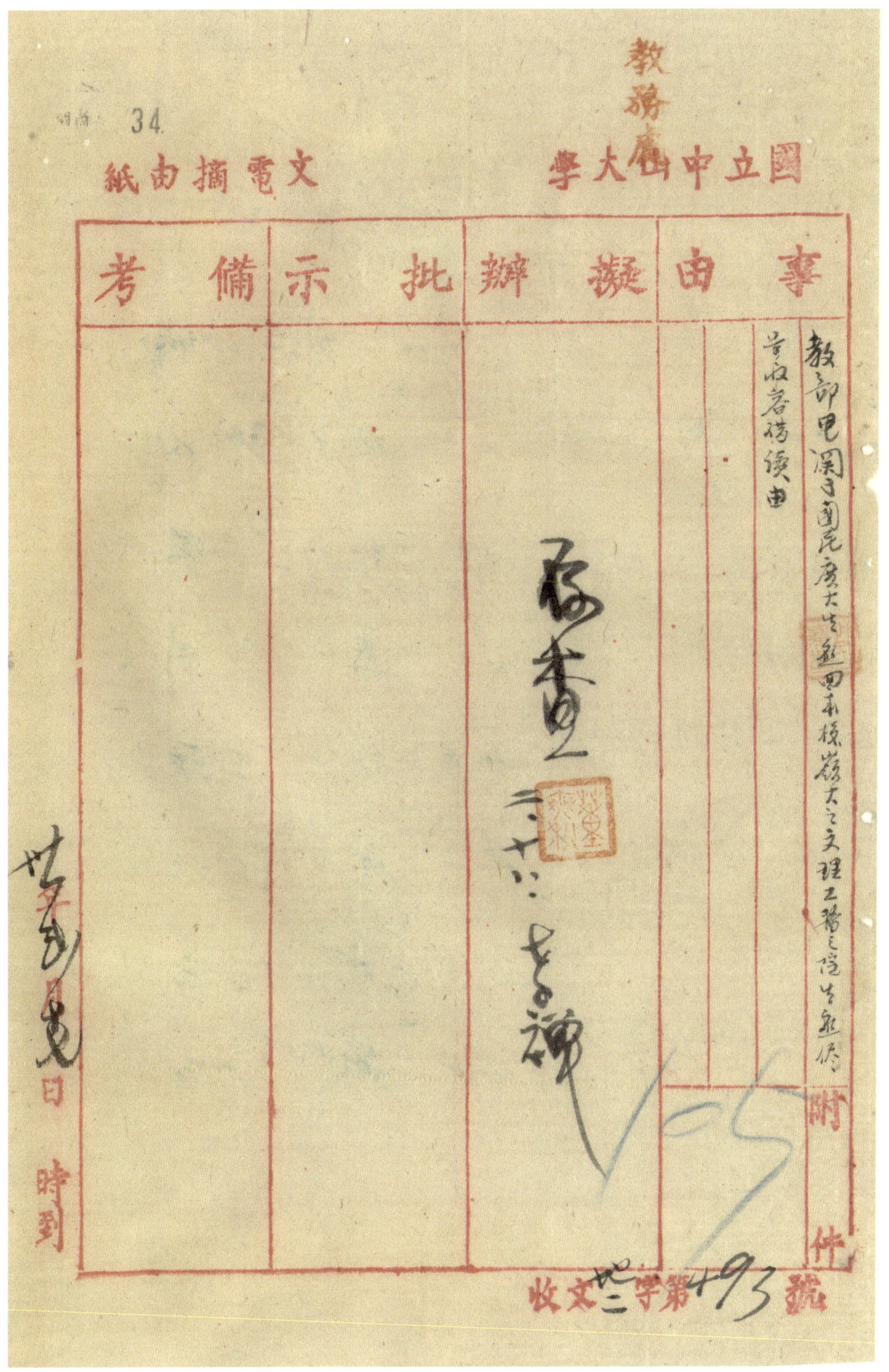

國立中山大學 文電摘由紙

事由	擬辦	批示	備考
教部電關于國立廣大生無因未核嶺大之文理工醫之院生應儘量收容借讀由			年　月　日　時到
附件			

收文　字第　號

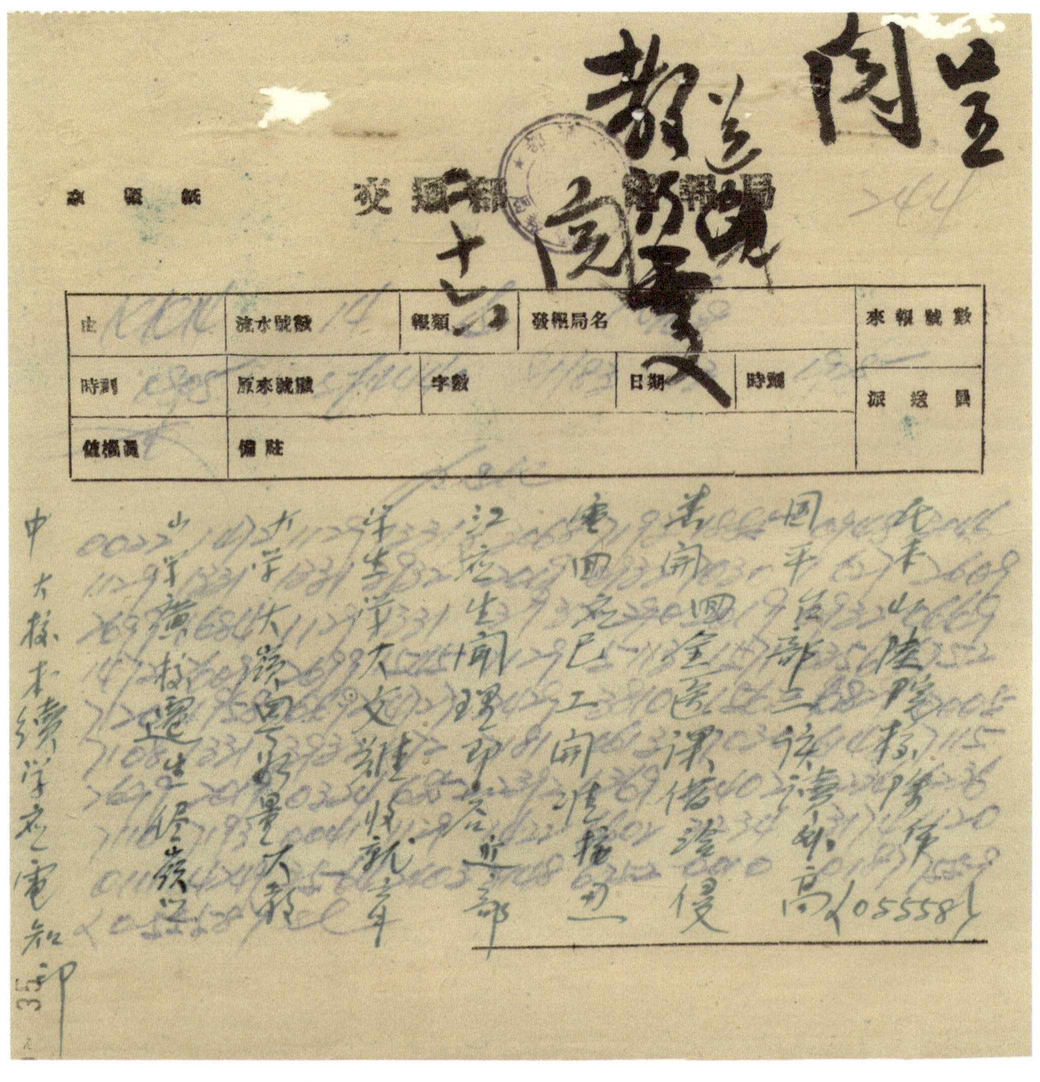

來報紙　　交通部電報局

生	流水號數	報類	發報局名		來報號數
時刻	原來號數	字數	日期	時刻	派送員
值機員	備註				

国立中山大学代理校长张云关于收容文理工医三院学生借读一事给私立岭南大学校长李应林的公函

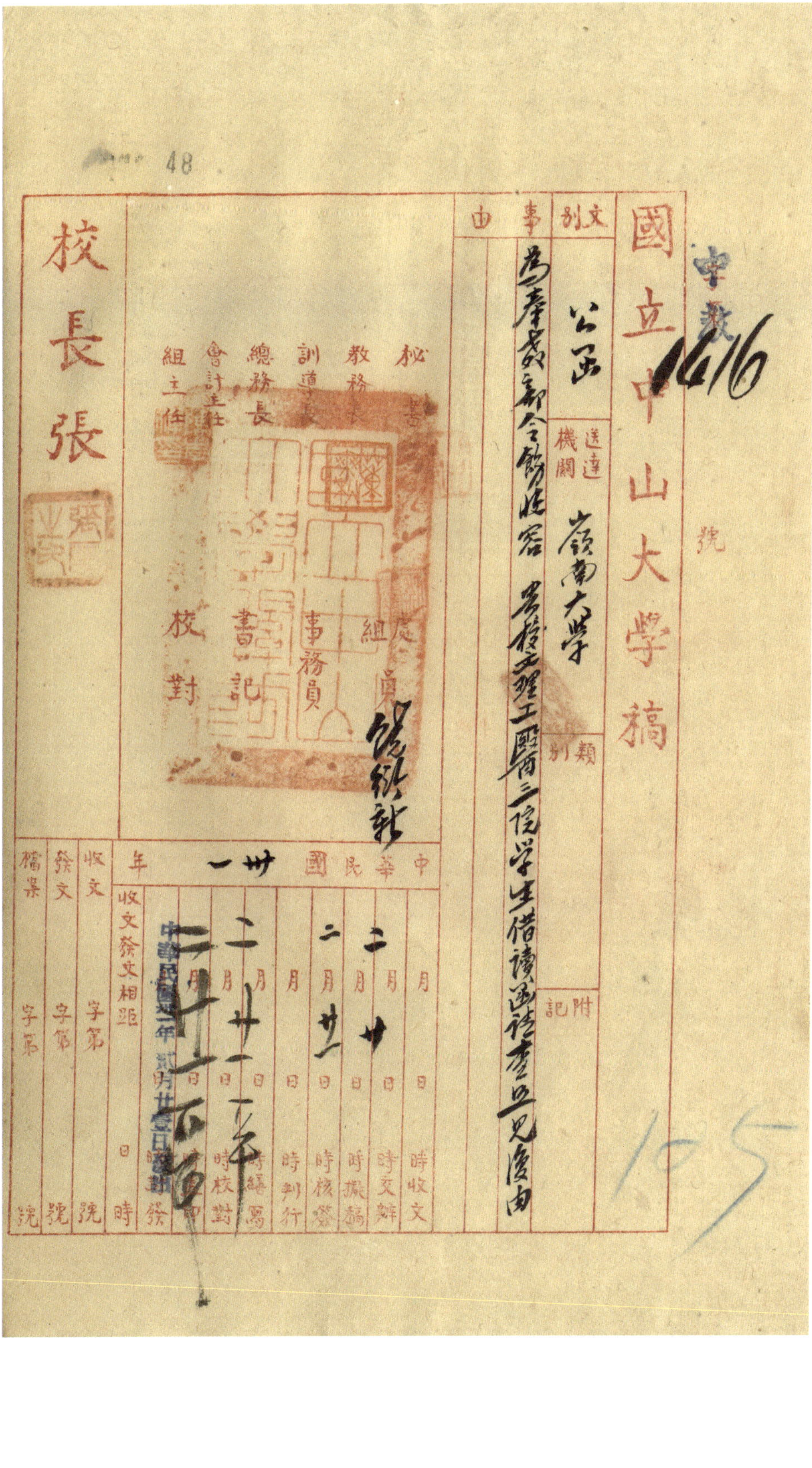

48

国立中山大学稿

字第1616號

文别	公函
送達機關	嶺南大學
事由	為奉教育部令飭收容貴校文理工醫三院學生借讀函請查照見復由

校長張

秘書　教務長　訓導長　總務長　會計主任　組主任

處　組員　事務員　書記　校對

中華民國卅一年

收文 二月二十日 時
交辦 二月 日 時
擬稿 二月廿一日 時
核簽 月 日 時
判行 月 日 時
繕寫 月 日 時
校對 二月廿一日 時
發 二月廿一日
收文發文相距 日 時

中華民國卅一年貳月廿壹日發

105

貴校文理工醫三學院究竟有無來校借讀必要，如須借讀人數若干，手續如何，統希

逕復

教育部丑侵高（05551）號電開：「江電悉。國民大學學生應由開平本校、廣大學生應由台山本校、嶺大聞已全部陸續還遷粵，文理工醫三院學生如願即開課，該校應儘量收容於借讀，特電嶺大就近接洽外，仰知照」等因奉此，自應照辦。本電前因相應備函商請

查照，并希見復為荷。

此致

私立嶺南大學校長李

（全銜）代理校長林

私立岭南大学校长李应林关于派李沛文前来洽商借读应办手续一事给国立中山大学的公函

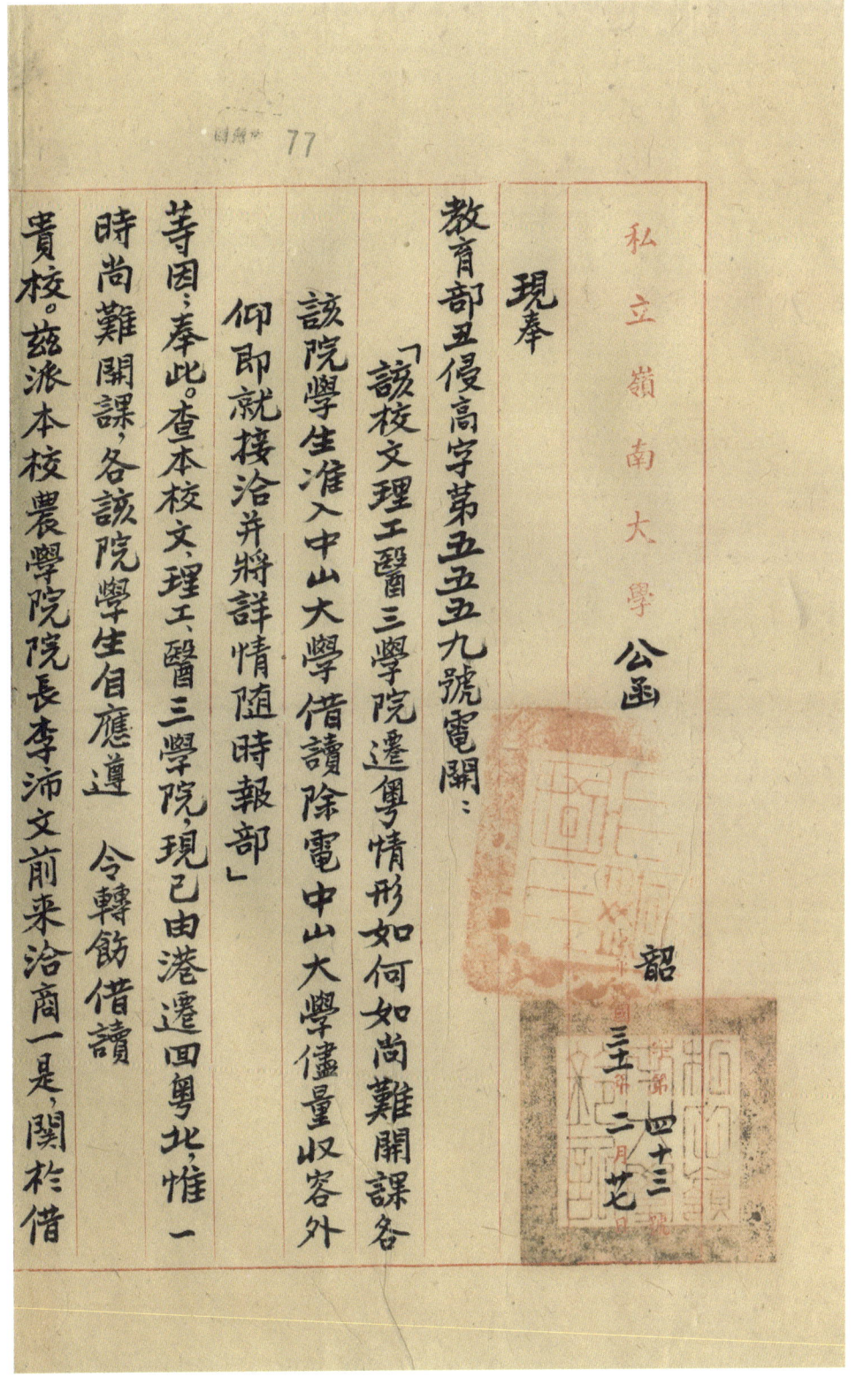

私立嶺南大學公函

韶

三五 二 四十三 艺

現奉

教育部丑侵高字第五五五九號電開：

「該校文理工醫三學院遷粵情形如何如尚難開課各該院學生准入中山大學借讀除電中山大學儘量收容外仰即就接洽并將詳情隨時報部」

等因，奉此。查本校文、理工、醫三學院，現已由港遷回粵北，惟一時尚難開課，各該院學生自應遵令轉飭借讀貴校。茲派本校農學院院長李沛文前來洽商一是，關於借

78

讀應辦手續，敬希
惠予指示辦理。至級公誼！＝
此致
國立中山大學
校長 李應林

覆文請交韶關風度中路
青年會内本校辦事處收

現准

私立嶺南大學本年二月廿七日韶字第四三號公函內開「現奉 教育部丑侵高字第五五五九號電開該校文理工醫三學院還粵情形如何如尚難開課各該院學生准入中山大學借讀除電中山大學儘量收容外仰即就近接洽並將詳情隨時報部等因奉此查本校文理工醫三學院現已由港遷回粵北惟一時尚難開課各該院學生自應遵令轉飭借讀貴校茲派本校農學院院長李沛文前來洽商一是關於借讀應辦手續敬希惠予指示辦理」等由准此自應照辦除函復外茲將嶺南大學學生來校借讀辦法一份函達

即希

查照辦理為荷此致

附嶺南大學學生借讀中山大學辦法一份

代理校長張雲

嶺南大學學生借讀中山大學辦法

一、文理工二學院各年級學生可在本校（中山大學）相當院系年級借讀俟原校（嶺南大學）開課即行返校

二、各生可持原校証件依章親至本校註冊組註冊

三、註冊日期定三月十八日截止

四、學生膳食自理宿舍如有空位得由學院酌予分配住宿

五、選修課程由本校各院部依章指導

六、各生接洽入學事宜如有未盡明瞭之處可向本校註冊組暨各學院辦公室詢問

七、本校經濟系學生名額已滿未便收容原校該系學生如欲來校借讀應改入其他相近學系

教育部关于尽量接收私立岭南大学学生给国立中山大学的代电

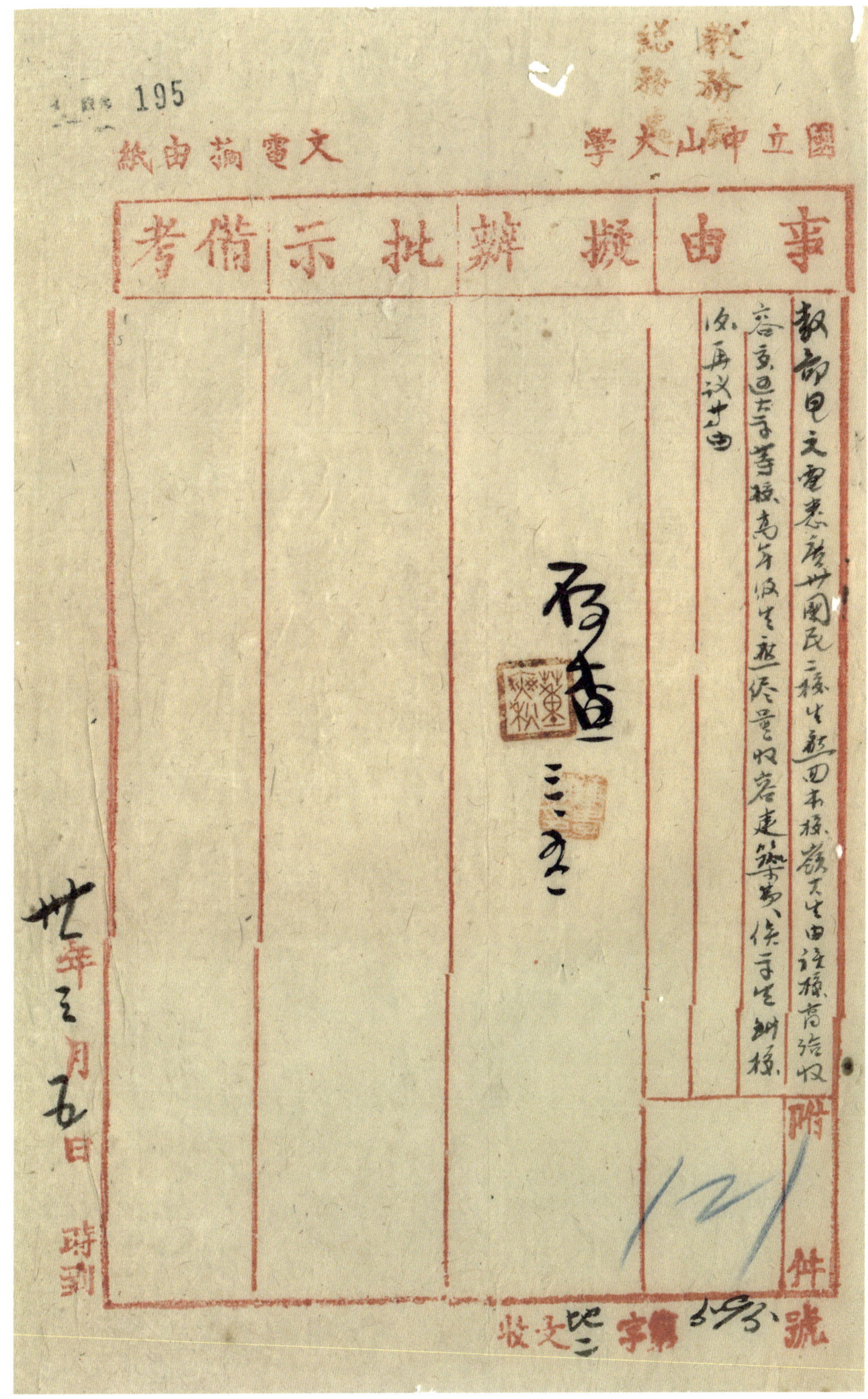

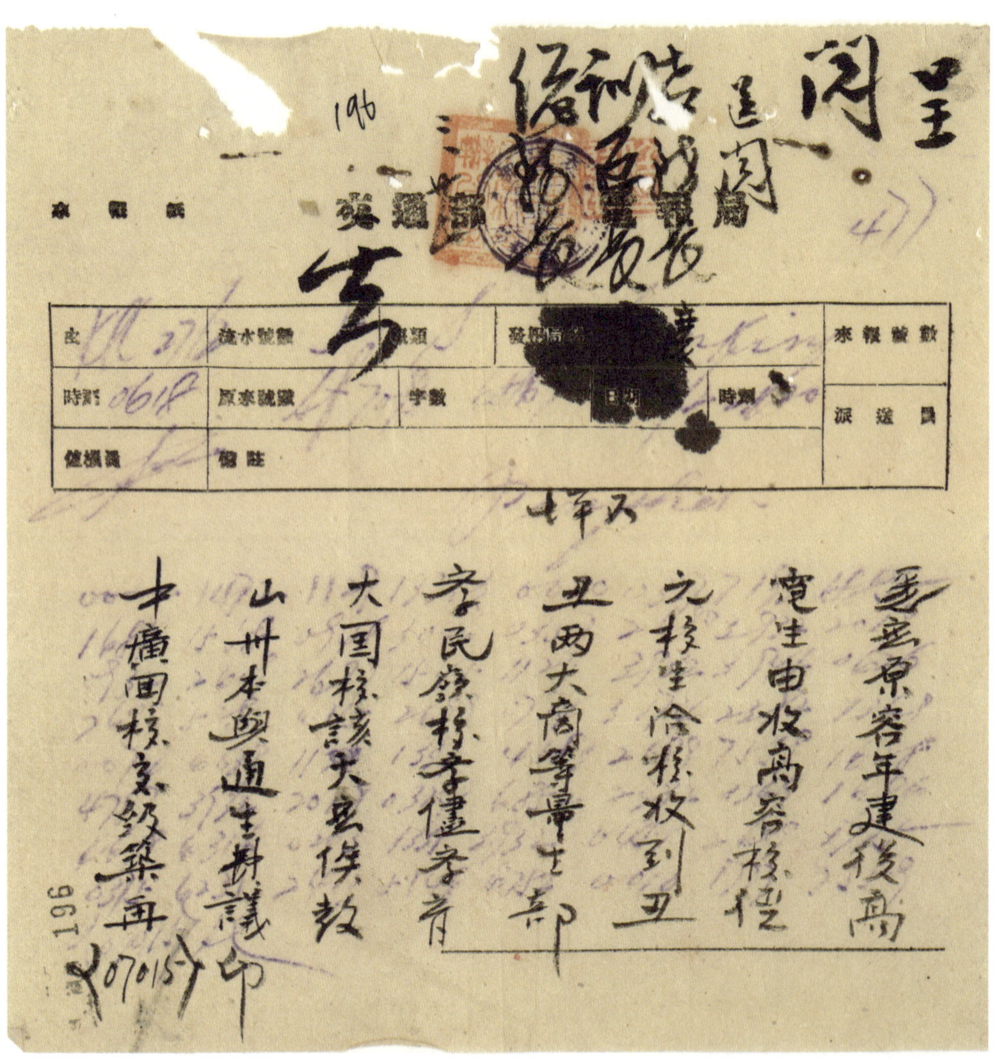

來報紙　交通部電報局

由	流水號數	類	發報局	來報號數
時刻	原來號數	字數	日期	時刻	派送員
值機員	備註			

教育部关于收容香港大学借读生等情给国立中山大学的训令

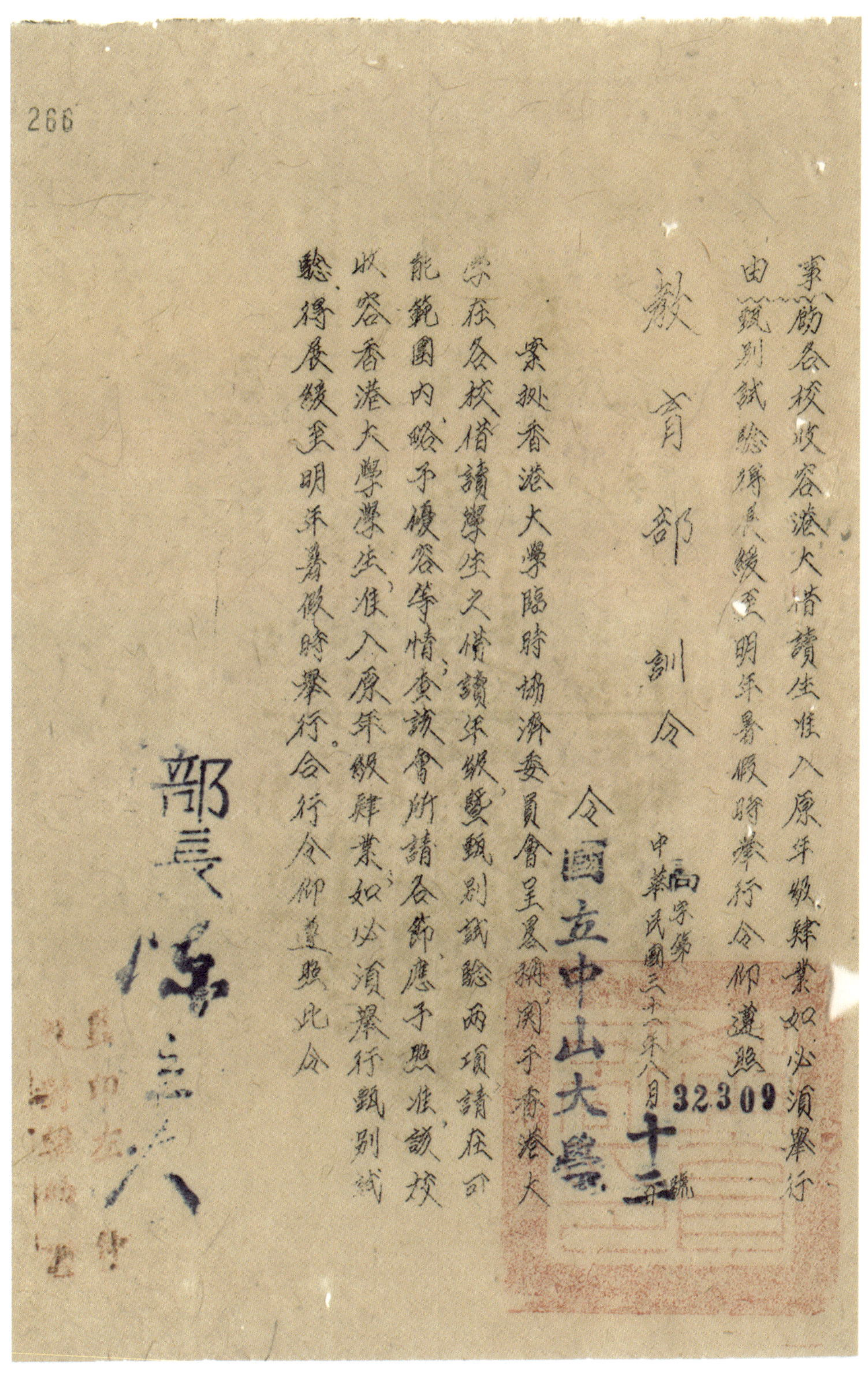

266

事由：飭各校收容港大借讀生准入原年級肄業如必須舉行甄別試驗得展緩至明年暑假時舉行令仰遵照

教育部訓令　高字第32309號

中華民國三十一年八月十二日

令國立中山大學

案據香港大學臨時協濟委員會呈略稱關于香港大學在各校借讀學生之借讀年級暨甄別試驗兩項請在可能範圍內略予便容等情，查該會所請各節應予照准，該校收容香港大學學生准入原年級肄業，如必須舉行甄別試驗，得展緩至明年暑假時舉行。合行令仰遵照，此令

部長　陳立夫

国立中山大学关于公布澳门高中毕业生甄别试验日期地点时间科目表一事的布告

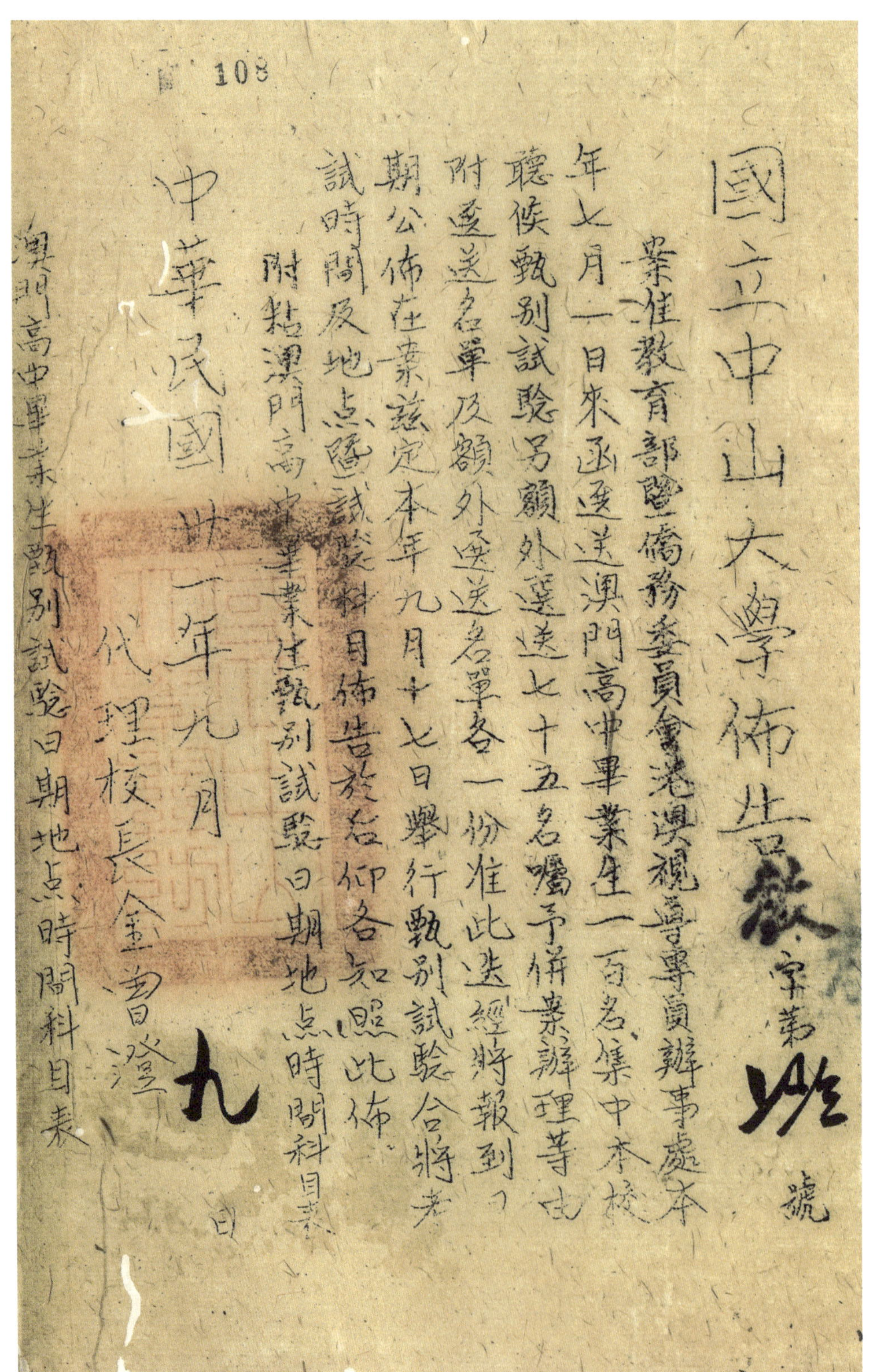

108

國立中山大學佈告 發字第 號

案准教育部暨僑務委員會港澳視導專員辦事處本年七月一日來函送澳門高中畢業生一百名集中本校聽候甄別試驗另額外選送七十五名囑予併案辦理等由附送名單及額外選送名單各一份准此送經將報到日期公佈在案茲定本年九月十七日舉行甄別試驗合將考試時間及地点隨試科目佈告於右仰各知照此佈。

附粘澳門高中畢業生甄別試驗日期地点時間科目表

中華民國卅一年九月 日

代理校長金曾澄

澳門高中畢業生甄別試驗日期地点時間科目表

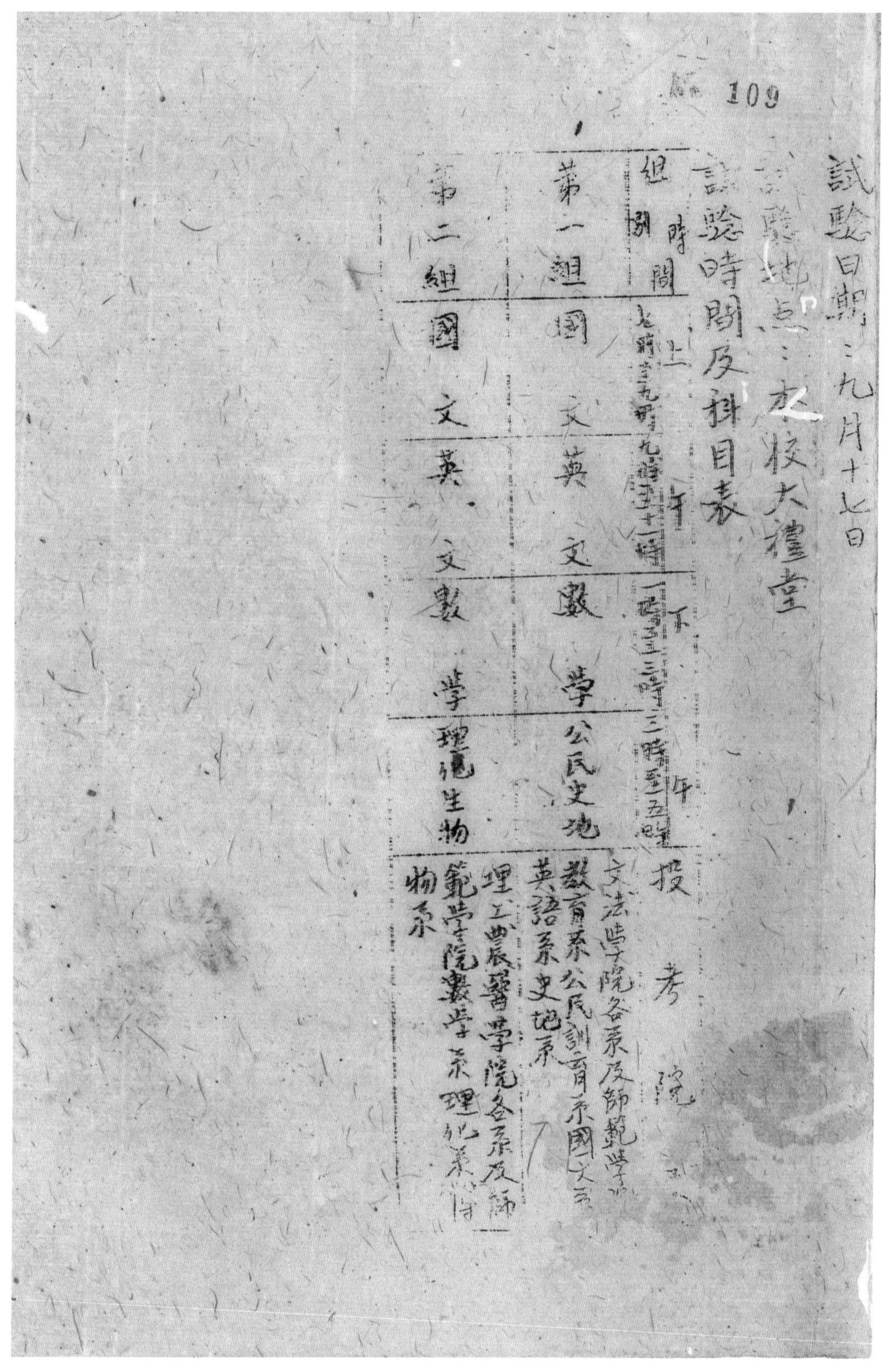

109

試驗日期：九月十七日

試驗地点：本校大禮堂

試驗時間及科目表

時間 組別	上午 七時至九時	上午 九時半至十一時	下午 一時半至三時	下午 三時半至五時	投考院系
第一組	國文	英文	數學	公民史地	文法學院各系及師範學院教育系公民訓育系國文系英語系史地系
第二組	國文	英文	數學	理化生物	理工農醫學院各系及師範學院數學系理化系博物系

中华文化学院院长兼国文专科学校校长吴康关于图书馆交互汇报借阅图书等情给国立中山大学代理校长金曾澄的函

教務

國立中山大學文電摘由紙

事由	擬辦	批示	備考
國文專科學校為請將該校圖書館與本校圖書館交互匯報借閱圖書由 附件	抄交圖書館二冊	如擬	32年1月28日2時到

收文第　字　號 736

79

中華文化學院主辦
國文專科學校用牋

第　頁

本院主辦國文專科學校卅一年度所招新生經於本月七日放榜共三年制課程亦奉　教育部批准現決定二月一日正式上課函於圖書方面除本院原有圖書及國專另撥款購置外擬由國專圖書館與

貴校圖書館聯絡合作兩方學生得憑學生證教職員得憑教職員證交互進館借閱圖書以利教學進行相應函達敬希

查照飭

貴校圖書館遵照辦理又

貴校圖書館杜定友主任本月二十日來函擬借本院國專圖書館一

中華民國　年　月　日

校址：廣東坪石中華文化學院內

80

中華文化學院主辦
國文專科學校用箋

部份作該館疏散期間藏書閱覽之用經由本院函復照辦再本院並聘杜主任定友兼任國文專科學校圖書館主任統應函達

查照為荷

此致

國立中山大學校長金

中華文化學院院長
兼國文專科學校校長 吴康

中華民國卅三年一月廿七日

第 頁

校址：廣東坪石中華文化學院內

中华文化学院请张巨伯参加该院成立及开学典礼的文

150

送农学院表

张巨伯先生台启

国文专科学校缄

本年三月三日（星期三）上午八时举行中华文化学院暨国文专科学校成立及开学典礼，敬希惠临指导。

中华文化学院院长
兼国文专科学校校长　吴康　敬订

地点：本校（坪石卜街猪肯岭）

中华文化学院暨国文专科学校成立及开学典礼开会秩序表

附开会秩序表（一份）

（一）齐集

（二）肃立

（三）主席就位
（四）唱國歌
（五）向黨旗國旗及　國父遺像行三鞠躬禮
（六）主席恭讀　國父遺囑
（七）主席致開會詞
（八）各部份報告
（九）來賓演說
（十）本校教授演說
（十一）學生自治會幹事就職宣誓
（十二）唱校歌
（十三）拍照
（十四）茶會
（十五）鳴炮
（十六）禮成

（附白）同日下午六時舉行游藝其節目如下：
（一）歌詠（中西名歌大合唱、伏爾加之歌及其他——節目次序臨時宣布）
（二）平劇（借東風、八大錘）
（三）話劇（這不過是春天）

中华文化学院院长吴康关于借款修缮女生宿舍和水房给国立中山大学文学院吴院长的函

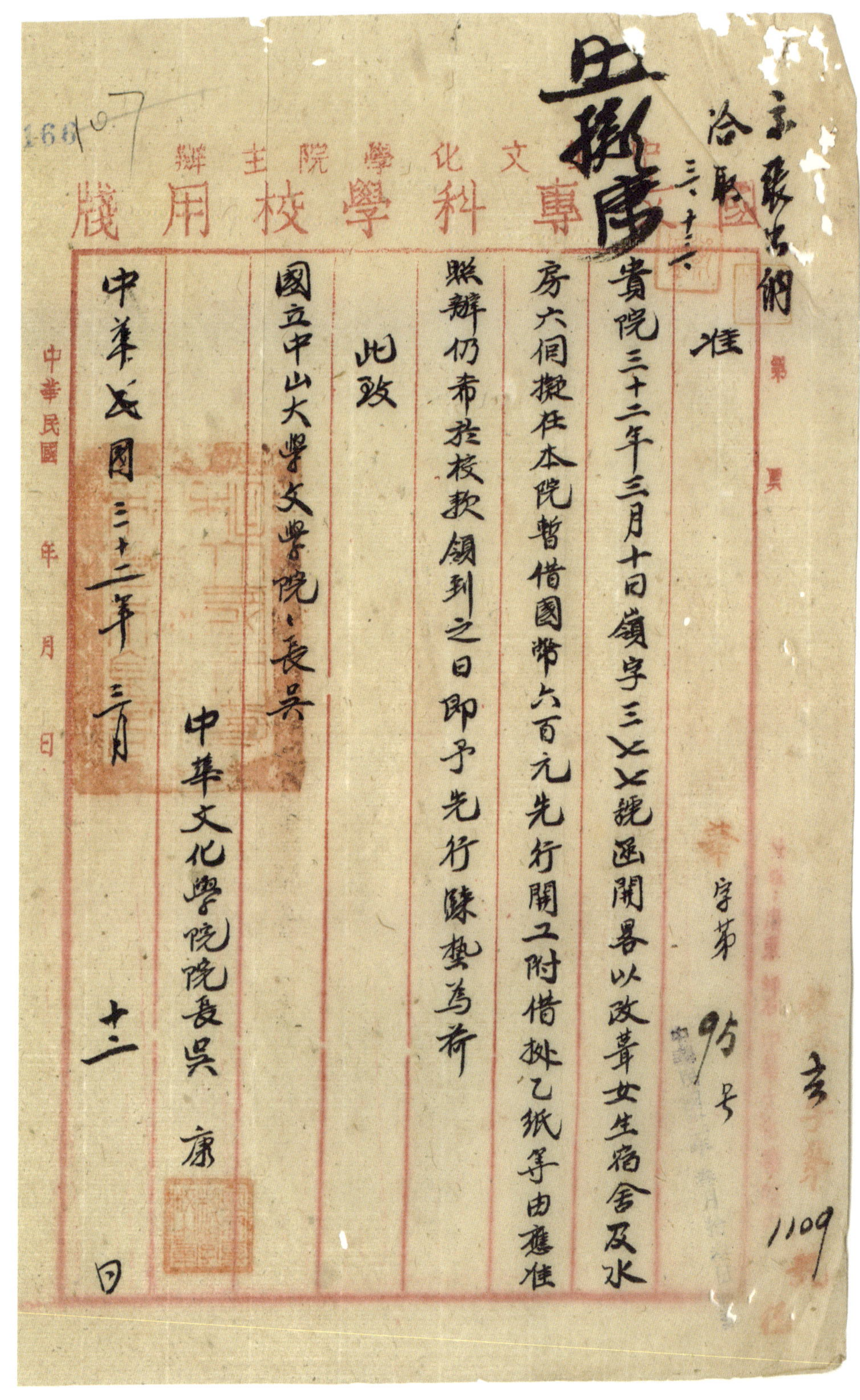
中華文化學院主辦

國立專科學校用箋

字第95號

准

貴院三十二年三月十日嶺字三七七號函開略以改葺女生宿舍及水房六間擬在本院暫借國幣六百元先行開工附借款乙紙等由應准照辦仍希於校款領到之日即予先行歸墊為荷

此致

國立中山大學文學院院長吳

中華文化學院院長吳康

中華民國三十二年三月十二日

1109

广东省立文理学院院长黄希声关于介绍李鸿舒前来补修功课给国立中山大学的函

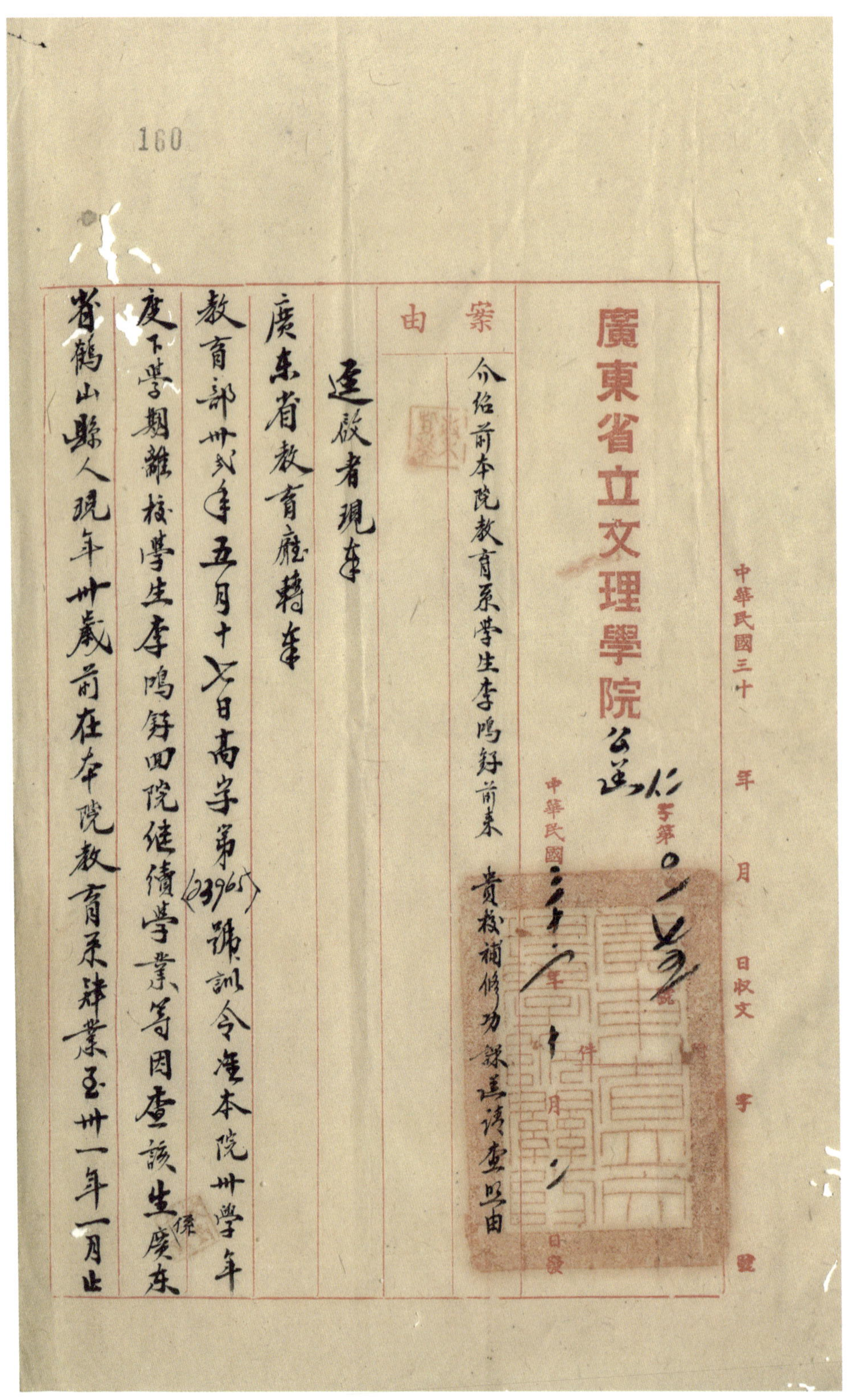

廣東省立文理學院公函

案由：介紹前本院教育系學生李鴻舒前來貴校補修功課送請查照由

逕啟者現准
廣東省教育廳轉准
教育部卅弍年五月十七日高字第(23965)號訓令准本院卅學年
度下學期離校學生李鴻舒回院繼續學業等因查該生廣東
省鶴山縣人現年卅歲前在本院教育系肄業至卅一年一月止

修毕第四学年第一学期课程现因本院教育系改组为社教系而该系第四学年课程该生未能衔接并为奉行部令及便利该生完成学业计除呈复　教育部外特着该生李鸿舒升
贵校师范学院四年级随班补修第四学年所缺功课（免第五年实习）如补修各课成绩及格仍由本院办理毕业手续缘奉前因相应函请
查照办理仍希见复为荷！此致
国立中山大学

院长黄希声

通讯处：曲江桂头省训练团

私立岭南大学校长李应林关于向湘购米等情给国立中山大学的文

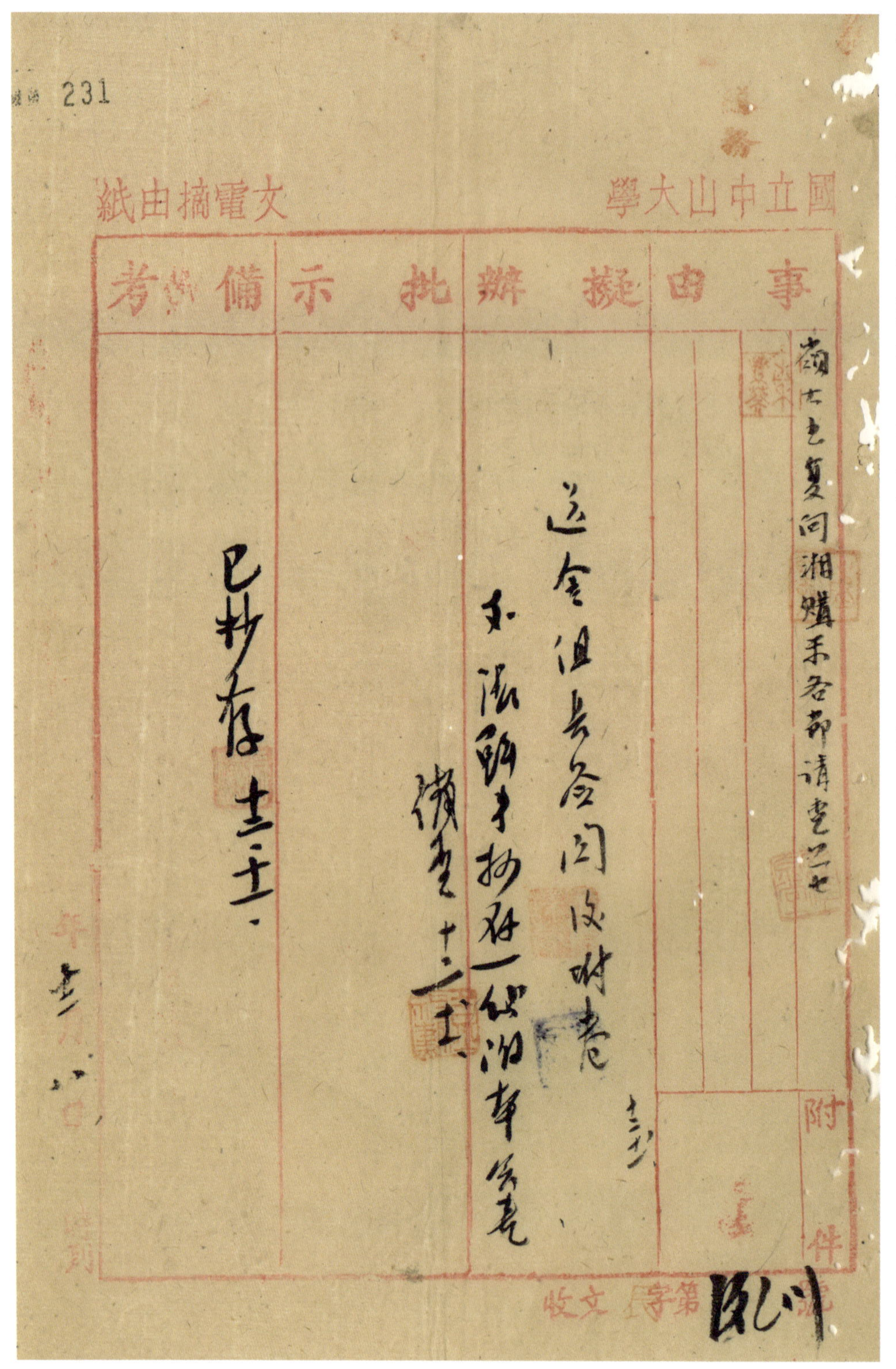
231

國立中山大學文電摘由紙

事由	擬辦	批示	備考
嶺大李復向湘購米各節請查照	送會計組長及總務長閱後附卷 十二.十 並請鈔本抄存一份湘辦公處 十二.十一		已抄存 十二.十一

附件

收文　字第　號

232

私立嶺南大學用箋

現准

大函承詢 敝 校向湖南省政府洽購湘米各節敬悉一是查 敝 校向湖南購米并無訂立合約祗憑 薛主席批飭准照長沙市價由分監部代購搭數量則按學生實在人數每人每月二市斗計算另繳伙外運輸方面自行派員辦理相應函復 希為

查照是荷

此致

國立中山大學

校長李應林

中華民國卅七年十二月六日

校址：廣東曲江（粵漢鐵路仙人廟站）嶺大村　電報掛號：曲江【一五四五】

国立中山大学代理校长金曾澄关于学生借读一事给私立岭南大学校长李应林的文

031

逕准

東高字第三〇號

貴校本年三月廿二日公函開：

「現因戰事影響敝校復課尚須有待而敝校學生之抵達東江者徒然坐候殊屬荒廢之虞故擬准其借讀貴校工學院以維學業懇請賜予收錄以免失學如蒙俯允并煩通知工學院查照為禱」

等由准此自應照辦除函知工學院酌予辦理外相應函復

查照為荷此致

嶺南大學校長李

（全銜）代理校長金〇〇

卅、四、七、

私立岭南大学校长李应林关于请电知连县各院准予该校学生借读一事给国立中山大学代理校长金曾澄的笺文

国立中山大学文电摘由纸

摘由	拟办	决办	备考
岭南大学函请本校电知连县各区主任准予该校学生借读由	照发	函连县邓教务长查照　六、廿六　雅	310 309

附件

卅四年 六月 廿六日到

收文　来字第748号

A 459

312

31

私立嶺南大學用箋

字第　號

前奉
貴校四月七日東教字第三十號函藉悉 敝校
學生請求借讀事經得
貴校允許並分函各院照辦至為感紉惟近
聞連縣區因交通梗塞該地 貴校各
學院尚未知此事故懇即電知連縣
各院准予 敝校學生借讀為荷此致
中山大學校長金
私立嶺南大學校長李應林

中華民國三十四年六月廿五日

第　頁

本校辦事處：梅縣太康路基督教青年會

国立中山大学关于附中学生在第三华侨中学借读急需证件报考大学给私立岭南大学的函

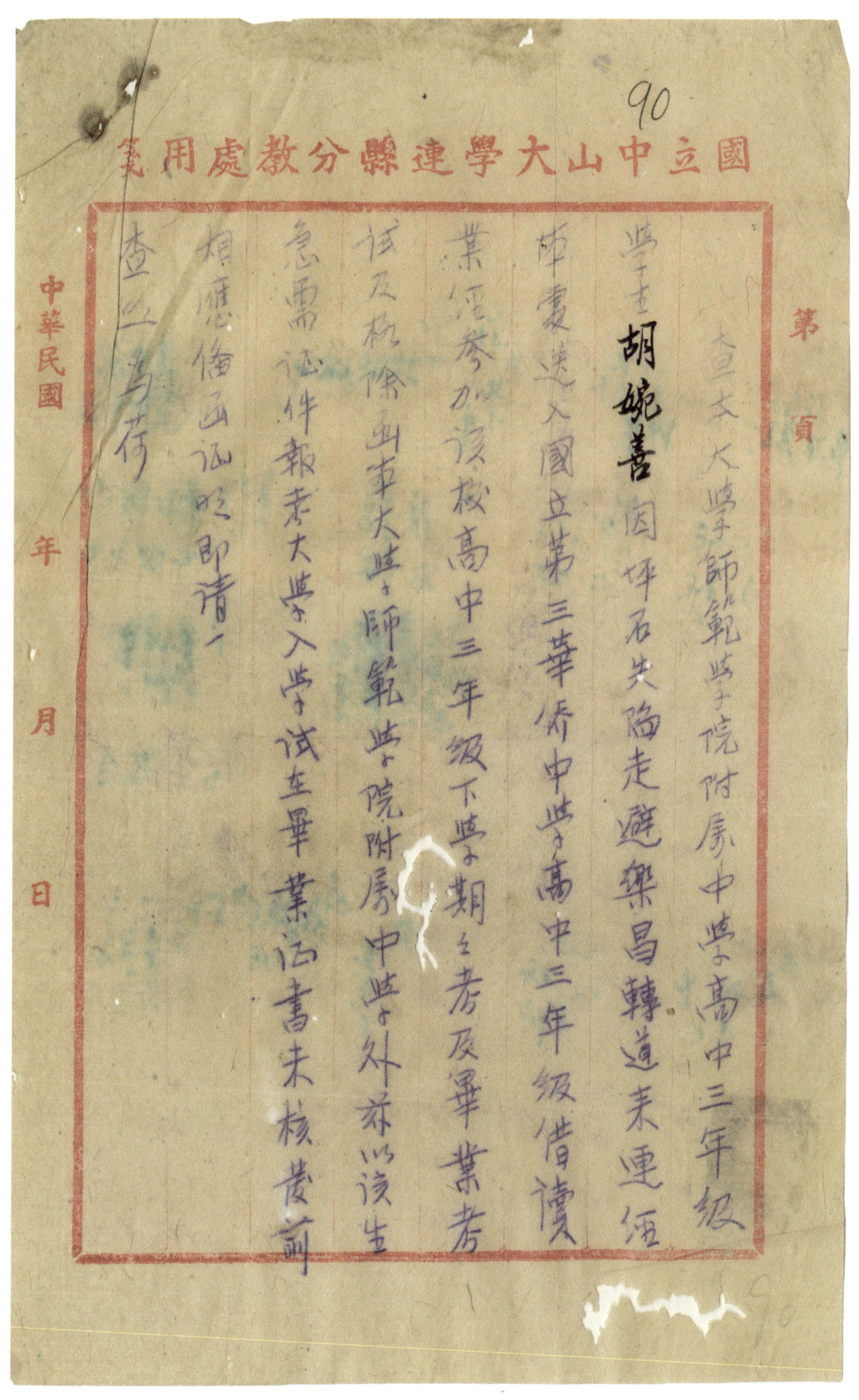

90

國立中山大學連縣分教處用箋

第　頁

查本大學師範學院附屬中學高中三年級
學生胡婉善因坪石失陷走避樂昌轉道來連經
由處送入國立第三華僑中學高中三年級借讀
業經參加該校高中三年級下學期期考及畢業考
試及格除函本大學師範學院附屬中學外茲以該生
急需證件報考大學入學試在畢業證書未核發前
相應備函證明即請
查照爲荷

中華民國　年　月　日

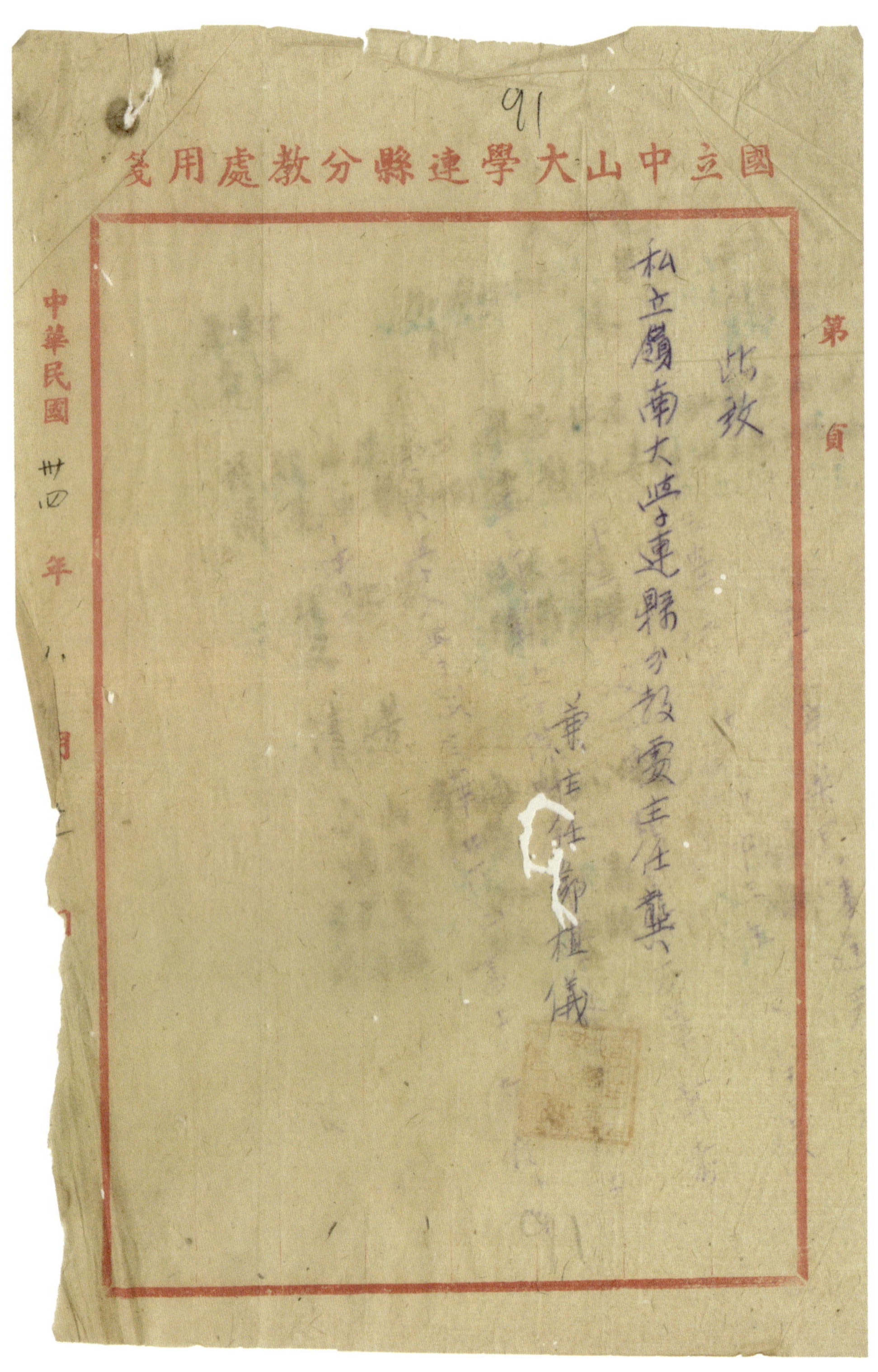

91

國立中山大學連縣分教處用箋

此致

私立嶺南大學連縣分教處主任莊

兼主任鄒植儀

第　頁

中華民國卅四年八月　日

乐昌县私立连胜中学校关于请借坪石校舍给国立中山大学的公函

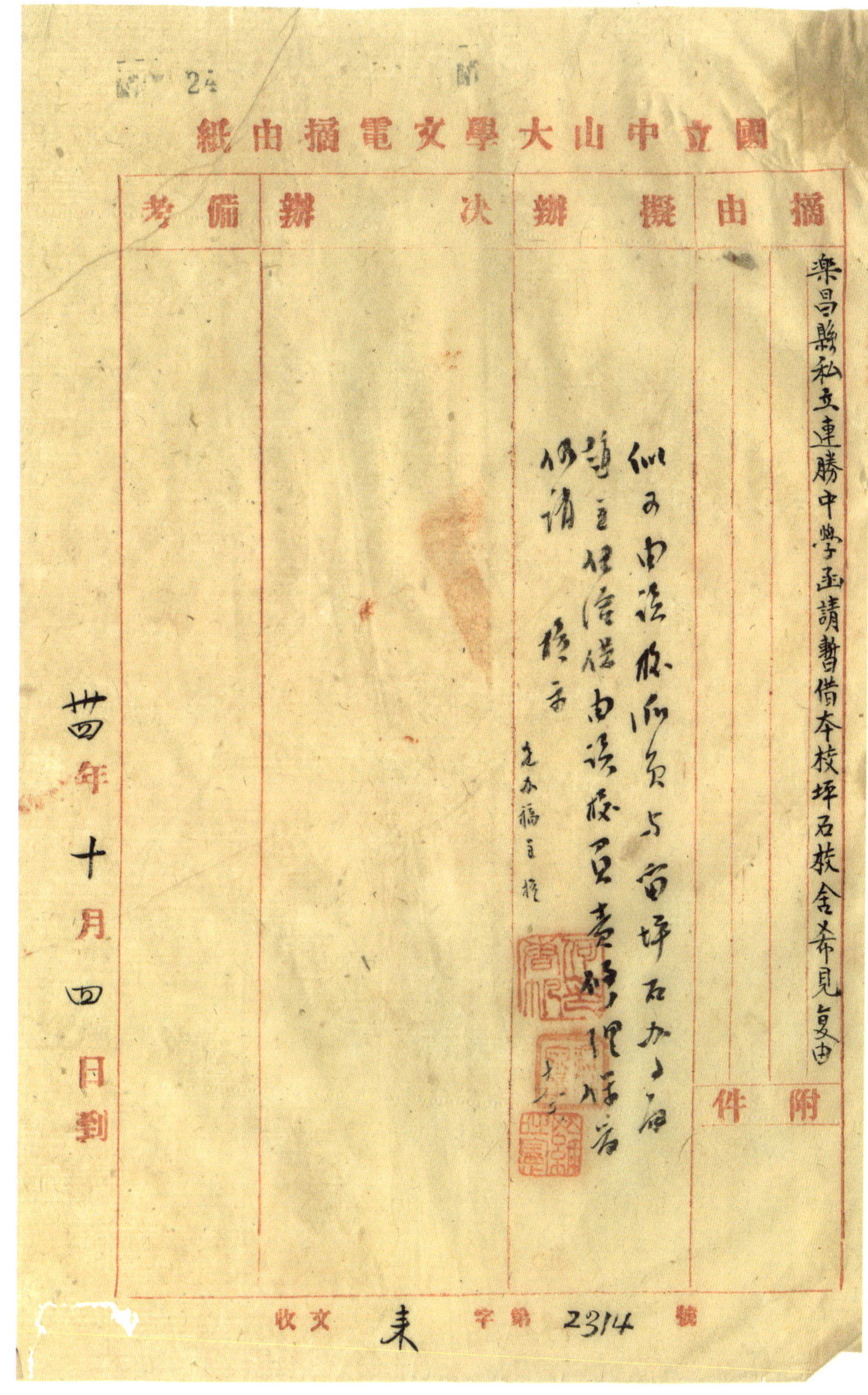

國立中山大學文電摘由紙

摘由	擬辦	決	辦	備考
樂昌縣私立連勝中學函請暫借本校坪石校舍希見復由	似可由該校所負與留坪石办公在該校暫借，由該校負責修理保管，俾請核示			卅四年十月四日到

附件

收文 耒 字第 2314 號

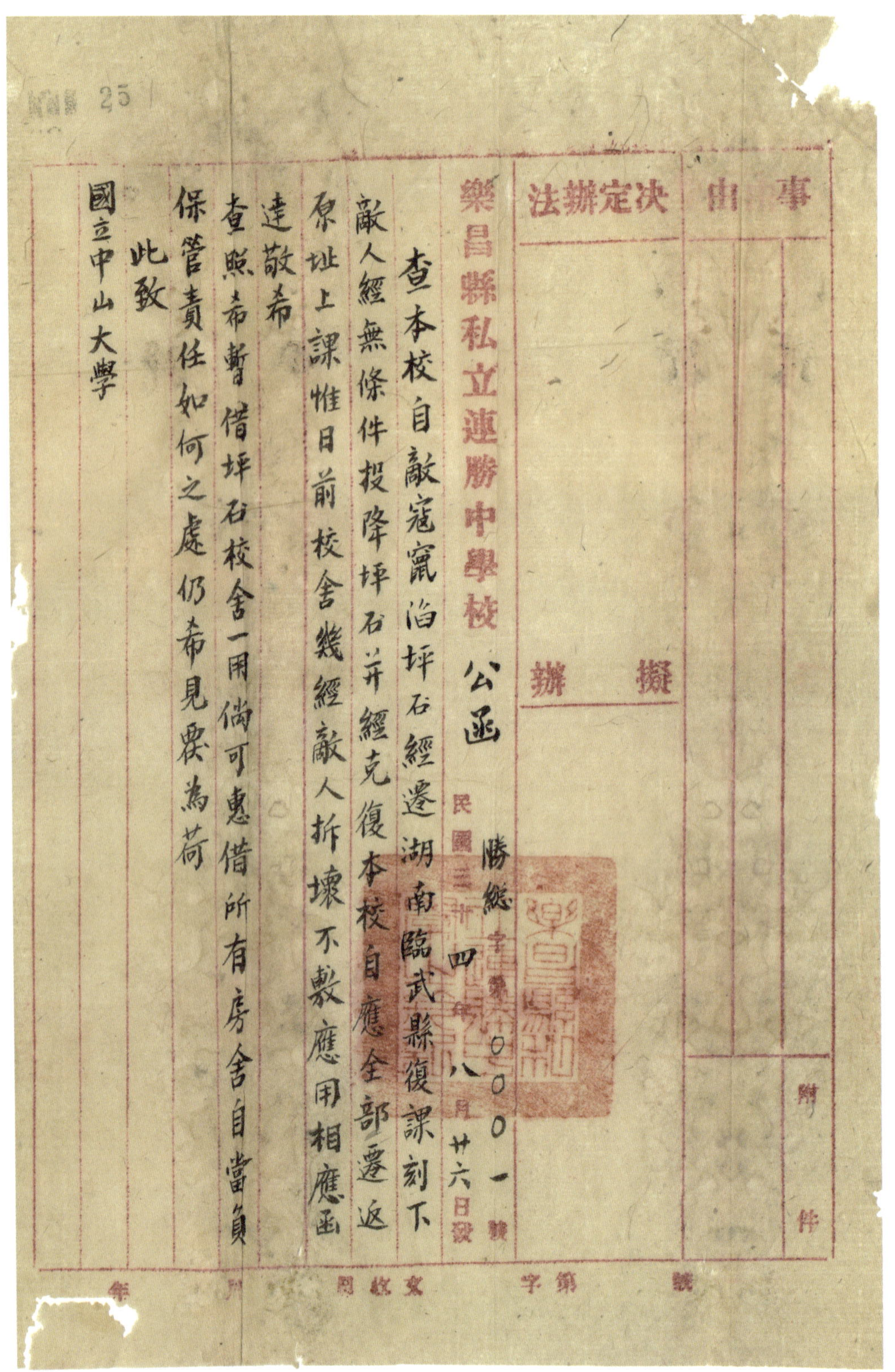

事由

決定辦法

擬辦

附件

樂昌縣私立連勝中學校公函

勝總字第〇〇〇一號

民國三十四年八月廿六日發

查本校自敵寇竄陷坪石經遷湖南臨武縣復課刻下

敵人經無條件投降坪石並經克復本校自應全部遷返

原址上課惟目前校舍幾經敵人拆壞不敷應用相應函

達敬希

查照希暫借坪石校舍一用倘可惠借所有房舍自當負

保管責任如何之處仍希見覆為荷

此致

國立中山大學

年　月　日收文　第　字　號

26

校長陳劭南

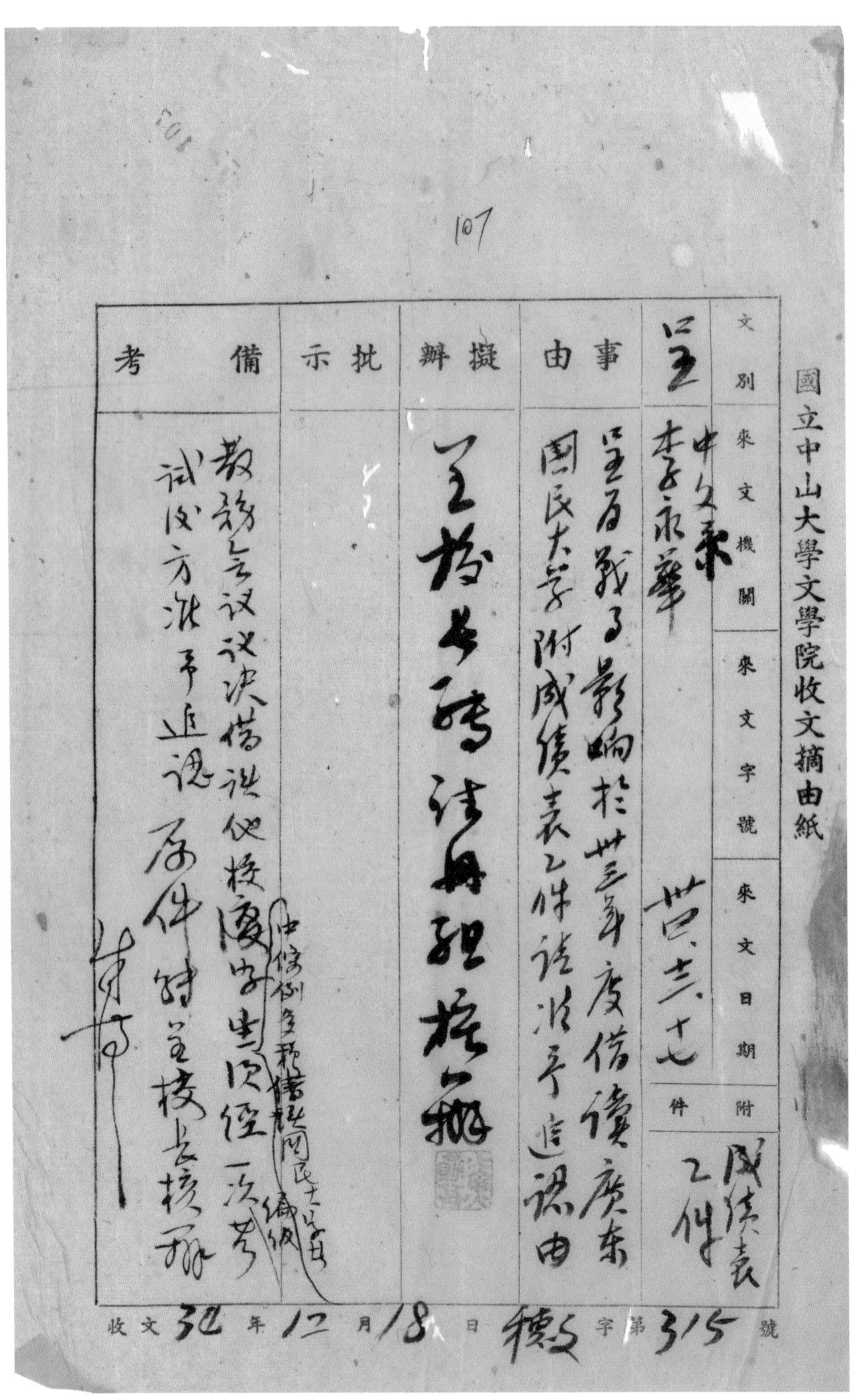

國立中山大學文學院收文摘由紙

文別	呈
來文機關	中文系 李永華
來文字號	
來文日期	卅三、十二、十七
附件	成績表二件
事由	呈為戰事影響於卅三年度借讀廣東國民大學附成績表二件請准予追認由
擬辦	呈教務長轉請辦理核辦
批示	
備考	教務會議議決借讀他校學生須經一次考試及方准予追認 原件轉呈校長核辦

收文 33 年 12 月 18 日 稽字第 315 號

国立中山大学文学院学生李永华关于一九四四年度借读广东私立国民大学请准予追认给院长的文

108

事由

呈因戰事影响于三十三年度借讀廣東私立國民大學請

准予追認由

竊生前曾肄業於本校文學院中文系經已二年級結業後因粵北戰事轉急學校奉令疏散生遂南返高州及後本校又復課坪石生雖決意北上繼續求學但以交通梗阻飛渡無術返校不能而失學更苦於是滯留南路之本校同學數十人曾有集體討論學業問題並有電請學校准予就地借讀各校之舉而生亦於三十三年度上學期借讀於廣東私立國民大學現經已一年期滿自應返回本校繼續求學謹將該年度之借讀成績呈繳察核懇予照准追認以維學業實為德便

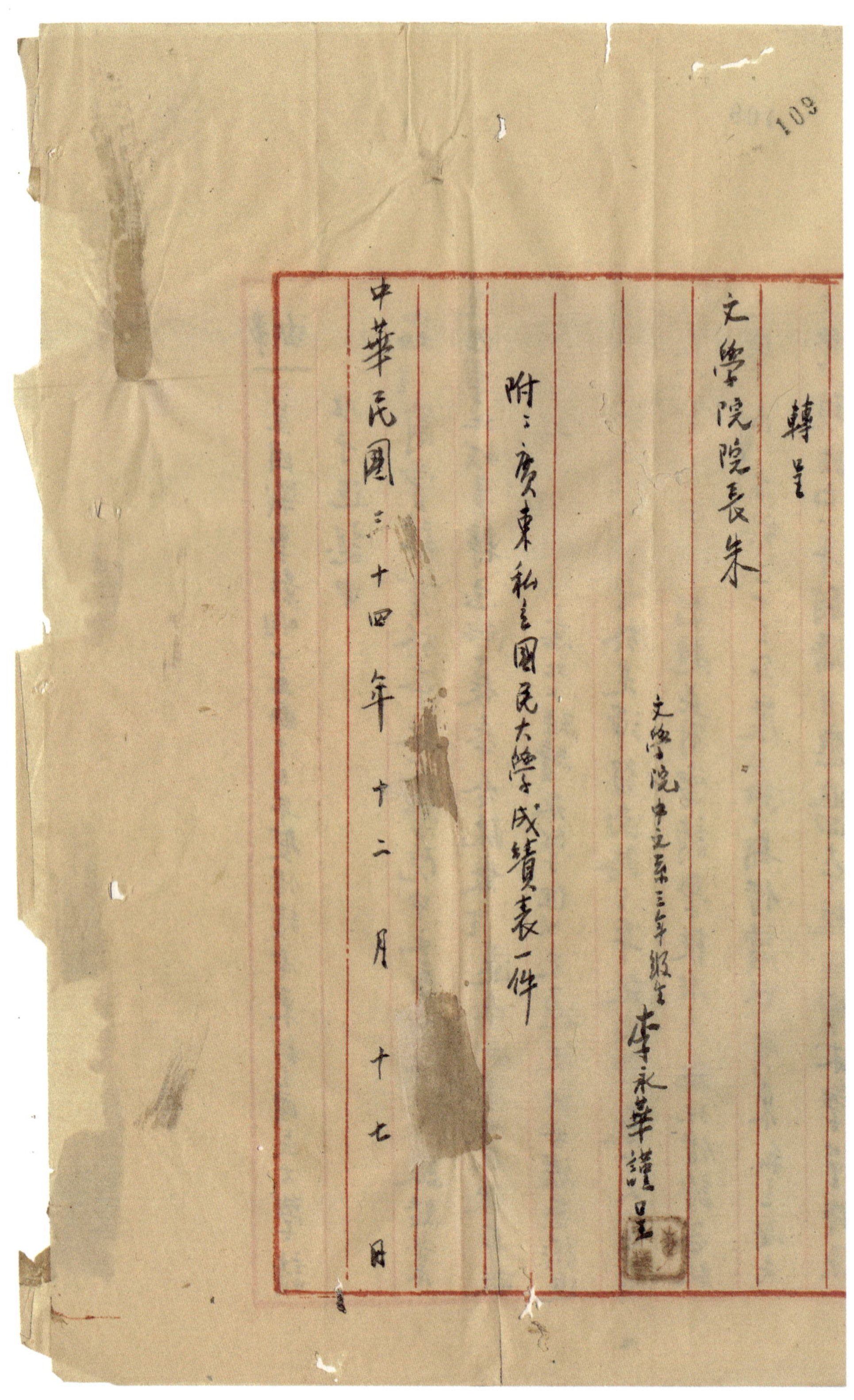
109

轉呈

文學院院長朱

文學院中文系三年級生李永華謹呈

附：廣東私立國民大學成績表一件

中華民國三十四年十二月十七日

广州女子师范学校留港旧生回韶旅费领款报告单

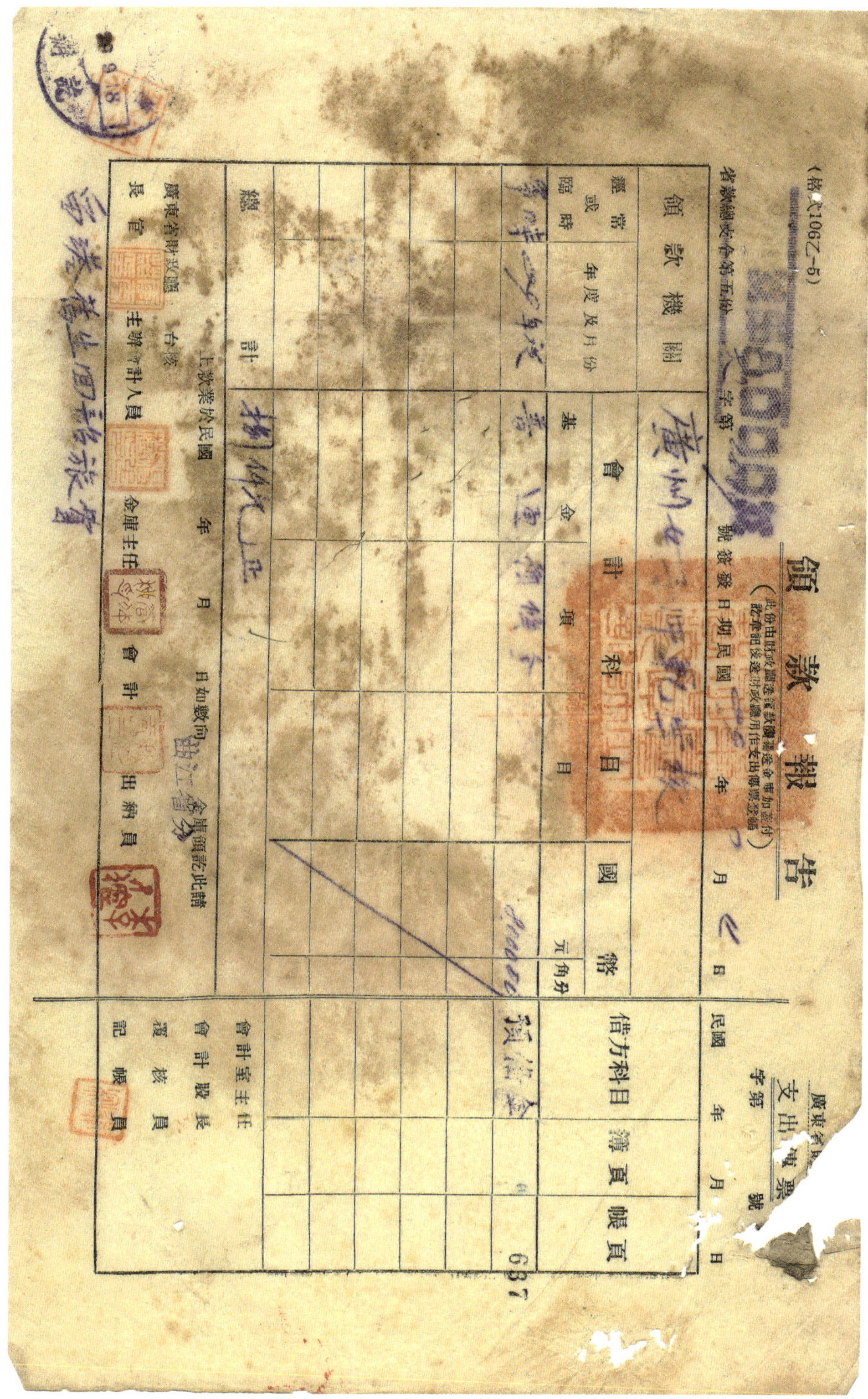
(格式106乙-5)

領款報告

字第　號　發發日期民國　年　月　日

領款機關			廣州女子師範學校		
經常或臨時	年度及月份	基金	會計科目		國幣
			款	項	目	元角分
總計					

上款業於民國　年　月　日如數向曲江金庫領訖此據

廣東省財政廳　長官　主辦會計人員　金庫主任　會計　出納員

留港舊生回韶旅費

廣東省　支出傳票　字第　號　民國　年　月　日

借方科目	簿頁	帳頁

會計室主任　會計股長　覆核員　記帳員